스토리로 읽는 **쉬운 성경**

아가페 **스토리 바이블** 구약1

창세기~사무엘하

Agape Story Bible

The Old Testament 1 (Genesis – 2 Samuel)

Copyright © 2016 by Agape Publishing Co., Ltd.

All rights reserved.

Agape Easy Bible

Copyright © 2002, 2004, 2010 by Agape Publishing Co., Ltd.

All rights reserved

Printed in Korea.

쉬운성경 본문은 원문에서 직접 대조 번역한 성경 본문입니다.
• 구약 기본 본문 : 비블리카 헤브라이카 슈투트가르텐시아(BHS)
　　　　　　　　　– 맛소라 본문 中 11세기 벤 아셰르의 본
• 신약 기본 본문 : United Bible Society(UBS) 4판

추천의 말

성경의 사본에는 원래 장과 절이 없습니다. 장, 절은 성경의 어느 부분을 쉽게 찾기 위해 후대에 삽입한 것이라고 합니다. 그런 의미에서 장,절을 없앤 「스토리 바이블」이 출간된 것은 성경을 본래 의도대로 읽을 수 있도록 했다는 점에서 큰 의미가 있다고 하겠습니다. 장,절 구분이 없다 보니 성경 말씀이 물 흐르듯 매끄럽게 이해되고 친근하게 다가오는 것을 경험할 수 있습니다. 특히나 원문에서 번역한 「아가페 쉬운성경」을 사용하여 말씀이 쉽게 읽히고 이해가 잘됩니다. 그동안 성경 읽기에 어려움을 느끼셨던 많은 분들에게 적합한 성경이 아닐까 생각합니다. 성경을 흥미진진하게 읽기 바라는 모든 분들과 가까이 두고 항상 읽으실 만한 성경을 찾던 모든 분들께 이 「스토리 바이블」을 추천합니다.

이찬수 목사 | 분당 우리교회

성경은 성도의 영적인 삶을 위한 젖줄입니다. 한국교회도 성경의 보급과 함께 부흥과 성장의 은혜를 경험해 왔습니다. 만약 성경이 없다면, 교회는 존재하지 못했을 것입니다. 성경은 그만큼 성도와 매우 가까운 책입니다. 그런데 성경은 이렇게 매우 중요하며 직접적인 영향을 미치면서도 여전히 지근거리로 다가가기에 쉽지 않습니다. 낯선 표현법, 시대적 차이, 어색한 구조 등 일반 성도 특히 초신자나 다음 세대가 쉽게 다가갈 수 없는 형식이 있었습니다.

「스토리 바이블」은 이런 벽을 넘어 한국교회 성도들이 보다 더 쉽게 성경에 다가갈 수 있도록 많은 애정과 땀을 담은 성경입니다. 이미 십년 이상 교회 학교에서 사랑받아온 「아가페 쉬운성경」 번역본을 기초로 과감하게 장과 절을 삭제하고 편집하였습니다. 저는 마태복음 부분을 읽으면서 이 성경이 개인의 경건생활을 위하여 적극 활용되면 큰 효과가 있을 것으로 느껴졌습니다. 그래서 성경을 가까이 두고 날마다 은혜의 주제에 따라 정독하여 오늘의 삶을 위한 양식을 얻을 수 있게 되리라 생각됩니다. 본 성경이 하나님의 음성을 사모하는 많은 성도님들, 특히 어린 다음 세대에게 많이 읽히길 바라는 마음으로 추천합니다.

송태근 목사 │ 삼일교회

    우리 한국의 그리스도인들은 성경의 사람들로 알려져 있다. 기독교가 전파되었던 초기에는 성경을 읽기 위해 한글을 깨우치는 일이 다반사로 일어나 한국 근대 사회의 문맹률 퇴치에 큰 영향을 끼쳤다. 성경을 읽으면서 민족의 고통을 이겨내고 해방을 갈구하기도 하였다. 오늘날에도 성경을 통독하기도 하고, 성경을 필사하기도 하며, 큐티도 하고, 성경구절을 암송하기도 한다. 우리 한국 그리스도인들은 정말 성경을 사랑하는 사람들이다. 그런데 참으로 안타까운 것은 이 소중한 성경을 많은 그리스도인들이 '주술적'으로 읽는다는 것이다. 즉 성경 전체는 물론이고, 성경의 각 책이 전하고자 하는 '사상'을 이해하려 하기보다는, 자신에게 축복이 되는 말씀, 또는 약속의 말씀을 찾아 읽기만 한다. 즉 성경을 읽으며 마음의 위로와 축복을 기대하면서, 전체의 뜻을 찾기 보다는 이해가 되는 몇몇 구절에만 집중을 한다. 아예, 성경 각 책을 이해하는 일은 불가능한 것처럼 믿기조차 한다. 그러나 성경은 모든 글이 그렇듯이, 우리에게 어떤 사상을 전하고 있다. 하나님의 세상을 향한 놀라운 사상, 예수님의 하나님 나라 사상이 성경 속에 가득 들어 있다. 이를 제대로 누리기 위해서는 성경을 쉽게 통째로 읽어야 하는데, 우리가 가진 성경이 늘 읽어내기가 쉽지 않다. 성경 자체가 수천년 전에 쓰여진 것이라는 근본적인 이유 말고도, 번역 자체가 너무 어렵기 때문이고, 거기에 편리를 위해서 사용된 장,절의 구분이 성경을 전체로 읽고 누리는 것을 오히려 방해하기 때문이다. 성경이 처음 쓰여졌던 것처럼, 장,절이 없는 하나의 책으로서 인쇄되면 얼마나 좋을까 생각하고 있었는데, 이 「스토리 바이블」은 성경의 각 책을 하나의 책으로 읽을 수 있도록 장,절이 없다. 또한 원문을 현대어로 번역하여 이해하기가 쉽게 만들었다. 이 「스토리 바이블」은 성경을 사랑하는 한국 그리스도인들에게 주술적 성경 읽기에서 성경의 사상을 이해하고 믿고 살아내게 도와주는, 한 단계 업그레이드된 성경 읽기를 선사한다. 더욱 더 '성경스러워진' 성경, 「스토리 바이블」을 모든 성도들에게 강추하고 싶다.

김형국 목사 | 나들목교회 목사, 하나복DNA네트워크 대표

어린아이부터 어른에 이르기까지 모든 계층의 사람들에게 가장 효과적으로 의사소통할 수 있는 방법이 무엇일까? "이야기"입니다! 하나님께서 사람에게 자신의 의사를 전달하기 위해 사용한 방편도 "이야기"입니다. 성경은 "옛날 옛적 먼 옛날에"로 시작하여 "마침내 새로운 세상이 오게 되었단다"로 끝을 맺는 장대한 내러티브(이야기)입니다. 예수님도 그의 지상사역 기간 중에 주로 "이야기"를 통해 하나님 나라에 대해 가르쳐 주었습니다. 그의 설교는 주로 비유 이야기였습니다. 훗날 신학자들은 성경의 이야기를 교리적으로 체계화시키려 노력하였지만, 그럼에도 성경의 원 자료는 이야기입니다. 이런 의미에서 이야기 성경은 장,절 구별 없이 읽기 좋게 잘 흘러가는 시냇물과 같아야 합니다. 아가페 출판사의 「스토리 바이블」 프로젝트는 획기적인 발상이며 일반 신자들의 성경 이해를 한층 업그레이드 시켜 줄 친절한 네비게이션입니다. 경건한 크리스천 가정 식탁 위에 있어야할 필수적인 책입니다.

류호준 목사 | 백석대학교 신학대학원 구약학 교수, 『쉬운 성경』 번역자

진리의 말씀을 '읽고, 듣고, 지키는 자'가 복된 자입니다(계 1:3). 하나님의 말씀인 성경은 진리를 따르는 우리 모든 성도의 삶에 더욱 가까이 자리잡아야 합니다. 가까이 두고 자주 읽고 그 뜻을 묵상하며 하나씩 따라 사는 삶이 아름답습니다. 그래야 우리의 삶이 풍요롭고 영적으로 건강하게 됩니다. 「스토리 바이블」은 진리의 말씀이 성도의 삶에 한층 더 다가서게 하는 데 도움이 될 것입니다.

성경이 쓰여질 당시에는 장,절의 구분이 없었습니다. 장,절로 구분된 것은 12세기 이후의 일입니다. 「스토리 바이블」처럼 장,절 없이, 한

단락씩 통으로 읽는 것도 의미 있는 일입니다. 성경의 '스토리'들이 끊김 없이 하나로 이어져 이해될 것입니다. 말씀의 흐름과 맥을 파악하는 데 도움이 됩니다.

　주님의 말씀을 듣고 또 지키고자 할 때, 우리의 삶이 반석 위에 짓는 집과 같이 될 것입니다(마 7:24). 말씀의 기갈이 우리의 마음과 영혼을 메마르게 합니다. 말씀의 힘은 그 말씀을 가까이 하는 이들에게 주어진 하늘의 복입니다. 영혼의 소생이 주님의 말씀에서 비롯됩니다. 주님의 말씀은 '살리는' 생명의 말씀이기 때문입니다.

김상훈 교수 | 총신대학교 신학대학원/신학원

　해석학적 순환이라는 말이 있습니다. 전체를 알기 전에는 부분을 제대로 알 수 없고, 부분을 알기 전에는 전체를 온전히 알 수 없다는 말입니다. 그래서 어떤 글의 의미는 그 글이 속한 전체적인 문맥 속에서 볼 때 비로소 제대로 이해될 수 있고, 글 전체의 뜻을 이해하기 위해서는 부분 부분을 다 이해해야만 합니다. 그래서 독서백편의자현(讀書百遍義自見)이란 말이 나왔는지도 모릅니다. 처음 읽을 때에는 잘 이해되지 않던 것이 몇 번이고 반복해서 읽는 가운데 전체를 이해하게 되고 또한 부분을 이해하면서 그 뜻이 선명하게 드러날 수 있습니다. 이러한 사실은 성경을 읽을 때에도 진리입니다. 그래서 우리는 성경을 많이 읽는 것이 필요한데, 절 표시를 없애고 전체 스토리 라인을 따라 자연스럽게 읽히게 만든 「스토리 바이블」이 성경을 전체로 읽는 데 최상의 도구라고 할 수 있습니다. 「스토리 바이블」은 이 시대에 가장 쉽고 이해하기 편하게 번역된 번역성경으로 알려진 쉬운성경 본문을 사용하여 성경 전체의 내용을 소설을 읽듯이 친근하게 만들어 주었습니다. 앞뒤 문맥이 잘린 적은 분량의 성경본문을 읽으면서 그 뜻이 무엇인지 잘 알 수 없었던 분들에게는 이 책이 필수적입니다. 이 책을 읽으면서 전에 내가 분명히 성경의 뜻을 깨달았다고 생각했던 것이 사실은 부족한 이해였음을 깨닫고 더 바른 이해를 향해 나아갈 수 있을 것입니다. 어쩌면 오랫동안 신앙생활을 하고 성경을 많이 읽었던 분들도 이 책을 사용하여 성경을 통째로 읽어나가면서 성경에 대한 더 깊은 이해를 발견하게 되는 새로운 기쁨이 있을 것입니다.

이국진 목사, Ph.D. | 대구남부교회
대신대학교 외래교수, 「쉬운 성경」 번역자

신약성경은 기록될 당시 지금과 같은 장 구분이나 절 구분을 가지고 있지 않았다. 심지어 9세기까지는 띄어쓰기나 악센트, 부호조차도 없이 대문자만으로 기록되었다. 현대적 장 구분은 1204년 S. Langdon이, 절 구분은 1551년 R. Stephanus가 만들었다. 이처럼 장, 절의 구분이 모두 후대의 소문자 사본이나 인쇄본에서, 그리고 두 사람의 본문 이해에 의해 인위적으로 결정된 것이었다. 따라서 성경을 장, 절 구분없이 전체 스토리로 읽는 것은 새로운 시도가 아니라 성경이 기록될 당시부터 교회가 해왔던 오랜 전통이었다. 이번에 아가페에서 출간되는 「스토리 바이블」은 장, 절의 구분을 없이하여 성경을 통시적으로 읽고 이해할 수 있게 한다는 점에서 우리 성도들에게 많은 유익을 줄 것이라 확신하여 추천하는 바이다.

한천설 교수 | 총신대학교 신학대학원 신약학

성경은 읽기 위해 쓰여진 하나님의 말씀이다. 종교개혁자 루터도 자국민의 언어인 독일어로 성경이 읽히기를 기대했기에 성경 번역에 매진했다. 그런 측면에서 본다면 「쉬운성경」을 내놓았던 아가페의 노력은 귀하다 하겠다. 청년 대학생들뿐 아니라 어린이들까지도 읽고 이해할 수 있는 성경을 만들어 냈기 때문이다. 이제 또다시 성도들로 하여금 성경을 읽고 싶게끔 만드는 「스토리 바이블」을 기획하고 출간하게 된 것을 환영한다. 성경의 장, 절 구분을 없앰으로써 오히려 성경 원래의 모습을 되살려 낸 방식의 「스토리 바이블」은 성경 읽기의 흥미를 더할 것이라 기대된다. 청년 대학생들에게 권한다. 「스토리 바이블」로 먼저 성경을 반복하여 읽고 흐름을 잡으라. 그렇게 시작하라.

김수억 목사 | 죠이 선교회 대표

쉬운 성경 번역 위원

- 유재원(前 총회목회대학원 신학대학원 교수) 창세기-여호수아
- 한정건(고려신학대학원 명예교수) 사사기-열왕기하
- 손석태(개신대학원대학교 명예총장 철학박사) 역대상-에스더
- 최종태(前 아세아연합신학대학교대학원 구약학 교수) 욥기, 잠언-아가
- 류호준(백석대학교 기독교전문대학원 구약학 교수) 시편, 에스겔
- 김경래(前 전주대학교 기독교학과 교수) 이사야-예레미야애가
- 김의원(前 총신대학교 총장) 다니엘-말라기
- 이국진(Noordwes Universiteit 신약학 박사, 목사) 마태복음-누가복음
- 오광만(대한신학대학원대학교 신약학 교수) 요한복음-고린도후서
- 박형용(웨스트민스터 신학대학원대학교 총장) 갈라디아서-요한계시록

국어 감수

- 정길남(前 서울교육대학교 국어교육과 교수)

교열 및 교정 위원

- 박성배(한국 문인협회 이사장 아동문학가)
- 송재찬(前 신묵초등학교 교사 동화작가)
- 이동태(前 예일초등학교 교장 동화작가)
- 이희갑(前 유석초등학교 교사 아동문학가)

서문

"성경은 하나님의 이야기, 성경으로 돌아가자"

모든 신앙생활의 기본은 하나님의 말씀인 성경에서부터 시작합니다. 성경은 하나님께서 우리에게 주시는 사랑의 편지이며, 위로의 말씀이며, 때로는 심판의 말씀이기도 합니다. 하나님께서는 당신과 당신의 아들 독생자 예수 그리스도에 대해 이야기로 말씀하셨습니다. 우리 크리스천이 성경을 읽지 않는다면 하나님께서 들려주시는 이 소중한 이야기를 들을 수 없습니다.

저희 아가페출판사에서 2001년부터 발간해온 「아가페쉬운성경」 본문을 이용하여 「스토리 바이블」을 출간하였습니다. 「스토리 바이블」은 「아가페 쉬운 성경」 본문을 이용하여 원래 장, 절로 나눠지지 않았던 처음의 성경처럼 장, 절 구분없이 읽을 수 있도록 만들었습니다.

저희가 이렇게 만들게 된 것은 우연한 계기를 통해서였습니다. 장, 절을 빼고 편집하여 읽어봤는데 성경이 너무나 잘 읽히는 것입니다. 딱딱한 성경이 아니라 책을 읽듯, 옆에서 이야기를 듣듯 자연스럽게 읽혀지고 들리는 경험을 하였습니다. 이런 과정을 거쳐 「스토리 바이블」이 탄생하게 되었습니다. 어려운 성경이 아닌 우리에게 친숙한 언어로 다정하게 말씀하시는 하나님의 음성을 「스토리 바이블」을 통해 모두가 듣기를 염원합니다.

본문으로 사용한 「아가페 쉬운성경」은 2001년에 출간한 성경이며, 열 분의 신학자들이 원문에서 직접 번역하여 만든 쉽고 정확한 원문번역 성경입니다. 2001년 이후 많은 분들이 읽고 사랑해주신 스테디 성경이며 현재 주일학교에서 사용되고 있는 예배용 성경입니다.

저희는 「스토리 바이블」이 좀더 대중적으로 읽힐 수 있는 성경이 되었으면 하는 바람에서 출판을 결심하게 되었습니다. 성도님들의 손 안에, 가방 안에, 테이블 위에 항상 놓여져 읽히는 일상의 성경이 되길 소망하고 있습니다. 「스토리 바이블」 신약편은 이미 출간되었고, 이번에 구약 1을 출간하게 되었습니다. 또 계속해서 구약 2, 3을 출간할 예정입니다.

여러분에게 이 「스토리 바이블」이 소설을 읽듯 자연스럽고 친근하게 읽힐 수 있는 편안한 성경이 되길 바라며, 하나님이 들려주시는 하나님의 이야기에 감격하고 즐거워하는 복된 삶을 누리시길 소망합니다.

2016년 1월
발행인 정형철

차례

모세오경

역사서

S _Agape_ tory
Bible

—

모세오경

하나님께서 사람에게 복을 주시며 말씀하셨습니다.
"자녀를 많이 낳고 번성하여 땅을 채워라. 땅을 정복하여라.
바다의 물고기와 하늘의 새와 땅 위에 움직이는 모든 생물을 다스려라."
_창세기 1:28

여러분의 하나님 여호와를
마음과 뜻과 힘을 다하여 사랑하시오.
_신명기 6:5

창세기

세계의 시작

태초에 하나님께서 하늘과 땅을 창조하셨습니다. 그런데 그 땅은 지금처럼 짜임새 있는 모습이 아니었고, 생물 하나 없이 텅 비어 있었습니다. 어둠이 깊은 바다를 덮고 있었고, 하나님의 영은 물 위에서 움직이고 계셨습니다.

그때에 하나님께서 말씀하셨습니다.

"빛이 생겨라!"

그러자 빛이 생겼습니다. 그 빛이 하나님께서 보시기에 좋았습니다. 하나님께서 빛과 어둠을 나누셨습니다. 하나님께서는 빛을 '낮'이라 부르시고, 어둠을 '밤'이라 부르셨습니다. 저녁이 지나고 아침이 되니 이날이 첫째 날이었습니다.

하나님께서 또 말씀하셨습니다.

"물 한가운데 둥근 공간이 생겨 물을 둘로 나누어라."

하나님께서 둥근 공간을 만드시고 그 공간 아래의 물과 공간 위의 물을 나누시니 그대로 되었습니다. 하나님께서 그 공간을 '하늘'이라 부르셨습니다. 저녁이 지나고 아침이 되니 이날이 둘째 날이었습니다.

하나님께서 말씀하셨습니다.

"하늘 아래의 물은 한곳으로 모이고 뭍은 드러나라" 하시니 그 대로 되었습니다. 하나님께서 뭍을 '땅'이라 부르시고 모인 물은 '바다'라고 부르셨습니다. 하나님께서 보시기에 좋았습니다.

하나님께서 말씀하셨습니다.

"땅은 풀과 씨를 맺는 식물과 씨가 든 열매를 맺는 온갖 과일나무를 내어라" 하시니 그대로 되었습니다. 이렇게 땅은 풀과 씨를 맺는 식물과 씨가 든 열매를 맺는 과일나무를 각기 종류대로 내었습니다. 하나님께서 보시기에 좋았습니다. 저녁이 지나고 아침이 왔습니다. 이날이 셋째 날이었습니다.

하나님께서 말씀하셨습니다.

"하늘에 빛들이 있어 낮과 밤을 나누고, 계절과 날과 해를 구별하여라. 우주 공간에 떠 있는 것들은 하늘에서 빛을 내어 땅을 비추어라."

그러자 하나님께서 말씀하신 대로 되었습니다. 하나님께서 두 개의 큰 빛을 만드셨습니다. 그중 큰 빛으로 낮을 다스리게 하시고 작은 빛으로 밤을 다스리게 하셨습니다. 또 별들을 만드셨습니다. 하나님께서는 이 빛들을 하늘에 두셔서 땅을 비추게 하셨습니다. 또 그 빛들이 낮과 밤을 다스리게 하시고, 빛과 어둠을 나뉘게 하셨습니다. 하나님께서 보시기에 좋았습니다. 저녁이 지나고 아침이 되니 이날이 넷째 날이었습니다.

하나님께서 말씀하셨습니다.

"물은 움직이는 생물을 많이 내어라. 새들은 땅 위의 하늘을 날아다녀라."

하나님께서 커다란 바다 짐승과 물에서 움직이는 생물과 날개 달린 새를 그 종류에 따라 창조하셨습니다. 하나님께서 보시기에 좋았습니다. 하나님께서 그것들에게 복을 주시며 말씀하셨습니다.

"새끼를 많이 낳고, 번성하여 바닷물을 가득 채워라. 새들도 땅 위에서 번성하여라."

저녁이 지나고 아침이 되니 이날이 다섯째 날이었습니다.

하나님께서 말씀하셨습니다.

"땅은 온갖 생물을 내어라. 가축과 기어 다니는 것과 들짐승을 각기 그 종류에 따라 내어라."

그러자 하나님께서 말씀하신 대로 되었습니다. 하나님께서 온갖 들짐승과 가축과 땅 위에서 기어 다니는 생물을 각기 그 종류대로 만드셨습니다. 하나님께서 보시기에 좋았습니다.

하나님께서 말씀하셨습니다.

"우리가 우리의 모습과 형상대로 사람을 만들자. 그래서 바다의 물고기와 공중의 새와 온갖 가축과 들짐승과 땅 위에 기어 다니는 모든 생물을 다스리게 하자."

그래서 하나님께서 하나님의 형상대로 사람을 창조하시되
남자와 여자를 만드셨습니다.

하나님께서 사람에게 복을 주시며 말씀하셨습니다.

"자녀를 많이 낳고 번성하여 땅을 채워라. 땅을 정복하여라. 바다의 물고기와 하늘의 새와 땅 위에 움직이는 모든 생물을 다스려라."

또 말씀하셨습니다.

"내가 땅 위의 온갖 씨 맺는 식물과 씨가 든 열매 맺는 모든 나무를 너희에게 준다. 그러니 너희는 그것들을 너희 양식으로 삼아라. 또 땅의 온갖 짐승과 공중의 모든 새와 땅 위를 기어 다니는 생명 있는 모든 것에게는 내가 푸른 식물을 먹이로 준다."

그러자 그렇게 되었습니다. 하나님께서 손수 만드신 모든 것을 보시니 보시기에 매우 좋았습니다. 저녁이 지나고 아침이 되니 이날이 여섯째 날이었습니다.

일곱째 날–안식일

그리하여 하늘과 땅과 그 안의 모든 것들이 다 지어졌습니다. 일곱째 되는 날에 하나님께서 하시던 일을 마치시고 쉬셨습니다. 하나님께서 일곱째 되는 날에 복을 주시고 그날을 거룩하게 하셨습니다. 왜냐하면 하나님께서 만드시던 모든 일을 마치시고 그날에 쉬셨기 때문입니다.

최초의 남자

하늘과 땅이 만들어지던 때,
곧 여호와 하나님께서 땅과 하늘을
만드셨을 때의 이야기는 이러합니다.

여호와 하나님께서 아직 땅에 비를 내리지 않으셨고 땅을 갈 사람도 아직 없었기 때문에 밭에는 식물과 작물이 자라나지 않았습니다. 그러나 땅에서 안개가 올라와 온 땅의 표면을 적셨습니다. 그때 여호와 하나님께서 땅의 흙으로 사람을 지으셨습니다. 그리고 사람의 코에 생명의 숨을 불어 넣으시니 사람이 생명체가 되었습니다. 여호와 하나님께서 동쪽 땅 에덴에 동산을 만드시고 지으신 사람을 그곳에서 지내게 하셨습니다. 여호와 하나님께서 아름답고 먹기 좋은 열매를 맺는 온갖 나무들을 그곳에서 자라나게 하셨습니다. 동산 한가운데에는 생명나무와 선악을 알게 하는 나무도 있었

창세기 2 • 17

습니다.

에덴에서 하나의 강이 흘러 동산을 적시고, 그곳에서 강이 나뉘어 네 줄기가 되었습니다. 첫 번째 강의 이름은 비손입니다. 이 강은 금이 나는 하윌라 온 땅을 돌아 흐릅니다. 그 땅에서 나는 금은 질이 좋았습니다. 그곳에서는 값비싼 베델리엄 향료와 보석도 납니다. 두 번째 강의 이름은 기혼입니다. 이 강은 구스 온 땅을 돌아 흐릅니다. 세 번째 강의 이름은 티그리스입니다. 이 강은 앗시리아 동쪽으로 흐릅니다. 네 번째 강은 유프라테스입니다.

여호와 하나님께서 만드신 사람을 데려다가 에덴 동산에 두시고 그 동산을 돌보고 지키게 하셨습니다. 여호와 하나님께서 그 사람에게 명령하셨습니다.

"너는 동산에 있는 모든 나무의 열매를 마음대로 먹어라. 그러나 선악을 알게 하는 나무의 열매만은 먹지 마라. 만약 그 나무의 열매를 먹으면 너는 반드시 죽을 것이다."

최초의 여자

여호와 하나님께서 말씀하셨습니다.

"남자가 혼자 있는 것이 좋지 않으니 내가 그에게 그를 도울 짝을 만들어 줄 것이다."

여호와 하나님께서 흙으로 지으신 들의 모든 짐승과 공중의 모든 새를 아담에게 이끌고 가서서 아담이 그것들의 이름을 어떻게 짓는지를 보셨습니다. 아담이 모든 생물의 이름을 지어 부르면 그것이 곧 그것들의 이름이 되었습니다. 아담이 모든 가축과 공중의 새들과 들의 모든 짐승에게 이름을 지어 주었습니다. 하지만 아담은 자기를 도와줄 수 있는 자기와 같은 형상을 가진 짝이 없었습니다. 그래서 여호와 하나님께서 아담을 깊이 잠들도록 하셨습니다.

아담이 잠든 사이 여호와 하나님께서 아담의 갈비뼈 하나를 꺼내시고 그 자리를 살로 메우셨습니다. 그리고는 아담에게서 꺼낸 갈비뼈로 여자를 만드시고 그녀를 아담에게 데리고 가셨습니다. 그러자 아담이 말했습니다.

"아, 내 뼈 중의 뼈요, 내 살 중의 살이구나.
남자에게서 나왔으므로 여자라고 부를 것이다."

그리하여 남자는 자기 아버지와 어머니를 떠나 아내와 한몸을 이루게 되는 것입니다. 아담과 그의 아내는 벌거벗었지만 부끄러워하지 않았습니다.

죄의 시작

여호와 하나님께서 만드신 들짐승 가운데 뱀이 가장 간사하고 교활했습니다.

어느 날 뱀이 여자에게 와서 말했습니다.

"하나님이 정말로 동산 안의 어떤 나무의 열매도 먹지 말라고 하시더냐?"

여자가 뱀에게 대답했습니다.

"우리는 동산 안에 있는 나무의 열매를 먹을 수 있어. 하지만 하나님께서는 '동산 한가운데 있는 나무의 열매는 먹지도 말고 만지지도 마라. 그렇지 않으면 너희가 죽을 것이다'라고 말씀하셨어."

그러자 뱀이 여자에게 말했습니다.

"너희는 죽지 않아. 하나님은 너희가 그 나무 열매를 먹고 너희 눈이 밝아지면 선과 악을 알게 되어 너희가 하나님과 같이 될까 봐 그렇게 말씀하신 거야."

여자가 보니, 그 나무의 열매는 먹음직스러웠으며 보기에도 아름다웠습니다. 게다가 그 열매는 사람을 지혜롭게 해 줄 것처럼 보였습니다. 그래서 여자는 그 열매를 따서 먹고 그 열매를 옆에 있는 자기 남편에게도 주었으며 남자도 그것을 먹었습니다. 그러자 두 사람의 눈이 모두 밝아졌습니다. 그들은 자기들이 벌거벗고 있다는 것을 깨닫고 무화과나무 잎을 엮어서 옷을 만들어 몸을 가렸습니다.

그때 그들은 여호와 하나님께서 동산을 거니시는 소리를 들었습니다. 그때는 하루 중 서늘한 때였습니다. 아담과 그의 아내는 여호와 하나님을 피해 동산 나무 사이에 숨었습니다. 여호와 하나님께서 아담을 부르시며 말씀하셨습니다.

"네가 어디에 있느냐?"

아담이 대답했습니다.

"제가 하나님의 소리를 들었지만 벌거벗었기 때문에 두려워서 숨었습니다."

하나님께서 말씀하셨습니다.

"네가 벌거벗었다고 누가 말해 주었느냐? 내가 먹지 말라고 한 나무 열매를 먹었느냐?"

아담이 대답했습니다.

"하나님이 저에게 주신 여자가 그 나무 열매를 줘서 먹었습니다."

여호와 하나님께서 여자에게 말씀하셨습니다.

"도대체 네가 무슨 일을 저지른 것이냐?"

여자가 대답했습니다.

"뱀이 저를 속였습니다. 그래서 제가 그 열매를 먹었습니다."

여호와 하나님께서 뱀에게 말씀하셨습니다.

"네가 이런 일을 했으므로 너는 모든 가축과 모든 들짐승보다
더욱 저주를 받을 것이다.
너는 배로 기어 다니고 평생토록
흙먼지를 먹고 살아야 할 것이다.
내가 너와 여자를 서로 원수가 되게 하고,
네 자손과 여자의 자손도 원수가 되게 할 것이다.
여자의 자손이 네 머리를 부수고,
너는 그의 발꿈치를 물 것이다."

하나님께서 여자에게도 말씀하셨습니다.

"내가 너에게 아기를 가지는 고통을 크게 하고,
너는 고통 중에 아기를 낳게 될 것이다.
너는 네 남편을 지배하려 할 것이고,
남편은 너를 다스릴 것이다."

하나님께서 아담에게도 말씀하셨습니다.

"너는 네 아내의 말을 듣고 내가 먹지 말라고 한
나무의 열매를 먹었다.
그러므로 너 때문에 땅이 저주를 받고
너는 평생토록 수고하여야
땅에서 나는 것을 먹을 수 있게 될 것이다.
땅은 너에게 가시와 엉겅퀴를 내고
너는 밭의 채소를 먹을 것이다.
너는 먹기 위하여 얼굴에 땀을 흘리고 열심히 일하다가

마침내 흙으로 돌아갈 것이다.

이는 네가 흙으로 지음을 받았기 때문이다.

너는 흙이니 흙으로 돌아갈 것이다."

아담은 자기 아내의 이름을 하와라고 지었습니다. 이는 그녀가 모든 생명의 어머니가 되었기 때문입니다. 여호와 하나님께서 동물 가죽으로 옷을 만들어서 아담과 그의 아내에게 입혀 주셨습니다.

여호와 하나님께서 말씀하셨습니다.

"보아라, 사람이 우리 중 하나와 같이 되어 선과 악을 알게 되었으니 이제 그가 손을 뻗어 생명나무의 열매를 따 먹고 영원히 살게 되는 것을 막아야 한다."

그래서 여호와 하나님께서는 아담과 그의 아내를 에덴 동산에서 쫓아내셨습니다. 그리고 그가 나온 근원인 땅을 열심히 갈게 하셨습니다. 이와 같이 하나님께서는 그 사람을 쫓아내신 뒤에 에덴 동산 동쪽에 천사들을 세우시고 사방을 돌며 칼날같이 타오르는 불꽃을 두시고 생명나무를 지키게 하셨습니다.

최초의 가족

아담이 자기 아내 하와와 잠자리를 같이했습니다. 그러자 하와가 임신을 하여 가인을 낳았습니다. 하와가 말했습니다.

"여호와의 도우심으로 내가 남자아이를 얻었다."

하와는 또 가인의 동생 아벨을 낳았습니다. 아벨은 양을 치고 가인은 농사를 지었습니다. 세월이 지난 뒤에 가인은 땅의 열매를 하나님께 제물로 바쳤습니다. 아벨은 처음 태어난 아기 양과 양의 기름을 바쳤습니다. 여호와께서는 아벨과 그의 제물은 받으셨으나 가인과 그의 제물은 받지 않으셨습니다. 가인은 매우 화가 나서 안

색이 변하였습니다. 여호와께서 가인에게 물으셨습니다.

"네가 왜 화를 내느냐? 왜 안색이 변하느냐? 네가 좋은 마음을 품고 있다면 어찌 얼굴을 들지 못하겠느냐? 네가 좋은 마음을 품지 않으면 죄가 너를 지배하려 할 것이다. 죄는 너를 다스리고 싶어 하지만 너는 죄를 다스려야 한다."

가인이 자기 동생 아벨에게 "들로 나가자" 하고 말했습니다. 그들이 들에 나가 있을 때에 가인이 자기 동생 아벨을 쳐 죽였습니다. 여호와께서 가인에게 말씀하셨습니다.

"네 동생 아벨은 어디 있느냐?"

가인이 대답했습니다.

"저는 모릅니다. 제가 동생을 지키는 사람입니까?"

여호와께서 말씀하셨습니다.

"네가 무슨 일을 했느냐? 네 동생 아벨의 핏소리가 땅에서 나에게 호소하고 있다. 땅이 그 입을 벌려 네가 흘리게 한 네 동생의 피를 네 손에서 받아 마셨다. 그러므로 너는 이제 땅에서 저주를 받을 것이다. 네가 땅을 갈아 농사를 지어도 더 이상 땅은 너를 위해 열매를 맺지 않을 것이다. 너는 땅에서 떠돌 것이다."

가인이 여호와께 말했습니다.

"이 벌은 제게 너무 무겁습니다. 주께서 오늘 저를 땅에서 쫓아 내셨습니다. 저는 이제 주를 만나 뵐 수도 없을 것입니다. 저는 땅에서 떠돌며 유랑할 것이고 누구든지 저를 만나는 사람은 저를 죽이려고 할 것입니다."

여호와께서 가인에게 말씀하셨습니다.

"아니다. 누구든지 가인을 죽이는 사람은 일곱 배나 벌을 받을 것이다"라고 하시고 여호와께서 가인에게 표시를 해 주셔서 가인이 누구를 만나든지 그 사람이 가인을 죽이지 못하게 하셨습니다.

가인의 자손

가인은 여호와 앞을 떠나 에덴 동쪽 놋 땅에서 살았습니다.

가인이 자기 아내와 잠자리를 같이하니 아내가 임신을 하여 에녹을 낳았습니다. 그때에 가인은 성을 쌓고 있었는데 가인은 자기 아들의 이름을 따서 그 성을 에녹이라고 불렀습니다. 에녹은 이랏을 낳고, 이랏은 므후야엘을 낳고, 므후야엘은 므드사엘을 낳고, 므드사엘은 라멕을 낳았습니다. 라멕은 두 아내를 얻었습니다. 한 아내의 이름은 아다이고, 다른 아내의 이름은 씰라입니다. 아다는 야발을 낳았습니다. 야발은 장막에 살면서 짐승을 치는 사람의 조상이 되었습니다. 야발의 동생은 유발인데, 그는 수금을 켜고 퉁소를 부는 사람들의 조상이 되었습니다. 씰라는 두발가인을 낳았습니다. 두발가인은 구리와 철 연장을 만들었습니다. 두발가인의 누이는 나아마입니다.

라멕이 자기 아내들에게 말했습니다.

"아다와 씰라여, 내 말을 들어라.
라멕의 아내들이여, 내 말에 귀를 기울여라.
나는 나에게 상처를 입힌 사람을 죽였다.
나를 상하게 한 젊은이를 죽였다.
가인을 죽인 사람은 일곱 배로 벌을 받지만
라멕을 죽인 사람은 일흔일곱 배로 벌을 받을 것이다."

아담과 하와가 또 다른 아들을 얻다

아담이 다시 자기 아내 하와와 잠자리를 같이했습니다. 그리하여 하와가 아들을 낳았습니다. 하와는 그 아들의 이름을 셋이라고 지었습니다. 하와가 말했습니다.

"가인이 아벨을 죽였으므로 하나님께서 아벨 대신에 다른 아기를 주셨다."

셋도 역시 아들을 낳고 아들의 이름을 에노스라고 지었습니다. 그때부터 사람들은 여호와의 이름을 부르며 예배를 드리기 시작했습니다.

아담의 자손

아담의 자손은 이러합니다. 하나님께서는 사람을 지으실 때에 하나님의 모습대로 지으셨습니다. 하나님께서는 남자와 여자를 창조하시고 그날 그들에게 복을 주시며 그들의 이름을 '사람'이라고 하셨습니다. 아담은 백서른 살이 되어서 자기의 모습, 곧 자기 형상을 닮은 아들을 낳고 그 이름을 셋이라고 지었습니다. 아담은 셋을 낳고 팔백 년을 더 살았습니다. 그동안 아담은 다른 아들들과 딸들을 또 낳았습니다. 아담은 모두 구백삼십 년을 살고 죽었습니다.

셋은 백다섯 살이 되어서 에노스를 낳았습니다. 셋은 에노스를 낳고 팔백칠 년을 더 살았습니다. 그동안 셋은 다른 아들들과 딸들을 또 낳았습니다. 셋은 모두 구백십이 년을 살고 죽었습니다.

에노스는 아흔 살이 되어서 게난을 낳았습니다. 에노스는 게난을 낳고 팔백십오 년을 더 살았습니다. 그동안 에노스는 다른 아들들과 딸들을 또 낳았습니다. 에노스는 모두 구백오 년을 살고 죽었습니다.

게난은 일흔 살에 마할랄렐을 낳았습니다. 게난은 마할랄렐을 낳고 팔백사십 년을 더 살았습니다. 그동안 게난은 다른 아들들과 딸들을 또 낳았습니다. 게난은 모두 구백십 년을 살고 죽었습니다.

마할랄렐은 예순다섯 살에 야렛을 낳았습니다. 마할랄렐은 야

렛을 낳고 팔백삼십 년을 더 살았습니다. 그동안 마할랄렐은 다른
아들들과 딸들을 또 낳았습니다. 마할랄렐은 모두 팔백구십오 년
을 살고 죽었습니다.

야렛은 백예순두 살에 에녹을 낳았습니다. 야렛은 에녹을 낳고
팔백 년을 더 살았습니다. 그동안 야렛은 다른 아들들과 딸들을
또 낳았습니다. 야렛은 모두 구백육십이 년을 살고 죽었습니다.

에녹은 예순다섯 살에 므두셀라를 낳았습니다. 에녹은 므두셀
라를 낳은 후 삼백 년 동안 하나님과 깊은 관계를 누리며 지냈습니
다. 그동안 에녹은 다른 아들들과 딸들을 또 낳았습니다. 에녹은
모두 삼백육십오 년을 살았습니다. 에녹은 하나님의 뜻을 따라 평
생 하나님과 깊은 관계를 누리며 살다가 갑자기 사라졌습니다. 이
는 하나님께서 그를 데려가셨기 때문입니다.

므두셀라는 백여든일곱 살에 라멕을 낳았습니다. 므두셀라는
라멕을 낳고 칠백팔십이 년을 더 살았습니다. 그동안 므두셀라는
다른 아들들과 딸들을 또 낳았습니다. 므두셀라는 모두 구백육십
구 년을 살고 죽었습니다.

라멕은 백여든두 살에 아들을 낳았습니다. 라멕은 그 아들의 이
름을 노아라고 지었습니다. 라멕이 말했습니다.

"노아는 하나님께서 저주하신 땅에서 수고하며 고통스럽게 일을
하는 우리를 위로해 줄 것이다."

라멕은 노아를 낳고 오백구십오 년을 더 살았습니다. 그동안 라
멕은 다른 아들들과 딸들을 또 낳았습니다. 라멕은 모두 칠백칠십
칠 년을 살고 죽었습니다.

노아는 오백 살이 지나서 셈과 함과 야벳을 낳았습니다.

사람의 죄악

땅 위에 사람들이 늘어나기 시작할 때 그들에게서 딸들이 태어났습니다. 하나님의 아들들이 사람의 딸들의 아름다움을 보고 마음에 드는 여자를 아내로 맞아들였습니다. 여호와께서 말씀하셨습니다.

"내 영이 사람들과 영원히 함께하지 않을 것이다. 그것은 그들이 실수를 범하여 육체가 되었기 때문이다. 그들은 백이십 년밖에는 살지 못할 것이다."

그 무렵 땅 위에는 '네피림'이라는 거인들이 있었습니다. 그 후에도 하나님의 아들들이 사람의 딸을 아내로 맞이하였습니다. 그들 사이에서 자식들이 태어났는데 그들은 옛날의 용사들로서 유명한 사람들이었습니다.

여호와께서 땅 위에 사람의 악한 행동이 크게 퍼진 것을 보셨습니다. 그리고 그들의 생각이 언제나 악할 뿐이라는 것도 아셨습니다. 여호와께서는 땅 위에 사람을 만드신 것을 후회하시며 마음 아파하셨습니다. 그래서 여호와께서 말씀하셨습니다.

"내가 만든 땅 위의 사람들을 모두 멸망시키겠다. 사람에서부터 땅 위의 모든 짐승과 기어 다니는 것과 공중의 새까지도 멸망시키겠다. 왜냐하면 내가 그것들을 만든 것을 후회하기 때문이다."

하지만 노아는 여호와의 마음에 들었습니다.

노아와 홍수

노아의 자손은 이러합니다. 노아는 그가 살던 시대에 의롭고 흠 없는 사람이었습니다. 노아는 하나님의 뜻을 따라 하나님과 함께 살았습니다. 노아는 세 아들을 두었습니다. 그들의 이름은 셈과 함과 야벳이었습니다.

이때에 땅 위의 사람들은 하나님께 악을 행하였고 온 땅에는 폭력이 가득 찼습니다. 하나님께서는 사람들의 타락함을 보셨습니다. 즉 모든 사람들이 땅 위에서 하나님의 길을 더럽힌 것입니다. 하나님께서 노아에게 말씀하셨습니다.

"사람들이 땅을 폭력으로 가득 채웠다. 그래서 나는 땅 위의 모든 사람들을 땅과 함께 다 쓸어버리겠다. 너는 잣나무로 배를 만들어라. 그 안에 방들을 만들고 안과 밖에 역청을 칠하여라. 그 배는 이렇게 만들어라. 길이는 삼백 규빗, 너비는 오십 규빗, 높이는 삼십 규빗으로 만들어라. 지붕 위에서 일 규빗 아래로 사방에 창을 만들고 배 옆에는 문을 내어라. 배를 위층과 가운데층과 아래층으로 삼 층을 만들어라. 내가 땅 위에 홍수를 일으켜서 하늘 아래 사는 모든 생물, 곧 목숨이 있는 것은 다 멸망시킬 것이다. 땅 위에 있는 것은 다 숨질 것이다. 그러나 내가 너하고는 언약을 세우겠다. 너와 네 아들들과 네 아내와 네 며느리들은 모두 배로 들어가거라. 그리고 모든 생물을 암컷과 수컷 한 마리씩 배로 데리고 들어가서 너와 함께 살게 하여라. 새와 짐승과 기어 다니는 모든 것이 각기 그 종류대로 두 마리씩 너에게로 올 테니 그것들을 살려 주어라. 그리고 먹을 것도 종류대로 다 모아 두어라. 그것을 배 안에 쌓아 두고 너와 짐승들의 식량으로 삼아라."

노아는 하나님께서 명령하신 대로 모든 일을 했습니다.

대홍수

여호와께서 노아에게 말씀하셨습니다. "너는 가족을 이끌고 배로 들어가거라. 내가 보기에 이 세대에는 너만이 내 앞에서 의로운 사람이다. 모든 깨끗한 짐승은 암컷과 수컷 일곱 마리씩, 깨끗하지 않은 짐승은 암컷과 수컷 한 마리씩 데리고 들어가거라. 하늘의 새도 암컷과 수컷 일곱 마리씩 데리고 들어가거라. 그래서 그들의 종자를 온 땅 위에 살아남게 하여라. 지금부터 칠 일이 지나면 내가 땅에 비를 내리겠다. 사십 일 동안 밤낮으로 비를 내리겠다. 그리하여 내가 만든 생물을 땅 위에서 모두 쓸어버리겠다."

노아는 여호와께서 명령하신 대로 모든 일을 했습니다.

홍수가 시작되었을 때 노아의 나이는 육백 살이었습니다. 노아와 그의 아내와 아들들과 며느리들은 배 안으로 들어가서 홍수를 피했습니다. 깨끗한 짐승과 깨끗하지 않은 짐승과 새와 땅 위에 기는 모든 것이 노아에게 왔습니다. 수컷과 암컷 두 마리씩 와서 배로 들어갔습니다. 하나님께서 노아에게 명령하신 대로 되었습니다. 칠 일이 지나고 홍수가 땅 위를 덮쳤습니다.

그때 노아는 육백 살이었습니다. 홍수는 그해의 둘째 달 십칠 일에 시작되었습니다. 그날 땅속의 샘이 열리고 하늘의 구름이 비를 쏟아 부었습니다. 비는 땅 위에 사십 일 동안 밤낮으로 쏟아졌습니다. 바로 그날 노아와 그의 아들들인 셈, 함, 야벳과 노아의 아내와 며느리들이 배 안으로 들어갔습니다. 그리고 그들과 모든 들짐승이 그 종류대로, 모든 가축이 그 종류대로, 땅 위에 기는 모든 생물이 그 종류대로, 날개 달린 모든 새가 그 종류대로 배 안으로 들어갔습니다. 생명의 호흡이 있는 모든 생물들이 암수 한 쌍씩 노아에게로 와서 배 안으로 들어갔습니다. 모든 생물의 암컷과 수컷이 하나님께서 노아에게 명령하신 대로 배 안으로 들어갔습니다. 그런 다음에 여호와께서 배의 문을 닫으셨습니다.

비가 사십 일 동안 그치지 않고 내려 대홍수가 났습니다. 물이 불어나니 배가 물 위로 떠 땅에서 떠올랐습니다. 물이 계속 불어나서 배가 물 위를 떠다니게 되었습니다. 물이 땅 위에 너무 많이 불어나서 하늘 아래의 높은 산들도 모두 물에 잠기게 되었습니다. 물은 그 위로부터 십오 규빗 정도 더 불어났고 산들은 완전히 물에 잠겨 버렸습니다. 땅 위에서 움직이던 생물이 다 죽었습니다. 새와 가축과 들짐승과 땅에서 기던 모든 것과 사람들이 다 죽었습니다. 육지에 있는 모든 것 가운데 코로 숨을 쉬던 모든 생물이 다 죽었습니다. 주께서 땅 위의 모든 생명을 쓸어버리셨습니다. 사람과 짐승과 기는 것과 공중의 새를 쓸어버리셨습니다. 모든 것이 땅에서 멸망되었고, 노아와 함께 배 안에 있던 것만이 살아남았습니다. 물이 백오십 일 동안 땅을 뒤덮고 있었습니다.

홍수가 그치다

하지만 하나님께서는 노아와 그와 함께 배 안에 있던 모든 들짐승, 가축을 기억하셨습니다. 하나님께서는 땅 위에 바람이 불게 하셨습니다. 그러자 물이 점점 줄어들었습니다. 땅속의 샘들과 하늘의 창들이 닫혔습니다. 하늘에서 내리던 비도 그쳤습니다. 땅에서 물이 점점 빠져나갔습니다. 백오십 일이 지나자 물이 많이 줄어들었습니다. 그해의 일곱째 달 십칠 일에 배가 아라랏 산에 걸려 머무르게 되었습니다. 물은 계속 흘러 빠져나갔고, 열째 달 첫째 날에는 산봉우리들이 드러나기 시작했습니다.

사십 일이 지나자 노아는 자기가 타고 있던 배의 창문을 열었습니다. 그리고는 까마귀를 날려 보냈습니다. 까마귀는 땅에서 물이 마를 때까지 이리저리 날아다녔습니다. 또다시 노아는 땅에서 물이 빠졌는가를 알아보려고 비둘기를 날려 보냈습니다. 하지만 비둘기는 쉴 곳을 찾지 못하고 다시 노아에게로 돌아왔습니다. 노아는 손을 뻗어 비둘기를 맞아들였습니다. 칠 일이 지나자 노아는 다시 비둘기를 날려 보냈습니다. 그날 저녁 비둘기는 뜯어낸 올리브 나무 잎사

귀를 입에 물고 돌아왔습니다. 그것을 보고 노아는 땅이 거의 다 말랐다는 것을 알았습니다. 칠 일이 지나자 노아는 다시 비둘기를 내보냈습니다. 이번에는 비둘기가 노아에게 돌아오지 않았습니다.

노아가 육백한 살 되던 해 첫째 달 곧 첫째 날에 물이 땅에서 말랐습니다. 노아가 배의 지붕을 열고 보니 땅이 말라 있었습니다. 둘째 달 이십칠 일에는 땅이 완전히 말랐습니다. 하나님께서 노아에게 말씀하셨습니다.

"너는 아내와 아들들과 며느리들을 데리고 배에서 나오너라. 너와 함께 머물고 있는 각종 생물 즉 새와 짐승과 땅 위에서 기는 모든 것도 배에서 이끌고 나오너라. 그것들이 땅 위에서 활동하며 알을 까고 새끼를 많이 낳아 땅 위에서 번성할 것이다."

노아는 아들들과 아내와 며느리들을 데리고 밖으로 나왔습니다. 모든 짐승과 모든 기는 것과 모든 새도 다 그 종류대로 배에서 나왔습니다.

노아는 배에서 나와 여호와께 제단을 쌓았습니다. 노아는 깨끗한 새와 짐승 가운데서 좋은 것을 골라 제단 위에 태워 드리는 제물인 번제물로 바쳤습니다. 여호와께서 그 제물을 기뻐 받으시고 마음속으로 말씀하셨습니다.

"다시는 사람 때문에 땅을 저주하지 않을 것이다. 사람의 생각은 어릴 때부터 악하지만, 이번처럼 땅 위의 모든 생물을 멸망시키는 일을 다시는 하지 않을 것이다. 땅이 있는 한 심고 거두는 일, 추위와 더위, 여름과 겨울, 낮과 밤이 그치지 않을 것이다."

하나님과 노아의 언약

하나님께서 노아와 그 아들들에게 복을 주시며 말씀하셨습니다.

"자녀를 많이 낳고 번성하여 땅을 채워라. 땅 위의 모든 짐승과 하늘의 모든 새와 땅 위를 기는 모든 것과 바다의 모든 물고기가 너희들을 두려워할 것이다. 내가 이 모든 것을 너희들에게 주었다. 살아서 움직이는 모든 것이 너희의 음식이 될 것이다. 전에 푸른 식물을 음식으로 준 것같이 이제는 모든 것을 음식으로 줄 테니 다만 고기를 피째 먹지는 마라. 피에는 생명이 있다. 너희가 생명의 피를 흘리면 내가 반드시 복수를 할 것이다. 사람의 피를 흘리면 그것이 짐승이든 사람이든 피 흘리게 한 사람의 형제이든 간에 내가 복수를 할 것이다.

누구든지 사람의 피를 흘리면
다른 사람이 그 사람의 피를 흘리게 할 것이다.
이는 하나님께서 자기 모습대로
사람을 지으셨기 때문이다.

너희는 자녀를 많이 낳고 번성하여 땅을 가득 채워라. 땅에서 번성하여라."
하나님께서 노아와 그의 아들들에게 말씀하셨습니다.
"이제 내가 너희와 너희의 뒤를 이을 너희의 자손과 배에서 나와서 너희와 함께 사는 모든 생물, 곧 새와 가축과 들짐승과 땅 위의 모든 생물들과 너희에게 언약을 세우리니, 다시는 홍수로 모든 생물들을 없애 버리지 않을 것이며 홍수로 땅을 멸망시키는 일은 없을 것이다."
하나님께서 말씀하셨습니다.
"내가 너희와 함께 사는 모든 생물과 너희 사이에 대대로 세울 언약의 표는 이러하다. 내가 구름 사이에 내 무지개를 두었으니 그것이 나와 땅 사이의 언약의 표이다. 내가 땅에 구름을 보내 구름 사이에 무지개가 나타나면 나는 너희와 모든 생물 사이에 세운 나의 언약을 기억할 것이다. 다시는 홍수로 땅의 모든 생물을 멸망시키는 일은 없을 것이다. 구름 사이에 무지개가 나타나면 내가 그것을 보고 나 하나님과 땅 위의 모든 육체를 가진 생물들 사이에 세운 영원한 언약을 기억할 것이다."

하나님께서 노아에게 말씀하셨습니다.

"이것이 나와 땅 위의 모든 생물들 사이에 세우는 내 언약의 표이다."

노아와 그의 아들들

배에서 나온 노아의 아들들은 셈과 함과 야벳입니다. 함은 가나안의 조상입니다. 이 세 명은 노아의 아들들이며 이 세 명을 통해 온 땅에 사람들이 퍼졌습니다.

노아는 농사일을 시작하고 포도나무를 심었습니다. 그는 포도주를 먹고 취하여 자기 장막에서 벌거벗은 채 누워 있었습니다. 가나안의 조상 함이 벌거벗은 아버지를 보고 밖으로 나가서 형제들에게 그 사실을 알렸습니다. 그러자 셈과 야벳이 옷을 가지고 와서 어깨에 걸친 다음 뒷걸음질로 장막으로 들어가 아버지의 벌거벗은 몸을 덮어 드렸습니다. 그들은 얼굴을 돌려서 아버지의 벌거벗은 몸을 보지 않았습니다. 포도주를 마시고 취하여 잠이 들었던 노아가 잠에서 깨어났습니다. 노아는 작은 아들 함이 자기에게 한 일을 알고 이렇게 말했습니다.

"가나안은 저주를 받을 것이다.
가나안은 형제들에게 속한 가장 낮은 종이 될 것이다."

노아가 또 말했습니다.

"셈의 하나님이신 여호와를 찬양하여라.
가나안은 셈의 종이 될 것이다.
하나님께서 야벳에게 더 많은 땅을 주시고
셈의 장막에서 살게 하실 것이다.
가나안은 그의 종이 될 것이다."

홍수가 있은 뒤로 노아는 삼백오십 년을 더 살았습니다. 노아는 모두 구백오십 년 동안 살다가 죽었습니다.

노아의 아들인 셈과 함과 야벳의 자손은 이러합니다. 홍수가 있은 뒤에 그들은 여러 자녀를 낳았습니다.

야벳의 자손

야벳의 아들은 고멜과 마곡과 마대와 야완과 두발과 메섹과 디라스입니다. 고멜의 아들은 아스그나스와 리밧과 도갈마이며, 야완의 아들은 엘리사와 달시스와 깃딤과 도다님입니다. 지중해 해안에 사는 사람들은 야벳의 아들들에게서 퍼져 나왔습니다. 이들은 말이나 종족, 나라에 따라 갈라져 나갔습니다.

함의 자손

함의 아들은 구스와 미스라임과 붓과 가나안입니다. 구스의 아들은 스바와 하윌라와 삽다와 라아마와 삽드가이며, 라아마의 아들은 스바와 드단입니다. 구스는 니므롯을 낳았는데 니므롯은 땅 위의 첫 용사가 되었습니다. 니므롯은 여호와 앞에서 뛰어난 사냥꾼이 되었습니다. 그래서 '여호와 앞에서 니므롯처럼 뛰어난 사냥꾼'이라는 말이 생겨났습니다. 처음에 니므롯의 나라는 시날 땅의 바빌론과 에렉과 악갓과 갈레에서 시작되었습니다. 니므롯은 그곳을 떠나 앗시리아로 갔습니다. 그곳에서 니므롯은 니느웨와 르호보딜과 갈라를 세웠습니다. 니므롯은 니느웨와 갈라 사이의 큰 성인 레센도 세웠습니다. 미스라임은 루딤과 아나밈과 르하빔과 납두힘과 바드루심과 가슬루힘과 갑도림을 낳았습니다(블레셋 사람들은 가슬루힘의 후손입니다).

가나안은 맏아들 시돈과 헷을 낳았습니다. 가나안은 또 여부스와 아모리와 기르가스와 히위와 알가와 신과 아르왓과 스말과 하맛을 낳았습니다. 가나안의 자손은 사방으로 흩어졌습니다. 가나안 자손의 땅은 시돈에서 그랄을 거쳐 가사까지입니다. 그리고 거기에서 소돔과 고모라와 아드마와 스보임을 지나 라사까지입니다. 이들은 모두 함의 자손입니다. 이들은 말과 땅과 나라에 따라 갈라져 나갔습니다.

셈의 자손

야벳의 형인 셈도 자녀를 낳았습니다. 셈은 에벨의 모든 자손의 조상입니다. 셈의 아들은 엘람과 앗수르와 아르박삿과 룻과 아람입니다. 아람의 아들은 우스와 훌과 게델과 마스입니다. 아르박삿은 셀라를 낳고, 셀라는 에벨을 낳았습니다. 에벨은 두 아들을 낳았습니다. 한 아들의 이름은 벨렉인데, 그가 사는 동안 세상이 나뉘었기 때문에 벨렉이라고 이름지었습니다. 다른 아들의 이름은 욕단입니다. 욕단은 알모닷과 셀렙과 하살마웻과 예라와 하도람과 우살과 디글라와 오발과 아비마엘과 스바와 오빌과 하윌라와 요밥을 낳았습니다. 이들은 모두 욕단의 아들들입니다. 이들은 메사와 동쪽 땅의 산악 지방에 있는 스발 사이에서 살았습니다. 이들은 종족과 말과 땅과 나라에 따라 갈라져 나간 셈의 자손들입니다.

이들은 나라에 따라서 정리한 노아의 자손입니다. 홍수가 난 뒤에 이 종족들을 통해 땅 위에 온 나라가 흩어지게 되었습니다.

언어가 뒤섞이다

땅 위의 모든 사람들이 한 가지 언어를 쓰고 있었습니다. 사람들이 동쪽으로 옮겨 가며 시날 땅에서 평야를 발견하고 그곳에서 살았습니다. 그들이 서로 말했습니다.

"벽돌을 만들어 단단하게 굽자."

그러면서 그들은 돌 대신에 벽돌을 쓰고, 흙 대신에 역청을 썼습니다. 그들이 또 서로 말했습니다.

"자, 우리의 성을 세우자. 그리고 꼭대기가 하늘까지 닿는 탑을 쌓자. 그래서 우리 이름을 널리 알리고 온 땅에 흩어지지 않도록 하자."

여호와께서 사람들이 쌓고 있는 성과 탑을 보려고 내려오셨습니다. 여호와께서 말씀하셨습니다.

"이 사람들은 한 백성이고 그들의 언어도 다 똑같다. 그래서 이런 일을 시작하였는데, 이 일은 그들이 하려고 하는 일의 시작에 불과하다. 그들은 하려고만 하면 어떤 일이든지 할 수 있을 것이다. 그러니 내려가서 그들의 언어를 뒤섞어 놓자. 그리하여 그들이 자기들끼리 하는 말을 전혀 알아듣지 못하게 하자."

그래서 여호와께서는 그들을 온 땅 위에 흩어 놓으셨습니다. 그들은 성 쌓는 일을 그만두었습니다. 여호와께서 온 땅의 언어를 그곳에서 뒤섞어 놓으셨으므로, 그곳의 이름은 바벨이 되었습니다. 또한 거기에 있던 모든 사람들을 온 땅 위에 흩어 놓으셨습니다.

셈의 자손

셈의 자손은 이러합니다. 셈은 백 살이 되어서 아르박삿을 낳았습니다. 그때는 홍수가 끝난 지 이 년이 지난 때였습니다. 셈은 아르박삿을 낳고 오백 년을 더 살면서 자녀를 낳았습니다.

아르박삿은 서른다섯 살이 되어서 셀라를 낳았습니다. 아르박삿은 셀라를 낳고 사백삼 년을 더 살면서 자녀를 낳았습니다.

셀라는 서른 살이 되어서 에벨을 낳았습니다. 셀라는 에벨을 낳고 사백삼 년을 더 살면서 자녀를 낳았습니다.

에벨은 서른네 살이 되어서 벨렉을 낳았습니다. 에벨은 벨렉을 낳고 사백삼십 년을 더 살면서 자녀를 낳았습니다.

벨렉은 서른 살이 되어서 르우를 낳았습니다. 벨렉은 르우를 낳고 이백구 년을 더 살면서 자녀를 낳았습니다.

르우는 서른두 살이 되어서 스룩을 낳았습니다. 르우는 스룩을 낳고 이백칠 년을 더 살면서 자녀를 낳았습니다.

스룩은 서른 살이 되어서 나홀을 낳았습니다. 스룩은 나홀을 낳고 이백 년을 더 살면서 자녀를 낳았습니다.

나홀은 스물아홉 살이 되어서 데라를 낳았습니다. 나홀은 데라를 낳고 백십구 년을 더 살면서 자녀를 낳았습니다.

데라는 일흔 살이 되어서 아브람과 나홀과 하란을 낳았습니다.

데라의 자손

데라의 자손은 이러합니다. 데라는 아브람과 나홀과 하란을 낳았습니다. 하란은 롯을 낳았습니다. 하란은 아버지 데라보다 먼저 자기가 태어난 갈대아 우르에서 죽었습니다. 아브람과 나홀은 아내를 맞아들였습니다. 아브람의 아내는 사래이고, 나홀의 아내는 밀가입니다. 밀가는 하란의 딸입니다. 하란은 밀가와 이스가의 아버지입니다. 사래는 임신을 못하여서 자식이 없었습니다.

데라는 가나안 땅으로 가려고 아들 아브람과 하란의 아들인 손자 롯과 아브람의 아내인 며느리 사래를 데리고 갈대아 우르에서 나왔습니다. 그러나 그들은 하란에 이르러 거기에 머물렀습니다. 데라는 이백오 년을 살다가 하란에서 죽었습니다.

하나님께서 아브람을 부르시다

여호와께서 아브람에게 말씀하셨습니다.

"네 나라와 네 친척과 네 아비의 집을 떠나 내가 너에게 보여 줄 땅으로 가거라. 내가 너를 큰 나라로 만들어 주고 너에게 복을 주어 너의 이름을 빛나게 할 것이다. 너는 다른 사람들에게 복이 될 것이다. 너에게 복을 주는 사람에게 내가 복을 주고, 너를 저주하는 사람을 내가 저주하겠다. 땅 위의 모든 백성이 너를 통해 복을 받을 것이다."

아브람은 여호와께서 말씀하신 대로 하란을 떠났습니다. 롯도 아브람과 함께 떠났습니다. 그때에 아브람의 나이는 일흔다섯 살이었습니다. 아브람은 아내 사래와 조카 롯과 그들이 모은 모든 재산을 가지고 갔습니다. 그들은 또 하란에서 얻은 종들도 모두 데리고 갔습니다. 가나안 땅으로 가기 위해 하란을 떠난 그들은 마침내 가나안 땅에 들어갔습니다. 아브람은 그 땅을 지나서 세겜 땅 모레의 큰 나무가 있는 곳까지 갔습니다. 그때에 그 땅에는 가나안 사람들이 살고 있었습니다. 여호와께서 아브람에게 나타나 말씀하셨습니다.

"내가 이 땅을 네 자손에게 줄 것이다."

아브람은 그곳에서 자기에게 나타나신 여호와께 제단을 쌓았습니다. 그리고 나서 아브람은 세겜에서 벧엘 동쪽 산으로 옮겨 갔습니다. 아브람은 그곳에 장막을 세웠습니다. 서쪽은 벧엘이었고, 동쪽은 아이였습니다. 아브람은 그곳에서도 여호와께 제단을 쌓고 예배를 드렸습니다. 그런 다음에 아브람은 계속해서 가나안 남쪽 네게브 지방으로 내려갔습니다.

아브람이 이집트로 가다

그때에 가나안 땅에 가뭄이 들었습니다. 가뭄이 너무 심해서 아브람은 이집트로 내려가 살았습니다. 이집트에 이르기 바로 전에 아브람이 아내 사래에게 말했습니다.

"당신은 매우 아름다운 여자요. 이집트 사람들이 당신을 보면 '이 여자는 저 사람의 아내다'라고 말하며 나를 죽이고 당신은 살려 줄 것이오. 그러니 당신은 그들에게 내 누이라고 말하시오. 그러면 나에게 나쁜 일이 일어나지 않고 당신 덕분에 나도 살 수 있게 될 것이오."

아브람이 이집트로 내려갔습니다. 이집트 사람들이 보기에 사래는 매우 아름다웠습니다. 파라오의 신하들도 사래를 보고 파라오에게 사래를 자랑했습니다. 사래는 왕의 궁전으로 불려 갔습니다. 사래 때문에 파라오는 아브람에게 잘해 주었습니다. 왕은 아브람에게 양 떼와 소 떼와 암나귀와 수나귀를 주었습니다. 아브람은 왕에게서 남자 종과 여자 종과 낙타까지 얻었습니다.

그러나 여호와께서 파라오와 파라오의 집에 사는 모든 사람에게 큰 재앙을 내리셨습니다. 여호와께서 그렇게 하신 것은 아브람의 아내 사래의 일 때문이었습니다. 그러자 파라오가 아브람을 불러서 말했습니다.

"왜 나에게 이런 일을 하였느냐? 어찌하여 사래가 네 아내라는 말을 하지 않았느냐? 왜 저 여자를 네 누이라고 말해서 내가 저 여자를 내 아내로 데려오게 했느냐? 네 아내가 여기 있으니 데리고 가거라."

그리고 나서 파라오는 신하들에게 명령하여 아브람이 그의 아내와 그에게 속한 사람과 재산을 가지고 이집트에서 떠나가게 했습니다.

아브람과 롯이 갈라지다

아브람은 아내와 롯과 함께 이집트를 떠났습니다. 그들은 모든 재산을 가지고 네게브 지방으로 올라갔습니다.

아브람은 가축과 은과 금이 많은 부자였습니다. 아브람은 네게브를 떠나 다시 벧엘로 갔습니다. 아브람은 벧엘과 아이 사이, 곧 전에 장막을 쳤던 곳으로 갔습니다. 그곳은 아브람이 전에 제단을 쌓았던 곳이었습니다. 아브람은 거기에서 여호와께 예배를 드렸습니다. 아브람과 함께 다니던 롯에게도 양과 소와 장막이 많았습니다. 아브람과 롯에게는 가축이 아주 많았기 때문에 두 사람이 함께 살기에는 그 땅이 너무 좁았습니다. 아브람의 목자들과 롯의 목자들 사이에 다툼이 일어나기 시작했습니다. 그때 그 땅에는 가나안 사람들과 브리스 사람들이 살고 있었습니다.

아브람이 롯에게 말했습니다.

"너와 나 사이에 다툼이 있어서야 되겠느냐? 네 목자들과 내 목자들 사이에서도 다투는 일이 있어서는 안 된다. 우리는 친척이 아니냐? 모든 땅이 네 앞에 있으니 우리 서로 떨어져 살자. 네가 왼쪽으로 가면 나는 오른쪽으로 가고, 네가 오른쪽으로 가면 나는 왼쪽으로 가겠다."

롯이 땅을 둘러보니 요단 골짜기가 보였습니다. 롯이 보기에 소알 쪽으로 있는 그곳은 물이 많았습니다. 그곳은 여호와의 동산 같기도 하고, 이집트 땅 같기도 했습니다. 그때는 여호와께서 소돔과 고모라를 멸망시키시기 전이었습니다. 그래서 롯은 요단 평원에서 살기로 하고 동쪽으로 옮겨 갔습니다. 이렇게 해서 아브람과 롯은 서로 떨어져서 살게 되었습니다. 아브람은 가나안 땅에서 살았습니다. 그러나 롯은 요단 평원의 성들 가운데 살다가 소돔에서 가까운 곳으로 옮겨 갔습니다. 그때에 소돔 사람들은 매우 악했습니다. 그들은 항상 여호와께 죄를 짓고 살았습니다.

롯이 아브람을 떠난 뒤에 여호와께서 아브람에게 말씀하셨습니다.

"네 주변을 둘러보아라. 네가 서 있는 곳에서 동서남북을 다 둘러보아라. 네 눈에 보이는 이 모든 땅을 내가 영원히 너와 네 자손에게 줄 것이다. 내가 네 자손을 땅의 티끌만큼 많게 해 주리니 누구든지 땅 위의 티끌을 셀 수 있는 사람이 있다면, 그 사람은 네 자손도 셀 수 있을 것이다. 일어나라, 이 땅을 동서남북으로 돌아다녀 보아라. 내가 너에게 이 땅을 주겠다."

그리하여 아브람은 자기 장막을 옮겼습니다. 아브람은 헤브론에 있는 마므레의 큰 나무들 가까이에서 살았습니다. 그는 그곳에 여호와를 위한 제단을 쌓았습니다.

롯이 사로잡히다

그 때에 아므라벨이 시날, 곧 바빌로니아 왕으로 있었고, 아리옥이 엘라살 왕으로 있었고, 그돌라오멜이 엘람 왕으로 있었고, 디달이 고임 왕으로 있었습니다. 이 왕들이 나가서 소돔 왕 베라와 고모라 왕 비르사와 아드마 왕 시납과 스보임 왕 세메벨과 벨라 왕과 전쟁을 했습니다. 벨라는 소알이라고도 부릅니다. 이 왕들은 군대를 싯딤 골짜기로 모았습니다. 싯딤 골짜기는 지금의 사해입니다. 이 왕들은 십이 년 동안 그돌라오멜을 섬기다가 십삼 년째 되는 해에 반란을 일으킨 것입니다. 그러자 십사 년째 되는 해에 그돌라오멜은 다른 왕들과 힘을 합하여 아스드롯 가르나임에서 르바 사람들을 물리쳤습니다. 그들은 또 함에서 수스 사람들을 물리치고 사웨 기랴다임에서 엠 사람들을 물리쳤습니다. 또 세일 산에서 호리 사람들을 쳐서 광야에서 가까운 엘바란까지 이르렀습니다. 그리고 나서 그들은 방향을 돌려 엔미스밧으로 갔습니다. 엔미스밧은 가데스입니다. 거기에서 그들은 아말렉 사람들을 다 물리치고 하사손다말에 사는 아모리 사람들도 물리쳤습니다.

그때에 소돔 왕과 고모라 왕과 아드마 왕과 스보임 왕과 벨라 왕, 곧 소알 왕은 싯딤 골짜기로 나가 싸웠습니다. 그들은 엘람 왕 그돌라오멜과 고임 왕 디달과 시날 왕 아므라벨과 엘라살 왕 아리옥과 맞서 싸웠습니다. 네 왕이 다섯 왕과 싸운 것입니다. 싯딤 골짜기에는 역청 구덩이가 많이 있었습니다. 소돔과 고모라의 왕들과 그들의 군대가 도망쳤습니다. 그러나 소돔 왕과 고모라 왕이 역청 구덩이에 빠졌습니다. 하지만 나머지 사람들은 산으로 도망쳤습니다. 그돌라오멜과 그의 군대는 소돔과 고모라 사람들의 모든 재산과 음식을 빼앗았습니다. 그들은 소돔에 살고 있던 아브람의 조카 롯도 끌고 갔습니다. 그들은 롯의 재산도 다 가지고 갔습니다.

그때 도망쳐 나온 사람 하나가 히브리 사람 아브람에게 와서 그 사실을 알려 주었습니다. 그때에 아브람은 아모리 사람 마므레의 큰 나무들 가까이에 장막을 치고 있었습니다. 마므레는 에스골의 형제였고 아넬과도 형제 사이였습니다. 그들은 모두 아브람을 돕기로 약속을 한 사람들이었습니다.

아브람이 롯을 구해내다

아브람은 자기 조카 롯이 사로잡혔다는 소식을 듣고 그의 장막에서 태어나 그가 훈련시킨 사람 삼백십팔 명을 이끌고 단까지 뒤쫓았습니다. 그날 밤에 아브람은 자기 부하들을 나누었습니다. 그들은 상대편 군대를 공격했습니다. 아브람의 부하들은 그들을 다마스쿠스 북쪽의 호바까지 뒤쫓았습니다. 아브람은 그들이 빼앗아간 재산을 모두 되찾았습니다. 자기 조카 롯과 롯의 모든 재산을 되찾았고 여자들과 다른 사람들도 되찾았습니다.

아브람은 그돌라오멜과 그와 함께하였던 다른 왕들을 물리친 뒤에 집으로 돌아왔습니다. 아브람이 돌아올 때에 소돔 왕이 아브람을 맞으러 사웨 골짜기로 나왔습니다. 그곳은 '왕의 골짜기'라고도 불렸습니다. 살렘 왕 멜기세덱도 아브람을 맞으러 나왔습니다. 멜기세덱은 가장 높으신 하나님의 제사장이었습니다. 멜기세덱은 빵과 포도주를 가지고 나왔습니다. 멜기세덱이 아브람에게 복을 빌어 주며 말했습니다.

"가장 높으신 하나님,
하늘과 땅을 지으신 하나님께서 아브람에게 복을 주시기를.
당신의 원수를 그대 손에 넘겨주신
가장 높으신 하나님을 찬양합니다."

아브람은 멜기세덱에게 가지고 있던 모든 것 중에서 십분의 일을 주었습니다. 그때에 소돔 왕이 아브람에게 말했습니다.
"저에게는 붙잡혀 갔던 사람들만 돌려주시고 재물은 다 가지십시오."
하지만 아브람이 소돔 왕에게 말했습니다.

"나는 하늘과 땅을 지으신 가장 높으신 하나님 여호와께 나의 손을 들어 약속합니다. 나는 당신의 것은 아무것도 가지지 않겠습니다. 나는 실오라기 하나도 신발 끈 하나도 가지지 않겠습니다. '내가 아브람을 부자가 되게 만들었다'는 말을 당신이 하지 못하도록 하겠습니다. 나는 나의 젊은이들이 먹은 음식 말고는 그 외에 아무것도 가지지 않겠습니다. 다만 나와 함께 싸움터에 나아갔던 아넬과 에스골과 마므레의 몫만은 그들에게 주십시오."

하나님께서 아브람과 언약을 세우시다

이 일들이 있은 후에 여호와께서 환상 가운데 아브람에게 말씀하셨습니다.

"아브람아, 두려워하지 마라. 나는 네 방패이다. 내가 너에게 큰 상을 줄 것이다."

그러자 아브람이 말했습니다.

"주 여호와여, 저에게 무엇을 주시렵니까? 저에게는 아들이 없습니다. 그러니 다마스커스 사람인 제 종 엘리에셀이 제 모든 재산을 물려받을 것입니다."

아브람이 또 말했습니다.

"주께서 저에게 아들을 주지 않으셨으니 제 집에서 태어난 종이 저의 모든 것을 물려받을 것입니다."

여호와께서 아브람에게 말씀하셨습니다.

"그 아이는 네 재산을 물려받을 사람이 아니다. 네 몸에서 태어나는 자가 네 재산을 물려받게 될 것이다."

하나님께서 아브람을 밖으로 데리고 나가셔서 말씀하셨습니다.

"하늘을 바라보아라. 셀 수 있으면 저 별들을 세어 보아라. 네 자손들도 저 별들처럼 많아지게 될 것이다."

아브람은 여호와의 말씀을 믿었습니다. 그런즉 여호와께서는 이런 아브람의 믿음을 보시고 아브람을 의롭게 여기셨습니다.

하나님께서 아브람에게 말씀하셨습니다.

"나는 너를 갈대아 우르에서 인도해 낸 여호와이다. 내가 너를 이끌어 낸 것은 이 땅을 너에게 주기 위해서이다."

아브람이 말했습니다.

"주 여호와여, 제가 이 땅을 얻게 될 것을 어떻게 알 수 있겠습니까?"

여호와께서 아브람에게 말씀하셨습니다.

"나에게 삼 년 된 암송아지 한 마리와 삼 년 된 암염소 한 마리와 삼 년 된 숫양 한 마리를 가지고 오너라. 그리고 산비둘기 한 마리와 집비둘기 새끼 한 마리도 가지고 오너라."

아브람이 그 모든 것을 주께 가지고 왔습니다. 아브람은 그 동물들을 죽인 다음에 그 몸통을 반으로 갈라 서로 마주 보게 해 놓았습니다. 하지만 새들은 반으로 쪼개지 않았습니다. 솔개가 죽은 동물들을 먹으려고 내려왔습니다. 아브람이 새들을 쫓아 버렸습니다.

해가 지자 아브람은 깊은 잠에 빠져 들었습니다. 아브람이 잠든 사이에 어두움이 몰려왔으므로 아브람은 두려움에 빠지게 되었습니다. 그때에 여호와께서 아브람에게 말씀하셨습니다.

"잘 알아 두어라. 네 자손은 나그네가 되어 낯선 땅에서 떠돌게 될 것이다. 그 땅의 사람들이 네 자손을 종으로 삼고 사백 년 동안 네 자손을 괴롭힐 것이다. 그러나 네 자손을 종으로 삼은 그 나라에 내가 벌을 주리니, 네 자손은 많은 재산을 가지고 그 나라에서 나오게 될 것이다. 아브람아, 너는 오래 살다가 평안히 네 조상에게 돌아갈 것이다. 네 자손은 손자의 손자 때가 되어서야 이 땅으로 다시 돌아오게 될 텐데, 이것은 아모리 사람들의 죄가 아직은 벌을 받을 만큼 크지 않기 때문이다."

해가 져서 매우 어두운데 갑자기 연기 나는 화로와 타오르는 횃
불이 나타나서 반으로 쪼개 놓은 동물들 사이로 지나갔습니다. 그
날 여호와께서 아브람과 언약을 세우셨습니다.

"내가 이 땅을 네 자손에게 줄 것이다. 내가 네 자손에게 이집트
의 강과 저 큰 강 유프라테스 사이의 땅을 주리니, 이 땅은 겐 사람
과 그니스 사람과 갓몬 사람과 헷 사람과 브리스 사람과 르바 사
람과 아모리 사람과 가나안 사람과 기르가스 사람과 여부스 사람
의 땅이다."

하갈과 이스마엘

아브람의 아내 사래는 아이를 낳지 못했습니다. 사래에게는
하갈이라고 하는 이집트인 여종이 있었습니다. 사래가 아브
람에게 말했습니다.

"여호와께서는 내가 아이를 갖도록 허락지 아니하셨습니다. 그
러니 내 여종과 잠자리를 같이하십시오. 하갈의 몸을 빌려 아이를
가질 수 있을지도 모릅니다."

아브람은 사래가 말한 대로 했습니다. 그때는 아브람이 가나안
에서 산 지 십 년이 지난 해였습니다. 사래가 이집트인 몸종 하갈을
자기 남편 아브람에게 주었습니다. 아브람이 하갈과 잠자리를 같
이하자 하갈에게 아기가 생겼습니다. 하갈은 자신이 임신한 것을
알고는 자기 여주인 사래를 깔보았습니다. 그러자 사래가 아브람
에게 말했습니다.

"내가 이 고통을 겪는 것은 당신 때문입니다. 나는 내 여종을 당
신에게 주었습니다. 그런데 그 여자가 임신을 하더니 나를 깔보기
시작했습니다. 당신과 나 사이에 누가 옳은지 여호와께서 판단해

주시기 바랍니다."

아브람이 사래에게 말했습니다.

"하갈은 당신의 종이니 하갈에 대해서는 당신 마음대로 하시오."

사래가 하갈을 못살게 굴자 하갈은 집에서 도망쳤습니다.

여호와의 천사가 사막의 샘물 곁에 있는 하갈에게 나타났습니다. 그 샘물은 술로 가는 길가에 있었습니다. 천사가 말했습니다.

"사래의 여종 하갈아, 어디서 와서 어디로 가는 길이냐?"

하갈이 대답했습니다.

"여주인 사래에게서 도망치는 길입니다."

여호와의 천사가 하갈에게 말했습니다.

"네 여주인에게 돌아가서 그의 말을 잘 들어라."

여호와의 천사가 또 말했습니다.

"내가 너에게 셀 수 없이 많은 자손을 주겠다."

천사가 또 말했습니다.

"네 몸속에 아기가 있으니, 이제 아들을 낳을 것이다.
아들을 낳으면 그 이름을 이스마엘이라 하여라.
이는 여호와께서 너의 부르짖는 소리를 들어주셨기 때문이다.
이스마엘은 들나귀처럼 될 것이다.
그는 사람들을 대적할 것이며, 사람들도 그를 대적할 것이다.
그는 자기의 모든 형제들과 마주 대하여 살 것이다."

하갈은 "내가 정말로 하나님을 뵙고도 이렇게 살아 있다니!"라고 말하면서 자기에게 말씀하신 여호와를 '나를 보시는 하나님'이라고 불렀습니다. 그래서 그곳에 있는 샘물도 브엘라해로이라는 이름이 붙게 되었습니다. 그 샘물은 가데스와 베렛 사이에 있습니다.

하갈이 아브람의 아들을 낳았습니다. 아브람은 그 아들의 이름을 이스마엘이라고 지었습니다. 하갈이 이스마엘을 낳았을 때 아브람의 나이는 여든여섯 살이었습니다.

언약의 표

아브람이 아흔아홉 살이 되었을 때에 여호와께서 아브람에게 나타나셔서 말씀하셨습니다.

"나는 전능한 하나님이다. 내 말에 복종하며 올바르게 살아라. 내가 너와 언약을 세워 너에게 수없이 많은 자손을 주겠다."

아브람이 땅에 엎드려 절하자 하나님께서 아브람에게 말씀하셨습니다.

"이것은 내가 너와 세우는 언약이다. 너는 여러 나라의 조상이 될 것이다. 내가 너를 여러 나라의 조상으로 만들었으니, 이제부터 너의 이름은 아브람이 아니라 아브라함이 될 것이다. 내가 너에게 많은 자손을 줄 것이다. 너를 여러 나라들 위에 세우리니 너에게서 왕들이 나올 것이다. 내가 너에게 언약을 세울 텐데, 이 언약은 지금부터 내가 너와 네 모든 자손에게 세우는 언약이다. 나는 네 하나님이 되며 네 모든 자손의 하나님이 될 것이다. 너는 지금 이 가나안 땅에서 나그네로 살고 있다. 그러나 내가 이 땅 전체를 너와 네 자손에게 영원히 주며 나는 네 자손의 하나님이 되어 주겠다."

하나님께서 또 아브라함에게 말씀하셨습니다.

"너와 네 자손은 지금부터 이 언약을 지켜야 한다. 너희 가운데 남자는 모두 할례를 받아라. 이것은 너와 네 자손과 세우는 내 언약이니, 너는 이 언약을 지켜야 한다. 남자의 양피를 베어라. 이것이 나와 너희 사이에 세운 언약의 표시가 될 것이다. 지금부터 남자

아이는 태어난 지 팔 일 만에 할례를 받을 것이다. 너희 집에서 태어난 종과 너희가 너희 자손이 아닌 외국 사람에게서 돈을 주고 산 사람도 할례를 받아야 한다. 너희 집에서 태어난 종과 너희 돈으로 산 종이 다 할례를 받아야 한다. 그래야만 너희 살 속에 새겨진 내 언약이 영원한 언약이 될 것이다. 할례받지 않은 남자는 내 언약을 어긴 것이므로 내 백성 가운데서 제외될 것이다."

약속의 아들 이삭

하나님께서 아브라함에게 말씀하셨습니다.

"너는 네 아내의 이름을 사래라고 부르지 말고 이제부터는 사라라고 하여라. 내가 사라에게 복을 주어 너를 위해 아들을 낳게 할 것이다. 또 내가 사라에게 복을 줄 것이니, 사라는 여러 나라의 어머니가 되며 여러 나라의 왕들이 사라에게서 나올 것이다."

아브라함은 얼굴을 땅에 대고 엎드린 채 웃으며 마음으로 혼잣말을 했습니다.

'어떻게 백 살이나 먹은 사람이 아기를 낳을 수 있을까? 사라는 나이가 아흔 살인데 어떻게 아기를 낳을 수 있을까?'

아브라함이 하나님께 말했습니다.

"이스마엘이나 하나님께 복을 받으며 살기를 바랍니다."

하나님께서 말씀하셨습니다.

"아니다. 네 아내 사라가 아들을 낳을 것이니, 아들을 낳으면 그 이름을 이삭이라고 하여라. 내가 네 아들과 내 언약을 세울 것이니 그 언약은 네 아들의 자손과 세울 영원한 언약이 될 것이다. 네가 이스마엘에 대해 한 말은 내가 다 들었다. 이스마엘에게도 내가 복을 주어 그에게 많은 자손과 후손이 있게 하며 번성하게 할 것이다. 이스마엘은 큰 지도자 열두 명의 아버지가 되고 큰 나라를 이룰 것이다. 그러나 나는 내 언약을 이삭과 세운다. 이삭은 사라가 내년 이맘때쯤 낳을 것이다."

하나님께서는 아브라함과 말씀을 나누신 뒤에 아브라함을 떠나 하늘로 올라가셨습니다. 아브라함은 이스마엘을 비롯해 자기 집에서 태어난 모든 남자를 불러 모았습니다. 또 돈을 주고 산 종들도 불러 모았습니다. 그날에 아브라함은 하나님께서 말씀하신 대로 자기 집의 모든 남자에게 할례를 베풀었습니다. 아브라함이 할례를 받은 때의 나이는 아흔아홉 살이었으며, 아브라함의 아들 이스마엘이 할례를 받은 때의 나이는 열세 살이었습니다. 아브라함과 그의 아들 이스마엘은 같은 날에 할례를 받았습니다. 그리고 아브라함의 집에 있던 모든 남자들도 같은 날에 할례를 받았습니다. 아브라함의 집에서 태어난 종과 다른 나라 사람에게서 돈을 주고 산 종들도 다 할례를 받았습니다.

세 천사

여호와께서 마므레의 커다란 나무들 가까운 곳에서 아브라함에게 다시 나타나셨습니다. 그때에 아브라함은 자기 장막 문에 앉아 있었습니다. 그때는 가장 더운 한낮이었습니다. 아브라함이 눈을 들어 보니 세 사람이 자기 가까이에 서 있었습니다. 아브라함은 그들을 보고 자기 장막에서 달려 나와 땅에 엎드려 그들을 맞이했습니다. 아브라함이 말했습니다.

"내 주여, 저를 좋게 여기신다면 주의 종 곁을 그냥 지나가지 마십시오. 제가 여러분 모두의 발 씻을 물을 가지고 올 테니 발을 씻으신 뒤에 나무 아래에서 좀 쉬십시오. 제가 음식을 조금 가져올 테니 드시고 기운을 차리신 다음에 다시 길을 떠나도록 하십시오."

그들이 말했습니다.

"좋소. 당신 말대로 하겠소."

아브라함이 급히 장막으로 달려가 사라에게 말했습니다.

"빨리 밀가루 세 스아를 반죽해서 빵을 만드시오."

그리고 아브라함은 짐승들이 있는 곳으로 달려가 아주 좋은 송아지 한 마리를 끌어다가 종에게 주었습니다. 종은 급히 그 송아지를 잡아서 요리를 했습니다. 아브라함은 그들에게 송아지 요리와 버터와 우유를 대접했습니다. 그들이 음식을 먹는 동안 아브라함은 나무 아래에 서서 그들의 시중을 들었습니다.

그들이 아브라함에게 물었습니다.

"당신 아내 사라는 어디에 있소?"

"저기 장막 안에 있습니다."

아브라함이 대답했습니다. 그때에 주께서 말씀하셨습니다.

"내년 이맘때에 내가 반드시 너를 다시 찾아올 것이다. 그때에는 네 아내 사라에게 아들이 생길 것이다."

그때 사라는 장막 문간에서 그 말을 들었습니다. 아브라함과 사라는 나이가 매우 많았습니다. 사라는 아기를 가질 수 있는 나이가 지나버린 후였습니다. 그래서 사라는 속으로 웃으면서

'내 남편과 나는 너무 늙었는데 어떻게 우리에게 그런 즐거운 일이 생길까?'

하고 말했습니다. 그때에 여호와께서 아브라함에게 말씀하셨습니다.

"사라가 왜 웃느냐? 어찌하여 '내가 늙었는데 어떻게 아이를 낳을 수 있을까?' 하느냐? 나 여호와가 하지 못할 일이 어디에 있느냐? 내년 이맘때에 내가 다시 너를 찾아올 것이다. 그때에는 사라에게 아들이 생길 것이다."

사라는 두려워져서 거짓말을 했습니다.

"저는 웃지 않았습니다."

그러자 주께서 말씀하셨습니다.

"아니다. 너는 웃었다."

그 사람들은 거기를 떠나 소돔을 향했습니다. 아브라함은 그들을 배웅하기 위해 얼마쯤 그들과 같이 걸었습니다.

아브라함이 하나님께 빌다

여호와께서 말씀하셨습니다.

"내가 지금 하려고 하는 일을 어떻게 아브라함에게 숨기겠느냐? 아브라함은 크고 강한 나라가 될 것이며 이 땅의 모든 나라들이 아브라함으로 인하여 복을 받을 것이다. 나는 아브라함이 자기 자녀들과 자손들을 가르쳐 여호와의 길을 잘 따르게 하기 위해 그를 선택했다. 그의 자손이 아브라함에게 배운 대로 하면, 나 여호와가 아브라함에게 한 모든 약속을 지키겠다."

여호와께서 또 말씀하셨습니다.

"나는 소돔과 고모라 백성에 대한 나쁜 이야기를 많이 들었다. 그들은 너무나 악하다. 이제 내가 내려가서 그들이 정말로 그토록 악한지 또는 그렇지 않은지를 살펴볼 것이다."

그리하여 그들은 그곳을 떠나 소돔 쪽으로 갔습니다. 하지만 아브라함은 그대로 여호와 앞에 서 있었습니다. 아브라함이 주께 다가가 말씀드렸습니다.

"주여, 착한 사람들도 저 악한 사람들과 함께 멸망시키시겠습니까? 만약 저 성안에 착한 사람 오십 명이 있으면 어떻게 하시겠습니까? 그래도 저 성을 멸망시키시겠습니까? 저 안에 살고 있는 착한 사람 오십 명을 위해 저 성을 용서하지 않으시겠습니까? 제발 착한 사람을 악한 사람들과 함께 멸망시키지 말아 주십시오. 그러면 의인이나 악인이나 마찬가지가 되지 않습니까? 주께서는 온 땅의 심판자이십니다. 그러니 옳은 판단을 내리셔야 하지 않겠습니까?"

여호와께서 말씀하셨습니다.

"만약 저 소돔 성안에 착한 사람 오십 명이 있다면, 그들을 보아서라도 저 성 전체를 구원해 줄 것이다."

그러자 아브라함이 말했습니다.

"저는 먼지나 재에 지나지 않지만 감히 주께 말씀드리겠습니다. 만약 저 성안에 착한 사람이 사십오 명밖에 없다면 어떻게 하시겠습니까? 다섯 명이 부족하다고 해서 저 성 전체를 멸망시키시겠습니까?"

여호와께서 말씀하셨습니다.

"만약 저 성안에 착한 사람 사십오 명이 있다면 저 성을 멸망시키지 않을 것이다."

아브라함이 또 여호와께 말했습니다.

"만약 착한 사람이 사십 명밖에 없다면 어떻게 하시겠습니까?"

여호와께서 말씀하셨습니다.

"착한 사람이 사십 명만 있어도 저 성을 멸망시키지 않을 것이다."

아브라함이 또 여호와께 말했습니다.

"주여, 노하지 마시고 제가 드리는 말씀을 들어 주십시오. 만약 저 성안에 착한 사람이 삼십 명밖에 없다면 어떻게 하시겠습니까?"

주께서 말씀하셨습니다.

"착한 사람이 삼십 명만 있어도 저 성을 멸망시키지 않을 것이다."

아브라함이 또 여호와께 말했습니다.

"감히 주께 말씀드립니다. 만약 착한 사람이 이십 명 있다면 어떻게 하시겠습니까?"

여호와께서 말씀하셨습니다.

"착한 사람이 이십 명만 있어도 저 성을 멸망시키지 않을 것이다."

아브라함이 또 여호와께 말했습니다.

"주여, 노하지 마시고 마지막으로 한 번만 더 말씀드리게 해 주십시오. 만약 열 명이 있으면 어떻게 하시겠습니까?"

여호와께서 말씀하셨습니다.

"착한 사람이 열 명만 있어도 저 성을 멸망시키지 않을 것이다."

여호와께서는 아브라함과 말씀을 마치신 뒤에 그곳을 떠나셨습니다. 아브라함도 자기 집으로 돌아갔습니다.

롯을 찾아온 사람들

밤이 되자 두 천사가 소돔에 찾아왔습니다. 롯은 소돔 성문 가까이에 앉아 있다가 그들을 보고 자리에서 일어나 그들에게 다가가 땅에 엎드려 절을 했습니다. 롯이 말했습니다. "내 주여, 제발 제 집으로 오셔서 발도 씻으시고 하룻밤 묵어가십시오. 그러시다가 내일 아침에 일찍 일어나 길을 떠나시면 되지 않겠습니까?" 천사들이 대답했습니다. "아니오, 우리는 거리에서 오늘 밤을 지내겠소." 그러나 롯이 간곡히 권하자 그들은 롯의 집으로 들어갔습니다. 롯은 음식을 준비했습니다. 롯이 누룩을 넣지 않은 빵을 구워 주자 그들이 빵을 먹었습니다.

그들이 잠자리에 들기 전 소돔 성의 온 마을에서 남자들이 몰려와 롯의 집을 에워쌌습니다. 그 가운데는 젊은이도 있었고 노인도 있었습니다. 그들이 롯에게 소리쳤습니다. "오늘 밤 너에게 온 사람

들이 어디에 있느냐? 그들을 우리에게 끌어내라. 그들을 욕보여야
겠다." 롯이 밖에 있는 사람들에게로 나가서 뒤로 문을 닫아걸었습
니다. 롯이 말했습니다. "형제들이여, 이런 나쁜 일을 하면 안 되오.
자, 나에게 남자와 잠자리를 같이한 적이 없는 딸 둘이 있소. 그 애
들을 드릴 테니 당신들 좋을 대로 하시오. 하지만 이 사람들에게
는 아무 짓도 하지 마시오. 그분들은 내 집에 들어온 손님이기 때문
이오." 롯의 집을 에워싼 남자들이 말했습니다. "저리 비켜라! 이놈
이 우리 성에 떠돌이로 온 주제에 감히 우리에게 훈계를 하려 들다
니!" 그들이 또 말했습니다. "저 사람들보다 네 놈이 먼저 혼 좀 나
야 되겠구나." 그러면서 그들은 롯을 밀쳐 내고 문을 부수려 했습
니다. 그때 롯의 집에 손님으로 온 두 사람이 문을 열고 손을 내밀
어 롯을 집 안으로 끌어들였습니다. 그리고 나서 그들은 문을 닫아
걸었습니다. 두 사람은 문밖에 서 있는 사람들의 눈을 어둡게 했습
니다. 그래서 밖에 있던 사람들은 젊은이나 노인이나 할 것 없이 문
을 찾을 수가 없었습니다.

두 사람이 롯에게 말했습니다. "이 성에서 사는 다른 친척들이
있소? 사위나 아들이나 딸이나 그 밖의 다른 친척이 있소? 만약 있
으면 당장 이 성을 떠나라고 이르시오. 우리는 이 성을 멸망시킬 것
이오. 여호와께서는 이 성에서 벌어지는 악한 일에 대해 모두 들으
셨소. 그래서 여호와께서 이 성을 멸망시키라고 우리를 보내신 것
이오." 롯은 이 말을 듣고 밖으로 나가 장차 사위가 될 사람들에게
일러 주었습니다. 그들은 롯의 딸들과 결혼하기로 약속한 사람들
입니다. 롯이 말했습니다. "어서 빨리 이 성을 떠나게. 여호와께서
이 성을 멸망시키실 것이네." 그러나 그들은 롯의 말을 장난으로 여
겼습니다.

이튿날 새벽이 되자 천사들이 롯에게 빨리 떠날 것을 요구했습

니다. "서둘러 여기 있는 아내와 두 딸을 데리고 나가시오. 죄악으
로 인해 이 성에 심판이 임할 때에 당신들이 죽는 것을 막기 위해서
요." 그래도 롯이 머뭇거리자 그 사람들은 롯과 그의 아내와 두 딸
의 손을 잡아끌고 성 밖 안전한 곳으로 데리고 나갔습니다. 이처럼
여호와께서는 롯과 그의 가족에게 자비를 베푸셨습니다. 두 사람
은 롯과 그의 가족을 성 밖으로 데리고 나갔습니다. 그중 한 사람
이 말했습니다. "살려면 이곳을 피해야 하오. 골짜기 어디에서든 뒤
를 돌아보거나 멈추지 마시오. 산으로 도망가시오. 그렇게 하지 않
으면 당신들도 죽을 것이오." 그러자 롯이 그들 중 한 사람에게 말
했습니다. "내 주여, 제발 그렇게 하지 않도록 해 주십시오. 주께서
는 주의 종인 저에게 자비를 베푸셔서 제 목숨을 구해 주셨습니다.
하지만 저는 저 산까지 달려갈 수 없습니다. 산에 이르기도 전에 재
앙이 닥쳐서 저도 죽을까 두렵습니다. 보십시오. 저기 보이는 저 성
은 도망가기에 가깝고도 작은 성입니다. 그러니 저 성으로 도망가
게 해 주십시오. 저 성은 참으로 작지 않습니까? 저 성으로 도망가
살 수 있게 해 주십시오." 천사가 롯에게 말했습니다. "보십시오.
이 일에도 내가 당신의 부탁을 들어주겠소. 당신이 말한 저 성은 멸
망시키지 않겠소. 하지만 빨리 도망가시오. 당신이 저 성에 도착할
때까지 나는 소돔을 멸망시킬 수 없소." 그러므로 그때부터 그 성
은 '작다'는 뜻으로 소알이라고 불렸습니다.

소돔과 고모라가 멸망하다

롯이 소알에 들어섰을 때는 이미 해가 떠올라 있었습니다. 여호
와께서 소돔과 고모라에 하늘로부터 마치 비를 내리듯 유황과 불
을 쏟아 부으셨습니다. 주께서 그 두 성을 멸망시키셨습니다. 주께
서 또 요단 골짜기 전체와 두 성안에 사는 모든 사람과 땅에서 자

라나는 모든 것을 멸망시키셨습니다. 그런데 롯의 아내는 그만 뒤를 돌아보았기 때문에 소금 기둥이 되어 버렸습니다.

이튿날 아침 일찍 아브라함은 자리에서 일어나 여호와 앞에 서 있었던 곳으로 갔습니다. 아브라함은 소돔과 고모라와 요단 골짜기가 있는 쪽을 내려다보았습니다. 땅에서 연기가 솟아오르고 있었습니다. 마치 아궁이에서 나는 연기 같았습니다.

하나님께서 골짜기의 성들을 멸망시키셨지만 아브라함의 부탁을 기억하셔서 롯이 살던 성을 멸망시키실 때에 롯의 목숨을 살려 주셨습니다.

롯과 그의 딸들

롯은 소알에서 계속 사는 것이 두려웠습니다. 그래서 롯과 그의 두 딸은 산으로 이사했습니다. 롯은 딸들과 함께 동굴에서 살았습니다. 어느 날 큰딸이 작은딸에게 말했습니다. "우리 아버지는 늙으셨고 세상 사람들은 다 결혼을 하는데 우리와 결혼할 남자는 없다. 그러니 아버지를 술에 취하게 한 다음에 아버지와 잠자리를 같이해서 아버지를 통해 자식을 얻자." 그날 밤에 두 딸은 아버지에게 술을 드려 취하게 했습니다. 그리고 나서 큰딸이 아버지에게 가서 아버지와 잠자리를 같이했습니다. 하지만 롯은 큰딸이 한 일을 알지 못했습니다.

이튿날 큰딸이 작은딸에게 말했습니다. "어젯밤에는 내가 아버지와 함께 잤으니, 오늘 밤에도 아버지에게 술을 드려 취하게 한 다음 이번에는 네가 아버지와 함께 자라. 그렇게 해서 아버지를 통해 자식을 얻자." 그날 밤에도 두 딸은 아버지에게 술을 드려 취하게 하고 작은딸이 아버지에게 가서 아버지와 잠자리를 같이했습니다. 이번에도 롯은 작은딸이 한 일을 몰랐습니다. 이런 방법으로 롯의 두 딸이 모두 아버지의 아이를 가지게 되었습니다. 큰딸은 아들을 낳아 이름을 모압이라고 지었습니다. 모압은 지금까지 살고 있는 모든 모압 백성의 조상입니다. 작은딸도 아들을 낳아 이름을 벤암미라고 지었습니다. 벤암미는 지금까지 살고 있는 암몬 백성의 조상입니다.

아브라함과 아비멜렉

아브라함은 헤브론을 떠나 남쪽 네게브 지방으로 옮겨 가서 가데스와 술 사이에서 살았습니다. 그 뒤에 아브라함은 또 그랄로 옮겨 갔습니다. 아브라함은 그곳 사람들에게 자기 아내 사라를 누이라고 말했습니다. 그랄의 아비멜렉 왕이 그 이야기를 듣고 종들을 보내어 사라를 데려오게 했습니다. 그날 밤 하나님께서 아비멜렉의 꿈에 나타나셔서 말씀하셨습니다. "네가 데려온 그 여자 때문에 너는 죽을 것이다. 그녀는 결혼한 여자다." 하지만 아비멜렉은 사라를 가까이하지 않았습니다. 그래서 아비멜렉이 말했습니다. "주여, 죄 없는 백성을 멸망시키시겠습니까? 아브라함은 저에게 '이 여자는 내 누이입니다'라고 말했습니다. 그리고 그 여자도 '이 사람은 제 오빠입니다'라고 말했습니다. 나는 순수한 마음으로 또 결백한 손으로 이 일을 했습니다." 하나님께서 아비멜렉의 꿈에 나타나셔서 말씀하셨습니다. "나도 네가 순수한 마음으로 그렇게 한 줄 안다. 그래서 내가 너로 하여금 나에게 죄를 짓지 않게 하려고 네가 그 여자와 함께 자지 못하게 한 것이다. 아브라함의 아내를 돌려보내어라. 아브라함은 예언자이니 아브라함이 너를 위해 기도하면 너는 죽지 않을 것이다. 하지만 사라를 돌려보내지 않으면 너는 죽을 것이며 너의 모든 가족도 죽을 것이다."

아비멜렉이 이튿날 아침 일찍 일어나 신하들을 모두 불러 모아서 꿈에 보았던 모든 일을 이야기해 주었습니다. 그들은 크게 두려워했습니다. 아비멜렉이 아브라함을 불러서 말했습니다. "왜 우리에게 이런 일을 했소? 내가 그대에게 무슨 잘못을 했기에 나와 내 나라에 이런 큰 죄를 불러들이려 했소? 그대는 나에게 해서는 안 될 일을 했소." 아비멜렉이 또 아브라함에게 말했습니다. "그대는 무슨 생각으로 이런 일을 했소?" 아브라함이 대답했습니다. "나는 이곳 사람들이 아무도 하나님을 두려워하지 않으므로 사라를 빼앗으려고 누군가가 나를 죽일 것이라고 생각했습니다. 그리고 실제로 사라는 나의 아버지의 딸로서 나의 누이 동생이지만 어머니가 다르므로 나의 아내가 되었습니다. 하나님께서 나를 내 아버지의 집을 떠나 여러 나라로 다니게 하셨을 때, 나는 사라에게 '내 말을 들어주시오. 우리가 어디로 가든 사람들에게 내가 당신의 오빠라고 말하시오. 그것이 나를 위하는 길이오'라고 말했습니다."

아비멜렉이 아브라함에게 양 떼와 소 떼와 남종과 여종을 주었습니다. 아비멜렉은 아브라함의 아내 사라도 아브라함에게 돌려보냈습니다. 아비멜렉이 말했습니다. "내 땅을 둘러보고 어디든 그대 마음에 드는 곳이 있으면 거기에서 살아도 좋소." 아비멜렉이 사라에게 말했습니다. "그대의 오빠에게 은 천 세겔을 주었소. 그것은 사람들 앞에서 그대가 깨끗한 사람임을 증명해 줄 것이오. 모든 사람들 앞에서 그대가 아무런 잘못이 없다는 것이 확실해질 것이오." 아브라함이 하나님께 기도드렸습니다. 그래서 하나님께서 아비멜렉과 그의 아내와 그의 여종들의 병을 고쳐 주셨습니다. 그들은 이제 아이를 가질 수 있게 되었습니다. 여호와께서는 전에 아비멜렉이 아브라함의 아내 사라를 데려간 것 때문에 아비멜렉 집안의 모든 여자들이 아이를 낳을 수 없도록 만드셨습니다.

사라가 아들을 낳다

여호와께서는 말씀하신 대로 사라를 보살펴 주셨고 약속하신 대로 사라에게 이루어 주셨습니다. 사라는 임신하여 하나님께서 말씀하신 그 예정된 때에 늙은 아브라함의 아들을 낳았습니다. 아브라함은 사라가 낳아 준 아들의 이름을 이삭이라고 지었습니다. 아브라함은 하나님께서 명령하신 대로 이삭이 태어난 지 팔일 만에 이삭에게 할례를 베풀었습니다. 아브라함의 아들 이삭이 태어났을 때 아브라함의 나이는 백 살이었습니다. 사라가 말했습니다. "하나님께서 나에게 웃음을 주셨다. 이 이야기를 들은 사람들도 나처럼 웃게 될 것이다. 어느 누가 사라가 아이를 낳을 수 있으리라고 아브라함에게 말할 수 있었겠는가? 그런데 나는 지금 늙은 아브라함에게 아들을 낳아 주었다."

하갈과 이스마엘

이삭이 자라나 젖을 뗄 때가 되었습니다. 이삭이 젖을 떼던 날에 아브라함은 큰 잔치를 베풀었습니다. 그런데 사라가 보니 이스마엘이 이삭을 놀리고 있었습니다. 이스마엘은 아브라함이 사라의 이집트인 여종 하갈에게서 낳은 아들입니다. 그래서 사라가 아브라함에게 말했습니다. "저 여종과 그 아들을 쫓아내십시오. 이 여종의 아들이 우리 아들 이삭과 함께 재산을 물려받을 수 없습니다." 아브라함은 이 일로 인해 매우 괴로웠습니다. 왜냐하면 이스마엘도 자기 아들이었기 때문입니다. 하지만 하나님께서 아브라함에게 말씀하셨습니다. "저 아이와 여종 때문에 염려하지 마라. 사라가 무슨 말을 하든 그 말을 들어주어라. 내가 너에게 약속한 자손은 이삭에게서 나올 것이다. 그러나 여종에게서 낳은 아들도 네 아들이므로 내가 그의 자손도 큰 나라가 되게 할 것이다." 아브라함이 이

튼날 아침 일찍 일어나 먹을 것과 물을 가득 채운 가죽 부대를 준비해서 하갈에게 주었습니다. 아브라함은 그것들을 하갈의 어깨에 메어 준 다음 이스마엘과 함께 하갈을 내쫓았습니다. 하갈은 밖으로 나가 브엘세바 광야에서 헤매고 다녔습니다.

가죽 부대의 물이 다 떨어지자 하갈은 자기 아들을 어떤 작은 나무 아래에 두었습니다. 그리고는 "내 아들이 죽는 모습을 차마 볼 수가 없구나" 하고 말하며, 활의 사정 거리만큼 떨어진 곳으로 가서 주저앉았습니다. 그리고 이내 아들 쪽을 바라보다가 그만 울음을 터뜨리고 말았습니다. 하나님께서 아이가 우는 소리를 들으셨습니다. 하나님의 천사가 하늘에서 하갈을 불렀습니다. "하갈아, 왜 그러느냐? 두려워하지 마라. 하나님께서 아이가 우는 소리를 들으셨다. 아이를 일으켜 세워 손을 꼭 잡아라. 내가 그 아이의 자손으로 큰 나라를 이루도록 만들어 주겠다." 하나님께서 하갈의 눈을 밝게 하셨습니다. 그러자 하갈은 우물을 발견하게 되었고 그 우물로 가서 가죽 부대에 물을 담아다가 아이에게 먹였습니다. 그 아이가 자라는 동안 하나님께서 그 아이와 함께 계셨습니다. 이스마엘은 광야에서 살았고 훌륭한 활잡이가 되었습니다. 이스마엘은 바란 광야에서 살았는데 이스마엘의 어머니는 이집트 땅에서 여자를 데려다가 이스마엘의 아내로 삼아 주었습니다.

아브라함과 아비멜렉의 약속

아비멜렉이 자기의 군대 사령관 비골을 데리고 아브라함에게 와서 말했습니다. "그대가 하는 모든 일에 하나님께서 함께하십니다. 그러니 하나님 앞에서 나와 내 자녀와 내 자손들에게 거짓된 일을 하지 않겠다고 약속해 주십시오. 내가 당신에게 친절을 베풀었듯이 당신도 나에게 그리고 당신이 나그네로 살았던 이 땅에 친절을 베풀어 주십시오." 아브라함이 말했습니다. "그렇게 하기로 약속합니다."

그리고 나서 아브라함은 아비멜렉의 종들이 자기 우물을 빼앗은 일에 대해서 아비멜렉에게 불평을 했습니다. 그러자 아비멜렉이 말했습니다. "나는 누가 그런 일을 했는지 모릅니다. 당신도 지금까지 한 번도 그 일에 대해서 말하지 않았습니다. 나는 오늘 이외에 이런 이야기를 들은 적이 없습니다." 아브라함이 아비멜렉에게 양과 소들을 주었습니다. 두 사람은 언약을 세웠습니다. 아브라함은 아비멜렉 앞에 새끼 암양 일곱 마리도 내놓았습니다. 아비멜렉이 아브라함에게 물었습니다. "새끼 암양 일곱 마리를 따로 내놓은 까닭은 무엇입니까?" 아브라함이 대답했습니다. "이 양들을 받아 주십시오. 내가 이 우물을 팠다는 것을 증명해 달라는 뜻으로 이 양들을 드리는 것입니다." 이 두 사람이 그곳에서 서로 약속했기 때문에 그곳의 이름을 브엘세바라고 부르게 되었습니다. 이처럼 아브라함과 아비멜렉은 브엘세바에서 언약을 세웠습니다. 그리고 나서 아비멜렉과 그의 군대 사령관 비골은 블레셋 사람들의 땅으로 돌아갔습니다. 아브라함은 브엘세바에 에셀 나무를 심었습니다. 아브라함은 그곳에서 영원토록 살아 계신 여호와 하나님의 이름을 부르며 경배드렸습니다. 아브라함은 블레셋 사람들의 땅에서 오랫동안 나그네처럼 살았습니다.

하나님께서 아브라함을 시험하시다

이 일들이 있은 뒤에 하나님께서 아브라함의 믿음을 시험하셨습니다. 하나님께서 "아브라함아" 하고 부르시자 아브라함이 "예, 제가 여기에 있습니다" 하고 대답했습니다. 여호와께서 말씀하셨습니다. "너는 사랑하는 아들 이삭을 데리고 모리아 땅으로 가거라. 내가 너에게 일러 주는 산에서 네 아들을 잡아 태워 드리는 제물인 번제물로 바쳐라." 아브라함은 아침 일찍 일어나 나귀에 안장을 얹었습니다. 아브라함은 태워 드리는 제사인 번제에 쓸 장작을 준비한 다음에 이삭과 두 종을 데리고 길을 떠났습니다. 그들은 하나님께서 일러 주신 곳으로 갔습니다. 삼 일째 되는 날 아브라함이 눈을 들어 보니 멀리에 그곳이 보였습니다. 아브라함이 자기 종들에게 말했습니다. "나귀와 함께 이곳에 머물러 있어라. 내 아들과 나는 저쪽으로 가서 예배를 드리고 돌아오겠다." 아브라함은 태워 드리는 제사인 번제에 쓸 장작을 자기 아들에게 지게 했습니다. 아브라함은 불과 칼을 챙긴 후 아들과 함께 걸어갔습니다. 이삭이 아브라함을 불렀습니다. "아버지!" 아브라함이 "왜 그러느냐?" 하고 대답했습니다. "불과 장작은 있는데 번제로 바칠 양은 어디에 있습니까?" 하고 이삭이 물었습니다. "애야, 하나님께서 번제로 바칠 양을 준비하실 것이다." 아브라함이 대답했습니다. 아브라함과 그 아들은 함께 길을 걸었습니다.

그들은 하나님께서 일러 주신 곳에 이르렀습니다. 아브라함은 그곳에 제단을 쌓고 장작을 벌여 놓은 다음 자기 아들 이삭을 묶어 제단 장작 위에 올려 놓았습니다. 그리고 나서 칼을 들어 자기 아들을 죽이려 했습니다. 그때에 여호와의 천사가 하늘에서부터 그를 불렀습니다. "아브라함아, 아브라함아!" 그러자 아브라함이 "예, 제가 여기에 있습니다"라고 대답했습니다. 천사가 말했습니다. "네 아들에게 손대지 마라. 아무 일도 그에게 하지 마라. 네가 하나밖에 없는 아들을 아낌없이 바치려 하는 것을 내가 보았으니 네가 하나님을 두려워하는 줄을 이제 내가 알았노라." 아브라함이 눈을 들어 살펴보니 나무에 뿔이 걸려 있는 숫양 한 마리가 보였습니다. 아브라함은 그 양을 잡아다가 자기 아들 대신에 하나님께 번제물로 드렸습니다. 이 일 때문에 아브라함은 그곳의 이름을 여호와 이레라고 불렀습니다. 그래서 지금까지도 사람들은 '여호와의 산에서 준비될 것이다'라는 말을 합니다.

여호와의 천사가 두 번째로 하늘에서 아브라함을 불렀습니다. 천사가 말했습니다. "여호와께서 말씀하셨다. '네가 하나밖에 없는 아들을 아끼지 않고 나에게 바치려 했으므로 맹세코 내가 너에게 한 가지 약속을 해 주겠노라. 내가 분명히 너에게 복을 주고 또 많은 자손을 줄 것이다. 네 자손은 하늘의 별처럼 바닷가의 모래처럼 많게 될 것이며 네 자손은 원수의 성들을 정복하게 될 것이다. 네가 나에게 복종하였으므로 네 자손을 통해 땅 위의 모든 나라들이 복을 받을 것이다.'" 아브라함은 자기 종들이 있는 곳으로 돌아왔습니다. 그리고는 함께 일어나 브엘세바로 갔습니다. 아브라함은 브엘세바에서 살았습니다.

이 일이 있은 뒤에 누군가가 아브라함에게 말했습니다. "밀가도 당신의 형제인 나홀의 아이들을 낳았습니다. 맏아들은 우스이고, 둘째 아들은 부스이고, 셋째 아들은 아람의 아버지인 그므엘입니다. 그리고 게셋과 하소와 빌다스와 이들랍과 브두엘도 태어났습니다." 브두엘은 리브가의 아버지가 되었습니다. 이 여덟 아들은 아브라함의 동생 나홀과 그의 아내 밀가 사이에서 태어났습니다. 또 나홀의 첩 르우마도 데바와 가함과 다하스와 마아가를 낳았습니다.

사라가 죽다

사라는 백스물일곱 살까지 살았으며, 이것이 사라가 누린 수명이었습니다. 사라는 가나안 땅 기럇아르바 곧 헤브론에서 죽었습니다. 아브라함이 사라를 위해 슬피 울었습니다. 얼마 뒤에 아브라함은 죽은 아내 곁에서 물러나와 헷 사람들에게 가서 말했습니다. "나는 이곳에서 나그네요, 외국인에 지나지 않습니다. 내 죽은 아내를 묻을 수 있도록 나에게 땅을 좀 파십시오." 헷 사람들이 아브라함에게 대답했습니다. "내 주여, 우리의 말씀을 들어 보십시오. 당신은 우리들의 위대한 지도자입니다. 우리의 땅 중에서 가장 좋은 곳을 골라 돌아가신 분을 장사 지내십시오. 우리의 무덤 중에서 어느 곳이든 마음대로 고르십시오. 돌아가신 분을 장사 지내는 것을 막을 사람은 아무도 없습니다." 아브라함이 자리에서 일어나 그 땅의 백성인 헷 사람들에게 절했습니다. 아브라함이 그들에게 말했습니다. "내 죽은 아내를 이 땅에 묻는 일을 정말로 도와주시겠다면, 소할의 아들 에브론에게 부탁하여 에브론이 나에게 막벨라 동굴을 팔게 해 주십시오. 그 동굴은 에브론의 밭 끝에 있습니다. 물론 값은 넉넉하게 치르겠습니다. 그 동굴이 당신들 가운데서 내게 속한 매장지가 되게 해 주십시오."

그때에 에브론은 헷 사람들과 함께 앉아 있었습니다. 에브론이 성문 곁에서 헷 사람들이 다 듣도록 아브라함에게 말했습니다. "내 주여, 그러실 필요 없습니다. 내 말을 들으십시오. 그 땅과 거기에 있는 동굴을 그냥 드리겠습니다. 이 사람들이 보는 앞에서 다 드릴 테니 돌아가신 분을 장사 지내십시오." 아브라함이 헷 사람들 앞에서 절했습니다. 아브라함이 모든 사람들 앞에서 에브론에게 말했습니다. "당신이 진정 나를 위한다면 내 말을 들으십시오. 밭값을 다 치르고 사게 해 주십시오. 내 돈을 받으십시오. 그래야 내 죽은 아내를 거기에 묻을 수 있습니다." 에브론이 아브라함에게 대답했습니다. "그 땅을 값으로 치면 은 사백 세겔은 되지만 나와 당신 사이에 그것이 무슨 말입니까? 돌아가신 분을 장사 지내십시오." 아브라함은 헷 사람들이 보는 앞에서 에브론이 말한 은 사백 세겔을 장사하는 사람들의 계산 방식에 따라 달아 주었습니다.

이렇게 해서 마므레 동쪽의 막벨라에 있는 에브론의 밭이 팔렸습니다. 그 밭과 거기에 있는 동굴과 밭의 사방을 두르고 있는 모든 나무가 성문에 들어와 있던 헷 사람들이 함께하는 가운데 아브라함의 재산이 되었습니다. 그리고 나서 아브라함은 자기 아내 사라를 동굴 속에 묻어 주었습니다. 그 동굴은 가나안 땅인 마므레에서 가까운 막벨라 밭에 있었습니다. 마므레는 지금의 헤브론입니다. 그리하여 밭과 거기에 있는 동굴은 헷 사람으로부터 아브라함에게 속한 매장지로 바뀌어졌습니다.

이삭의 아내를 구하다

아브라함은 이제 나이가 아주 많은 노인이 되었습니다. 여호와께서는 어떤 일을 하든지 아브라함에게 복을 주셨습니다. 아브라함의 모든 재산은 아브라함의 늙은 종이 맡아 돌보고 있었습니다. 아브라함이 그 종을 불러 말했습니다. "네 손을 내 넓적다리뼈 아래에 넣어라. 그리고 하늘과 땅의 하나님이신 여호와 앞에서 나에게 약속을 하여라. 내 아들의 아내가 될 여자를 여기에 사는 가나안 여자들 가운데서 얻지 않고 내 고향, 내 친척의 땅으로 가서 내 아들 이삭의 아내 될 사람을 데려오겠다고 말이다." 종이 아브라함에게 말했습니다. "만약 그 여자가 저를 따라 이 땅으로 오려고 하지 않으면 어떻게 할까요? 주인님의 아들을 데리고 주인님의 고향으로 갈까요?" 아브라함이 종에게 말했습니다. "안 된다. 내 아들을 그리로 데려가면 안 된다. 여호와께서는 하늘의 하나님이시다. 주께서 나를 내 아버지의 고향, 내 친척의 땅에서 이끌어 내셨다. 그리고 '내가 이 땅을 네 자손에게 주겠다'고 나에게 약속하셨다. 주께서 천사를 네 앞에 보내셔서 내 아들의 아내를 데려오는 일을 도와주실 것이다. 네가 거기서 내 아들을 위해 아내를 골라라.

만일 여자가 너를 따라오기를 원치 않으면 너는 이 약속에 책임이 없다. 하지만 내 아들을 그리로 데려가서는 안 된다." 그래서 종은 주인 아브라함의 다리 아래에 손을 넣고 그렇게 하기로 아브라함과 약속을 했습니다.

종은 아브라함의 낙타 열 마리를 이끌고 길을 떠났습니다. 종은 여러 가지 좋은 선물을 많이 가지고 북서쪽 메소포타미아에 있는 나홀의 성으로 갔습니다. 종은 성 밖의 우물가에서 낙타들을 쉬게 했습니다. 그때는 여자들이 물을 길으러 나오는 저녁 무렵이었습니다. 종이 말했습니다. "여호와여, 주께서는 저의 주인 아브라함의 하나님이십니다. 오늘 제가 주인 아들의 아냇감을 순탄하게 찾을 수 있도록 도와주옵소서. 제 주인 아브라함에게 은혜를 베풀어 주옵소서. 저는 지금 우물가에 서 있고 성의 여자들은 물을 길으러 나오고 있습니다. 제가 그중 한 여자에게 '그 물동이에 있는 물을 좀 먹게 해 주십시오' 하고 말할 때, 만약 그 여자가 '마시세요. 내가 당신의 낙타들에게도 물을 먹이겠습니다'라고 말하면 그 여자를 주의 종 이삭의 아냇감으로 알겠습니다. 주께서 제 주인에게 은혜를 베푸신 것으로 알겠습니다."

종이 기도를 마치기도 전에 리브가가 성에서 나왔습니다. 리브가는 브두엘의 딸입니다. 브두엘은 아브라함의 동생인 나홀과 그의 아내인 밀가 사이에서 태어난 아들입니다. 리브가는 어깨에 물동이를 메고 있었습니다. 리브가는 매우 아름다운 처녀이며 남자와 가까이한 적이 한 번도 없었습니다. 리브가는 우물로 내려가서 물동이에 물을 채워 가지고 올라왔습니다. 그때에 종이 리브가에게 달려가서 말했습니다. "당신의 물동이에 있는 물을 좀 먹게 해 주십시오." 리브가가 말했습니다. "내 주여, 마시세요" 하며 급히 어깨에서 물동이를 내려 종에게 마시게 했습니다. 종이 물을 다 마시자 리브가가 말했습니다. "제가 물을 길어다가 낙타들에게도 마시게 하겠습니다." 그리고 나서 리브가는 물동이의 물을 여물통에 쏟아부은 다음 다시 우물로 달려가서 물을 길어와 모든 낙타들이 물을 마시도록 했습니다. 종은 여호와께서 이번 여행을 성공적으로 인도해 주셨는지를 확실히 알고 싶어서 리브가의 그 모습을 조용히 지켜보았습니다.

낙타들이 물을 다 마신 다음에 종은 리브가에게 반 세겔쯤 나가는 코걸이 하나와 십 세겔쯤 나가는 금팔찌 한 쌍을 주었습니다. 그러면서 종이 물었습니다. "아가씨는 어떤 분의 따님이신지요? 아가씨 아버지의 집에 우리들이 하룻밤 묵어갈 방이 있겠지요?" 리브가가 대답했습니다. "제 아버지는 밀가와 나홀의 아들 브두엘입니다." 리브가가 계속 말했습니다. "우리 집에는 낙타에게 먹일 여물도 있고 여러분이 하룻밤 묵어가실 수 있는 방도 있습니다." 종은 머리를 숙여 여호와께 예배드렸습니다. 종이 말했습니다. "제 주인 아브라함의 하나님이신 여호와를 찬양합니다. 여호와께서는 제 주인에게 은혜와 자비를 베풀어 주셔서 저를 제 주인의 동생 집으로 인도하셨습니다." 리브가는 달려가서 식구들에게 이 모든 사실을 알렸습니다.

리브가에게는 라반이라고 부르는 오빠가 있었습니다. 라반은 그때까지 우물가를 떠나지 않고 있던 아브라함의 종에게 달려갔습니다. 라반은 자기 동생의 코걸이와 금팔찌를 보고 그 사람이 자기 누이 리브가에게 말한 내용을 듣고 우물가로 달려간 것입니다. 그곳에 그 사람이 낙타들과 함께 서 있었습니다. 라반이 말했습니다. "여호와께 복을 받을 분이여! 어찌하여 밖에 서 계십니까? 제가 묵어 가실 방과 낙타들이 머물 곳을 준비하였습니다." 그래서 아브라함의 종은 집으로 들어갔습니다. 라반은 낙타들의 짐을 푼 다음에

짚과 여물을 주어 먹게 했습니다. 그리고 나서 라반은 아브라함의 종에게 물을 주어 종과 그 일행이 발을 씻을 수 있게 했습니다. 라반은 종에게 음식을 주었으나 종이 "제가 이곳에 온 이유를 말씀드리기 전에는 음식을 먹지 않겠습니다"라고 말했습니다. 그러자 라반이 "말씀해 보세요"라고 대답했습니다.

종이 말했습니다. "저는 아브라함의 종입니다. 여호와께서는 제 주인에게 큰 복을 주셔서 그분을 부자가 되게 하셨습니다. 주께서는 제 주인에게 많은 양 떼와 소 떼를 주셨습니다. 그리고 은과 금, 남종과 여종, 낙타와 말들도 주셨습니다. 제 주인의 아내 사라는 늙어서야 아들을 낳았습니다. 제 주인은 자기 재산 전부를 그 아들에게 주었습니다. 제 주인이 저에게 한 가지 약속을 하게 했습니다. 제 주인은 '내 아들의 아내가 될 여자를 내가 사는 가나안 여자들 가운데서 얻지 말고 내 아버지의 백성, 내 친척에게로 가서 이삭의 아내 될 사람을 데려오너라' 하고 말씀하셨습니다. 제가 주인에게 '만약 그 여자가 저를 따라 이 땅으로 오려고 하지 않으면 어떻게 할까요?' 하고 여쭈었더니, 주인은 '나는 여호와를 섬기니 주께서 천사를 보내셔서 너를 도와주실 것이다. 너는 내 집안과 내 아버지의 백성 가운데서 내 아들의 아냇감을 택하여라. 네가 내 친족에게 도착하면 너는 나와의 약속을 다 지킨 셈이 된다. 만약 그 사람들이 내 아들의 아냇감을 주지 않는다 하더라도 너는 나와의 약속을 다 지킨 셈이다'라고 말씀하셨습니다.

그리고 저는 오늘 이 우물에 와서 이렇게 기도했습니다. '제 주인 아브라함의 하나님 여호와여, 제가 아냇감을 찾는 일을 성공할 수 있게 해 주십시오. 저는 지금 우물가에 서 있습니다. 젊은 여자가 물을 길으러 나오는 것을 기다렸다가 "그 물동이의 물을 좀 먹게 해 주십시오"라고 말할 때 만약 그 여자가 "마시세요. 내가 당신의 낙타들에게도 물을 먹이겠습니다"라고 말하면, 여호와께서 그 여자를 제 주인의 아들 이삭의 아냇감으로 삼으신 줄 알겠습니다.'

제가 마음속으로 기도를 다 마치기도 전에 리브가가 성에서 나왔는데 리브가는 어깨에 물동이를 메고 있었습니다. 리브가는 우물로 내려가서 물을 길었습니다. 제가 리브가에게 말했습니다. '물 좀 주세요.' 그러자 리브가는 급히 어깨에서 물동이를 내리면서 말했습니다. '마시세요. 내가 당신의 낙타들에게도 물을 먹이겠습니다.' 그래서 나는 물을 마셨고, 리브가는 낙타들에게도 물을 주었습니다. 제가 리브가에게 물었습니다. '아가씨는 어떤 분의 따님이신지요?' 리브가가 대답했습니다. '나는 밀가와 나홀의 아들 브두엘의 딸입니다.' 저는 리브가의 코에 코걸이를 걸어 주고 팔에 팔찌를 채워 주었습니다. 그리고 나서 저는 머리를 숙여 여호와께 감사드렸습니다. 저는 제 주인의 하나님 여호와를 찬양했습니다. 이는 주께서 저를 바른 길로 인도해 주셔서 주인의 동생의 손녀딸을 주인의 아들의 아냇감으로 얻게 해 주셨기 때문입니다. 이제 당신들이 제 주인에게 친절과 진실을 보여 주시려거든 그렇게 하겠다고 말씀해 주시고, 그렇게 하지 못하겠거든 못하겠다고 말씀해 주세요. 그렇게 해 주시면 저도 제가 할 일을 결정할 수 있을 것입니다."

라반과 브두엘이 대답했습니다. "이 일은 여호와께서 하시는 일이니 우리는 좋다 나쁘다 말할 수 없군요. 자, 리브가가 당신 앞에 있으니 데리고 가세요. 여호와께서 말씀하신 대로 리브가를 데려다가 그대의 주인의 아들과 결혼시키세요."

아브라함의 종은 그 말을 듣고 땅에 엎드려 여호와께 예배드렸습니다. 그리고 나서 종은 리브가에게 금과 은으로 만든 보물과 옷을 주었습니다. 종은 리브가의 오빠와 어머니에게도 값진 선물을 주었습니다. 종과 그 일행은 함께 먹고 마셨습니다. 그들은 그날 밤을 그곳에서 묵었습니다. 이튿날 아침 종이 자리에서 일어나 말했습니다. "이제 주인께 돌아가게 해 주십시오." 리브가의 어머니와 오빠가 말했습니다. "리브가를 십 일 동안만이라도 우리와 함께 있다가 떠나게 해 주세요." 하지만 종이 그들에게 말했습니다. "여호와께서 제 여행을 성공하게 하셨으므로 기다릴 수 없습니다. 제 주인께 돌아가게 해 주십시오." 리브가의 오빠와 어머니가 말했습니다. "리브가를 불러서 직접 물어봐야겠군요." 그들이 리브가를 불러서 물었습니다. "지금 이분과 함께 가겠느냐?" 리브가가 말했습니다. "예, 가겠습니다." 그리하여 리브가의 오빠와 어머니는 리브가를 그 유모와 함께 아브라함의 종과 그 일행에게 딸려 보냈습니다. 그들이 리브가에게 복을 빌며 말했습니다.

"우리 누이여, 천만 백성의 어머니가 되어라.
네 자손은 원수들의 성을 정복할 것이다."

리브가가 일어나서 그 몸종들과 함께 낙타에 올라타고 종과 그 일행의 뒤를 따라갔습니다. 종은 리브가를 데리고 길을 떠났습니다.

그때에 이삭은 브엘라해로이를 떠나서 남쪽 네게브 지방에 살고 있었습니다. 어느 날 저녁 무렵 이삭은 묵상하러 들로 나갔습니다. 이삭이 눈을 들어 보니 낙타들이 오고 있었습니다. 리브가는 고개를 들어 이삭을 보더니 낙타에서 내렸습니다. 리브가가 종에게 물었습니다. "저 들판에서 우리를 보려고 이쪽으로 오는 사람은 누구인가요?" 종이 대답했습니다. "나의 주인입니다." 그 말을 듣고 리브가는 베일로 자기 얼굴을 가렸습니다. 종이 이삭에게 지금까지 일어난 일을 다 이야기해 주었습니다. 종의 말을 들은 이삭은 리브가를 자기 어머니 사라의 장막으로 데리고 갔습니다. 리브가는 이삭의 아내가 되었습니다. 이삭은 리브가를 매우 사랑했습니다. 어머니를 여읜 이삭은 리브가를 통해 위로를 얻었습니다.

아브라함의 자손

아브라함은 다시 아내를 맞아들였습니다. 아브라함의 새 아내 이름은 그두라입니다. 그두라는 시므란과 욕산과 므단과 미디안과 이스박과 수아를 낳았습니다. 욕산은 스바와 드단의 아버지입니다. 드단의 자손은 앗시리아 백성과 르두시 백성과 르움미 백성입니다. 미디안의 아들은 에바와 에벨과 하녹과 아비다와 엘다아입니다. 이들은 모두 그두라의 자손입니다. 아브라함은 자기 재산을 모두 이삭에게 주었습니다. 하지만 죽기 전에 다른 아내들에게서 얻은 아들들에게도 선물을 주었습니다. 아브라함은 그 아들들을 동쪽으로 보내어 이삭과 멀리 떨어져 살게 했습니다.

아브라함은 백일흔다섯 살까지 살았습니다. 아브라함은 오랫동안 평안히 살다가 숨을 거두어 자기 조상들에게로 돌아갔습니다. 아브라함의 아들 이삭과 이스마엘은 아브라함을 막벨라 동굴에 장사 지냈습니다. 이 동굴은 마므레 동쪽 에브론의 밭에 있었습니다. 에브론은 헷 사람 소할의 아들이었습니다. 그 밭은 아브라함이 헷 사람들에게서 산 밭이었습니다. 아브라함은 그곳에 아내 사라와 함께 묻혔습니다. 아브라함이 죽은 뒤에 하나님께서는 그의 아들 이삭에게 복을 주셨습니다. 이삭은 그때 브엘라해로이 근처에 살고 있었습니다.

아브라함의 아들 이스마엘의 자손들은 이러합니다. 이스마엘의 어머니는 사라의 이집트인 여종이었던 하갈입니다. 이스마엘의 아들들의 이름은 태어난 순서에 따르면 다음과 같습니다. 이스마엘의 맏아들은 느바욧이고, 그 아래로는 게달, 앗브엘, 밉삼, 미스마, 두마, 맛사, 하닷, 데마, 여둘, 나비스, 게드마입니다. 이것은 이스마엘의 아들들 이름이며 또한 여러 마을에 사는 종족들의 열두 조상의 이름입니다. 이스마엘은 백서른일곱 살까지 살다가 숨을 거두어 조상들에게로 돌아갔습니다. 이스마엘의 자손들은 하윌라와 술 사이에서 살았습니다. 술은 이집트의 동쪽 앗시리아로 가는 길에 있었습니다. 이스마엘의 자손들은 다른 형제들의 맞은편에 마주 대하여 살았습니다.

야곱과 에서

아브라함의 아들 이삭의 자손은 이러합니다. 이삭의 아버지는 아브라함입니다. 이삭은 마흔 살에 리브가와 결혼했습니다. 리브가는 밧단아람에서 왔습니다. 리브가는 브두엘의 딸이자 아람 사람 라반의 누이입니다. 이삭의 아내는 아이를 낳지 못했습니다. 그래서 이삭이 아내를 위해 여호와께 기도드리니, 여호와께서 이삭의 기도를 들어주셨으므로 리브가가 임신을 하게 되었습니다. 그런데 리브가의 배 속에 있는 아기들이 서로 다투었습니다. 리브가는 "어찌하여 내게 이런 일이 일어나는가?"라고 생각하며 여호와께 나아가 여쭈었습니다. 여호와께서 리브가에게 말씀하셨습니다.

"두 나라가 네 몸 안에 있다.
두 백성이 네 몸에서 나누어질 것이다.
한 백성이 다른 백성보다 강하고 형이 동생을 섬길 것이다."

아이를 낳을 때가 되자 리브가는 쌍둥이를 낳았습니다. 먼저 나온 아이는 몸이 붉고 그 피부가 마치 털옷 같았습니다. 그래서 그 아

이의 이름을 에서라고 지었습니다. 나중에 나온 아이는 에서의 발
꿈치를 붙잡고 있었으므로, 그 아이의 이름을 야곱이라고 지었습
니다. 리브가가 아이를 낳았을 때에 이삭의 나이는 예순 살이었습
니다.

아이들이 자라 에서는 뛰어난 사냥꾼이 되었습니다. 그는 들판
에 나가는 것을 좋아했습니다. 그러나 야곱은 조용한 사람이었으
므로 장막에 머물러 있는 것을 좋아했습니다. 이삭은 에서가 잡아
오는 들짐승 요리를 좋아했기 때문에 에서를 사랑했습니다. 그러나
리브가는 야곱을 사랑했습니다.

어느 날 야곱이 죽을 끓이고 있는데 에서가 들판에서 사냥을 하
고 돌아왔습니다. 에서는 몹시 배가 고파서 야곱에게 말했습니다.
"그 붉은 죽을 좀 다오. 내가 배가 고프구나." 이것 때문에 에서는
'붉은'이란 뜻에서 에돔이라고 불리게 되었습니다. 그러자 야곱이
말했습니다. "먼저 나에게 맏아들의 권리를 파세요." 에서가 말했
습니다. "배가 고파 죽겠는데 그까짓 맏아들의 권리가 무슨 소용이
냐?" 야곱이 다시 말했습니다. "그렇다면 그 권리를 나에게 주겠다
고 약속하세요." 에서는 야곱에게 약속을 했습니다. 이렇게 에서는
맏아들의 권리를 야곱에게 팔았습니다. 그러자 야곱이 에서에게 빵
과 죽을 주었습니다. 에서는 그것을 먹고 마신 다음에 자리에서 일
어났습니다. 이처럼 에서는 맏아들의 권리를 대수롭지 않게 여겼습
니다.

이삭과 아비멜렉

아브라함 때에 있었던 것과 같은 기근이 또다시 찾아들었습니
다. 그래서 이삭은 그랄 마을의 블레셋 왕 아비멜렉을 찾아
갔습니다. 그때 여호와께서 이삭에게 나타나셔서 말씀하셨습니다.

"이집트로 내려가지 말고 내가 너에게 일러 주는 땅에서 살아라. 이 땅에 머물러라. 내가 너와 함께하고 너에게 복을 주며 내가 너와 네 자손에게 이 땅을 주어 내가 네 아버지 아브라함과 세운 언약을 지키겠다. 내가 너에게 하늘의 별처럼 많은 자손을 주고 이 모든 땅을 네 자손들에게 주겠다. 그들을 통해 땅 위의 모든 나라들이 복을 받을 것이다. 그것은 네 아버지 아브라함이 내 말에 순종하고 내 명령과 가르침과 계명과 규율에 복종했기 때문이다."

그래서 이삭은 그랄에 머물렀습니다. 이삭의 아내 리브가는 매우 아름다웠습니다. 그곳 사람들이 이삭에게 그의 아내가 누구냐고 물어보면 이삭은 "저 여자는 내 누이요"라고 대답했습니다. 이삭은 리브가를 자기 아내라고 말하기가 두려웠습니다. 사람들이 리브가를 빼앗기 위해 자기를 죽일지도 모른다고 생각했기 때문입니다. 이삭은 그랄에서 오랫동안 살았습니다. 어느 날 블레셋 왕 아비멜렉이 창 밖을 내다보니 이삭이 자기 아내 리브가를 껴안고 있는 모습이 보였습니다. 아비멜렉이 이삭을 불러서 말했습니다. "이 여자는 네 아내인데 왜 우리에게는 누이라고 했느냐?" 이삭이 아비멜렉에게 말했습니다. "저 여자 때문에 제가 죽임을 당할지도 모른다고 생각했기 때문입니다." 아비멜렉이 말했습니다. "어찌하여 우리에게 그런 일을 했느냐? 자칫하면 우리들 가운데 누군가가 네 아내와 잠자리를 함께하여 우리가 큰 죄를 지을 뻔했다." 아비멜렉이 모든 백성에게 주의를 주었습니다. "이 사람이나 그의 아내를 건드리는 사람은 반드시 죽을 것이다."

부자가 된 이삭

이삭이 그 땅에 씨를 뿌려 그해에 백 배의 많은 곡식을 거두어들였습니다. 여호와께서 이삭에게 큰 복을 주시니 이삭은 부자가 되었고 점점 더 큰 부자가 되었습니다. 이삭에게 양 떼와 소 떼가 많고 또 많은 종들을 거느리자 블레셋 사람들이 이삭을 질투했습니다. 블레셋 사람들은 이삭의 아버지 아브라함의 종들이 판 우물들을 흙으로 덮어 버렸습니다. 그 우물들은 아브라함이 살아 있을 때에 판 것이었습니다. 아비멜렉이 이삭에게 말했습니다. "우리 나라를 떠나라. 너는 우리보다 훨씬 더 강해졌다."

그래서 이삭은 그곳을 떠났습니다. 이삭은 그랄 골짜기에 장막을 치고 그곳에서 살았습니다. 이삭은 자기 아버지 아브라함이 팠던 우물들을 다시 팠습니다. 아브라함이 죽은 뒤에 블레셋 사람들이 그 우물들을 막아 버렸기 때문입니다. 이삭은 우물들을 다시 판 다음에 그 우물들의 이름을 아버지가 불렀던 대로 불렀습니다. 이삭의 종들이 골짜기에 땅을 파서 샘물이 솟아오르는 곳을 찾았습니다. 그런데 그랄에서 양을 치고 있던 사람들과 이삭의 종들 사이에 다툼이 일어났습니다. 그랄의 목자들이 말했습니다. "이 우물은 우리 것이다." 그래서 이삭은 그 우물의 이름을 에섹이라고 지었습니다. 이삭의 종들은 또 다른 우물을 팠습니다. 그러나 또 사람들이 와서 그 우물을 두고 서로 다투었습니다. 그래서 이삭은 그 우물의 이름을 싯나라고 지었습니다. 이삭이 그곳에서 이사해서 또다시 우물을 팠습니다. 이번에는 시비를 거는 사람이 아무도 없었습니다. 그래서 이삭은 그 우물의 이름을 르호봇이라고 짓고 "이제 여호와께서 넓은 곳을 주셨으니 우리는 이 땅에서 성공할 것이다"라고 말했습니다.

이삭은 그곳에서 브엘세바로 갔습니다. 여호와께서 그날 밤에 이삭에게 나타나셔서 말씀하셨습니다. "나는 네 아버지 아브라함의 하나님이다. 너는 두려워하지 마라. 내가 내 종 아브라함을 위해서 너와 함께 있겠고 너에게 복을 주며 많은 자손을 줄 것이다." 그래서 이삭은 그곳에 제단을 쌓고 여호와께 예배드렸습니다. 이삭은 그곳에 장막을 치고 그의 종들은 우물을 팠습니다.

아비멜렉이 그랄에서 이삭을 만나기 위해 왔습니다. 아비멜렉은 그의 비서 아훗삿과 비골을 데리고 왔습니다. 이삭이 그들에게 물었습니다. "무슨 일로 왔습니까? 당신들은 나를 미워하여 쫓아내지 않았습니까?" 그들이 대답했습니다. "우리가 여호와께서 당신과 함께하심을 분명히 보았으니 우리 서로 맹세하고 언약을 맺읍시다. 우리는 당신을 해치지 않고 당신에게 잘해 주었으며 당신이 평안히 돌아갈 수 있게 해 주었소. 그러니 당신도 우리를 해치지 마시오. 당신은 여호와께 복을 받은 사람이오." 그래서 이삭은 음식을 준비하여 그들과 함께 먹고 마셨습니다. 이튿날 아침에 그들은 일찍 일어나 서로 언약을 맺었습니다. 언약을 맺은 다음 이삭이 그들을 보내니 그들이 평화롭게 떠났습니다. 그날 이삭의 종들이 이삭에게 와서 자기들이 판 우물에 대해 이야기했습니다. "저 우물에서 물이 나왔습니다." 그래서 이삭은 그 우물의 이름을 세바라고 지었습니다. 사람들은 지금까지도 그 성을 브엘세바라고 부릅니다.

에서는 마흔 살이 되어서 헷 여자 두 사람을 아내로 맞아들였습니다. 한 여자는 브에리의 딸 유딧이었고 다른 여자는 엘론의 딸 바스맛이었습니다. 이 두 여자는 이삭과 리브가에게 큰 근심거리가 되었습니다.

이삭을 속인 야곱

이삭이 늙어 눈이 어두워져 앞이 잘 안 보이게 되었습니다. 어느 날 이삭이 맏아들 에서를 불렀습니다. "내 아들아." 에서가 대답했습니다. "예, 제가 여기 있습니다." 이삭이 말했습니다. "나는 이제 늙어서 언제 죽을지 모르겠다. 너는 네 사냥 기구인 활

과 화살통을 가지고 들판에 나가 사냥을 해서 내가 좋아하는 맛있
는 요리를 해 다오. 죽기 전에 네가 해 주는 음식을 먹고 너에게 복
을 빌어 주마."

　　그래서 에서는 사냥을 하러 들판으로 나갔습니다. 리브가는 이
삭이 아들 에서에게 한 말을 엿들었습니다. 그리고는 자기 아들 야
곱에게 말했습니다. "네 아버지가 네 형 에서에게 하는 말을 내가
들었다. 네 아버지는 '짐승을 잡아서 맛있는 요리를 해 다오. 내가
죽기 전에 네가 해 주는 음식을 먹고 너에게 복을 빌어 주마'라고
말씀하시더구나. 그러니 내 아들아, 내 말을 잘 듣고 내 말대로 하
렴. 너는 염소 떼가 있는 곳으로 가서 아주 좋은 새끼 염소 두 마리
를 잡아 오너라. 내가 그것으로 네 아버지가 좋아하시는 요리를 해
놓겠다. 그러면 네가 그 음식을 가져다가 아버지께 드려라. 그러면
아버지가 돌아가시기 전에 너에게 복을 빌어 주실 게다." 그러자 야
곱이 어머니 리브가에게 말했습니다. "내 형 에서는 털이 많은데 나
는 살결이 부드럽습니다. 만약 아버지가 나를 만지실 때에 내가 속
이는 자처럼 되면 아버지가 내게 복을 주시기는커녕, 오히려 아버지
를 속이려 한 나를 저주하실 것입니다." 그러자 리브가가 야곱에게
말했습니다. "만약 네 아버지가 너에게 저주를 하신다면 그 저주는
내가 받으마. 그저 내가 시키는 대로만 하여라. 가서 염소 두 마리
를 끌고 오너라."

　　야곱은 밖으로 나가 염소 두 마리를 붙잡아 자기 어머니에게 끌
고 갔습니다. 리브가는 그것을 가지고 이삭이 좋아하는 맛있는 요
리를 만들었습니다. 그리고 나서 리브가는 자기가 간직해 두었던
큰아들 에서의 가장 좋은 옷을 가지고 와서 작은아들 야곱에게 입
혀 주었습니다. 그리고 새끼 염소의 가죽을 가지고 와서 야곱의 손
과 목에 둘러 주었습니다. 그런 다음에 리브가는 야곱의 손에 자기

가 만든 맛있는 요리와 빵을 들려 주었습니다.

야곱이 아버지에게 들어가서 "아버지" 하고 불렀습니다. 아버지가 말했습니다. "그래, 내 아들아. 너는 누구냐?" 야곱이 말했습니다. "저는 아버지의 맏아들 에서입니다. 아버지께서 말씀하신 대로 맛있는 요리를 해 왔습니다. 자, 이제 일어나셔서 제가 사냥한 짐승으로 만든 요리를 잡수시고 저에게 복을 빌어 주십시오." 하지만 이삭은 자기 아들에게 물었습니다. "어떻게 그렇게 빨리 사냥거리를 찾을 수 있었느냐?" 야곱이 대답했습니다. "아버지의 하나님이신 여호와께서 사냥거리를 빨리 찾을 수 있게 도와주셨습니다." 이삭이 야곱에게 말했습니다. "내 아들아, 이리 가까이 오너라. 한번 만져 봐야겠다. 만져 보면 네가 정말로 내 아들 에서인지 알 수 있을 것이다." 야곱이 자기 아버지 이삭에게 가까이 가니 이삭이 야곱을 만져 보고 말했습니다. "네 목소리는 야곱의 목소리 같은데 손은 에서의 손처럼 털이 많구나." 이삭은 야곱의 손이 에서의 손처럼 털이 많으므로 그가 야곱인 줄 깨닫지 못하였습니다. 그래서 야곱에게 복을 빌어 주었습니다. 이삭이 물었습니다. "네가 정말 내 아들 에서냐?" 야곱이 대답했습니다. "예, 그렇습니다." 이삭이 말했습니다. "음식을 가져오너라. 내가 그것을 먹고 너에게 복을 빌어 주마." 야곱이 음식을 주자 이삭이 그것을 먹었습니다. 야곱이 포도주를 주자 그것도 마셨습니다.

그런 다음에 이삭이 야곱에게 말했습니다. "내 아들아, 가까이 와서 나에게 입을 맞추어라." 야곱이 아버지에게 가까이 가서 입을 맞추었습니다. 이삭이 야곱의 옷 냄새를 맡고 야곱에게 복을 빌어 주었습니다.

"내 아들의 냄새는 여호와께서 복을 주신 들판의 냄새로다.

하나님께서 너에게 충분한 비와 좋은 땅을 주시고,

넉넉한 곡식과 포도주를 주실 것이다.

나라들이 너를 섬기고 백성들은 너에게 절할 것이다.

너는 네 형제들을 다스리고,

네 어머니의 아들들이 너에게 엎드려 절할 것이다.

너를 저주하는 사람은 저주를 받고,

너에게 복을 주는 사람은 복을 받을 것이다."

이삭이 야곱에게 복을 빌어 준 후에 야곱이 아버지 이삭에게서 나오자마자, 에서가 사냥을 마치고 돌아왔습니다. 에서도 맛있는 요리를 만들어 그것을 들고 아버지에게 들어가 말했습니다. "아버지, 일어나셔서 이 아들이 사냥한 것으로 요리한 음식을 드시고 저에게 복을 빌어 주십시오." 이삭이 물었습니다. "너는 누구냐?" 에서가 대답했습니다. "저는 아버지의 맏아들 에서입니다." 그 말을 듣고 이삭은 놀라 몸을 떨며 말했습니다. "그렇다면 네가 오기 전에 나에게 사냥한 짐승을 요리해서 가져다 준 사람은 누구란 말이냐? 나는 그것을 먹고 그에게 복을 빌어 주었다. 이제는 그 사람이 복을 받을 것이다." 에서는 아버지의 말을 듣고 크게 소리를 지르며 울부짖었습니다. 에서가 자기 아버지에게 말했습니다. "저에게 복을 빌어 주십시오. 아버지, 저에게도 복을 주십시오." 그러나 이삭이 말했습니다. "네 동생이 와서 나를 속였구나. 네 동생이 너의 복을 빼앗아 갔다." 에서가 말했습니다. "야곱이란 이름은 정말 그에게 딱 맞는 이름입니다. 야곱은 이번까지 나를 두 번이나 속였습니다. 야곱은 저의 맏아들 권리를 빼앗았고, 이번에는 저의 복까지 빼앗아 갔습니다." 에서가 또 물었습니다. "저를 위해 남겨 두신 복은 없습니까?" 이삭이 대답했습니다. "나는 이미 야곱에게 너를 다스릴 권리를 주었다. 그리고 야곱의 형제들은 모두 그의 종이 될 것이다. 나는 야곱에게 곡식과 포도주도 넉넉하게 주었다. 내 아들아, 너에게 줄 것은 아무것도 없구나." 에서가 또 자기 아버지에게 말했습니다. "아버지, 아버지께서 빌어 주실 복이 하나밖에 없습니까? 아버지, 저에게도 복을 주십시오." 이 말을 하고 에서는 소리 높여 울었습니다.

이삭이 에서에게 말했습니다.

"네가 살 곳은 기름진 땅과는 거리가 멀고,
하늘에서 내리는 이슬도 없는 곳이다.
너는 칼을 의지해 살아갈 것이고,
네 동생의 종이 될 것이다.
하지만 애쓰고 애쓰면 동생에게서 자유로워질 수 있을 것이다."

에서는 아버지 이삭의 축복을 빼앗아 간 야곱을 미워했습니다. 에서는 속으로 이렇게 다짐을 했습니다. '이제 아버지는 곧 돌아가실 것이다. 아버지를 장사 지낸 뒤 야곱을 죽여 버리고 말겠다.' 에서가 야곱을 죽이려 한다는 말이 리브가에게 들렸습니다. 그래서 리브가는 사람을 보내 야곱을 불러서 말했습니다. "네 형 에서가 너를 죽여 그 마음을 달래려고 한다. 그러니 내 아들아, 내 말을 잘 들어라. 지금 당장 하란에 사시는 내 오빠 라반에게로 가거라. 네 형의 화가 풀릴 때까지 당분간 외삼촌과 함께 있거라. 네 형의 화가 풀리고 네가 한 일을 네 형이 잊어버리면 그때에 내가 너를 부르러 사람을 보내마. 내가 두 사람을 같은 날 한꺼번에 잃어버릴 수는 없다."

그런 다음에 리브가가 이삭에게 말했습니다. "나는 헷 여자들이

싫습니다. 만약 야곱이 여기에 있는 헷 여자들 가운데서 아내를 맞이한다면 내 평생에 무슨 낙이 있겠습니까?"

이삭이 야곱을 불러 복을 빌어 주며 당부했습니다. "가나안 여자와 결혼하지 마라. 밧단아람에 계신 네 외할아버지 브두엘의 집으로 가거라. 네 외삼촌인 라반도 거기에 사신다. 라반의 딸들 가운데서 한 여자를 골라 그 여자와 결혼하여라. 전능하신 하나님께서 너에게 복을 주시고 너에게 많은 자녀를 주셔서 네가 많은 백성의 조상이 되기를 원한다. 또 아브라함에게 주셨던 복을 너와 네 자손에게도 주셔서 지금 네가 나그네처럼 살고 있는 이 땅, 하나님께서 아브라함에게 주신 이 땅을 차지할 수 있기를 원한다." 이 말을 한 후 이삭은 야곱을 밧단아람으로 보냈습니다. 야곱은 리브가의 오빠인 라반에게 갔습니다. 라반은 아람 사람 브두엘의 아들이며, 야곱과 에서의 어머니인 리브가의 오빠였습니다.

에서는 이삭이 야곱에게 복을 빌어 주고 야곱을 밧단아람으로 보내면서 "그곳에서 아내 될 여자를 찾아라" 또 그에게 복을 빌어 주며 말하기를 "가나안 여자 가운데서 아내를 맞이하지 마라"고 했다는 이야기를 들었습니다. 그래서 야곱이 아버지와 어머니의 말씀대로 밧단아람으로 갔다는 이야기를 들었습니다. 에서는 아버지 이삭이 가나안 여자를 좋아하지 않는다는 것을 알았습니다. 에서는 이미 결혼하여 아내들이 있었지만 아브라함의 아들 이스마엘에게로 가서 이스마엘의 딸 마할랏을 또다시 아내로 맞아들였습니다. 마할랏은 느바욧의 누이였습니다.

벧엘에서 꿈을 꾼 야곱

야곱은 브엘세바를 떠나 하란으로 갔습니다. 어느 곳에 이르렀

을 때에 해가 저물어 야곱은 그곳에서 하룻밤을 지냈습니다. 야곱
은 그곳에서 돌 하나를 주워 그것을 베개 삼아 잠을 잤습니다. 야
곱은 꿈을 꾸었습니다. 사다리 하나가 땅에 세워져 있는데 그 꼭대
기가 하늘에 닿아 있었습니다. 그리고 하나님의 천사들이 사다리
위로 오르락내리락하고 있었습니다. 야곱은 여호와께서 사다리 위
에 서 계신 모습을 보았습니다. 여호와께서 말씀하셨습니다. "나는
네 할아버지 아브라함의 하나님, 이삭의 하나님 여호와다. 내가 너
와 네 자손에게 네가 지금 자고 있는 땅을 줄 것이다. 네 자손은 땅
의 티끌처럼 많아져서 동서남북 사방으로 퍼지며, 땅 위의 모든 민
족들이 너와 네 자손을 통해 복을 받을 것이다. 나는 너와 함께하
고 네가 어디로 가든 너를 지켜 줄 것이다. 그리고 너를 다시 이 땅
으로 데려오리니, 내가 너에게 약속한 것을 다 이루어 주기 전까지
너를 떠나지 않을 것이다." 그때에 야곱이 잠에서 깨어나 말했습니
다. "여호와께서 분명히 이곳에 계시는데 나는 그것을 모르고 있었
다." 야곱은 두려워하며 또 말했습니다. "이곳은 두려운 곳이다. 이
곳은 하나님의 집이요 하늘의 문이다."

　야곱은 아침 일찍 일어나 베개로 삼고 잤던 돌을 가져다가 기둥
처럼 세웠습니다. 그리고 그 꼭대기에 기름을 부었습니다. 원래 그
성의 이름은 루스였으나 야곱은 그 성의 이름을 벧엘이라고 불렀습
니다. 야곱은 이렇게 맹세했습니다. "하나님께서 저와 함께하여 주
시고 이 여행길에서 저를 지켜 주시고 먹을 음식과 입을 옷을 주셔
서 무사히 아버지의 집으로 돌아갈 수 있게 해 주시면 여호와를 저
의 하나님으로 섬기겠습니다. 내가 기둥처럼 세운 이 돌은 하나님
의 집이 될 것입니다. 하나님께서 저에게 주신 모든 것의 십분의 일
을 하나님께 바치겠습니다."

라반의 집에 도착한 야곱

야곱은 여행을 계속해서 동쪽 백성들의 땅에 이르렀습니다. 야곱이 보니 들판에 우물이 있었습니다. 우물 근처에는 양 떼 세 무리가 엎드려 있었습니다. 목자들은 그 우물에서 나오는 물을 양들에게 먹였습니다. 우물 위에는 큰 돌이 덮여 있었습니다. 양 떼가 다 모이면 목자들은 우물을 덮고 있는 돌을 굴려 낸 다음 양들에게 물을 먹였습니다. 그런 후에 다시 돌을 덮었습니다.

야곱이 그곳에 있던 목자들에게 말했습니다. "형제들이여, 어디에서 오시는 길입니까?" 목자들이 대답했습니다. "하란에서 오는 길입니다." 야곱이 물었습니다. "나홀의 손자 라반을 아십니까?" 그들이 대답했습니다. "예, 그분을 압니다." 야곱이 또 물었습니다. "그분은 안녕하십니까?" 그들이 대답했습니다. "예, 안녕하십니다. 저기 그분의 딸인 라헬이 양 떼를 몰고 오고 있군요." 야곱이 말했습니다. "그런데 지금은 한낮이라 아직은 양 떼를 모을 때가 아니지 않습니까? 양 떼에게 물을 먹이고 다시 풀을 뜯게 해야 하지 않나요?" 목자들이 말했습니다. "양 떼가 다 모이기 전에는 그럴 수 없습니다. 양 떼가 다 모여야 우물 위의 돌을 치운 다음, 양 떼에게 물을 먹입니다."

야곱이 목자들과 말하고 있을 때 라헬이 자기 아버지의 양 떼를 이끌고 왔습니다. 라헬은 양 떼를 돌보는 일을 했습니다. 야곱은 라반의 딸 라헬과 자기 외삼촌 라반의 양 떼를 보고 우물로 가서 돌을 굴려 낸 다음 외삼촌 라반의 양 떼에게 물을 먹였습니다. 그리고 나서 야곱은 라헬에게 입을 맞추고 큰 소리로 울었습니다. 야곱은 라헬에게 자기가 라헬 아버지의 친척이라는 것과 리브가의 아들이라는 것을 말해 주었습니다. 라헬은 그 말을 듣고 집으로 달려가 자기 아버지에게 이야기했습니다.

라반은 자기 누이의 아들 야곱에 대한 이야기를 듣고 달려 나가 야곱을 맞이했습니다. 라반은 야곱을 껴안고 입을 맞추고 야곱을 집으로 데려왔습니다. 야곱은 그때까지 일어난 모든 일을 라반에게 말해 주었습니다. 야곱의 말을 듣고 라반이 말했습니다. "정말로 너는 내 뼈요, 내 살이다." 야곱은 그곳에서 한 달 동안 머물렀습니다.

라반이 야곱을 속이다

어느 날 라반이 야곱에게 말했습니다. "너는 내 친척이긴 하지만 그렇다고 해서 품삯도 주지 않고 너에게 일을 시킬 수는 없는 일이다. 내가 너에게 무엇을 해 주면 좋겠느냐?" 라반에게는 두 딸이 있었습니다. 큰딸의 이름은 레아였고, 작은딸의 이름은 라헬이었습니다. 레아는 눈이 곱고 라헬은 용모가 아름답고 예뻤습니다. 야곱은 라헬을 사랑했습니다. 그래서 야곱이 라반에게 말했습니다. "삼촌의 작은딸 라헬과 결혼하게 해 주십시오. 그렇게 해 주시면 삼촌을 위해 칠 년 동안 일해 드리겠습니다." 라반이 말했습니다. "다른 사람에게 라헬을 주는 것보다는 너에게 주는 것이 낫겠지. 그래 좋다. 나와 함께 있자." 야곱은 라헬과 결혼하기 위해 칠 년 동안 라반을 위해 일했습니다. 하지만 라헬을 너무나 사랑했으므로 야곱에게 그 칠 년은 마치 며칠밖에 되지 않는 것처럼 느껴졌습니다.

칠 년이 지나자 야곱이 라반에게 말했습니다. "약속한 기간이 다 지나갔으니 라헬과 결혼시켜 주십시오." 라반은 그곳에 사는 모든 사람들을 불러 잔치를 베풀었습니다. 그날 밤에 라반은 자기 딸 레아를 야곱에게 데리고 갔습니다. 야곱과 레아는 함께 잠을 잤습니다. 라반은 자기의 여종 실바를 레아의 몸종으로 주었습니다. 이튿날 아침 야곱은 자기가 레아와 함께 잠을 잤다는 것을 알게 되었습니다. 야곱이 라반에게 말했습니다. "어찌하여 저에게 이런 일을 하셨습니까? 저는 라헬과 결혼하려고 외삼촌을 위해 열심히 일했습니다. 그런데 외삼촌은 왜 저를 속이셨습니까?" 라반이 말했습니다. "우리 지방에서는 큰딸보다 작은딸을 먼저 시집보내는 법이 없네. 결혼식 기간 일주일을 채우게. 그러면 라헬도 자네에게 주겠네. 그 대신 나를 위해 칠 년 동안 더 일해 주어야 되네." 야곱은 라반의 말대로 레아와의 결혼식 기간을 채웠습니다. 그러자 라반이 자기 딸 라헬도 야곱의 아내로 주었습니다. 라반은 자기의 여종 빌하를 라헬의 몸종으로 주었습니다. 야곱은 라헬과도 함께 잠을 잤습니다. 야곱은 레아보다 라헬을 더 사랑했습니다. 야곱은 라반을 위해 칠 년 동안 더 일했습니다.

야곱의 아들들

여호와께서는 레아가 라헬보다 사랑받지 못하는 것을 보시고 레아에게 아이를 낳을 수 있게 해 주셨습니다. 하지만 라헬은 아이를 가지지 못했습니다. 레아가 임신하여 아들을 낳았습니다. 레아는 "여호와께서 내 괴로움을 살펴 주셨다. 이제는 내 남편이 나를 사랑해 주겠지"라고 말하면서 그 아들의 이름을 르우벤이라고 지었습니다. 레아가 다시 임신을 해서 또 아들을 낳았습니다. 레아는 "여호와께서는 내가 사랑을 받지 못한다는 것을 들으시고 내게 이 아들도 주셨구나" 하고 말하면서 아들의 이름을 시므온이라고 지었습니다. 레아가 다시 임신을 해서 또 아들을 낳았습니다. 레아는 "내가 아들을 세 명이나 낳았으니 이제는 내 남편이 나를 가까이하겠지"라고 말하면서 아들의 이름을 레위라고 지었습니다. 레아가 다시 임신을 해서 또 아들을 낳았습니다. 레아는 "이제는 여호와를 찬양해야지"라고 말하면서 아들의 이름을 유다라고 지었습니다.

그리고 나서 레아는 아이를 낳지 못했습니다.

라헬은 자기가 야곱의 아이를 낳지 못하자 언니 레아를 시샘했습니다. 라헬이 야곱에게 말했습니다. "나에게도 아이를 주세요. 그렇지 않으면 죽어 버리겠어요." 야곱이 라헬에게 크게 화를 내며 말했습니다. "아이를 낳을 수 없게 하신 분은 하나님이신데 나더러 어떻게 하란 말이오? 내가 하나님을 대신하란 말이오?" 라헬이 말했습니다. "여기 제 몸종 빌하가 있으니 빌하와 함께 주무세요. 그래서 빌하를 통해 나도 아이를 가질 수 있게 해 주세요. 그녀가 아이를 낳아 내 무릎 위에 놓아 줄 것입니다." 라헬은 자기 몸종 빌하를 야곱의 아내로 주었습니다. 야곱은 빌하와 함께 잤습니다. 빌하가 임신을 해서 야곱에게 아들을 낳아 주었습니다. 라헬이 말했습니다. "하나님께서 나의 억울함을 풀어 주셨다. 하나님께서 내 기도를 들어주셔서 나에게 아들을 주셨다." 그래서 라헬은 그 아들의 이름을 단이라고 지었습니다. 빌하가 다시 임신을 해서 야곱에게 둘째 아들을 낳아 주었습니다. 라헬이 말했습니다. "내가 언니와 크게 겨루어서 이기고야 말았다." 그래서 라헬은 그 아들의 이름을 납달리라고 지었습니다.

레아는 자기가 아이를 더 낳지 못하게 된 것을 알고 자기 몸종 실바를 야곱에게 아내로 주었습니다. 그래서 실바에게도 아들이 생겼습니다. 레아가 말했습니다. "나는 운이 좋다." 그래서 레아는 그 아들의 이름을 갓이라고 지었습니다. 레아의 몸종 실바가 아들을 또 낳았습니다. 레아가 말했습니다. "나는 행복하다. 이제는 여자들이 나를 행복한 사람이라고 부르겠지." 그래서 레아는 그 아들의 이름을 아셀이라고 지었습니다.

보리를 거두어들일 무렵에 르우벤이 들판에 나갔다가 합환채를 발견해서 자기 어머니 레아에게 가져다주었습니다. 그러자 라헬이 레아에게 말했습니다. "언니 아들이 가져온 합환채를 나에게도 조금 줘요." 레아가 대답했습니다. "너는 내 남편을 빼앗아 가더니 이제는 내 아들이 가져온 합환채까지 빼앗으려 드는구나." 그 말을 듣고 라헬이 말했습니다. "그 합환채를 나에게 주면 그이가 오늘 밤에는 언니와 함께 자도록 해 주겠어요." 그날 저녁 야곱이 들에서 돌아오자 야곱을 맞이하러 나간 레아가 말했습니다. "오늘 밤에는 나와 함께 자야 해요. 내 아들이 가져온 합환채로 당신의 대가를 치렀거든요." 그래서 그날 밤에 야곱은 레아와 함께 잠을 잤습니다. 하나님께서 레아의 기도를 들어주셔서 레아가 다시 임신을 했습니다. 레아는 야곱의 다섯째 아들을 낳았습니다. 레아가 말했습니다. "내가 내 몸종을 남편에게 주었더니 하나님께서 그 값을 갚아 주셨구나." 그래서 레아는 그 아들의 이름을 잇사갈이라고 지었습니다.

레아가 또 임신을 하여 야곱에게 여섯째 아들을 낳아 주었습니다. 레아가 말했습니다. "하나님께서 나에게 좋은 선물을 주셨다. 내가 여섯째 아들을 낳았으니 이제는 남편이 나를 존중해 주겠지." 그래서 레아는 그 아들의 이름을 스불론이라고 지었습니다. 그 후에 레아는 딸을 낳고 이름을 디나라고 지었습니다.

하나님께서 라헬을 기억하시고 라헬의 기도를 들어주셔서 라헬도 아이를 낳을 수 있게 해 주셨습니다. 라헬이 임신을 해서 아들을 낳았습니다. 라헬이 말했습니다. "하나님께서 나의 부끄러움을 없애 주셨다." 라헬은 "하나님께서 나에게 아들을 더 주셨으면 좋겠다"라고 말하면서 그 아들의 이름을 요셉이라고 지었습니다.

야곱이 라반을 속임

요셉이 태어난 후에 야곱이 라반에게 말했습니다. "이제는 제 집, 제 나라로 돌아가게 해 주십시오. 제가 장인어른을 위해 일해 드리고 얻은 아내와 자식들을 데리고 돌아가게 해 주십시오. 제가 장인어른을 위해 해 드린 일은 장인어른께서 더 잘 아실 것입니다." 라반이 말했습니다. "괜찮다면 나와 함께 계속 있게나. 여호와께서 나에게 복을 주신 것이 다 자네 때문인 것을 내가 예측하여 알고 있었네. 자네 품삯은 자네가 정하게. 내가 그대로 주겠네." 야곱이 대답했습니다. "장인어른께서는 제가 장인어른을 위해 열심히 일한 것과 제가 돌보아 드린 장인어른의 가축 떼가 제 앞에 얼마나 있는지 아십니다. 제가 장인어른께 처음 왔을 때는 가축 떼가 얼마 되지 않았지만 지금은 크게 불어났습니다. 제 발길이 닿는 곳마다 여호와께서 장인어른에게 복을 주셨습니다. 하지만 저도 이제는 제 식구를 위해 일해야 되지 않겠습니까?" 라반이 물었습니다. "그래, 무엇을 해 주었으면 좋겠나?" 야곱이 대답했습니다. "다른 것은 바라지 않습니다. 그저 한 가지만 해 주십시오. 그렇게 해 주시면 제 마음을 돌이켜 다시 장인어른의 가축 떼를 돌보아 드리겠습니다. 오늘 제가 장인어른의 모든 가축 떼 사이로 다니면서 점이 있거나 얼룩이 졌거나 검은 새끼 양과 점이 있거나 얼룩이 진 새끼 염소를 골라낼 테니, 그것을 저에게 주십시오. 제가 정직한가 정직하지 않은가는 장인어른께서 앞으로 저에게 오셔서 제 가축 떼를 보시면 알게 될 것입니다. 만약 제가 점이 없는 염소나 얼룩이 지지 않은 염소나 검은 색이 아닌 양을 가지고 있다면, 제가 그것을 훔친 것으로 여기셔도 좋습니다." 라반이 대답했습니다. "좋네. 자네 말대로 하겠네." 그러나 그날 라반은 몸에 줄무늬나 점이 있는 숫염소들을 따로 떼어 놓았습니다. 또한 몸에 얼룩이 있거나 점이 있거나 하얀 반점이 있는 암염소들과 검은 양들도 모두 따로 떼어 놓았습니다. 그런 다음에 라반은 그 짐승들을 자기 아들들에게 맡겨 돌보게 했습니다. 라반은 이 짐승들을 야곱에게서 삼 일 길쯤 떨어진 곳으로 몰고 갔습니다. 야곱은 라반의 나머지 가축 떼를 쳤습니다.

야곱은 버드나무와 살구나무와 신풍나무 가지를 꺾은 다음에 껍질을 벗겨 내서 나무 껍질에 하얀 줄무늬를 만들었습니다. 그리고 나서 야곱은 가축 떼가 와서 물을 먹는 여물통 바로 앞에 그 흰 무늬 가지들을 세워 놓았습니다. 가축들은 물을 먹으러 와서 새끼를 뱄는데, 염소들이 그 흰무늬 가지 앞에서 새끼를 뱄습니다. 그러자 그 사이에서 흰무늬가 있거나 얼룩이 졌거나 점이 있는 새끼 염소가 태어났습니다. 야곱은 그 새끼들을 따로 떼어 놓았습니다. 야곱은 라반의 가축 가운데서 줄무늬가 있거나 검은 가축들을 따로 떼어 놓았습니다. 가축 떼 가운데서 튼튼한 짐승들이 새끼를 배려고 하면 야곱은 그 짐승들의 눈앞에 가지를 놓았습니다. 그래서 짐승들이 그 가지 앞에서 새끼를 배게 했습니다. 하지만 약한 짐승들이 새끼를 배려고 하면 야곱은 그 앞에 가지를 놓지 않았습니다. 그래서 약한 것들은 라반의 것이 되고, 튼튼한 것들은 야곱의 것이 되었습니다. 이렇게 해서 야곱은 큰 부자가 되었습니다. 야곱은 가축 떼와 남종과 여종, 그리고 낙타와 나귀를 많이 가지게 되었습니다.

도망가는 야곱

어느 날 야곱은 라반의 아들들이 하는 이야기를 들었습니다. 라반의 아들들이 한 이야기는 이러했습니다. "야곱은 우리 아버지의 것을 다 빼앗아 갔다. 그래서 야곱은 우리 아버지의 것으로 부자가 되었다." 야곱이 보니 라반이 자기를 대하는 태도가 그 전처럼 다정하지 않았습니다. 여호와께서 야곱에게 말씀하셨습니다. "네 조상들이 사는 땅으로 돌아가거라. 내가 너와 함께 있겠다."

그래서 야곱은 자기가 가축 떼를 돌보고 있는 들판으로 라헬과 레아를 불러냈습니다. 야곱이 라헬과 레아에게 말했습니다. "장인어른이 나를 대하시는 태도가 전과 같지 않소. 하지만 내 아버지의 하나님께서 나와 함께 계시오. 당신들도 알겠지만, 나는 있는 힘을 다해 당신들의 아버지를 위해 일했소. 그런데 그분은 나를 속였소. 그분은 내 품삯을 열 번이나 바꾸었소. 하지만 하나님께서는 당신들의 아버지가 나를 해치지 못하게 하셨소. 장인어른이 '점 있는 것은 다 자네 몫일세'라고 말씀하시면 가축마다 몸에 점이 생겼고, '줄무늬 있는 것은 다 자네 몫일세'라고 말씀하시면 가축마다 몸에 줄무늬가 생겼소. 하나님께서는 이처럼 장인어른의 가축을 나에게 되찾아 주셨소. 짐승들이 새끼 밸 무렵에 내가 꿈을 꾸었소. 내가 보니 새끼 배려고 하는 숫염소들마다 줄무늬 있는 것이거나 점이 있는 것이거나 얼룩진 것이었소. 하나님의 천사가 꿈속에서 '야곱아!' 하고 부르셔서 내가 '예!' 하고 대답했소. 천사가 말씀하셨소. '보아라. 새끼 배려고 하는 것은 다 줄무늬 있는 것이거나 점이 있는 것이거나 얼룩진 것이다. 라반이 너에게 한 못된 짓을 내가 다 보았다. 나는 벧엘에서 너에게 나타났던 여호와 하나님이다. 너는 거기에서 돌기둥에 기름을 붓고 나에게 맹세를 했다. 당장 이곳을 떠나 네가 태어난 땅으로 돌아가거라.' " 라헬과 레아가 야곱에게 대답했습니다. "아직도 우리 아버지의 집에서 우리가 물려받을 수 있는 몫이나 유산이 있을까요? 아버지는 우리를 당신에게 팔고 또 우리 몫을 다 차지하셨으니, 이제 우리를 잠시 묵고 있는 나그네처럼 여기시는 것이 아니겠어요? 하나님께서 우리 아버지로부터 찾아 주신 재산은 이제 모두 우리와 우리 아이들 것이에요. 그러니 당신은 하나님께서 말씀하신 대로 하세요."

야곱은 자기 아이들과 아내들을 낙타에 태웠습니다. 그런 다음에 야곱은 밧단아람에서 살면서 모은 모든 가축 떼와 재산을 가지고 가나안 땅에 사는 자기 아버지 이삭을 향해 떠났습니다. 그때 라반은 양 떼의 털을 깎으러 나가 있었습니다. 그 틈을 타서 라헬이 라반의 드라빔을 훔쳤습니다. 야곱은 떠날 생각을 하고 있으면서도 아람 사람 라반에게 알리지 않고 그를 속였습니다. 그러다가 자기가 가진 모든 것을 가지고 도망쳤습니다. 야곱은 먼저 유프라테스 강을 건넌 다음에 길르앗의 산악 지방 쪽으로 갔습니다.

삼 일 만에 라반은 야곱이 도망쳤다는 이야기를 들었습니다. 그래서 라반은 친척들을 불러 모은 다음 야곱을 뒤쫓아갔습니다. 라반은 칠 일 만에 길르앗의 산악 지방에서 야곱을 따라잡았습니다. 그날 밤 하나님께서 아람 사람 라반의 꿈에 나타나셔서 말씀하셨습니다. "조심하여라. 좋은 말이든 나쁜 말이든 야곱에게 아무 말도 하지 마라."

라반이 우상을 찾다

라반이 야곱을 따라잡았을 때에 야곱은 산악 지방에 장막을 쳐 놓고 있었습니다. 그래서 라반과 그의 친척들도 길르앗의 산악 지방에 장막을 쳤습니다. 라반이 야곱에게 말했습니다. "어찌하여 이런 일을 했나? 왜 나를 속였나? 왜 내 딸들을 마치 칼로 잡은 전쟁 포로를 끌고 가듯 끌고 가는가? 왜 나에게 말도 하지 않고 이렇게 도망가나? 왜 나를 속였나? 왜 말하지 않았나? 말해 주었더라면 북을 두드리고 수금에 맞춰 기쁘게 노래하며 자네를 보냈을 것 아닌가? 자네는 내 손자들에게 이별의 입맞춤도 못하게 했고 내 딸들에게도 이별의 인사를 못하게 했네. 어찌하여 이렇게 어리석은 짓을 했나? 나는 자네를 해칠 수도 있네. 하지만 지난밤에 자네 아버지의 하나님께서 나에게 나타나 말씀하셨네. 하나님께서는 좋은 말이든 나쁜 말이든 자네에게 아무 말도 하지 말라고 주의를 주셨네. 자네도 고향으로 돌아가고 싶겠지. 하지만 내 우상은 왜 훔쳐 갔는가?" 야곱이 라반에게 대답했습니다. "장인어른께서 강제로 장인어른의 딸들을 빼앗아 갈까 봐 말씀도 드리지 못하고 떠나왔습니다. 저희 중에 장인어른의 우상을 가지고 있는 사람이 있으면 그 사람을 죽여도 좋습니다. 여기 장인어른의 친척들도 계시니 무엇이든 장인어른의 것이 저희에게 있는가 찾아보시고 있으면 가져가십시오." 야곱은 라헬이 라반의 우상을 훔쳤다는 것을 모르고 있었습니다.

그래서 라반은 야곱의 장막과 레아의 장막을 뒤졌습니다. 그리고 두 여종의 장막도 뒤졌습니다. 그러나 우상을 찾아내지 못한 라반은 레아의 장막을 떠나 라헬의 장막으로 들어갔습니다. 그때 라헬은 우상을 낙타의 안장 밑에 숨겨 놓고 그 위에 앉아 있었습니다. 라반은 장막 안을 샅샅이 뒤졌으나 우상을 발견하지 못했습니다. 라헬이 자기 아버지에게 말했습니다. "아버지, 제가 그냥 앉아 있다고 해서 노여워하지 마세요. 지금 월경 중이라 일어날 수가 없어서 그래요." 라반은 라헬의 장막을 뒤졌지만 우상을 찾지 못했습니다.

야곱이 화를 내면서 라반에게 말했습니다. "제가 무슨 잘못을 했습니까? 제가 무슨 죄를 졌다고 이처럼 불같이 저를 쫓아오셨습니까? 제 물건을 다 뒤지셨는데 장인어른의 것이 있습니까? 만약 있다면 장인어른의 친척들과 제 친척들 앞에 내놓아 보십시오. 그래서 우리 두 사람 중에서 누가 옳은지 판단할 수 있게 해 주십시오. 저는 장인어른을 위해 이십 년 동안 일했습니다. 그동안 어미

배 속에서 죽은 채 나온 새끼 양이나 염소는 한 마리도 없었습니다. 그리고 저는 장인어른의 가축 중에서 숫양 한 마리 잡아먹은 적이 없습니다. 어쩌다가 양 한 마리가 들짐승들에게 잡혀 먹기라도 하면 저는 그것을 장인어른께 그대로 가져가지 않고 제 양으로 대신 갚아 드렸습니다. 장인어른께서는 낮이나 밤 동안에 없어진 가축이 있으면 저에게 그것을 갚게 하셨습니다. 낮에는 너무 뜨거워 견딜 수가 없었고, 밤에는 너무 추워 잠을 잘 수가 없었습니다. 저는 지난 이십 년 동안 장인어른을 위해 종처럼 일했습니다. 처음 십사 년 동안은 장인어른의 두 딸을 얻으려고 일했고, 육 년 동안은 가축을 얻으려고 일했습니다. 그런데도 장인어른께서는 제 품삯을 열 번이나 바꾸셨습니다. 하지만 제 아버지의 하나님께서는 저와 함께 계셨습니다. 그분은 아브라함의 하나님이시고 이삭의 하나님이십니다. 만약 하나님께서 저와 함께 계시지 않았다면 장인어른은 저에게 아무것도 주지 않고 맨손으로 돌려보냈을 것입니다. 하지만 하나님께서는 제가 겪은 고통과 제가 얼마나 열심히 일했는가를 아시고 지난밤에 장인어른을 꾸짖으신 것입니다."

야곱과 라반이 언약을 맺다

라반이 야곱에게 말했습니다. "이 딸들은 내 딸이요, 이 아이들은 내 손자들이요, 가축들도 내 가축이네. 자네 앞에 있는 것이 다 내 것일세. 하지만 내가 지금 와서 내 딸들에게 무슨 일을 할 수 있으며 내 딸들이 낳은 아이들에게 무슨 일을 할 수 있겠는가? 자, 우리 언약을 맺고 돌무더기를 쌓아 그것이 나와 자네 사이에 증거가 되도록 하세." 그래서 야곱은 돌 한 개를 가져와서 기둥으로 세웠습니다. 야곱이 자기 친척들에게 돌을 모으라고 말했습니다. 그들은 돌들을 주워 와 무더기를 쌓았습니다. 그런 다음에 그들은 돌무더기 옆에 앉아 음식을 먹었습니다. 라반이 그곳의 이름을 자기 나라 말로 여갈사하두다라고 지었습니다. 야곱도 똑같은 이름을 히브리 말로 갈르엣이라고 지어 불렀습니다. 라반이 야곱에게 말했습니다. "이 돌무더기는 우리가 맺은 언약의 증거일세." 사람들이 그곳의 이름을 갈르엣이라고 부르는 것도 이 때문입니다. 또한 그곳은 미스바라고 부르기도 합니다. 그렇게 부르는 까닭은 라반이 이렇게 말했기 때문입니다. "우리가 서로 헤어져 있는 동안 여호와께서 우리를 지켜보시기를 바라네. 만약 자네가 내 딸들을 못살게 굴거나 내 딸들을 놔두고 다른 아내를 또 얻으면, 비록 증인 된 사람은 우리와 함께 있지 못할지라도 하나님께서 자네와 나 사이에 증인이 되실 것이네."

라반이 또 야곱에게 말했습니다. "내가 자네와 나 사이에 쌓은 이 돌무더기를 보게. 또 내가 세운 이 돌기둥을 보게. 이 돌무더기와 이 돌기둥은 우리들의 언약의 증거일세. 나는 절대로 이 돌무더기를 지나서 자네를 해치지 않을 걸세. 그리고 자네도 절대로 이 돌무더기를 지나서 나를 해치지 말아야 하네. 아브라함의 하나님, 나홀의 하나님, 그분들 조상의 하나님께서 우리 사이에 재판관이 되어 주시기를 바라네." 그리하여 야곱은 자기 아버지 이삭이 두려워하는 하나님의 이름으로 약속을 했습니다. 그리고 야곱은 짐승 한 마리를 잡아 산에서 제물로 바쳤습니다. 그리고 나서 야곱은 친척들을 불러 함께 음식을 먹었습니다. 음식을 먹은 뒤 그들은 산에서 하룻밤을 묵었습니다.

이튿날 아침 일찍 일어나 라반은 손자, 손녀들과 딸들에게 입을 맞추고 그들에게 복을 빌어 준 다음 고향으로 돌아갔습니다.

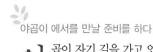

야곱이 에서를 만날 준비를 하다

야곱이 자기 길을 가고 있는데 하나님의 천사들이 야곱에게 나타났습니다. 야곱은 하나님의 천사들을 보고 "이는 하나님의 군대다"라고 말했습니다. 그래서 야곱은 그곳을 마하나임이라고 불렀습니다.

야곱의 형 에서는 에돔 나라의 세일이라고 하는 지역에서 살고 있었습니다. 야곱이 에서에게 심부름꾼들을 자기보다 먼저 보냈습니다. 야곱이 심부름꾼들에게 말했습니다. "내 주 에서에게 이 말을 전하여라. '당신의 종인 야곱이 말씀드립니다. 저는 라반과 함께 살며 지금까지 그곳에 머물러 있었습니다. 저에게는 소와 나귀와 가축 떼와 남종과 여종들이 있습니다. 그러므로 제가 이 사람들을 보내어 전하여 드리고 형님의 은혜를 구하려 합니다.'"

심부름꾼들이 야곱에게 돌아와 말했습니다. "주인님의 형님이신 에서에게 다녀왔습니다. 에서는 사백 명을 거느리고 주인님을 만나러 오고 있습니다." 야곱은 그 말을 듣고 너무나 두렵고 낙심이 되었습니다. 야곱은 자기와 함께 있는 사람들을 두 무리로 나누었습니다. 그리고 양 떼와 소 떼와 낙타들도 두 무리로 나누었습니다. 야곱은 이렇게 생각했습니다. '에서가 다가와서 한 무리를 친다 하더라도 나머지 한 무리는 도망칠 수 있을 것이다.'

야곱이 말했습니다. "제 할아버지 아브라함의 하나님, 제 아버지 이삭의 하나님! 하나님께서는 저에게 '네 나라, 네 집으로 돌아가거라. 네게 은혜를 베풀어 줄 것이다' 하고 말씀하셨습니다. 저는 하나님께서 저에게 베풀어 주신 온갖 은혜와 사랑을 받을 자격이 없는 사람입니다. 제가 처음 요단 강을 건넜을 때 저에게는 지팡이 하나밖에 없었습니다. 그런데 지금 저에게는 재산을 둘로 나눌 수 있을 만큼 많은 재산이 있습니다. 제발 저를 제 형 에서로부터 구해 주십시오. 에서가 와서 저와 아이들의 어머니와 아이들까지 해치지 않도록 해 주십시오. 하나님께서는 저에게 '내가 너에게 은혜를 베풀겠다. 내가 네 자손을 바다의 모래처럼 셀 수도 없이 많게 해 주겠다'고 말씀하지 않으셨습니까?"

그날 밤 야곱은 거기에서 묵었습니다. 야곱은 자기가 가진 것 중에서 에서에게 줄 선물을 준비했습니다. 야곱이 준비한 선물은 암염소 이백 마리와 숫염소 이십 마리, 암양 이백 마리와 숫양 이십 마리, 젖을 먹이는 암낙타 삼십 마리와 그 새끼 낙타들, 암소 사십 마리와 황소 열 마리, 암나귀 이십 마리와 새끼 나귀 열 마리였습니다. 야곱은 이것들을 각각 떼로 나누어 자기 종들에게 주면서 말했습니다. "나보다 먼저 가거라. 그리고 가축 떼와 가축 떼 사이에 거리를 두어라." 야곱은 종들에게 명령을 했습니다. 첫 번째 가축 떼를 몰고 가는 종에게는 이렇게 말했습니다. "내 형 에서가 너에게 다가와서 '너는 누구의 종이며 어디로 가는 길이냐? 이 짐승들은 누구의 것이냐?' 하고 물으면 너는 이렇게 대답하여라. '이 짐승들은 주인님의 종 야곱의 것으로서 에서 주인님께 드리는 선물입니다. 야곱도 저희들 뒤에 오고 있습니다.'" 야곱은 두 번째 종과 세 번째 종과 가축 떼를 따라가는 그 밖의 모든 종들에게도 똑같은 명령을 내렸습니다. "에서를 만나거든 똑같이 '주인님의 종 야곱은 저희들 뒤에 오고 있습니다'라고 말하여라." 야곱은 이렇게 생각했습니다. '내가 가기 전에 먼저 이 선물을 주면 형의 마음이 풀어질지도 모른다. 그런 다음에 형을 만나면 형이 나를 맞아 줄 것이다.' 그래서 야곱은 에서에게 먼저 선물을 보냈습니다. 그리고 야곱은 그날 밤 천막에서 묵었습니다.

하나님과 씨름하는 야곱

그날 밤 야곱은 자리에서 일어나 두 아내와 두 여종과 열한 명의 아들을 데리고 얍복 강나루를 건넜습니다. 야곱은 자기의 가족 모두와 자기의 모든 재산을 강 건너편으로 보냈습니다. 그리고 자신은 홀로 뒤에 남았습니다. 어떤 사람이 와서 밤새도록 야곱과 씨름을 했습니다. 그 사람은 야곱을 이길 수 없다는 것을 알고 야곱의 엉덩이뼈를 쳐서 엉덩이뼈를 어긋나게 만들었습니다. 그 사람이 야곱에게 말했습니다. "날이 새려고 하니 나를 놓아 다오." 하지만 야곱이 말했습니다. "저에게 복을 주시지 않으면 보내 드릴 수 없습니다." 그 사람이 야곱에게 말했습니다. "네 이름이 무엇이냐?" 야곱이 대답했습니다. "야곱입니다." 그 사람이 말했습니다. "네 이름은 이제부터 야곱이 아니라 이스라엘이다. 네가 하나님과 씨름했고 사람과도 씨름을 해서 이겼기 때문이다." 야곱이 그 사람에게 물었습니다. "당신의 이름을 가르쳐 주십시오." 그러자 그 사람이 말했습니다. "왜 내 이름을 묻느냐?" 하며 그 자리에서 야곱에게 복을 주었습니다. 그래서 야곱은 그곳을 브니엘이라고 불렀습니다. 야곱이 말했습니다. "나는 하나님의 얼굴을 보고도 죽지 않고 살았다." 야곱이 그곳을 떠나려 할 때에 해가 떠올랐습니다. 야곱은 엉덩이 때문에 다리를 절뚝거렸습니다. 브니엘에서 나타난 사람이 야곱의 엉덩이뼈를 쳤기 때문에 지금도 이스라엘 사람들은 엉덩이뼈에 붙어 있는 큰 힘줄을 먹지 않습니다.

야곱이 에서와 화해하다

야곱이 눈을 들어 보니 에서가 오고 있었습니다. 에서는 종 사백 명을 거느리고 있었습니다. 그래서 야곱은 레아와 라헬과 두 여종에게 아이들을 나누어 맡겼습니다. 야곱은 여종들과 그 아

이들을 앞에 세우고 레아와 그 아이들을 그 뒤에 세웠습니다. 라헬
과 요셉은 맨 뒤에 세웠습니다. 야곱은 맨 앞으로 나갔습니다. 야
곱은 형이 있는 쪽으로 다가가면서 일곱 번이나 땅에 엎드려 절했
습니다.

　그러자 에서가 달려와 야곱을 맞이했습니다. 에서는 야곱을 끌
어안고 그의 목에 얼굴을 기대었습니다. 그리고 야곱에게 입을 맞
추었고, 두 사람은 함께 소리 내어 울었습니다. 에서가 눈을 들어
보니 여자와 아이들이 보였습니다. 에서가 물었습니다. "너와 함께
있는 이 사람들은 누구냐?" 야곱이 대답했습니다. "이 사람들은 하
나님께서 형님의 종인 저에게 은혜로 주신 아이들입니다." 두 여종
과 그들의 아이들이 에서 앞으로 나와 땅에 엎드려 절했습니다. 그
런 다음 이번에는 레아와 그 아이들이 에서에게 나아와 역시 땅에
엎드려 절했습니다. 마지막으로 요셉과 라헬이 에서에게 나아와 마
찬가지로 땅에 엎드려 절했습니다. 에서가 말했습니다. "여기까지
오는 동안에 가축 떼를 여러 번 만났는데, 그것은 웬 가축 떼냐?"
야곱이 대답했습니다. "그것은 형님께 드리는 선물입니다." 에서가
말했습니다. "야곱아, 그런 것은 나에게도 얼마든지 있다. 네 것은
네가 가져라." 야곱이 말했습니다. "아닙니다, 형님. 저를 좋게 보신
다면 제가 드리는 선물을 받아 주십시오. 형님 얼굴을 다시 뵙게 되
어 너무나 기쁩니다. 형님이 저를 받아 주시니 마치 하나님 얼굴을
뵙는 듯합니다. 그러니 제 선물을 받아 주십시오. 하나님께서 저에
게 큰 은혜를 베풀어 주셔서 저는 넉넉하게 가지고 있습니다." 야곱
이 자꾸 권하자 에서가 선물을 받았습니다.

　에서가 말했습니다. "자, 이제 가자. 나도 너와 함께 가겠다." 그
러나 야곱이 에서에게 말했습니다. "형님, 형님께서도 아시겠지만
아이들은 약합니다. 게다가 가축 떼와 그 새끼들도 걱정이 됩니다.

하룻동안 너무 많이 걷게 되면 짐승들이 다 죽을 것입니다. 형님, 그러니 형님 먼저 가십시오. 저는 천천히 뒤따라 가겠습니다. 가축 떼와 아이들의 걸음걸이에 맞추어 천천히 가겠습니다. 그리고 세일 에서 다시 형님을 뵙겠습니다."

그러자 에서가 말했습니다. "그렇다면 내가 데리고 있는 사람 중 몇 명을 네 곁에 남겨 두어 너와 함께 오게 하마." 야곱이 말했 습니다. "어찌 그렇게 하겠습니까? 내 주인인 형님의 친절한 마음 만으로도 만족합니다." 그리하여 그날 에서는 세일 쪽으로 다시 돌 아갔습니다. 하지만 야곱은 숙곳으로 갔습니다. 그곳에서 야곱은 자기 식구들이 머물 집을 지었습니다. 그리고 짐승들을 위해 우리 를 지어 주었습니다. 그래서 그곳의 이름은 숙곳이 되었습니다.

야곱은 밧단아람을 떠나 가나안 땅 세겜 성에 무사히 이르렀습 니다. 야곱은 성 동쪽에 장막을 쳤습니다. 야곱은 장막을 친 밭을 세겜의 아버지 하몰의 아들들에게서 은돈 백 개를 주고 샀습니다. 야곱은 그곳에 제단을 쌓고 그 이름을 엘엘로헤이스라엘이라고 지 었습니다.

디나가 강간을 당하다

레아와 야곱 사이에서 태어난 딸 디나가 그 땅의 여자들을 보 러 나갔습니다. 히위 사람 하몰의 아들이며 그 땅의 추장인 세겜이 디나를 보고 끌고 가서 강간하였습니다. 세겜은 야곱의 딸 디나에게 마음이 끌렸습니다. 그는 디나를 사랑하였으므로 디나의 마음을 위로하였습니다. 세겜이 자기 아버지 하몰에게 말했습니다. "이 여자를 제 아내로 삼게 해 주십시오."

세겜이 자기 딸을 더럽혔다는 이야기를 야곱이 들었습니다. 그 때 야곱의 아들들은 들에서 가축 떼를 치고 있었습니다. 야곱은 아들들이 돌아올 때까지 아무 말도 하지 않았습니다. 세겜의 아버지 하몰이 이야기할 것이 있어서 야곱에게 왔습니다. 그때 야곱의 아들들은 그 소식을 듣고 들에서 막 돌아와 있었습니다. 그들은 디나가 더럽힘을 당했다는 이야기를 듣고 괴로워하며 분노하였습니다. 세겜이 야곱의 딸에게 해서는 안될 짓을 하여 이스라엘 사람을 부끄럽게 만들었기 때문입니다.

하몰이 야곱의 아들들에게 말했습니다. "내 아들 세겜이 디나를 너무나 사랑하고 있습니다. 제발 그 소녀를 세겜에게 주어 결혼할 수 있게 해 주십시오. 그리고 당신들도 우리 백성과 결혼해서 같이 사십시다. 당신들의 여자를 우리에게 주십시오. 그리고 우리들의 딸을 데리고 가십시오. 우리와 함께 사십시다. 거할 땅이 당신들 앞에 있으니 여기에 살면서 장사도 하고 재산도 늘리십시오." 세겜도 야곱과 디나의 오라버니들에게 말했습니다. "내 청을 들어주십시오. 당신들이 원하는 것은 다 드리겠습니다. 우리가 신부를 데리고 가는 데 필요한 몸값과 예물을 말씀해 주십시오. 아무리 많이 말씀하시더라도 말씀하시는 대로 다 드리겠습니다. 디나와 결혼만 하게 해 주십시오."

야곱의 아들들이 세겜과 그의 아버지에게 거짓말로 대답했습니다. 이는 세겜이 자기들의 누이 디나를 더럽혔기 때문입니다. 야곱의 아들들이 말했습니다. "할례도 받지 않은 사람에게 우리 누이를 줄 수는 없습니다. 그것은 우리에게 부끄러운 일이기 때문입니다. 다만 한 가지 조건만 들어주시면 당신들의 청을 들어 드리겠습니다. 만일 당신들 쪽 모든 남자들이 할례를 받아 우리처럼 된다면 청을 허락하겠습니다. 그렇게 하시면 우리 딸들을 당신들에게 드리고, 당신들의 딸들을 우리 아내로 맞아들이겠습니다. 그렇게 되면 우리는 당신들과 함께 살면서 한 백성이 될 것입니다. 당신들이 우리의 말을 듣고도 할례를 받을 수 없다면 우리는 디나를 데리고 떠나겠습니다."

하몰과 하몰의 아들 세겜은 이 조건이 괜찮다고 생각했습니다. 그래서 세겜은 할례 베푸는 일을 지체하지 않았습니다. 이는 세겜이 야곱의 딸을 사랑하는 마음이 깊었기 때문입니다. 그 당시 세겜은 자기 집안에서도 가장 존경받는 사람이었습니다. 하몰과 그의 아들 세겜은 성문으로 나아가 그 성의 사람들에게 말했습니다. "이 사람들은 우리와 친구가 되기를 원합니다. 그러니 그들을 우리 땅에 살면서 장사도 할 수 있게 해 줍시다. 이 땅은 그들과 함께 살 수 있을 만큼 충분히 넓습니다. 그리고 그 사람들의 딸을 데려와 아내로 삼고, 우리 딸도 그 사람들에게 줍시다. 그런데 여기에는 한 가지 조건이 있습니다. 우리 중 남자는 모두 그 사람들처럼 할례를 받아야 합니다. 그렇게 하면 그들은 우리와 함께 살 것이고, 우리는 한 백성이 될 것입니다. 그렇게 되면 그들의 가축 떼와 그들의 재산이 우리 것이 되지 않겠습니까? 그들 말대로 해서 그들이 우리와 함께 살게 합시다." 성문으로 나온 사람들이 다 이 말을 들었습니다. 그들은 하몰과 그의 아들 세겜의 말을 따르기로 했습니다. 그래서 남자들은 다 할례를 받았습니다.

삼 일 뒤 할례를 받은 사람들이 아직도 몸이 아플 때에 야곱의 아들 중에서 디나의 오라버니인 시므온과 레위가 칼을 들고 별안간 그 성을 공격해서 그 성안의 남자들을 모조리 죽였습니다. 시므온과 레위는 하몰과 그의 아들 세겜을 칼로 죽였습니다. 그리고 디나를 세겜의 집에서 데리고 나왔습니다. 야곱의 다른 아들들도 죽은 사람들 사이로 다니면서 성안에 있는 것들을 노략질했습니다. 왜냐하면 그 성은 누이가 강간을 당한 성이었기 때문입니다. 야곱의 아들들은 양과 소와 나귀들을 비롯해 성과 들에 있는 것을 닥치는 대로 빼앗아 갔습니다. 그들은 그 성 백성들이 가지고 있던 값비싼 것들을 다 빼앗았습니다. 그들은 여자들과 아이들, 그리고 집 안에 있던 물건들까지도 다 빼앗았습니다.

그러자 야곱이 시므온과 레위에게 말했습니다. "너희는 나에게 괴로움을 안겨 주었다. 이제는 이 땅에 사는 가나안 사람들과 브리스 사람들이 나를 미워할 것이다. 우리는 수가 적다. 만약 그들이 힘을 합해 우리를 공격하면 나와 우리 집안은 멸망하고 말 것이다." 하지만 그 형제들이 말했습니다. "우리 누이가 창녀 취급을 받는데 어떻게 보고만 있을 수 있습니까?"

벧엘로 돌아온 야곱

하 나님께서 야곱에게 말씀하셨습니다. "벧엘 성으로 가서 그곳에서 살아라. 네가 네 형 에서를 피해 도망칠 때 그곳에서 너에게 나타나셨던 하나님께 제단을 쌓아라." 야곱이 자기 가족과 자기와 함께 사는 다른 모든 사람들에게 말했습니다. "너희 가운데 있는 이방 우상들을 다 버려라. 너희 스스로 깨끗하게 하고 옷을 바꾸어 입어라. 여기를 떠나 벧엘로 가자. 그곳에서 하나님께 제단을 쌓을 것이다. 그 하나님께서는 내가 괴로움을 당할 때에 나를 도와주셨으며 내가 어디를 가든지 나와 함께 계셨다." 이 말을 듣고 그들은 가지고 있던 이방 우상들을 다 야곱에게 주었습니다. 그리고 귀에 걸고 있던 귀걸이도 야곱에게 주었습니다. 야곱은 그것들을 세겜 성에서 가까운 큰 나무 아래에 파묻었습니다.

그런 다음에 야곱과 그의 아들들은 그곳을 떠났습니다. 그러나 근처에 있는 성 사람들이 하나님을 두려워하여 야곱의 아들들을 쫓아오지 못했습니다. 야곱의 모든 사람들은 루스로 갔습니다. 루스는 벧엘이라고 불리는 곳으로 가나안 땅에 있습니다. 그곳에서 야곱은 제단을 쌓고 그곳의 이름을 엘벧엘이라고 지었습니다. 야곱이 자기 형 에서를 피해 도망칠 때 하나님께서 그곳에서 자기에게 나타나셨기 때문입니다. 이 무렵 리브가의 유모인 드보라가 죽어 벧엘의 상수리나무 아래에 묻혔습니다. 사람들은 그곳을 알론바굿이라고 불렀습니다.

야곱의 새 이름

야곱이 밧단아람에서 돌아왔을 때 하나님께서 다시 야곱에게 나타나시고 야곱에게 복을 주셨습니다. 하나님께서 야곱에게 말씀하셨습니다. "네 이름이 야곱이지만 이제 다시는 네 이름을 야곱이라고 부르지 않을 것이다." 그리고는 그를 이스라엘이라고 부르셨습니다. 하나님께서 야곱에게 말씀하셨습니다. "나는 전능하신 하나님이다. 너는 많은 자녀를 낳고 큰 나라를 이루어라. 너는 많은 나라와 왕들의 조상이 될 것이다. 나는 아브라함과 이삭에게 준 땅을 너와 네 자손에게 주겠다." 그리고 나서 하나님께서는 그에게 말씀하시던 곳에서 떠나가셨습니다. 야곱은 하나님께서 자기에게 말씀하신 곳에 돌기둥을 세웠습니다. 그리고 거기에 부어 드리는 제물인 전제물을 드리고 그 위에 기름을 부었습니다. 야곱은 하나님께서 나타나셔서 말씀하신 그곳을 벧엘이라고 불렀습니다.

라헬이 아기를 낳고 죽다

야곱과 그의 일행은 벧엘을 떠나갔습니다. 그들이 에브랏에서 얼마 떨어진 곳에 이르렀을 때에 라헬이 아기를 낳기 시작했습니다. 그런데 아기를 낳는 고통이 너무나 컸습니다. 라헬이 아기를 낳느라고 고통스러워하는 모습을 보고 산파가 라헬에게 말했습니다. "두려워하지 말아요. 또 아들을 낳게 될 거예요." 라헬은 아들을 낳고 죽었습니다. 라헬은 죽어 가면서 그 아들의 이름을 베노니라고 지었습니다. 그러나 야곱은 그 아들의 이름을 베냐민이라고 불렀습니다. 라헬은 에브랏으로 가는 길에 묻혔습니다. 에브랏은 베들레헴입니다. 야곱은 라헬의 무덤에 돌기둥을 세웠습니다. 라헬의 무덤에 세워진 그 돌기둥은 지금까지 남아 있습니다. 이스라엘이라고도 부르는 야곱은 다시 길을 떠나 에델 탑 맞은편에 장막을 쳤습니다.

이스라엘이 그 땅에 있을 때에 르우벤이 이스라엘의 첩 빌하와 함께 잤습니다. 이스라엘이 그 이야기를 들었습니다.

이스라엘의 아들들

야곱에게는 열두 명의 아들이 있었습니다. 레아의 아들은 야곱의 첫째 아들 르우벤과 시므온, 레위, 유다, 잇사갈, 스불론입니다. 라헬의 아들은 요셉과 베냐민입니다. 라헬의 몸종 빌하의 아들은 단과 납달리입니다. 레아의 몸종 실바의 아들은 갓과 아셀입니다. 이들은 밧단아람에서 태어난 야곱의 아들들입니다.

야곱은 기럇아르바 근처 마므레에 있는 아버지 이삭에게 갔습니다. 그곳은 아브라함과 이삭이 잠시 머물러 살았던 헤브론이란 곳입니다. 그때 이삭의 나이는 백예든 살이었습니다. 이삭은 목숨이 다하여 오랫동안 살다 조상들에게로 돌아갔습니다. 그래서 이삭의 아들 에서와 야곱이 이삭을 장사 지냈습니다.

에서의 자손

에돔이라고도 부르는 에서의 자손은 이러합니다. 에서는 가나안 땅의 여자들을 아내로 맞아들였습니다. 에서는 헷 사람 엘론의 딸 아다를 아내로 맞아들였습니다. 에서는 또 아나의 딸

오홀리바마도 아내로 맞아들였습니다. 아나는 히위 사람 시브온
의 아들입니다. 에서는 또 이스마엘의 딸이자 느바욧의 누이인 바
스맛도 아내로 맞아들였습니다. 아다는 엘리바스를 낳았고, 바스
맛은 르우엘을 낳았습니다. 그리고 오홀리바마는 여우스와 얄람
과 고라를 낳았습니다. 이들은 가나안 땅에서 태어난 에서의 아들
들입니다.

에서는 아내들과 아들들과 딸들과 자기 집에서 함께 살고 있는
모든 사람들과 가축들과 다른 짐승들과 가나안에서 얻은 모든 재
산을 가지고 자기 동생 야곱에게서 멀리 떨어진 곳으로 이사했습니
다. 에서의 재산과 야곱의 재산이 너무 많아져서 함께 살 수가 없
게 되었습니다. 두 사람이 함께 살기에는 그 땅이 너무 좁았습니다.
그들에게는 가축들이 너무 많았습니다. 그래서 에서는 세일 산에
살았습니다. 에서는 에돔이라고도 부릅니다.

에서는 세일 산에 살았으며 에돔 사람들의 조상입니다. 에서의
아들들은 에서의 아내 아다의 아들 엘리바스와 에서의 아내 바스맛
의 아들 르우엘입니다. 엘리바스의 아들은 데만과 오말과 스보와
가담과 그나스입니다. 엘리바스에게는 딤나라고 하는 첩이 있었습
니다. 딤나는 엘리바스를 통해 아말렉을 낳았습니다. 이들은 에서
의 아내 아다의 자손입니다. 르우엘의 아들은 나핫과 세라와 삼마
와 미사입니다. 이들은 에서의 아내 바스맛의 자손입니다. 에서의
세 번째 아내는 오홀리바마입니다. 오홀리바마는 아나의 딸입니다.
아나는 시브온의 아들입니다. 오홀리바마가 에서를 통해 낳은 아
들은 여우스와 얄람과 고라입니다.

에서의 자손 중에서 족장은 이러합니다. 에서의 맏아들은 엘리
바스입니다. 엘리바스에게서는 데만, 오말, 스보, 그나스, 고라,
가담, 아말렉과 같은 족장이 나왔습니다. 이들은 에돔 땅에서 엘

리바스에게서 나온 족장들이며 아다의 자손들입니다. 에서의 아들 르우엘에게서 나온 족장은 이러합니다. 나핫, 세라, 삼마, 미사이 며 이들은 에서의 아내 바스맛의 자손입니다. 에서의 아내 오홀리 바마에게서 나온 족장은 이러합니다. 여우스, 얄람, 고라이며 이 들은 에서의 아내 오홀리바마의 자손입니다. 오홀리바마는 아나의 딸입니다. 이들은 에돔이라고도 부르는 에서의 자손이며 각 종족 의 족장입니다.

에돔 땅에 살던 호리 사람 세일의 자손은 이러합니다. 로단, 소 발, 시브온, 아나, 디손, 에셀, 디산이며 세일의 아들인 이들은 에돔 땅에서 호리 사람들의 족장이 되었습니다. 로단의 자손은 호리와 헤맘입니다. 로단의 누이는 딤나입니다. 소발의 자손은 알완과 마 나핫과 에발과 스보와 오남입니다. 시브온의 자손은 아야와 아나 입니다. 아나는 광야에서 자기 아버지의 나귀들을 돌보던 중에 온 천을 발견한 사람입니다. 아나의 자손은 디손과 아나의 딸 오홀리 바마입니다. 디손의 자손은 헴단과 에스반과 이드란과 그란입니다. 에셀의 자손은 빌한과 사아완과 아간입니다. 디산의 자손은 우스 와 아란입니다. 호리 사람들의 족장 이름은 이러합니다. 로단, 소 발, 시브온, 아나, 디손, 에셀, 디산입니다. 이들은 호리 사람들 집 안의 조상입니다. 이들은 에돔 땅, 곧 세일에서 살았습니다.

이스라엘 사람들에게 아직 왕이 없을 때에 에돔 땅을 다스렸던 왕들의 이름은 이러합니다. 브올의 아들 벨라는 에돔 왕이었습니 다. 벨라는 딘하바 성 사람이었습니다. 벨라가 죽자 세라의 아들 요밥이 왕이 되었습니다. 요밥은 보스라 사람이었습니다. 요밥이 죽자 후삼이 왕이 되었습니다. 후삼은 데만 땅 사람이었습니다. 후 삼이 죽자 브닷의 아들 하닷이 왕이 되었습니다. 하닷은 모압 땅에 서 미디안을 물리친 적이 있습니다. 하닷은 아윗 성 사람이었습니다. 하닷이 죽자 삼라가 왕이 되었습니다. 삼라는 마스레가 사람이었습니다. 삼라가 죽자 사울이 왕이 되었습니다. 사울은 유프라테스 강가의 르호봇 사람이었습니다. 사울이 죽자 악볼의 아들 바알하난이 왕이 되었습니다. 악볼의 아들 바알하난이 죽자 하달이 왕이 되었습니다. 하달은 바우 성 사람이었습니다. 하달의 아내는 마드렛의 딸 므헤다벨입니다. 마드렛은 메사합의 딸입니다.

에서에게서 나온 족장들을 종족과 지역에 따라 나누면 딤나, 알와, 여뎃, 오홀리바마, 엘라, 비논, 그나스, 데만, 밉살, 막디엘, 이람이며, 이들은 에돔의 족장이었고, 에돔 사람들의 조상은 에서입니다. 이 종족들의 이름이 곧 그들이 살던 지역의 이름이 되었습니다.

요셉의 꿈

야곱은 자기 아버지가 살았던 가나안 땅에서 살았습니다. 다음은 야곱의 가족 이야기입니다.

열일곱 살이 된 젊은 요셉은 그의 형제들과 함께 양 떼를 치고 있었습니다. 요셉의 형들은 그의 아버지의 첩인 빌하와 실바의 아들들이었습니다. 요셉은 형들의 잘못을 아버지에게 가서 그대로 일러바치곤 하였습니다. 요셉은 야곱이라고도 부르는 아버지 이스라엘이 늙어서 낳은 아들이었으므로, 이스라엘은 다른 어느 아들보다도 요셉을 더 사랑했습니다. 이스라엘은 요셉에게 소매가 긴 좋은 옷을 만들어 주었습니다. 요셉의 형들은 아버지가 자기들보다 요셉을 더 사랑하는 것을 알고 동생 요셉을 미워하여 요셉에게 인사말도 건네지 않았습니다.

어느 날 요셉이 꿈을 꾸었습니다. 요셉이 그 꿈 이야기를 형들에게 들려주자 형들은 요셉을 더 미워했습니다. 요셉이 말했습니다. "내가 꾼 꿈 이야기를 들어 보세요. 우리가 들에서 곡식단을 묶고 있는데, 내 곡식단이 일어서니까 형들의 곡식단이 내 곡식단 곁으로 몰려들더니 내 곡식단 앞에 절을 했어요." 요셉의 형들이 말했습니다. "네가 우리의 왕이라도 될 줄 아느냐? 네가 정말로 우리를 다스리게 될 줄 아느냐?" 요셉의 형들은 요셉이 말한 꿈 이야기 때문에 그전보다도 더 요셉을 미워했습니다.

그 후에 요셉이 또 꿈을 꾸었습니다. 요셉은 그 꿈 이야기를 또 형들에게 들려주었습니다. "들어 보세요. 내가 또 꿈을 꾸었어요. 꿈에서 보니까 해와 달과 별 열한 개가 나에게 절을 했어요." 요셉은 그 꿈 이야기를 자기 아버지에게도 했습니다. 그러자 요셉의 아버지는 요셉을 꾸짖었습니다. "그게 도대체 무슨 꿈이냐? 너는 정말로 너의 어머니와 너의 형들과 내가 너에게 절을 할 것이라고 믿느냐?" 요셉의 형들은 요셉을 질투했습니다. 그러나 요셉의 아버지는 그 모든 것을 마음속에 새겨 두고 있었습니다.

어느 날 요셉의 형들이 아버지의 양 떼를 치려고 세겜으로 갔습니다. 이스라엘이 요셉에게 말했습니다. "네 형들이 세겜에서 양 떼를 치고 있지 않느냐? 내가 너를 그들에게 보내려 한다." 요셉은 "예, 다녀오겠습니다" 하고 대답했습니다. 요셉의 아버지가 말했습니다. "가서 네 형들과 양 떼가 잘 있는지 보고 돌아와서 나에게 알려 다오." 요셉의 아버지는 헤브론 골짜기에서 요셉을 떠나 보냈습니다. 요셉이 세겜에 이르렀습니다. 어떤 사람이 요셉이 들에서 헤매고 있는 것을 보고 물었습니다. "무엇을 찾고 있느냐?" 요셉이 대답했습니다. "형들을 찾고 있습니다. 혹시 우리 형들이 어디에서 양 떼를 치고 있는지 아십니까?" 그 사람이 말했습니다. "네 형들은 이미 다른 데로 갔다. 네 형들이 '도단으로 가자'라고 말하는 것을 들었다." 그래서 요셉은 형들을 뒤쫓아 가 도단에서 형들을 찾았습니다.

종으로 팔려 가는 요셉

요셉의 형들은 멀리서 요셉이 오고 있는 것을 보았습니다. 그들은 요셉이 가까이 오기 전에 요셉을 죽이기로 계획하고 서로 이렇게 말했습니다. "꿈꾸는 애가 오는구나. 저 애를 죽여서 그 시체를 웅덩이에 던져 넣자. 그리고 아버지에게는 들짐승이 저 아이를 죽였다고 말하자. 그가 꾼 꿈이 어떻게 되는지 한번 두고 보자." 하지만 그때 르우벤이 그 계획을 듣고 요셉을 구해 주려는 마음에서 말했습니다. "요셉을 죽이지는 말자. 피를 흘리게 하지는 말자. 이 광야의 웅덩이에 저 아이를 던져 넣자. 하지만 해치지는 말자." 르우벤이 이렇게 말한 것은 요셉을 그 형들의 손에서 구해 내어 아버지께 돌려보내기 위함이었습니다. 요셉이 형들에게 가까이 다가오자 형들은 소매가 긴 요셉의 옷을 벗겼습니다. 그리고 그들은 요셉을 웅덩이에 던져 넣었습니다. 그 웅덩이는 비어 있었고 그 안에는 물이 없었습니다.

요셉이 웅덩이에 있는 동안 형들은 자리에 앉아서 음식을 먹었습니다. 그들이 고개를 들어 보니 이스마엘 사람들이 오고 있는 모습이 보였습니다. 그 이스마엘 사람들은 낙타에 향료와 유향과 몰약을 싣고 길르앗에서 이집트로 여행하던 중이었습니다. 그 모습을 보고 유다가 형제들에게 말했습니다. "우리가 동생을 죽인 다음 그 사실을 숨긴다고 해서 우리에게 무슨 좋은 일이 있겠나? 차라리 요셉을 저 이스마엘 사람들에게 팔아 버리자. 그러면 동생을 죽이는 죄도 짓지 않게 된다. 그래도 저 애는 우리 동생이고 우리와 피와 살을 나눈 형제가 아니냐?" 그러자 다른 형들도 모두 유다의 말에 찬성했습니다. 그러는 동안 미디안 상인들이 지나갈 때에 형들은 요셉을 웅덩이에서 꺼내어 은 이십 세겔을 받고 이스마엘 사람들에게 팔았습니다. 이스마엘 사람들은 요셉을 이집트로 데리고 갔습니다.

요셉의 형들이 요셉을 이스마엘 사람들에게 팔았을 때 르우벤은 거기에 없었습니다. 르우벤이 웅덩이로 돌아와 보니 요셉이 보이지 않았습니다. 르우벤은 너무나 슬퍼서 자기 옷을 찢었습니다. 그 후에 르우벤은 다른 형제들에게 돌아와서 말했습니다. "아이가 보이지 않는다. 이제 나는 어떻게 하면 좋으냐?" 요셉의 형들은 염소 한 마리를 죽여서 그 피를 요셉이 입었던 소매가 긴 옷에 묻혔습니다. 그리고 나서 그들은 그 옷을 자기 아버지에게 가지고 갔습니다. 그들이 말했습니다. "이 옷을 주웠습니다. 혹시 아버지 아들의 옷이 아닌지 잘 살펴보십시오." 야곱이 그 옷을 살펴보고 말했습니다. "내 아들의 옷이 맞다. 사나운 들짐승이 요셉을 잡아먹었나 보구나. 내 아들 요셉이 찢겨 죽고 말았구나!" 야곱은 너무나 슬퍼서 자기 옷을 찢고 거친 베로 허리를 묶었습니다. 야곱은 아들의 죽음 때문에 오랫동안 슬퍼했습니다. 야곱의 모든 아들과 딸들이 야곱을 위로하려 했지만, 야곱은 위로를 받으려 하지 않았습니다. 야곱이 말했습니다. "나는 울다가 죽어서 내 아들에게로 갈 것이다" 하며 야곱은 아들 요셉을 위해 울었습니다. 그러는 동안 요셉을 산 사람들은 요셉을 이집트로 데리고 가서 보디발에게 팔았습니다. 보디발은 파라오의 신하였고 왕궁 경호대의 대장이었습니다.

유다와 다말

그 무렵에 유다는 자기 형제들 곁을 떠났습니다. 유다는 히라라는 사람과 함께 살았습니다. 히라는 아둘람 마을 사람이었습니다. 유다는 그곳에서 어떤 가나안 여자를 아내로 맞아들였습니다. 그 여자의 아버지 이름은 수아였습니다. 유다는 그 여자와 잠자리를 같이했습니다. 여자가 임신을 하여 아들을 낳았습니다. 유다는 아들의 이름을 엘이라고 지었습니다. 그 후에 여자가 또 아들을 낳았습니다. 여자는 그 아들의 이름을 오난이라고 지었습니다. 그 후에 여자가 또 아들을 낳았습니다. 여자는 그 아들의 이름을 셀라라고 지었습니다. 여자가 셀라를 낳은 곳은 거십이었습니다.

유다는 다말이라는 여자를 자기의 첫째 아들 엘에게 아내로 주었습니다. 엘은 유다의 맏아들이었습니다. 그러나 엘은 여호와께서 보시기에 나쁜 일을 했으므로 여호와께서 엘을 죽이셨습니다. 그러자 유다가 엘의 동생 오난에게 말했습니다. "가서 너의 죽은 형의 아내와 같이 자거라. 그렇게 해서 네 형의 자손을 낳아 주는 것이 네 의무다." 그러나 오난은 그렇게 해서 자손을 얻더라도 그 자손은 자기 자손이 되지 않는다는 것을 알았습니다. 그래서 오난은 다말과 잠자리를 같이하다가도 다말이 절대로 임신할 수 없게 땅에 정액을 쏟아 냈습니다. 이러한 오난의 행동은 여호와께서 보시기에 나쁜 일이었습니다. 그래서 여호와께서는 오난도 죽이셨습니다. 그 후에 유다가 며느리 다말에게 말했습니다. "네 아버지 집으로 돌아가 있어라. 그리고 내 막내아들 셀라가 어른이 될 때까지 결혼하지 말고 있어라." 유다는 셀라마저도 그 형들처럼 죽을까 봐 두려웠습니다. 다말은 자기 아버지 집으로 돌아갔습니다.

오랜 세월이 지난 뒤에 유다의 아내가 죽었습니다. 유다의 아내는 수아의 딸이었습니다. 유다는 아내의 죽음을 슬퍼하는 기간을 지낸 후에 딤나로 갔습니다. 유다는 자기 양 떼의 털을 깎고 있는 사람들에게 갔습니다. 유다의 친구 아둘람 사람 히라도 함께 갔습니다. 다말은 시아버지인 유다가 양 떼의 털을 깎으러 딤나로 갔다는 이야기를 들었습니다. 그래서 다말은 과부들이 입는 옷을 벗고 얼굴을 베일로 가렸습니다. 다말은 에나임 문에 앉았습니다. 에나임 문은 딤나로 가는 길에 있었습니다. 다말이 이런 일을 한 까닭은 유다의 막내아들인 셀라가 다 커서 어른이 되었는데도, 유다가 그 아들을 자기와 결혼시키려 하지 않았기 때문입니다. 유다는 다말을 보고 그녀를 창녀라고 생각했습니다. 다말이 자기 얼굴을 베일로 가리고 있었기 때문입니다. 그래서 유다는 여자에게 가서 말했습니다. "우리 같이 자자." 유다는 그 여자가 자기 며느리 다말이라는 것을 몰랐습니다. 여자가 물었습니다. "제가 같이 자드리면 그 값으로 무엇을 주실 건가요?" 유다가 대답했습니다. "내 가축 떼 중에서 새끼 염소 한 마리를 보내 주겠다." 여자가 대답했습니다. "그러시다면 염소 새끼를 보내 주겠다는 약속의 물건을 먼저 맡겨 주시지요." 유다가 물었습니다. "어떤 것을 맡기면 좋겠느냐?" 다말이 대답했습니다. "가지고 계신 도장과 끈과 지팡이를 주십시오." 유다는 그것들을 여자에게 주었습니다. 그리고 나서 유다와 다말은 잠자리를 함께했고, 다말은 임신을 했습니다. 다말은 집으로 돌아갔습니다. 다말은 얼굴을 가리고 있던 베일을 벗었습니다. 그리고 다시 과부들이 입는 옷을 입었습니다.

유다는 자기 친구 히라를 시켜 그 여자에게 새끼 염소를 보내면서 자기가 맡겼던 도장과 지팡이를 찾아오라고 했습니다. 그러나 히라는 여자를 찾지 못했습니다. 히라가 에나임 마을의 사람들에게 물었습니다. "여기 길가에 있던 창녀는 어디에 있소?" 사람들이 대답했습니다. "여기에는 창녀라곤 없소." 히라는 유다에게 다시 가서 말했습니다. "여자를 찾지 못했네. 그곳에 사는 사람들이 '여기에는 창녀라곤 없소'라고 말하던걸." 유다가 말했습니다. "내가 맡겼던 물건들을 그 여자가 그냥 가지도록 내버려 두게. 괜히 우리만 망신당할까 봐 걱정일세. 약속했던 염소를 보냈지만 자네가 그 여자를 찾지 못해서 못 준 것이 아닌가?"

세 달쯤 뒤에 어떤 사람이 유다에게 말했습니다. "당신의 며느리

다말이 창녀와 같은 짓을 했소. 지금 그 여자는 임신 중이오." 그러자 유다가 말했습니다. "그 애를 끌어내어 태워 죽여 버려라." 사람들이 다말을 끌어내려 하자 다말은 자기 시아버지께 어떤 이야기를 전하도록 했습니다. 다말이 말했습니다. "이 물건의 주인이 나를 임신시켰습니다. 이 도장과 끈과 지팡이를 잘 살펴보십시오. 이것이 누구의 것입니까?" 유다가 그것들을 알아보았습니다. 유다가 말했습니다. "그 애가 나보다 옳다. 내가 내 아들 셀라를 주기로 약속하고도 약속을 지키지 않으니 그 애가 이런 일을 한 것이다." 유다는 그 뒤로 두 번 다시 다말과 같이 자지 않았습니다.

다말이 아기를 낳을 때가 되었고, 배 안에는 쌍둥이가 들어 있었습니다. 다말이 아기를 낳는데 한 아기가 손을 내밀었습니다. 산파가 그 아기의 손에 붉은 줄을 매어 주면서 "이 아기가 먼저 나온 아기다" 하고 말했습니다. 그런데 그 아기가 손을 거두어들였습니다. 그리고 다른 아기가 먼저 태어났습니다. 산파가 말했습니다. "어쩌면! 네가 먼저 터뜨리고 나왔구나!" 그래서 그 아기의 이름은 베레스가 되었습니다. 그 다음에 붉은 줄을 손에 맨 아기가 태어났습니다. 그 아기의 이름은 세라가 되었습니다.

이집트로 팔려 간 요셉

요셉이 이집트로 끌려갔습니다. 보디발이라는 이집트 사람이 있었는데, 그 사람은 파라오의 신하였습니다. 그 사람은 왕궁 경호대의 대장이기도 했습니다. 보디발이 요셉을 끌고 온 이스마엘 사람들에게서 요셉을 샀습니다. 여호와께서 요셉과 함께하시므로 요셉이 성공하게 되었습니다. 요셉은 자기 주인인 이집트 사람 보디발의 집에서 살았습니다. 보디발은 여호와께서 요셉과 함께 계시다는 것을 알았습니다. 보디발은 여호와께서 요셉이 하는 일마다 성공하게 해 주신다는 것을 알았습니다. 그래서 보디발은 요셉을 매우 좋아했습니다. 보디발은 요셉을 마음 놓고 믿을 수 있는 부하로 삼았습니다. 그는 요셉에게 집안일과 자기가 가진 모든 것을 맡겼습니다. 그래서 요셉은 집안일과 보디발이 가진 모든 것을 맡게 되었습니다. 그러자 여호와께서는 요셉으로 인해 보디발의 집에 있는 모든 사람들에게 복을 주셨습니다. 그리고 여호와께서는 보디발이 가진 모든 것, 집에 있는 것이나 들에 있는 모든 것에 복을 주셨습니다. 그리하여 보디발은 자기가 가진 모든 것을 요셉에게 맡겼습니다. 보디발은 자기가 먹는 음식 말고는 요셉이 하는 일에 참견하지 않았습니다.

요셉은 멋지고 잘생긴 사람이었습니다.

옥에 갇힌 요셉

시간이 흐르자 주인의 아내가 요셉에게 점점 눈길을 주기 시작했습니다. 어느 날 주인의 아내가 요셉에게 말했습니다. "나와 같이 자자." 그러나 요셉은 거절했습니다. 요셉이 주인의 아내에게 말했습니다. "제 주인께서는 이 집의 모든 일을 저에게 맡기셨습니다. 주인의 집에는 저보다 높은 사람이 없습니다. 주인께서는 마님만 빼놓고 모든 것을 저에게 맡기셨습니다. 마님께서는 주인의 아내이기 때문입니다. 그런데 제가 어떻게 그런 나쁜 일을 할 수가 있겠습니까? 그것은 하나님께 죄를 짓는 일입니다." 주인의 아내는 요셉에게 매일 말을 건넸지만, 요셉은 주인의 아내와 같이 자는 것은 말할 것도 없고 함께 있으려 하지도 않았습니다.

어느 날 요셉은 보통 때처럼 집으로 들어가서 일을 했습니다. 그러나 그 시간에 집에는 요셉밖에 없었습니다. 주인의 아내가 요셉의 옷자락을 붙잡고 말했습니다. "와서 나와 같이 자자." 그러나 요셉은 붙잡힌 옷을 남겨 둔 채 집 밖으로 뛰쳐나갔습니다. 주인의 아내는 요셉이 옷을 남겨 놓은 채 밖으로 뛰쳐나간 것을 보고 집에 있던 종들을 불러서 말했습니다. "내 남편이 우리를 창피스럽게 만들려고 저 히브리 노예를 데리고 왔나 보다. 저놈이 들어와서 나를 강간하려 했다. 내가 소리를 지르니까 저놈이 놀라서 도망쳤다. 저놈이 도망치다가 떨어뜨린 옷이 여기에 있다." 주인의 아내는 남편이 돌아올 때까지 요셉의 옷을 가지고 있었습니다. 그리고 남편에게 똑같은 이야기를 했습니다. "당신이 데리고 온 저 히브리 노예가 나를 강간하려 했어요. 그놈이 가까이 오길래 내가 소리를 질렀더니 이 옷을 버려 두고 도망쳤어요."

요셉의 주인은 자기 아내가 요셉에 대해 하는 말을 듣고 매우 화가 났습니다. 그래서 보디발은 요셉을 붙잡아 감옥에 넣었습니다. 그 감옥은 왕의 죄수들을 넣는 곳이었습니다. 요셉은 감옥에서 살게 되었습니다. 하지만 여호와께서는 요셉과 함께 계셨으며 요셉에게 한결같은 사랑을 베푸셨습니다. 그래서 요셉을 간수장의 마음에 들게 하셨습니다. 간수장은 요셉에게 감옥에 있는 모든 죄수를 맡겼습니다. 요셉은 감옥에서 이루어지는 모든 일을 맡았습니다. 간수장은 요셉이 하는 일에 조금도 간섭하지 않았습니다. 그것은 여호와께서 요셉과 함께 계셨기 때문이었습니다. 여호와께서는 요셉이 무슨 일을 하든 성공하게 만드셨습니다.

요셉이 두 신하의 꿈을 풀어 주다

이 일이 있은 뒤에 이집트 왕의 신하 가운데 두 사람이 이집트 왕에게 미움을 샀습니다. 그들은 왕에게 포도주를 바치던 신하와 빵을 바치던 신하였습니다. 파라오는 포도주를 바치던 신하와 빵을 바치던 신하에게 화를 냈습니다. 그래서 파라오는 그들을 경호대 대장의 집 안에 있는 감옥에 집어넣었습니다. 그곳은 바로 요셉이 갇혀 있던 감옥이었습니다. 경호대 대장은 요셉에게 두 죄수의 시중을 들게 했습니다. 그들은 얼마 동안 감옥에 갇혀 있었습니다.

어느 날 밤에 이집트 왕에게 포도주를 바치던 신하와 빵을 바치던 신하가 모두 꿈을 꾸었습니다. 그런데 꿈의 내용이 저마다 달랐습니다. 이튿날 아침에 요셉이 그들에게 가 보니 그들이 걱정을 하고 있었습니다. 요셉이 파라오의 신하들에게 물었습니다. "오늘따라 왜 이렇게 슬퍼 보입니까?" 두 사람이 대답했습니다. "우리 두 사람은 지난밤에 꿈을 꾸었는데 그 꿈이 무슨 꿈인지 풀어 줄 사람이 아무도 없다네." 요셉이 그들에게 말했습니다. "꿈의 뜻을 풀어 줄 분은 하나님 이외에는 없습니다. 저에게 그 꿈 이야기를 해 주십시오."

그러자 왕에게 포도주를 바치던 사람이 요셉에게 꿈 이야기를 해 주었습니다. "꿈에 어떤 포도나무를 보았다네. 그 나무에는 가지가 셋 있었는데 가지에서 싹이 나고 꽃이 피더니 포도가 열렸다네. 나는 파라오의 잔을 들고 있다가 포도를 짜서 즙을 내어 파라오에게 바쳤다네." 그 이야기를 듣고 요셉이 말했습니다. "그 꿈을 설명해 드리겠습니다. 가지 셋은 삼 일을 뜻합니다. 앞으로 삼 일이 지나기 전에 파라오가 당신을 풀어 줄 것입니다. 그리고 당신이 전에 하던 일을 다시 맡길 것입니다. 당신은 전에 하던 것처럼 다시 파라오에게 포도주를 바치게 될 것입니다. 풀려나시게 되면 저를 기억해 주십시오. 저에게 은혜를 베풀어 주십시오. 파라오에게 말해서 제가 이 감옥에서 풀려나도록 해 주십시오. 저는 히브리 사람들의 땅에서 강제로 이곳에 끌려왔습니다. 그리고 저는 이 감옥에 갇힐 만한 일을 한 적이 없습니다."

빵을 바치던 사람은 요셉의 꿈 해몽이 좋은 것을 보고 요셉에게 말했습니다. "나도 꿈을 꾸었다네. 내 머리 위에 빵이 담긴 바구니 세 개가 있는 꿈을 꾸었다네. 가장 위에 있는 바구니에는 파라오에게 바칠 온갖 빵들이 있었다네. 그런데 새들이 내 머리 위에 있는 바구니 속의 음식을 먹었다네." 요셉이 대답했습니다. "그 꿈을 설명해 드리겠습니다. 세 바구니는 삼 일을 뜻합니다. 앞으로 삼 일이 지나기 전에 파라오가 당신의 머리를 베어 버릴 것입니다. 파라오는 당신의 시체를 장대 위에 매달 것입니다. 그래서 새들이 당신의 시체를 쪼아 먹을 것입니다."

그로부터 삼 일 뒤는 파라오의 생일이었습니다. 그래서 파라오는 모든 신하들을 위해 잔치를 베풀었습니다. 그는 신하들 앞에서 포도주를 바치던 신하와 빵을 바치던 신하를 감옥에서 불러냈습니다. 파라오는 포도주를 바치던 신하에게 옛날에 하던 일을 다시 맡겼습니다. 그래서 그 신하는 다시 파라오의 손에 포도주 잔을 바칠 수 있게 되었습니다. 하지만 빵을 바치던 신하는 장대에 매달았습니다. 모든 일이 요셉이 말한 대로 이루어졌습니다. 그러나 포도주를 바치던 신하는 요셉을 기억하지 못했습니다. 그는 요셉을 잊고 말았습니다.

파라오의 꿈

그로부터 이 년 뒤에 파라오가 어떤 꿈을 꾸었습니다. 그는 꿈속에서 나일 강가에 서 있었습니다. 파라오는 강에서 살지고 아름다운 소 일곱 마리가 올라오는 것을 보았습니다. 그 소들은 강가에서 풀을 뜯어 먹었습니다. 그 다음에 또 다른 소 일곱 마리가 강에서 올라왔습니다. 그런데 그 소들은 야위고 못생겼습니다. 그 소들은 아름다운 소 일곱 마리와 함께 강가에 서 있었습니다. 그런데 야위고 못생긴 소 일곱 마리가 살지고 아름다운 소 일곱 마리를 잡아먹었습니다. 바로 그때 파라오는 잠에서 깼습니다. 그리고 나서 파라오는 다시 잠들어 또 꿈을 꾸었습니다. 파라오는 꿈속에서 잘 자라고 토실토실한 이삭 일곱 개가 한 가지에 난 것을 보았습니다. 그 다음에는 또 다른 일곱 이삭이 솟아 나온 것이 보였는데, 그 이삭들은 야윈데다가 동쪽에서 불어오는 바람 때문에 바싹 말라 있었습니다. 그 야윈 이삭들은 잘 자라고 토실토실한 이삭을 잡아먹었습니다. 바로 그때에 파라오가 또다시 잠에서 깼습니다. 깨어나 보니 모든 것이 꿈이었습니다. 이튿날 아침 파라오는 그 꿈 때문에 마음이 편치 못했습니다. 그래서 왕은 이집트의 마술사와 지혜로운 사람들을 다 불렀습니다. 파라오는 그들에게 꿈 이야기를 해 주었습니다. 그러나 그 꿈이 어떤 꿈인가를 설명해 줄 수 있는 사람이 아무도 없었습니다.

그때에 파라오에게 포도주를 바치는 신하가 말했습니다. "전에 제가 어떤 약속을 했던 일이 기억납니다. 그런데 그 일을 잊고 있었습니다. 파라오께서 저와 빵을 바치던 신하에게 화를 내셨던 때가 있었습니다. 그때 파라오께서는 저희를 경호대 대장의 감옥에 가두셨습니다. 그 감옥에서 우리 두 사람은 같은 날 밤 각기 다른 꿈을 꾸었습니다. 그때 어떤 젊은 히브리 사람이 우리가 있던 감옥에 있었습니다. 그 사람은 경호대 대장의 종이었습니다. 그 사람에게 우리의 꿈 이야기를 해 주었더니, 그 사람은 우리의 꿈이 무슨 꿈인가를 설명해 주었습니다. 그런데 모든 일이 그 사람이 말한 그대로 되었습니다. 저는 제 옛날 자리를 되찾았고 빵을 바치던 신하는 장대에 달려 처형되었습니다."

파라오는 사람을 보내어 요셉을 불렀습니다. 사람들은 서둘러서 요셉을 감옥에서 풀어 주었습니다. 요셉은 수염을 깎고 깨끗한 옷을 입은 뒤에 파라오 앞에 나아갔습니다. 파라오가 요셉에게 말했습니다. "내가 꿈을 꾸었는데, 그 꿈이 어떤 꿈인지를 설명해 줄 사람이 없다. 그런데 너는 꿈 이야기를 들으면 그 꿈을 해몽할 수 있다는 말을 들었다." 요셉이 파라오에게 대답했습니다. "저는 꿈을 해몽할 능력이 없습니다. 하나님께서 왕을 위해 해몽해 주실 것입니다." 파라오가 요셉에게 말했습니다. "꿈에서 나는 나일 강가에 서 있었는데 거기서 살지고 아름다운 소 일곱 마리를 보았다. 그 소들은 강에서 나와 풀을 뜯어 먹었다. 그런데 또 강에서 다른 소 일곱 마리가 나오는 것이 보였다. 그 소들은 야위고 마르고 못생겼다. 이제껏 내가 이집트의 온 땅에서 보아 온 소 중에서 가장 못생긴 소였다. 이 야위고 못생긴 소들이 먼저 나온 살진 일곱 마리 소를 잡아먹었다. 그런데 이 야윈 소 일곱 마리는 살진 소 일곱 마리를 잡아먹었으면서도 처음과 똑같이 마르고 못생겨 보였다. 그때에 나는 잠이 깼다. 나는 또 다른 꿈도 꾸었다. 어떤 한 가지에 잘 자라고 토실토실한 이삭 일곱 개가 나 있는 것을 보았다. 그런 다음에 다른 일곱 이삭이 또 솟아 나왔는데 그 이삭들은 야위고 말랐다. 그 이삭들은 동쪽에서 불어오는 뜨거운 바람 때문에 바싹 말라 있었다. 그런데 야윈 이삭들이 살진 이삭들을 잡아먹었다. 나는 이 꿈을 마술사들에게 이야기해 주었지만 아무도 그 꿈이 무슨 꿈인지를 설명해 주지 못했다."

꿈을 해몽하는 요셉

그때에 요셉이 파라오에게 말했습니다. "이 두 꿈의 뜻은 똑같습니다. 하나님께서 앞으로 일어날 일을 파라오께 미리 보여 주신 것입니다. 좋은 소 일곱 마리는 칠 년을 뜻합니다. 또 좋은 이삭 일곱 개도 칠 년을 뜻합니다. 두 꿈은 똑같은 것을 뜻합니다. 마르고 못생긴 일곱 소는 칠 년을 뜻합니다. 또 동쪽에서 불어오는 뜨거운 바람에 바싹 마른 일곱 이삭도 칠 년 동안 가뭄이 있을 것을 뜻합니다. 이 일은 제가 말씀드린 대로 일어날 것입니다. 하나님께서는 앞으로 일어날 일을 파라오께 미리 보여 주셨습니다. 이집트의 온 땅에는 칠 년 동안 큰 풍년이 들 것입니다. 그러나 그 칠 년이 지나면 칠 년 동안 가뭄이 들 것입니다. 모든 이집트 땅에 언제 풍년이 든 적이 있었나 싶을 만큼 큰 가뭄이 들 것입니다. 가뭄이 온 땅을 뒤덮을 것입니다. 심지어 백성들이 풍년이란 것이 무엇인지를 기억할 수 없을 만큼 가뭄이 심해질 것입니다. 파라오께서는 뜻이 똑같은 꿈을 두 번이나 꾸셨습니다. 그것은 하나님께서 이 일을 이루시기로 굳게 작정하셨기 때문입니다. 더구나 하나님께서는 이 일을 곧 이루실 것입니다. 그러니 파라오께서는 매우 지혜롭고 현명한 사람을 뽑으셔서 그 사람에게 이집트 땅을 맡기십시오. 그리고 모든 이집트 땅에 관리들을 세우셔서 풍년이 드는 동안 이집트 땅에서 나는 식물의 오분의 일을 거두어들이십시오. 그 관리들은 앞으로 있을 풍년 기간 동안 생산될 모든 식물을 거두어들여야 합니다. 그들은 왕의 권위에 힘입어 곡물을 성마다 쌓아 두고 지켜야 합니다. 나중을 위해 그 식물을 저장해 두어야 합니다. 그 식물은 이집트 땅에 닥쳐올 칠 년 동안의 가뭄 때 써야 할 것입니다. 그렇게 하면 칠 년 동안 가뭄이 들어도 이집트 백성은 죽지 않을 것입니다."

이집트의 총리가 된 요셉

요셉의 말은 파라오가 듣기에 매우 훌륭한 의견이었습니다. 파라오의 모든 신하들도 같은 생각이었습니다. 그래서 파라오는 신하들에게 "요셉보다 이 일을 더 잘할 사람이 어디에 있겠는가? 이 사람에게는 정말로 하나님의 영이 있도다" 하고 말했습니다. 파라오가 요셉에게 말했습니다. "하나님께서 이 모든 일을 그대에게 보여 주셨다. 그대만큼 지혜롭고 현명한 사람은 없다. 나는 내 왕궁을 그대에게 맡긴다. 모든 백성들이 그대에게 복종할 것이다. 그대보다 높은 사람은 나밖에 없도다." 파라오가 또 요셉에게 말했습니다. "자! 내가 그대에게 모든 이집트 땅을 맡긴다." 그리고 자기 손가락에서 왕의 도장이 찍힌 반지를 빼서 요셉의 손가락에 끼워 주었습니다. 그리고 요셉에게 고운 세마포 옷도 주었습니다. 그리고 요셉의 목에 금목걸이를 걸어 주었습니다. 파라오가 요셉을 자기 수레 다음으로 좋은 수레에 태우니, 사람들이 요셉이 탄 수레 앞에서 "무릎을 꿇어라!" 하고 외쳤습니다. 이렇게 하여 파라오는 요셉에게 이집트의 모든 일을 맡겼습니다. 파라오가 요셉에게 말했습니다. "나는 파라오다. 이제는 모든 이집트 땅의 누구라도 그대의 허락 없이는 손과 발이라도 함부로 움직이지 못한다." 그는 요셉에게 사브낫바네아라는 이름을 주었습니다. 또 요셉에게 아스낫이라는 사람을 아내로 주었습니다. 아스낫은 온의 제사장인 보디베라의 딸이었습니다. 요셉은 이집트의 모든 땅을 다스리게 되었습니다.

요셉이 이집트 왕 파라오를 섬기기 시작한 때의 나이는 서른 살이었습니다. 요셉은 이집트 왕 파라오 앞에서 물러나 이집트의 모든 땅을 두루 돌아다녔습니다. 풍년이 든 칠 년 동안에는 땅의 작물들이 잘 자라났습니다. 요셉은 풍년이 든 칠 년 동안에 이집트에서 자라난 모든 식물을 거두어들였습니다. 요셉은 그 식물을 각 성에 쌓아 두었습니다. 요셉은 모든 성마다 그 성 근처의 밭에서 자라난 식물을 쌓아 두었습니다. 요셉은 바다의 모래와 같이 많은 곡식을 쌓아 두었습니다. 쌓아 둔 곡식이 너무 많아서 다 셀 수가 없을 정도였습니다.

요셉의 아내는 온의 제사장 보디베라의 딸 아스낫이었습니다. 가뭄이 시작되기 전에 요셉과 아스낫은 두 아들을 낳았습니다. 요셉은 첫째 아들의 이름을 므낫세라 짓고 "하나님께서 나의 모든 고통과 내 아버지의 집 생각을 잊게 해 주셨다"라고 말했습니다. 요셉은 둘째 아들의 이름을 에브라임이라 짓고 "하나님께서 내가 고통받던 이 땅에서 나에게 자녀를 주셨다" 하고 말했습니다.

이집트 땅에 칠 년 동안의 풍년이 다 끝났습니다. 그리고 나서 요셉이 말한 대로 칠 년 동안의 가뭄이 시작되었습니다. 모든 땅의 백성들에게 먹을 것이 없었습니다. 하지만 이집트에는 먹을 것이 있었습니다. 모든 이집트 땅에 가뭄이 심해지자, 백성들이 파라오에게 먹을 것을 달라고 부르짖었습니다. 그러자 파라오가 모든 이집트 백성에게 "요셉에게 가거라. 요셉이 하라는 대로 하여라" 하고 말했습니다.

어디를 가도 가뭄이 들지 않은 곳이 없었습니다. 그래서 요셉은 창고를 열어서 이집트 백성들에게 곡식을 팔았습니다. 왜냐하면 이집트 땅에도 가뭄이 심했기 때문입니다. 모든 땅의 백성들이 곡식을 사기 위해 이집트의 요셉에게 왔습니다. 온 세계에 심한 가뭄이 들었기 때문이었습니다.

요셉의 형들이 이집트에 오다

야곱이 이집트에 곡식이 있다는 이야기를 듣고 자기 아들들에게 말했습니다. "왜 가만히 앉아서 서로 얼굴만 쳐다보고 있느냐? 듣자 하니 이집트에는 곡식이 있다고 한다. 이집트로 내려가서 먹을 곡식을 좀 사 오너라. 그래야 먹고 살 수 있지 않겠느냐?" 그리하여 요셉의 형 열 명이 곡식을 사려고 이집트로 내려갔습니다. 하지만 야곱은 요셉의 동생 베냐민은 형들과 함께 보내지 않았습니다. 야곱은 베냐민에게 좋지 않은 일이 일어날까 봐 두려워했습니다. 가나안 땅에도 가뭄이 들었기 때문에 이스라엘이라고도 부르는 야곱의 아들들은 곡식을 사기 위해 다른 많은 사람들과 함께 이집트로 내려갔습니다.

그때 요셉은 이집트의 총리였습니다. 요셉은 곡식을 사러 오는 사람들에게 곡식을 팔고 있었습니다. 요셉의 형들도 요셉에게 왔습니다. 요셉의 형들은 땅에 엎드려 요셉에게 절했습니다. 요셉은 그들을 보자마자 그들이 자기의 형들이라는 것을 알았습니다. 그러나 요셉은 모르는 체하였습니다. 요셉이 쌀쌀한 말투로 물어보았습니다. "너희들은 어디에서 왔느냐?" 형들이 대답했습니다. "우리는 가나안 땅에서 먹을 것을 사려고 왔습니다." 요셉은 그들이 자기 형들이라는 것을 알았지만, 그들은 요셉을 알아보지 못했습니다. 요셉은 형들이 자기에게 절하는 꿈을 꾼 것이 생각났습니다. 요셉이 형들에게 말했습니다. "너희들은 정탐꾼이다. 너희들은 이 나라의 약점을 알아내려고 왔다!" 그러자 요셉의 형들이 요셉에게 말했습니다. "내 주여, 그렇지 않습니다. 당신의 종인 우리는 먹을 것을 사 왔을 뿐입니다. 우리는 모두 한 아버지의 아들입니다. 우리는 정탐꾼이 아닙니다. 우리는 정직한 사람입니다."

그러자 요셉이 그들에게 말했습니다. "아니다! 너희들은 이 나라의 약점을 알아내려고 왔다!" 그들이 말했습니다. "우리는 열두 형제 중 열 명입니다. 우리는 한 아버지의 아들입니다. 우리는 가나안 땅에 살고 있습니다. 우리의 막내 동생은 지금 그곳에 우리 아버지와 함께 있습니다. 그리고 우리의 다른 동생은 없어졌습니다." 요셉이 그들에게 말했습니다. "내 말이 틀림없다. 너희는 정탐꾼이다. 그러나 너희들 말이 거짓말이 아니라는 것을 증명할 기회를 주겠다. 살아 계신 파라오께 맹세하지만 너희의 막내 동생이 여기에 오기 전까지 너희는 이곳을 떠나지 못한다. 너희들 중 한 명이 가서 너희 동생을 데리고 오너라. 나머지는 여기 감옥에 갇혀 있어야 한다. 너희의 말이 옳은지 두고 봐야겠다. 만약 너희가 거짓말을 하는 것이라면 살아 계신 파라오를 두고 맹세하지만 너희는 정탐꾼이다." 그리고 나서 요셉은 그들 모두를 삼 일 동안 감옥에 넣어 두었습니다.

　삼 일째 되는 날 요셉이 그들에게 말했습니다. "나는 하나님을 두려워하는 사람이다. 내 말대로 하면 너희를 살려 주겠다. 만약 너희가 정직한 사람이라면, 너희 중 한 사람만 여기 감옥에 남아 있어라. 그리고 나머지 사람들은 곡식을 가지고 돌아가서 너희의 굶주린 식구들에게 먹을 것을 주어라. 그리고 나서 너희의 막내 동생을 데리고 오너라. 만약 그렇게 하면 너희의 말이 진실인 줄 알고 너희를 살려 주겠다." 그들은 요셉의 말대로 하기로 했습니다. 그들이 자기들끼리 말했습니다. "우리가 동생에게 한 일 때문에 이런 벌을 받는가 보다. 우리는 동생이 고통을 당하면서 우리에게 살려 달라고 애원하는 것을 보면서도 동생의 말을 듣지 않았다. 그래서 우리가 지금 이런 고통을 당하는 것이다." 그러자 르우벤이 그들에게 말했습니다. "내가 그 아이를 해치지 말라고 하지 않았느냐? 그런데도 너희는 내 말을 듣지 않았다. 그 아이에게 한 일 때문에 우리가 지금 이런 벌을 받고 있는 것이다." 요셉은 자기 형들에게 말할 때 통역하는 사람을 통해서 말을 했습니다. 그래서 형들은 요셉이 자기들끼리 하는 말을 알아들을 거라고 생각하지 못했습니다. 요셉은 형들이 있는 곳에서 나와 울었습니다. 그리고 얼마 있다가 다시 돌아와 형들에게 말했습니다. 요셉은 시므온을 붙잡아 다른 형들이 보는 앞에서 시므온을 묶었습니다. 요셉은 종들에게 자기 형들의 가방에 곡식을 가득 채우라고 말했습니다. 그리고 곡식을 사기 위해 가지고 온 돈도 다 돌려주고 집으로 돌아가는 동안 필요한 물건들도 넣어 주라고 명령했습니다. 종들은 요셉이 하라는 대로 했습니다.

그리하여 요셉의 형들은 곡식을 나귀에 싣고 길을 떠났습니다. 하룻밤을 머문 곳에서 형들 중 한 명이 나귀에게 먹이를 주려고 자루를 열었더니 자루 안에 돈이 있는 것이 보였습니다. 그 사람이 다른 형제들에게 말했습니다. "곡식을 사려고 낸 돈이 여기 자루에 그대로 있다." 형들은 매우 놀라면서 자기들끼리 "하나님께서 우리를 어떻게 하시려고 이런 일을 하셨는가?" 하고 말했습니다.

야곱에게 돌아간 요셉의 형들

형들이 가나안 땅에 있던 자기 아버지 야곱에게 돌아갔습니다. 그들은 지금까지 일어난 일을 모두 야곱에게 이야기해 주었습니다. "그 땅의 주인이 우리에게 엄하게 말했습니다. 그 사람이 우리가 자기네 나라를 정탐하러 온 줄로 알길래 우리는 정탐꾼이 아니라 정직한 사람이라고 말했습니다. 우리는 한 아버지의 아들들로서 열두 형제 중에서 열 명이라고 말해 주었습니다. 열두 형제 중 한 명은 없어졌고 막내 동생은 아버지와 함께 가나안 땅에 있다는 이야기도 했습니다. 그러자 그 땅의 주인이 우리에게 말했습니다. '너희가 정직한 사람이라는 것을 증명하려면 이렇게 하여라. 너희 중 한 명은 여기에 남아라. 그리고 나머지는 곡식을 가지고 너희의 굶주린 식구들에게 돌아가거라. 그리고 너희의 막내 동생을 이리로 데려오너라. 그래야 너희가 정탐꾼이 아니라 정직한 사람이라는 것을 알고 너희가 남겨 두고 간 너희 형제를 돌려주겠다. 또한 너희는 우리 땅에서 자유롭게 다닐 수도 있을 것이다.'"

이 말을 하고 나서 요셉의 형들은 자루를 비웠습니다. 그랬더니 자루마다 돈이 그대로 들어 있었습니다. 그들과 그들의 아버지는 그것을 보고 두려워했습니다. 아버지 야곱이 말했습니다. "너희는 내 자식들을 다 빼앗아 갔다. 요셉도 없어졌고 시므온도 없어졌다.

그런데 이제는 베냐민마저 데려가려고 하는구나. 어떻게 이런 일들이 일어날 수 있느냐?" 그러자 르우벤이 아버지에게 말했습니다. "제가 만약 베냐민을 아버지께 다시 데리고 오지 못한다면 제 두 아들을 죽이셔도 좋습니다. 베냐민을 저에게 맡겨 주십시오. 아버지께 다시 데리고 오겠습니다." 그러나 야곱이 말했습니다. "베냐민을 너희와 함께 보낼 수 없다. 베냐민의 형은 죽었다. 이제 베냐민은 내 아내 라헬이 남긴 마지막 아들이다. 베냐민이 이집트로 가는 동안 어떤 끔찍한 일이 일어날지 모른다. 그렇게 되면 나는 죽는 날까지 슬퍼하게 될 것이다."

다시 이집트로 가는 요셉의 형들

가나안 땅에는 아직도 가뭄이 계속되었습니다. 야곱의 가족은 이집트에서 가져온 곡식을 다 먹었습니다. 그래서 야곱이 아들들에게 말했습니다. "이집트로 다시 가서 먹을 음식을 조금 더 사 오너라." 그러자 유다가 야곱에게 말했습니다. "그 땅의 총리는 우리에게 매우 엄하게 경고했습니다. 그 사람은 '너희 동생을 데려오너라. 그렇게 하지 않으면 다시는 나를 볼 수 없을 것이다'라고 말했습니다. 만약 아버지께서 베냐민을 우리와 함께 보내 주시면 이집트로 내려가 음식을 사 오겠지만, 베냐민을 보내 주지 않으시면 내려가지 않겠습니다. 그 땅의 총리가 우리에게 경고했습니다. 베냐민을 데리고 오지 않으면 다시는 우리를 보지 않겠다고 말입니다." 이스라엘이라고도 부르는 야곱이 말했습니다. "왜 그 사람에게 다른 동생이 있다고 말했느냐? 너희가 나에게 큰 고통을 주는구나." 야곱의 아들들이 대답했습니다. "그 사람이 우리와 우리 가족에 대해서 자세히 물어보았습니다. 그 사람은 '너희 아버지가 아직 살아 계시냐? 너희에게 다른 동생이 있느냐?' 하고 물어보았습니다. 우리는 그저 그의 물음에 대답했을 뿐입니다. 그 사람이 나머지 동생을 데리고 오라고 말할 줄을 우리가 어떻게 알았겠습니까?" 그때에 유다가 아버지 이스라엘에게 말했습니다. "베냐민을 우리와 함께 보내 주십시오. 그러시면 지금 당장 떠나겠습니다. 그렇게 하셔야 우리가 죽지 않고 살 수 있습니다. 아버지와 우리 자식들이 살 수 있습니다. 제가 틀림없이 베냐민을 잘 돌보겠습니다. 제가 책임지겠습니다. 만약 제가 아버지께 베냐민을 다시 데리고 오지 못한다면 죽을 때까지 저를 욕하셔도 좋습니다. 이렇게 시간을 낭비하지 않았다면 벌써 두 번은 다녀왔을 것입니다."

그러자 그들의 아버지 이스라엘이 말했습니다. "정 그렇다면 이렇게 하여라. 우리 땅에서 나는 것 중에서 가장 좋은 음식을 너희 자루 속에 담아 가거라. 그리고 그것을 그 사람에게 선물로 주어라. 유향과 꿀을 가져가고 향료와 몰약과 유향나무 열매와 아몬드도 가져가거라. 이번에는 돈도 두 배로 가지고 가거라. 지난번에 너희 자루 속에 놓여 있던 돈을 돌려주어라. 아마 실수로 그런 일이 있었던 것 같다. 그리고 베냐민을 데리고 가거라. 자, 이제 길을 떠나 그 사람에게로 가거라. 전능하신 하나님께서 그 사람 앞에서 너희에게 자비를 베푸셔서 그 사람이 시므온과 베냐민을 돌려보내 주기를 빈다. 내 아이들을 잃어도 어쩔 수 없다."

그리하여 야곱의 아들들은 선물과 두 배의 돈과 베냐민을 데리고 서둘러 이집트로 내려가 요셉 앞에 섰습니다.

요셉은 형들과 함께 온 베냐민을 보고 자기 집 관리인에게 말했습니다. "저 사람들을 집으로 데리고 가거라. 짐승을 잡아서 음식을 준비하여라. 오늘 점심을 나와 함께 먹을 수 있게 하여라." 관리인은 요셉이 말한 대로 요셉의 형들을 요셉의 집으로 데리고 갔습니다. 요셉의 형들은 요셉의 집으로 가게 되어 두려웠습니다. 그들은 이렇게 생각했습니다. '처음 이곳에 왔을 때 우리 자루 속에 들어 있던 돈 때문에 이리로 끌려왔나 보다. 저 사람은 우리를 쳐서 우리를 노예로 만들고 우리 나귀를 빼앗으려 하는구나.' 그래서 요셉의 형들은 요셉의 관리인에게 가서 그 집 문에서 말했습니다. "나의 주여, 우리는 전에 이곳에 음식을 사러 온 적이 있습니다. 음식을 사 가지고 집으로 돌아가다가 하룻밤을 묵은 곳에서 자루를 풀어 보니 돈이 자루 속에 그대로 들어 있었습니다. 우리는 그 돈을 돌려드리려고 이렇게 그대로 가지고 왔습니다. 그리고 음식을 살 돈도 따로 가지고 왔습니다. 우리 자루 속에 돈을 넣은 사람이 누구인지 우리는 모르겠습니다." 그러자 관리인이 대답했습니다. "괜찮습니다. 두려워하지 마십시오. 당신들 아버지의 하나님이 되시며 당신들의 하나님이 되시는 분께서 그 돈을 자루 속에 넣어 주셨을 것입니다. 나는 당신들이 지난번에 낸 곡식 값을 받았습니다." 그리고 나서 관리인은 그들에게 시므온을 데려다 주었습니다. 관리인은 요셉의 형들을 요셉의 집으로 데리고 갔습니다. 관리인이 그들에게 물을 주자 그들은 발을 씻었습니다. 관리인은 그들의 나귀들에게 먹을 것을 주었습니다. 그들은 그곳에서 요셉과 함께 점심을 먹는다는 이야기를 듣고, 정오가 되어 요셉이 오면 주려고 선물을 챙겨 놓았습니다.

요셉이 집으로 오자 요셉의 형들은 준비해 온 선물을 요셉에게 주었습니다. 그리고 나서 그들은 땅에 엎드려 절했습니다. 요셉은 그들에게 잘 있었느냐고 묻고 또 "당신들이 말했던 늙으신 아버지는 안녕하시오? 그분이 아직도 살아 계시오?" 하고 물어보았습니다. 요셉의 형들이 대답했습니다. "당신의 종인 우리 아버지는 안녕하십니다. 그분은 아직 살아 계십니다." 대답을 마친 후에 그들은 요셉 앞에서 머리를 숙여 다시 절했습니다. 그때에 요셉은 자기와 어머니가 같은 친동생 베냐민을 보고 "이 사람이 당신들이 말했던 그 막내 동생이오?"라고 물었습니다. 그리고 나서 요셉이 베냐민에게 말했습니다. "얘야, 하나님께서 너에게 은혜를 베푸시기를 바란다." 그 말을 마치고 요셉은 서둘러 자리를 떠났습니다. 요셉은 자기 동생 베냐민을 보니 눈물을 참을 수가 없었습니다. 그래서 요셉은 자기 방으로 가서 울었습니다. 요셉은 울음을 그친 후에 얼굴을 씻고 밖으로 나왔습니다. 요셉은 자기 마음을 달래면서 "음식을 내와라" 하고 말했습니다. 그러자 사람들이 요셉의 상을 따로 차리고 요셉의 형들의 상도 따로 차렸습니다. 그리고 요셉과 함께 음식을 먹는 이집트 사람들의 상도 따로 차렸습니다. 이집트 사람들은 히브리 사람을 싫어해서 그들과 함께 밥을 먹는 법이 없었기 때문입니다. 요셉의 형들은 요셉 앞에 앉았는데, 맏형부터 막내 동생까지 자리가 나이 순서대로 정해져 있었습니다. 그들은 놀라서 서로 얼굴을 쳐다보았습니다. 요셉은 자기 상에 놓인 음식을 형들의 상에 가져다 주게 했는데, 베냐민에게는 다른 사람들보다 다섯 배나 더 주었습니다. 요셉의 형들은 요셉과 함께 먹고 마시며 즐거워했습니다.

요셉이 꾀를 내다

그 후에 요셉이 자기 집의 관리인에게 명령을 내렸습니다. "저 사람들의 자루에 곡식을 넣을 수 있는 대로 넣어라. 그리고 그 곡식 자루 속에 돈도 넣어 주어라. 그리고 내 은잔을 저 막내 동생의 자루에 넣어라. 그리고 그 자루에 돈도 넣어라." 관리인은 요셉이 말한 대로 했습니다.

새벽이 되어 형들은 나귀를 끌고 길을 떠나게 되었습니다. 그들이 성을 떠난 지 얼마 되지 않아서 요셉이 자기 집의 관리인에게 말했습니다. "그 사람들을 뒤쫓아라. 그 사람들을 붙잡게 되면 '왜 선을 악으로 갚느냐? 너희들이 훔친 잔은 내 주인이 술을 마실 때 쓰시는 것이다. 그리고 꿈을 해몽하실 때도 그 잔을 쓰신다. 너희는 너무나 몹쓸 짓을 했다' 하고 말하여라."

그리하여 관리인은 요셉의 형들을 뒤쫓아 가서 요셉이 하라고 한 말을 그들에게 했습니다. 그러나 요셉의 형들이 관리인에게 말했습니다. "왜 그런 말씀을 하십니까? 우리는 그런 일을 할 사람들이 아닙니다. 우리는 우리 자루 속에 있던 돈도 당신에게 다시 돌려주었습니다. 우리는 그 돈을 가나안 땅에서 다시 가지고 왔습니다. 그런 우리가 당신 주인의 집에서 은이나 금을 훔칠 리가 있겠습니까? 만약 그 은잔이 우리들 중에 누군가의 자루에서 나온다면 그 사람을 죽여도 좋습니다. 그리고 우리는 당신의 노예가 되겠습니다." 관리인이 말했습니다. "당신들 말대로 하겠소. 하지만 은잔을 훔친 사람만 내 종으로 삼을 것이오. 다른 사람들은 그냥 가도 좋소." 그리하여 모든 형제들이 서둘러 자루를 내려서 풀었습니다. 관리인이 맏형에서 막내 동생에 이르기까지 한 사람씩 자루를 살펴보았습니다. 관리인은 베냐민의 자루 속에서 은잔을 찾아냈습니다. 형들은 너무나 슬퍼서 자기 옷을 찢었습니다. 그들은 자루를 나귀에 다시 실은 뒤에 성으로 돌아갔습니다.

유다와 그의 형제들이 요셉의 집으로 돌아왔을 때 요셉은 집에 있었습니다. 그들은 요셉 앞에서 땅에 엎드려 절했습니다. 요셉이 그들에게 말했습니다. "어찌하여 이런 일을 저질렀느냐? 나 같은 사람이면 이런 일쯤 점을 쳐서 다 알아낼 수 있다는 것을 몰랐느냐?" 유다가 말했습니다. "총리님께 무슨 말씀을 드릴 수 있겠습니까? 그리고 우리에게 죄가 없다는 것을 어떻게 보여 드릴 수 있겠습니까? 하나님께서 우리의 죄를 드러내셨습니다. 그러니 이 잔을 훔친 베냐민뿐만 아니라 우리 모두가 총리님의 종이 되겠습니다." 그러나 요셉이 말했습니다. "그런 일은 내게 있을 수 없다. 오직 은

잔이 그 짐 속에서 발견된 사람만이 내 노예가 될 것이다. 나머지 사람들은 자유롭게 너희 아버지에게로 돌아가도 좋다.”

그러자 유다가 요셉에게 나아가서 말했습니다. “총리님, 총리님께 한 말씀 드릴 테니 허락해 주십시오. 제발 저에게 노여워하지 마십시오. 총리님은 파라오만큼이나 높으신 분입니다. 전에 저희가 여기에 왔을 때 총리님은 ‘너희에게 아버지나 다른 형제가 있느냐?’ 하고 물어보셨습니다. 그때에 저희는 ‘저희에게는 늙으신 아버지가 계십니다. 그리고 동생도 있습니다. 저희 동생은 아버지가 늙으셨을 때 낳은 아들인데 저희 막내 동생의 형은 죽었습니다. 그래서 그 막내 동생은 그 어머니의 마지막 남은 아들이 되었습니다. 우리 아버지는 그 아이를 매우 사랑하십니다’라고 대답했습니다. 그러자 총리님은 저희에게 ‘그 동생을 나에게 데려오너라. 그 사람을 보고 싶다’ 하고 말씀하셨습니다. 우리는 총리님께 ‘그 어린아이는 자기 아버지를 떠날 수 없습니다. 만약 그 아이가 아버지를 떠나면 아버지는 돌아가시고 말 것입니다’라고 말씀드렸습니다. 하지만 총리님은 ‘너희 막내 동생을 데리고 와야 한다. 만약 데리고 오지 않으면 다시는 나를 못 볼 줄 알아라’ 하고 말씀하셨습니다.

그래서 저희는 저희 아버지에게로 돌아가서 총리님께서 말씀하신 그대로 말씀드렸습니다. 얼마 뒤에 저희 아버지께서 ‘다시 가서 곡식을 좀 사 오너라’ 하고 말씀하셨습니다. 그래서 저희가 아버지께 말씀드렸습니다. ‘막내 동생과 함께 가는 것이 아니라면 갈 수 없습니다. 막내 동생을 데리고 가지 않으면 총리를 만날 수 없을 것입니다.’ 그러자 제 아버지께서 저희에게 말씀하셨습니다. ‘너희도 알듯이 내 아내 라헬은 내게 두 아들을 낳아 주었다. 그런데 한 아들은 나를 떠났다. 나는 그 아이가 틀림없이 들짐승에게 찢겨 죽었다고 생각한다. 그 아이가 나를 떠난 뒤로 나는 그 아이를 한 번도 보지 못했다. 그런데 너희가 이제는 이 아이마저도 내게서 빼앗아 가려고 하는구나. 이 아이에게 어떤 좋지 않은 일이 일어날지 모른다. 그렇게 되면 나는 죽을 때까지 슬퍼하게 될 것이다.'

그러니 저희가 그 막내 동생 없이 집에 계신 아버지께 돌아가면 어떤 일이 일어나겠습니까? 저희 아버지에게 그 아이는 무엇보다도 가장 소중한 아들입니다. 아버지께서 만약 그 아이가 저희와 함께 오지 않는 것을 아신다면 아버지는 돌아가실 것입니다. 그렇게 되면 저희는 아버지를 돌아가시게 한 죄인이 되고 맙니다. 저는 아버지께 그 아이를 무사히 돌려보내 드리겠다고 약속했습니다. 저는 아버지에게 '만약 제가 그 아이를 아버지에게 돌려보내지 못하면 두고두고 그 죄값을 받겠습니다' 하고 말했습니다. 그러니 제발 저를 남겨 두어 종으로 삼으시고 그 아이는 형들과 함께 집으로 돌아가게 해 주십시오. 그 아이를 데리고 가지 않는 한 저는 아버지께로 돌아갈 수 없습니다. 저는 아버지가 슬퍼하시는 모습을 차마 볼 수 없습니다."

자신을 밝히는 요셉

요셉은 자기 종들 앞에서 더 이상 북받치는 감정을 억누를 수가 없었습니다. 요셉은 "모두 다 물러가거라" 하고 소리쳤습니다. 형들만 남게 되자 요셉은 자기가 누구라는 것을 말했습니다. 요셉이 너무 크게 소리 내어 울었기 때문에 이집트 사람들도 모두 그 소리를 들었습니다. 그리고 왕궁의 신하들도 그 소리를 들었습니다. 요셉이 형들에게 말했습니다. "내가 요셉입니다. 아버지께서 아직 살아 계신가요?" 그러나 형들은 너무나 놀랐기 때문에 아무런 대답도 할 수 없었습니다.

요셉이 형들에게 말했습니다. "이리 가까이 오세요." 그러자 형들이 요셉에게 가까이 갔습니다. 요셉이 형들에게 말했습니다. "내가 여러분의 동생 요셉입니다. 형님들이 이집트에 노예로 팔았던 바로 그 요셉이란 말이에요. 하지만 이제는 염려하지 마세요. 저를 이곳에 판 일로 마음 아파하지 마세요. 하나님께서 저를 형님들보다 먼저 이곳으로 보내셔서 사람들의 생명을 구하게 하신 것이니까요. 벌써 이 년 동안 땅에서는 식물이 자라지 않고 있어요. 더구나 앞으로도 오 년 동안은 심지도 못하고 거두지도 못할 것입니다. 그래서 하나님께서는 형님들과 형님들의 자손이 살아남도록 하려고 저를 먼저 이곳에 보내신 것이에요. 그러니 저를 이곳에 보내신 분은 형님들이 아니라 하나님이십니다. 하나님께서 저를 이집트 왕의 가장 높은 신하로 만드셨습니다. 왕궁의 모든 일을 제가 맡고 있답니다. 저는 모든 이집트 땅의 주인입니다. 그러니 서둘러 이곳을 떠나서 아버지에게로 가세요. 가셔서 아버지에게 이렇게 말씀드려 주세요. '아버지의 아들 요셉이 이렇게 말했습니다. 하나님께서 저를 온 이집트의 주인으로 만드셨습니다. 어서 저에게로 내려오셔서 고센 땅에서 사십시오. 그렇게 하시면 저와 가까운 곳에서 사실 수 있습니다. 그리고 아버지의 자녀들과 손자들과 양 떼와 소 떼와 아버지가 가지신 모든 소유도 저와 가까운 곳에 있을 수 있습니다. 앞으로도 오 년 동안 가뭄이 있을 테이니 제가 아버지를 보살펴 드리겠습니다. 그래서 아버지와 아버지의 가족과 아버지께서 가지신 모든 소유가 굶주리는 일이 없도록 하겠습니다.' 형님들이나 내 동생 베냐민이 직접 봐서 알겠지만, 지금 이 말을 하고 있는 나는 정말로 요셉이랍니다. 그러니 내가 이집트에서 얼마나 높은 사람이 되었는가를 아버지에게 말씀드리세요. 형님들이 보신 일을 모두 말씀드리세요. 자, 이제 서둘러서 아버지를 모셔 오세요." 이 말을 마치고 요셉은 자기 동생 베냐민을 껴안고 울었습니다. 베냐민도 울었습니다. 그리고 요셉은 형들 모두에게 입을 맞추었습니다. 요셉은 형님들을 껴안으면서 울었습니다. 그제야 비로소 형들도 요셉과 말을 했습니다.

요셉의 형들이 왔다는 소식이 파라오의 궁전에 전해지자 파라오와 그의 신하들이 매우 기뻐했습니다. 파라오가 요셉에게 말했습니다. "그대의 형제들에게 짐승들 등에 짐을 싣고 가나안 땅으로 돌아가라고 말하시오. 그리고 나서 아버지와 다른 식구들을 이곳으로 모시고 오라고 말하시오. 내가 그들에게 이집트에서 가장 좋은 땅을 주겠소. 그리고 그들은 우리의 가장 좋은 음식도 먹게 될 것이오. 이집트의 수레를 몇 대 가지고 가서 어린아이와 아내들을 데리고 오라고 말하시오. 그리고 그들의 아버지도 모시고 오라고 하시오. 가지고 있던 것을 굳이 가지고 올 필요는 없다고 하시오. 이집트에 있는 가장 좋은 것을 우리가 그들에게 줄 것이오."

그리하여 이스라엘의 아들들은 파라오의 말대로 했습니다. 요셉은 파라오가 명령한 대로 그들에게 수레 몇 대를 주었고, 여행할 때 필요한 음식도 주었습니다. 요셉은 형들에게 갈아입을 옷을 챙겨 주었습니다. 특별히 베냐민에게는 갈아입을 옷을 다섯 벌이나 주었고, 은 삼백 세겔도 주었습니다. 요셉은 자기 아버지에게 이집트의 가장 좋은 물건들을 나귀 열 마리에 실어 보냈습니다. 그리고 암나귀 열 마리에는 아버지가 이집트로 오는 데 필요한 곡식과 빵과 다른 음식들을 실어 보냈습니다. 그리고 나서 요셉은 자기 형제들에게 길을 떠나라고 했습니다. 요셉의 형제들이 길을 떠날 때에 요셉은 그들에게 "집으로 돌아가는 길에 서로 다투지 마세요" 하고 말했습니다.

그리하여 요셉의 형제들은 이집트를 떠나 가나안 땅에 있는 아버지 야곱에게로 돌아갔습니다. 그들이 야곱에게 말했습니다. "요셉이 아직 살아 있습니다. 요셉은 이집트의 총리가 되었습니다." 그들의 아버지는 너무나 놀라 그들의 말을 믿으려 하지 않았습니다. 요셉의 형제들은 요셉이 했던 말을 빠짐없이 야곱에게 들려주었습니다. 야곱은 요셉이 자기를 이집트로 모셔 가기 위해 보낸 수레들을 보고서야 제정신이 들었습니다. 이스라엘이라고도 부르는 야곱이 말했습니다. "내 아들 요셉이 아직 살아 있다니! 죽기 전에 가서 그 아이를 만나 봐야겠다."

이집트로 떠나는 야곱

그리하여 이스라엘이라고도 부르는 야곱은 가지고 있던 것을 다 챙겨서 길을 떠났습니다. 야곱은 브엘세바로 갔습니다. 그곳에서 야곱은 자기 아버지 이삭의 하나님께 제물을 바쳤습니다. 밤에 하나님께서 이스라엘에게 환상 가운데 나타나셔서 "야곱아, 야곱아" 하고 부르셨습니다. 그러자 야곱이 "예, 제가 여기에 있습니다" 하고 대답했습니다. 하나님께서 말씀하셨습니다. "나는 하나님, 곧 네 아비의 하나님이니라. 이집트로 가는 것을 두려워하지 마라. 내가 거기에서 너의 자손들을 큰 나라로 만들어 줄 것이다. 나도 너와 함께 이집트로 갈 것이며 너를 다시 이집트에서 나오게 할 것이다. 네가 숨질 때에는 요셉이 직접 네 눈을 감겨 줄 것이다."

그리하여 야곱은 브엘세바를 떠났습니다. 이스라엘의 아들들은 자기 아버지와 자기 자식들과 자기 아내들을 파라오가 보내 준 수레에 태웠습니다. 그들은 짐승들과 가나안에서 얻은 것을 다 가지고 갔습니다. 이처럼 야곱은 모든 자손들과 함께 이집트로 갔습니다. 야곱은 아들들과 손자들, 딸들과 손녀들을 데리고 갔습니다. 야곱은 자기의 모든 가족을 이집트로 데리고 갔습니다.

야곱의 가족

이집트로 내려간 이스라엘의 자녀들의 이름은 이러합니다. 그들은 야곱과 그의 자손들입니다. 르우벤은 야곱의 맏아들입니다. 르우벤의 아들은 하녹과 발루와 헤스론과 갈미입니다. 시므온의 아들은 여무엘과 야민과 오핫과 야긴과 소할과 사울입니다. 사울은 가나안 여자가 낳은 시므온의 아들입니다. 레위의 아들은 게르손과 고핫과 므라리입니다. 유다의 아들은 엘과 오난과 셀라와 베레스와 세라입니다. 그러나 엘과 오난은 이미 가나안 땅에서 죽었습니다. 베레스의 아들은 헤스론과 하물입니다. 잇사갈의 아들은 돌라와 부와와 욥과 시므론입니다. 스불론의 아들은 세렛과 엘론과 얄르엘입니다. 이들은 밧단아람에서 야곱과 레아 사이에서 태어난 아들들입니다. 야곱의 딸 디나도 그곳에서 태어났습니다. 이들을 모두 합하면 삼십삼 명입니다.

갓의 아들은 시본과 학기와 수니와 에스본과 에리와 아로디와 아렐리입니다. 아셀의 아들은 임나와 이스와와 이스위와 브리아입니다. 그들의 누이는 세라입니다. 브리아의 아들은 헤벨과 말기엘입니다. 이들은 야곱이 실바에게서 낳은 아들들입니다. 실바는 라반이 자기 딸 레아에게 준 몸종이었습니다. 이들을 모두 합하면 십육 명입니다.

야곱의 아내 라헬의 아들은 요셉과 베냐민입니다. 요셉은 이집트에 있을 때 아스낫에게서 므낫세와 에브라임을 낳았습니다. 아스낫은 온의 제사장 보디베라의 딸입니다. 베냐민의 아들은 벨라와 베겔과 아스벨과 게라와 나아만과 에히와 로스와 뭅빔과 훕빔과 아릇입니다. 이들은 야곱이 자기 아내 라헬에게서 낳은 아들들입니다. 이들을 모두 합하면 십사 명입니다.

단의 아들은 후심입니다. 납달리의 아들은 야스엘과 구니와 예셀과 실렘입니다. 이들은 야곱이 빌하에게서 낳은 아들들입니다. 빌하는 라반이 자기 딸 라헬에게 준 몸종이었습니다. 이들을 모두 합하면 칠 명입니다.

야곱과 함께 이집트로 내려간 야곱의 친 자손은 모두 육십육 명입니다. 그 수는 야곱의 며느리들을 셈하지 않은 수입니다. 요셉에게는 이집트에서 낳은 아들이 두 명 있습니다. 그러므로 이집트에 내려간 야곱의 가족을 모두 합하면 칠십 명이 됩니다.

이집트에 도착한 야곱

야곱은 유다를 먼저 보내어 고센에서 요셉을 만나게 했습니다. 그리고 나서 야곱과 그의 모든 가족이 고센 땅으로 갔습니다. 요셉도 자기 수레를 준비하여 아버지 이스라엘을 맞이하러 고센으로 갔습니다. 요셉은 자기 아버지를 보자마자 아버지의 목을 껴안고 오랫동안 울었습니다. 이스라엘이 요셉에게 말했습니다. "너의 살아 있는 모습을 이렇게 보게 되었으니 나는 이제 죽어도 좋구나." 요셉이 자기 형제들과 아버지의 가족에게 말했습니다. "저는 이제 왕에게 가서 이렇게 말씀드리겠습니다. '제 형제들과 제 아버지의 가족이 가나안 땅을 떠나 저에게로 왔습니다. 그들은 목자로서 가축을 치는 사람들입니다. 그들은 양과 소와 모든 재산을 가지고 왔습니다.' 파라오가 형님들을 부르셔서 '너희는 무슨 일을 하는 사람들이냐?' 하고 물으시면 이렇게 대답하십시오. '왕의 종인 우리는 평생토록 가축을 쳐 왔습니다. 우리 조상들도 같은 일을 했습니다.' 그러면 왕은 형님들을 고센 땅에서 살게 할 것입니다. 고센 땅은 이집트 사람들이 사는 곳에서 멀리 떨어져 있습니다. 이집트 사람들은 목자들과 함께 있는 것을 싫어합니다."

고센에서 살게 된 야곱

요셉이 파라오에게 가서 말했습니다. "제 아버지와 형제들이 가나안에서 이리로 왔습니다. 그들은 양과 소와 모든 재산을 가지고 왔습니다. 그들은 지금 고센 땅에 있습니다." 요셉은 자기 형제 중에서 다섯 명을 골라 파라오에게 인사를 시켰습니다. 파라오가 형제들에게 물었습니다. "너희는 무슨 일을 하는 사람들이냐?" 형제들이 대답했습니다. "파라오의 종인 우리는 목자들입니다. 우리 조상들도 목자였습니다." 형제들이 파라오에게 말했습니다. "우리는 이 땅에서 살려고 왔습니다. 가나안 땅에는 짐승들에게 먹일 풀이 없습니다. 그곳은 가뭄이 매우 심합니다. 그러니 우리를 고센 땅에서 살게 해 주십시오." 파라오가 요셉에게 말했습니다. "그대의 아버지와 형제들이 그대에게 왔소. 이집트 땅이 그대 앞에 있으니 그대의 아버지와 형제들에게 가장 좋은 땅을 주시오. 그들을 고센 땅에서 살게 하시오. 그리고 그들 중에서 뛰어난 목자가 있으면 내 양 떼와 소 떼를 치게 하시오."

그 후에 요셉은 자기 아버지 야곱을 모시고 와서 파라오에게 인사를 시켰습니다. 야곱이 파라오에게 복을 빌어 주었습니다. 파라오가 야곱에게 말했습니다. "그대는 나이가 어떻게 되시오?" 야곱이 파라오에게 말했습니다. "제가 이 세상을 떠돌아다닌 햇수가 백삼십 년이 되었습니다. 제 조상들보다는 짧게 살았지만 고통스러운 삶이었습니다." 이 말을 하고 나서 야곱은 다시 파라오에게 복을 빌어 주고 그 앞에서 물러 나왔습니다. 요셉은 파라오가 말한 대로 자기 아버지와 형제들에게 이집트에서 가장 좋은 땅을 주었습니다. 그 땅은 라암세스 성에서 가까웠습니다. 그리고 요셉은 자기 아버지와 형제들과 그들의 모든 식구에게 필요한 음식을 주었습니다.

요셉이 왕을 위해 땅을 사들이다

가뭄이 더 심해져서 온 땅 어느 곳에도 먹을 것이 없었습니다.

이집트 땅과 가나안 땅은 가뭄 때문에 살기가 더욱 힘들어졌습니다. 요셉은 이집트와 가나안의 돈이란 돈은 다 모아들였습니다. 사람들은 곡식을 사기 위해 요셉에게 돈을 치렀습니다. 요셉은 그 돈을 파라오의 왕궁으로 가지고 갔습니다. 그러자 얼마 지나지 않아 이집트와 가나안 땅 사람들의 돈은 다 떨어지고 말았습니다. 그래서 그들은 요셉에게 나아가 "먹을 것을 좀 주십시오. 돈이 다 떨어졌다고 해서 총리님이 보시는 앞에서 죽을 수야 없지 않겠습니까?" 하고 말했습니다. 요셉은 이렇게 대답했습니다. "돈이 다 떨어졌다면 가축을 가지고 오너라. 그러면 먹을 것을 주겠다." 그리하여 사람들은 가축들을 요셉에게 가지고 왔습니다. 요셉은 말과 양과 소와 나귀를 받고 대신 먹을 것을 주었습니다. 이처럼 요셉은 그해에 가축을 받고 대신 먹을 것을 주었습니다. 그 다음 해에 백성들이 요셉에게 와서 말했습니다. "이제 우리에게는 남은 돈이 없습니다. 그리고 우리 짐승들도 다 총리님의 것이 되었습니다. 이제는 우리 몸과 우리 땅 말고는 남은 것이 없습니다. 우리와 우리 땅이 총리님 보시는 앞에서 죽게 되어 버렸습니다. 우리 땅을 사시고 그 대신 먹을 것을 주십시오. 그러면 우리는 우리 땅과 더불어 파라오의 종이 되겠습니다. 밭에 심을 씨앗을 좀 주십시오. 그러면 우리는 죽지 않고 살 것입니다. 그리고 땅도 못 쓸 땅이 되지 않을 것입니다."

그리하여 요셉은 이집트의 모든 땅을 사들여 파라오의 것으로 만들었습니다. 모든 이집트 사람이 요셉에게 자기 밭을 팔았습니다. 가뭄이 너무 심했기 때문입니다. 이제 모든 땅은 파라오의 것이 되었습니다. 요셉은 이집트의 이쪽 끝에서 저쪽 끝까지의 모든 백성들을 노예로 만들었습니다. 요셉이 사들이지 않은 땅은 제사장들의 땅뿐이었습니다. 제사장들은 파라오가 주는 것으로 먹고살았기 때문에 땅을 팔 필요가 없었습니다. 제사장들은 음식을 살 돈을 가지고 있었습니다.

요셉이 백성들에게 말했습니다. "내가 너희와 너희 땅을 사들여서 왕에게 드렸다. 이제 내가 너희에게 씨앗을 줄 터이니 그것을 너희 밭에 심어라. 추수 때가 되면 너희가 거둔 것의 오분의 일을 파라오께 바쳐야 한다. 나머지 오분의 사는 너희가 가져도 좋다. 그것을 씨앗으로도 이용하고, 너희와 너희 가족과 너희 자식들의 음식으로 삼도록 하여라." 백성들이 말했습니다. "총리님은 우리 목숨을 구해 주셨습니다. 총리님의 뜻이라면 우리는 파라오의 노예가 되겠습니다." 그리하여 요셉은 이집트에 법을 세웠습니다. 그 법은 오늘날까지 내려오고 있습니다. 땅에서 나는 모든 것의 오분의 일은 파라오의 것입니다. 파라오의 것이 되지 않은 땅은 제사장들의 땅뿐이었습니다.

유언을 남기는 야곱

이스라엘 백성들은 그 뒤로도 이집트의 고센 땅에서 살았습니다. 그들은 그곳에서 재산도 얻고 자녀들도 많이 낳아서 번성하게 되었습니다. 이스라엘이라고도 부르는 야곱은 이집트에서 십칠 년을 살았습니다. 그래서 야곱의 나이는 백마흔일곱 살이 되었습니다.

이스라엘은 자기가 곧 죽을 것이라는 것을 알고 아들 요셉을 불러 말했습니다. "네가 나에게 효도할 마음이 있다면 네 손을 내 다리 아래에 넣어라. 그리고 나를 이집트 땅에 묻지 않겠다고 약속하여라. 내가 죽으면 나를 이집트에서 옮겨서 내 조상들이 누워 계신 곳에 묻어라." 요셉은 "아버지 말씀대로 하겠습니다" 하고 대답했습니다. 야곱이 말했습니다. "그렇게 하겠다고 약속하여라." 이에 요셉은 그렇게 하겠다고 야곱에게 약속했습니다. 그러자 이스라엘은 침대 맡에 엎드려 하나님께 예배드렸습니다.

므낫세와 에브라임에게 복을 빌어 주는 야곱

얼 마 후 요셉은 아버지가 매우 편찮으시다는 이야기를 들었습니다. 그래서 요셉은 두 아들 므낫세와 에브라임을 데리고 아버지께로 갔습니다. 요셉이 오자 누군가가 이스라엘이라고도 부르는 야곱에게 "당신의 아들 요셉이 당신을 보러 왔습니다" 하고 말해 주었습니다. 야곱은 몸이 너무 약해져서 가까스로 침대에 앉을 수 있었습니다. 야곱이 요셉에게 말했습니다. "전능하신 하나님께서 가나안 땅 루스에서 나에게 나타나셨다. 하나님께서는 그곳에서 나에게 복을 주셨다. 하나님께서 나에게 말씀하셨다. '내가 너에게 많은 자손을 주고 많은 백성의 아버지로 삼아 주겠다. 네 자손에게 이 땅을 영원히 주겠다.' 네 두 아들은 내가 오기 전에 이곳 이집트에서 태어났지만, 이제부터 그 애들은 내 아들이다. 에브라임과 므낫세는 르우벤이나 시므온과 마찬가지로 내 아들이 될 것이다. 너에게 다른 자녀가 생긴다면 그 애들은 네 자식이 될 것이다. 하지만 그 애들도 에브라임과 므낫세와 마찬가지로 땅을 받게 될 것이다. 내가 밧단에서 왔을 때 라헬은 가나안 땅에서 죽었다. 그때 우리는 에브랏 쪽으로 가던 중이었다. 라헬이 죽어서 나는 너무나 슬펐다. 나는 라헬을 에브랏으로 가는 길가에 묻어 주었다."(에브랏은 지금의 베들레헴입니다)

야곱은 요셉의 아들들을 보고 "이 아이들은 누구냐?" 하고 물었습니다. 요셉이 자기 아버지에게 말했습니다. "이 아이들은 제 아들들입니다. 하나님께서 이곳 이집트에서 이 아이들을 저에게 주셨습니다." 야곱이 말했습니다. "저 애들에게 복을 빌어 줄 테니 가까이 데리고 오너라." 그때에 야곱은 나이가 많아서 눈이 어두웠습니다. 요셉은 아이들을 야곱에게 가까이 데리고 갔습니다. 야곱은 아이들에게 입을 맞추고 안아 주었습니다. 야곱이 요셉에게 말했습니다.

"너를 다시 만나게 되리라고는 생각도 하지 못했는데, 하나님께서는 너뿐만 아니라 네 아이들도 보게 해 주셨구나." 요셉은 두 아들을 야곱의 무릎에서 떼어 놓은 다음 땅에 엎드려 절했습니다. 요셉은 에브라임을 자기 오른쪽에 두고, 므낫세는 왼쪽에 두었습니다. 그래서 에브라임은 야곱의 왼손에 가까이 있었고, 므낫세는 오른손에 가까이 있었습니다. 요셉은 아이들을 야곱에게 가까이 데리고 갔습니다. 그러나 야곱은 자기 팔을 엇갈리게 해서 오른손을 작은 아들인 에브라임의 머리 위에 얹고, 왼손은 맏아들인 므낫세의 머리 위에 얹었습니다. 그리고 나서 그는 요셉에게 복을 빌어 주며 이렇게 말했습니다.

"내 조상 아브라함과 이삭이 섬겼던 우리 하나님,
지금까지 내 평생토록 내 목자가 되어 주신 하나님,
모든 어려움에서 나를 구해 주신 하나님,
이제 기도드리오니 이 아이들에게 복을 주십시오.
제 이름이 이 아이들을 통해 알려지게 해 주십시오.
제 조상 아브라함과 이삭의 이름이
이 아이들을 통해 알려지게 해 주십시오.
이 아이들이 이 땅 위에서 많은 자손을 가지게 해 주십시오."

요셉은 아버지가 오른손을 에브라임의 머리 위에 얹은 것이 잘못되었다고 생각했습니다. 그래서 요셉은 아버지의 손을 붙잡아 에브라임의 머리 위에서 므낫세의 머리 위로 옮기려 했습니다. 요셉이 아버지에게 말했습니다. "아버지, 손을 잘못 얹으셨습니다. 므낫세가 맏아들이니 오른손을 므낫세의 머리 위에 얹으셔야 합니다." 그러나 요셉의 아버지는 그 말을 듣지 않고 이렇게 말했습니다. "나도 안다, 내 아들아. 나도 안다. 므낫세는 크게 되어 많은 자손을 가지게 될 것이다. 하지만 므낫세의 동생이 더 크게 될 것이다. 동생의 자손은 한 나라를 이룰 만큼 많아질 것이다." 그날에 야곱은 므낫세와 에브라임에게 복을 빌어 주었습니다.

"이스라엘의 백성들 사이에서는 복을 빌 일이 있을 때
이렇게 말할 것이다.
'하나님께서 너희를 에브라임과 므낫세같이 해 주시길 바란다.' "

이처럼 야곱은 에브라임을 므낫세보다 앞세웠습니다. 그리고 나서 야곱이 요셉에게 말했습니다. "나는 이제 죽을 것이다. 그러나 하나님께서는 너와 함께 계실 것이다. 하나님께서는 너를 네 조상의 땅으로 다시 데리고 가실 것이다. 너에게는 네 형제들보다 더 많은 땅을 주겠다. 내가 칼과 활로 아모리 사람들에게서 빼앗은 세겜 땅을 너에게 주겠다."

아들들에게 복을 빌어 주는 야곱

야곱이 자기 아들들을 불러 말했습니다. "이리로 오너라. 너희에게 앞으로 무슨 일이 일어날지 말해 주마."

"야곱의 아들들아 와서 들어라.
너희 아버지 이스라엘의 말에 귀를 기울여라.
르우벤아 너는 내 맏아들이다.
너는 나의 힘이고 내 능력의 첫 열매이다.
너는 가장 높고 가장 힘이 세다.
하지만 너는 물처럼 제멋대로라 앞으로 으뜸이 되지 못할 것이다.

네가 네 아버지의 침대에 올라가 그 침대를 더럽혔기 때문이다.

시므온과 레위는 형제다. 그들은 칼을 휘둘러 거친 일을 했다.
나는 그들이 하는 비밀스런 이야기에 끼지 않을 것이며
그들과 만나 나쁜 일을 꾸미지 않을 것이다.
그들은 화가 난다고 사람들을 죽였다.
그들은 장난삼아 소의 다리를 못 쓰게 만들었다.
노여움이 심하고 지나치게 잔인해서
그들에게 저주가 있을 것이다.
나는 그들을 야곱 지파 중에 나눌 것이다.
이스라엘 모든 지파 가운데 흩어 놓을 것이다.

유다야, 네 형제들이 너를 찬양할 것이다.
너는 원수들의 목을 움켜쥘 것이다.
네 형제들이 네 앞에 절을 할 것이다.
유다는 사자 새끼와 같다.
내 아들아, 너는 먹이를 잡고 돌아오는구나.
내 아들은 마치 사자와 같이 웅크리기도 하고 몸을 펴기도 한다.
마치 암사자와 같으니 누가 그를 깨우겠는가?
유다에게서 왕이 끊이지 않을 것이고,
유다에게서 다스리는 자가 끊임없이 나올 것이다.
유다는 참된 왕이 올 때까지 다스릴 것이다.
온 나라는 그에게 복종할 것이다.
유다는 나귀를 포도나무에 매며
나귀 새끼를 가장 좋은 가지에 맬 것이다.
유다는 포도주로 자기 옷을 씻을 것이며

겉옷을 붉은 포도주에 **빨** 것이다.
유다의 눈은 포도주보다 진하고 그의 이는 우유보다도 흴 것이다.

스불론은 바닷가에 살 것이다.
스불론의 바닷가는 배들이 닻을 내리는 항구가 될 것이며
그의 땅은 시돈까지 미칠 것이다.

잇사갈은 힘센 나귀와 같다.
그는 짐을 싣고 웅크리고 있다.
잇사갈은 쉴 곳을 만나면 좋아할 것이고,
그런 땅을 만나면 기뻐할 것이다.
그는 자기 등을 들이밀어 짐을 싣고 노예가 될 것이다.

단은 이스라엘의 다른 지파들처럼 자기 백성을 다스릴 것이다.
단은 길가의 뱀과 같을 것이며
길가에 숨어 있는 독사와 같을 것이다.
그 뱀이 말의 다리를 물면 그 탄 사람이 뒤로 떨어질 것이다.
여호와여, 저는 주의 구원을 기다립니다.

도둑들이 갓을 공격할 것이다.
하지만 갓은 도둑들과 싸워 이겨 도망가게 할 것이다.

아셀의 땅에서는 좋은 식물이 많이 나올 것이며
그에게서 왕께 바칠 음식이 나올 것이다.

납달리는 사랑스런 새끼 사슴들을 품에 안은 뛰노는 암사슴이다.

요셉은 열매를 많이 맺는 포도나무와 같고,
샘물가에서 자라는 풍성한 포도덩굴과 같다.
요셉은 담 위에 가지가 무성한 포도나무와 같다.
사람들이 그를 화살로 맹렬히 공격하고 무섭게 활을 쏘아 댄다.
그러나 요셉의 활이 더 잘 맞고 요셉의 팔이 더 힘세다.
요셉의 힘은 야곱의 전능하신 하나님에게서 오고
그의 능력은 이스라엘의 바위이신 목자에게서 온다.
네 아버지의 하나님께서 너를 도우시고
전능하신 하나님께서 너에게 복을 주신다.
하나님께서 하늘의 비로 너에게 복을 주시고
땅의 샘물로 너에게 복을 주신다.
네 아내들이 많은 아이들을 낳게 하심으로 너에게 복을 주시고
네 짐승들이 많은 새끼들을 낳게 하심으로 너에게 복을 주신다.
네 아버지의 받은 복은 영원한 산들의 복보다 크고,
변치 않는 언덕들의 복보다 크다.
이 복이 요셉의 머리 위에 내리기를.
자기 형제들과 헤어졌던 자의 이마에 내리기를.

베냐민은 굶주린 늑대와 같다.
아침에는 사냥한 것을 먹으며
저녁에는 사로잡은 것을 찢는다.”

이들은 이스라엘의 열두 지파입니다. 그리고 이 말은 그들의 아
버지가 그들에게 한 말입니다. 아버지는 모든 아들에게 알맞은 복
을 빌어 주었습니다. 그리고 나서 이스라엘이 아들들에게 당부를
했습니다. “나는 곧 죽을 것이다. 내가 죽으면 조상들이 계신 헷 사

람 에브론의 밭에 있는 동굴에 나를 묻어 다오. 그 동굴은 가나안 땅인 마므레 동쪽 막벨라 밭에 있다. 아브라함 할아버지께서 무덤으로 쓰시려고 그 밭을 헷 사람 에브론에게서 산 것이다. 아브라함과 할머니 사라가 그곳에 계시고, 아버지 이삭과 내 어머니 리브가도 그곳에 계신다. 내 아내 레아도 내가 그곳에 묻었다. 그 밭과 그 동굴은 헷 사람들에게서 산 것이다." 야곱은 아들들에게 이 말을 하고 나서 자리에 누웠습니다. 야곱은 다리를 침대 위에 올려 바로 누운 뒤 마지막 숨을 거두고 조상들에게로 돌아갔습니다.

야곱의 장례식

야곱이 죽자 요셉은 아버지를 껴안고 울며 입을 맞추었습니다. 요셉은 자기 의사들에게 명령하여 아버지를 장사 지낼 준비를 하게 했습니다. 그러자 요셉의 의사들은 야곱의 시체를 묻을 준비를 했습니다. 의사들이 그 일을 준비하는 데에는 모두 사십 일이 걸렸습니다. 그때는 시체를 묻을 준비를 하는 데 보통 그만큼 걸렸습니다. 이집트 사람들은 야곱을 위해 칠십 일 동안을 슬퍼했습니다.

슬퍼하는 기간이 끝나자 요셉이 파라오의 신하들에게 말했습니다. "여러분, 괜찮으시다면 파라오에게 이 말씀을 드려 주십시오. 내 아버지가 돌아가실 무렵 나는 아버지에게 한 가지 약속을 했습니다. 나는 아버지를 가나안 땅의 어느 동굴에 장사 지내 드리기로 약속했습니다. 그 동굴은 아버지께서 스스로 준비해 두신 동굴입니다. 그러니 내가 가서 아버지를 장사 지내고 올 수 있게 해 주십시오." 파라오가 대답했습니다. "그대의 약속을 지키시오. 가서 아버지를 장사 지내 드리시오." 그리하여 요셉은 자기 아버지를 장사 지내러 갔습니다. 파라오의 모든 신하들과 파라오 궁전의 장로들과 이집트 땅의 모든 지도자들이 요셉을 따라갔습니다. 요셉의 모든 집안 사람들과 그의 형제들과 요셉의 아버지께 속한 집안 사람들은 어린아이들과 양 떼와 소 떼를 고센 땅에 남겨 두고 요셉과 함께 갔습니다. 병거와 말을 탄 군인들도 요셉과 함께 갔습니다. 매우 엄청난 행렬이었습니다. 그들은 요단 강 동쪽 아닷의 타작마당에 이르렀습니다. 그곳에서 그들은 이스라엘이라고도 부르는 야곱을 위해 큰 소리로 슬프게 울었습니다. 요셉은 아버지를 위해 칠 일 동안을 슬피 울었습니다. 가나안에 살던 백성들이 아닷의 타작마당에서 사람들이 슬퍼하는 모습을 보고 "저 이집트 사람들이 크게 슬퍼하고 있구나" 하고 말하면서 그곳의 이름을 아벨미스라임이라고 불렀습니다. 이처럼 야곱의 아들들은 자기 아버지가 당부한 말씀대로 행했습니다. 그들은 아버지의 시체를 가나안 땅으로 모시고 가서 마므레 근처의 막벨라 밭에 있는 동굴에 장사 지냈습니다. 그 동굴과 밭은 아브라함이 헷 사람 에브론에게서 산 것입니다. 아브라함은 무덤으로 쓰기 위해 그 동굴을 샀습니다. 요셉은 아버지를 장사 지내고 나서 이집트로 돌아갔습니다. 요셉과 함께 갔던 요셉의 형제들과 다른 모든 사람들도 이집트로 돌아갔습니다.

형들이 요셉을 두려워하다

야곱이 죽은 후에 요셉의 형들이 말했습니다. "만약 요셉이 아직도 우리를 미워하면 어떻게 하지? 우리는 요셉에게 나쁜 짓을 많이 했어. 만약 요셉이 우리에게 복수를 하려 하면 어떻게 하지?" 그래서 그들은 요셉에게 사람을 보내어 이렇게 전하게 했습니다. "아우님의 아버지는 돌아가시기 전에 이렇게 당부하셨습니다. '너희는 몹쓸 짓을 했다. 너희는 요셉에게 죄를 지었다. 요셉에게 말해서 형들을 용서해 달라고 말하여라.' 그러니 요셉이여, 제발 우리의 잘못을 용서해 주십시오. 우리는 아우님 아버지의 하나님의 종입니다."
요셉은 이 말을 전해 듣고 울었습니다. 요셉의 형들이 요셉을 찾아
가서 요셉에게 절을 하며 말했습니다. "우리는 아우님의 종입니다."
그 말을 듣고 요셉이 형들에게 말했습니다. "두려워하지 마십시오.
하나님만이 하실 수 있는 일을 내가 어떻게 하겠습니까? 형님들은
나를 해치려 했지만, 하나님께서는 형님들의 악을 선으로 바꾸셨습
니다. 그래서 오히려 많은 사람들의 생명을 구할 수 있었습니다. 그
러니 두려워하지 마십시오. 내가 형님들과 형님들의 아이들을 돌봐
드리겠습니다." 이처럼 요셉은 형들을 안심시키고 형들에게 따뜻한
말을 해 주었습니다.

요셉은 자기 아버지의 모든 가족들과 함께 계속 이집트에서 살
다가 백열 살에 죽었습니다. 요셉이 아직 살아 있을 때 에브라임은
자녀를 낳았고, 손자 손녀들도 보았습니다. 요셉의 아들 므낫세에
게는 마길이라는 아들이 있었습니다. 요셉은 마길의 자녀들을 자기
자녀로 삼았습니다.

요셉의 죽음

요셉이 형들에게 말했습니다. "나는 이제 죽습니다. 하지만 하
나님께서는 여러분을 돌봐 주실 것입니다. 하나님께서는 여러분을
이 땅에서 인도해 내실 것입니다. 하나님께서는 아브라함과 이삭과
야곱에게 약속하셨던 땅으로 여러분을 인도하실 것입니다." 그리
고 나서 요셉은 이스라엘의 아들들에게 약속을 하게 했습니다. "형
님들이 이집트에서 나가실 때 내 뼈도 옮겨 가겠다고 약속해 주십시
오." 요셉은 백열 살에 죽었습니다. 의사들이 요셉을 장사 지낼 준
비를 한 뒤에 이집트에서 요셉의 시체를 관에 넣었습니다.

출애굽기

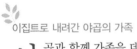

이집트로 내려간 야곱의 가족

야곱과 함께 가족을 데리고 이집트로 내려간 이스라엘의 아들들의 이름은 르우벤, 시므온, 레위, 유다, 잇사갈, 스불론, 베냐민, 단, 납달리, 갓, 아셀입니다. 야곱의 자손은 모두 칠십 명이었습니다. 야곱의 아들 요셉은 이미 이집트에 가 있었습니다. 얼마 후에 요셉과 그의 형제들과 그 시대에 살았던 사람들은 다 죽었습니다. 그러나 이스라엘 백성은 자녀를 많이 낳아 그 수가 크게 늘어났습니다. 그들은 매우 강해졌고 이집트는 그들로 가득 차게 되었습니다.

이스라엘 백성이 고난을 당하다

그때에 새 왕이 이집트를 다스리기 시작했습니다. 그 왕은 요셉이 누구인지를 알지 못했습니다. 그 왕이 자기 백성 이집트 사람들에게 말했습니다. "이스라엘 백성이 너무 많아서 그들은 우리보다도 강해졌다. 그러니 그들에 대해서 무슨 계획을 세워야 하겠다. 그렇게 하지 않으면 그들의 수가 더 늘어나게 되어 만약 전쟁이라도 일어나면 그들은 우리들의 적과 한편이 되어서 우리와 맞서 싸운 후에 이 나라에서 떠날 것이다." 그래서 이집트 사람들은 이스라엘 백성에게 힘든 일을 시켰습니다. 그들은 이스라엘 백성을 다스릴 노예 감독들을 두었습니다. 노예 감독들은 이스라엘 백성에게 강제로 일을 시켜서 파라오를 위해 비돔과 라암셋 성을 짓게 했습니다. 그 성은 이집트 사람들이 물건을 쌓아 둘 수 있는 창고 성이었습니다. 이집트 사람들은 이스라엘 백성에게 더 힘든 일을 시켰습니다. 그래도 이스라엘 백성의 수는 더 늘어났습니다. 그러자 이집트 사람들은 이스라엘 백성을 더욱 두려워하여 이스라엘 백성에게 더욱더 고된 일을 시키고 그들을 괴롭혔습니다. 이집트 사람들이 이스라엘 백성에게 힘든 노동, 곧 흙 이기기와 벽돌 굽기와 힘겨운 밭일을 시켰기 때문에 이스라엘 백성들의 일은 더욱 힘들게 되었습니다.

십브라와 부아라고 하는 히브리 산파들이 있었습니다. 이 산파들은 히브리 여자들이 아기 낳는 것을 도와주는 일을 했습니다. 이집트 왕이 이 산파들에게 말했습니다. "히브리 여자들이 아기 낳는 것을 도와주다가 분만대 위에서 잘 살펴보고 만약 아기가 딸이면 그 아기를 살려 주고, 아들이면 죽여 버려라!" 하지만 그 산파들은 하나님을 두려워하는 사람들이었습니다. 그래서 그 산파들은 왕이 명령한 대로 하지 않았습니다. 그들은 남자아이들도 다 살려 주었습니다. 그러자 이집트 왕이 산파들을 불러서 말했습니다. "왜 이렇게 하였느냐? 어찌하여 남자아이들을 살려 두었느냐?" 산파들이 파라오에게 말했습니다. "히브리 여자들은 이집트 여자들보다도 훨씬 튼튼합니다. 그래서 히브리 여자들은 우리가 도착하기도 전에 아기를 낳아 버립니다." 하나님께서는 산파들에게 은혜를 베풀어 주셨습니다. 이스라엘 백성은 계속해서 수가 늘어났습니다. 그리고 그들은 더 강해졌습니다. 하나님께서는 산파들이 하나님을 두려워하였으므로 그들에게도 자손을 많이 주셨습니다. 파라오가 모든 백성에게 명령을 내렸습니다. "히브리 사람들에게 남자아이가 태어나면 그 아이는 나일 강에 던져 버려라. 하지만 여자아이는 살려 두어도 좋다."

모세의 출생

레위 집안의 한 사람이 레위 집안의 어떤 여자를 아내로 맞아들였습니다. 그 여자가 임신하여 아들을 낳았습니다. 여자는 그 아기가 너무 잘생겨서 세 달 동안 숨겨 두었습니다. 하지만 세 달이 지나자 더 이상 아기를 숨길 수 없었습니다. 그래서 여자는 파피루스 상자를 가져다가 역청과 나무 진을 칠해서 물에 뜰 수 있게 만들었습니다. 그런 다음에 아기를 그 상자 안에 넣고 상자를 나일 강가의 큰 풀들 사이에 두었습니다. 아기의 누이가 얼마쯤 떨어진 곳에서 그 아기에게 무슨 일이 생길까 봐 지켜보고 있었습니다. 그때 파라오의 딸이 목욕을 하려고 강으로 나왔습니다. 공주의 몸종들은 강가를 거닐고 있었습니다. 공주가 큰 풀들 사이에 있는 그 상자를 보고는 몸종을 시켜 그 상자를 가져오게 했습니다. 공주가 상자를 열어 보니 거기에는 남자아이가 울고 있었습니다. 공주는 우는 아이를 보자 불쌍한 생각이 들었습니다. 그래서 공주가 말했습니다. "이 아이는 틀림없이 히브리 사람의 아기일 거야." 그때에 아기의 누이가 나가서 공주에게 물었습니다. "제가 가서 이 아기에게 젖을 먹일 히브리 여자를 구해 올까요?" 공주가 말했습니다. "그래, 그렇게 하여라." 그래서 아이의 누이는 가서 아이의 어머니를 데리고 왔습니다. 공주가 그 여자에게 말했습니다. "이 아기를 데려가서 나를 위해 젖을 먹여 주면 내가 그 삯을 주겠다." 그래서 여자는 그 아이를 데려가서 젖을 먹였습니다. 아이가 자라나자 여자는 아이를 공주에게 데리고 갔습니다. 공주는 아이를 자기 아들로 삼았습니다. 공주는 그 아이를 물에서 건져 내었다 해서 그 아이의 이름을 모세라고 지었습니다.

모세가 미디안으로 달아나다

세월이 흘러 모세는 자라 어른이 되었습니다. 어느 날 모세는 자기 백성인 히브리 사람들을 찾아갔습니다. 모세는 그들이 힘들게 일하는 모습을 보았습니다. 또 어떤 이집트 사람이 자기와 같은 백성인 히브리 사람을 모질게 때리는 것을 보았습니다. 모세는 주변을 살펴서 아무도 없음을 보고 그 이집트 사람을 죽인 뒤에 그 시체를 모래에 파묻었습니다. 이튿날 모세가 다시 나가니 히브리 사람 둘이 서로 다투고 있는 모습이 보였습니다. 모세는 그중에서 잘못한 사람에게 말했습니다. "왜 당신과 한 핏줄인 사람을 때리는 거요?" 그 사람이 대답했습니다. "누가 당신을 우리의 지도자와 재판관으로 세웠소? 그래, 이집트 사람을 죽이듯이 나도 죽일 생각이오?" 그 말을 듣고 모세는 두려워졌습니다. 모세는 '내가 한 일이 탄로났구나' 하고 생각했습니다. 파라오가 모세의 일을 듣고 모세를 죽이려고 찾았습니다. 그러나 모세는 파라오에게서 달아나 미디안 땅으로 도망가 살았습니다. 하루는 모세가 우물가에 앉아 있었습니다.

미디안 땅에서 살게 된 모세

미디안에 일곱 딸을 둔 제사장이 있었습니다. 그의 딸들이 아버지의 양 떼에게 물을 먹이려고 그 우물로 왔습니다. 딸들은 양 떼에게 먹일 물을 구유에 채우고 있었습니다. 그런데 어떤 목자들이 와서 여자들을 쫓아냈습니다. 그러자 모세는 여자들을 도와 양 떼에게 물을 먹여 주었습니다. 여자들이 아버지 르우엘에게 돌아왔습니다. 르우엘이 딸들에게 물었습니다. "오늘은 어떻게 이렇게 일찍 돌아왔느냐?" 여자들이 대답했습니다. "목자들이 우리를 쫓아냈지만, 어떤 이집트 사람이 우리를 지켜 주었습니다. 그 사람은 물을 길어서 양 떼에게 먹여 주기도 했습니다." 르우엘이 딸들에게 물었습니다. "그 사람은 어디에 있느냐? 왜 그 사람을 그냥 두고 왔느냐? 그 사람을 불러서 음식을 대접하도록 하여라." 모세는 르우엘의 집에서 사는 것을 좋아했습니다. 르우엘은 모세와 자기 딸 십보라를 결혼시켰습니다. 십보라는 아들을 낳았습니다. 모세는 자기 땅이 아닌 곳에서 나그네로 살고 있었기 때문에 그 아들의 이름을 게르솜이라고 지었습니다.

세월이 흘러서 이집트 왕이 죽었습니다. 이스라엘 백성은 강요에 의해 너무나 힘겹게 일했기 때문에 신음했습니다. 그들이 도와 달라고 부르짖었더니 하나님께서 그들의 소리를 들으셨습니다. 하나님께서는 그들의 소리를 들으시고 아브라함과 이삭과 야곱에게 하신 약속을 기억하셨습니다. 하나님께서는 이스라엘 백성의 고통을 보시고 그들에게 관심을 가지셨습니다.

하나님이 모세를 부르시다

모세가 이드로의 양 떼를 돌보고 있던 때의 일입니다. 이드로는 미디안의 제사장이며 모세의 장인입니다. 모세는 광야의 서쪽으로 양 떼를 몰고 갔습니다. 모세는 하나님의 산인 호렙 산에 이르렀습니다. 그곳에서 여호와의 사자가 떨기나무의 불꽃 속에서 모세에게 나타났습니다. 그 나무는 불붙고 있었지만 타서 없어지지는 않았습니다. 그래서 모세는 "가까이 가서 이 이상한 일을 살펴보아야 하겠다. 어떻게 나무에 불이 붙었는데 타지 않을 수 있을까?" 하고 말했습니다. 여호와께서 모세가 그 나무를 살펴보려고 올라오는 모습을 보셨습니다. 그래서 하나님께서는 나무 사이에서 "모세야, 모세야!" 하며 그를 부르셨습니다. 모세는 "제가 여기에 있습니다" 하고 대답했습니다. 하나님께서 말씀하셨습니다. "더 가까이 오지 마라. 네 신발을 벗어라. 너는 지금 거룩한 땅 위에 서 있느니라. 나는 네 조상의 하나님이다. 나는 아브라함의 하나님, 이삭의 하나님, 야곱의 하나님이다." 모세는 하나님을 바라보는 것이 두려워서 얼굴을 가렸습니다.

여호와께서 말씀하셨습니다. "나는 내 백성이 이집트에서 고통당하고 있는 것을 보았고, 또 이집트의 노예 감독들이 내 백성을 때릴 때에 그들이 울부짖는 소리를 들었다. 나는 그들이 얼마나 괴로워하는지를 알고 있다. 나는 그들을 이집트 사람들에게서 구해 주려고 내려왔다. 나는 그들을 그 땅에서 인도해 내고 그들을 넓고도 좋은 땅으로 인도하여 갈 것이다. 그곳은 젖과 꿀이 넘쳐흐를 만큼 비옥한 땅이며, 가나안 사람, 헷 사람, 아모리 사람, 브리스 사람, 히위 사람, 그리고 여부스 사람들의 땅이다. 나는 이스라엘 백성의 울부짖는 소리를 들었고 이집트 사람들이 그들을 괴롭히는 것을 보았다. 그래서 나는 지금 너를 파라오에게 보내려 하니 가거라! 가서 내 백성 이스라엘 사람들을 이집트에서 인도해 내어라!" 그러자 모세가 하나님께 말했습니다. "제가 누구인데 그런 일을 합니까? 어찌하여 제가 파라오에게 가서 이스라엘 백성을 인도해 내야 합니까?" 하나님께서 말씀하셨습니다. "내가 너와 함께 있겠다. 네가 이집트에서 이스라엘 백성을 인도해 낸 후 너희 모두는 이 산에서 하나님을 예배하게 될 것인데 이것이 너를 보내는 증거다."

모세가 하나님께 말했습니다. "제가 이스라엘 백성에게 가서 그들에게 '너희 조상의 하나님께서 나를 보내셨다'라고 말했을 때, 그들이 '그 하나님의 이름이 무엇이냐?' 하고 물으면 어떻게 대답해야

합니까?" 하나님께서 모세에게 말씀하셨습니다. "나는 스스로 있는
자이다. 너는 이스라엘 백성에게로 가서 '스스로 있는 분이 나를 너
희에게 보내셨다'고 말하여라." 하나님께서 또 모세에게 말씀하셨
습니다. "너는 가서 그 백성에게 이렇게 말하여라. '여호와께서는 너
희 조상의 하나님이시다. 여호와께서는 아브라함의 하나님, 이삭의
하나님, 야곱의 하나님이시다. 그분이 나를 너희에게 보내셨다.' 이
것이 영원히 내 이름이 될 것이다. 또 대대로 나를 기억할 표가 될
것이다. 가서 장로들을 모아 이렇게 전하여라. '너희 조상의 하나님
이신 여호와께서 나에게 나타나셨다. 아브라함의 하나님, 이삭의
하나님, 야곱의 하나님이 나에게 말씀하셨다. 그분은 이렇게 말씀
하셨다. 드디어 내가 너희를 찾아왔다. 그리고 나는 이집트에서 너
희가 겪고 있는 일을 똑똑히 보았다. 이미 약속했던 바와 같이 나
는 너희를 이집트에서 당하는 고통으로부터 이끌어 내어 가나안 사
람, 헷 사람, 아모리 사람, 브리스 사람, 히위 사람 그리고 여부스
사람들의 땅으로 인도할 것이다. 그 땅은 젖과 꿀이 넘쳐흐를 만큼
비옥한 땅이다.' 장로들은 네 말에 귀를 기울일 것이다. 그러면 너
와 이스라엘의 장로들은 이집트 왕에게 가서 이렇게 말하여라. '히
브리 사람들의 하나님이신 여호와께서 우리에게 나타나셨습니다.
삼 일 길을 광야로 여행하게 해 주십시오. 그곳에서 우리 하나님이
신 여호와께 제물을 바쳐야 하겠습니다.' 그러나 이집트 왕은 너희
를 보내지 않을 것이다. 큰 능력을 보아야만 너희를 보내 줄 것이니
그러므로 나는 이집트에 큰 능력을 보여 줄 것이다. 내가 그 땅에서
기적을 일으킬 것이다. 그런 일이 있은 뒤에야 그가 너희를 보내 줄
것이다. 나는 또 이집트 백성이 이스라엘 백성에게 친절을 베풀게
만들어 너희가 이집트를 떠날 때에 빈 몸으로 가지 않게 할 것이다.
모든 히브리 여자는 이웃에 사는 이집트 사람이나 그 집에 사는 이

집트 여자에게 은붙이와 금붙이와 옷가지를 달라고 하여 너희 아들들과 딸들을 꾸며 주어라. 이렇게 너희는 이집트 사람들이 준 것을 받아 가지고 이집트를 떠나게 될 것이다."

모세에게 능력을 주시다

모세가 대답했습니다. "만약 이스라엘 백성이 내 말을 믿지 않거나 따르지 않으면 어떻게 합니까? 만약 그들이 '여호와께서는 너에게 나타나지 않으셨다'라고 하면 어떻게 합니까?" 여호와께서 모세에게 말씀하셨습니다. "네 손에 있는 것이 무엇이냐?" 모세가 대답했습니다. "제 지팡이입니다." 여호와께서 말씀하셨습니다. "그것을 땅에 던져라." 모세가 지팡이를 땅에 던지자 지팡이가 뱀이 되었습니다. 모세는 뱀을 피해 달아났습니다. 여호와께서 모세에게 말씀하셨습니다. "손을 펴서 뱀의 꼬리를 붙잡아라." 모세는 손을 펴서 뱀의 꼬리를 붙잡았습니다. 그러자 뱀이 모세의 손에서 다시 지팡이가 되었습니다. 주님께서 말씀하셨습니다. "이런 일이 일어나면 이스라엘 백성은 그들의 조상의 하나님 곧 아브라함의 하나님, 이삭의 하나님, 야곱의 하나님이신 여호와께서 너에게 나타났다는 것을 믿을 것이다." 여호와께서 또 모세에게 말씀하셨습니다. "네 손을 옷 안에 넣어 보아라." 그래서 모세는 손을 옷 안에 넣었습니다. 모세가 다시 손을 빼어 보니 손에 문둥병이 생겨서 눈처럼 하얗게 되었습니다. 주님께서 말씀하셨습니다. "이제 손을 옷 안에 다시 넣어 보아라." 그래서 모세가 다시 손을 옷 안에 넣었다가 빼어 보니 손이 그전처럼 깨끗해졌습니다. 몸의 다른 살과 똑같아진 것입니다. 여호와께서 말씀하셨습니다. "백성들이 너를 믿지 않고 또 첫 번째 기적을 못 믿을지라도 이 두 번째 기적은 믿을 것이다. 만약 백성이 이 두 가지 기적을 다 믿지 못하거든, 나일 강에서 물을 퍼다가 땅에 부어 보아라. 그러면 그 물이 땅 위에서 피로 변할 것이다."

그러나 모세가 여호와께 말했습니다. "하지만 주님, 저는 말을 잘할 줄 모릅니다. 전에도 그랬지만, 주님께서 저에게 말씀하시는 지금도 저는 말을 잘할 줄 모릅니다. 저는 말을 느리게 할 뿐만 아니라 훌륭하게 말하는 법도 모릅니다." 여호와께서 모세에게 말씀하셨습니다. "누가 사람의 입을 만들었느냐? 누가 말 못하는 자를 만들고 듣지 못하는 자를 만드느냐? 누가 앞을 보는 자나 앞을 보지 못하는 자를 만드느냐? 나 여호와가 아니냐? 그러니 가거라! 내가 네 입과 함께하겠다. 네가 할 말을 내가 가르쳐 줄 것이다." 그러나 모세가 말했습니다. "주여, 제발 보낼 만한 능력 있는 사람을 보내십시오." 여호와께서 모세에게 화를 내면서 말씀하셨습니다. "레위 집안 사람인 네 형 아론은 말을 아주 잘하지 않느냐? 아론이 너를 만나기 위해 오고 있는 중인데 아론은 너를 만나면 기뻐할 것이다. 네가 할 말을 내가 가르쳐 줄 테니, 그것을 아론에게 말해 주어라. 너희 두 사람이 무슨 말을 하고 무슨 일을 해야 할지를 내가 가르쳐 줄 것이다. 아론이 너를 대신해서 백성에게 말을 할 것이니, 너는 하나님께서 말씀하시는 것을 아론에게 전하여라. 그러면 아론이 너를 대신해서 그 말을 할 것이다. 네 지팡이를 가지고 가거라. 그것을 가지고 기적을 보여라."

이집트로 돌아가는 모세

그리하여 모세는 장인인 이드로에게 돌아가 말했습니다. "이집트에 있는 제 백성에게로 돌아가게 해 주십시오. 그들이 아직 살아 있는지 알고 싶습니다." 이드로가 모세에게 말했습니다. "그렇게 하게. 평안히 가게." 모세가 아직 미디안에 있을 때 여호와께서 모세

에게 말씀하셨습니다. "이집트로 돌아가거라. 너를 죽이려 하던 사
람들은 다 죽었다." 그리하여 모세는 아내와 아들들을 나귀에 태우
고 이집트 땅으로 돌아갔습니다. 모세는 하나님의 지팡이를 손에
들고 갔습니다.

여호와께서 모세에게 말씀하셨습니다. "이집트로 돌아가서 모든
기적을 일으켜라. 내가 너에게 그런 일을 할 수 있는 능력을 주었
다. 파라오에게 기적을 보여 주어라. 하지만 그는 완고하여 백성을
보내지 않을 것이다. 나는 그의 마음을 완고한 채로 그냥 둘 것이
다. 그러면 파라오에게 이렇게 말하여라. '여호와께서 이렇게 말씀
하셨습니다. 이스라엘은 나의 맏아들이다. 나는 너에게 내 아들을
보내서 나를 예배할 수 있게 하라고 말했다. 그러나 네가 이스라엘
을 보내 주지 않았으므로 내가 너의 맏아들을 죽일 것이다.'"

모세는 이집트로 가는 도중에 쉴 곳을 찾아서 하룻밤을 묵었습
니다. 그런데 여호와께서 그곳에 나타나셔서 모세를 죽이려 하셨습
니다. 그때 십보라가 차돌 칼을 가지고 모세의 아들에게 할례를 베
풀고 잘라 낸 살을 모세의 발에 대면서 "당신은 나의 피 남편입니
다" 하고 말했습니다. 그러자 여호와께서 모세를 놓아 주셨습니다.
십보라가 '피 남편'이라고 말한 것은 할례 때문이었습니다.

여호와께서 아론에게 말씀하셨습니다. "광야로 나가서 모세를
맞이하여라." 아론은 나가서 하나님의 산인 시내 산에서 모세를 만
나 모세에게 입을 맞추었습니다. 모세는 아론에게 여호와께서 자기
를 이집트로 보내시면서 하신 말씀을 다 말해 주었습니다. 그리고
모세는 여호와께서 자기를 이집트로 보내시면서 보여 주신 기적들
에 대해서도 말해 주었습니다. 모세와 아론은 이집트로 가서 이스
라엘의 모든 장로들을 다 모았습니다. 아론은 그들에게 여호와께
서 모세에게 하신 말씀을 다 전해 주었습니다. 그리고 모세는 모든

백성이 보는 앞에서 기적들을 보여 주었습니다. 그리하여 이스라엘 백성들이 그들을 믿게 되었습니다. 그들은 여호와께서 자기들을 찾아오셨다는 것과 자기들의 괴로움을 알고 계시다는 말을 듣고 머리를 숙여 여호와께 예배를 드렸습니다.

파라오 앞에 선 모세와 아론

모세와 아론은 백성에게 이야기를 다 하고 나서 파라오에게 가서 말했습니다. "이스라엘의 하나님이신 여호와께서 이렇게 말씀하셨습니다. '내 백성을 내보내서 광야에서 나에게 절기를 지킬 수 있게 하여라.'" 하지만 파라오가 말했습니다. "여호와가 누구냐? 여호와가 누구길래 내가 그의 말을 듣고 이스라엘 백성을 내보내야 하느냐? 나는 여호와를 알지 못한다. 나는 이스라엘 백성을 보낼 수 없다." 그러자 모세와 아론이 말했습니다. "히브리 사람들의 하나님께서 우리에게 나타나셨습니다. 그러니 우리를 삼 일 길쯤 광야로 나가게 해 주십시오. 그곳에서 우리의 하나님이신 여호와께 제사를 드리겠습니다. 그렇게 하지 않으면 여호와께서 우리를 병으로 죽게 하시거나 칼로 치실 것입니다." 그러나 이집트 왕이 모세와 아론에게 말했습니다. "모세와 아론아, 너희는 왜 백성을 데려가서 일을 못하게 하려고 하느냐? 가서 너희 일이나 하여라! 히브리 사람들은 이 땅에 수가 많아졌다. 그런데 너희는 그들의 일을 쉬게 하려고 하는구나!" 바로 그날 파라오는 노예 감독과 작업반장들에게 명령을 내렸습니다. "이제부터는 저 백성이 벽돌 만드는 데 쓸 짚을 그전처럼 주지 말고 백성들 스스로 짚을 모으게 하여라. 그러나 그전과 똑같은 개수로 벽돌을 만들어야 한다. 벽돌의 수를 줄여 주지 마라. 그렇게 해 주면 게을러진다. 그들이 '우리 하나님께 제물을 바칠 수 있게 해 주십시오'라고 말하는 것도 다 게을러졌기 때문이다. 이 백성에게 더 힘든 일을 시켜라. 일하느라고 바빠서 모세의 거짓말을 귀담아들을 틈이 없게 만들어라."

그리하여 노예 감독과 작업반장들은 이스라엘 백성에게 가서 말했습니다. "파라오께서 이렇게 말씀하셨다. '이제부터는 너희에게 짚을 주지 않을 테니 가서 너희들 스스로 짚을 찾아라. 하지만 너희가 할 일의 양은 줄여 주지 않겠다.'" 그리하여 백성들은 이집트 땅 사방으로 흩어져서 짚으로 쓸 마른 줄기를 찾아다녔습니다. 노예 감독들은 "너희는 짚을 받았을 때와 똑같이 당일의 벽돌 수를 채워야 한다"라고 말하면서 계속해서 백성들을 몰아붙였습니다. 파라오의 노예 감독들은 이스라엘 사람들 중에서 작업반장을 뽑았습니다. 노예 감독들은 그들에게 백성들이 하는 일에 대한 책임을 맡겼습니다. 노예 감독들은 작업반장들을 때리면서 "어찌하여 어제도 오늘도 이전처럼 벽돌 만드는 책임량을 채우지 못하느냐?" 하고 다그쳤습니다.

그러자 이스라엘의 작업반장들이 파라오에게 나아가서 부르짖었습니다. "왕께서는 어찌하여 왕의 종들에게 이렇게 하십니까? 어찌하여 짚도 주지 않으면서 벽돌을 만들라고 하십니까? 보십시오. 왕의 종들은 얻어맞고 있습니다. 그러나 잘못은 왕의 백성에게 있습니다." 파라오가 대답했습니다. "너희들은 게으르다. 정말 게으르다! 너희가 일하기 싫으니까 이곳을 떠나 여호와께 제물을 바치러 가자고 그러는 것이다. 당장 돌아가서 일을 하여라! 너희에게는 짚을 주지 않겠다. 하지만 너희는 그전과 똑같은 수의 벽돌을 만들어야 한다." 이스라엘의 작업반장들은 "매일 그전과 똑같은 수의 벽돌을 만들어야 한다"는 말을 듣고 '이제 큰일났구나' 하고 생각했습니다. 그들은 파라오를 만나고 돌아가는 길에 모세와 아론을 만났습니다. 모세와 아론은 그들을 기다리고 있었습니다. 작업반장들이 모세와 아론에게 말했습니다. "여호와께서 당신들을 내려다보시고 심판하시기를 바라오. 당신들 때문에 우리가 파라오와 그의 신하들에게 미움을 받고 있소. 당신들은 파라오와 그의 신하들이 우리를 죽이도록 그들의 손에 칼을 쥐어 준 거나 다름이 없소."

하나님께 불평하는 모세

그러자 모세가 다시 여호와께 와서 말했습니다. "주님, 어찌하여 주님의 백성에게 이런 고통을 주셨습니까? 도대체 무엇 때문에 저를 이곳에 보내셨습니까? 저는 파라오에게 가서 주님께서 말씀하라고 하신 대로 말했습니다. 하지만 그때부터 그는 백성을 더 괴롭히고 있습니다. 그런데도 주님께서는 백성을 구해 주지 않고 계십니다."

여호와께서 모세에게 말씀하셨습니다. "이제, 너는 내가 파라오에게 하는 일을 보게 될 것이다. 내가 큰 능력을 보여 주면 파라오는 내 백성을 내보낼 것이다. 나의 능력을 보고 파라오는 내 백성을 자기 나라에서 쫓아낼 것이다."

하나님께서 또다시 모세에게 말씀하셨습니다. "나는 여호와이다. 나는 아브라함과 이삭과 야곱에게 '전능한 하나님'으로 나타났으나 내 이름을 여호와라고 알리지는 않았다. 나는 또 그들과 언약을 세워서 그들이 나그네처럼 살고 있던 가나안 땅을 그들에게 주겠다고 약속했다. 나는 이제 이집트 사람들이 노예처럼 다루고 있는 이스라엘 백성들의 울부짖음을 듣고 내 언약을 기억하였다. 그러니 이스라엘 백성에게 내가 하는 말을 전하여라. '나는 여호와이다. 나는 이집트 사람들이 너희에게 강제로 시키는 힘겨운 일에서 너희를 구해 줄 것이다. 큰 능력으로 너희를 이집트 사람들의 노예 생활에서 풀어 주어 자유로운 몸이 되게 할 것이다. 그리고 이집트 사람들에게는 무서운 벌을 내릴 것이다. 나는 너희를 내 백성으로 삼고 너희 하나님이 될 것이며, 너희는 내가 너희 여호와 하나님이라는 것을 알게 될 것이다. 나는 이집트 사람들이 너희에게 강제로 시키는 힘든 일에서 너희를 구해 낼 너희의 하나님이다. 내가 아브라함과 이삭과 야곱에게 손을 들어 약속했던 땅으로 너희를 인도하리니 나는 그 땅을 너희에게 줄 것이다. 나는 여호와이다.'" 그리하여 모세는 이 말씀을 이스라엘 백성에게 전했습니다. 그러나 그들은 용기를 잃어버린데다가 너무나 고된 노예 생활을 했기 때문에 모세의 말을 들으려 하지 않았습니다.

여호와께서 모세에게 말씀하셨습니다. "가서 이집트 왕 파라오에게 이스라엘 백성을 이 땅에서 내보내야 한다고 말하여라." 그러나 모세가 대답했습니다. "이스라엘 백성도 제 말을 들으려 하지 않는데 하물며 파라오가 제 말을 들을 까닭이 있겠습니까? 더구나 저는 말이 능숙하지 못합니다." 하지만 여호와께서는 모세와 아론에게 이집트 왕 파라오에게 가서 말을 전하고 이스라엘 백성을 이집트에서 인도해 내라고 명령하셨습니다.

모세와 아론의 조상

이스라엘 각 지파들의 조상은 이러합니다. 이스라엘의 맏아들 르우벤은 네 아들을 두었습니다. 르우벤의 아들은 하녹과 발루와 헤스론과 갈미입니다. 이들이 르우벤의 가족입니다. 시므온의 아들은 여무엘과 야민과 오핫과 야긴과 소할과 사울입니다. 사울은 가나안 여자의 아들입니다. 이들이 시므온의 가족입니다. 레위는 백서른일곱 살까지 살았습니다. 레위의 아들 이름은 순서대로 게르손과 고핫과 므라리입니다. 게르손은 두 아들을 두었는데, 그 이름은 립니와 시므이입니다. 이들에게는 다 자기 가족이 있었습니다. 고핫 은 백서른세 살까지 살았습니다. 고핫의 아들은 아므람과 이스할 과 헤브론과 웃시엘입니다. 므라리의 아들은 마흘리와 무시입니다. 족보에 따르면 이들은 레위의 가족입니다. 아므람은 자기 아버지의 누이인 요게벳과 결혼했습니다. 요게벳은 아론과 모세를 낳았습니 다. 아므람은 백서른일곱 살까지 살았습니다. 이스할의 아들은 고 라와 네벡과 시그리입니다. 웃시엘의 아들은 미사엘과 엘사반과 시 드리입니다. 아론은 엘리세바와 결혼했습니다. 엘리세바는 암미나 답의 딸이며 나손의 누이입니다. 엘리세바는 나답과 아비후와 엘르 아살과 이다말을 낳았습니다. 고라의 아들은 앗실과 엘가나와 아 비아삽입니다. 이들은 고라의 가족입니다. 아론의 아들 엘르아살은 부디엘의 딸과 결혼했습니다. 부디엘의 딸은 비느하스를 낳았습니 다. 이들은 레위 집안의 조상들입니다.

바로 이 아론과 모세에게 여호와께서 "이스라엘 백성을 이집트 땅에서 각 무리대로 인도해 내어라" 하고 말씀하셨습니다. 또한 이 집트 왕 파라오에게 가서 이스라엘 백성을 이집트에서 내보내라고 말한 사람 역시 모세와 아론입니다.

다시 모세를 부르시는 하나님

여호와께서 이집트 땅에서 모세에게 말씀하셨습니다. "나는 여 호와이다. 이집트 왕 파라오에게 내가 하는 말을 다 전하여라." 모 세가 여호와께 대답했습니다. "저는 말을 잘할 줄 모릅니다. 그런 데 어찌 파라오가 제 말을 들으려 하겠습니까?"

여호와께서 모세에게 말씀하셨습니다. "나는 너를 파라오 앞에서 마치 하나님과 같게 할 것이다. 그리고 네 형 아론은 너를 위해 대언자가 될 것이다. 네 형 아론에게 내가 너에게 명령한 모든 것을 말해 주어라. 네 형 아론은 파라오에게 이스라엘 백성을 그 땅에서 내보내라고 말할 것이다. 그러나 나는 파라오의 고집을 그대로 두고 이집트 땅에 많은 기적을 일으킬 것이다. 그럼에도 파라오는 네 말을 듣지 않을 것이다. 그때에 내가 더 큰 능력으로 이집트에 무서운 벌을 내리고, 그런 다음 내 백성 이스라엘을 각 무리대로 이집트 땅에서 인도해 낼 것이다. 내가 나의 큰 능력으로 이집트에 벌을 내리고 이스라엘 백성을 그 땅에서 인도해 낼 때에야 비로소 이집트 사람들은 내가 여호와인 줄을 알게 될 것이다." 모세와 아론은 여호와께서 명령하신 대로 했습니다. 모세와 아론이 파라오에게 말을 했을 때 모세의 나이는 여든 살이었고, 아론의 나이는 여든세 살이었습니다.

뱀으로 변한 아론의 지팡이

여호와께서 모세와 아론에게 말씀하셨습니다. "파라오가 너희에게 기적을 요구할 것이니 그러면 모세는 아론에게 지팡이를 파라오 앞에 던지라고 말하여라. 그 지팡이가 뱀으로 변할 것이다." 그리하여 모세와 아론은 여호와께서 명령하신 대로 파라오 앞으로 나아갔습니다. 아론은 자기 지팡이를 파라오와 그 신하들 앞에 던졌습니다. 그러자 지팡이가 뱀으로 변했습니다. 그때에 파라오도 자기의 지혜로운 자들과 마술사들을 불렀습니다. 이집트의 마술사들도 마술을 부려 똑같은 일을 했습니다. 그들이 자기 지팡이를 땅에 던지자 그 지팡이들이 뱀으로 변했습니다. 하지만 아론의 지팡이가 그 뱀들을 잡아먹었습니다. 그러나 파라오는 고집을 부리며 모세와 아론의 말을 듣지 않았습니다. 여호와께서 말씀하신 그대로였습니다.

첫 번째 재앙 – 물이 피로 변하다

여호와께서 모세에게 말씀하셨습니다. "파라오는 고집이 세서 백성을 내보내려 하지 않는다. 아침에 파라오가 나일 강으로 나올 것이니 너는 가서 강가에서 그를 만나라. 뱀으로 변했던 지팡이를 가지고 가거라. 그에게 이렇게 말하여라. '히브리 사람들의 하나님 여호와께서 나를 왕에게 보내셨습니다. 주님께서 내 백성을 광야로 보내서 나를 예배할 수 있게 하라고 말씀하셨지만, 지금까지 왕은 이 말씀을 듣지 않았습니다. 그러므로 여호와께서 이 일로 그분이 여호와라는 것을 왕에게 알게 할 것이라고 말씀하십니다. 보십시오. 내 손에 있는 이 지팡이로 내가 나일 강의 물을 치겠습니다. 그러면 나일 강이 피로 변할 것입니다. 강의 물고기들은 죽고 강물에서는 냄새가 나서 이집트 사람들이 나일 강의 물을 먹지 못하게 될 것입니다.'" 여호와께서 모세에게 말씀하셨습니다. "아론에게 지팡이를 들어 이집트의 모든 강과 운하와 연못과 늪을 향해 손을 뻗으라고 하여라. 이집트 모든 땅의 물이 변하여 피가 될 것이다. 나무 그릇이나 돌 항아리에 있는 물까지도 피로 변할 것이다."

그리하여 모세와 아론은 여호와께서 명령하신 대로 했습니다. 아론은 지팡이를 들어 파라오와 그 신하들이 보는 앞에서 나일 강의 물을 쳤습니다. 그러자 나일 강의 물이 모두 피로 변했습니다. 나일 강의 물고기들이 죽고 강에서 냄새가 나기 시작했습니다. 그래서 이집트 사람들은 그 물을 마실 수가 없었습니다. 이집트 모든 땅이 피로 가득 찼습니다. 이집트의 마술사들도 마술을 부려 똑같은 일을 했습니다. 그러자 파라오는 더욱 고집스러워져서 모세와 아론의 말을 듣지 않았습니다. 모든 일이 여호와께서 말씀하신 대로 일어났습니다. 파라오가 몸을 돌이켜 왕궁으로 돌아갔습니다. 그는 모세와 아론이 한 일을 무시해 버렸습니다. 이집트 사람들은 나일 강의 물을 마실 수가 없었습니다. 그래서 모든 이집트 사람들은 마실 물을 얻기 위해 나일 강가에 우물을 팠습니다.

여호와께서 나일 강의 물을 피로 변하게 하신 지 칠 일이 지났습니다.

두 번째 재앙 – 개구리가 올라오다

여호와께서 모세에게 말씀하셨습니다. "파라오에게 가서 전하여라. '여호와께서 이렇게 말씀하셨습니다. 내 백성을 내보내서 나를 예배할 수 있게 하여라. 만약 그렇게 하지 않으면 이집트를 개구리로 벌할 것이다. 나일 강이 개구리로 가득 찰 것이다. 개구리들이 강에서 나와 너의 왕궁으로 들어갈 것이다. 개구리들이 네 침대와 침실에 들어갈 것이며 네 신하들과 백성들의 집에도 들어갈 것이다. 개구리들이 화덕과 반죽 그릇에도 들어갈 것이며 너와 네 백성과 네 신하들의 몸속으로도 기어들어 갈 것이다.'" 여호와께서 모세에게 말씀하셨습니다. "아론에게 명하여 강과 운하와 늪을 향해 지팡이를 든 손을 뻗게 하여라. 그리하여 개구리들이 이집트 땅으로 올라오게 하여라." 아론은 이집트의 물 위로 손을 뻗었습니다. 그러자 개구리들이 물에서 나와서 이집트 땅을 덮었습니다. 마술사들도 마술을 부려 똑같은 일을 했습니다. 그들도 이집트 땅에 개구리들이 생겨나게 했습니다.

파라오가 모세와 아론을 불러서 말했습니다. "여호와께 기도하여 나와 내 백성이 있는 곳에서 개구리들을 몰아내어라. 그러면 너희 백성을 보내어 여호와께 제물을 바칠 수 있게 하겠다." 모세가 파라오에게 말했습니다. "제가 언제쯤 기도하여 개구리들이 왕과 왕궁에서 떠나 오직 나일 강에만 있게 할까요? 왕과 왕의 신하와 왕의 백성을 위해 기도할 때를 제게 말씀해 주십시오." 파라오가 대답했습니다. "내일이다." 모세가 말했습니다. "왕이 원하시는 대로 이루어질 것입니다. 이 일을 통해 왕은 우리 여호와 하나님과 같으신 분이 없다는 것을 알게 될 것입니다. 개구리들은 왕과 왕궁과 왕의 신하들과 왕의 백성들에게서 떠나 나일 강에만 있을 것입니다." 모세와 아론은 파라오로부터 물러났습니다. 모세는 파라오에게 보낸 개구리들에 대해 여호와께 기도드렸습니다. 그러자 여호와께서는 모세의 기도를 들어주셨습니다. 집과 뜰과 마당에 있던 개구리들이 다 죽었습니다. 이집트 사람들은 개구리들을 무더기로 쌓았습니다. 모든 땅에 개구리 냄새가 가득했습니다. 파라오는 일단 숨을 돌리게 된 것을 알자 또다시 고집스러워졌습니다. 그는 여호와께서 말씀하신 대로 모세와 아론의 말을 듣지 않았습니다.

세 번째 재앙 – 먼지가 이로 변하다

여호와께서 모세에게 말씀하셨습니다. "아론에게 지팡이로 땅 위의 먼지를 치라고 말하여라. 그러면 온 이집트의 먼지가 이로 변할 것이다." 모세와 아론은 그대로 했습니다. 아론은 손에 들고 있던 지팡이로 땅 위의 먼지를 쳤습니다. 그러자 이가 사람과 짐승의 몸속에 생겨났습니다. 마술사들도 마술로 이가 생기게 하려고 했습니다. 그러나 그들은 그렇게 하지 못하였고 사람과 짐승의 몸에 이가 그대로 있게 되었습니다. 마술사들이 파라오에게 말했습니다. "이 일은 하나님의 능력으로 된 일입니다." 하지만 파라오는 고집을 부리며 그들의 말을 들으려 하지 않았습니다. 여호와께서 말씀하신 대로 되었습니다.

네 번째 재앙 – 파리 떼

여호와께서 모세에게 말씀하셨습니다. "아침에 일찍 일어나서 파라오를 만나라. 그가 강으로 나올 것이니 그에게 이렇게 전하여라. '여호와께서 이렇게 말씀하셨습니다. 내 백성을 내보내어 나를 예배할 수 있게 하여라. 만약 내 백성을 내보내지 않으면 내가 파리 떼를 너와 네 신하들과 네 백성들과 네 집에 보낼 것이다. 이집트 사람들의 집은 파리들로 뒤덮이겠고 모든 땅에도 파리가 들끓게 될 것이다. 하지만 그날에 나는 내 백성이 살고 있는 고센 땅은 따로 구별하여 그곳에는 파리가 없게 할 것이다. 이 일을 통해 너는 나 여호와가 이 땅에 있다는 것을 알게 될 것이다. 나는 내 백성과 네 백성을 구별할 것이며 이 기적은 내일 나타날 것이다.'" 여호와께서 말씀하신 대로 그렇게 하셨습니다. 엄청난 파리 떼가 파라오의 궁과 그 신하들의 집으로 몰려들었습니다. 이집트 모든 땅이 파리 떼 때문에 황무지로 변했습니다.

파라오가 모세와 아론을 불러서 말했습니다. "너희 하나님께 이 땅에서 제물을 바쳐라." 모세가 말했습니다. "그렇게는 할 수 없습니다. 이집트 사람들은 우리가 여호와 하나님께 제물을 바치는 것을 싫어합니다. 그 사람들이 보는 앞에서 우리가 제물을 바치면 그 사람들이 돌을 들어 우리를 쳐 죽일 것입니다. 광야로 삼 일 정도 길을 가게 해 주십시오. 우리는 그곳에서 우리의 하나님 여호와께 제물을 바쳐야 합니다. 그것이 주님의 명령입니다." 파라오가 말했습니다. "광야에서 너희의 하나님인 여호와께 제물을 바치는 것을 허락하겠다. 하지만 너무 멀리 가지는 마라. 이제는 가서 나를 위해 기도해 다오." 모세가 말했습니다. "여기에서 나가는 대로 여호와께 기도드리겠습니다. 그러면 주님께서는 파라오와 파라오의 신하들과 파라오의 백성들 중에 있는 파리 떼를 내일 없애 주실 것입니다. 다만 우리를 또다시 속일 생각은 하지 마십시오. 백성들이 여호와께 제물 바치는 일을 막지 마십시오." 모세는 파라오로부터 물러나와 여호와께 기도드렸습니다. 여호와께서 모세의 기도를 들으시고 파라오와 그의 신하들과 백성들 사이에서 파리 떼를 없애 주셨습니다. 파리가 한 마리도 남지 않았습니다. 하지만 파라오는 또다시 고집스러워져서 백성을 보내려 하지 않았습니다.

다섯 번째 재앙 – 짐승의 죽음

여호와께서 모세에게 말씀하셨습니다. "파라오에게 가서 말하여라. '히브리 사람들의 하나님 여호와께서 이렇게 말씀하셨습니다. 내 백성을 보내어 나를 예배할 수 있게 하여라. 만약 보내지 않고 계속해서 내 백성을 붙들고 있으면, 여호와가 너의 모든 짐승에게 끔찍한 병을 내려 너의 모든 말과 나귀와 낙타와 소와 양을 병들게 할 것이다. 하지만 여호와는 이스라엘의 짐승들을 이집트의 짐승들과 구별하여 이스라엘 백성의 짐승은 한 마리도 죽지 않게 할 것이다.'" 여호와께서는 때를 정하신 뒤 "내일 이 땅에서 이 일을 하겠다"라고 말씀하셨습니다. 이튿날 여호와께서는 말씀하신 대로 하셨습니다. 이집트의 짐승들이 다 죽었습니다. 그러나 이스라엘 사람들의 짐승은 한 마리도 죽지 않았습니다. 파라오는 사람들을 보내어 이스라엘의 짐승들에게는 어떤 일이 일어났는지를 살펴보게 했습니다. 그들은 이스라엘의 짐승이 한 마리도 죽지 않은 것을 알았습니다. 하지만 파라오의 마음은 조금도 움직이지 않았습니다. 그는 백성을 내보내려 하지 않았습니다.

여섯 번째 재앙 – 종기

여호와께서 모세와 아론에게 말씀하셨습니다. "아궁이의 재를 양손에 가득 쥐어라. 그리고 모세는 그것을 파라오가 보는 앞에서 공중에 던지도록 하여라. 그 재는 먼지가 되어 이집트 온 땅에 두루 흩어져서 이집트의 모든 사람과 짐승들의 몸에 종기를 일으킬 것이다." 모세와 아론은 아궁이에서 재를 쥐고서 파라오 앞에 섰습니다. 모세는 재를 공중에 던졌습니다. 그러자 그것이 사람과 짐승의 몸에 종기를 일으켰습니다. 마술사들은 모세 앞에 서 있을 수 없었습니다. 왜냐하면 마술사들까지 포함해서 이집트 사람들은 한 사람도 빠짐없이 종기가 났기 때문입니다. 하지만 여호와께서는 파라오의 마음을 고집스러운 채로 두셨습니다. 그래서 그는 모세와 아론의 말을 들으려 하지 않았습니다. 이는 여호와께서 말씀하신 대로였습니다.

일곱 번째 재앙 – 우박

여호와께서 모세에게 말씀하셨습니다. "아침 일찍 일어나 파라오에게 가서 말하여라. '히브리 사람들의 하나님 여호와께서 이렇게 말씀하셨습니다. 내 백성을 보내어 나를 예배할 수 있게 하여라. 만약 그렇게 하지 않으면 이번에는 온갖 벌을 너에게 내릴 것이다. 내가 너와 너의 신하들과 백성들에게 벌을 내려 모든 땅에 나와 같은 자가 없다는 것을 알게 할 것이다. 내가 내 손을 뻗어 너와 네 백성을 무서운 병으로 쳤다면 너는 이 세상에서 없어지고 말았을 것이다. 그러나 내가 너를 살려 둔 까닭은 나의 능력을 네게 보여 주어 내 이름이 모든 땅에 두루 퍼지게 하기 위함이다. 너는 아직까지도 내 백성 위에서 스스로를 높이며 백성을 내보내지 않고 있으니 내일 이맘때에 내가 끔찍한 우박을 내릴 것이다. 그것은 이집트 나라가 세워진 뒤로 지금까지 한 번도 보지 못했던 우박이 될 것이다. 그러니 들에 있는 네 짐승과 그 밖의 것들을 안전한 곳으로 피하게 하여라. 들에 남아 있는 것은 사람이든 짐승이든 다 우박에 맞아 죽게 될 것이다.'" 파라오의 신하들 중에서 몇 사람은 여호와의 말씀을 듣고 두려워하여 급히 종과 짐승들을 안전한 곳으로 피하게 했습니다. 그러나 여호와의 말씀을 두려워하지 않은 사람들은 종과 짐승들을 그대로 들에 남겨 두었습니다.

여호와께서 모세에게 말씀하셨습니다. "네 손을 들어 하늘을 가리켜라. 그러면 우박이 이집트 모든 땅의 사람과 짐승과 이집트의 들에서 자라는 모든 것들 위에 떨어질 것이다." 모세는 지팡이를 들어 하늘을 가리켰습니다. 그러자 여호와께서 말씀하신 것처럼 천둥소리가 나며 우박이 떨어졌습니다. 그리고 하늘에서 번개가 쳤습니다. 우박이 쏟아질 때 번개도 쳤습니다. 이집트 나라가 세워진 뒤로 지금까지 한 번도 볼 수 없었던 큰 우박이었습니다. 우박은 모든 이집트의 들에 있는 것을 다 쳤습니다. 그 우박은 사람과 짐승을 쳤습니다. 그리고 밭에서 자라는 것을 다 치고 들에 있는 나무들도 다 부러뜨렸습니다. 다만 이스라엘 백성이 사는 고센 땅에는 우박이 내리지 않았습니다.

파라오가 모세와 아론을 불러서 말했습니다. "이번에는 내가 죄를 지었다. 여호와께서 옳으시다. 나와 내 백성이 잘못했다. 여호와께 기도드려라. 천둥과 우박을 그치게 해 다오. 너희를 내보내 주겠다. 너희는 여기에 더 이상 머물지 않아도 된다." 모세가 그에게 말했습니다. "이 성에서 나가자마자 여호와께 손을 들어 기도드리겠습니다. 그러면 천둥과 우박이 멈출 것입니다. 이것은 이 땅이 여호와의 소유라는 것을 왕에게 가르쳐 주려는 것입니다. 하지만 왕과 왕의 신하들은 그래도 여호와 하나님을 두려워하지 않으리라는 것을 나는 알고 있습니다." 그때에 보리는 이삭이 나왔고 삼은 꽃이 핀 상태였기 때문에 보리와 삼은 해를 입게 되었습니다. 그러나 밀은 이삭이 늦게 나오기 때문에 해를 입지 않았습니다. 모세가 파라오 앞에서 물러 나와 성 밖으로 나갔습니다. 모세가 손을 들어 여호와께 기도드리자 천둥과 우박이 멈추고 비도 그쳤습니다. 파라오는 비와 우박과 천둥이 그친 것을 보고 또다시 죄를 지었습니다. 그와 그의 신하들은 또다시 고집스러워졌습니다. 파라오는 고집을 부리며 이스라엘 백성을 내보내려 하지 않았습니다. 여호와께서 모세를 통해서 말씀하신 대로 되었습니다.

여덟 번째 재앙 – 메뚜기 떼

여호와께서 모세에게 말씀하셨습니다. "파라오에게 가거라. 내가 그와 그의 신하들을 고집스럽게 하였으니 그것은 나의 놀라운 기적들을 그들에게 보여 주기 위함이다. 또한 네 아들과 네 후손들에게 내가 이집트 사람들에게 행한 것과 내가 그들에게 보여 준 기적에 대해 이야기할 수 있도록 하기 위함이다. 이 일로 내가 여호와라는 것을 너희가 알게 될 것이다."

모세와 아론이 파라오에게 가서 말했습니다. "히브리 사람들의 하나님 여호와께서 이렇게 말씀하셨습니다. '너는 언제까지 내 앞에서 스스로 겸손해지지 않을 것이냐? 내 백성을 보내어 나를 예배할 수 있게 하여라. 만약 내 백성을 내보내지 않으면, 내가 내일 네 나라에 메뚜기들을 보낼 것이다. 메뚜기들이 땅을 덮어서 아무도 땅을 볼 수 없게 될 것이다. 메뚜기들은 우박에도 해를 입지 않은 모든 것까지 다 먹어 버리고 들에서 자라는 모든 나무도 다 먹을 것이다. 메뚜기들은 네 궁전과 네 신하들과 모든 이집트 사람들의 집에 가득 찰 것이니 그것은 너의 아버지와 조상들도 보지 못했던 모습이다. 사람들이 이집트에 살기 시작한 뒤로 그렇게 많은 메뚜기는 없었을 것이다.'" 이 말을 마치고 모세는 뒤로 돌아 파라오 앞에서 물러 나왔습니다.

파라오의 신하들이 그에게 말했습니다. "이 사람이 언제까지 우리를 괴롭히는 덫이 되어야 합니까? 이스라엘 백성을 내보내셔서 그들의 하나님인 여호와를 예배하게 하십시오. 왕은 이집트가 망한 것을 아직도 모르십니까?" 그래서 모세와 아론이 다시 파라오에게 불려 왔습니다. 파라오가 그들에게 말했습니다. "가서 너희 하나님인 여호와를 예배하여라. 그런데 예배하러 갈 사람은 누구냐?" 모세가 대답했습니다. "젊은 사람과 노인들, 우리의 아들과 딸, 우리의 양과 소가 다 갈 것입니다. 그것은 우리 모두가 여호와의 절기를 지켜야 하기 때문입니다." 파라오가 모세와 아론에게 말했습니다. "내가 너희와 너희 어린 것들을 보낸 것이나 마찬가지로 너희 주님이 너희와 함께하기를 바란다. 그러니 그렇게 하지 마라. 절대로 안 된다! 여호와를 예배하려면 남자들만 가거라. 너희가 원하는 것이 그것이 아니냐?" 그리고 나서 파라오는 모세와 아론을 왕궁에서 쫓아냈습니다.

여호와께서 모세에게 말씀하셨습니다. "네 손을 이집트 땅 위에 뻗어라. 그러면 메뚜기들이 와서 이집트 모든 땅에 퍼져 우박에도 해를 입지 않고 남은 것까지 다 먹어 버릴 것이다." 그리하여 모세는 지팡이를 든 손을 이집트 땅 위에 뻗었습니다. 그러자 여호와께서 강한 바람이 동쪽에서 불어오도록 하셨습니다. 하루 종일, 그리고 밤새도록 바람이 불어왔습니다. 아침이 되자 동풍에 실려 메뚜기들이 몰려왔습니다. 메뚜기 떼가 몰려와 모든 이집트 땅을 뒤덮었습니다. 전에도 없었고 앞으로도 없을 엄청난 메뚜기 떼였습니다. 메뚜기들이 모든 땅을 덮어 땅이 시커멓게 되었습니다. 메뚜기들은 우박에도 해를 입지 않고 남은 것을 다 먹어 치웠습니다. 메뚜기들은 밭의 모든 채소와 나무에 달린 모든 과일을 다 먹어 버렸습니다. 그래서 이집트 온 땅의 나무와 밭에 심은 채소는 하나도 남지 않게 되었습니다. 파라오가 급히 모세와 아론을 불러서 말했습니다. "내가 너희 하나님인 여호와와 너희에게 죄를 지었다. 내 죄를 용서하여라. 너희 하나님 여호와께 기도를 드려라. 그래서 이 죽음의 벌을 멈추게 하여라." 모세가 파라오 앞에서 물러 나와 여호와께 기도를 드렸습니다. 그러자 여호와께서 바람의 방향을 바꾸셨습니다. 매우 강한 바람이 서쪽에서 불어오게 하셨습니다. 그 강한 바람은 메뚜기들을 홍해로 몰고 갔습니다. 이집트 땅에는 메뚜기가 하나도 남지 않게 되었습니다. 하지만 여호와께서는 파라오를 여전히 고집스러운 채로 두셨습니다. 그는 이스라엘 백성을 내보내지 않았습니다.

아홉 번째 재앙 – 어두움이 땅을 덮다

여호와께서 모세에게 말씀하셨습니다. "하늘을 향해 네 손을 뻗어라. 그러면 어두움이 이집트 땅을 덮을 것이다. 곧 손으로 더듬어야 할 만큼 짙은 어두움이 임할 것이다." 그리하여 모세는 하늘을 향해 손을 뻗었습니다. 그러자 이집트의 모든 땅에 삼 일 동안 짙은 어두움이 깔렸습니다. 너무 어두워서 아무도 다른 사람을 알아볼 수 없을 지경이었습니다. 그리고 삼 일 동안은 아무 곳으로도 움직일 수가 없었습니다. 하지만 이스라엘 백성이 사는 곳에는 빛이 있었습니다. 파라오가 또다시 모세를 불러서 말했습니다. "가서 여호와를 예배하여라. 여자와 어린아이들도 데리고 가거라. 다만 양과 소만은 남겨 놓고 가거라." 모세가 말했습니다. "우리 하나님이신 여호와께 바칠 제물과 번제물도 가지고 갈 수 있게 해 주어야 합니다. 우리는 짐승들도 가지고 가야 합니다. 한 마리라도 남기고 갈 수 없습니다. 그 짐승들 중에서 몇 마리를 골라 우리 하나님 여호와께 바쳐야 하기 때문입니다. 그곳에 이르기 전에는 어떤 짐승을 바쳐야 좋을지 우리는 모릅니다." 여호와께서는 파라오를 여전히 고집스럽게 놔두셨습니다. 그는 이스라엘 백성을 내보내려 하지 않았습니다. 파라오가 모세에게 말했습니다. "가 버려라! 다시는 나타나지 마라! 또다시 나타나면 너를 죽이고 말겠다." 그러자 모세가 왕에게 말했습니다. "왕이 말한 대로 하겠습니다. 다시는 왕을 만나러 오지 않겠습니다."

열 번째 재앙 – 처음 태어난 것들의 죽음

여호와께서 모세에게 말씀하셨습니다. "파라오와 이집트에 내릴 벌이 한 가지 더 있는데 그 벌을 내린 다음에야 그가 너희 모두를 이집트에서 내보낼 것이다. 그가 너희를 내보낼 때는 완전히 다 쫓아내 버릴 것이다. 너는 이스라엘의 모든 남녀 백성들을 시켜서 이웃 사람들이 은과 금으로 만든 물건을 그들에게 주도록 요청하게 하여라." 여호와께서는 이집트 사람들이 이스라엘 백성을 좋아하게 만드셨습니다. 파라오의 신하들과 이집트 백성들은 이미 모세를 위대한 사람으로 생각하고 있었습니다.

모세가 파라오에게 말했습니다. "여호와께서 이렇게 말씀하셨습니다. '오늘 밤 자정쯤에 내가 이집트 온 나라를 다닐 것이니 이집트 땅에서 처음 태어난 것은 모두 다 죽을 것이다. 보좌 위에 앉아 있는 파라오의 처음 태어난 아들로부터 맷돌질하는 여자 노예의 처음 태어난 아들까지 죽을 것이며 가축의 처음 태어난 것까지 다 죽을 것이다. 이집트 온 땅에서 크게 울부짖는 소리가 들릴 것인데 그런 소리는 전에도 없었고 앞으로도 없을 것이다. 그러나 이스라엘 백성이나 짐승들을 보고는 개 한 마리도 짖지 않을 것이다. 그리하여 너희는 나 여호와가 이집트와 이스라엘을 구별하였다는 것을 알게 될 것이다.' 그렇게 되면 왕의 모든 신하들이 나에게 와서 엎드려 절하면서 '제발, 당신과 당신을 따르는 모든 백성은 떠나 주십시오'라고 말할 것입니다. 그 일이 있은 뒤에야 나는 떠날 것입니다." 이 말을 하고 나서 모세는 크게 화를 내면서 파라오 앞에서 물러 나왔습니다. 여호와께서 모세에게 말씀하셨습니다. "파라오가 너와 아론의 말을 듣지 않을 것이다. 이것은 내가 이집트 땅에서 더 많은 기적을 보여 주기 위함이다."

모세와 아론은 파라오 앞에서 이 모든 기적들을 일으켰습니다. 그러나 여호와께서 파라오가 고집을 부리도록 내버려 두셨으므로, 그는 이스라엘 백성을 자기 땅에서 내보내려 하지 않았습니다.

유월절

여호와께서 이집트 땅에서 모세와 아론에게 말씀하셨습니다. "너희들에게 이달은 일 년의 첫 달이 될 것이다. 이스라엘 모든 무리에게 알려라. 이달 십 일에 집집마다 양 한 마리씩을 준비하도록 하여라. 한 가족이 한 마리씩 준비하도록 하여라. 만약 양 한 마리를 다 먹기에 가족이 너무 적거든, 가장 가까운 이웃을 불러 함께 먹도록 하여라. 양을 사람 수대로 골고루 나누어 먹을 수 있도록 너희들의 수를 계산하여라. 준비할 양은 일 년 된 수컷으로서 흠이 없는 것이어야 하며 양이나 염소 가운데서 선택하여라. 이달 십사 일까지 그 양을 잘 지켰다가 어두워질 무렵에 모든 이스라엘 무리가 모여 그것을 잡도록 하여라.

피는 받아 두었다가 양을 잡아 먹는 집 문틀의 옆과 위에 발라라. 그날 밤 고기를 불에 구워 먹되 쓴 나물과 누룩을 넣지 않은 빵인 무교병을 함께 먹어라. 고기를 날로 먹거나 물에 삶아 먹지 말고 머리와 다리와 내장 할 것 없이 양 전체를 불에 구워 먹어라. 그 어

느 것도 아침까지 남겨 두어서는 안 되며 만약 아침까지 남은 것이
있거든 불에 태워라. 먹을 때에는 이렇게 먹어라. 금방 길을 떠날
사람처럼 옷을 다 입고 신발도 신고 손에는 지팡이를 든 채 서둘러
서 음식을 먹어라. 이것이 여호와의 유월절이다. 그날 밤 나는 이집
트 온 나라로 다니며 짐승이든 사람이든 이집트 땅의 모든 처음 태
어난 것을 죽일 것이다. 그리고 이집트의 모든 신들에게도 벌을 내
릴 것이다. 나는 여호와이다. 그러나 너희가 사는 집에 피가 발라져
있으면 그것이 표시가 될 것이니, 피가 발라져 있는 것을 보면 나는
너희를 지나갈 것이다. 내가 이집트 땅을 칠 때에 너희에게는 어떤
재앙도 미치지 않을 것이다.

　너희는 언제나 이날을 기억하며 이날을 나 여호와의 기념일로 지
켜라. 너희는 대대로 이날을 기념하여 지켜야 한다. 이 절기를 위해
너희는 칠 일 동안 무교병을 먹어라. 그리고 이 절기의 첫날에 너희
집 안에 있는 모든 누룩을 없애라. 절기가 계속되는 칠 일 동안 어
느 누구도 누룩을 먹지 마라. 누구든지 누룩을 먹는 사람이 있거든
그 사람은 이스라엘에서 끊어질 것이다. 절기의 첫날과 마지막 날
에는 거룩한 모임으로 모이고 음식을 준비하는 일 말고는 아무 일
도 하지 마라. 너희는 무교절을 지켜라. 바로 이날에 내가 너희 무
리들을 이집트 땅에서 인도해 내었으므로 너희 모든 자손은 이날을
기념하여라. 이것은 지금부터 영원토록 지켜야 할 율법이다. 너희는
첫째 달 십사 일 저녁부터 이십일 일 저녁까지 무교병을 먹어라. 칠
일 동안 너희 집에는 누룩이 없어야 하고, 이 기간 동안 누룩을 먹
는 사람은 이스라엘 사람이든 이스라엘 사람이 아니든 이스라엘의
백성 중에서 끊어질 것이다. 이 절기 동안에 너희는 누룩을 먹어서
는 안 되며 너희가 어디에서 살든지 무교병을 먹어야 한다.”

　모세가 이스라엘의 모든 장로들을 불러서 말했습니다. “가서

여러분의 가족을 위해 어린 양을 고른 다음에 그것을 잡아 유월절을 지키십시오. 우슬초 가지를 가져다가 그것을 피를 받아 둔 그릇에 넣어 적시고, 그런 다음에 문틀의 옆과 위에 그 피를 바르십시오. 아침까지는 아무도 집 밖으로 나가면 안 됩니다. 여호와께서 다니시면서 이집트 사람들을 죽일 것입니다. 그분께서 문틀의 옆과 위에 피가 발라져 있는 것을 보시면 그 집을 그냥 지나쳐 가실 것입니다. 그분께서는 파괴자가 여러분의 집에 들어가지 못하게 하실 것입니다. 여러분은 이 명령을 지켜야 합니다. 이 의식은 여러분과 여러분의 자손이 지금부터 영원히 지켜야 할 율법입니다. 여호와께서 여러분에게 주겠다고 약속하신 땅에 들어가거든 이 의식을 지키십시오. 여러분의 자손이 '이 의식은 왜 하는 겁니까?' 하고 물으면, 여러분은 '이것은 여호와께 바치는 유월절 제물이다. 우리가 이집트에 있을 때 여호와께서 이스라엘의 집들을 지나가셨다. 여호와께서는 이집트 사람들을 죽이셨지만 우리들의 집은 구해 주셨다'라고 말해 주십시오." 그러자 백성들은 엎드려서 여호와를 경배하였습니다.

이스라엘 백성은 여호와께서 모세와 아론에게 명령하신 대로 했습니다.

밤중에 여호와께서는 이집트 땅의 모든 맏아들을 죽이셨습니다. 보좌에 앉아 있는 왕의 맏아들도 죽었습니다. 심지어 감옥에 갇혀 있던 사람들의 맏아들도 죽었습니다. 그리고 가축의 처음 태어난 것들까지 죽었습니다. 파라오와 그의 신하들과 모든 이집트 사람들이 밤중에 자리에서 일어났습니다. 왜냐하면 죽음을 겪지 않은 집이 한 곳도 없었기 때문입니다. 그래서 이집트 온 땅에서 크게 울부짖는 소리가 들렸습니다.

이집트를 떠나는 이스라엘 백성

파라오가 밤중에 모세와 아론을 불러서 말했습니다. "일어나서 내 백성 중에서 떠나가거라. 너희와 너희 백성은 원하는 대로 해도 좋다. 가서 여호와께 예배드려라. 너희가 원했던 대로 너희 양 떼와 소 떼도 다 몰고 가거라. 그리고 나를 위해서도 복을 빌어 주어라."

이집트 사람들도 이스라엘 백성에게 서둘러 그 땅을 떠나라고 말했습니다. 그들은 "당신들이 떠나지 않으면 우리는 다 죽고 말겠소" 하고 말했습니다. 이스라엘 백성은 아직 부풀지도 않은 빵 반죽을 반죽 그릇에 담고 옷에 싼 다음에 어깨에 멨습니다. 이스라엘 백성은 모세가 말한 대로 했습니다. 그들은 이웃에 사는 이집트 사람들에게 은과 금으로 만든 보석과 옷을 달라고 했습니다. 여호와께서는 이집트 사람들이 이스라엘 백성들에게 친절을 베풀도록 만드셨습니다. 그래서 이스라엘 백성은 이집트 사람들이 갖고 있던 값진 물건을 많이 가져갔습니다.

이스라엘 백성은 라암셋을 떠나서 숙곳으로 갔습니다. 아이들 말고 남자 어른만 해도 육십만 명가량이 되었습니다. 그 밖에 이스라엘 백성이 아닌 다른 사람들도 많이 있었습니다. 그리고 수많은 양과 염소와 소들도 함께 갔습니다. 이스라엘 백성은 이집트에서 가지고 나온 빵 반죽으로 무교병을 만들었습니다. 그들은 이집트에서 서둘러 나왔기 때문에 반죽에 누룩을 넣지 못했고 음식을 준비하지 못했습니다.

이스라엘 백성은 이집트에서 사백삼십 년 동안 살았습니다. 사백삼십 년이 끝나던 바로 그날에 여호와께 속한 모든 무리가 이집트 땅에서 나왔습니다. 그날 밤에 여호와께서는 그 백성을 인도해 내시느라고 밤을 새워 지키셨습니다. 그리하여 모든 이스라엘 백성들도 그때부터 대대로 여호와를 위해 이날 밤을 지켜야 했습니다.

여호와께서 모세와 아론에게 말씀하셨습니다. "유월절의 규례는 이러하다. 외국 사람은 유월절 음식을 먹지 못한다. 돈을 주고 산 노예는 네가 그에게 할례를 베푼 다음에야 유월절 음식을 먹을 수 있다. 하지만 잠시 동안 머무는 객이나 품삯을 받고 일하는 일꾼은 그 음식을 먹을 수 없다. 음식을 먹을 때에는 집 안에서 먹고 고기의 어떤 부분도 집 밖으로 가지고 나가지 마라. 그리고 뼈를 꺾지도 마라. 이스라엘의 모든 백성이 이 절기를 지켜야 한다. 너희와 함께 사는 외국인도 여호와의 유월절을 지킬 수 있는데, 그렇게 하려면 그 사람의 집에 있는 모든 남자도 할례를 받아야 한다. 할례를 받은 남자는 이스라엘 백성과 똑같이 유월절 음식을 먹을 수 있지만, 할례를 받지 않은 사람은 유월절 음식을 먹을 수 없다. 그 땅에서 태어난 이스라엘 백성에게나 그들과 함께 사는 외국인에게나 이 법은 똑같이 지켜져야 한다."

모든 이스라엘 백성은 여호와께서 모세와 아론에게 명령하신 대로 했습니다. 바로 그날에 여호와께서는 이스라엘 백성을 각 군대로 나누어 이집트에서 인도해 내셨습니다.

처음 태어난 것에 관한 율법

여호와께서 모세에게 말씀하셨습니다. "처음 태어난 것은 다 나에게 바쳐라. 사람이든 짐승이든 이스라엘에서 처음으로 태어난 것은 다 내 것이다."

모세가 백성에게 말했습니다. "여러분이 이집트를 떠난 이날을 기억하십시오. 여러분은 그 땅에서 종이었습니다. 여호와께서는 크신 능력으로 여러분을 그 땅에서 인도해 내셨습니다. 누룩을 넣어 만든 빵을 먹으면 안 됩니다. 아빕 월의 한 날인 오늘 여러분은 이집트를 떠났습니다. 여호와께서는 여러분의 조상에게 약속을 해 주셨습니다. 그분께서는 여러분에게 가나안 사람과 헷 사람과 아모리 사람과 히위 사람과 여부스 사람들의 땅을 주시기로 약속하셨습니다. 그분께서는 여러분을 매우 비옥한 땅으로 인도하실 것입니다. 그곳에 이르거든 여러분은 해마다 첫째 달에 이 절기를 지켜야 합니다. 여러분은 칠 일 동안 무교병을 먹어야 합니다. 그리고 칠 일째 되는 날에는 여호와를 위해 절기를 지켜야 합니다. 칠 일 동안은 무교병을 드십시오. 여러분의 땅 그 어느 곳에도 누룩을 넣은 빵이 있으면 안 됩니다. 여러분이 있는 곳에는 아예 누룩이 있어서는 안 됩니다. 그날에 여러분은 여러분의 자녀에게 이렇게 말하십시오. '우리가 이 절기를 지키는 것은 내가 이집트에서 나올 때 여호와께서 나에게 해 주신 일 때문이다.' 이 말씀이 마치 여러분의 손에 맨 표나 여러분의 이마에 있는 표와 같이 되게 하십시오. 그리하여 여호와의 이 가르치심이 여러분의 입술에 있게 하십시오. 이는 여호와께서 크신 능력으로 여러분을 이집트에서 인도해 내셨기 때문입니다. 그러므로 해마다 정해진 때에 이 절기를 지키십시오.

여호와께서는 여러분을 가나안 사람들의 땅으로 인도하시고 또 그 땅을 여러분께 주실 것입니다. 여호와께서 여러분과 여러분의 조상들에게 주시기로 약속하신 그 땅에 들어가면 여러분은 처음 태어난 것을 다 여호와께 바쳐야 합니다. 짐승들의 처음 태어난 것들도 다 여호와께 바쳐야 합니다. 처음 태어난 모든 나귀는 양으로 대신해서 바칠 수 있습니다. 나귀 대신 양을 바치기가 싫으면 나귀의 목을 꺾으십시오. 여러분의 자녀 중에서 맏아들은 다른 것으로 대신해서 바쳐야 합니다. 장차 여러분의 자녀들이 '왜 이런 일을 하는 것입니까?' 하고 묻거든 '여호와께서 그 크신 능력으로 우리가 종으로 있었던 이집트 땅에서 우리를 인도해 내셨다. 파라오가 고집을 부리며 우리를 내보내려 하지 않았을 때, 여호와께서는 사람이든 짐승이든 이집트 땅의 처음 태어난 것을 다 죽이셨다. 그래서 내가 처음 태어난 모든 수컷을 여호와께 바치는 것이다. 내 아들 중에서 맏아들을 대신해서 다른 것으로 바치는 까닭도 그 때문이다. 이 말씀이 너희들의 손에 맨 표나 너희들의 이마에 있는 표와 같이 되게 하여라. 여호와께서 크신 능력으로 우리를 이집트에서 인도해 내셨기 때문이다'라고 대답하십시오."

구름 기둥과 불기둥

파라오가 이스라엘 백성을 내보냈습니다. 이스라엘 백성이 이집트에서 나올 때 하나님께서는 이스라엘 백성이 블레셋 사람들의 땅을 통과하여 가깝게 갈 수 있도록 하지 않으셨습니다. 왜냐하면 하나님께서 "이 백성이 전쟁을 보면 마음을 바꾸어 이집트로 돌아가자고 할 것이다"라고 말씀하셨기 때문입니다. 그래서 하나님께서는 이스라엘 백성을 홍해 쪽의 광야로 인도하셨습니다. 이스라엘 백성은 이집트 땅에서 나올 때 전투 대열을 지어 나왔습니다. 모세는 요셉의 유골을 가지고 나왔습니다. 요셉이 죽기 전에 이스라엘의 아들들에게 "하나님께서 너희를 구해 주시면 잊지 말고 내 유골도 이집트에서 가지고 나가다오"라고 말하면서 그들에게 그렇게 하겠다고 맹세를 시킨 일이 있었기 때문입니다. 이스라엘 백성은 숙곳을 떠나 에담에 진을 쳤습니다. 에담은 광야의 끝에 있었습니다. 여호와께서는 이스라엘 백성에게 길을 가르쳐 주셨습니다. 낮에는 구름 기둥으로 인도하셨고, 밤에는 불기둥으로 불을 밝히시면서 인도하셨습니다. 그래서 이스라엘 백성은 밤낮으로 갈 수 있었습니다. 낮에는 구름 기둥이, 밤에는 불기둥이 이스라엘 백성을 떠나지 않았습니다.

여호와께서 모세에게 말씀하셨습니다. "이스라엘 백성에게 뒤로 돌아서 비하히롯 앞에서 진을 치라고 말하여라. 그곳은 믹돌과 홍해 사이이며 바알스본 맞은편의 바닷가이다. 왕은 '이스라엘 백성이 길을 잃었다. 그들은 광야에 갇혔다'라고 생각할 것이다. 내가 파라오를 아직도 고집스럽게 놓아두었으니 파라오가 이스라엘 백성을 뒤쫓아 올 것이다. 하지만 내가 그와 그의 군대를 물리칠 것이다. 이 일로 인해 나의 영광이 드러날 것이며, 이집트 백성은 내가 여호와라는 것을 알게 될 것이다." 이스라엘 백성은 여호와께서 말씀하신 대로 했습니다.

이스라엘 백성을 뒤쫓는 파라오

이집트 왕은 이스라엘 백성이 이미 도망쳤다는 소식을 들었습니다. 파라오와 그의 신하들은 이스라엘 백성에 대해서 마음을 바꾸었습니다. 그들이 말했습니다. "우리 밑에서 종살이하던 이스라엘 백성을 내보냈으니 우리가 어쩌자고 이런 일을 했을까?" 그래서 파라오는 자기 전차를 준비시킨 뒤 군대를 이끌고 나갔습니다. 그는 또 특별히 고른 전차 육백 대와 이집트의 다른 전차들을 거느리고 나갔습니다. 각 전차마다 장교들이 타고 있었습니다. 여호와께서 이집트 왕 파라오의 마음을 고집스런 채로 두셨기 때문에 그는 의기양양하게 이집트 땅을 빠져나가고 있던 이스라엘 백성을 뒤쫓았습니다. 파라오는 말과 전차와 전차를 모는 군인들과 자기 군대를 이끌고 이스라엘 백성을 뒤쫓았습니다. 그들은 이스라엘 백성이 홍해 곁에 진을 치고 있을 때에 이스라엘 백성을 따라잡았습니다. 그곳은 비하히롯과 바알스본에서 가까운 곳이었습니다.

파라오가 가까이 왔을 때 이스라엘 백성은 왕과 왕의 군대가 가까이 뒤쫓아 온 것을 보고 너무나 무서워서 여호와께 부르짖었습니다. 이스라엘 백성이 모세에게 말했습니다. "이집트에 무덤이 없어서 우리를 이 광야로 끌어내어 죽이려는 거요? 왜 우리를 이집트에서 데리고 나왔소? 우리가 이집트에 있을 때 '우리는 여기에 남아서 이집트 사람들을 섬길 테니 우리를 내버려 두시오'라고 말하지 않았소? 이집트 사람들을 섬기는 것이 광야에서 죽는 것보다 우리에게는 낫소." 하지만 모세가 대답했습니다. "두려워하지 마시오! 굳게 서서 여호와께서 오늘 여러분에게 베푸실 구원을 보시오. 오늘이 지나면 이 이집트 사람들을 다시는 보지 않게 될 것이오. 그저 가만히 있기만 하시오. 여호와께서 여러분을 위해 싸워 주실 것이오."

그때에 여호와께서 모세에게 말씀하셨습니다. "너는 왜 나에게 부르짖느냐? 이스라엘 백성에게 명령하여 앞으로 나아가게 하여라. 네 지팡이를 들어 바다를 가리켜라. 그러면 바다가 갈라질 것이고, 백성은 마른 땅 위로 바다를 건널 수 있을 것이다. 내가 이집트 사람들을 고집스러운 채로 둘 것이니 그들이 너희를 뒤쫓을 것이다. 하지만 나는 파라오와 그의 모든 군대와 그의 전차를 모는 군인들과 전차들을 물리쳐서 영광을 받을 것이다. 내가 파라오와 그의 전차를 모는 군인들과 전차들을 물리쳐서 영광을 받게 되면 이집트 사람들도 내가 여호와라는 것을 알게 될 것이다."

이스라엘 백성들 앞에서 인도하고 있던 하나님의 사자가 이스라엘 백성의 뒤로 옮겨 갔습니다. 그리고 구름 기둥도 이스라엘 백성의 앞에서 뒤로 옮겨 갔습니다. 구름 기둥은 이집트 군대와 이스라엘 백성 사이에 섰습니다. 구름 기둥은 이집트 군대가 있는 쪽은 어둡게 만들고 이스라엘 백성이 있는 쪽은 환하게 만들었습니다. 그래서 밤새도록 이집트 군대는 이스라엘 백성을 따라잡지 못했습니다.

모세가 손을 들어 바다를 가리켰습니다. 여호와께서 밤새도록 강한 동풍을 일으키셔서 바닷물을 뒤로 밀어내셨습니다. 그리하여

186 • 출애굽기 14

바다를 마른 땅으로 바꾸어 놓으셨습니다. 바다가 둘로 갈라지고 마른 땅이 되었습니다. 이스라엘 백성은 마른 땅을 밟고 바다를 건넜습니다. 양쪽에는 바닷물이 벽을 이루고 있었습니다. 그러자 파라오의 말과 전차와 전차를 모는 군인들이 이스라엘 백성을 뒤쫓아 바다로 들어왔습니다. 새벽이 되어 여호와께서 구름 기둥과 불기둥 사이에서 이집트 군대를 보시고 이집트 군대를 어수선하게 하셨습니다. 여호와께서는 전차 바퀴를 벗겨서 굴러가지 못하게 만드셨습니다. 그래서 전차가 앞으로 잘 나아가지 못했습니다. 이집트 군인들은 "이스라엘 사람들을 쫓지 말고 돌아가자! 여호와가 그들 편이 되어 우리와 싸운다!" 하고 소리 질렀습니다.

여호와께서 모세에게 말씀하셨습니다. "네 손을 들어 바다를 가리켜라. 그러면 바닷물이 다시 돌아와 이집트 군인과 그들의 전차와 전차를 모는 군인들을 덮을 것이다." 그리하여 모세는 손을 들어 바다를 가리켰습니다. 새벽이 되자 바닷물이 다시 깊어지기 시작했습니다. 이집트 군인들은 바다에서 도망치려고 했습니다. 그러나 여호와께서 그들을 바다에 빠뜨리셨습니다. 바닷물이 다시 깊어져서 전차와 전차를 모는 군인들을 덮어 버렸습니다. 그리하여 이스라엘을 뒤쫓아 바다로 들어갔던 파라오의 군대가 모두 바다에 빠져 한 사람도 살아남지 못했습니다. 하지만 이스라엘 백성은 마른 땅 위로 바다를 건넜습니다. 이스라엘 백성의 양쪽으로 바닷물이 벽을 이루고 있었습니다.

그날 여호와께서는 이스라엘 백성을 이집트 사람들에게서 구해 주셨습니다. 이스라엘 백성은 바닷가에 널려 있는 이집트 군인들의 시체를 보았습니다. 이스라엘 백성은 여호와께서 이집트 사람들을 물리치신 큰 능력을 보고 여호와를 두려워했습니다. 그리고 이스라엘 백성은 여호와와 여호와의 종 모세를 믿었습니다.

모세의 노래

그 때에 모세와 이스라엘 백성이 여호와께 이 노래를 불렀습니다.

"내가 여호와를 찬송하리라.
주님께서는 영광의 승리를 거두셨으니
말과 말 탄 자를 바다에 처넣으셨도다.
여호와께서는 나의 힘, 나의 노래시며 나의 구원이시라.
주님께서는 나의 하나님이시니 내가 주님을 찬양하리라.
내 아버지의 하나님이시니 내가 주님을 높이리라.
여호와께서는 용사이시며 여호와는 그의 이름이시라.

파라오의 전차와 군대를 바다에 처넣으시니
그의 뛰어난 장교들이 홍해에 빠졌노라.
깊은 물이 그들을 덮으니 그들이 돌처럼 깊은 바다로 잠겼노라.
여호와여, 주의 오른손이 권능으로 영광을 나타내시며
여호와여, 주의 오른손이 원수를 쳐부수셨습니다.
주님께서 주의 크신 위엄으로 주의 적을 물리치셨습니다.
주님께서 그들을 향해 진노하시니
그들이 지푸라기처럼 타 버리고 말았습니다.
주님께서 한 번 숨을 내쉬시니
바닷물이 쌓이고 파도치던 물은 벽을 이루고
깊은 물은 바다 한가운데에 굳어졌습니다.
원수가 말하기를 '내가 그들을 뒤쫓아 따라잡고
그들의 가진 것을 다 빼앗아 내 마음대로 가지고
내 칼을 뽑아 내 손으로 그들을 치리라' 하였습니다.

하지만 주님께서 바람을 일으키시니 바다가 그들을 덮었고
그들은 납처럼 거센 물속으로 가라앉았습니다.

여호와여, 신들 가운데서 주와 같으신 분이 어디에 있겠습니까?
거룩하여 위엄이 넘치시는 주와 같으신 분이 어디에 있겠습니까?
찬송받을 만한 위엄이 있으시고 기적을 일으키시는
주와 같으신 분이 어디에 있겠습니까?
주님께서 오른손을 뻗치시니 땅이 그들을 삼켰습니다.

주님께서는 사랑의 약속으로
주님께서 구원하신 백성을 이끄셨습니다.
주의 능력으로 그들을 거룩한 땅으로 인도하셨습니다.
다른 나라들이 듣고 떨며
블레셋 사람들이 두려움에 휩싸였습니다.
에돔의 지도자들이 겁에 질렸고 모압의 용사들이 벌벌 떨며
가나안 사람들의 마음이 녹아 버렸습니다.
여호와여, 주의 백성이 지나가기까지,
주님께서 구해 내신 백성이 지나가기까지
공포와 두려움이 그들을 덮쳤고 주의 팔의 크신 능력으로 인하여
그들은 돌처럼 굳어졌습니다.
주님께서 그들을 이끄셔서 주의 산에 심으셨습니다.
여호와여, 그 산은 주님께서 계시려고 만드신 곳이며
주의 손으로 지으신 성소입니다.
여호와께서는 영원토록 다스리실 것입니다."

파라오의 말과 전차를 모는 군인과 전차들이 바다에 빠지자 여

호와께서는 바닷물로 그들을 덮으셨습니다. 하지만 이스라엘 백성은 마른 땅 위로 바다를 건넜습니다. 그때에 예언자인 아론의 누이 미리암이 소고를 들었습니다. 그러자 모든 여자들이 미리암을 따라 소고를 치며 춤을 추었습니다. 미리암이 여자들을 향해서 노래를 불렀습니다.

"여호와께 노래를 불러라. 그는 영광의 승리를 거두신 분이라.
주님께서는 말과 말 탄 사람들을 바다로 처넣으셨노라."

마라의 쓴 물

모세가 이스라엘 백성과 함께 홍해를 떠났습니다. 그리하여 이스라엘 백성은 수르 광야로 들어갔습니다. 그들은 광야에서 삼 일 길을 걸었지만 물을 찾지 못했습니다. 그들은 마라에 이르렀지만 마라의 물이 써서 마실 수가 없었습니다. 그곳의 이름을 마라라고 부른 것도 그 때문이었습니다. 백성들이 모세에게 불평을 늘어놓았습니다. 그들은 "우리가 무엇을 마셔야 한단 말이오?" 하고 따졌습니다. 모세가 여호와께 부르짖었습니다. 그러자 여호와께서 모세에게 어떤 나무를 보여 주셨습니다. 모세가 그 나무를 물에 던지니 물이 단물로 변했습니다.

여호와께서 그곳에서 이스라엘 백성에게 규례와 율법을 주시고 백성들을 시험하셨습니다. 여호와께서 말씀하셨습니다. "너희는 너희 하나님인 나 여호와에게 복종하여라. 너희는 내가 보기에 옳은 일을 하여라. 너희는 나의 모든 율법과 규례를 지켜라. 그렇게 하기만 하면 내가 이집트 사람들에게 보냈던 것과 같은 질병을 너희에게는 보내지 않을 것이다. 나는 여호와이다. 너희를 치료하는 여호와이다."

그 후에 이스라엘 백성은 엘림으로 갔습니다. 엘림에는 우물이 열두 곳이 있고 종려나무 칠십 그루가 있었습니다. 그래서 이스라엘 백성은 그곳의 물가에 천막을 쳤습니다.

만나와 메추라기

이스라엘 모든 무리가 엘림을 떠나 신 광야로 갔습니다. 신 광야는 엘림과 시내 산 사이에 있었습니다. 그때는 그들이 이집트에서 나온 날로부터 한 달째 되는 두 번째 달 십오 일이었습니다. 그때에 모든 이스라엘 무리가 광야에서 모세와 아론을 원망했습니다. 이스라엘 백성이 모세와 아론에게 말했습니다. "여호와께서 우리를 이집트 땅에서 죽이시는 것이 차라리 더 좋을 뻔했소. 이집트에서는 고기 삶는 솥도 곁에 있었고 빵도 배부르게 먹었소. 그런데 당신들은 우리를 이 광야로 이끌어 내서 우리를 굶어 죽게 하고 있소."

여호와께서 모세에게 말씀하셨습니다. "내가 너희를 위하여 하늘에서 비를 내리듯 양식을 내려 줄 터이니 백성들이 날마다 나가서 그날에 필요한 양식을 거두도록 하여라. 내가 이 일로 백성들이 내가 가르친 대로 하는지 하지 않는지를 시험하여 볼 것이다. 매주 육 일째 되는 날에는 다른 날에 거두는 양보다 두 배 더 많게 거두어라. 다음 날 거둘 분량을 저장해 두어라." 모세와 아론이 모든 이스라엘 백성에게 말했습니다. "저녁이 되면 여러분은 여호와께서 여러분을 이집트에서 인도해 내신 분이라는 것을 알게 될 것이오. 내일 아침이 되면 여러분은 여호와의 위대하심을 보게 될 것이오. 여호와께서 여러분이 그분께 원망하는 소리를 들으셨기 때문이오. 우리가 누구입니까? 여러분이 우리를 원망했으므로 그분께서 그 원망 소리를 들으신 것이오." 모세가 또 말했습니다. "매일 저녁 여호와께서 여러분에게 고기를 양식으로 주실 것이오. 그리고 매일 아침 여러분이 배부를 만큼 빵을 주실 것이오. 여호와께서 이 일을 하시는 것은 여러분이 우리를 원망하는 소리를 들으셨기 때문이오. 우리가 누구입니까? 여러분은 아론과 나를 원망한 것이 아니라 여호와를 원망한 것이오."

그리고 나서 모세가 아론에게 말했습니다. "이스라엘 모든 무리에게 이렇게 말하십시오. '여호와께서 여러분의 원망을 들으셨으니 여호와를 만나러 나아오시오.'" 그러자 아론이 이스라엘 모든 무리에게 말했습니다. 아론이 말을 할 때에 무리가 광야 쪽을 바라보니 여호와의 영광이 구름 속에서 나타났습니다. 여호와께서 모세에게 말씀하셨습니다. "나는 이스라엘 백성의 원망하는 소리를 들었다. 그러므로 그들에게 전하여라. '저녁이 되면 너희는 고기를 먹게 되리라. 그리고 매일 아침 너희는 배부를 만큼 빵을 먹을 수 있을 것이다. 그렇게 되면 너희는 내가 너희 하나님 여호와라는 것을 알게 될 것이다.'"

그날 저녁에 메추라기가 와서 이스라엘 백성들이 살고 있는 천막들을 덮었습니다. 아침이 되자 이번에는 이슬이 천막 주위를 덮었습니다. 이슬이 걷히자 서리와 같은 얇은 조각이 땅 위에 있었습니다. 이스라엘 백성은 그것이 무엇인지 알지 못했으므로 서로 "이것이 무엇이냐?" 하고 물었습니다. 그래서 모세가 그들에게 말해 주었습니다. "이것은 여호와께서 여러분에게 먹으라고 주신 양식이오. 여호와께서는 '사람마다 필요한 만큼 거두어라. 가족마다 식구수대로 한 사람당 한 오멜씩 거두되, 장막 안에 있는 가족의 분량도 거두어라' 하고 말씀하셨소." 이스라엘 백성은 그대로 했습니다. 어떤 사람은 많이 거두고 어떤 사람은 적게 거두었습니다. 사람마다 자기가 거둔 것을 달아 보니 많이 거둔 사람도 남지 않았고, 적게 거둔 사람도 모자라지 않았습니다. 사람마다 각기 필요한 만큼 거두었습니다. 모세가 백성에게 말했습니다. "누구든지 아침까지 그것을 조금이라도 남겨 두지 마시오." 하지만 어떤 사람들은 모세의 말을 듣지 않았습니다. 그 사람들은 다음 날 아침에 먹을 것을 따로 남겨 두었습니다. 그러나 그것은 벌레가 먹어서 썩기 시작했습니다. 모세는 그 사람들에게 화를 냈습니다. 아침마다 사람들은 각기 필요한 만큼 음식을 거두었습니다. 하지만 해가 높이 떠서 뜨거워지면 그것이 녹아 버렸습니다.

육 일째 되는 날에는 사람마다 두 배씩, 그러니까 음식을 두 오멜씩 거두었습니다. 무리의 모든 지도자들이 다 모세에게 와서 그 일에 대해 말했습니다. 모세가 그들에게 말했습니다. "여호와께서 이렇게 명령하셨소. 내일은 쉬는 날이며 여호와의 거룩한 안식일이오. 여러분은 구울 것은 굽고 삶을 것은 삶으시오. 그리고 남은 음식은 내일 아침까지 남겨 두시오." 그리하여 백성은 모세가 명령한 대로 그것을 다음 날 아침까지 남겨 두었습니다. 그들 가운데 썩은 냄새가 나는 것이 하나도 없었으며 벌레 먹은 것도 없었습니다. 모세가 백성에게 말했습니다. "어제 거둔 음식을 드시오. 오늘은 여호와의 안식일이니 들에 나가도 아무것도 얻지 못할 것이오. 육 일 동안은 음식을 거두어야 하지만 칠 일째가 되는 날은 안식일이니 그날에는 땅에 아무 음식도 없을 것이오."

칠 일째가 되는 날에 어떤 사람들이 음식을 거두러 나갔지만 아무것도 얻지 못했습니다. 여호와께서 모세에게 말씀하셨습니다. "너희가 언제까지 내 명령과 가르침을 지키지 않으려느냐? 나는 너희에게 안식일을 주었다. 그러므로 육 일째 되는 날에는 내가 너희에게 이틀 분량의 음식을 주리니 안식일에는 집을 떠나지 말고 그대로 있어라." 그리하여 백성이 칠 일째 되는 날에는 쉬었습니다.

이스라엘 백성이 그 음식을 만나라고 불렀습니다. 만나는 작고 하얀 고수나무 씨처럼 보였습니다. 만나의 맛은 꿀로 만든 과자와 같았습니다. 모세가 말했습니다. "여호와께서 말씀하셨소. '너희 자손을 위해 이 음식을 한 오멜 채워서 남겨 두어라. 그래서 내가 너희를 이집트 땅에서 인도해 낸 뒤에 광야에서 너희에게 주어 먹게 한 이 음식을 너희 자손이 볼 수 있게 하여라.' " 모세가 아론에게 말했습니다. "항아리 하나를 가져다가 만나 한 오멜을 거기에 넣으십시오. 그리고 그 만나를 여호와 앞에 두고 자손 대대로 간직하십시오." 아론은 여호와께서 모세에게 명령하신 대로 했는데 후에 이 만나 항아리는 언약궤 앞에 두어 잘 지켜졌습니다. 이스라엘 백성은 정착할 땅에 이르기 전까지 사십 년 동안 만나를 먹었습니다. 그들은 가나안 땅 변두리에 이를 때까지 만나를 먹었습니다. 백성이 하루에 거둔 만나의 양은 한 사람당 한 오멜이고, 한 오멜은 십분의 일 에바입니다.

바위에서 솟은 물

이스라엘 모든 무리가 신 광야를 떠나 여호와께서 명령하신 대로 이곳저곳으로 옮겨 다녔습니다. 그들은 르비딤에 진을 쳤지만 거기에는 마실 물이 없었습니다. 그들은 모세에게 대들며 "우리에게 마실 물을 주시오" 하고 말했습니다. 하지만 모세가 그들에게 말했습니다. "왜 나에게 대드시오? 왜 여호와를 시험하시오?" 하지만 백성들은 목이 몹시 말랐습니다. 그래서 그들은 모세에게 불평을 늘어놓았습니다. "왜 우리를 이집트에서 데려왔소? 우리와 우리의 자식들과 우리의 가축들을 목말라 죽게 하려고 데려왔소?" 모세가 여호와께 부르짖었습니다. "이 백성에게 어떻게 해야 합니까? 이들은 당장이라도 나를 돌로 때릴 듯이 보입니다." 여호와께서 모세에게 말씀하셨습니다. "이스라엘 백성 앞으로 나아가거라. 이스라엘의 장로들을 몇 사람 데리고 가거라. 그리고 나일 강을 칠 때에 썼던 지팡이도 가지고 가거라. 내가 시내 산 바위 위에서 네 앞에 설 것이다. 지팡이로 그 바위를 쳐라. 그러면 거기에서 백성이 먹을 수 있는 물이 나올 것이다." 모세는 이스라엘의 장로들이 보는 앞에서 주님께서 말씀하신 대로 했습니다. 모세는 이스라엘 백성이 여호와께서 우리와 함께 계신가 계시지 않는가 하고 여호와를 시험했으므로, 그곳의 이름을 맛사라고 불렀습니다. 그리고 백성이 다투었으므로 그곳의 이름을 므리바라고도 불렀습니다.

아말렉과의 싸움

그때에 아말렉 사람들이 와서 르비딤에서 이스라엘과 싸웠습니다. 모세가 여호수아에게 말했습니다. "사람들을 뽑아서 아말렉 사람들과 싸우러 나가거라. 내일 내가 하나님의 지팡이를 손에 들고 언덕 꼭대기에 서 있겠다." 그리하여 여호수아는 모세의 말대로 아말렉 사람들과 싸우러 나갔습니다. 한편 모세와 아론과 훌은 언덕 꼭대기로 올라갔습니다. 모세가 팔을 치켜들고 있는 동안에는 이스라엘 백성이 싸움에서 이겼지만, 모세가 팔을 내리면 아말렉 사람들이 이겼습니다. 그러던 중 모세가 지쳐서 팔을 들 수 없게 되었습니다. 이때 사람들이 큰 돌을 가져다가 그 위에 모세를 앉혔습니다. 그리고 아론과 훌은 모세의 팔을 붙들어 올렸습니다. 아론은 모세의 한쪽에, 훌은 다른 쪽에 서 있었습니다. 그들은 해가 질 때까지 그렇게 모세의 팔을 붙들고 있었습니다. 그리하여 여호수아는 그 싸움에서 아말렉 사람들을 물리쳐 이겼습니다.

그때에 여호와께서 모세에게 말씀하셨습니다. "이 싸움에 관한 일을 책에 써서 사람들이 잊지 않도록 하여라. 그리고 여호수아에게도 꼭 일러 주어라. 왜냐하면 내가 아말렉 사람들을 이 땅에서 완전히 없애 버릴 것이기 때문이다." 모세는 제단을 쌓고 그 이름을 '여호와는 나의 깃발'이라는 뜻의 '여호와 닛시'라고 지었습니다. 그리고 모세가 말했습니다. "내가 여호와의 깃발 위에 손을 들면 여호와께서는 영원토록 아말렉 사람들과 싸우실 것이다."

이드로가 모세를 찾아오다

모세의 장인인 이드로는 미디안의 제사장이었습니다. 이드로는 하나님께서 모세와 그의 백성 이스라엘을 위해 해 주신 일에 대한 이야기를 다 들었습니다. 그것은 여호와께서 이스라엘 백성을 이집트에서 인도해 내신 이야기였습니다. 모세는 아내 십보라를 장인인 이드로에게 보냈습니다. 모세는 두 아들도 보냈습니다. 한 아들의 이름은 게르솜인데 게르솜이 태어났을 때 모세는 "나는 낯선 나라의 나그네이다" 하며 아들의 이름을 게르솜이라고 지었습니다. 다른 아들의 이름은 엘리에셀이었습니다. 엘리에셀이 태어났을 때 모세는 "내 아버지의 하나님은 나의 도움이시다. 그 하나님께서 나를 파라오의 칼에서 구해 주셨다" 하며 아들의 이름을 엘리에셀이라고 지었습니다. 모세의 장인인 이드로는 모세가 천막을 치고 있는 광야로 모세의 아내와 두 아들을 데리고 왔습니다. 그곳은 하나님의 산이 있는 곳입니다. 이드로가 모세에게 사람을 보내어 이렇게 전하게 했습니다. "나는 자네의 장인인 이드로일세. 지금 자네의 아내와 두 아들을 데리고 자네에게 가는 중일세." 모세는 장인을 만나러 나와서 장인에게 엎드려 절하고 입을 맞추었습니다. 두 사람은 서로 안부를 물었습니다. 그리고 나서 그들은 모세의 천막으로 들어갔습니다. 모세는 장인에게 여호와께서 이스라엘 백성을 구하기 위해 파라오와 이집트 백성들에게 하신 일을 다 이

야기해 주었습니다. 모세는 또 거기까지 오는 도중에 겪은 어려움
과 여호와께서 그들을 구원하신 일에 대해서도 다 이야기해 주었습니
다. 이드로는 여호와께서 이스라엘을 위해 해 주신 좋은 일들에
대한 이야기를 듣고 매우 좋아했습니다. 주님께서 이스라엘 백성을
이집트 사람들의 손에서 구해 주셨으므로 기뻐한 것입니다.

　이드로가 말했습니다. "여호와를 찬양하세. 주님께서는 자네들
을 이집트 사람들과 그 왕으로부터 구해 주셨네. 여호와께서는 어
떤 신보다도 위대하시다는 것을 이제 알았네. 주님께서 이스라엘
백성에게 건방지게 굴던 이집트 사람들로부터 그 백성을 구원하셨
기 때문이네." 그리고 나서 모세의 장인인 이드로는 하나님께 태워
드리는 제물인 번제물과 희생 제물을 바쳤습니다. 아론과 이스라엘
의 모든 장로들도 모세의 장인에게 와서 하나님 앞에서 거룩한 음
식을 함께 나누었습니다.

　이튿날 모세는 백성들 사이의 문제를 재판해 주려고 앉았고 백
성들도 아침부터 저녁까지 모세를 둘러싸고 서 있었습니다. 모세
가 백성들을 위해 하고 있는 일을 모세의 장인이 보고 말했습니다.
"백성들을 위해 하는 일을 왜 이런 식으로 하는가? 사람들은 아침
부터 저녁까지 자네를 둘러싸고 서 있는데, 재판을 해 주는 사람은
왜 자네 혼자뿐인가?" 모세가 장인에게 말했습니다. "백성들이 하
나님의 뜻을 알려고 저를 찾아오기 때문입니다. 백성들 사이에 다
툼이 일어나면 그들은 저에게 옵니다. 그러면 저는 그 양편을 재판
해서 그들에게 하나님의 법과 가르침을 알려 줍니다." 모세의 장인
이 모세에게 말했습니다. "자네가 하고 있는 방식은 좋지 않네. 그
러다가는 자네나 백성들이나 다 지치고 말 걸세. 이 일은 자네 혼자
하기에는 너무 벅찬 일이네. 내 말을 들어 보게. 내가 충고를 해 주
겠네. 하나님께서 자네와 함께 계시기 바라네. 자네는 하나님 앞에

서 백성들을 대표해야 하고 백성들의 문제를 하나님께 가지고 가야 하네. 그들에게 규례와 법을 가르치고 그들이 가야 할 길과 해야 할 일을 알려 주게. 그리고 백성 가운데서 하나님을 두려워하고 믿을 만하며 정직하지 못한 사람들을 싫어하는 능력 있는 사람을 뽑아서 백성 위에 세우게. 그들을 천부장, 백부장, 오십부장, 그리고 십부장으로 세우게. 그래서 그들이 언제라도 백성을 재판할 수 있게 하게. 어려운 문제는 자네에게 가져오게 하고 쉬운 문제는 그들이 스스로 재판하도록 하게. 그렇게 해서 그들이 짐을 나누어 지면 자네의 일이 쉬워질 걸세. 만약 하나님께서 허락하신다면 그렇게 하도록 하게. 그러면 자네도 일을 잘할 수 있을 것이고 백성도 다 평안히 집으로 돌아갈 수 있을 걸세."

모세는 장인의 말을 듣고 모든 일을 장인의 말대로 했습니다. 모세는 모든 이스라엘 백성 중에서 능력 있는 사람을 뽑았습니다. 모세는 그들을 백성의 지도자로 세웠습니다. 그들은 각각 천부장, 백부장, 오십부장, 그리고 십부장이 되었습니다. 이 지도자들은 언제라도 백성을 재판했습니다. 그들은 어려운 문제는 모세에게 가지고 왔지만 쉬운 문제는 스스로 결정했습니다. 그 후 모세의 장인은 모세의 배웅을 받으며 자기 집으로 돌아갔습니다.

이스라엘 백성이 시내 산에 이르다

이집트를 떠난 지 꼭 석 달 만에 이스라엘 백성은 시내 광야에 이르렀습니다. 이스라엘 백성은 르비딤을 떠나 시내 광야에 이르러 시내 산 맞은편 광야에 천막을 쳤습니다. 모세는 하나님을 만나러 산으로 올라갔습니다. 여호와께서 산에서 모세를 불러 말씀하셨습니다. "야곱 자손들에게 말하여라. 이스라엘 백성에게 전하여라. '너희 모두는 내가 이집트 백성에게 한 일을 다 보았다. 그리고 독수리가 날개로 새끼들을 실어 나르듯 내가 너희를 어떻게 나에게 데리고 왔는가도 보았다. 그러므로 이제 너희가 내 목소리를 듣고 내 언약을 지키면, 너희는 모든 백성 중에서 나의 보물이 될 것이다. 온 땅의 백성이 다 내게 속하였지만 너희는 내게 제사장 나라와 거룩한 백성이 될 것이다.' 너는 이 말을 이스라엘 백성에게 전하여라."

그리하여 모세는 산 아래로 내려가서 백성의 장로들을 모아 놓고 여호와께서 명령하신 모든 말씀을 다 전했습니다. 그러자 모든 백성이 한 목소리로 대답했습니다. "우리는 여호와께서 말씀하신 대로 다 하겠습니다." 모세는 백성들의 말을 여호와께 알려 드렸습니다. 여호와께서 모세에게 말씀하셨습니다. "내가 짙은 구름 속에서 너에게 갈 것이다. 그래서 내가 너와 이야기할 때에 백성들이 듣고 언제까지나 너를 믿도록 할 것이다."

모세가 백성의 말을 여호와께 알려 드리자 여호와께서 모세에게 말씀하셨습니다. "백성에게 가서 오늘과 내일 그들을 정결하게 하여라. 옷을 빨게 하고 셋째 날을 준비하게 하여라. 그날에 나 여호와가 모든 백성이 보는 가운데 시내 산으로 내려갈 것이다. 너는 백성의 둘레에 경계선을 정해 주어 백성이 그 경계선을 넘어오지 않도록 하여라. 백성에게 산으로 올라가지도 말고 산기슭을 밟지도 말라고 일러라. 누구든지 산기슭을 밟는 사람은 죽을 것이다. 아무도 그 사람에게 손을 대지 말고 그런 자는 돌로 죽이거나 화살을 쏴서 죽여라. 사람이든 짐승이든 살려 두지 마라. 하지만 나팔 소리가 길게 울려 퍼지면 산에 올라와도 좋다." 그리하여 모세는 산에서 내려와서 백성에게로 갔습니다. 모세는 백성을 정결케 했고 백성은 옷을 빨았습니다. 모세가 백성에게 말했습니다. "셋째 날을 준비하시오. 여자를 가까이하지 마시오."

셋째 날 아침이 되었습니다. 산 위에 짙은 구름이 끼면서 천둥과 번개가 쳤습니다. 그리고 굉장히 큰 나팔 소리가 울려 퍼지자 진에 있던 모든 백성이 두려워 떨었습니다. 모세는 백성들이 하나님을 만나도록 하기 위해 백성들이 사는 천막에서 백성을 이끌고 나왔습니다. 백성은 산기슭에 섰습니다. 시내 산은 연기로 덮여 있었습니다. 왜냐하면 여호와께서 불 속에서 산으로 내려오셨기 때문이었습니다. 마치 가마에서 나는 연기처럼 산에서 연기가 솟아올랐습니다. 그리고 산 전체가 크게 흔들렸습니다. 나팔 소리가 점점 커지는 가운데 모세가 말하고 하나님께서 소리를 내어서 모세에게 대답하셨습니다. 여호와께서는 시내 산 꼭대기로 내려오셔서 모세를 산 꼭대기로 올라오게 하셨습니다. 그래서 모세는 산꼭대기로 올라갔습니다.

여호와께서 모세에게 말씀하셨습니다. "내려가서 나를 보기 위해 가까이 나아오지 말라고 백성에게 경고하여라. 그렇지 않으면 많은 사람이 죽을 것이다. 나에게 가까이 나아오는 제사장들도 스스로를 정결하게 하지 않으면 여호와인 내가 그들에게 벌을 내릴 것이다." 모세가 여호와께 말씀드렸습니다. "백성은 시내 산으로 가까이 올 수 없습니다. 주님께서 산 둘레에 경계선을 정하고 산을 거룩하게 하라고 말씀하셨기 때문입니다." 여호와께서 모세에게 말씀하셨습니다. "내려가서 아론을 데려오너라. 하지만 제사장이나 백성은 가까이 오지 못하게 하여라. 그들은 나 여호와에게 가까이 오면 안 된다. 가까이 오기만 하면 내가 벌을 내릴 것이다." 그래서 모세는 백성에게로 내려가서 주님의 말씀을 그대로 전했습니다.

십계명

하나님께서 이렇게 말씀하셨습니다.
"나는 너희가 종살이하던 이집트 땅에서 너희를 인도해 낸 너희의 여호와 하나님이다.

너희는 나 외에는 다른 신들을 두지 마라.

너희는 우상을 만들지 마라. 위로 하늘에 있는 것이나 아래로 땅에 있는 것이나 땅 아래로 물속에 있는 것의 그 어떠한 모양도 만들지 마라. 어떤 우상에게도 예배하거나 섬기지 마라. 나 여호와 너희 하나님은 질투하는 하나님이다. 나에게 죄를 짓고 나를 미워하는 사람에게는 그의 삼대, 사대 자손에게까지 벌을 내릴 것이다. 하지만 나를 사랑하고 나의 명령에 따르는 사람에게는 수천 대 자손에 걸쳐 한결같은 사랑을 베풀 것이다.

나 여호와 너의 하나님의 이름을 함부로 부르지 마라. 나 여호와는 나의 이름을 함부로 부르는 사람을 죄 없다고 하지 않을 것이다.

안식일을 기억하여 거룩한 날로 지켜라. 육 일 동안에는 힘써 모든 일을 하여라. 하지만 칠 일째 날은 나 여호와 하나님의 안식일이다. 그날에는 너희나, 너희 아들이나 딸이나, 너희 남종이나 여종이나, 너희 짐승이나 너희 집 문 안에 머무르는 나그네도 일을 하지 마라. 왜냐하면 나 여호와가 육 일 동안 하늘과 땅과 바다와 그 안에 있는 모든 것을 만들고 칠 일째 날에는 쉬었기 때문이다. 그러므로 나 여호와는 안식일에 복을 주고 그날을 거룩하게 하였느니라.

너희 아버지와 어머니를 잘 섬겨라. 그러면 나 여호와 하나님이 너희에게 준 이 땅에서 너희를 오래 살게 할 것이다.

사람을 죽이지 마라.

간음하지 마라.

도둑질하지 마라.

이웃에 대하여 거짓 증언을 하지 마라.

이웃집을 탐내지 마라. 이웃의 아내나 남종이나 여종이나 소나 나귀나 그 밖에 이웃의 어떠한 것도 탐내지 마라."

모든 백성은 천둥소리와 나팔 소리를 듣고 번개치는 것과 산에서 솟아나는 연기를 보았습니다. 그들은 두려움에 떨면서 산에서 멀찍이 떨어져 있었습니다. 백성이 모세에게 말했습니다. "당신이 말하십시오. 우리가 듣겠습니다. 하나님께서 말씀하지 않게 해 주십시오. 하나님께서 말씀하시면 우리는 죽습니다." 모세가 백성에게 말했습니다. "두려워하지 마시오. 하나님께서는 여러분을 시험하시고 또 여러분에게 두려워하는 마음을 주셔서 죄를 짓지 않게 하시려고 오셨을 뿐이오." 모세가 하나님이 계시는 짙은 어두움 가까이로 가는 동안 백성은 산에서 멀찍이 떨어진 곳에 서 있었습니다.

여호와께서 모세에게 말씀하셨습니다. "가서 이스라엘 백성에게 전하여라. '너희는 내가 하늘에서부터 너희에게 말하는 것을 다 보지 않았느냐? 그러므로 너희는 나를 금이나 은으로 된 신상으로 만들지 마라. 또한 너희를 위하여 어느 신상도 만들지 마라. 나를 위해 흙 제단을 쌓아라. 그 제단 위에 너희의 태워 드리는 제물인 번제물과 화목 제물을 나에게 바쳐라. 너희의 양과 소를 제물로 바쳐라. 내 이름을 기념하게 하는 곳에서 내게 제물을 바쳐라. 그러면 내가 그곳에 와서 너희에게 복을 줄 것이다. 나를 위해 돌로 제단을 쌓을 때에는 연장으로 다듬은 돌로 쌓지 마라. 왜냐하면 연장으로 돌을 다듬을 때 몸이 닿아서 그 돌을 더럽게 만들기 때문이다. 너는 층계로 내 제단 위에 올라가지 마라. 왜냐하면 층계를 올라갈 때 옷 속의 알몸이 드러나기 때문이다.'"

종에 관한 법

"**네**가 이스라엘 백성에게 주어야 할 법은 이러하다. 너희가 히브리 종을 사면 그 종은 육 년 동안 종살이를 할 것이며, 칠 년째가 되면 너희는 몸값을 받지 말고 그를 풀어 주어라. 만약 그 사람이 혼자 종으로 왔으면 혼자서 나가야 하고, 결혼해서 아내와 함께 왔으면 아내와 함께 나가야 한다. 만약 종의 주인이 종에게 아내를 주어 그 아내가 아들이든 딸이든 자녀를 낳았으면, 그 아내와 자녀는 주인의 것이 되고 종은 혼자서 떠나야 한다. 그러나 만약 그 종이 '나는 내 주인과 내 아내와 내 자녀를 사랑합니다. 나는 자유의 몸이 되고 싶지 않습니다'라고 말하면 주인은 그를 재판장 앞으로 데리고 가거라. 또 주인은 종을 문이나 문설주로 데리고 가서 날카로운 연장으로 종의 귀에 구멍을 뚫어라. 그러면 종은 영원토록 주인을 섬기게 될 것이다.

어떤 사람이 자기 딸을 여종으로 팔았으면 그 여종은 남종과 같은 방법으로 자유로운 몸이 될 수 없다. 만약 여종과 잠자리를 같이 한 주인이 그 여종이 마음에 들지 않아 더 이상 잠자리를 하지 않을 경우, 그 여종을 자유롭게 놓아주어라. 주인은 그 여종을 다른 사람에게 팔 권리가 없다. 파는 것은 그 여종을 속이는 것이기 때문이다. 그가 여종을 자기 아들의 아내로 삼으려고 샀다면 그는 여종을 자기 딸처럼 여겨야 한다. 만약 그가 다른 아내를 또 얻었다 하더라도 그는 여전히 첫 번째 아내에게 음식과 옷을 주고 잠자리를 함께하는 일을 해야 한다. 만약 그가 여자에게 이 세 가지를 해 주지 않으면 여자는 자유의 몸이 되는 것이니 몸값을 내지 않고 나갈 수 있다."

폭행에 관한 법

"사람을 때려 숨지게 한 사람은 죽여라. 하지만 사람을 죽이기는 했지만 죽일 생각 없이 실수로 죽였으면 그것은 하나님의 뜻에 따라 일어난 일이므로 살인자는 내가 정하는 곳으로 도망하여라. 하지만 미리 음모를 꾸며서 일부러 사람을 죽였다면 너희는 살인자가 내 제단으로 도망가더라도 끌어다가 죽여라.

자기 아버지나 어머니를 때린 사람은 죽여라.

사람을 유괴한 사람은 그 사람을 팔았건 데리고 있건 죽여라.

아버지나 어머니를 저주하는 사람은 죽여라.

사람들이 서로 다투다가 한 사람이 다른 사람을 돌이나 주먹으로 쳐서 사람이 죽지는 않았지만 자리에 누웠다가 일어나서 지팡이를 짚고 걸어 다닐 수 있게 되었다면, 때린 사람은 벌을 받지 않을 것이다. 하지만 때린 사람은 맞은 사람이 그동안에 입은 손해를 갚아 주고 다 나을 때까지 치료비를 물어 주어야 한다.

주인이 남종이나 여종을 막대기로 때려서 그 종이 그 자리에서 죽었다면 주인은 벌을 받을 것이다. 하지만 종이 하루나 이틀 동안 죽지 않고 살아 있으면 주인은 벌을 받지 않을 것이다. 왜냐하면 종은 주인의 재산이기 때문이다.

두 사람이 싸우다가 임신한 여자를 건드려서 여자가 유산만 하고 달리 다친 데가 없다면 다치게 한 사람은 여자의 남편이 요구하는 돈을 갚아라. 그런데 이는 반드시 재판관의 결정을 얻어야 한다. 그러나 그 여자가 다치기까지 했다면 너희는 목숨은 목숨으로, 눈은 눈으로, 이는 이로, 손은 손으로, 발은 발로, 화상은 화상으로, 상처는 상처로, 멍은 멍으로 갚아라.

종의 주인이 남종이나 여종의 눈을 쳐서 눈을 멀게 했으면 주인은 그의 눈에 대한 대가로 그 종을 자유한 몸으로 풀어 주어라. 만약 주인이 남종이나 여종의 이를 부러뜨렸다면 주인은 그에 대한 대가로 종을 자유한 몸으로 풀어 주어라."

소유주의 책임에 관한 법

"소가 남자나 여자를 들이받아서 죽였으면 그 소를 돌로 쳐서 죽여라. 그리고 그 소의 고기는 먹지 마라. 하지만 소의 주인에게는 죄가 없다. 만약 그 소가 들이받는 버릇이 있어서 사람들이 주의를 주었는데도 주인이 소를 울타리에 가두지 않았다가 그 소가 남자나 여자를 들이받아서 죽였다면, 소뿐만 아니라 그 주인도 돌로 쳐서 죽여라. 그러나 죽은 사람의 가족이 돈을 달라고 하면, 주인은 자기 목숨을 대신하여 그 가족이 달라는 대로 돈을 주어라. 소가 남자아이나 여자아이를 들이받아 죽였을 때도 같은 법을 따르라. 소가 남종이나 여종을 들이받아 죽였을 때는, 소의 주인은 종의 주인에게 은 삼십 세겔을 주고 소는 돌로 쳐서 죽여라.

어떤 사람이 구덩이를 열어 놓았거나 구덩이를 파고 덮어 놓지 않고 있다가 소나 나귀가 그 구덩이에 빠지면, 구덩이의 주인은 짐 승의 주인에게 돈으로 갚아라. 다만 그 구덩이에 빠져 죽은 짐승은 구덩이 주인의 것이다.

어떤 사람의 소가 다른 사람의 소를 들이받아 죽였을 때는 살아 있는 소를 팔아서 그 돈을 반씩 나누어 가지고 죽은 소도 똑같이 나누어 가져라. 만약 그 소가 들이받는 버릇이 있는데도 주인이 소를 울타리에 가두지 않았다면, 주인은 소로 소 값을 치르고 죽은 소는 들이받은 소 주인이 가지도록 하여라."

배상에 관한 법

"어떤 사람이 소나 양을 훔친 다음에 그것을 잡거나 팔았으면 그는 소 한 마리는 소 다섯 마리로, 양 한 마리는 양 네 마리로 갚아라. 도둑이 밤에 남의 집을 뚫고 들어가다가 발견되어 맞아 죽었다면 죽인 사람에게는 죄가 없다. 그러나 해가 뜬 다음에 그런 일이 일어났다면 죽인 사람에게 죄가 있다. 붙잡힌 도둑은 도둑질한 것을 갚아라. 하지만 갚을 것이 없으면 도둑질한 대가로 종이 될 것이다. 만일 도둑질한 것을 가지고 있으면 소든 나귀든 양이든 두 배로 갚아라.

어떤 사람이 가축에게 밭이나 포도원에서 풀을 뜯어 먹게 했는데 그 가축이 다른 사람의 밭이나 포도원에서 풀을 뜯어 먹었으면, 짐승의 주인은 자기의 밭이나 포도원에서 거둔 것 중에 가장 좋은 농산물로 물어 주어라.

불이 나서 가시나무로 옮겨 붙어 이웃의 곡식이나 아직 밭에서 자라고 있는 곡식이나 밭 전체를 태웠으면, 불을 낸 사람은 그것을 다 물어 주어라.

어떤 사람이 이웃에게 돈이나 물건을 맡겨 두었는데 그것을 맡고 있던 집에 도둑이 들었을 경우, 만약 도둑이 붙잡히면 도둑은 두 배로 갚아라. 하지만 도둑이 붙잡히지 않으면 집주인을 재판장 앞에 데리고 가서 이웃의 물건에 손을 댔는지 대지 않았는지를 알아보아라. 소나 나귀나 양이나 옷이나 그 밖의 어떤 잃어버린 것 때문에 두 사람 사이에 다툼이 생겨서 두 사람이 서로 '이것은 내 것이다'라고 주장하는 일이 생기면, 두 사람 다 재판장에게 나가서 재판을 받아라. 그래서 재판장으로부터 죄가 있다는 판결을 받은 사람은 상대에게 두 배로 갚아라.

어떤 사람이 다른 사람에게 나귀나 소나 양이나 그 밖의 어떤 짐승을 맡겼는데 그 짐승이 죽거나 다치거나 아무도 모르게 끌려갔으면, 짐승을 맡은 사람은 여호와 앞에서 이웃의 짐승에게 손을 대지 않았다고 맹세하여라. 그러면 주인은 그 맹세를 받아들여야 하고 짐승을 맡은 사람은 물어 주지 않아도 된다. 그러나 짐승을 맡은 사람이 도둑질한 것이라면, 주인에게 물어 주어라. 만약 그 짐승이

맹수에게 찢겨 죽었다면 죽은 짐승을 증거로 보여라. 찢겨 죽은 짐
승은 물어 주지 않아도 된다.

어떤 사람이 이웃에게서 짐승을 빌렸는데 주인이 없는 자리에서
그 짐승이 다치거나 죽었으면 빌린 사람은 그것을 다 물어 주어라.
만약 그 자리에 주인이 있었으면 물어 주지 않아도 된다. 그 짐승이
세를 낸 것이면 주인은 셋돈만 받아라."

여러 가지 관계에 관한 법

"어떤 사람이 아직 약혼하지 않은 처녀를 꾀어서 잠자리를 함께
하였으면, 그는 신부의 몸값을 내고 그 여자를 아내로 맞아들여라.
그러나 만약 여자의 아버지가 자기 딸을 그에게 주지 않겠다고 하
면, 그는 순수한 처녀로 시집가는 신부의 몸값과 똑같은 돈을 치러
야 한다.

무당은 살려 두지 마라.

짐승과 잠자리를 함께하는 사람은 죽여라.

여호와 외의 다른 신에게 제물을 바치는 사람은 없애 버려라.

나그네를 억누르거나 학대하지 마라. 너희도 이집트 땅에서 나
그네였다는 것을 잊지 마라. 과부나 고아를 괴롭히지 마라. 만약
그들을 괴롭히면 그들이 내게 부르짖을 때 내가 반드시 그들의 부
르짖음에 귀를 기울일 것이다. 나의 노가 불붙듯 일어나 칼로 너희
를 죽일 것이다. 그리하여 너희 아내들은 과부가 되고, 너희 자녀는
고아가 될 것이다.

너와 함께 살고 있는 내 백성 중에서 가난한 사람에게 돈을 빌
려줄 때는 빚쟁이처럼 굴지 말고 이자도 받지 마라. 만약 이웃의 겉
옷을 담보로 잡았으면 해가 지기 전에 그것을 돌려주어라. 그가 몸
을 덮을 것이라곤 그 겉옷뿐이다. 그것이 없으면 달리 무엇으로 몸

을 덮고 자겠느냐? 그가 나에게 부르짖으면 나는 들어줄 것이다. 왜냐하면 나는 자비롭기 때문이다.

너희는 재판장을 욕하거나 너희 백성의 지도자를 저주하지 마라.

처음 추수한 것을 나에게 바치는 일을 미루지 마라. 너희가 거둔 첫 곡식과 포도주를 나에게 바쳐라. 그리고 너희의 맏아들도 나에게 바쳐라. 너희의 소나 양도 마찬가지이다. 소나 양의 첫 새끼도 칠 일 동안은 어미와 함께 있게 하고 팔 일에는 나에게 바쳐라.

너희는 나에게 거룩한 백성이 될 것이다. 그러므로 너희는 들에서 맹수에게 찢겨 죽은 짐승의 고기를 먹지 말고 그런 고기는 개에게 주어라."

재판의 공정성에 관한 법

"**너**희는 거짓된 소문을 퍼뜨리지 마라. 너희는 나쁜 사람과 손잡고 거짓 증언을 하지 마라. 다른 사람들이 다 악한 일을 한다고 해서 너희도 악한 일을 하면 안 된다. 다른 사람들이 다 거짓 증언을 한다고 해서 너희도 함께 거짓 증언을 하여 공정한 재판을 방해하면 안 된다. 재판을 할 때 무조건 가난한 사람을 편들지 마라.

너희 원수의 소나 나귀가 길을 잃고 헤매는 것을 보면 그것을 돌려주어라. 너희를 미워하는 사람의 나귀가 무거운 짐을 못 이겨 쓰러져 있는 것을 보면, 그대로 내버려 두지 말고 너희를 미워하는 사람을 도와 나귀를 일으켜 세워 주어라.

너희는 가난한 사람이라고 해서 그에게 불리한 재판을 하지 마라. 거짓 고발을 하지 마라. 죄 없는 사람과 정직한 사람에게 벌을 내려 죽이지 마라. 나는 그런 죄인을 죄 없다고 하지 않을 것이다. 재판을 할 때에 돈을 받고 거짓말을 하지 마라. 뇌물은 사람의 눈을 멀게 하여 정직한 사람이 거짓말을 하도록 만든다.

나그네를 학대하지 마라. 너희도 이집트에서 나그네로 살았으니 나그네의 마음을 잘 알지 않느냐?"

안식일에 관한 법

"여섯 해 동안은 너희 땅에서 식물을 심고 거기에서 나는 것을 거두어라. 하지만 일곱째 되는 해에는 땅을 갈거나 씨를 뿌리지 마라. 거기에서 무엇이 저절로 자라거든 너희 백성 중에서 가난한 사람들이 먹게 하고 그들이 남긴 것은 들짐승이 먹게 하여라. 포도원이나 올리브 밭도 마찬가지이다.

너희는 육 일 동안은 일을 하고 칠 일째 되는 날에는 쉬어라. 그래서 너희의 소나 나귀도 쉬게 하고, 너희 집에서 태어난 종과 나그네도 쉬게 하여라.

내가 너희에게 한 말을 다 지켜라. 다른 신들의 이름을 기억하지도 마라. 다른 신들의 이름은 너희 입 밖에도 내지 마라."

세 가지 절기에 관한 법

"너희는 일 년에 세 차례 나를 기념하는 절기를 지켜라. 너희는 무교절을 지켜라. 내가 명령한 대로 너희는 아빕 월의 정해진 때에 칠 일 동안 무교병을 먹어라. 왜냐하면 그달에 너희가 이집트에서 나왔기 때문이다. 누구든지 나에게 예배드리러 올 때는 예물을 가지고 오너라. 너희는 맥추절을 지켜라. 너희는 밭에 심어서 가꾼 것 중에서 처음으로 거둔 것을 내게 바쳐라. 그리고 너희가 애써 가꾼 열매를 거둬들여 그것을 저장하는 여말에 수장절을 지켜라. 일 년에 세 차례 남자는 다 여호와 하나님께 예배드리러 나아오너라.

나에게 희생 제물의 피를 바칠 때 누룩이 든 빵과 함께 바치지 마라. 그리고 절기 때에 나에게 바친 희생 제물의 기름을 다음 날 아침까지 남겨 두지 마라.

너희는 너희 땅의 가장 좋은 첫 열매를 너희 하나님 여호와의 집으로 가져오너라.

너희는 새끼 염소를 그 어미의 젖으로 삶지 마라.”

약속과 명령

“내가 천사를 너희 앞에 보내어 너희의 길을 지키고 내가 준비한 곳으로 너희를 인도하게 할 것이다. 너희는 그 천사의 말을 잘 듣고 그의 목소리에 귀를 기울여라. 그의 말을 어기지 마라. 그는 너희의 그러한 죄를 용서하지 않을 것이다. 그것은 내 이름이 그 안에 있기 때문이다.

그가 하는 모든 말을 귀담아듣고 나의 말대로 하면, 내가 너희의 원수를 나의 원수로 삼을 것이며 너희의 적을 나의 적으로 삼을 것이다.

나의 천사가 앞장서서 너희를 아모리 사람, 헷 사람, 브리스 사람, 가나안 사람, 히위 사람, 그리고 여부스 사람의 땅으로 인도하리니 내가 그들을 멸망시킬 것이다. 너희는 그들의 신에게 절을 하거나 예배하지 마라. 너희는 그 백성이 사는 것을 본받지 마라. 너희는 그들의 우상을 없애 버리고 그들이 예배할 때에 사용하는 돌기둥을 무너뜨려라. 너희는 너희 하나님 여호와께 예배드려라. 그러면 내가 너희의 물과 빵에 복을 내리며 너희에게서 병을 없애 주겠다. 여자의 아기가 배 속에 있을 때에 죽는 일이 없게 하며 아기를 낳지 못하는 여자도 없게 하겠다. 그리고 너희는 수명이 다하기까지 살 것이다. 나는 너희의 원수들이 나를 두려워해야 한다는 사실을 미리 알게 하여 너희와 맞서 싸우는 백성을 혼란에 빠뜨리고 너희의 모든 원수들이 너희 앞에서 도망가게 하겠다. 왕벌을 네 앞에 보내서 히위 사람과 가나안 사람과 헷 사람을 쫓아내겠다. 하지만 그 백성들을 일 년 안에 쫓아내지는 않을 것이다. 그렇게 하면 그 땅이 광야가 될 것이며 그 땅에 들짐승이 너무 많아져 너희를 해칠 것이기 때문이다. 그 대신 그 백성들을 너희 땅에서 아주 조금씩 쫓아내리니, 나는 너희가 강해져서 그 땅을 차지할 때까지 기다릴 것이다. 나는 너희 땅의 경계선을 홍해에서 블레셋 바다까지 정하고 광야에서 유프라테스 강에 이르는 땅도 줄 것이다. 나는 현재 그 땅에서 살고 있는 사람들을 이길 힘을 너희에게 줄 것이다. 너희는 그들을 쫓아내어라. 너희는 그 백성들이나 그들의 신들과 언약을 맺지 마라. 너희는 그들이 너희 땅에서 살도록 내버려 두지 마라. 그들이 그 땅에서 그냥 살면 그들은 너희들이 나에게 죄를 짓도록 만들 것이다. 만약 너희가 그들의 신을 예배하면 너희는 덫에 빠진 사람과 같아질 것이다."

시내 산에서 언약을 맺다

또 주님께서 모세에게 말씀하셨습니다. "너와 아론과 나답과 아비후와 이스라엘의 장로 칠십 명은 나 여호와에게 올라와서 멀리서 나를 예배하여라. 그런 다음 너 모세만 여호와께 가까이 나아오너라. 다른 사람들은 가까이 오지 말고 백성도 모세를 따라 이 산으로 올라오지 마라."

모세는 백성에게 여호와의 모든 말씀과 규례를 전해 주었습니다. 그러자 모든 백성이 한 목소리로 대답했습니다. "우리는 여호와께서 하신 말씀을 그대로 따르겠습니다." 모세는 여호와의 말씀을 다 적었습니다. 이튿날 모세는 아침 일찍 일어나서 산기슭에 제단을 쌓았습니다. 그리고 이스라엘의 열두 지파를 위하여 돌 열두 개를 쌓았습니다. 모세는 이스라엘 백성 가운데서 젊은이들을 보내 태워 드리는 제물인 번제물을 바치게 했습니다. 그들은 또 화목제물로 여호와께 소를 바쳤습니다. 모세는 피를 가져다가 그중 절반은 그릇에 담고 나머지 절반은 제단 위에 뿌렸습니다. 그리고 모세는 언약의 책을 가져다가 백성에게 읽어 주었습니다. 그러자 백성은 "우리는 여호와께서 하신 말씀을 그대로 따르겠습니다. 우리는 주님께 복종하겠습니다"라고 말했습니다. 모세는 그릇에 담긴 피를 가지고 백성에게 뿌리며 말했습니다. "이 피는 이 모든 말씀에 대하여 여호와께서 너희와 맺는 언약의 피다."

모세와 아론과 나답과 아비후와 이스라엘의 장로 칠십 명은 산으로 올라갔습니다. 그들은 이스라엘의 하나님을 보았습니다. 하나님의 발아래는 마치 청옥을 깔아 놓은 것처럼 보였고 그것은 마치 하늘처럼 맑았습니다. 이스라엘의 지도자들은 하나님을 보았습니다. 하지만 하나님께서는 그들을 멸망시키지 않으셨고, 그들은 함께 먹고 마셨습니다.

시내 산에서 사십 일을 보내는 모세

여호와께서 모세에게 말씀하셨습니다. "내가 있는 산으로 올라와서 기다려라. 내가 너에게 돌판 두 개를 주겠다. 거기에는 내가 백성에게 가르치려고 쓴 가르침과 명령이 적혀 있다." 그래서 모세는 자기 보좌관 여호수아를 데리고 길을 떠났습니다. 모세는 하나님의 산인 시내 산으로 올라갔습니다. 모세가 장로들에게 말했습니다. "아론과 훌이 여러분과 함께 있을 것이니 우리가 돌아올 때까지 여기서 기다리시오. 누구든지 문제가 생기면 아론과 훌에게 가시오."

모세가 산에 올라가자 구름이 산을 덮었습니다. 여호와의 영광이 시내 산으로 내려왔습니다. 구름은 육 일 동안 산을 덮고 있었습니다. 칠 일째 되는 날 여호와께서 구름 속에서 모세를 부르셨습니다. 이스라엘 백성은 마치 산꼭대기에서 타오르는 불과 같은 여호와의 영광을 보았습니다. 모세는 구름 속으로 들어가서 산 위로 올라갔습니다. 모세는 사십 일 밤낮을 산 위에 있었습니다.

여호와께 바칠 예물

여호와께서 모세에게 말씀하셨습니다. "이스라엘 백성에게 말하여 나에게 예물을 가져오게 하여라. 바치고자 하는 마음이 우러나와서 바치는 자들의 예물을 받아라. 네가 백성에게서 받을 예물은 이러하니, 금, 은, 놋, 파란 실, 자주색 실, 빨간 실, 고운 모시, 염소털, 붉게 물들인 숫양 가죽, 부드러운 가죽, 조각목, 등잔 기름, 분향할 때 쓰는 향료, 사람 머리에 붓는 기름, 대제사장의 예복인 에봇과 가슴 덮개에 달 줄마노와 보석들이다. 백성에게 말하여 나를 위한 거룩한 집인 성소를 짓게 하여라. 내가 그곳에 있으면서 백성과 함께 살 것이다. 내가 너에게 보여 주는 것과 똑같은 모양으로 회막과 그 안에 들어갈 모든 것을 만들어라."

언약궤

"조각목으로 궤를 만들어라. 그 상자는 길이가 이 규빗 반, 너비가 일 규빗 반, 높이가 일 규빗 반이 되게 하여라. 궤의 안과 밖을 금으로 입히고 그 둘레에는 금테를 둘러라. 궤를 위해 금고리 네 개를 만들어서 밑의 네 모서리에 달아라. 한쪽에 두 개를 달고 다른 쪽에 두 개를 달아라. 조각목으로 채를 만들어서 금으로 입혀라. 그 채들을 궤의 네 모서리에 있는 고리에 끼워서 궤를 운반할 때 사용하여라. 그 채들은 언제나 궤의 고리에 끼워 놓아라. 거기에서 채를 빼내지 마라. 궤 안에는 내가 너에게 줄 증거판을 넣어 두어라.

그리고 나서 순금으로 속죄판을 만들어라. 그것의 길이는 이 규빗 반, 너비는 일 규빗 반이 되게 하여라. 그리고 금을 두드려서 날개 달린 생물 모양을 한 그룹 둘을 만들어라. 그것을 속죄판 양쪽 끝에 하나씩 두어라. 그룹 하나는 속죄판 한쪽 끝에 두고, 다른 그룹은 다른 쪽 끝에 두어라. 그 그룹들을 속죄판에 잘 연결시켜서 전체가 하나가 되게 하여라. 그룹들의 날개를 위로 펴서 그 날개로 속죄판을 덮게 하고 속죄판 쪽으로 서로 마주 보게 하여라. 이 속죄판을 궤 위에 놓아라. 그리고 궤 안에는 내가 너에게 줄 증거판을 넣어 두어라. 내가 거기에서, 곧 언약궤 위에 있는 그룹 사이의 속죄판 위에서 너를 만나 줄 것이다. 내가 거기에서 이스라엘 백성에게 나의 모든 계명을 줄 것이다."

상

"조각목으로 상을 만들어라. 그 상은 길이가 이 규빗, 너비가 일 규빗, 높이가 일 규빗 반이 되게 하여라. 그 상을 순금으로 입히고 둘레에는 금테를 둘러라. 상 둘레에 높이가 한 뼘쯤 되게 턱을 만들고 그 턱에도 금테를 둘러라. 금고리 네 개를 만들어서 상의 네 모서리, 곧 상다리가 있는 곳에 그 금고리를 붙여라. 상 위의 턱에 가깝게 고리를 붙여서 거기에 채를 끼워 상을 운반할 수 있게 하여라. 조각목으로 채를 만들고 금으로 입혀라. 상을 운반할 때는 그 채로 운반하여라. 상 위에 놓을 접시와 대접을 순금으로 만들어라. 병과 잔도 순금으로 만들어라. 이것들은 부어 드리는 제물인 전제물을 바칠 때에 쓰는 것이다. 이 상 위에 진설병을 두고 항상 내 앞에 놓아두어라."

등잔대

"순금을 두드려 등잔대를 만들어라. 그 밑받침과 자루와 등잔과 꽃받침과 꽃잎은 하나로 붙게 하여라. 등잔대의 옆으로는 가지가 여섯 개 나와야 하는데 한쪽으로 세 개, 다른 쪽으로 세 개가 나오게 하여라. 각 가지에는 감복숭아꽃 모양의 잔을 세 개 만들고, 각 잔에는 꽃받침과 꽃잎을 만들어라. 등잔대의 자루에도 감복숭아꽃 모양의 잔을 네 개 만들고, 그 잔들에도 꽃받침과 꽃잎을 만들어라. 등잔대에서 뻗어 나온 가지 한 쌍마다 그 두 가지를 잇는 꽃받침을 아래에 만들어라. 가지들과 꽃받침들과 등잔대는 전체가 하나로 이어지게 하고 순금을 두드려 만들어라. 등잔 일곱 개를 만들어서 등잔대 위에 두어라. 그 등잔들은 등잔대 앞을 밝힐 것이다. 심지를 자르는 가위와 불똥 그릇도 순금으로 만들어라. 순금 한 달란트로 등잔대와 그 모든 기구를 만들어라. 내가 산에서 보여 준 모양 그대로 만들어라."

회막

"고운 모시와 파란 실, 자주색 실, 그리고 빨간 실로 천 열 폭을 짜고 그것으로 회막을 만들어라. 그리고 정교한 솜씨로 날개 달린 생물 모양을 한 그룹을 수놓아라. 각 천은 크기를 같게 하여 길이는 이십팔 규빗, 너비는 사 규빗으로 하여라. 다섯 폭을 이어서 하나로 만들고, 나머지 다섯 폭도 이어서 하나로 만들어라. 이어서 만든 각 천의 제일 아랫부분 가장자리에 파란 천으로 고리를 만들어라. 첫째 천의 가장자리에 만들 고리의 수는 오십 개이며, 둘째 천의 가장자리에 만들 고리의 수도 오십 개이다. 이 고리를 만들어서 각 고리들이 서로 맞물리게 하여라. 그리고 금으로 갈고리 오십 개를 만들어서 그 갈고리들로 두 천을 연결시켜라. 그렇게 하면 전체 회막이 하나로 연결될 것이다.

회막을 덮을 다른 장막을 또 만들어라. 이 장막은 염소털로 짠 천 열한 폭으로 만들어라. 각 천은 크기를 같게 하여 길이는 삼십 규빗, 너비는 사 규빗으로 하여라. 다섯 폭을 이어서 하나로 만들고, 나머지 여섯 폭도 이어서 하나로 만들어라. 여섯째 폭은 반으로 접어서 회막 앞을 덮어라. 이어서 만든 각 천의 제일 아랫부분 가장자리에 고리 오십 개를 만들고, 둘째 천의 가장자리에도 고리 오십 개를 만들어라.

그리고 놋갈고리 오십 개를 만들어 그 갈고리들로 두 천을 연결시켜라. 그렇게 하면 전체 덮개가 하나로 연결될 것이다. 나머지 천 반 폭은 회막 뒤에 늘어뜨려라. 이쪽에서 일 규빗, 저쪽에서 일 규빗이 남는 것을 회막의 양옆에 늘어뜨려 회막을 덮어라. 회막을 덮을 덮개를 두 개 더 만들어라. 하나는 붉게 물들인 숫양 가죽으로 만들고, 바깥 덮개는 고운 가죽으로 만들어라.

조각목으로 회막을 세울 널빤지를 만들어라. 널빤지 한 장의 크기는 길이가 십 규빗, 너비가 일 규빗 반이 되게 하여라. 각 널빤지마다 말뚝 두 개를 박아서 서로 연결하고 회막의 모든 널빤지마다 그렇게 하여라. 회막의 남쪽에 세울 널빤지 이십 개를 만들어라. 각 널빤지마다 그 아래에 말뚝을 박아 연결시킬 은받침 두 개를 만들어라. 회막의 북쪽에 세울 널빤지 이십 개를 더 만들어라. 그리고 은받침 사십 개를 만들어 널빤지마다 은받침을 두 개씩 받쳐라. 너는 회막의 뒤쪽, 곧 서쪽에 세울 널빤지 여섯 개를 만들어라. 뒤쪽의 두 모서리에는 널빤지 두 개를 만들어 세워라. 각 모서리에 세울 두 널빤지는 서로 연결되어야 하며, 두 널빤지는 밑에서부터 꼭대기까지 쇠고리로 연결하여라. 그렇게 하면 회막의 뒤쪽에는 널빤지가 모두 여덟 개가 되며 널빤지마다 은받침을 두 개씩 해서 은받침이 모두 열여섯 개가 되리라.

　회막의 널빤지들을 연결할 빗장을 조각목으로 만들어라. 회막
의 한 면에 빗장 다섯 개를 만들어라. 다른 면에도 빗장 다섯 개를
만들어라. 서쪽, 곧 뒤쪽의 널빤지들을 연결할 빗장 다섯 개도 만
들어라. 널빤지들의 가운데에 연결할 빗장은 끝에서 저 끝까지 이
어라. 너는 널빤지들을 금으로 입히고 널빤지의 옆면에는 빗장을
끼울 금고리를 만들어라. 그리고 빗장들도 금으로 입혀라. 내가 이
산에서 너에게 보여 준 모양대로 회막을 세워라.

　고운 모시와 파란 실, 자주색 실, 그리고 빨간 실로 휘장을 짜
거라. 그리고 정교한 솜씨로 날개 달린 생물 모양을 한 그룹을 그
휘장 위에 수놓아라. 그 휘장을 조각목으로 만든 네 기둥 위에 늘
어뜨려라. 금을 입힌 그 기둥들에는 금으로 만든 갈고리 네 개를
만들고 이를 은받침 네 개 위에 세워라. 그 휘장을 천장에 있는 갈
고리에 매달아 늘어뜨려라. 그리고 돌판 두 개가 들어 있는 언약궤
를 휘장 안에 두어라. 이 휘장은 성소와 지성소를 구별하는 휘장이
다. 지성소에 있는 언약궤 위에 속죄판을 덮어라. 휘장 바깥에 회막
북쪽으로 상을 놓아라. 그리고 회막의 남쪽, 곧 상의 맞은편에는
등잔대를 놓아라."

회막의 입구

　"회막으로 들어가는 입구를 가리는 막을 만들어라. 파란 실,
자주색 실, 그리고 빨간 실로 막을 짜거라. 그리고 수를 잘 놓는
사람이 그 위에 수를 놓아라. 그리고 조각목으로 기둥 다섯 개를
만들어서 금을 입혀라. 금갈고리도 다섯 개를 만들어서 거기에 휘
장을 걸어 늘어뜨려라. 그리고 기둥을 받칠 놋받침 다섯 개를 만
들어라."

제단

"**조**각목으로 제단을 만들어라. 제단은 길이가 오 규빗, 너비가 오 규빗인 정사각형이 되게 하고, 높이는 삼 규빗이 되게 하여라. 제단의 네 모서리에는 뿔을 하나씩 만들고 그 뿔은 제단에 붙어 있게 하여라. 그런 다음에 제단 전체를 놋으로 입혀라. 놋으로 제단 위에서 쓸 모든 연장과 그릇을 만들어라. 재를 담는 통과 삽과 대야와 고기 갈고리와 불타는 나무를 옮길 때 쓸 냄비를 만들어라. 불타는 나무를 담을 큰 놋그물을 만들어라. 석쇠의 네 모서리에는 놋고리 네 개를 만들어 붙여라. 그물을 제단 턱 아래, 땅과 제단 꼭대기의 중간쯤에 두어라. 조각목으로 제단을 옮기는 데 쓸 채를 만들어라. 그리고 그것을 놋으로 입혀라. 제단 양쪽의 고리에 채를 끼워 제단을 옮기는 데 사용하여라. 널빤지로 제단을 만들되 속은 비게 하여라. 내가 이 산에서 보여 준 모양 그대로 만들어라."

회막의 뜰

"너는 회막의 뜰을 만들어라. 남쪽에는 고운 모시로 만든 길이가 백 규빗인 휘장을 둘러서 울타리를 만들어라. 그쪽의 기둥 이십 개와 밑받침 이십 개는 놋으로 만들고 기둥의 갈고리와 고리는 은으로 만들어라. 남쪽과 마찬가지로 북쪽에도 길이가 백 규빗인 휘장을 둘러라. 그쪽도 기둥 이십 개와 밑받침 이십 개는 놋으로 만들고, 기둥의 갈고리와 고리는 은으로 만들어라. 서쪽에는 길이가 오십 규빗인 휘장을 둘러서 울타리를 만들고, 기둥과 밑받침은 열 개씩 만들어라. 동쪽 울타리의 길이도 오십 규빗으로 하여라. 한쪽 입구에는 길이가 십오 규빗인 휘장을 치고 거기에 기둥 세 개와 밑받침 세 개를 만들어라. 다른 쪽에도 길이가 십오 규빗인 휘장을 쳐

라. 거기에도 기둥 세 개와 밑받침 세 개를 만들어라. 뜰로 들어가는 입구에는 길이가 이십 규빗인 막을 만들어라. 그 막은 파란 실과 자주색 실과 빨간 실과 고운 모시로 정교하게 수놓아 짜라. 입구는 기둥 네 개와 밑받침 네 개로 만들어라. 뜰 둘레의 모든 기둥에는 은고리와 은갈고리와 놋밑받침을 만들어라. 뜰은 길이가 백 규빗, 너비가 오십 규빗이 되게 하여라. 뜰 둘레의 울타리 휘장은 높이가 오 규빗이 되게 하고 그 휘장은 고운 모시로 만들어라. 기둥의 밑받침은 놋으로 하여라. 회막에서 쓰는 모든 기구는 놋으로 만들고 회막과 뜰의 울타리의 모든 말뚝도 놋으로 만들어라.”

등불 기름

“이스라엘 백성에게 명령하여 올리브를 짜서 만든 기름을 가져오게 하여라. 그 기름으로 등불을 항상 켜 놓도록 하여라. 아론과 그의 아들들은 저녁부터 아침까지 여호와 앞에서 등불을 켜 놓고 지켜라. 등불을 켜 놓을 곳은 회막 안의 언약궤 앞에 쳐져 있는 휘장 밖이다. 이스라엘 백성과 그 자손은 지금부터 영원토록 이 규례를 지켜라.”

제사장의 옷

“네 형 아론과 그의 아들인 나답과 아비후와 엘르아살과 이다말을 불러 너에게로 오게 하여라. 그들을 이스라엘 백성과 구별하여라. 그들은 나를 섬기는 제사장이 될 것이다. 네 형 아론을 위해 영광스럽고 아름답게 보이는 거룩한 옷을 만들어라. 내가 옷 짓는 일에 특별한 솜씨를 준 사람들을 불러서 아론의 옷을 만들게 하여라. 그 옷을 아론에게 입혀 나를 섬길 거룩한 제사장이 되게 하여라. 그들이 만들어야 할 옷은 이러하니 가슴 덮개와 대제사장의 예복인 에봇과 겉옷과 줄무늬 속옷과 관과 띠이다. 네 형 아론과 그의 아들들이 그들이 만들어 준 거룩한 옷을 입고 나를 섬기는 제사장이 될 수 있도록 하여라. 기술이 좋은 사람들은 금실, 파란 실, 자주색 실, 빨간 실과 고운 모시로 그 옷들을 만들어라."

에봇

"기술이 좋은 사람들은 금실, 파란 실, 자주색 실, 빨간 실과 고운 모시로 에봇을 정교하게 만들어라. 에봇의 위쪽 모서리에는 멜빵을 달아서 어깨에 멜 수 있게 하여라. 기술이 좋은 사람들은 공을 들여서 에봇에 매는 띠를 같은 솜씨로 만들어라. 그 띠는 금실, 파란 실, 자주색 실, 빨간 실과 고운 모시로 에봇에 붙여서 짜라. 줄마노 두 개를 가져다가 거기에 이스라엘의 열두 아들들의 이름을 새겨라. 한 보석에 여섯 명의 이름을 새기고 다른 보석에도 여섯 명의 이름을 새겨라. 이름은 맏이부터 막내까지 나이 순서대로 새겨라. 마치 보석 다듬는 사람이 도장을 새기듯이 이스라엘의 아들들의 이름을 그 보석들에 새겨라. 그리고 그것을 금틀에 박아 넣어라. 그런 다음에 그 보석들을 에봇의 멜빵에 매달아라. 그것은 이스라엘의 열두 아들들을 기억나게 하는 보석이다. 아론은 그 이름들을 자기 어깨에 달고 다녀라. 그것은 여호와 앞에서 이스라엘의 아들들을 기억나게 하는 보석이다. 두 보석을 담을 금틀 두 개를 만들어라. 그리고 순금으로 노끈처럼 꼰 사슬 두 개를 만들고 그 꼰 사슬을 금틀에 매달아라."

가슴 덮개

"너는 가슴 덮개를 만들어서 재판을 할 때 쓸 수 있도록 하여라. 에봇을 만든 것과 같은 방법으로 금실, 파란 실, 자주색 실, 빨간 실과 고운 모시로 정교하게 짜서 가슴 덮개를 만들어라. 가슴 덮개는 정사각형 모양으로 두 겹이 되게 하여 길이와 너비가 모두 한 뼘 정도 되게 하여라. 가슴 덮개에 네 줄로 아름다운 보석을 박아라. 첫째 줄에는 홍옥과 황옥과 녹주석을 박고, 둘째 줄에는 홍수정, 청옥, 금강석을 박고, 셋째 줄에는 호박과 백마노와 자수정을 박고, 넷째 줄에는 녹주석과 줄마노와 벽옥을 박아라. 그리고 그 보석들을 금틀에 박아 넣어라. 가슴 덮개에는 보석이 모두 열두 개가 되게 하여라. 보석마다 열두 지파를 위해서 그 이름을 도장을 새기듯이 하나씩 새겨라. 가슴 덮개에 쓸 순금 사슬을 만들어라. 이 사슬들은 노끈처럼 꼬아 만들어라. 금고리 두 개를 만들고 그 금고리를 가슴 덮개의 위쪽 두 모서리에 달아라. 금사슬 두 개를 가슴 덮개의 양쪽 끝에 달려 있는 금고리 두 개에 하나씩 매고 금사슬의 다른 쪽 끝은 멜빵에 달려 있는 금틀에 매달아라. 그렇게 하면 금사슬은 에봇 앞쪽의 멜빵에 매달릴 것이다. 또 금고리를 두 개 더 만들어라. 그것을 가슴 덮개의 아래쪽 두 모서리, 곧 에봇과 맞닿는 안쪽 덮개에 매달아라. 그리고 금고리를 또 두 개 만들어라. 그것을 에봇 앞의 멜빵 끝, 곧 에봇의 공들여 짠 띠 위쪽 매는 곳에 매달아라. 가슴 덮개의 고리들을 에봇의 고리들과 파란 끈으로 묶어서 가슴 덮개가 에봇의 공들여 짠 띠 위에 놓이게 하고 또 가슴 덮개가 에봇에 너무 느슨하게 연결되지 않도록 하여라. 아론은 성소에 들어갈 때 이스라엘의 열두 아들의 이름을 가슴에 붙이고 들어가거라. 그 이름을 재판할 때 도움을 주는 가슴 덮개 위에 새겨라. 그것은 여호와 앞에서 언제나 이스라엘을 기억나게 할 것이다. 우림과 둠밈을 가슴 덮개 안에 넣어라. 그 물건들은 아론이 여호와 앞에 나아갈 때 그의 가슴 위에 있어야 한다. 그 물건들은 이스라엘 백성을 위해 재판할 때 도움을 줄 것이다. 아론은 언제나 여호와 앞에 나아갈 때마다 그것들을 몸에 지니고 있어야 한다.

에봇에 받쳐 입을 겉옷을 만들되 파란 실로만 만들어라. 그 가운데에는 아론의 머리가 들어갈 구멍을 만들고 구멍 둘레에는 깃을 짜서 구멍이 찢어지지 않도록 하여라. 파란 실과 자주색 실과 빨간 실로 석류 모양을 만들고 그 석류 모양을 겉옷 아래에 매달아라. 그리고 그 사이사이에는 금방울을 매달아라. 그래서 겉옷 아랫자락에 석류 모양과 금방울이 엇갈리면서 이어지도록 하여라. 아론은 제사장의 일을 행할 때에 그 옷을 입어라. 그렇게 해야 아론이 여호와를 섬기러 성소에 드나들 때에 방울 소리가 울릴 것이고 그래야 죽지 않을 것이다.

순금으로 패를 만들어라. 마치 도장을 새기듯이 그 패 위에 '여호와께 성결'이라는 글자를 새겨 넣어라. 그 금패를 제사장이 머리에 쓰는 관의 앞에 파란 끈으로 매어라. 아론은 그것을 자기 이마에 달아라. 그렇게 해서 이스라엘 백성이 제물로 바치는 것에 무슨 잘못이 있으면 아론이 그 죄를 대신 담당하게 하여라. 아론이 언제나 그것을 머리에 달고 있으면 내가 백성의 제물을 받아 줄 것이다.

고운 모시로 줄무늬 속옷을 만들어라. 그리고 고운 모시로 머리에 쓸 관도 만들고 수를 놓아 허리띠도 만들어라.

아론의 아들들을 위해서도 속옷과 허리띠와 관을 만들어라. 그래서 그들을 영광스럽고 아름답게 해 주어라. 이 옷들을 네 형제 아론과 그의 아들들에게 입혀라. 그리고 그들의 머리에 기름을 부어 그들을 제사장으로 삼아라. 그들을 거룩하게 구별하여 나를 섬기는 제사장이 되게 하여라. 몸의 부끄러운 부분을 가리기 위해 그들에게 허리에서 넓적다리까지 덮는 모시 바지를 만들어 입혀라. 아론과 그의 아들들은 회막에 들어갈 때 이 바지를 입어야 한다. 만약 이 옷을 입지 않으면 그것은 죄가 되고 그들은 죽을 것이다. 이것은 아론과 그의 자손이 지켜야 할 영원한 규례이다."

제사장을 거룩히 구별하여 세움

"너는 아론과 그의 아들들이 제사장으로서 나를 섬길 수 있도록 하여라. 그들을 거룩히 구별하여 세우는 법은 이와 같다. 수송아지 한 마리와 숫양 두 마리를 흠 없는 것으로 골라라. 무교병과 기름 섞인 무교 과자와 기름 바른 무교 전병을 고운 밀가루로 만들어라. 그것들을 모두 한 광주리에 담아서 그것을 수송아지와 숫양 두 마리와 함께 가지고 오너라. 아론과 그의 아들들을 회막 입구로 데려가서 물로 씻어라. 옷을 가지고 와서 속옷과 에봇의 겉옷과 대제사장의 예복인 에봇과 가슴 덮개를 아론에게 입혀라. 그리고 에봇을 공들여 짠 허리띠로 매 주어라. 아론의 머리에 관을 씌우고 거룩한 금패를 관에 매달아라. 특별한 기름을 가져다가 아론의 머리에 부어 발라라. 그리고 나서 그의 아들들을 데려다가 속옷을 입히고, 머리에 관을 씌우고, 허리에도 띠를 띠게 하여라. 아론과 그의 자손은 영원한 규례에 따라 이스라엘에서 제사장이 될 것이다. 너는 이렇게 아론과 그의 아들들을 제사장으로 임명하여라.

너는 회막 앞으로 준비한 수송아지를 끌고 오너라. 아론과 그의 아들들은 그 송아지의 머리 위에 손을 얹어라. 그런 다음에 그 송아지를 여호와 앞에서, 곧 회막 입구에서 죽여라. 송아지의 피를 얼마쯤 가지고 제단으로 나아가거라. 너의 손가락으로 피를 제단 뿔들에 바르고 남은 피는 제단 밑에 부어라. 내장을 덮고 있는 기름을 다 떼어 내어라. 그리고 간에 붙어 있는 것과 두 콩팥과 거기에 붙어 있는 기름도 다 떼어 낸 다음에 그 기름들을 제단 위에서 태워라. 송아지의 고기와 가죽과 똥은 진 밖에서 태워라. 이것이 죄를 씻는 제사인 속죄제이다.

숫양 두 마리 중에서 한 마리를 끌고 오너라. 아론과 그의 아들들에게 숫양의 머리에 손을 얹게 하여라. 그런 다음에 숫양을 잡아라. 그 피를 제단 둘레에 뿌려라. 숫양을 여러 조각으로 잘라 내고 그 내장과 다리는 씻어서 그것들을 잘라 낸 조각과 머리를 함께 놓고 숫양 전체를 제단 위에서 태워라. 이것이 나 여호와께 불로 태워 바치는 번제이며 그 냄새가 나를 기쁘게 하는 화제이다.

나머지 숫양 한 마리를 끌고 오너라. 아론과 그의 아들들에게 그 숫양의 머리에 손을 얹게 하여라. 그런 다음에 숫양을 잡고 그 피를 받아서 아론과 그의 아들들의 오른쪽 귓불에 바르고 그들의 오른손 엄지와 오른발 엄지에도 발라라. 그리고 나머지 피는 제단 둘레에 뿌려라. 그리고 나서 제단에서 피를 얼마쯤 가져다가 제사장을 임명할 때에 쓰는 특별한 기름과 섞어라. 그것을 아론과 그의 옷에 뿌리고 아론의 아들들과 그들의 옷에도 뿌려라. 그렇게 하면 아론과 그의 아들들과 그들의 옷이 거룩해질 것이다.

그런 다음에 숫양에서 기름을 떼어 따로 두어라. 기름진 꼬리와 내장을 덮은 기름을 떼어 따로 두어라. 간에 붙어 있는 것과 두 콩팥과 거기에 붙어 있는 기름도 다 떼어 따로 두어라. 그리고 오른쪽 넓적다리를 잘라 내어 따로 두어라. 이것이 제사장을 임명할 때 쓰는 숫양이다. 그 다음에 네가 여호와 앞에 놓아둔 광주리, 즉 무교병 광주리를 가져오너라. 거기에서 빵 한 조각과 기름 섞인 과자 하나와 기름을 바른 전병 하나를 꺼내어라. 그것들을 아론과 그의 아들들의 손에 얹어 주어라. 그래서 그것들을 나 여호와 앞에서 흔들어 바치는 요제로 드려라. 그런 다음에 너는 그들의 손에서 그 과자들을 받아서 번제물과 함께 제단 위에서 모두 태워라. 이것은 나 여호와께 바치는 화제이니 그 냄새가 나 여호와를 기쁘게 한다.

그리고 나서 아론을 제사장으로 임명할 때 쓴 숫양의 가슴을 가져다가 여호와 앞에서 요제로 바쳐라. 그 가슴은 너희의 몫이다. 아론과 그의 아들들을 제사장으로 세울 때 쓴 숫양 중에서 흔들어 바친 가슴과 넓적다리를 거룩히 구별하여라. 이것은 이스라엘 백성이 화목 제물 중에서 나 여호와께 바쳐야 할 예물인데, 이것은 이스라엘 백성이 언제나 아론과 그의 아들들에게 주어야 할 몫이다.

아론을 위해 만든 거룩한 옷은 그의 자손들에게 물려주어라. 그들이 제사장으로 임명받을 때 그 옷을 입고 기름부음을 받게 하여라. 아론의 뒤를 이어서 제사장이 될 아들은 회막에 들어가 성소에서 섬길 때에 이 옷을 칠 일 동안 입고 있어라.

제사장을 임명할 때에 쓴 숫양을 가져와서 그 고기를 성소에서 삶아라. 아론과 그의 아들들은 회막 입구에서 그 고기를 먹고 광주리에 들어 있는 빵도 먹어라. 이 예물은 그들을 제사장으로 임명할 때에 그들의 죄를 씻기 위해 사용한 것이니 거룩한 것이다. 그러므로 아론과 그 아들들만이 그 예물을 먹고 다른 사람은 먹지 마라. 그 숫양의 고기나 빵 중에서 이튿날 아침까지 남은 것이 있거든 그것을 불태워 버려라. 그것은 거룩한 것이므로 먹지 마라.

내가 너에게 명령한 대로 아론과 그의 아들들을 제사장으로 임명하는 예식을 칠 일 동안 치러라. 너는 그 칠 일 동안 매일 수소 한 마리씩을 바쳐라. 그것은 아론과 그의 아들들의 속죄 제물이다. 너는 제단을 준비하여 깨끗하게 하고 제단에 기름을 부어 거룩하게 하여라. 너는 제단을 준비하여 거룩하게 하는 일을 칠 일 동안 하여라. 그러면 그 제단은 매우 거룩해지며 그 제단에 닿는 것도 거룩하게 될 것이다."

매일 바치는 제물

"네가 제단 위에 바쳐야 할 제물은 이러하다. 너는 일 년 된 어린 양 두 마리를 날마다 바쳐라. 그중에서 한 마리는 아침에 바치고 다른 한 마리는 저녁에 바쳐라. 아침에 양 한 마리를 바칠 때는 고운 밀가루 십분의 일 에바와 짜서 만든 기름 사분의 일 힌을 섞어서 함께 바쳐라. 그리고 포도주 사분의 일 힌을 부어 드리는 전제물로 바쳐라. 다른 한 마리는 저녁에 바쳐라. 그때는 아침에 바쳤던 것과 마찬가지로 곡식 제물과 전제물을 함께 바쳐라. 이것은 나 여호와께 바치는 화제이다. 그 냄새가 나 여호와를 기쁘게 한다. 이것은 너희가 대대로 회막 입구에서 날마다 여호와 앞에 바칠 번제이다. 내가 그곳에서 너희를 만나 주겠고 너희에게 말할 것이다. 내가 그곳에서 이스라엘 백성을 만나 주리니 그곳은 영광으로 거룩해질 것이다. 내가 회막과 제단을 거룩하게 하고 아론과 그의 아들들을 거룩하게 하여 제사장으로서 나를 섬기도록 할 것이다. 나는 이스라엘 백성과 함께 살고 그들의 하나님이 될 것이다. 그들은 내가 그들을 이집트에서 인도해 낸 그들의 여호와 하나님이라는 것을 알게 될 것이다. 내가 그런 일을 한 것은 그들과 함께 살기 위함이니 나는 그들의 여호와 하나님이다."

향 제단

"조각목으로 향을 피울 제단을 만들어라. 그것은 길이도 일 규빗, 너비도 일 규빗인 정사각형이 되게 하여라. 그리고 높이는 이 규빗으로 하여라. 단 네 모퉁이에는 뿔이 나오도록 만들고 그 뿔들은 제단과 이어져서 하나가 되게 하여라. 제단의 위와 옆과 모서리와 뿔을 순금으로 덮고 제단 둘레에는 금테를 둘러라. 제단 양쪽의 금테 아래로 금고리 두 개를 만들어 달아라. 제단을 나를 때는 그 금고리 안에 채를 끼워 넣어서 옮겨라. 채는 조각목으로 만들고 금을 입혀라. 언약궤 앞에 있는 휘장 밖에 이 향 제단을 놓아라. 곧 그 언약궤를 덮고 있는 속죄판 앞에 제단을 놓아라. 그곳에서 내가 너를 만날 것이다. 아론은 아침마다 등잔을 살피러 오면서 그 제단 위에 향기로운 향을 피워야 한다. 아론은 저녁에 등잔불을 켤 때에도 그때마다 향을 피워야 한다. 그래서 너희는 대대로 날마다 여호와 앞에서 향이 피어오르게 하여라. 이 제단 위에서는 다른 향이나 번제물이나 곡식 제물을 바치지 마라. 그리고 부어 드리는 전제물도 바치지 마라. 일 년에 한 번 아론은 제단 뿔에 피를 부어서 죄를 씻는 의식을 행하여라. 그 피는 죄를 씻기 위해 바치는 피다. 아론은 지금부터 일 년에 한 번씩 대대로 이 의식을 행하여라. 그 제단은 여호와께 가장 거룩한 것이다."

회막을 위해 내는 세금

여호와께서 모세에게 말씀하셨습니다. "너는 이스라엘 백성의 수를 세어라. 그때에 모든 사람이 자기 목숨을 대신한 값을 여호와께 바치게 하여라. 그래야 백성의 수를 셀 때 그들에게 재앙이 일어나지 않을 것이다. 인구 조사를 받는 사람은 누구나 성소의 세겔대로 은 반 세겔을 내게 하여라. 한 세겔은 이십 게라이다. 그것은 여호와께 바치는 예물이다. 인구 조사를 받는, 곧 스무 살 이상인 사람은 누구나 여호와께 그만큼 바쳐라. 부자라고 해서 더 많이 내지도 말고 가난한 사람이라고 해서 적게 내지도 마라. 너희가 바치는 것은 너희 목숨을 대신해서 여호와께 바치는 것이다. 너는 이스라엘 백성이 목숨을 대신해서 내는 돈을 받아서 회막의 봉사를 위해 쓸 수 있게 하여라. 그러면 나 여호와가 이스라엘 백성을 기억하여 생명을 지켜 줄 것이다."

놋물동이

여호와께서 모세에게 말씀하셨습니다. "씻는 데 쓸 물동이와 그 받침을 놋으로 만들어라. 물동이와 받침을 회막과 제단 사이에 놓고 물을 담아라. 아론과 그의 아들들은 이 물동이의 물로 손과 발을 씻어라. 그들이 회막에 들어가거나 제사장으로서 제단에 가까이 나아가서 여호와께 화제를 바치려 할 때에는 이 물로 미리 손과 발을 씻어야 한다. 그렇게 해야 죽지 않을 것이다. 그들은 손과 발을 씻어야 죽지 않는다. 이것은 아론과 그의 자손에게 영원한 규례가 될 것이다."

거룩히 구별할 때 쓰는 기름

여호와께서 모세에게 말씀하셨습니다. "가장 좋은 향품을 가져오너라. 몰약 오백 세겔, 향기로운 육계를 그 절반, 곧 이백오십 세겔, 향기로운 창포 이백오십 세겔, 계피 오백 세겔을 가져오너라. 이 모든 것을 성소에서 다는 무게로 달아라. 그리고 올리브 기름 한 힌도 가져오너라. 이 모든 것을 향료를 만들 때처럼 섞어서 거룩한 기름을 만들어라. 그것이 거룩히 구별하는 데 쓰이는 기름이 될 것이다. 너는 그것을 회막과 내 언약이 들어 있는 언약궤에 발라라. 상과 그 모든 기구, 등잔대와 그 기구, 향을 피우는 제단에도 발라라. 그리고 번제단과 그 모든 기구에도 바르고 물동이와 그 받침에도 발라라. 이 모든 것을 거룩히 구별하여서 가장 거룩하게 하여라. 이 모든 것에 닿는 것이 다 거룩해질 것이다. 아론과 그의 아들들에게 기름을 발라서 거룩히 구별하여라. 그래서 나를 섬기는 제사장이 될 수 있도록 하여라. 이스라엘 백성에게 이렇게 말하여라. '이것은 지금부터 대대로 나의 거룩한 기름이 될 것이다. 이것은 사람이나 물건을 거룩히 구별할 때에 쓸 것이다. 보통 사람의 몸에는 그것을 붓지 마라. 이 기름을 만드는 것과 같은 방법으로 다른 기름을 만들어서도 안 된다. 그것은 거룩한 것이므로 너희는 그것을 거룩히 여겨라. 누구든지 그런 기름을 만들거나 그것을 제사장이 아닌 사람에게 붓는 사람은 백성 중에서 끊어질 것이다.'"

향

여호와께서 모세에게 말씀하셨습니다. "너는 향품들을 가져오되 소합향과 나감향과 풍자향과 순수한 유향을 가져오너라. 그리고 그것들을 같은 분량으로 섞어라. 너는 향을 만들되 향료를 만들 때처럼 만들어라. 거기에 소금을 쳐서 깨끗하고 거룩하게 하여라. 그중에서 얼마를 빻아 고운 가루로 만들고 그중에서 얼마를 회막에 있는 언약궤 앞에 놓아라. 그 향은 너희에게 가장 거룩한 것이다. 너희는 이런 방법으로 이 향을 만들어서 너희 마음대로 쓰면 안 된다. 너희는 그것을 여호와께 가장 거룩한 것으로 여겨라. 누구든지 그것을 향료로 쓰려고 만드는 사람은 백성 중에서 끊어질 것이다."

브살렐과 오홀리압

여호와께서 모세에게 말씀하셨습니다. "자, 내가 유다 지파에서 우리의 아들 브살렐을 뽑을 것이다. 우리는 훌의 아들이다. 나는 브살렐에게 하나님의 영을 가득 채워 주고 그에게 모든 일을 할 수 있는 기술과 능력과 지식을 줄 것이다. 설계를 잘하고 또 금과 은과 놋으로 그 설계대로 만들 수 있는 재능을 그에게 주리니, 그는 보석을 다듬을 줄도 알고 나무를 조각할 줄도 아는 온갖 손재주를 다 갖게 될 것이다. 내가 또 단 지파 사람인 아히사막의 아들 오홀리압을 뽑을 것이다. 오홀리압은 브살렐과 함께 일할 것이다. 나는 기술이 좋은 모든 사람에게도 기술을 더하여 내가 너

에게 명령한 것을 다 만들 수 있게 할 것이다. 곧 회막과 언약궤와
언약궤를 덮는 속죄판과 회막 안의 모든 기구와 상과 그 기구와 순
금 등잔대와 그 기구와 향 제단과 번제단과 그 모든 기구와 물동이
와 그 받침과 아론과 그의 아들들이 제사장으로서 일할 때에 입을
옷과 거룩한 옷과 거룩히 구별할 때에 쓸 기름과 성소에서 쓸 향기
로운 향을 만들 수 있게 할 것이다. 그들은 내가 너에게 명령한 대
로 이 모든 것을 다 만들 것이다."

안식일

여호와께서 모세에게 말씀하셨습니다. "이스라엘 백성에게 전하
여라. '너희는 내 안식일을 지켜라. 이것은 지금부터 나와 너희 사이
에 표징이 될 것이다. 이 표징으로 너희는 여호와인 내가 너희를 거
룩하게 만들었다는 것을 알게 될 것이다. 안식일을 거룩하게 지켜
라. 안식일을 다른 날과 똑같이 여기는 사람은 죽을 것이다. 누구
든지 안식일에 일하는 사람은 그 백성 중에서 끊어질 것이다. 육 일
동안은 일을 하여라. 그러나 칠 일째 되는 날은 나 여호와를 기리기
위해 쉬는 안식일이므로 거룩하게 지켜라. 누구든지 그날에 일을
하는 사람은 죽을 것이다. 이스라엘 백성은 안식일을 기억하고 그
날을 영원한 언약으로 삼아 자손 대대로 지켜라. 안식일은 나와 이
스라엘 백성 사이의 영원한 표징이다. 이는 여호와인 내가 육 일 동
안은 하늘과 땅을 만들고 칠 일째 되는 날에는 일을 하지 않고 쉬
었기 때문이다.'"

여호와께서 시내 산에서 모세에게 말씀하시기를 마치셨습니다.
여호와께서는 모세에게 언약의 말씀을 새긴 증거판 두 개를 주셨습
니다. 그 돌판 위의 말씀은 여호와께서 손수 쓰신 것입니다.

이스라엘 백성이 금송아지를 만들다

백성은 모세가 산에서 내려오는 것이 늦어지자 아론에게 몰려와서 말했습니다. "우리를 이집트 땅에서 인도해 낸 모세가 어떻게 되었는지 모르겠으니 우리를 인도할 신을 만들어 주시오." 아론이 백성에게 말했습니다. "여러분의 아내와 아들과 딸이 달고 있는 금귀고리를 빼서 나에게 가지고 오시오." 그리하여 모든 백성은 달고 있던 금귀고리를 빼서 아론에게 가지고 갔습니다. 아론은 백성에게서 받은 금을 녹인 다음 그것을 틀에 부어 송아지상을 만들었습니다. 그러자 백성이 말했습니다. "이스라엘아! 이것이 너희를 이집트 땅에서 인도해 낸 신이다!" 아론은 그 모습을 보고 송아지상 앞에 제단을 쌓았습니다. 그런 다음에 아론이 선언했습니다. "내일 여호와를 위한 절기를 지키겠다." 이튿날 아침 백성은 일찍 일어났습니다. 그들은 번제와 화목제를 드렸습니다. 백성은 앉아서 먹고 마시다가 일어나서 마음껏 즐기며 놀았습니다.

여호와께서 모세에게 말씀하셨습니다. "당장 이 산에서 내려가거라. 네가 이집트 땅에서 인도해 낸 네 백성이 끔찍한 죄를 짓고 있다. 그들은 내가 명령한 일들을 벌써부터 어기고 있다. 그들은 스스로 금송아지를 만든 뒤 그 송아지를 섬기며 거기에 제물을 바쳤다. 백성은 '이스라엘아, 이것이 너희를 이집트에서 인도해 낸 너희 신이다'라고 말하고 있다." 여호와께서 모세에게 말씀하셨습니다. "나는 이 백성이 얼마나 완고한 백성인가를 보았다. 그러니 이제는 나를 말리지 마라. 나의 노여움이 너무 크므로 나는 그들을 멸망시키겠다. 하지만 너만은 살려 두어 큰 민족을 만들어 주겠다."

그러나 모세는 여호와 하나님께 매달렸습니다. "여호와여, 어찌하여 주님의 백성에게 노여워하십니까? 주님께서는 크신 능력과 힘으로 이 백성을 이집트에서 인도해 내시지 않으셨습니까? 만약 주님께서 노하시면 이집트 백성이 '여호와가 이스라엘 백성을 이집트에서 인도해 낸 것은 그들을 산에서 죽이고 이 땅 위에서 멸망시키기 위해서였구나' 하고 말할 것 아닙니까? 그러니 노여움을 거두어 주십시오. 주의 백성에게 재앙을 내리지 마십시오. 주의 종인 아브라함과 이삭과 이스라엘을 기억해 주십시오. 주님께서는 그들에게 '내가 너희 자손을 하늘의 별처럼 많게 할 것이다. 그리고 내가 약속한 이 모든 땅을 너희 자손에게 주어 그 땅을 영원히 물려받게 할 것이다' 하고 주님 자신을 걸고 맹세하지 않으셨습니까?" 그러자 여호와께서 마음을 돌리셨습니다. 여호와께서는 처음에 뜻하셨던 것과는 달리 자기 백성을 멸망시키지 않으셨습니다.

모세는 산에서 내려갔습니다. 모세의 손에는 언약이 새겨진 돌판 두 개가 있었습니다. 명령하신 말씀은 각 돌판의 앞뒤에 새겨져 있었습니다. 하나님께서 손수 그 돌판을 만드셨습니다. 그리고 하나님께서 손수 그 돌판 위에 명령하신 말씀을 새기셨습니다. 여호수아가 백성이 시끄럽게 떠드는 소리를 듣고 모세에게 말했습니다. "백성들이 사는 천막에서 싸우는 소리가 납니다." 모세가 대답했습니다. "그것은 싸움에 이긴 자들이 지르는 소리도 아니고 싸움에서 진 자들이 내는 소리도 아니다. 내가 듣는 소리는 노래하는 소리일 뿐이다." 모세가 천막에 가까이 가서 보니 금송아지 앞에서 백성들이 춤추는 모습이 보였습니다. 모세는 매우 화가 났습니다. 모세는 가지고 온 돌판들을 산기슭에서 내던졌습니다. 모세는 백성이 만든 금송아지를 불로 녹인 다음에 금을 갈아서 가루로 만들었습니다. 그러고는 금가루를 물에 넣어서 이스라엘 백성에게 그 물을 마시게 했습니다.

모세가 아론에게 말했습니다. "도대체 이 백성이 형님에게 무슨 일을 했기에 형님은 그들이 이렇게 끔찍한 죄를 짓게 하셨습니까?"

아론이 대답했습니다. "내 주여, 노하지 마시오. 그대도 알듯이 이 백성이 죄에 빠져 있기 때문이오. 이 백성이 나에게 '우리를 이집트 땅에서 인도해 낸 모세가 어떻게 되었는지 모르겠으니 우리를 인도할 신을 만들어 주시오' 하고 말했소. 그래서 나는 백성에게 '누구든지 금을 가진 사람은 그것을 빼시오'라고 말했소. 그들은 나에게 금을 가지고 왔고 그 금을 불에 던졌더니 이 송아지가 나온 것이오."

모세는 백성이 제멋대로 날뛰는 모습을 보았습니다. 아론이 그렇게 제멋대로 날뛰게 하여 원수들의 웃음거리가 되게 한 것입니다. 모세는 진의 입구에 서서 말했습니다. "누구든지 여호와를 따르고자 하는 사람은 나에게로 오너라." 그러자 레위 집안의 모든 사람들이 모세에게 모여들었습니다. 모세가 그들에게 말했습니다. "이스라엘의 하나님이신 여호와께서 이렇게 말씀하셨다. '너희는 모두 옆에 칼을 차고 진의 이 문에서 저 문으로 다니며 너희 형제와 친구와 이웃을 죽여라.'" 레위 집안의 백성은 모세에게 복종했습니다. 그날 이스라엘 백성 중에서 삼천 명가량이 죽었습니다. 모세가 말했습니다. "오늘 여러분은 여호와를 섬기기 위해 기꺼이 여러분의 자녀와 형제를 희생시켰으니 하나님께서 여러분에게 복을 주실 것이오."

이튿날 모세가 백성에게 말했습니다. "여러분은 끔찍한 죄를 지었소. 그러나 나는 이제 여호와께 올라갈 것이오. 혹시나 여러분의 죄가 용서받을 수 있는 길이 있을지도 모르겠소." 그리하여 모세는 다시 여호와께 돌아가 말했습니다. "제가 주님께 말씀드립니다. 이 백성이 큰 죄를 지었습니다. 그들은 금으로 신을 만들었습니다. 하지만 이제 그들의 죄를 용서하여 주십시오. 만약 용서하지 않으시려거든 주님께서 주의 백성의 이름을 적으신 책에서 제 이름을 지워 버리십시오." 여호와께서 모세에게 말씀하셨습니다. "누구든지 나에게 죄를 지으면 그 사람의 이름을 내 책에서 지울 것이다. 너는 이제 가서 내가 말한 곳으로 백성을 인도하여라. 내 천사가 너를 인도해 줄 것이다. 그러나 벌을 내릴 때가 오면 내가 죄를 지은 백성에게 벌을 내릴 것이다."

그리하여 여호와께서는 백성에게 끔찍한 일이 일어나게 하셨습니다. 왜냐하면 그들이 아론이 만든 송아지로 죄를 지었기 때문입니다.

여호와께서 모세에게 말씀하셨습니다. "너는 네가 이집트에서 인도해 낸 백성과 함께 이 땅을 떠나서 내가 아브라함과 이삭과 야곱에게 '내가 너희 자손에게 이 땅을 주겠다'고 맹세한 땅으로 가거라. 내가 너를 인도할 한 천사를 보내 주겠다. 그리고 내가 가나안 사람과 아모리 사람과 헷 사람과 브리스 사람과 히위 사람과 여부스 사람을 그 땅에서 쫓아내겠다. 젖과 꿀이 흐르는 비옥한 땅으로 올라가거라. 하지만 나는 너희와 함께 가지 않을 것이다. 왜냐하면 너희는 너무나 고집이 센 백성이라서 내가 그리로 가는 도중에 너희를 멸망시킬지도 모르기 때문이다."

백성은 이 나쁜 소식을 듣고 큰 소리로 울었습니다. 그래서 아무도 장식물을 몸에 걸치지 않았습니다. 여호와께서 모세에게 말씀하셨습니다. "너는 이스라엘 백성에게 이와 같이 말하여라. '너희는 고집이 센 백성이다. 내가 너희와 함께 올라가면 너희를 멸망시킬지도 모른다. 그러니 너희 몸에서 장식물을 떼어 내어라. 너희에게 어떻게 해야 할지를 이제 내가 결정할 것이다.'" 그래서 이스라엘 백성은 시내 산에서 몸의 장식물을 떼어 냈습니다.

회막

모세는 항상 장막을 가져다가 백성들이 사는 곳에서 멀리 떨어진 곳에 세우곤 했습니다. 모세는 그 장막을 회막이라고 불렀습니다. 누구든지 여호와의 뜻을 알기를 원하는 사람은 진 밖에 있는 회막으로 갔습니다. 모세가 회막으로 갈 때마다 모든 백성은 자리에서 일어나서 자기 장막 입구에 선 채 모세가 회막으로 들어갈 때까지 지켜보았습니다. 모세가 회막에 들어갈 때에는 언제나 구름 기둥이 내려왔습니다. 구름 기둥은 여호와께서 모세에게 말씀하시는 동안 회막 입구에 서 있었습니다. 백성은 회막 입구에 구름 기둥이 서 있는 것을 보고 한 사람도 빠짐없이 자리에서 일어나 자기 장막 입구에서 절을 했습니다. 여호와께서는 마치 사람이 자기 친구에게 말하듯이 모세와 얼굴을 맞대고 말씀하셨습니다. 말씀이 끝나면 모세는 진으로 돌아왔습니다. 하지만 모세의 젊은 보좌관 눈의 아들 여호수아는 회막을 떠나지 않았습니다.

모세가 여호와께 말씀드렸습니다. "주님께서는 저에게 이 백성을 인도하라고 말씀하셨습니다. 하지만 주님께서는 누구를 저와 함께 보내실 것인지에 대해서는 말씀하지 않으셨습니다. 주님께서는 저에게 '나는 너의 모든 것을 안다. 너는 나에게 은혜를 입었다' 하고 말씀하셨습니다. 제가 정말 주님께 은혜를 입었다면 주의 계획을 저에게 보여 주십시오. 그렇게 하셔서 저도 주님을 알게 해 주시고 계속해서 주님께 은혜를 받을 수 있게 해 주십시오. 이 백성은 주님의 백성이라는 것을 기억해 주십시오." 여호와께서 대답하셨습니다. "내가 친히 너와 함께 가겠다. 네가 안심할 수 있도록 해 주겠다." 모세가 여호와께 말씀드렸습니다. "주님께서 친히 저희와 함께 가지 않으시려면 저희를 이곳에서 올려 보내지 마십시오. 주님께서 저희와 함께 가시지 않으면 주님께서 저와 주님의 백

성에게 은혜를 베푸신다는 것을 어떻게 알겠습니까? 주님이 우리
와 함께 계시기 때문에 주님의 백성이 땅 위의 다른 백성과 다른
것이 아닙니까?"

여호와께서 모세에게 말씀하셨습니다. "네가 원하는 대로 해 주
겠다. 그것은 내가 너를 너무나 잘 알고 또 너는 내게 은혜를 입은
사람이기 때문이다."

모세와 하나님의 영광

모세가 말했습니다. "주님, 제발 주님의 영광을 보여 주십시오."
여호와께서 대답하셨습니다. "내가 나의 모든 은총을 네 앞에 지나
가게 하겠다. 그리고 네 앞에서 나 여호와의 이름을 선포할 것이다.
나는 은혜를 베풀 사람에게 은혜를 베풀고 자비를 베풀 사람에게
자비를 베풀 것이다. 그러나 너는 내 얼굴을 볼 수 없을 것이다. 왜
냐하면 나를 보고도 살 수 있는 사람은 아무도 없기 때문이다." 여
호와께서 말씀을 계속하셨습니다. "모세야, 나에게서 가까운 곳의
바위 위에 서 있어라. 나의 영광이 그곳을 지나갈 때에 너를 그 바
위틈에 넣고 내가 다 지나갈 때까지 너를 내 손으로 가릴 것이다.
그런 다음에 내 손을 치우면 너는 내 등은 볼 수 있지만 내 얼굴은
볼 수 없을 것이다."

모세가 새 돌판을 얻다

여호와께서 모세에게 말씀하셨습니다. "처음 것과 같은 돌판
두 개를 깎아라. 네가 깨뜨려 버린 처음 돌판에 썼던 것과
똑같은 글을 거기에 써 주겠다. 내일 아침까지 준비한 다음 아침
에 시내 산으로 올라와서 산꼭대기에서 내 앞에 서라. 아무도 너를
따라오지 못하게 하여라. 산에 그 누구의 모습도 보이면 안 된다.

산 근처에서는 양이나 소에게도 풀을 뜯게 하지 마라." 모세는 처음 것과 같은 돌판 두 개를 깎았습니다. 그리고 이튿날 아침 일찍 일어나 시내 산으로 올라갔습니다. 모세는 여호와께서 명령하신 대로 했습니다. 모세는 돌판 두 개를 가지고 올라갔습니다. 그러자 여호와께서 구름 속으로 내려오셔서 모세와 함께 서셨습니다. 그리고 여호와라는 이름을 선포하셨습니다. 여호와께서 모세 앞을 지나가시며 말씀하셨습니다. "나는 여호와이다. 여호와는 자비롭고 은혜로운 하나님이다. 나는 그리 쉽게 노하지 않으며 사랑과 진실이 큰 하나님이다. 나는 수천 대에 이르기까지 한결같은 사랑을 베풀며 잘못과 허물과 죄를 용서할 것이다. 하지만 죄를 그냥 보고 넘기지는 않겠다. 나는 죄를 지은 사람뿐만 아니라 그의 삼대나 사대 자손에게까지 벌을 내릴 것이다." 모세는 급히 엎드려 절을 했습니다. 모세가 말했습니다. "주님, 제가 주님께 은혜를 입었다면 저희와 함께 가 주십시오. 비록 이 백성은 고집이 센 백성이지만 저희의 잘못과 죄를 용서해 주십시오. 저희를 주님의 백성으로 삼아 주십시오."

여호와께서 말씀하셨습니다. "내가 이제 너희와 이 언약을 세우겠다. 내가 너희 모든 백성 앞에서 기적을 일으키겠다. 그것은 이 땅 위의 어떤 나라에서도 일어난 적이 없는 기적이다. 너희와 함께 사는 모든 백성이 여호와의 일을 보게 되리니 내가 너희에게 놀라운 일을 행할 것이다.

내가 오늘 너희에게 명령하는 것을 지켜라. 그러면 내가 너희 원수들을 너희 땅에서 쫓아내겠다. 내가 아모리 사람과 가나안 사람과 헷 사람과 브리스 사람과 히위 사람과 여부스 사람을 너희 앞에서 쫓아낼 것이다. 조심하여라. 너희가 가고 있는 땅에 사는 사람들과 어떠한 언약도 맺지 마라. 만약 언약을 맺으면 그것이 너희에

게 재앙을 가져올 것이다. 그들의 제단을 부수고 그들의 돌기둥을
무너뜨려라. 그들의 아세라 우상을 베어 버려라. 다른 신을 섬기지
마라. 왜냐하면 '질투의 신'이라는 이름을 가진 나 여호와는 질투하
는 하나님이기 때문이다. 조심하여라. 그 땅에 사는 백성과 어떤 언
약도 맺지 마라. 그들은 음란하게 헛된 신들을 섬기고 제물을 바친
다. 그러니 그들이 너희를 초대하면 너희는 그들과 어울려 그들의
제물을 먹게 될지도 모른다. 너희가 그들의 딸들 중에서 너희 아들
의 아내를 고른다면 그들의 딸은 음란하게 헛된 신을 섬기니 너희
아들도 음란하게 헛된 신을 섬기게 될 것이다.

금속을 녹여 신상을 만들지 마라.

무교절을 지켜라. 내가 명령한 대로 너희는 아빕 월의 정해진 때
에 칠 일 동안 무교병을 먹어라. 그달에 너희가 이집트에서 나왔기
때문이다. 처음 태어난 것은 다 내 것이다. 너희 짐승 가운데 소든
양이든 처음 태어난 것은 다 내 것이다. 나귀는 양으로 대신해서 바
칠 수 있지만 양으로 나귀를 대신해서 바치기를 원하지 않으면 나
귀의 목을 꺾어라. 너희의 자녀 중에서 맏아들은 다른 것으로 대신
해서 바쳐라. 나에게 올 때는 아무도 빈손으로 오지 마라.

너희는 육 일 동안은 일을 하고 칠 일째 되는 날에는 쉬어라. 밭
을 갈거나 거두는 계절에도 쉬어라. 밀을 처음 거두어들일 때는 칠
칠절을 지켜라. 그리고 가을에는 수장절을 지켜라. 해마다 세 번 너
희 모든 남자는 이스라엘의 하나님이신 주 여호와께 나아오너라.
내가 이방 나라들을 너희 앞에서 쫓아내 줄 것이다. 내가 너희 땅의
경계를 넓혀 줄 것이다. 너희는 여호와 너의 하나님께 해마다 세 번
나아오너라. 그때는 아무도 너희 땅을 넘보지 않을 것이다.

나에게 피의 제물을 바칠 때 누룩이 든 것과 함께 바치지 마라.
그리고 유월절 때 나에게 바친 제물은 다음 날 아침까지 남겨 두

지 마라. 너희 땅에서 거둔 가장 좋은 첫 열매는 너희 하나님이신 여호와의 집에 가져가거라. 너희는 새끼 염소를 그 어미의 젖에 삶지 마라."

여호와께서 모세에게 말씀하셨습니다. "이 말을 적어라. 그것은 내가 이 말로 너와 이스라엘에게 언약을 세워 주었기 때문이다." 모세는 거기에서 사십 일 밤낮을 여호와와 함께 지냈습니다. 그동안 모세는 음식도 먹지 않고 물도 마시지 않았습니다. 모세는 언약의 말씀, 곧 십계명을 돌판에 적었습니다.

모세의 얼굴이 빛나다

모세가 시내 산에서 내려왔습니다. 모세는 손에 언약의 돌판 두 개를 들고 있었습니다. 모세는 여호와와 함께 이야기를 했기 때문에 그 얼굴이 빛나고 있었지만 자신은 그 사실을 모르고 있었습니다. 아론과 이스라엘의 모든 백성은 모세의 얼굴이 빛나는 것을 보았습니다. 그래서 그들은 모세의 곁에 가까이 가기를 두려워했습니다. 하지만 모세가 그들을 부르자 아론을 비롯해서 백성의 모든 지도자들이 모세 쪽으로 몸을 돌렸습니다. 그러자 모세가 그들에게 말을 했습니다. 그때에야 비로소 그들이 모세에게 가까이 나아왔습니다. 모세는 여호와께서 시내 산에서 주신 모든 계명을 그들에게 주었습니다. 모세는 백성에게 말하기를 마친 다음에 수건으로 얼굴을 가렸습니다.

그러나 모세는 여호와께 나아가 주님과 이야기를 할 때는 수건을 벗고 밖으로 나올 때까지 수건을 쓰지 않았습니다. 그 후 모세가 밖으로 나와서 여호와께서 명령하신 것을 이스라엘 백성에게 전해 주었을 때 이스라엘 백성이 모세의 얼굴이 빛나는 것을 보게 되었으므로, 다음에 또다시 여호와와 이야기하러 들어갈 때까지 모세는 얼굴을 가리고 있었습니다.

안식일에 관한 규례

모세가 모든 이스라엘 무리를 모아 놓고 말했습니다. "이것은 여호와께서 여러분에게 명령하신 것이오. '육 일 동안은 일을 하여라. 그러나 칠 일째 되는 날은 여호와를 기리기 위해 쉬는 안식일이므로 거룩하게 지켜라. 누구든지 그날에 일을 하는 사람은 죽을 것이다. 안식일에는 누구의 집에서든 불을 피우지 마라.'"

모세가 모든 이스라엘 백성에게 말했습니다. "여호와께서 이렇게 명령하셨소. '너희가 가진 것 중에서 여호와께 예물을 바쳐라. 누구든지 바치고 싶은 사람이 여호와께 바칠 예물은 이러하니, 곧 금, 은, 놋, 파란 실, 자주색 실, 빨간 실, 고운 모시, 염소털, 붉게 물들인 숫양 가죽, 부드러운 가죽, 조각목, 등잔 기름, 분향할 때 쓰는 향료, 사람 머리에 붓는 기름, 대제사장의 예복인 에봇과 가슴 덮개에 달 줄마노와 보석들을 바쳐라.

기술이 좋은 사람들은 다 와서 여호와께서 명령하신 것을 만들어라. 회막과 그 덮개와 그 윗덮개와 갈고리와 널빤지와 빗장과 회막 기둥과 밑받침과 언약궤와 그 채와 속죄판과 그 앞의 휘장과 상과 그 채와 그 밖의 모든 기구와 그리고 진설병과 불을 켤 등잔대와 그 모든 기구와 불을 켤 등과 기름과 향 제단과 그 채와 거룩히 구별하는 기름과 향기로운 향과 회막 입구에 칠 휘장과 번제단과 그 놋그물과 그 채와 모든 기구와 놋물동이와 그 밑받침과 뜰 둘레의 휘장과 그 기둥과 밑받침과 뜰 입구의 휘장과 회막과 뜰의 말뚝과 그 밧줄과 제사장이 성소에서 입을 특별한 옷을 만들어라. 그 옷은 제사장 아론과 그의 아들들이 제사장으로 일할 때에 입을 거룩한 옷이다.'"

이스라엘 모든 백성이 모세에게서 물러 나왔습니다. 마음이 움직인 사람, 스스로 바치기를 원하는 사람은 여호와께 예물을 가져왔습니다. 그 예물은 회막과 그 안에서 쓸 모든 도구와 특별한 옷을 만드는 데에 쓸 것이었습니다. 남자나 여자나 바치기를 원하는 사람은 온갖 금붙이를 가져왔습니다. 그들은 장식 핀과 귀고리와 반지와 목걸이 같은 것을 가져왔습니다. 파란 실과 자주색 실과 빨간 실과 고운 모시를 가진 사람도 그것을 주님께 가져왔습니다. 염소털과 붉게 물들인 숫양 가죽과 고운 가죽을 가진 사람도 그것을 여호와께 가져왔습니다. 은이나 놋을 바칠 수 있는 사람은 그것을 여호와께 예물로 바쳤습니다. 여러 가지 도구를 만드는 데에 쓸 조각목을 가진 사람도 그것을 주님께 가져왔습니다. 손재주가 있는 여자들은 누구나 실을 만들어 파란 실과 자주색 실과 빨간 실과 고운 모시를 가져왔습니다. 손재주가 있으면서 일을 돕기를 원하는 여자들은 다 염소털로 실을 만들었습니다. 지도자들은 에봇과 가슴 덮개에 달 줄마노와 그 밖의 보석을 가져왔습니다. 그들은 향료와 기름도 가져왔습니다. 그것은 향기를 내는 향과 거룩히 구별할 기름과 불을 켤 기름에 쓸 것이었습니다. 이스라엘의 남자와 여자 중에서 일을 돕기를 원하는 사람은 여호와께 예물을 가져왔습니다. 그 예물은 여호와께서 모세와 백성에게 명령하신 일을 하는 데에 쓸 것이었습니다.

모세가 이스라엘 백성에게 말했습니다. "자, 여호와께서 유다 지파에서 훌의 손자이며 우리의 아들인 브살렐을 뽑았소. 주님께서는 브살렐에게 하나님의 영을 가득 채워 주셨소. 주님께서는 그에게 모든 일을 할 수 있는 기술과 능력과 지식을 주셨소. 설계를 잘하고 또 금과 은과 놋으로 그 설계대로 만들 수 있는 재능을 그에게 주셨소. 그는 보석을 다듬을 줄도 알고 나무를 조각할 줄도 아는 온갖 손재주를 다 가지고 있소. 주님께서는 브살렐과 오홀리압에게 다른 사람을 가르칠 수 있는 능력을 주셨소. 오홀리압은 단지파 사람 아히사막의 아들이오. 주님께서는 그들에게 온갖 일을 할 수 있는 능력을 주셨소. 그들은 쇠와 돌을 가지고 설계대로 만들 수 있소. 그들은 파란 실과 자주색 실과 빨간 실과 고운 모시로 어떤 무늬도 수놓을 수 있소. 그들은 천을 짜는 일도 할 수 있소."

"그러므로 브살렐과 오홀리압과 다른 모든 손재주 있는 사람은 여호와께서 명령하신 일을 해야 하오. 여호와께서는 이 사람들에게 회막을 짓는 데에 필요한 모든 일을 할 수 있는 재주와 지혜를 주셨소."

그리고 나서 모세는 브살렐과 오홀리압과 여호와께서 재능을 주신 다른 모든 손재주 있는 사람을 불렀습니다. 그들은 일을 돕고 싶은 마음이 있어서 모였습니다. 그들은 이스라엘 백성이 회막을 지으려고 예물로 가져온 모든 것을 모세에게서 받았습니다. 백성은 바치고 싶은 마음이 있어서 아침마다 계속해서 예물을 가져왔습니다. 그래서 기술이 좋은 모든 사람들이 회막을 짓기 위해 하던 일을 멈추고 모세에게 가서 말했습니다. "여호와께서 명령하신 일을 하는 데 필요한 것보다 백성이 가지고 오는 것이 더 많습니다." 그래서 모세가 진 가운데에 이러한 명령을 내렸습니다. "남자든 여자든 회막에 쓸 예물을 더 가져오지 마시오." 그러자 백성은 예물을 더 가져오지 않았습니다. 이미 필요한 물건은 쓰고도 남을 만큼 많았습니다.

회막

일꾼 가운데서 기술이 있는 사람들은 천 열 폭으로 회막을 만들었습니다. 그 천은 고운 모시와 파란 실, 자주색 실, 그리고 빨간 실로 짠 것이었습니다. 그리고 정교한 솜씨로 날개 달린 생물 모양을 한 그룹을 수놓은 것이었습니다. 각 천은 크기가 같았습니다. 길이는 이십팔 규빗, 너비는 사 규빗이었습니다.

다섯 폭을 이어서 하나로 만들고 나머지 다섯 폭도 이어서 하나로 만들었습니다. 이어서 만든 각 천의 제일 아랫부분 가장자리에 파란 천으로 고리를 만들었습니다. 이어서 만든 첫째 천의 가장자리에 고리 오십 개를 만들고 둘째 천의 가장자리에도 고리 오십 개를 만들어 각 고리들이 서로 맞물리게 만들었습니다. 그리고 그들은 금갈고리 오십 개를 만들어서 이어서 만든 두 천을 연결시켰습니다. 그렇게 해서 전체 회막을 하나로 연결시켰습니다.

그들은 염소털로 짠 천 열한 폭으로 다른 장막을 더 만들었습니다. 그것은 회막을 덮을 장막이었습니다. 각 천은 크기가 같았습니다. 길이는 삼십 규빗, 너비는 사 규빗이었습니다. 다섯 폭을 이어서 하나로 만들고 나머지 여섯 폭도 이어서 하나로 만들었습니다. 이어서 만든 각 천의 제일 아랫부분 가장자리에 고리 오십 개를 만들고, 둘째 천의 가장자리에도 고리 오십 개를 만들었습니다. 그리고 놋갈고리 오십 개를 만들어서 이어서 만든 두 천을 연결시켰습니다. 그렇게 해서 전체 덮개를 하나로 연결시켰습니다. 그들은 회막을 덮을 덮개를 두 개 더 만들었습니다. 하나는 붉게 물들인 숫양 가죽으로 만들고, 바깥 덮개는 고운 가죽으로 만들었습니다.

그리고 그들은 조각목으로 회막을 세울 널빤지를 만들었습니다. 각 널빤지는 길이가 십 규빗, 너비는 일 규빗 반이었습니다. 각 널빤지마다 말뚝 두 개를 박아서 서로 연결시켰습니다. 회막의 모든 널빤지마다 그렇게 만들었습니다. 그들은 회막의 남쪽에 세울 널빤지 이십 개를 만들었습니다. 그리고 널빤지 이십 개를 받칠 은

받침 사십 개를 만들어 널빤지마다 은받침 두 개씩을 받치도록 하였습니다. 그들은 또 회막의 북쪽에 세울 널빤지 이십 개를 만들었습니다. 그리고 널빤지 이십 개를 받칠 은받침 사십 개를 만들었습니다. 그들은 회막의 뒤쪽, 곧 서쪽에 세울 널빤지 여섯 개도 만들었습니다. 그리고 회막의 뒤쪽 모서리에 세울 널빤지 두 개도 만들었습니다. 그들은 이 두 널빤지를 밑에서부터 꼭대기까지 쇠고리로 연결했습니다. 두 모서리의 널빤지들을 모두 그렇게 연결했습니다. 그렇게 해서 회막의 뒤쪽에는 널빤지가 모두 여덟 개가 있었습니다. 그리고 널빤지마다 두 개의 은받침이 있어서 모두 열여섯 개의 은받침이 있었습니다.

그리고 나서 그들은 회막의 널빤지들을 연결할 빗장을 조각목으로 만들었습니다. 회막의 한 면에 빗장 다섯 개를 만들었고, 다른 면에도 빗장 다섯 개를 만들었습니다. 서쪽, 곧 뒤쪽의 널빤지들을 연결할 빗장 다섯 개도 만들었습니다. 널빤지들의 가운데에 연결할 빗장은 끝에서 끝까지 이어서 만들었습니다. 그들은 널빤지들을 금으로 입히고, 널빤지의 옆면에는 빗장을 끼울 금고리를 만들었습니다. 그리고 빗장들도 금으로 입혔습니다.

그들은 고운 모시와 파란 실, 자주색 실, 그리고 빨간 실로 휘장을 짰습니다. 그리고 정교한 솜씨로 날개 달린 생물 모양을 한 그룹을 그 휘장 위에 수놓았습니다. 그들은 그 휘장을 조각목으로 만든 네 기둥 위에 늘어뜨렸습니다. 금을 입힌 그 기둥들에는 금으로 만든 갈고리 네 개를 만들었으며, 은받침 네 개를 만들어서 그 위에 기둥을 세웠습니다. 그들은 회막으로 들어가는 입구를 가리는 막을 만들었습니다. 그들은 파란 실, 자주색 실, 그리고 빨간 실로 막을 짰습니다. 그리고 수를 잘 놓는 사람이 그 위에 수를 놓았습니다. 그리고 그들은 기둥 다섯 개와 갈고리를 만들었습니다. 그들은 기둥 꼭대기와 거기에 달린 갈고리에 금을 입혔습니다. 그들은 놋으로 받침 다섯 개를 만들었습니다.

언약궤

ㅂ살렐은 조각목으로 궤를 만들었습니다. 그 상자는 길이가 이 규빗 반, 너비가 일 규빗 반, 높이가 일 규빗 반이었습니다. 브살렐은 궤의 안팎을 금으로 입혔습니다. 그리고 그 둘레에는 금테를 둘렀습니다. 그는 궤를 위해 금고리 네 개를 만들어서 밑의 네 모서리에 달았습니다. 한쪽에 두 개를 달고 다른 쪽에 두 개를 달았습니다. 그는 또 조각목으로 채를 만들어서 금으로 입혔습니다. 그는 그 채들을 궤의 네 모서리에 있는 고리에 끼웠습니다. 그리고 나서 그는 순금으로 속죄판을 만들었습니다. 그것의 길이는 이 규빗 반, 너비는 일 규빗 반이었습니다. 그는 금을 두드려서 날개 달린 생물 모양을 한 그룹 둘을 만들었습니다. 그는 그것을 속죄판 양쪽 끝에 하나씩 두었습니다. 그룹 하나는 속죄판 한쪽 끝에 두고, 다른 그룹은 다른 쪽 끝에 두었습니다. 그룹들을 속죄판에 잘 연결시켜서 전체가 하나가 되게 하였습니다. 그룹들은 날개를 위로 펴서 그 날개로 속죄판을 덮었습니다. 그룹들은 속죄판 쪽으로 서로 마주 보고 있었습니다.

상

브살렐은 조각목으로 상을 만들었습니다. 그 상은 길이가 이 규빗, 너비가 일 규빗, 높이가 일 규빗 반이었습니다. 그는 그 상을 순금으로 입히고 둘레에는 금테를 둘렀습니다. 그리고 나서 상 둘레에 높이가 한 뼘쯤 되게 턱을 만들고 그 턱에도 금테를 둘렀습니다. 그는 금고리 네 개를 만들어서 상의 네 모서리에, 곧 상다리가 있는 곳에 그 금고리를 붙였습니다. 상 위의 턱에 가깝게 고리를 붙여서 거기에 채를 끼워 상을 나를 수 있게 하였습니다. 상을 나르는 채는 조각목으로 만들었습니다. 그리고 거기에 금을 입혔습니다. 그리고 나서 그는 순금으로 상 위에 놓을 접시와 그릇과 부어 드리는 제물인 전제물에 쓸 병과 잔을 만들었습니다.

등잔대

그는 또 순금으로 등잔대를 만들었습니다. 그는 금을 두드려 만들었는데 밑받침과 자루와 등잔과 꽃받침과 꽃잎은 하나로 붙어 있게 했습니다. 등잔대의 옆으로는 가지가 여섯 개 있었는데 한 쪽으로 세 개, 다른 쪽으로 세 개가 나와 있었습니다. 각 가지에는 감복숭아꽃 모양의 잔이 세 개 있었고, 각 잔에는 꽃받침과 꽃잎이 있었습니다. 등잔대의 자루에도 감복숭아꽃 모양의 잔이 네 개 있었습니다. 그 잔들에도 꽃받침과 꽃잎이 있었습니다. 등잔대에서 뻗어 나온 가지 한 쌍마다 그 두 가지를 잇는 꽃받침이 아래에 있었습니다. 가지들과 꽃받침들과 등잔대는 전체가 하나로 이어졌으며 순금을 두드려 만들었습니다. 그는 등잔 일곱 개를 만들어서 등잔대 위에 두었습니다. 그리고 그는 심지를 자르는 가위와 불똥 그릇도 순금으로 만들었습니다. 그는 순금 한 달란트를 들여서 등잔대와 그 모든 기구를 만들었습니다.

향 제단

그는 조각목으로 향을 피울 제단을 만들었습니다. 그 제단은 길이가 일 규빗, 너비가 일 규빗으로 이루어진 정사각형이었습니다. 높이는 이 규빗으로 네 뿔을 제단과 이어서 하나가 되게 만들었습니다. 제단의 위와 옆과 모서리는 순금으로 덮었고 제단 둘레에는 금테를 둘렀습니다. 제단 양쪽에는 금테 아래로 금고리 두 개를 만들어 달았습니다. 그래서 제단을 나를 때에 그 금고리 안에 채를 끼워 넣어서 나를 수 있게 했습니다. 그는 채를 조각목으로 만들고 금을 입혔습니다.

그리고 나서 그는 거룩한 의식에 쓸 기름을 만들었습니다. 그는 또 향을 만드는 방법대로 정결하고 향기로운 향도 만들었습니다.

제단

그는 조각목으로 제단을 만들었습니다. 제단은 길이가 오 규빗, 너비가 오 규빗인 정사각형이고, 높이는 삼 규빗이었습니다. 제단의 네 모서리에는 뿔을 하나씩 만들었습니다. 뿔은 제단에 붙어 있게 만들었습니다. 그런 다음에 제단 전체를 놋으로 입혔습니다. 그는 놋으로 제단 위에서 쓸 모든 연장과 그릇, 곧 재를 담는 통과 삽과 대야와 고기 갈고리와 불타는 나무를 옮길 때 쓸 냄비를 만들었습니다. 그는 또 불타는 나무를 담을 큰 놋그물을 만들고 그 그물을 제단 턱 아래, 땅과 제단 꼭대기의 중간쯤에 두었습니다. 그는 놋고리를 만들어 제단을 옮기는 데에 쓸 채를 끼울 수 있게 하였는데 그 고리들을 그물의 네 모서리에 붙였습니다. 그는 조각목으로 제단을 옮기는 데에 쓸 채를 만들었습니다. 그리고 그것을 놋으로 입혔습니다. 그는 제단 양쪽의 고리에 채를 끼워 제단을 옮기는 데에 사용할 수 있게 했습니다. 그는 널빤지로 제단을 만들되 속은 비게 했습니다.

놋물동이

그는 씻는 데 쓸 물동이와 그 받침을 놋으로 만들었습니다. 그는 회막 입구에서 봉사하는 여자들이 바친 놋거울로 그것들을 만들었습니다.

회막의 뜰

그는 회막의 뜰을 만들었습니다. 남쪽에는 고운 모시로 만든 길이가 백 규빗인 휘장을 둘러서 울타리를 만들었습니다. 그쪽의 기둥 스무 개와 밑받침 스무 개는 놋으로 만들고 기둥의 갈고리와 고리는 은으로 만들었습니다. 남쪽과 마찬가지로 북쪽에도 길이가 백 규빗인 휘장을 둘렀습니다. 북쪽 또한 기둥 스무 개와 밑받침 스무 개는 놋으로 만들고 기둥의 갈고리와 고리는 은으로 만들었습니다. 서쪽에는 길이가 오십 규빗인 휘장을 둘러서 울타리를 만들었습니다. 그 휘장은 기둥이 열 개이고 밑받침이 열 개인데 기둥의 고리와 갈고리는 은으로 만들었습니다. 동쪽 울타리도 길이가 오십 규빗이었습니다. 한쪽 입구에는 길이가 십오 규빗인 휘장이 있었고 거기에는 기둥 세 개와 밑받침 세 개가 있었습니다. 다른 쪽에도 길이가 십오 규빗인 휘장이 있었습니다. 거기에도 기둥 세 개와 밑받침 세 개가 있었습니다. 뜰 둘레의 모든 휘장은 고운 모시로 만든 것이었습니다. 기둥 밑받침은 놋으로 만들었고 기둥 위의 고리와 갈고리는 은으로 만들었습니다. 기둥 꼭대기도 은으로 입혔으며 뜰 안의 모든 기둥에는 은고리를 달았습니다. 뜰로 들어가는 입구의 막은 파란 실과 자주색 실과 빨간 실과 곱게 짠 모시로 만들었습니다. 수를 잘 놓는 사람이 거기에 수를 놓았습니다. 막의 길이는 이십 규빗이고, 높이는 오 규빗이었습니다. 그 높이는 뜰 둘레의 휘장의 높이와 같았습니다. 그 막은 놋으로 만든 기둥 네 개와 밑받침 네 개에 걸려 있었습니다. 기둥 위의 고리와 갈고리는 은으로 만들고 기둥 꼭대기도 은으로 입혔습니다. 회막과 뜰의 울타리의 모든 말뚝은 놋으로 만들었습니다.

회막을 지을 때에 사용한 금속은 이러합니다. 회막은 십계명을 쓴 두 돌판을 보관하는 곳입니다. 모세는 레위 사람들을 시켜서 사용된 금속 목록을 짜게 했습니다. 아론의 아들 이다말이 목록 짜는 일의 책임을 맡았습니다. 유다 지파 사람 훌의 손자이며 우리의 아들인 브살렐은 여호와께서 모세에게 명령하신 것을 다 만들었습니다. 단 지파 사람 아히사막의 아들 오홀리압이 브살렐을 도왔습니다. 오홀리압은 금속과 돌에 무늬를 놓을 수 있는 재능을 가지고 있었습니다. 그는 설계도 잘했고 파란 실과 자주색 실과 빨간 실과 고운 모시로 수를 놓는 솜씨도 있었습니다.

회막을 짓는 데 든 모든 금은 다 주님께 바친 것이었습니다. 그 무게는 성소에서 다는 무게로 이십구 달란트와 칠백삼십 세겔이었습니다. 은은 인구 조사를 받은 사람이 바쳤습니다. 그 무게는 성소에서 다는 무게로 백 달란트와 천칠백칠십오 세겔이었습니다. 백성의 수를 셀 때에는 스무 살 이상인 사람을 세었는데, 그 수는 모두 육십만 삼천오백오십 명이었으므로 한 사람이 은 한 베가 곧 반 세겔씩 낸 셈입니다. 이 은 중에서 백 달란트는 회막과 휘장의 밑받침 백 개를 만드는 데 썼습니다. 그러므로 기둥 하나에 은 한 달란트를 쓴 셈입니다. 나머지 은 천칠백칠십오 세겔로는 기둥의 갈고리를 만드는 데 썼습니다. 그리고 기둥 덮개와 고리를 만드는 데도 썼습니다. 주님께 바친 놋의 무게는 칠십 달란트와 이천사백 세겔이었습니다. 그들은 이 놋으로 회막 입구의 밑받침과 제단과 놋그물과 제단의 모든 기구를 만들었습니다. 그리고 이 놋으로 뜰을 둘러친 휘장의 밑받침과 뜰 입구의 휘장의 밑받침과 회막과 뜰을 둘러친 휘장의 말뚝도 만들었습니다.

제사장의 옷

그들은 파란 실, 자주색 실, 빨간 실로 제사장의 옷을 짜 만들었습니다. 그 옷은 제사장들이 성소에서 입을 옷이었습니다. 그들은 또 여호와께서 모세에게 명령하신 대로 아론을 위해 거룩한 옷을 만들었습니다.

그리고 금실, 파란 실, 자주색 실, 빨간 실과 고운 모시로 대제사장의 예복인 에봇을 만들었습니다. 그들은 금을 얇게 두드려서 오린 다음 길고 가는 실을 만들었습니다. 그들은 솜씨 좋게 그 금실을 파란 실, 자주색 실, 빨간 실과 고운 모시에 섞어 짰습니다. 그들은 에봇의 멜빵을 만들었습니다. 멜빵은 조끼의 위쪽 모서리에 만들어 달았습니다. 허리띠도 솜씨 있게 똑같은 방법으로 만들었습니다. 허리띠는 에봇에 하나로 이어지게 만들었습니다. 허리띠는 금실, 파란 실, 자주색 실, 빨간 실과 고운 모시로 만들었습니다. 이는 여호와께서 모세에게 명령하신 대로 한 것입니다.

그들은 줄마노 둘레에 금을 씌웠습니다. 그리고 거기에 이스라엘의 열두 아들의 이름을 새겨 넣었습니다. 마치 보석 다듬는 사람이 도장을 새기듯이 이스라엘의 아들들의 이름을 그 보석들에 새겼습니다. 그런 다음에 그 보석들을 에봇의 멜빵에 매달았습니다. 그것은 이스라엘의 열두 아들들을 기념하는 보석입니다. 이는 여호와께서 모세에게 명령하신 대로 한 것입니다.

기술이 좋은 사람들은 에봇을 만든 것과 같은 방법으로 가슴 덮개를 정교하게 만들었습니다. 금실, 파란 실, 자주색 실, 빨간 실과 고운 모시로 만들었습니다. 가슴 덮개는 정사각형 모양이며 두 겹이었습니다. 길이와 너비가 모두 한 뼘 정도 되었습니다. 그리고 그들은 가슴 덮개에 아름다운 보석을 네 줄로 박았습니다. 첫째 줄에는 홍옥과 황옥과 녹주석을 박았고, 둘째 줄에는 홍수정과 청옥과 금강석을 박았습니다. 셋째 줄에는 호박과 백마노와 자수정을 박았고, 넷째 줄에는 녹주석과 줄마노와 벽옥을 박았습니다. 그리고 그 보석들을 금틀에 박아 넣었습니다. 이스라엘의 아들들의 이름을 마치 도장을 새기듯이 보석 열두 개에 새겼습니다. 각 보석에 이스라엘의 열두 지파의 이름을 새겼습니다. 그들은 가슴 덮개에 쓸 순금 사슬을 노끈처럼 꼬아 만들었습니다. 그리고 그들은 금테 두 개와 금고리 두 개를 만들었습니다. 그들은 그 금고리를 가슴 덮개의 위쪽 두 모서리에 달았습니다. 그들은 금사슬 두 개를 가슴 덮개의 양쪽 끝에 달려 있는 금고리 두 개에 하나씩 매었습니다. 그리고 금사슬의 다른 쪽 끝은 멜빵에 달려 있는 금테에 매달았습니다. 그렇게 해서 금사슬을 에봇 앞쪽의 멜빵에 매달았습니다. 그들은 금고리를 두 개 더 만들어서 가슴 덮개의 아래쪽 두 모서리, 곧 에봇과 맞닿은 안쪽 덮개에 매달았습니다. 그들은 또 금고리를 두 개 더 만들어서 에봇 앞의 멜빵 끝, 곧 에봇의 공들여 짠 띠 위쪽의 매는 곳에 매달았습니다. 가슴 덮개의 고리들을 에봇의 고리들과 파란 끈으로 묶어서 가슴 덮개가 에봇의 공들여 짠 띠 위에 놓이게 하고, 또 가슴 덮개가 에봇에 너무 느슨하게 연결되지 않도록 했습니다. 그들은 이 모든 일을 여호와께서 모세에게 명령하신 대로 했습니다.

그리고 나서 그들은 에봇에 받쳐 입을 겉옷을 파란 실로만 만들었습니다. 그 가운데에는 아론의 머리가 들어갈 구멍을 만들고 구멍 둘레에는 깃을 짜서 구멍이 찢어지지 않도록 했습니다. 그들은 파란 실과 자주색 실과 빨간 실과 고운 모시로 석류 모양을 만들고 그 석류 모양을 겉옷 아래에 매달았습니다. 그리고 순금으로 방울을 만들어서 겉옷 아랫자락에 석류 모양과 금방울이 엇갈리면서 이어지도록 했습니다. 겉옷 아랫자락을 빙 둘러 가면서 석류 모양

하나, 방울 하나, 석류 모양 하나, 방울 하나를 달았습니다. 제사
장은 제사장의 임무를 행할 때에 그 옷을 입었습니다. 이는 여호와
께서 모세에게 명령하신 대로 한 것입니다.

그들은 아론과 그의 아들들이 입을 속옷을 고운 모시로 만들었
습니다. 머리에 쓸 관과 바지도 고운 모시로 만들었습니다. 그리고
고운 모시와 파란 실, 자주색 실, 빨간 실로 허리띠를 만들고 그 띠
에 수를 놓았습니다. 이는 여호와께서 모세에게 명령하신 대로 한
것입니다.

그들은 순금으로 머리에 두를 거룩한 패를 만들었습니다. 그리
고 마치 도장을 새기듯이 그 위에 '여호와께 성결'이라는 글자를 새
겼습니다. 파란 끈으로 그 금패를 제사장이 머리에 쓰는 관에 매었
습니다. 이는 여호와께서 모세에게 명령하신 대로 한 것입니다.

그리하여 성막, 곧 회막을 짓는 일이 다 끝났습니다. 이스라엘
백성은 여호와께서 모세에게 명령하신 대로 했습니다. 그리고 나서
그들은 회막을 모세에게 가져왔습니다. 그들이 가져온 것은 회막
과 그 모든 기구와 갈고리, 널빤지, 빗장, 기둥, 밑받침, 붉게 물들
인 숫양 가죽 덮개, 고운 가죽으로 만든 덮개, 지성소 입구를 막는
휘장, 언약궤, 그 채와 속죄판, 상과 그 모든 기구, 진설병, 순금
등잔대와 거기에 올려져 있는 등잔과 그 모든 기구, 등잔 기름, 금
제단, 제사장을 거룩히 구별할 때 쓰는 특별한 기름, 향기로운 향,
회막 입구를 막는 휘장, 놋제단과 놋그물, 그 채와 모든 기구, 물
동이와 그 받침, 뜰의 휘장과 그 기둥과 밑받침, 뜰 입구를 막는 휘
장, 노끈, 말뚝, 성막, 곧 회막에서 쓰는 모든 기구, 그리고 제사장
이 회막에서 일할 때 입는 옷, 곧 제사장 아론의 거룩한 옷과 그의
아들들이 제사장으로 일할 때 입는 옷이었습니다. 이스라엘 백성은
이 모든 일을 여호와께서 모세에게 명령하신 대로 했습니다. 모세

는 그들이 이 모든 일을 여호와께서 명령하신 대로 한 것을 보고 그
들에게 복을 빌어 주었습니다.

회막을 세우다

여호와께서 모세에게 말씀하셨습니다. "너는 첫째 달 초하루에
성막, 곧 회막을 세워라. 언약궤를 회막 안에 두고 궤 앞에
휘장을 쳐라. 그런 다음에 상을 들여놓고 기구들을 잘 차려 놓아
라. 그리고 등잔대를 들여놓고 등잔불을 켜라. 또 금향제단을 언약
궤 앞에 놓고 회막 입구에 휘장을 쳐라. 번제단을 성막, 곧 회막 입
구 앞에 놓아라. 물동이를 회막과 제단 사이에 놓고 물동이에 물을
담아라. 회막 둘레에 뜰 휘장을 쳐서 뜰을 만들고 뜰 입구에도 휘
장을 쳐라.

특별한 기름을 가져다가 회막과 그 안의 모든 것에 바르고 장막
과 그 안의 모든 것을 따로 구별하여 거룩하게 하여라. 그것이 거
룩하게 될 것이다. 너는 또 특별한 기름을 번제단과 그 모든 기구
에 발라서 제단을 따로 구별하여 거룩하게 하여라. 그러면 그 단이
가장 거룩하게 될 것이다. 특별한 기름을 물동이와 그 받침에 발라
서 거룩히 구별하여라. 너는 또 아론과 그의 아들들을 회막 입구로
데려가서 물로 씻어라. 그리고 아론에게 거룩한 옷을 입히고 그에
게 특별한 기름을 부어 거룩히 구별하여 나를 섬기는 제사장이 되
게 하여라. 아론의 아들들을 데려와서 속옷을 입혀라. 그들의 아버
지에게 기름을 부었듯이 그들에게도 특별한 기름을 부어 나를 섬기
는 제사장이 되게 하여라. 그들에게 기름을 부을 때에 그들은 제사
장 가족이 될 것이다. 그들과 그 자손은 지금부터 제사장이 될 것
이다."

모세는 모든 일을 여호와께서 명령하신 대로 했습니다. 이스라

엘 백성이 이집트에서 나온 후 둘째 해 첫째 달 초하루에 회막을
세웠습니다. 모세가 회막을 세웠습니다. 모세는 밑받침을 놓고 널
빤지를 맞추고 널빤지 고리에 빗장을 끼운 다음 기둥을 세웠습니
다. 그리고 나서 회막 위에 다른 장막을 펴고 그 위에 덮개를 덮었
습니다. 여호와께서 모세에게 명령하신 대로 했습니다. 모세는 증
거판을 언약궤 안에 넣었습니다. 그리고 언약궤에 채를 끼우고 그
위에 속죄판을 덮었습니다. 그런 다음에 모세는 언약궤를 회막 안
으로 가져갔습니다. 그리고 휘장을 쳐서 언약궤를 가렸습니다. 여
호와께서 모세에게 명령하신 대로 했습니다. 모세는 상을 회막 안
에 놓았습니다. 모세는 상을 휘장 앞, 곧 회막의 북쪽에 놓았습니
다. 그리고 여호와 앞 상 위에 빵을 올려놓았습니다. 여호와께서
모세에게 명령하신 대로 했습니다. 모세는 등잔대를 회막 안에 놓
았습니다. 모세는 등잔대를 상 맞은편, 곧 회막의 남쪽에 놓았습
니다. 그리고 여호와 앞에서 등잔대 위에 등잔불을 올려놓았습니
다. 여호와께서 모세에게 명령하신 대로 했습니다. 모세는 금향제
단을 회막 안으로 가져가서 휘장 앞에 놓았습니다. 그리고 모세는
그 위에 향기로운 향을 피웠습니다. 여호와께서 모세에게 명령하
신 대로 했습니다. 모세는 회막 입구에 휘장을 쳤습니다. 모세는
번제단을 성막, 곧 회막 입구에 두었습니다. 그런 다음에 모세는
그 제단 위에 번제물과 곡식 제물을 바쳤습니다. 주님께서 모세에
게 명령하신 대로 했습니다. 모세는 물동이를 회막과 번제단 사이
에 놓고 거기에 씻을 물을 담았습니다. 모세와 아론과 아론의 아
들들은 그 물로 손과 발을 씻었습니다. 그들은 회막에 들어갈 때
마다 그 물로 씻었습니다. 그리고 번제단에 가까이 갈 때에도 그
물로 씻었습니다. 그들은 여호와께서 모세에게 명령하신 대로 했
습니다. 모세는 회막과 제단 둘레의 뜰을 휘장으로 둘러쌌습니다.

그리고 뜰의 입구에 휘장을 쳐서 문을 달았습니다. 이렇게 모세는 모든 일을 마쳤습니다.

회막 위에 구름이 덮이다

그러자 구름이 회막을 덮었습니다. 여호와의 영광이 회막을 가득 채웠습니다. 모세는 회막에 들어갈 수 없었습니다. 왜냐하면 구름이 그 안에 머물러 있고, 여호와의 영광이 회막 안에 가득 찼기 때문입니다. 구름이 회막에서 걷히면 이스라엘 백성은 다시 길을 떠났습니다. 그러나 구름이 회막에 머물러 있는 동안에는 구름이 다시 걷힐 때까지 떠나지 않았습니다. 이처럼 낮에는 여호와의 구름이 회막 위를 덮었고, 밤에는 구름 가운데 불이 있었습니다. 그리하여 모든 이스라엘 백성은 여행을 하는 동안에 그 구름을 볼 수 있었습니다.

레위기

번제

여호와께서 회막, 곧 성막에서 모세를 불러 말씀하셨습니다. "이스라엘 백성에게 전하여라. '너희는 여호와께 짐승으로 제물을 바칠 때 소나 양으로 바쳐라.

만약 바치는 번제물이 소라면, 흠 없는 수컷으로 바쳐라. 그리고 나서 너희는 그 짐승을 회막문으로 가져다가 여호와께서 그 예물을 기쁘게 받으시도록 하여라. 제물을 바치는 사람은 그 짐승의 머리에 손을 얹어라. 그러면 여호와께서 번제물을 받으실 것이다. 그 제물은 바친 사람을 위한 제물이 되어 그의 죄를 씻어 줄 것이다. 제물을 바치는 사람은 수송아지를 여호와 앞에서 잡아라. 그런 다음에 제사장은 그 피를 회막, 곧 성막 입구에 있는 제단 둘레에 뿌려라. 제물을 바치는 사람은 짐승의 가죽을 벗기고 그 몸을 여러 부분으로 잘라라. 제사장은 제단 위에 불을 피우고 그 위에 장작을 올려놓아라. 제사장은 짐승의 머리와 기름과 자른 부분들을 제단에 피운 장작불 위에 올려놓아라. 제물을 바치는 사람이 짐승의 내장과 다리를 물로 씻어 주면, 제사장은 짐승 전체를 제단 위에서 태워 번제로 드려라. 이것은 불로 태워 바치는 화제이며 그 냄새가 여호와를 기쁘시게 한다.

번제물을 양이나 염소로 바칠 때는 흠 없는 수컷으로 바쳐라. 제물을 바치는 사람은 그 짐승을 여호와 앞, 곧 제단 북쪽에서 잡아야 하며, 제사장은 그 피를 제단 둘레에 뿌려야 한다. 제물을 바치는 사람은 짐승의 몸을 여러 부분으로 자르고, 제사장은 머리와 기름과 잘라 낸 부분들을 제단에 피운 장작불 위에 올려놓아라. 제물을 바치는 사람은 짐승의 내장과 다리를 물로 씻어야 하며, 제사장은 짐승 전체를 제단 위에서 태워 번제로 드려라. 이것은 불로 태우는 화제이며 그 냄새가 여호와를 기쁘시게 한다.

여호와께 드리는 번제물이 새일 경우에는 산비둘기나 집비둘기 새끼로 바쳐라. 제사장은 그 제물을 제단으로 가져가서 새의 머리를 꺾고 그 머리를 제단 위에서 태워라. 새의 피는 제단 옆에 흘리고, 제사장은 새의 목구멍과 그 안에 들어 있는 것을 떼어 내서 제단 동쪽의 재를 버리는 곳에 버려라. 그런 다음에 제사장은 새의 날개를 찢어라. 하지만 완전히 찢어서 몸이 두 동강이 나게 하지 말고, 그 새를 제단에 피운 장작불에 태워 번제로 드려라. 이것은 화제이며 그 냄새가 여호와를 기쁘시게 한다.

곡식 제물로 드리는 소제

누구든지 여호와께 곡식 제물을 바치는 사람은 고운 가루로 바쳐라. 제물을 바치는 사람은 가루 위에 올리브 기름을 붓고 향을 얹어라. 그런 다음에 그것을 아론의 자손인 제사장에게 가져가거라. 제사장은 기름과 섞인 고운 가루 한 줌과 모든 향을 집어서 그 제물 전체를 여호와께 바쳤다는 표시로 그것을 제단 위에서 태워라. 그것은 화제이며 그 냄새가 여호와를 기쁘시게 한다. 곡식 제물 가운데서 남은 것은 아론과 제사장들의 몫이다. 그것은 여호와께 바치는 화제 중에서 가장 거룩한 제물이다.

화덕에 구운 것으로 곡식 제물을 바칠 때는 고운 가루로 구운 것을 바쳐라. 그것은 올리브 기름을 섞어 누룩을 넣지 않고 구운 빵인 무교병이나 올리브 기름을 바르고 누룩을 넣지 않고 만든 얇은 과자인 무교전병으로 드려야 한다. 네 곡식 제물이 쇠판 위에서 구워 만든 것이면, 그것은 올리브 기름을 섞은 고운 가루에 누룩을 넣지 않은 것으로 그것을 여러 조각으로 나누어 거기에 기름을 부어라. 이것이 곡식으로 드리는 소제이다. 네 곡식 제물이 냄비에 요리한 것이면, 그것은 고운 가루와 올리브 기름으로 만든 것으로 하여라. 이렇게 만든 곡식 제물을 여호와께 가져와서 제사장에게 주어라. 그러면 제사장은 그것을 제단으로 가져다가 전체를 드렸다는 표시로 그 곡식 제물 가운데서 일부를 따로 떼어 낸 다음 그것을 제단 위에서 태워라. 그것은 화제이며 그 냄새가 여호와를 기쁘시게 한다. 곡식 제물 가운데서 남은 것은 아론과 제사장들의 몫이다. 그것은 여호와께 바치는 화제 중에서 가장 거룩한 제물이다.

너희가 여호와께 바치는 모든 곡식 제물에는 누룩을 넣지 마라. 너희는 여호와께 화제를 드릴 때 누룩이나 꿀을 태워 드리지 마라. 너희가 처음 추수한 것을 여호와께 제물로 바칠 때는 누룩이나 꿀을 바쳐도 된다. 하지만 여호와를 기쁘시게 하는 냄새를 내기 위해서 누룩과 꿀을 제단 위에 올려서는 안 된다. 너는 모든 곡식 제물에 소금을 넣어라. 소금은 네가 하나님과 맺은 언약을 나타내는 것이다. 네가 바치는 모든 제물에는 소금을 넣어라.

네가 처음 추수한 것을 여호와께 곡식 제물로 바칠 때는 햇곡식을 볶아서 찧은 것으로 바쳐라. 그 곡식에 올리브 기름을 바르고 향을 얹어라. 이것이 곡식 제물이다. 제사장은 제물을 전부 바치는 표시로 찧은 곡식과 기름의 일부를 따로 떼어 태워 바쳐라. 그리고 거기에 향을 모두 얹어라. 이것이 여호와께 불로 태워 바치는 화제이다.

화목제

여호와께 화목 제물을 바칠 때 소를 바치려거든, 수컷이든 암컷이든 흠 없는 것으로 바쳐라. 제물을 바치는 사람은 짐승의 머리에 손을 얹고 그 짐승을 회막, 곧 성막 입구에서 잡아라. 그러면 아론의 자손인 제사장은 그 피를 제단 둘레에 뿌려라. 제물을 바치는 사람은 화목 제물 가운데서 내장을 덮고 있는 기름과 내장 주변에 있는 모든 기름을 여호와께 불로 태워 드리는 화제로 삼아라. 곧 두 콩팥과 그 둘레에 있는 허리 부분의 기름과 콩팥과 함께 떼어 내야 할 간의 껍질 부분을 제물로 삼아라. 그러면 아론의 자손인 제사장은 그것들을 제단에 피운 장작불 위에 놓인 번제물 위에 올려놓고 불태워라. 그것은 화제이며 그 냄새가 여호와께 향기로운 제물이 된다.

여호와께 화목 제물을 바칠 때 양이나 염소를 바치려거든, 수컷이든 암컷이든 흠 없는 것으로 바쳐라. 제물을 바치는 사람이 양을 바치려거든, 양을 여호와 앞에 가져가거라. 그리고 제물을 바치는 사람은 양의 머리에 손을 얹은 다음 회막 앞에서 양을 잡고, 아론의 자손인 제사장은 그 피를 제단 둘레에 뿌려라. 제물을 바치는 사람은 화목 제물 가운데서 기름, 곧 등뼈에서 가까운 곳에서 잘라 낸 꼬리 전체와 내장을 덮고 있는 기름과 내장 주변에 있는 모든 기름과 두 콩팥과 그 둘레에 있는 허리 부분의 기름과 콩팥과 함께 떼어 내야 할 간의 껍질 부분을 여호와께 바치는 화제의 제물로 삼아라. 그러면 제사장은 그것들을 제단 위에서 태워 바쳐라. 그것이 여호와께 바치는 화제이다.

화목 제물을 바치는 사람이 화목제의 제물로 염소를 바치려거든, 그 염소를 여호와 앞에 가져가거라. 그리고 나서 염소의 머리에 손을 얹은 다음 회막 앞에서 염소를 잡아라. 그러면 아론의 자손인 제사장은 그 피를 제단 둘레에 뿌려라. 제물을 바치는 사람은 화목 제물 가운데서 내장을 덮고 있는 기름과 내장 주변에 있는 모든 기름을 여호와께 바치는 화제로 삼아라. 두 콩팥과 그 둘레에 있는 허리 부분의 기름과 콩팥과 함께 떼어 내야 할 간의 껍질 부분을 제물로 삼아라. 제사장은 그것들을 제단 위에서 태워 바쳐라. 그것이 화제이며 그 냄새가 여호와를 기쁘시게 한다. 모든 기름은 여호와의 것이다. 이것은 너희가 어디에 살든지 지금부터 지켜야 할 규례이다. 너희는 기름이나 피를 먹지 마라.'"

속죄제

여호와께서 모세에게 말씀하셨습니다. "이스라엘 백성에게 전하여라. '누구든지 실수로 여호와께서 하지 말라고 하신 일을 하나라도 해서 죄를 지었으면 이렇게 하여라. 만약 죄를 지은 사람이 거룩히 구별된 제사장이면, 그는 백성에게 재앙이 돌아가게 한 것이므로 그 죄를 위해 흠 없는 수송아지를 속죄 제물로 삼아 여호와께 바쳐야 한다. 그는 수송아지를 회막 입구, 곧 여호와 앞으로 가져가서 그 수송아지의 머리에 손을 얹고 여호와 앞에서 잡아라. 그리고 거룩히 구별된 제사장은 수송아지의 피 가운데서 얼마를 회막으로 가져가거라. 제사장은 손가락으로 피를 찍은 다음 성소 앞에 친 휘장 앞, 곧 여호와 앞에서 일곱 번 뿌려라. 또 그 피의 얼마를 취하여 향을 피우는 제단 뿔에도 발라라. 그 제단은 회막 안, 곧 여호와 앞에 있다. 그런 다음에 제사장은 나머지 피를 회막 입구에 있는 번제단 아래에 쏟아라. 제사장은 속죄 제물로 바치는 수송아지에서 기름을 다 떼어 내어라. 곧 내장을 덮고 있는 기름과 내장 주변에 있는 모든 기름을 떼어 내고 두 콩팥과 그 둘레에 있는 허리 부분의 기름과 콩팥과 함께 떼어 내야 할 간의 껍질 부분을 떼어 내어라. 마치 화목 제물로 바치는 소에서 기름을 떼어 내듯이 하여라. 그리고 나서 제사장은 그것들을 번제단 위에서 태워라. 하지만 수송아지의 가죽과 고기와 머리와 다리와 내장과 똥, 곧 수송아지의 나머지 모든 부분은 제사장이 진 밖의 깨끗한 곳, 곧 재를 버리는 곳으로 가져가서 장작불 위에서 태워라.

만약 이스라엘 온 무리가 실수로 여호와께서 하지 말라고 하신 일을 하나라도 해서 죄를 지었는데 그 사실을 모르고 있다가 죄를 지은 사실을 알게 되었으면, 그들은 수송아지 한 마리를 바쳐야 한다. 그것은 모든 무리를 위해서 바치는 속죄 제물이다. 그들이 수송아지를 회막으로 가져가면, 장로들은 여호와 앞에서 수송아지의 머리에 손을 얹고 여호와 앞에서 수송아지를 잡아라. 그러면 거룩히 구별된 제사장이 수송아지의 피 가운데서 얼마를 회막으로 가져가거라. 제사장은 손가락으로 피를 찍은 다음에 휘장 앞, 곧 여호와 앞에서 일곱 번 뿌려라. 또 그 피의 얼마를 취하여 향을 피우는 제단 뿔에도 발라라. 그 제단은 회막 안, 곧 여호와 앞에 있다. 그리고 나머지 피는 회막 입구에 있는 번제물의 제단 아래에 쏟아라. 제사장은 수송아지에서 기름을 다 떼어 내어 그것을 제단 위에서 태워라. 마치 속죄 제물로 바친 수송아지에게 한 것처럼 하여라. 그 송아지에게 한 것과 똑같이 하여라. 그렇게 해서 제사장은 백성의 죄를 씻는 예식을 행하여라. 그러면 그들은 용서를 받을 것이다. 그런 다음에 제사장은 수송아지를 진 밖으로 데려가서 태워라. 처음 송아지에게 했던 것과 같이 하여라. 이것이 모든 무리의 죄를 씻는 속죄제이다.

만약 어떤 통치자가 실수로 하나님 여호와께서 하지 말라고 하신 일을 하나라도 해서 죄를 지었다가 자기가 죄를 지은 사실을 깨달았으면, 그는 흠 없는 숫염소를 가져와야 한다. 그것이 그의 속죄 제물이다. 그 통치자는 숫염소의 머리에 손을 얹은 다음에 여호와 앞의 번제물을 잡는 곳에서 염소를 잡아라. 이것이 속죄 제물이다. 제사장은 속죄 제물의 피 가운데서 얼마를 받아라. 그리고 그 피를 손가락으로 찍어 번제단의 뿔에 바르고 나머지는 제단 아래에 쏟아라. 숫염소의 기름을 모두 제단 위에서 태우되, 마치 화목 제물의 기름을 태우듯이 태워라. 그렇게 제사장이 통치자의 죄를 씻는 예식을 행하면 그는 용서를 받을 것이다.

만약 보통 사람 가운데서 한 사람이 실수로 하나님 여호와께서 하지 말라고 하신 일을 하나라도 해서 죄를 지었다가 자기가 죄를 지은 사실을 깨달았으면, 그는 흠 없는 암염소를 가져와야 한다. 그것이 그의 속죄 제물이다. 그 암염소의 머리에 손을 얹은 다음에 번제물을 잡는 곳에서 염소를 잡아라. 제사장은 그 피 가운데서 얼마를 받아라. 그리고 그 피를 손가락으로 찍은 다음에 번제단 뿔에 바르고 나머지는 제단 아래에 쏟아라. 제사장은 염소의 기름을 모두 떼어 내어라. 마치 화목 제물에서 기름을 떼어 내듯이 하여 그것을 제단 위에서 태워라. 그 냄새가 여호와를 기쁘시게 한다. 그렇게 해서 제사장이 그 사람의 죄를 씻는 예식을 행하면 그는 용서를 받을 것이다.

만약 속죄 제물로 양을 바치려면 흠 없는 암양을 바쳐라. 제물을 바치는 사람은 양의 머리에 손을 얹은 다음에 번제물을 잡는 곳에서 그 양을 잡아 속죄 제물로 삼아라. 제사장은 속죄 제물의 피 가운데서 얼마를 받아 그 피를 손가락으로 찍은 다음에 번제단의 뿔에 바르고 나머지는 제단 아래에 쏟아라. 제사장은 양의 기름을 모두 떼어 내어라. 마치 화목 제물에서 기름을 떼어 내듯이 하여라. 그리고 나서 여호와께 불로 태워 바치는 화제물과 함께 제단 위에서 태워라. 이렇게 하여 제사장이 그 사람을 위해 죄를 씻는 예식을 행하면 그가 용서를 받을 것이다.

어떤 사람이 죄를 지었을 때 그 사람의 죄에 대해 증인이 된 사람은 증언해야 한다. 만일 증인이 되겠다는 선서를 하고도 보았거나 알고 있는 것에 대해 증언하지 않으면 그 사람의 죄가 증인에게 돌아갈 것이다. 누구든지 깨끗하지 않은 것, 곧 깨끗하지 않은 들짐승의 주검이나 깨끗하지 않은 가축의 주검이나 깨끗하지 않은 길짐승의 주검을 만졌으면 그 사실을 몰랐다 하더라도 그는 깨끗하지 못하며 죄가 있는 것이다. 사람에게서는 깨끗하지 않은 것이 많이 나온다. 어떤 사람이 다른 사람의 깨끗하지 못한 것을 만졌을 때 그가 몰랐다 하더라도 알게 되면 죄가 있다. 어떤 사람은 아무 생각 없이 맹세를 하기도 한다. 좋은 일을 하겠다거나 또는 나쁜 일을 하겠다고 맹세를 하고 맹세한 사실을 잊어버리기도 한다. 하지만 그 사실을 알게 될 때 그는 죄가 있다. 아무리 생각 없이 맹세한 것이라 하더라도 이는 여호와 앞에서 맹세한 것이기 때문이다. 누구든지 위에서 말한 것 가운데 어느 한 가지라도 죄를 지었으면 그는 그 사실을 고백하고 여호와께 저지른 죄에 대한 속죄 제물을 바쳐야 한다. 속죄 제물로는 암양이나 암염소 한 마리를 끌고 가서 바쳐라. 제사장은 그 사람의 죄를 씻는 예식을 행하여라.

하지만 양 한 마리를 바칠 형편이 되지 못하는 사람은 산비둘기 두 마리나 집비둘기 새끼 두 마리를 여호와께 죄값으로 바쳐라. 한 마리는 속죄 제물로 바치고, 다른 한 마리는 번제물로 바쳐라. 그 사람이 새들을 제사장에게 가져오면 제사장은 먼저 그 가운데서 한 마리를 죄를 씻는 속죄 제물로 바쳐라. 제사장은 그 새의 머리를 비틀어 꺾되 목이 몸에서 떨어져 나가게 하지는 마라. 제사장은 그 속죄 제물의 피 가운데서 얼마를 제단 둘레에 뿌려라. 그리고 나머지 피는 제단 아래에 쏟아라. 이것이 속죄 제물이다. 그런 다음에 제사장은 두 번째 새를 규례에 따라 번제물로 바치고 그 사람을 위해 죄를 씻는 예식을 행하여라. 그러면 그가 용서를 받을 것이다.

하지만 산비둘기 두 마리나 집비둘기 새끼 두 마리도 바칠 형편이 되지 못하는 사람은 고운 곡식 가루 십분의 일 에바를 죄를 씻는 제물인 속죄 제물로 바쳐라. 그것은 속죄 제물이므로 가루에 기름을 섞거나 향을 얹지 마라. 제물을 바치는 사람은 그것을 제사장에게 가져가거라. 제사장은 전체를 바쳤다는 표시로 그 가루를 한 줌 쥐어서 불에 태워 바치는 화제물과 함께 제단 위에서 태워라. 이것은 속죄 제물이다. 그렇게 해서 제사장은 그 사람을 위해 죄를 씻는 예식을 행하여라. 그러면 그가 용서를 받을 것이다. 곡식 제물과 마찬가지로 속죄 제물 가운데서 남는 것은 제사장의 몫이다.' "

속건제

여호와께서 모세에게 말씀하셨습니다. "누구든지 실수로 여호와의 성물을 잘못 다루는 죄를 지으면 그 사람은 흠 없는 숫양 한 마리를 여호와께 바쳐서 허물을 씻는 제물인 속건 제물로 삼아라. 허물을 씻는 숫양의 값어치가 은으로 계산할 때 성소에서 다는 무게로 정확히 몇 세겔이 되어야 할지는 네가 정해 주어라. 그 사람은 성물에 대해 잘못한 죄를 갚아라. 그는 그 값어치에 오분의 일을 더해서 그 모든 것을 제사장에게 주어야 한다. 그러면 제사장은 그 사람을 위해 속건 제물로 바친 숫양을 가지고 죄를 씻는 예식을 행하여라. 그러면 그가 용서를 받을 것이다.

누구든지 여호와께서 하지 말라고 하신 일을 해서 죄를 지었으면 그가 그 사실을 몰랐다 하더라도 그에게는 허물이 있는 것이니 그는 자기 죄값을 치러야 한다. 그는 제사장에게 네가 정해 준 값어치의 허물을 씻는 속건 제물을 가지고 가야 한다. 그 제물은 속건 제물로 알맞은 흠 없는 숫양으로 하여라. 제사장은 알지 못하고 저지른 그 사람의 잘못을 씻는 예식을 행하여라. 그러면 그 사람은 용서를 받을 것이다. 그는 여호와께 잘못을 저질렀으므로 속건 제물을 바쳐야 한다."

여호와께서 모세에게 말씀하셨습니다. "누구든지 여호와 앞에 진실하지 못하여 죄를 지으면, 곧 다른 사람의 물건을 맡고 있다가 그 물건에 대해 거짓말을 하거나 남을 속이거나 도둑질을 하거나 남의 것을 빼앗거나 또는 남이 잃어버린 물건을 줍고도 감추거나 거짓으로 맹세하거나 그 밖에 죄가 되는 일들 중 하나라도 했으면 그에게는 죄가 있다. 그는 훔쳤거나 빼앗은 것을 돌려주어야 하고, 맡고 있던 남의 물건이나 남이 잃어버린 물건도 돌려주어야 한다. 그리고 거짓으로 맹세한 물건도 돌려주되 원래의 물건 값과 거기에 오분의 일을 더해 돌려주어라. 그는 허물을 씻는 속건 제물을 바치는 날에 그 돈을 원래의 주인에게 돌려주어야 한다. 그는 제사장에게 네가 정한 값어치의 속건 제물을 가져가야 한다. 그 제물은 속건 제물로 알맞은 흠 없는 숫양으로 하여라. 그러면 제사장은 그 사람을 위해 여호와 앞에서 허물을 씻는 예식을 행하여라. 그러면 그가 지은 죄가 용서받을 것이다."

번제에 관한 규례

　여호와께서 모세에게 말씀하셨습니다. "아론과 그의 아들들인 제사장들에게 이렇게 명령하여라. '태워 드리는 제사인 번제에 관한 규례는 이러하다. 번제물은 밤새도록 제단 위에 놓여져 아침까지 그대로 있어야 한다. 그리고 제단 불은 계속해서 타게 하여야 한다. 제사장은 모시옷을 입어야 하며 속에도 맨살에 모시 속옷을 입어야 한다. 제사장은 제단에서 타고 남은 제물의 재를 거두어서 제단 곁에 두고 그런 다음에 입었던 옷을 벗고 다른 옷으로 갈아입어라. 그리고 재는 진 밖의 특별히 깨끗한 곳으로 옮겨라. 하지만 제단 불은 계속해서 타게 하여 꺼뜨리지 마라. 제사장은 아침마다 제단 위에 장작을 더 올려놓고 번제물을 올려놓아라. 또 제사장은 화목 제물의 기름도 태워라. 제단 불은 언제나 타게 하고 그 불을 꺼뜨리지 마라.

곡식 제사인 소제에 관한 규례

　곡식 제사인 소제에 관한 규례는 이러하다. 제사장은 곡식 제물을 여호와 앞, 곧 제단 앞으로 가져가거라. 제사장은 고운 가루를 한 줌 쥐어 거기에 기름을 바르고 향을 얹어서 곡식 제물을 제단 위에서 태워라. 그것은 전체를 나 여호와에게 바쳤다는 표시이며 그 냄새가 여호와를 기쁘시게 한다. 그 남은 것은 아론과 제사장들의 몫이니 그것을 먹을 때는 누룩을 넣지 말고 거룩한 곳, 곧 회막 뜰에서 먹어라. 그것을 구울 때 누룩을 넣고 굽지 마라. 그것은 나의 화제 가운데서 내가 그들의 몫으로 준 것이다. 그것은 죄를 씻는 속죄제나 허물을 씻는 속건제의 경우와 마찬가지로 지극히 거룩한 것이다. 아론의 자손 가운데서 남자는 그것을 먹어라. 그것은 여호와께 불에 태워 바친 것 가운데서 그들의 몫이다. 이것은 지금부터 영원히 지켜야 할 규례로 무엇이든지 제물에 닿는 것은 다 거룩해질 것이다.’”

여호와께서 모세에게 말씀하셨습니다. “아론과 제사장이 여호와께 바쳐야 할 제물은 이러하다. 그들은 아론과 그의 아들들을 대제사장으로 구별하여 세울 때 이 제물을 바쳐야 한다. 그들은 고운 가루 십분의 일 에바를 곡식 제물로 바치되, 그 가운데서 절반은 아침에 바치고, 나머지 절반은 저녁에 바쳐야 한다. 고운 가루는 기름을 섞어 반죽하여 쇠판에 구워라. 너희는 그것을 잘 섞어 여러 조각으로 잘라서 곡식 제물로 여호와께 바쳐라. 그 냄새가 여호와를 기쁘시게 한다. 제사장들 가운데서 한 사람을 아론의 뒤를 잇는 대제사장으로 구별하여 세울 때 그 제사장은 여호와께 곡식 제물을 바쳐라. 이것은 영원한 규례이다. 곡식 제물은 여호와께 완전히 태워서 바쳐라. 제사장이 바치는 모든 곡식 제물은 완전히 태워서 바치고 누구도 그것을 먹어선 안 된다.”

속죄제에 관한 규례

여호와께서 모세에게 말씀하셨습니다. “아론과 제사장들에게 전하여라. ‘속죄제에 관한 규례는 이러하다. 속죄 제물은 여호와 앞에서 잡아라. 그것을 잡을 때는 번제물을 잡았던 곳과 같은 곳에서 잡아라. 그것은 가장 거룩한 것이다. 속죄 제물을 바치는 제사장은 그것을 먹되 회막 뜰 성소에서 먹어라. 무엇이든 속죄 제물에 닿는 것은 거룩해질 것이다. 만약 그 피가 튀어 옷에 묻으면 그 옷을 거룩한 곳인 성소에서 빨아라. 만약 그 고기를 오지그릇에 삶았다면 그 그릇은 깨뜨리고, 놋그릇에 삶았다면 그 그릇은 문질러 닦고 물에 씻어 내라. 제사장 가운데 남자는 그것을 먹어라. 그것은 지극히 거룩한 것이다. 하지만 성소에서 사람의 죄를 속죄해 주기 위해 회

ꞏ

막으로 속죄 제물의 피를 가져왔다면 그 제물은 먹지 말고 불로 태워라.

속건제에 관한 규례

속건제에 관한 규례는 이러하다. 속건 제물은 지극히 거룩하다. 속건 제물을 잡을 때는 번제물을 잡았던 곳과 같은 곳에서 잡아라. 그러면 제사장은 그 피를 제단 둘레에 뿌리고 그 기름, 곧 꼬리와 내장을 덮고 있는 기름을 바쳐라. 두 콩팥과 그 둘레에 있는 허리 부분의 기름과 콩팥과 함께 떼어 내야 할 간의 껍질 부분도 바쳐라. 제사장은 이 모든 것을 제단 위에서 태워라. 이것은 여호와께 불로 태워 드리는 화제로서 속건제이다. 제사장 가운데 남자는 그것을 먹어라. 그것은 지극히 거룩하므로 성소에서 먹어라. 속건제와 속죄제는 마찬가지이므로 두 제물에 관한 규례는 같다. 속죄 제물을 바치는 제사장은 고기를 가질 것이다. 번제물을 바치는 제사장도 제물의 가죽을 가질 것이다. 모든 곡식 제물은 그것을 바치는 제사장의 몫이다. 화덕에 구웠거나 쇠판에 구웠거나 냄비에 요리했거나 모든 곡식은 제사장의 몫이다. 마른 것이나 기름을 섞은 것이나 곡식 제물은 제사장의 것이다. 모든 제사장은 그것을 똑같이 나누어라.

화목제에 관한 규례

여호와께 바치는 화목제에 관한 규례는 이러하다. 감사한 마음을 나타내기 위해 화목 제물을 바치는 사람은 감사의 제물과 함께 누룩을 넣지 않고 기름을 섞어 만든 빵이나 누룩을 넣지 않고 기름을 발라 만든 과자를 바쳐라. 고운 가루에 기름을 섞어 만든 빵도 바쳐라. 누룩을 넣고 만든 빵도 감사의 화목 제물과 함께 바쳐라.

이 가운데서 한 개씩은 여호와께 바치고, 여호와께 바친 것은 화목 제물의 피를 뿌리는 제사장의 몫이다. 감사의 화목 제물로 바친 제물의 고기는 바친 그날에 먹고 그것을 이튿날까지 남겨 두지 마라. 하나님께 바치는 제물이 하나님께 그저 드리고 싶어서 바치는 제물이거나 하나님께 어떤 특별한 약속을 했기 때문에 바치는 제물이라면 그 제물은 바친 그날에 먹어라. 만약 남은 것이 있으면 그것은 그 다음 날 먹어도 된다. 그러나 그 제물이 삼 일째 되는 날까지도 남아 있으면 그것을 전부 불로 태워라. 삼 일째 되는 날에 먹은 화목 제물의 고기는 하나님께서 받지도 않으시고 그것을 바친 사람의 제사도 소용이 없을 것이다. 그것은 부정하게 되었으므로 누구든지 그 고기를 먹는 사람은 죄가 있을 것이다.

　무엇이든 부정한 것에 닿은 고기는 먹지 마라. 그런 고기는 불로 태우고, 그런 고기만 아니라면 누구든지 깨끗한 사람은 고기를 먹어라. 부정한 사람이 여호와의 화목 제물을 먹었다면 그 사람은 백성에게서 끊어질 것이다. 사람에게서 나오는 부정한 것이나 부정한 짐승이나 부정한 물건에 닿은 사람은 부정해질 것이며, 그런 사람이 여호와의 화목 제물을 먹었다면 그 사람은 백성에게서 끊어질 것이다.' "

피와 기름을 먹지 마라

　여호와께서 모세에게 말씀하셨습니다. "이스라엘 백성에게 전하여라. '너희는 소나 양이나 염소의 기름을 먹어서는 안 된다. 저절로 죽었거나 들짐승들에게 찢긴 짐승의 기름은 다른 목적을 위해서는 쓰일 수 있지만 먹어서는 안 된다. 여호와께 불로 태워 화제로 드리는 짐승의 기름을 먹는 사람은 그 백성 가운데서 끊어질 것이다. 너희는 어느 곳에 살든지 새나 짐승의 피를 먹지 마라. 누구든지 피를 먹는 사람은 그 백성에게서 끊어질 것이다.'"

제사장의 몫

여호와께서 모세에게 말씀하셨습니다. "이스라엘 백성에게 전하여라. '누구든지 여호와께 화목 제물을 바치려는 사람은 그 제물을 여호와께 직접 가져와라. 자기 손으로 그 제물을 가져오고 짐승의 기름과 가슴을 제사장에게 가져가거라. 그러면 제사장은 그 가슴을 여호와께 흔들어 바치는 요제를 위한 제물로 바쳐라. 그런 다음에 제사장은 기름을 제단 위에서 태워라. 하지만 짐승의 가슴은 아론과 제사장들의 몫이다. 너희는 화목 제물로 바치는 것 가운데서 오른쪽 넓적다리는 제사장에게 높이 들어 올려 선물로 주어라. 오른쪽 넓적다리는 제사장 가운데서도 특히 화목 제물의 피와 기름을 바치는 사람의 몫이다. 내가 화목 제물 가운데 흔들어 바친 가슴과 높이 들어 올려 바친 넓적다리를 이스라엘 백성에게서 받아서 아론과 제사장들에게 주었으니 이것은 아론과 그의 아들들의 몫이다. 그것은 불로 태워 바친 화제인데 아론과 그의 아들들이 제사장으로 임명받던 그날에 그들의 몫으로 정해진 것이다. 여호와께서는 제사장들을 임명하신 날에 이스라엘에게 명령하여 그것을 그들의 몫이 되게 하셨다. 그것은 대대로 영원히 그들의 몫이다.'"

이것은 번제와 곡식제와 속죄제와 속건제에 관한 규례와 제사장을 구별하여 세우는 일에 관한 규례이며, 화목제에 관한 규례입니다. 여호와께서 이 규례를 시내 산에서 모세에게 주셨으니 이 규례를 주신 날은 여호와께서 이스라엘 백성에게 명령하여 시내 광야에서 여호와께 제물을 바치라고 하신 날입니다.

아론과 그의 아들들의 제사장 위임식

여호와께서 모세에게 말씀하셨습니다. "아론과 그의 아들들을 불러라. 또 그들의 옷과 사람이나 물건에 바르기 위해 쓰는 특별한 기름과 속죄 제물로 바칠 수소 한 마리와 숫양 두 마리와 누룩을 넣지 않고 만든 빵인 무교병 한 바구니도 가져오너라. 그런 다음에 백성을 회막 입구로 불러 모아라." 모세는 여호와께서 명령하신 대로 했습니다.

백성이 모이자 모세가 백성에게 말했습니다. "여호와께서 이렇게 하라고 명령하셨소." 모세는 아론과 그의 아들들을 앞으로 나오게 했습니다. 모세는 그들을 물로 씻겨 주었습니다. 모세는 아론에게 속옷을 입혀 주고 띠를 띠어 주고 겉옷을 입혀 주었습니다. 그런 다음에 모세는 아론에게 에봇을 입혀 주고 무늬를 넣어 짠 허리띠를 매어 주어서 에봇이 몸에 꼭 맞게 해 주었습니다. 모세는 또 아론에게 가슴 덮개를 달아 주고 우림과 둠밈을 그 안에 넣어 주었습니다. 모세는 아론의 머리에 관을 씌우고 관 앞면에 금패, 곧 여호와의 성결패를 달아 주었습니다. 모세는 여호와께서 명령하신 대로 했습니다.

그런 다음에 모세는 성소와 그 안의 모든 것에 특별한 기름을 발라서 거룩하게 했습니다. 제단 위에 기름을 일곱 번 뿌렸습니다. 그리고 제단과 그 모든 기구, 물동이와 그 밑받침에도 기름을 발라서 거룩하게 했습니다. 그런 다음에 모세는 아론의 머리에 특별한 기름을 부어서 아론을 거룩하게 했습니다. 모세는 아론의 아들들을 앞으로 나오게 했습니다. 모세는 그들에게 속옷을 입혀 주고 띠를 띠어 주고 머리띠도 감아 주었습니다. 모세는 여호와께서 명령하신 대로 했습니다.

그리고 나서 모세는 속죄 제물로 바칠 수소를 끌고 왔습니다.

아론과 그의 아들들은 그 수소의 머리에 손을 얹었습니다. 모세는 그 소를 잡은 다음에 피를 얼마만큼 받아 냈습니다. 그리고 손가락으로 그 피를 찍어 제단 뿔에 발라 제단을 깨끗하게 했습니다. 나머지 피는 제단 아래에 쏟았습니다. 그렇게 하여 모세는 제단을 거룩하게 했습니다. 모세는 수소의 내장에 있는 모든 기름과 간의 껍질 부분과 두 콩팥과 그 둘레의 기름을 떼어 내어 제단 위에서 태웠습니다. 수소의 가죽과 고기와 똥은 진 밖에서 태웠습니다. 모세는 이 모든 일을 여호와께서 명령하신 대로 했습니다.

그런 다음에 모세는 번제물로 바칠 숫양을 끌고 왔습니다. 아론과 그의 아들들은 그 숫양의 머리에 손을 얹었습니다. 모세는 그 숫양을 잡은 다음에 그 피를 제단 둘레에 뿌렸습니다. 모세는 숫양을 여러 조각으로 잘라 낸 다음에 머리와 여러 조각과 기름을 불로 태웠습니다. 모세는 내장과 다리를 물로 씻은 다음에 숫양 전체를 제단 위에서 번제로 드렸습니다. 이것은 화제이며 그 냄새가 여호와를 기쁘게 하는 것입니다. 모세는 이 모든 일을 여호와께서 명령하신 대로 했습니다.

그런 다음에 모세는 다른 숫양을 끌고 왔습니다. 그것은 아론과 그의 아들들을 제사장으로 임명하는 데 썼습니다. 아론과 그의 아들들은 그 숫양의 머리에 손을 얹었습니다. 모세는 숫양을 잡고 그 피 가운데 얼마를 아론의 오른쪽 귀 끝과 오른쪽 엄지손가락과 오른쪽 엄지발가락에 발랐습니다. 그런 다음에 모세는 아론의 아들들을 제단 가까이로 데려갔습니다. 그리고는 그들의 오른쪽 귀 끝과 오른쪽 엄지손가락과 오른쪽 엄지발가락에도 피를 바르고, 나머지 피는 제단 둘레에 뿌렸습니다. 모세는 기름과 기름진 꼬리와 내장 둘레의 모든 기름과 간의 껍질 부분과 두 콩팥과 그 기름과 오른쪽 넓적다리를 떼어 냈습니다. 모세는 날마다 여호와 앞에

놓아두는 누룩 없는 빵인 무교병 광주리에서 빵 한 조각과 기름을
섞어 만든 빵 하나와 과자 하나를 꺼내어 숫양의 기름과 오른쪽 넓
적다리 위에 올려놓았습니다. 모세는 이 모든 것을 아론과 그의 아
들들의 손에 올려놓고 여호와 앞에서 흔들어 바치는 요제를 위한
제물로 드렸습니다. 그런 다음에 모세는 아론과 그의 아들들의 손
에 올려놓은 것을 다시 받아 가지고 제단 위의 번제물 위에 놓고 그
것들을 태웠습니다. 이것은 아론과 그의 아들들을 제사장으로 임
명하는 예식으로 바친 제물입니다. 이것은 화제이며 그 냄새가 여
호와를 기쁘시게 하는 것입니다. 모세는 가슴 부분을 가져다가 여
호와께 흔들어 바치는 요제를 위한 제물로 드렸습니다. 그것은 모
세가 제사장을 임명할 때 드린 숫양 가운데서 모세의 몫입니다. 이
렇게 하여 여호와께서 모세에게 명령하신 일이 이루어졌습니다.

　모세는 제단 위에 있는 특별한 기름과 피를 가지고 아론과 그의
옷에 뿌리고 아론의 아들들과 그들의 옷에도 뿌렸습니다. 그리하
여 모세는 아론과 그의 옷 그리고 아론의 아들들과 그들의 옷을 거
룩하게 했습니다.

　모세가 아론과 그의 아들들에게 말했습니다. "회막 입구에서 고
기를 삶아 제사장을 임명할 때 쓴 빵 광주리에 들어 있는 빵과 함
께 그곳에서 그것을 먹으시오. 여호와께서 그렇게 하라고 나에게
명령하셨소. 고기나 빵이 남으면 불태워 버리시오. 제사장으로 구
별하여 세우는 위임식은 칠 일 동안 계속될 것이오. 그대들은 그 기
간이 끝날 때까지 회막 입구 밖으로 나가면 안 되오. 구별하여 세
우는 위임식이 끝날 때까지 거기에 머무시오. 여호와께서는 그대들
의 죄를 씻는 일을 오늘처럼 하라고 명령하셨소. 그대들은 회막 입
구에 머물러 있어야 하오. 칠 일 동안 밤낮으로 거기에 머물러 있으
시오. 만약 여호와의 명령을 따르지 않으면 그대들은 죽을 것이오.

여호와께서 나에게 이렇게 명령하셨소." 그리하여 아론과 그의 아들들은 여호와께서 모세를 통하여 명령하신 그대로 따랐습니다.

첫 제물을 바치는 아론과 그의 아들들

팔일째 되는 날에 모세가 아론과 그의 아들들과 이스라엘의 장로들을 불렀습니다. 모세가 아론에게 말했습니다. "송아지와 숫양을 흠 없는 것으로 한 마리씩 가져오십시오. 송아지는 죄를 씻는 속죄 제물로 바칠 것이고, 숫양은 태워 드리는 번제물로 바칠 것입니다. 그것들을 여호와 앞에 가져오십시오. 그리고 이스라엘 백성에게 이르십시오. '속죄 제물로 바칠 숫염소 한 마리를 가져오시오. 그리고 번제물로 바칠 송아지와 어린 양을 가져오시오. 송아지와 어린 양은 태어난 지 일 년 된 것으로서 흠이 없는 것이어야 하오. 그리고 화목 제물로 바칠 수소와 숫양을 여호와 앞으로 가져오고 기름을 섞은 곡식 제물도 가져오시오. 오늘 여호와께서 여러분에게 나타나실 것이기 때문이오.'" 그리하여 모든 백성이 회막 앞으로 왔습니다. 그들은 모세가 가져오라고 명령한 것을 가져와서 여호와 앞에 섰습니다. 모세가 말했습니다. "이것은 여호와께서 여러분에게 하라고 하신 일입니다. 여호와의 영광이 여러분에게 나타날 것입니다." 모세가 아론에게 말했습니다. "제단으로 가까이 가 거기에서 속죄 제물과 번제물을 바치십시오. 그렇게 하여 형님의 죄와 백성의 죄를 씻는 예식을 행하십시오. 백성을 위해 제물을 바쳐서 그들의 죄를 씻는 예식을 행하십시오. 여호와께서 명령하신 대로 하십시오."

아론은 제단으로 가까이 갔습니다. 아론은 송아지를 잡아서 자기의 속죄 제물로 삼았습니다. 아론의 아들들이 아론에게 피를 가져오자 아론은 손가락으로 피를 찍어 제단 뿔들에 발랐습니다. 그리고 나머지는 제단 아래에 쏟았습니다. 아론은 속죄 제물에서 기름과 콩팥과 간의 껍질 부분을 떼어 낸 다음에 그것들을 제단 위에서 태웠습니다. 아론은 여호와께서 모세에게 명령하신 대로 했습니다. 그리고 고기와 가죽은 아론이 진 밖에서 태웠습니다.

그런 다음에 아론은 번제물로 바칠 짐승을 잡았습니다. 아론의 아들들은 아론에게 그 짐승의 피를 가져왔습니다. 아론은 그 피를 제단 둘레에 뿌렸습니다. 아론의 아들들은 번제물의 여러 조각과 머리를 아론에게 가져왔습니다. 아론은 그것들을 제단 위에서 태웠습니다. 아론은 번제물의 내장과 다리를 씻었습니다. 그리고 그것들을 제단 위에서 태웠습니다.

그런 다음에 백성의 제물을 바쳤습니다. 아론은 백성의 속죄 제물인 염소를 잡아서 바쳤습니다. 첫 번째 속죄 제물을 바칠 때처럼 그 제물을 바쳤습니다. 그런 다음에 번제물을 가져다가 여호와께서 명령하신 대로 바쳤습니다. 아론은 곡식 제물도 제단에 가져왔습니다. 아론은 곡식을 한 움큼 쥐어 아침마다 규칙적으로 드리는 번제물에 더하여 제단에서 태웠습니다.

아론은 수소와 숫양도 잡았습니다. 그것은 백성을 위해 바치는 화목 제물입니다. 아론의 아들들이 그 짐승들의 피를 아론에게 가져왔습니다. 아론은 그 피를 제단 둘레에 뿌렸습니다. 아론의 아들들은 또 아론에게 수소와 숫양의 기름을 가져왔습니다. 그들은 기름진 꼬리와 내장을 덮고 있는 기름과 콩팥과 간의 껍질 부분도 가져왔습니다. 아론의 아들들은 그 기름을 가슴 위에 올려놓았습니다. 아론은 그 기름을 제단 위에서 태웠습니다. 아론은 가슴과 오른쪽 넓적다리를 여호와 앞에 흔들어 바치는 요제를 위한 제물로 드렸습니다. 아론은 여호와께서 모세를 통하여 명령하신 대로 했습니다.

그런 다음에 아론은 백성을 향해 손을 들고 그들에게 복을 빌어주었습니다. 아론은 속죄제와 번제와 화목제를 다 바쳤습니다. 그리고 나서 제단에서 내려왔습니다. 모세와 아론은 회막으로 들어갔습니다. 그들은 다시 바깥으로 나와서 백성을 축복했습니다. 그러자 여호와의 영광이 모든 백성에게 나타났습니다. 여호와에게서 불이 내려와 제단 위의 번제물과 기름을 불살랐습니다. 모든 백성이 그 모습을 보고 소리를 지르며 땅에 엎드렸습니다.

나답과 아비후의 죽음

아론의 아들 나답과 아비후는 향을 피울 향로를 가지고 불을 피운 다음에 거기에 향을 얹었습니다. 하지만 그들은 모세가 사용하라고 명령한 불을 사용하지 않았습니다. 여호와 앞에서 불이 내려와 나답과 아비후를 삼켰습니다. 그래서 그들은 여호와 앞에서 죽었습니다. 그러자 모세가 아론에게 말했습니다. "여호와께서 '나에게 가까이 나아오는 사람에게 나의 거룩함을 보이겠고 모든 백성 앞에서 내가 영광을 받을 것이다'라고 말씀하신 것은 바로 이와 같은 일을 두고 하신 말씀입니다." 그러자 아론은 자기 아들들의 죽음에 대해 아무 말도 하지 않았습니다.

아론의 삼촌 웃시엘에게는 미사엘과 엘사반이라는 두 아들이 있었습니다. 모세가 그들에게 말했습니다. "이리 와서 너희 조카들의 주검을 성소에서 거두어 진 밖으로 옮겨 가거라." 미사엘과 엘사반은 모세의 명에 따라 불타지 않고 남은 옷을 잡아끌어 나답과 아비후의 주검을 진 밖으로 옮겼습니다. 모세가 아론과 그의 다른 아들인 엘르아살과 이다말에게 말했습니다. "슬퍼하는 기색을 보이지 마십시오. 옷을 찢거나 머리를 풀지도 마십시오. 만약 그렇게 하면 그대들도 죽을 것입니다. 그리고 여호와께서는 모든 백성에게 노하실 것입니다. 하지만 그대들의 친척인 이스라엘 모든 백성은 여호와께서 나답과 아비후를 불살라 죽이신 일에 대해 슬피 울어도 괜찮습니다. 그대들은 회막을 벗어나지 마십시오. 만약 밖으로 나가면 그대들은 죽을 것입니다. 그대들은 여호와께서 특별한 기름을 부어 여호와를 섬기도록 임명하신 구별된 사람들이기 때문입니다." 아론과 엘르아살과 이다말은 모세가 명령한 대로 했습니다.

여호와께서 아론에게 말씀하셨습니다. "너와 네 아들들은 회막에 들어갈 때 포도주나 독한 술을 마시지 마라. 마시기만 하면 너희는 죽을 것이다. 이것은 너희가 대대로 영원히 지켜야 할 규례이다. 너희는 성물을 거룩하지 않은 것과 구별하여라. 너희는 또한 깨끗한 것과 부정한 것을 구별하여라. 너희는 여호와께서 모세에게 말씀하신 모든 율법을 이스라엘 백성에게 가르쳐라."

모세가 아론과 그의 남은 아들들인 엘르아살과 이다말에게 말했습니다. "여호와께 태워 드리는 화제 중 아직 남아 있는 곡식 제물은 거두어서 누룩을 넣지 말고 제단 곁에서 먹으십시오. 그것은 가장 거룩한 것이기 때문입니다. 형님과 형님의 아들들은 그것을 성소에서 먹어야 합니다. 그것은 여호와께 바치는 태워 드리는 화제 가운데서 형님과 형님의 아들들의 몫이기 때문입니다. 이것은 내가 여호와께 받은 명령입니다. 또한 형님과 형님의 아들딸들은 흔들어 바치는 가슴 부분과 높이 들어 바치는 넓적다리를 먹을 수 있습니다. 그것들은 여호와께 바쳐진 것입니다. 그것을 먹을 때는 깨끗한 곳에서 먹어야 합니다. 이스라엘 백성이 바친 화목 제물 가운데서 그것이 형님 가족의 몫입니다. 백성은 불에 태워 바치는 짐승 가운데서 기름을 가져와야 합니다. 또 백성은 흔들어 바치는 가슴 부분과 높이 들어 바치는 넓적다리도 가져와야 합니다. 그것들은 여호와께 바쳐야 할 것입니다. 바치고 나면 그것들은 형님과 형님 자손의 몫이 됩니다. 이것은 여호와께서 명령하신 것입니다."

모세는 속죄 제물로 바친 염소를 찾아보았습니다. 그런데 그것
은 벌써 타 버리고 없었습니다. 그래서 모세는 아론의 나머지 아들
들인 엘르아살과 이다말에게 화를 내며 말했습니다. "너희는 왜 그
속죄 제물을 성소에서 먹지 않았느냐? 그것은 지극히 거룩한 것이
다. 여호와께서는 백성의 허물을 씻어 주시려고 그것을 너희에게 주
셨다. 그 염소는 백성의 죄를 씻으라고 주신 염소이다. 너희는 그
염소의 피를 성소로 가져오지 않았다. 너희는 내가 명령한 대로 그
염소를 성소에서 먹었어야 했다." 그러자 아론이 모세에게 말했습
니다. "저들은 오늘 자기의 속죄 제물과 번제물을 여호와께 바쳤
소. 그런데도 오늘 이런 끔찍한 일이 내게 일어났소. 내가 오늘 그
속죄 제물을 먹었다면 여호와께서 그것을 더 좋아하셨겠소?" 모세
는 아론의 말을 듣고 그 말이 옳다고 생각했습니다.

깨끗한 짐승과 부정한 짐승에 관한 규례

여호와께서 모세와 아론에게 말씀하셨습니다. "이스라엘 백성
에게 전하여라. '땅에서 사는 짐승 가운데서 너희가 먹어도
되는 것은 이러하다. 굽이 완전히 갈라지고 새김질하는 짐승은 먹
어라. 새김질은 하지만 굽이 갈라지지 않았거나 굽은 갈라졌지만
새김질을 하지 못하는 짐승은 먹지 마라. 낙타는 새김질은 하지만
굽이 갈라지지 않았다. 낙타는 너희에게 부정하다. 오소리도 새김
질은 하지만 굽이 갈라지지 않았다. 오소리도 너희에게 부정하다.
토끼도 새김질은 하지만 굽이 갈라지지 않았다. 토끼도 너희에게
부정하다. 돼지는 굽이 완전히 갈라졌지만 새김질은 하지 않는다.
돼지도 너희에게 부정하다. 너희는 이런 짐승의 고기를 먹지 마라.
이런 짐승의 주검도 만지지 마라. 이런 짐승은 너희에게 부정하다.

물에서 사는 것 중에서 너희가 먹어도 되는 것은 이러하다. 바다나 강에서 사는 동물 가운데서 지느러미와 비늘이 있는 것은 먹어라. 그러나 물에서 사는 고기 떼나 물속에서 사는 다른 모든 동물 가운데서 지느러미와 비늘이 없는 것은 바다에 살든지 강에 살든지 모두 피하여라. 너희는 그런 고기를 먹지 마라. 그런 것의 주검도 만지지 마라. 물에 사는 것 가운데서 지느러미와 비늘이 없는 동물은 피하여라.

새 가운데에서도 먹지 말아야 할 것이 있으니 이런 새는 피하여라. 너희는 독수리와 수리와 검은 수리와 솔개와 모든 소리개 종류와 모든 까마귀 종류와 타조와 올빼미와 갈매기와 모든 매 종류와 부엉이와 가마우지와 따오기와 백조와 사막 올빼미와 물수리와 고니와 왜가리 종류와 오디새와 박쥐를 먹지 마라.

날개 달린 곤충 가운데서 네 발로 걷는 것은 먹지 말고 그런 것은 너희가 피하여라. 하지만 날개도 달려 있고 네 발로 걷는 곤충 가운데에 발목과 다리가 있어서 땅에서 뛸 수 있는 것은 먹어라. 너희가 먹어도 되는 곤충은 모든 메뚜기 종류와 방아깨비와 귀뚜라미와 황충 종류다. 이것들 말고는 날개도 달려 있고 네 발로 걷는 곤충이어도 너희가 피하여라.

그러한 곤충은 너희를 부정하게 하니 그러한 곤충의 주검을 만지는 사람은 저녁 때까지 부정할 것이다. 누구든지 그러한 곤충의 주검을 옮긴 사람은 옷을 빨아라. 그 사람은 저녁 때까지 부정할 것이다. 굽은 갈라졌지만 완전히 갈라지지 않았거나 새김질을 하지 않는 짐승은 너희에게 부정하니 누구든지 그런 짐승의 주검을 만지는 사람은 부정할 것이다. 네 발로 걷는 짐승 가운데 발바닥으로 다니는 것은 너희에게 부정하니 누구든지 그런 짐승의 주검을 만지는 사람은 부정할 것이다. 그 사람은 저녁 때까지 부정할 것이다.

레위기 11 · 279

누구든지 그런 짐승의 주검을 옮기는 사람은 옷을 빨아라. 그 사람은 저녁 때까지 부정할 것이다. 이런 짐승은 너희에게 부정하다.

땅 위에 기어 다니는 짐승 가운데 너희에게 부정한 것은 족제비와 쥐와 큰 도마뱀 종류와 수궁과 육지 악어와 도마뱀과 모래 도마뱀과 카멜레온이다. 이런 기어 다니는 짐승은 너희에게 부정하다. 누구든지 이런 짐승의 주검을 만지는 사람은 저녁 때까지 부정할 것이다. 만약 어떤 부정한 동물이 죽어서 나무 그릇이나 옷이나 가죽이나 자루 위에 떨어져 닿으면 그것도 부정하게 될 것이다. 그것이 어디에 쓰던 물건이든 다 부정하게 될 것이다. 그렇게 부정하게 된 것은 물에 담가 두어라. 그런 것은 저녁 때까지 부정하다. 저녁이 지나면 깨끗해질 것이다. 부정한 동물이 죽어서 오지그릇에 빠지면 그릇 안에 있는 것은 무엇이든 부정하게 될 것이다. 너희는 그 그릇을 깨뜨려야 한다. 먹을 수 있는 젖은 음식이 그런 그릇에 담겼거나 마실 물이 담겼으면 모두 부정하게 될 것이다. 부정한 동물이 죽어서 어떤 물건에 떨어져 닿으면 그 물건은 부정하게 될 것이다. 만약 부정한 동물의 시체가 가마나 화로에 닿으면 너희는 그것을 깨뜨려야 한다. 그런 물건은 부정할 것이다. 그런 물건은 너희에게도 부정하다. 부정한 짐승이 물에 빠져 죽으면 물을 담고 있는 샘이나 웅덩이는 깨끗하다. 그러나 누구든지 그 안에 빠진 부정한 짐승의 시체에 닿는 사람은 부정할 것이다. 부정한 동물의 시체가 뿌리려고 따로 놓아둔 씨에 닿아도 그 씨는 깨끗하다. 그러나 그 씨가 물에 젖었을 때 부정한 동물의 시체가 그 씨에 닿으면 그 씨는 너희에게 부정하다.

너희가 먹어도 되는 동물이 죽었을 때 누구든지 그 시체에 닿는 사람은 저녁 때까지 부정할 것이다. 누구든지 그런 동물의 고기를 먹은 사람은 옷을 빨아라. 그 사람은 저녁 때까지 부정할 것이다.

땅 위에 기어 다니는 모든 동물은 너희가 피하여라. 그런 것은 먹지 마라. 누구든지 그런 동물의 시체를 옮기는 사람은 옷을 빨아라. 그 사람은 저녁 때까지 부정할 것이다. 너희는 땅 위에 기어 다니는 동물의 고기를 먹지 마라. 배로 기는 것도 먹지 말고 네 발로나 여러 발로 기는 것도 먹지 마라. 그것들을 피하여라. 이런 피해야 할 동물 때문에 너희도 피해야 할 사람이 되지 마라. 너희는 그런 동물 때문에 부정하게 되지 마라. 나는 너희의 여호와 하나님이다. 내가 거룩하므로 너희도 거룩하여라. 그런 기는 동물, 피해야 할 동물 때문에 너희를 부정하게 하지 마라. 나는 너희의 하나님이 되려고 너희를 이집트에서 인도해 낸 여호와이다. 내가 거룩하므로 너희도 거룩하여라.

이것은 땅 위의 모든 들짐승과 새와 물속의 모든 동물과 땅 위에 기어 다니는 모든 동물에 관한 규례이다. 이것은 부정한 것과 깨끗한 것, 먹어도 되는 동물과 먹으면 안 되는 동물을 구별하기 위한 규례이다.'"

산모에 관한 규례

여호와께서 모세에게 말씀하셨습니다. "이스라엘 백성에게 일러 주어라. 여자가 아들을 낳으면 그 여자는 칠 일 동안 부정하게 될 것이다. 월경을 할 때처럼 부정할 것이다. 팔 일째 되는 날에는 아이에게 할례를 베풀어라. 피로 부정하게 된 산모의 몸은 삼십삼 일이 지나야 다시 깨끗하게 될 것이다. 산모는 성물을 만지지 말고 깨끗하게 되는 기간이 찰 때까지 성소에 들어가지 마라. 만약 여자가 딸을 낳으면 그 여자는 이 주일 동안 부정하게 될 것이다. 월경을 할 때처럼 부정할 것이다. 피로 부정하게 된 산모의 몸은 육십육 일이 지나야 다시 깨끗하게 될 것이다.

여자가 아들이든 딸이든 아기를 낳아서 깨끗하게 하는 기간을 거쳤으면 여자는 회막 입구에 있는 제사장에게 일 년 된 양을 번제로 드려라. 그리고 속죄제로 바칠 집비둘기 새끼 한 마리나 산비둘기 한 마리를 가져오너라. 제사장은 그것들을 여호와 앞에 바쳐서 그 여자를 깨끗하게 하여라. 그러면 피로 부정하게 된 여자의 몸이 다시 깨끗해질 것이다. 이것이 아들이든 딸이든 아기를 낳은 여자가 지켜야 할 규례이다. 만약 그 여자가 양을 바칠 만한 형편이 되지 못하면 산비둘기 두 마리나 집비둘기 새끼 두 마리를 가져오너라. 그래서 한 마리는 번제물로 바치고, 다른 한 마리는 속죄 제물로 바쳐라. 제사장이 그 여자를 위해 제물을 바치면 그 여자는 깨끗해질 것이다."

피부병에 관한 규례

여호와께서 모세와 아론에게 말씀하셨습니다. "누구든지 살갗에 종기나 부스럼이나 얼룩이 생겨 위험한 피부병에 걸린 것처럼 보이면 그 사람을 제사장 아론이나 아론의 아들들 가운데 한 제사장에게 데려가거라. 제사장은 그 사람의 살갗에 난 병을 자세히 살펴보아라. 만약 병든 부분에 난 털이 하얗게 되었고 병든 부분이 다른 부분보다 우묵하게 들어갔으면 그것은 위험한 피부병이다. 제사장은 그 사람의 병든 부분을 잘 살핀 다음에 그 사람을 부정하다고 선언해야 한다. 만약 병든 부분이 하얗게 되었지만 다른 부분보다 우묵하게 들어가지 않았고 그 자리에 난 털도 하얗게 되지 않았으면 제사장은 그 사람을 다른 사람들에게서 칠 일 동안 떼어 놓아라. 칠 일째 되는 날에 제사장은 그 사람을 다시 잘 살펴보아라. 병든 부분이 변화되지 않았고 살갗에 퍼지지도 않았다면 그 사람을 칠 일 동안 더 떼어 놓아라. 칠 일째 되는 날에 제사장은 그 사람을 다시 자세히 살펴보아라. 병든 부분의 상태가 좋아졌고 살갗에 퍼지지도 않았다면 제사장은 그 사람을 깨끗하다고 선언하여라. 그 사람의 살갗의 병은 뾰루지에 지나지 않는다. 그 사람이 옷을 빨면 그 사람은 다시 깨끗해질 것이다. 그러나 제사장이 그 사람을 깨끗하다고 선언한 뒤에 살갗의 병이 다시 퍼지면 그 사람은 다시 제사장에게 가야 한다. 제사장은 그 사람을 자세히 살펴보고 만약 뾰루지가 살갗에 퍼졌으면 그 사람을 부정하다고 선언하여라. 그것은 위험한 피부병이다.

위험한 피부병에 걸린 사람은 제사장에게 데려가거라. 제사장은 그 사람을 자세히 살펴보아라. 만약 살갗에 흰 종기가 생겼고 털이 하얗게 되었고 종기에 생살이 난 것처럼 보이면 그것은 위험한 피부병이다. 그것은 이미 오래전부터 생긴 병이다. 제사장은 그 사람을 부정하다고 선언하여라. 그러나 그 사람을 따로 떼어 놓을 필요는 없다. 그 사람이 부정하다는 것을 이미 누구나 다 알기 때문이다. 만약 제사장이 보기에 피부병이 온몸에 퍼져서 머리끝부터 발끝까지 덮었으면 제사장은 그 사람의 몸 전체를 자세히 살펴보아라. 만약 피부병이 온몸을 덮고 있으면 제사장은 그 사람을 깨끗하다고 선언하여라. 온몸이 희어졌으므로 이미 나은 자이다. 그러나 만약 생살이 드러나게 되면 그 사람은 부정하다. 제사장은 생살을 자세히 살펴보고 그 사람을 부정하다고 선언하여라. 생살은 부정하다. 그것은 위험한 피부병이다. 만약 생살이 다시 하얗게 되면 그 사람은 제사장에게 가야 한다. 제사장은 그 사람을 자세히 살펴보아라. 만약 병든 부분이 하얗게 변했으면 제사장은 그 사람을 깨끗하다고 선언하여라. 그 사람은 깨끗하다.

어떤 사람의 살갗에 종기가 생겼다가 나았는데 그 종기가 났던 부분에 흰 부스럼이나 불그스레한 얼룩이 생겼으면 그 사람은 제사장에게 그 부분을 보여라. 제사장은 그 부분을 자세히 살펴보아라. 만약 병든 부분과 거기에 난 털이 하얗게 되었고 병든 부분이 다른 부분보다 우묵하게 들어갔으면 제사장은 그 사람을 부정하다고 선언하여라. 그것은 종기에서 생겨난 위험한 피부병이다. 그러나 제사장이 자세히 살펴보았는데 그 부분의 털이 하얗지 않고 다른 부분보다 우묵하게 들어가지도 않았고 그 부분의 색깔이 희미해졌으면 제사장은 그 사람을 다른 사람들에게서 칠 일 동안 떼어 놓아라. 만약 얼룩이 살갗에 번졌으면 제사장은 그 사람을 부정하다고 선언하여라. 그것은 퍼지는 병이다. 하지만 얼룩이 퍼지지도 않았고 변하지도 않았으면 그것은 종기의 흉터일 뿐이니 제사장은 그 사람을 깨끗하다고 선언하여라.

살갗이 불에 데었는데 덴 자리의 살갗이 하얗거나 붉게 변했으면 제사장은 그 부분을 자세히 살펴보아라. 하얀 얼룩이 다른 부분보다 우묵하게 들어갔거나 덴 부분에 난 털이 하얗게 변했으면 그것은 위험한 피부병이다. 덴 자리에 병이 생긴 것이니 제사장은 그 사람을 부정하다고 선언하여라. 그것은 위험한 피부병이다. 그러나 제사장이 자세히 살펴보았는데 얼룩진 살갗에 난 털이 하얗게 변하지 않았고 얼룩진 부분이 다른 부분보다 우묵하게 들어가지도 않았으며 그 부분의 색깔이 희미해졌으면 제사장은 그 사람을 다른 사람들에게서 칠 일 동안 떼어 놓아라. 칠 일째 되는 날에 제사장은 그 사람을 다시 자세히 살펴보아라. 만약 얼룩이 살갗에 번졌으면 제사장은 그 사람을 부정하다고 선언하여라. 그것은 위험한 피부병이다. 그러나 얼룩이 살갗에 번지지 않았고 그 부분의 색깔이 희미해졌으면 그것은 데어서 생긴 부스럼일 뿐이니 제사장은 그 사람을 깨끗하다고 선언하여라. 그 얼룩은 데어서 생긴 것일 뿐이다.

남자든 여자든 머리나 턱에 피부병이 생겼으면 제사장은 그 부분을 자세히 살펴보아라. 만약 그 부분이 다른 부분보다 우묵하게 들어갔거나 그 부분 둘레에 난 털이 가늘고 누렇게 변했으면 제사장은 그 사람을 부정하다고 선언하여라. 그것은 옴으로 머리나 턱에 생기는 위험한 피부병이다. 그러나 제사장이 자세히 살펴보았는데 병든 부분이 다른 부분보다 우묵하게 들어가지 않았고 그 자리에 검은 털도 없으면 제사장은 그 사람을 다른 사람들에게서 칠 일 동안 떼어 놓아라. 칠 일째 되는 날에 제사장은 그 사람을 다시 자세히 살펴보아라. 만약 옴이 퍼지지 않았고 그 자리에 누런 털도 나지 않았으며 옴이 난 자리가 다른 부분보다 우묵하게 들어가지 않았으면 그 사람은 옴이 난 자리를 빼고 털을 밀어야 한다. 그리고 제사장은 그 사람을 다시 칠 일 동안 다른 사람들에게서 떼어 놓아라. 칠 일째 되는 날에 제사장은 병든 부분을 다시 자세히 살펴보아라. 만약 옴이 살갗에 퍼지지 않았고 옴이 난 자리가 다른 부분보다 우묵하게 들어가지 않았으면 제사장은 그 사람을 깨끗하다고 선언하여라. 그 사람은 옷을 빨아 입어야 하고 그렇게 함으로써 깨끗해질 것이다. 그러나 그 사람이 깨끗해진 뒤에도 옴이 살갗에 퍼지면 제사장은 그 사람을 다시 자세히 살펴보아라. 만약 옴이 살갗에 퍼졌으면 제사장은 누렇게 변한 털을 찾을 필요가 없다. 그 사람은 부정하다. 그러나 제사장이 보기에 옴이 더 퍼지지 않고 그 자리에 검은 털이 자라나면 옴은 나았으니 그 사람은 깨끗하다. 제사장은 그 사람을 깨끗하다고 하여라.

남자든 여자든 살갗에 얼룩이 생겼으면 제사장은 그 사람을 잘 살펴보아라. 만약 살갗의 얼룩이 희끄무레하면 그 병은 해롭지 않은 뾰루지일 뿐이니 그 사람은 깨끗하다.

누구든지 머리털이 빠지면 그는 대머리다. 그러나 그는 깨끗하다. 앞머리의 털이 빠지면 이마 대머리다. 그러나 그는 깨끗하다.

하지만 대머리가 된 정수리나 이마에 불그스레한 얼룩이 있으면 그것은 정수리 대머리나 이마 대머리에 생긴 위험한 피부병이다. 제사장은 그 사람을 자세히 살펴보아라. 대머리에 생긴 얼룩이 불그스레하고 살갗에 생긴 위험한 피부병과 비슷해 보이면 그 사람은 위험한 피부병에 걸렸으니 그 사람은 부정하다. 얼룩이 머리에 생겨났으므로 제사장은 그 사람을 부정하다고 선언하여라.

위험한 피부병에 걸린 사람은 찢어진 옷을 입고 머리를 풀어라. 그리고 그는 윗입술을 가리고 '부정하다! 부정하다!'라고 소리쳐야 한다. 그 사람은 병에 걸려 있는 동안 부정한 상태에 있다. 그는 부정하다. 그는 진 바깥에서 혼자 살아야 한다.

옷이나 가죽에 생긴 곰팡이에 관한 규례

모시옷이나 털옷에 곰팡이가 생길 수도 있다. 뜬 옷이든 짠 옷이든 모시옷이나 털옷의 날에 생길 수도 있고, 가죽이나 가죽으로 만든 것에 생길 수도 있다. 만약 뜬 옷이나 짠 옷이나 가죽이나 가죽으로 만든 것에 푸르스름하거나 불그스름한 곰팡이가 나면 그것을 제사장에게 보여 주어라. 제사장은 그것을 자세히 살펴보아라. 그리고 제사장은 그것을 칠 일 동안 따로 두어라. 칠 일째 되는 날에 제사장은 그것을 자세히 살펴보아라. 만약 뜬 옷이나 짠 옷에 가죽이나 가죽으로 만든 것에 곰팡이가 퍼졌으면 그것은 위험한 곰팡이다. 그것은 부정하다. 뜬 옷이든 짠 옷이든 털옷이든 모시옷이든 또는 가죽으로 만든 것이든 곰팡이가 생긴 것은 제사장이 태워 버려라. 그것은 퍼지는 곰팡이이므로 태워 버려야 한다.

제사장이 자세히 살펴보았는데 뜬 옷이나 짠 옷이나 가죽으로 만든 것에 곰팡이가 퍼지지 않았으면 제사장은 곰팡이가 난 것을 빨게 하여라. 그리고 그것을 다시 칠 일 동안 따로 두어라. 제사장은 그 빤 것을 자세히 살펴보아라. 곰팡이가 퍼지지 않았다고 하더라도 곰팡이가 난 자리의 색깔이 변하지 않고 그대로 있으면 그것은 부정하니 너희는 그것을 불에 태워 버려라.

제사장이 자세히 살펴보았는데 한 번 빤 뒤에 곰팡이가 많이 없어졌으면 제사장은 뜬 것이든 짠 것이든 가죽이나 천에서 곰팡이를 도려내어라. 그러나 그 가죽이나 옷에 또 곰팡이가 생기면 그것은 퍼지는 곰팡이니 그런 가죽이나 옷은 불에 태워 버려라. 그러나 뜬 것이든 짠 것이든 가죽으로 만든 것이든 한 번 빤 천에서 곰팡이가 사라졌으면 그것을 한 번 더 빨아라. 그러면 그것은 깨끗해질 것이다.

이것은 뜬 옷이나 짠 옷이나 모시옷이나 털옷이 그리고 가죽으로 만든 것이 깨끗한지 부정한지를 결정하는 일에 관한 규례이다."

피부병에서 깨끗해지는 일에 관한 규례

여호와께서 모세에게 말씀하셨습니다. "이것은 위험한 피부병에 걸렸다가 나은 사람에 관한 가르침이다. 이 가르침은 그런 사람을 깨끗하게 하기 위한 것이다. 그 나은 사람을 제사장에게 데려가거라. 제사장은 진 밖으로 나가서 피부병에 걸린 사람을 자세히 살펴보아라. 제사장은 피부병이 나았는가를 살펴보아라. 만약 나았으면 제사장은 그 사람을 깨끗하게 하는 데 쓸 살아 있는 깨끗한 새 두 마리와 백향목과 진홍색 실 한 뭉치와 우슬초를 가져오게 하여라. 제사장은 새 한 마리를 생수가 담겨 있는 오지 그릇 위에서 잡게 하여라. 그런 다음에 제사장은 아직 살아 있는 남은 새와 백향목과 진홍색 실과 우슬초를 가져다가 그것들을 방금 잡은 새의 피에 담가라. 제사장은 그 피를 피부병에 걸렸던 사람에게 일곱 번 뿌려라. 그리고 그 사람을 깨끗하다고 선언하여

라. 그런 다음에 제사장은 들판으로 나가서 살아 있는 새를 날려
보내라. 그런 다음 병에 걸렸던 사람은 옷을 빨아라. 그는 머리털
도 다 밀고 물에 몸을 씻어야 한다. 그러면 그는 깨끗해져서 진으
로 들어갈 수 있을 것이다. 그러나 진으로 들어간 뒤에도 그는 칠
일 동안 자기 장막 밖에 머물러 있어야 한다. 칠 일째 되는 날 그
는 머리털을 다 밀어야 한다. 머리털뿐만 아니라 턱수염과 눈썹까
지 밀어라. 자기 옷을 빨고 물에 몸을 씻어라. 그러면 그는 깨끗해
질 것이다.

　팔 일째 되는 날 피부병에 걸렸던 사람은 흠 없는 숫양 두 마리
와 흠 없는 일 년 된 암양 한 마리를 가져오너라. 그는 또 곡식 제
물에 쓸 기름을 섞은 고운 가루 십분의 삼 에바와 기름 한 록을 가
져오너라. 제사장은 그 사람을 깨끗하다고 선언하여라. 그런 다음
에 그 사람과 그의 제물을 여호와 앞, 곧 회막 입구로 데려가거라.
제사장은 숫양 한 마리를 가져다가 그것을 기름과 함께 속죄 제물
로 바쳐라. 제사장은 여호와 앞에서 그것을 제물로 드려라. 그런
다음에 제사장은 회막 안의 속죄 제물과 번제물을 잡는 곳에서 그
숫양을 잡아라. 속건 제물은 속죄 제물과 마찬가지로 제사장의 몫
이다. 그것은 가장 거룩한 것이다. 제사장은 속건 제물의 피 가운
데 얼마를 받아서 깨끗해지고자 하는 사람의 오른쪽 귓불과 오른
손 엄지와 오른발 엄지에 발라라. 그리고 나서 제사장은 기름 가운
데 얼마를 자기 왼손바닥에 붓고 오른손으로 왼손에 있는 기름을
찍어 여호와 앞에서 그 기름을 일곱 번 뿌려라. 제사장은 손바닥에
남아 있는 기름으로 깨끗해지고자 하는 사람의 오른쪽 귓불과 오
른손 엄지와 오른발 엄지에 발라라. 그 기름은 속건 제물의 피를 이
미 바른 곳 위에 바르게 되는 것이다. 그런 다음 제사장은 왼손바
닥에 남아 있는 나머지 기름을 깨끗하게 되고자 하는 사람의 머리

에 발라라. 그렇게 하여 제사장은 여호와 앞에서 그의 죄를 씻어 주어라. 그런 다음에 제사장은 속죄 제물을 바쳐라. 그것으로 부정하게 되었다가 깨끗해지고자 하는 사람의 죄를 씻어라. 그리고 나서 제사장은 번제물로 바칠 짐승을 잡아서 제단 위에서 번제물과 곡식 제물을 바쳐라. 그렇게 하여 그 사람의 죄를 씻어 주면 그 사람은 깨끗해질 것이다.

그러나 병에 걸렸던 사람이 가난해서 그런 제물을 바칠 형편이 되지 못하면 속건 제물로 숫양 한 마리를 가져오너라. 그것을 여호와께 바치면 제사장은 그 사람의 죄를 씻어 깨끗하게 해 줄 것이다. 그리고 그 사람은 기름을 섞은 고운 밀가루 십분의 일 에바도 가져와야 한다. 그것은 곡식 제물로 바칠 것이다. 그는 또 기름 한 록도 가져와야 한다. 그는 또 형편이 되는 대로 산비둘기 두 마리나 집비둘기 새끼 두 마리를 가져와야 한다. 한 마리는 속죄 제물로 바칠 것이고, 다른 한 마리는 번제물로 바칠 것이다. 팔 일째 되는 날 그는 그것들을 회막 입구에 있는 제사장에게 가져와서 여호와께 바쳐야 한다. 이것은 그가 깨끗하게 되기 위한 것이다. 제사장은 속건 제물과 기름 한 록을 가져다가 여호와께 제물로 드려라. 그리고 나서 제사장은 속건 제물에 쓸 양을 잡고 그 피 가운데서 얼마를 받은 다음에 깨끗해지고자 하는 사람의 오른쪽 귓불과 오른손 엄지와 오른발 엄지에 발라라. 제사장은 또 그 기름 가운데 얼마를 자기 왼손바닥에 붓고 오른쪽 손가락으로 왼손바닥에 있는 기름을 찍어 여호와 앞에서 그 기름을 일곱 번 뿌려라. 그리고는 손바닥에 남아 있는 기름으로 깨끗해지고자 하는 사람의 오른쪽 귓불과 오른손 엄지와 오른발 엄지에 발라라. 그 기름은 속건 제물의 피를 이미 바른 곳 위에 바르게 되는 것이다. 제사장은 왼손바닥에 남아 있는 나머지 기름을 깨끗해지고자 하는 사람의 머리에 발

라라. 그렇게 하여 제사장은 여호와 앞에서 그의 죄를 씻는 예식을
행하여라. 그런 다음에 제사장은 그 사람의 형편이 되는 대로 가져
온 산비둘기나 집비둘기 새끼 가운데 하나를 바쳐라. 한 마리는 속
죄 제물로 바치고, 다른 한 마리는 곡식 제물과 함께 번제물로 바
쳐라. 그렇게 하여 제사장은 깨끗해지고자 하는 사람의 죄를 씻는
예식을 행하여라. 그러면 그 사람은 깨끗해질 것이다. 이것은 위험
한 피부병에 걸린 사람 가운데서 형편이 넉넉하지 못하여 제물을 제
대로 바칠 수 없는 사람을 깨끗하게 하는 일에 관한 가르침이다."

집에 생기는 곰팡이에 관한 규례

여호와께서 모세와 아론에게 말씀하셨습니다. "나는 가나안 땅
을 너희에게 소유물로 줄 것이다. 너희가 소유하는 그 땅에 들어갔
을 때 누구의 집에서든 곰팡이가 생기면 그 집주인은 제사장에게
가서 '내 집에 곰팡이 같은 것이 생겼습니다'라고 말하여라. 그러면
제사장은 사람들에게 그 집을 비우라고 명령하여라. 사람들은 제
사장이 그 집에 들어가 곰팡이를 자세히 살펴보기 전까지 그 집을
비우라. 그렇게 하지 않으면 그 집 안에 있는 모든 것이 부정하다
는 말을 듣게 될 것이다. 사람들이 집을 비우고 나면 제사장은 그
집에 들어가 자세히 살펴보아라. 제사장이 곰팡이를 살펴볼 때 만
약 집 벽에 곰팡이가 나서 푸르스름하거나 불그스름한 얼룩이 있고
그 부분이 다른 부분보다 우묵하게 보이면 제사장은 집 밖으로 나
가서 칠 일 동안 집을 잠가 두어라. 칠 일째 되는 날 제사장은 다시
돌아와서 그 집을 조사하여라. 만약 곰팡이가 집 벽에 퍼졌으면 제
사장은 사람들에게 명령하여 곰팡이가 난 돌을 빼내게 하여라. 빼
낸 돌은 성 밖의 부정한 곳에 버려라. 그런 다음에 집 안 전체를 닦
아 내게 하여라. 집 안을 닦을 때 벽에서 떼어 낸 흙은 성 밖의 부정

한 곳에 버려라. 그리고 집주인은 벽에 새 돌을 채워 넣고 벽을 새 흙으로 발라라.

돌을 빼내고 새 돌을 채워 넣고 흙을 바른 뒤에도 집 안에 곰팡이가 다시 생기면 제사장은 다시 돌아와서 그 집을 자세히 조사하여라. 만약 집에 곰팡이가 퍼졌으면 그것은 집에 퍼지는 위험한 곰팡이다. 그 집은 부정하다. 그러므로 집주인은 집을 헐어 버리고 모든 돌과 흙과 나무를 성 밖의 부정한 곳에 내다 버려라. 누구든지 그 집을 잠가 두었던 기간에 들어간 사람은 저녁 때까지 부정할 것이다. 누구든지 그 집에서 음식을 먹거나 자리에 눕는 사람은 옷을 빨아라.

만약 제사장이 다시 와서 조사했는데 곰팡이가 집 안에 퍼지지 않았으면 제사장은 그 집을 깨끗하다고 선언하여라. 이는 곰팡이가 없어졌기 때문이다. 집을 깨끗하게 하기 위해서 제사장은 새 두 마리와 백향목과 진홍색 실 한 뭉치와 우슬초를 가져오너라. 그리고 새 한 마리를 생수가 담겨 있는 오지그릇 위에서 잡게 하여라. 그런 다음에 제사장은 아직 살아 있는 남은 새와 백향목과 진홍색 실과 우슬초를 가져다가 그것들을 방금 잡은 새의 피와 생수에 찍어라. 제사장은 그 피를 그 집에 일곱 번 뿌려라. 이처럼 제사장은 새의 피와 생수와 살아 있는 새와 백향목과 우슬초와 진홍색 실 뭉치를 가지고 그 집을 깨끗하게 하여라. 그리고 살아 있는 새를 성에서 들판으로 날려 보내라. 이렇게 그 집의 죄를 씻는 예식을 행하면 그 집은 깨끗해질 것이다.

이것은 모든 피부병, 곧 옴과 옷과 집에 생기는 곰팡이와 부스럼과 뾰루지와 얼룩이 언제 깨끗하고 언제 부정한가에 관한 규례다. 이것은 온갖 피부병에 관한 가르침이다."

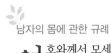

남자의 몸에 관한 규례

여호와께서 모세와 아론에게 말씀하셨습니다. "이스라엘 백성에게 전하여라. 어떤 남자든지 몸에서 고름이 흐르면 그 남자는 부정하다. 고름을 흘리는 남자가 부정한 경우는 이러하다. 고름이 계속해서 흐르건 고름이 그쳤건 그 남자는 부정하다. 고름을 흘리는 남자가 침대에 누우면 그 침대는 부정해질 것이다. 그가 앉는 자리도 다 부정해질 것이다. 누구든지 그의 침대에 닿은 사람은 옷을 빨고 물에 몸을 씻어라. 그러나 그 사람은 저녁 때까지 부정할 것이다. 고름을 흘리는 남자가 앉았던 곳에 앉은 사람은 옷을 빨고 물에 몸을 씻어라. 그러나 그 사람은 저녁 때까지 부정할 것이다. 누구든지 고름을 흘리는 남자의 몸에 닿은 사람은 옷을 빨고 물에 몸을 씻어라. 그러나 그 사람은 저녁 때까지 부정할 것이다. 고름을 흘리는 남자가 깨끗한 사람에게 침을 뱉으면 몸에 침이 묻은 사람은 옷을 빨고 물에 몸을 씻어라. 그러나 그 사람은 저녁 때까지 부정할 것이다. 부정한 사람이 올라탄 안장도 모두 부정할 것이다. 누구든지 고름을 흘리는 남자 아래에 있던 것을 만지는 사람은 저녁 때까지 부정할 것이다. 고름을 흘리는 남자 아래에 있던 것을 옮기는 사람은 옷을 빨고 물에 몸을 씻어라. 그러나 그 사람은 저녁 때까지 부정할 것이다. 고름을 흘리는 남자가 손을 물로 씻지 않고 다른 사람을 만지면 그 손에 닿은 사람은 옷을 빨고 물에 몸을 씻어라. 그러나 그 사람은 저녁 때까지 부정할 것이다. 고름을 흘리는 남자가 오지그릇을 만지면 그 오지그릇은 깨뜨려라. 만약 그가 나무 그릇을 만지면 그 그릇은 물에 씻어라.

고름을 흘리는 남자는 깨끗해질 수 있다. 그는 깨끗해지기 위해 칠 일 동안 기다렸다가 옷을 빨고 흐르는 물에 몸을 씻어야 한다. 그러면 깨끗해질 것이다. 팔 일째 되는 날에 그는 산비둘기 두 마리나 집비둘기 새끼 두 마리를 가지고 여호와 앞, 곧 회막 입구에 나와야 한다. 그리고 새 두 마리를 제사장에게 주어야 한다. 제사장은 그 새를 바쳐라. 한 마리는 속죄제로 다른 한 마리는 태워 드리는 제사인 번제로 바쳐라. 그리하여 제사장은 고름을 흘리는 그 남자의 부정한 것을 여호와 앞에서 깨끗하게 하는 예식을 행하여라.

남자가 정액을 흘렸으면 그는 물에 몸을 씻어라. 그러나 저녁 때까지 부정할 것이다. 만약 정액이 옷이나 가죽에 묻으면 그것을 빨아라. 그러나 그것은 저녁 때까지 부정할 것이다. 남자가 여자와 함께 눕다가 정액을 흘렸으면 두 사람 모두 물에 몸을 씻어라. 그러나 그들은 저녁 때까지 부정할 것이다.

여자의 몸에 관한 규례

여자가 월경을 할 경우 그는 칠 일 동안 부정할 것이다. 누구든지 그의 몸에 닿는 사람은 저녁 때까지 부정할 것이다. 그 칠 일 동안에 그 여자가 눕는 자리나 물건도 부정할 것이다. 그리고 그 여자가 앉는 자리나 물건도 부정할 것이다. 누구든지 그 여자의 침대에 닿은 사람은 옷을 빨고 물로 몸을 씻어라. 그러나 그 사람은 저녁 때까지 부정할 것이다. 누구든지 그 여자가 앉았던 것에 닿은 사람은 옷을 빨고 물로 몸을 씻어라. 그러나 그 사람은 저녁 때까지 부정할 것이다. 여자의 침대에 몸이 닿았건 여자가 앉았던 곳에 몸이 닿았건 그 사람은 저녁 때까지 부정할 것이다. 어떤 남자든지 월경 중인 여자와 함께 눕는 사람은 칠 일 동안 부정할 것이다. 그 남자가 눕는 침대도 다 부정할 것이다.

여자가 월경을 하는 때가 아닌데도 몸에서 피가 계속 나거나 월경이 다 끝났는데도 몸에서 계속 피가 나면 그 여자는 피가 나는 동안 부정할 것이다. 피를 흘리는 동안 그 여자가 눕는 모든 침대는 월경을 하는 동안 눕는 침대와 마찬가지로 부정할 것이다. 그리고 그 여자가 앉는 자리도 마찬가지다. 그 자리도 월경을 하는 동안 앉는 자리처럼 부정할 것이다. 누구든지 그런 것들에 몸이 닿으면 부정할 것이다. 그 사람은 옷을 빨고 물로 몸을 씻어야 한다. 그러나 그 사람은 저녁 때까지 부정할 것이다. 피를 흘리는 여자가 피가 멎고 나서도 깨끗해지려면 칠 일 동안 기다려라. 칠 일이 지나야 그 여자는 깨끗해질 것이다. 팔 일째가 되는 날에 그 여자는 산비둘기 두 마리나 집비둘기 새끼 두 마리를 회막 입구에 있는 제사장에게 가져가야 한다. 그러면 제사장은 그 가운데 한 마리는 속죄제로 다른 한 마리는 번제로 바쳐라. 그리하여 제사장은 피를 흘리는 그 여자의 부정한 것을 여호와 앞에서 깨끗하게 하는 예식을 행하여라.

너희는 이스라엘 백성이 부정한 것에 가까이하지 않도록 하여라. 그리하여 그들 가운데에 있는 내 회막을 더럽히는 일이 없도록 하여라. 만약 그 장막을 더럽히면 그들은 죽을 것이다.

이것은 고름을 흘리거나 정액을 흘려서 부정하게 되는 남자에 관한 가르침이다. 이것은 또 월경을 하는 여자에 관한 가르침이며, 남자든 여자든 부정한 것을 흘리는 사람에 관한 가르침이며, 부정한 여자와 함께 눕는 남자에 관한 가르침이다."

속죄일

아론의 두 아들이 여호와께 향을 바치다가 죽은 뒤에 여호와께서 모세에게 말씀하셨습니다. "네 형 아론에게 전하여라. 아무 때나 휘장 안, 곧 법궤가 있는 성소로 들어가지 마라. 들어가는 날에는 죽을 것이다. 내가 속죄판 위에서 구름 가운데 나타날 것이기 때문이다. 아론이 성소에 들어가려면 수송아지 한 마리를 속죄 제물로 바쳐라. 그리고 숫양 한 마리를 번제물로 바쳐라. 아론은 거룩한 속옷을 입고 그 안에는 맨살에 모시 속옷을 입어라. 허리에는 모시 띠를 띠고 머리에는 모시 관을 써라. 이것은 거룩한 옷이다. 그러므로 아론은 그 옷을 입기 전에 몸 전체를 물로 씻어라. 아론은 이스라엘 백성에게서 속죄 제물로 바칠 숫염소 두 마리와 번제로 바칠 숫양 한 마리를 받아라.

그런 다음에 속죄 제물로 소를 바쳐라. 그것은 자기를 위한 제물이다. 아론은 그 제물을 바쳐서 자기와 자기 집의 죄를 씻는 예식을 행하여라. 그리고 나서 염소 두 마리를 여호와 앞, 곧 회막 입구로 끌고 가거라. 아론은 제비를 뽑아 두 염소 가운데서 여호와께 바칠 염소와 아사셀에게 바칠 염소를 정하여라. 아론은 제비를 뽑아 여호와께 바치기로 정해진 염소를 속죄 제물로 바쳐라. 제비를 뽑아 속죄의 염소로 정해진 다른 염소는 산 채로 여호와 앞에 끌고 가거라. 제사장은 그 염소를 여호와 앞에 산 채로 두었다가 이스라엘의 죄를 씻는 예식에 써라. 그리고 나서 그 염소를 광야로 내보내어라.

아론은 자기를 위해 속죄 제물로 수소를 바쳐라. 그렇게 하여 자기와 자기 집의 죄를 씻는 예식을 행하여라. 아론은 자기를 위해 속죄 제물로 바칠 수소를 잡아라. 그런 다음에 아론은 여호와 앞의 제단에서 피어 있는 숯으로 가득한 향로를 들고 곱게 빻은 향 가루 두 움큼을 쥐고 휘장 안으로 들어가서 여호와 앞에서 그 향을 불 위에 놓아라. 그래서 그 향 연기가 언약궤 위의 속죄판을 덮게 하여라. 그래야 네가 죽지 않을 것이다. 그리고 아론은 수소의 피 얼마를 받아 손가락으로 피를 찍은 다음에 속죄판 위쪽에 한 번 뿌리고 속죄판 앞에 일곱 번 뿌려라.

그런 다음에 아론은 백성을 위해 속죄 제물인 숫염소를 바쳐라.

아론은 그 숫염소의 피를 휘장 안으로 가져가서 수소의 피와 마찬
가지로 속죄판 위쪽과 앞에 뿌려라. 그렇게 하여 성소를 깨끗하게
하여라. 이는 이스라엘 백성이 부정하게 되었고 온갖 죄를 지었기
때문이다. 그리고 아론은 부정한 이스라엘 백성 가운데 있는 회막
도 깨끗하게 하여라. 아론이 회막에 들어가서 자기와 자기 집과 이
스라엘 모든 무리를 위해 죄를 씻는 예식을 하는 동안 아무도 회막
에 들어가지 마라. 아론은 성소에서 모든 예식을 마친 뒤에 여호와
앞의 제단으로 나아오너라. 거기서 아론은 제단을 깨끗하게 하는
예식을 한 뒤에 수소와 숫염소의 피 가운데 얼마를 받아서 제단 뿔
에 발라라. 그리고 그 피 가운데 얼마를 손가락으로 찍어서 제단 위
에 일곱 번 뿌려라. 그렇게 하여 이스라엘 백성의 죄로 말미암아 부
정해진 제단을 깨끗하게 하고 거룩하게 하여라.

아론은 성소와 회막과 제단을 깨끗하게 하는 예식을 한 뒤에
살아 있는 숫염소를 여호와께 가져오너라. 아론은 살아 있는 숫염
소의 머리에 두 손을 얹고 이스라엘 백성의 모든 죄를 고백하여 그
죄를 숫염소의 머리에 두어라. 그리고 미리 정한 사람을 시켜 그
숫염소를 광야로 내보내어라. 그렇게 하면 그 숫염소는 백성의 모
든 죄를 지고 광야로 나갈 것이다. 그리고 광야에서 멀리 떠나가게
하여라.

그런 다음에 아론은 회막으로 들어가서 성소에 들어갈 때에 입
었던 모시옷을 벗어서 거기에 놓아두어라. 아론은 성소에서 물로
온몸을 씻고 벗어 둔 옷을 다시 입은 뒤에 거기에서 나와 자기의
번제물과 백성의 번제물을 바쳐라. 그래서 자기와 백성의 죄를 씻
는 예식을 행하여라. 그리고 나서 아론은 속죄 제물의 기름을 제
단 위에서 태워라. 염소를 이끌고 광야로 나갔던 사람은 옷을 빨
아라. 그리고 온몸을 물로 씻어라. 그런 다음에야 진으로 돌아올

수 있을 것이다. 성소에서 죄를 씻는 예식을 행하기 위해 속죄 제물로 바친 수소와 숫염소의 피를 성소 안으로 가져가라. 그런 후에 그 짐승들을 진 밖으로 내어가고 제사장은 그 짐승들의 가죽과 고기와 똥을 불로 태워라. 그것들을 태우는 사람은 자기 옷을 빨고 물로 온몸을 씻어라. 그런 다음에야 그 사람은 진으로 돌아올 수 있을 것이다.

이것은 너희가 영원히 지켜야 할 규례이다. 일곱째 달 그달 십일에 너희는 음식도 먹지 말고 일도 하지 마라. 이스라엘 백성이나 너희 가운데 사는 외국인이나 다 지켜야 한다. 이날은 너희의 속죄일이며 너희를 깨끗하게 하는 날이기 때문이다. 너희는 여호와 앞에서 너희의 온갖 죄로부터 깨끗해질 것이다. 이날은 너희에게 매우 중요한 안식일이다. 너희는 음식을 먹지 마라. 이것은 영원히 지켜야 할 규례이다. 기름부음을 받아 아버지를 대신하여 제사장으로 임명된 제사장은 거룩한 모시옷을 입고 죄를 씻는 예식을 행하여라. 그는 성소를 깨끗하게 해야 하며 회막과 제단을 깨끗하게 해야 한다. 그는 또한 제사장들과 이스라엘 모든 무리의 죄를 씻는 예식을 행해야 한다. 이스라엘 백성의 모든 죄를 일 년에 한 번씩 씻는 이 예식은 너희에게 영원한 규례가 될 것이다." 이 모든 일은 여호와께서 모세에게 명령하신 대로 이루어졌습니다.

피를 먹지 말라

여호와께서 모세에게 말씀하셨습니다. "아론과 그의 아들들과 이스라엘 모든 백성에게 말하여라. '이것은 여호와께서 명령하신 말씀이다. 누구든지 이스라엘 백성이 소나 양이나 염소를 바칠 때 진 안에서 잡든 진 밖에서 잡든, 그것을 회막, 곧 성막 입구로 가져가서 여호와께 제물로 바쳐라. 그렇게 하지 않으면 그 사람은 피를 흘린 자로 간주되므로 자기 백성에게서 끊어질 것이다. 이 규례는 이스라엘 백성이 들판에서 바치려던 제물을 여호와께 곧 회막 입구에 있는 제사장에게 가져와 여호와께 화목 제물로 바치게 하기 위한 것이다. 제사장은 회막 입구에 있는 여호와의 제단 쪽으로 그 짐승의 피를 뿌리고 기름을 태워 여호와께 향기로운 제물로 바쳐라. 이제부터 백성은 염소 우상에게 제물을 바치지 마라. 백성은 지금까지 그러한 다른 신들을 섬겨 마치 창녀와 같이 행동했다. 이것은 이스라엘 백성이 지금부터 영원히 지켜야 할 규례이다.'

백성에게 또 이렇게 말하여라. '이스라엘 백성이든지 그들 가운데 사는 외국인이든지 번제물이나 희생 제물을 바칠 때는 그 제물을 회막 입구로 가져와서 여호와께 바쳐라. 그렇게 하지 않으면 그 사람은 자기 백성에게서 끊어질 것이다.

이스라엘 백성이든지 그들 가운데 사는 외국인이든지 피를 먹으면 나는 그에게서 얼굴을 돌리고 그를 내 백성에게서 끊을 것이다. 몸의 생명은 피에 있기 때문이다. 또 나는 제단 위에서 너희의 죄를 씻는 데 쓰라고 피를 주었다. 피가 곧 생명이기 때문에 피로 죄를 씻을 수 있는 것이다. 그러므로 내가 이스라엘 백성에게 이렇게 말한다. "너희는 누구도 피를 먹지 말며 너희 가운데서 사는 외국인도 피를 먹지 마라."

이스라엘 백성이든지 그들 가운데 사는 외국인이든지 먹어도 되는 짐승이나 새를 사냥하여 잡았을 때는 그 피를 땅 위에 쏟고 흙으로 덮어라. 모든 생물에게 피는 곧 생명이기 때문이다. 그러므로 내가 이스라엘 백성에게 말한다. "너희는 어떤 생물이든지 그 생물의 피를 먹지 마라. 모든 생물의 생명은 그 피에 있기 때문이다. 누구든지 피를 먹는 사람은 백성에게서 끊어질 것이다." 이스라엘 백성이든지 그들 가운데 사는 외국인이든지 저절로 죽었거나 다른 들짐승에게 찢겨 죽은 짐승의 고기를 먹으면 그는 자기 옷을 빨고 물로 온몸을 씻어야 한다. 그는 저녁 때까지 부정하고 그 뒤에야 깨끗해질 것이다. 만약 옷을 빨지 않거나 몸을 씻지 않으면 그는 죄의 대가를 치를 것이다.'"

남녀 관계에 관한 규례

여호와께서 모세에게 말씀하셨습니다. "이스라엘 백성에게 전하여라. '나는 너희의 하나님 여호와이다. 너희는 전에 살던 이집트 땅의 사람들처럼 살지 마라. 또 내가 너희를 인도하여 갈 가나안 땅의 사람들처럼 살지도 마라. 그들의 풍습을 본받지 마라. 너희는 내 가르침에 복종하고 내 규례를 지켜라. 나는 너희의 하나님 여호와니라. 내 가르침과 규례에 복종하여라. 내 가르침과 규례에 복종하는 사람은 살 것이다. 나는 여호와이다.

너희는 가까운 친척과 성관계를 갖지 마라. 나는 여호와이다. 너희는 어머니의 몸을 범함으로 아버지를 욕되게 만들지 마라. 그녀는 네 어머니이니 너희 어머니의 몸을 범하지 마라. 너희는 네 계모와 성관계를 갖지 마라. 그녀는 네 아버지의 몸이나 마찬가지이다. 너희는 네 누이의 몸을 범하지 마라. 그는 네 아버지나 네 어머니의 딸이다. 네 누이가 너희 집에서 태어났든 밖에서 태어났든 그녀와 함께 눕지 마라. 너희는 친손녀든 외손녀든 손녀의 몸을 범하지 마라. 그들은 네 자신의 몸이나 마찬가지이다. 너희의 계모가 아버지에게서 딸을 낳으면 그 딸은 네 누이다. 너는 그 누이의 몸을 범하지 마라. 너는 고모의 몸을 범하지 마라. 고모는 네 가까운 친척이다. 너희는 이모의 몸을 범하지 마라. 어머니의 형제는 네 가까운 친척이다. 너희는 숙모의 몸을 범하지 마라. 그녀는 네 아버지의 형제의 몸이나 마찬가지이다. 그녀는 네 숙모이다. 너희는 며느리의 몸을 범하지 마라. 며느리는 너희 아들의 아내이다. 며느리의 몸을 범하지 마라. 너희는 형제의 아내의 몸을 범하지 마라. 그녀는 너희 형제의 몸이나 마찬가지이다. 너희는 여자와 그 여자의 딸의 몸을 같이 범하지 마라. 그리고 친손녀든 외손녀든 그 여자의 손녀의 몸도 범하지 마라. 그녀의 손녀는 그녀의 가까운 친척이다. 그들을 범하는 일은 나쁜 짓이다. 너희는 아내가 아직 살아 있는데 그 여자 형제를 또 아내로 맞아들이지 마라. 아내의 형제를 범하지 마라. 아내를 질투하게 하지 마라.

너희는 월경을 하고 있는 여자에게 가까이하여 몸을 범하지 마라. 월경 기간 동안 그 여자는 부정하다. 너희는 이웃의 아내와 함께 누워 네 몸을 더럽히지 마라. 너희는 네 자녀 가운데 하나라도 몰렉에게 제물로 바치지 마라. 그렇게 하여 네 하나님의 이름을 더럽히지 마라. 나는 여호와이다. 너희는 여자와 함께 눕듯이 남자와 함께 눕지 마라. 그것은 문란한 죄이다. 너희는 짐승과 함께 누워 몸을 더럽히지 마라. 여자도 짐승과 함께 눕지 마라. 그것은 역겨운 죄이다.

너희는 이러한 죄 가운데 어느 하나라도 저질러서 몸을 더럽히지 마라. 내가 너희 앞에서 쫓아낸 나라들이 바로 이런 짓을 함으로 몸을 더럽혔다. 그리고 그 땅도 더럽혀졌다. 그래서 내가 그 죄 때문에 그 땅에 벌을 내렸고 그 땅에서 그 백성을 쫓아낸 것이다. 너희는 내 가르침과 규례에 복종하거라. 너희는 이런 역겨운 죄를 하나라도 짓지 마라. 이스라엘 백성이나 그들 가운데 사는 외국인도 그런 죄를 짓지 마라. 너희보다 앞서 그 땅에 살던 백성은 이 모든 역겨운 죄를 저질렀으므로 그 땅이 부정해졌다. 만약 너희가 이런 짓을 하면 너희도 그 땅을 부정하게 만들고 말 것이다. 그러면 나는 너희보다 앞서 그 땅에 살던 사람을 쫓아냈듯이 너희도 쫓아낼 것이다. 이런 역겨운 죄를 저지르는 사람은 누구든지 자기 백성에게서 끊어질 것이다. 너희보다 먼저 그 땅에 살던 백성이 행했던 역겨운 풍속을 하나라도 행하지 마라. 이런 역겨운 죄를 저질러서 스스로 더럽히지 마라. 너희는 내 가르침에 복종하여라. 나는 너희 하나님 여호와이다.'"

그 밖의 규례

여호와께서 모세에게 말씀하셨습니다. "이스라엘 모든 백성에게 전하여라. 나는 여호와 너희 하나님이다. 내가 거룩하므로 너희도 거룩하여라. 너희는 모두 너희 어머니와 아버지를 존경하여라. 그리고 너희는 내 안식일을 지켜라. 나는 너희 하나님 여호와이다. 우상을 섬기지 마라. 너희가 섬길 신상을 만들지도 마라. 나는 너희 하나님 여호와이다.

너희가 여호와께 화목 제물을 바칠 때는 여호와께서 받으실 만하게 바쳐라. 제물은 바친 그날이나 그 다음 날에 먹어라. 삼 일째 되는 날까지 남은 것은 불에 태워 버려라. 삼 일째 되는 날에 남은 것을 먹는 것은 역겨운 일이다. 여호와께서는 그 제물을 기쁘게 받지 않으실 것이다. 누구든지 그런 것을 먹는 사람은 죄가 있을 것이다. 그는 여호와께 바친 거룩한 제물을 더럽혔기 때문이다. 그런 사람은 백성에게서 끊어질 것이다.

땅에 심은 것을 거두어들일 때는 밭의 구석구석까지 다 거두어들이지 말며, 거두어들이다가 곡식이 밭에 떨어졌더라도 줍지 말고 그냥 내버려 두어라. 포도밭의 포도도 다 따지 마라. 포도밭에 떨어진 포도도 주워 들이지 마라. 가난한 사람과 외국인을 위해 그것들을 남겨 두어라. 나는 너희 하나님 여호와이다.

훔치지 마라. 사람을 속이지 마라. 다른 사람에게 거짓말을 하지 마라. 너희는 내 이름으로 거짓 약속을 하여 너희 하나님의 이름을 더럽히지 마라. 나는 여호와이다.

이웃을 억압하지 마라. 이웃의 것을 빼앗지 마라. 품꾼의 삯을 그날 주지 않고 밤새 갖고 있지 마라. 듣지 못하는 사람을 저주하지 마라. 눈먼 자 앞에 걸려 넘어질 것을 놓지 마라. 너희는 네 하나님을 두려워하여라. 나는 여호와이다.

재판을 할 때는 공정하게 하여라. 가난한 사람이라고 해서 감싸 주거나 힘 있는 사람이라고 해서 편들어 주지 마라. 이웃을 재판할 때는 공정하게 하여라. 다른 사람을 헐뜯는 말을 하고 다니지 마라. 이웃의 목숨을 위태롭게 할 일을 하지 마라. 나는 여호와이다.

네 형제를 미워하는 마음을 품지 말고 형제가 잘못을 하거든 타일러라. 그렇게 하지 않으면 그의 잘못 때문에 네가 죄를 뒤집어쓰게 될 것이다. 사람들이 너에게 나쁜 일을 했다 해도 복수를 하거나 앙심을 품지 말고 네 이웃을 네 몸과 같이 사랑하여라. 나는 여호와이다.

내 가르침에 복종하여라. 종류가 다른 두 짐승을 교미시키지 마라. 밭에다가 종류가 다른 두 씨를 심지 마라. 종류가 다른 두 재료를 섞어서 만든 옷을 입지 마라.

어떤 남자가 다른 남자와 약혼한 처녀 종과 잠자리를 함께했는데 만약 그녀와 약혼한 그 남자가 아직 그 여자의 몸값을 치르지 않았거나 그 여자에게 자유를 주지 않았다면, 두 사람은 벌을 받기는 받지만 죽임을 당하지는 않는다. 여자가 아직 자유의 몸이 아니기 때문이다. 그 남자는 여호와께, 곧 회막 입구로 숫양을 가져와서 허물을 씻는 속건 제물을 바쳐라. 제사장은 그 숫양을 여호와 앞에 속건 제물로 바쳐라. 그것은 그 남자의 속죄 제물이다. 그러면 그 남자의 죄는 용서받게 될 것이다.

너희가 그 땅으로 들어가서 온갖 과일나무를 심었을 때 삼 년 동안은 과일을 따 먹지 말고 기다려라. 사 년째 되는 해에 나무에서 딴 과일은 여호와의 것이다. 그것은 여호와께 바치는 거룩한 찬양의 제물이다. 그러다가 오 년째 되는 해에 너희는 그 나무의 과일을 먹어라. 너희가 이대로 하면 그 나무에 과일이 더 많이 맺힐 것이다. 나는 너희 하나님 여호와이다.

너희는 어떤 것이든 피째 먹지 마라. 점을 치거나 마법을 행하지 마라. 관자놀이의 머리털을 잘라 내거나 턱수염 끝을 잘라 내지 마라. 죽은 사람을 생각하며 슬퍼한다고 몸에 상처를 내지 마라. 몸에 문신도 하지 마라. 나는 여호와이다.

너희는 네 딸을 창녀로 만들어서 네 딸을 더럽히지 마라. 그런 짓을 하면 이 땅을 더럽히게 되고 온통 죄로 가득하게 될 것이다. 내 안식일을 지키고 내 성소를 거룩히 여겨라. 나는 여호와이다.

무당이나 점쟁이를 찾아가지 마라. 그런 사람을 찾아가면 너희는 부정해질 것이다. 나는 너희 하나님 여호와이다.

노인을 존경하여라. 노인이 방에 들어오면 자리에서 일어나라. 너희 하나님을 두려워하여라. 나는 여호와이다.

너희 땅에 외국인이 너희와 함께 살 때 그들을 학대하지 마라. 그들을 너희 동포처럼 여기고 너희 몸을 사랑하듯 그들을 사랑하여라. 너희도 이집트에서 살 때는 외국인이었다. 나는 너희 하나님 여호와이다.

사람들을 재판할 때는 공정하게 하여라. 길이를 재거나 무게를 달 때도 정직하게 하여라. 올바른 추와 저울과 에바와 힌을 사용하여라. 나는 너희를 이집트에서 인도해 낸 너희 하나님 여호와이다. 나의 모든 가르침과 규례를 기억하고 잘 지켜라. 나는 여호와이다."

여러 가지 죄에 대한 경고

여호와께서 모세에게 말씀하셨습니다. "너는 또 이스라엘 백성에게 이렇게 전하여라. 이스라엘 백성이든지 이스라엘 백성 가운데서 사는 외국인이든지 몰렉에게 자기 자녀를 제물로 바치는 사람은 죽여야 한다. 그 땅의 백성들에게 그 사람을 돌로 쳐서 죽이게 하여라. 나도 그런 사람에게 노하여 그를 그 백성에게서 끊을 것이다. 그가 자기 자녀를 몰렉에게 주어서 내 성소를 더럽히고 내 거룩한 이름을 욕되게 했기 때문이다. 만약 그 땅의 백성이 몰렉에게 자기 자녀를 바치는 사람을 눈감아 주고 그런 사람을 죽이지 않는다면 내가 스스로 그 사람과 그 집안에게 노하여 그를 백성에게서 끊을 것이다. 그런 사람뿐만 아니라 몰렉에게 예배하는 모든 사람에게 그런 벌을 내릴 것이다.

무당과 점쟁이를 찾아가는 사람에게 내가 노하여 그들을 백성에게서 끊을 것이다. 내 거룩한 백성이 되어라. 내가 거룩하니 너희도 거룩하여라. 나는 너희 하나님 여호와이다. 내 율법을 기억하고 잘 지켜라. 나는 여호와이다. 내가 너희를 거룩하게 했다. 자기 아버지나 어머니를 저주하는 사람은 죽여라. 그런 사람은 아버지나 어머니를 저주했으므로 그 죄값이 자기에게 돌아가리라.

남녀 관계의 죄

남자가 이웃 사람의 아내와 함께 잠을 자서 간음죄를 지으면 그 두 사람을 다 죽여라. 계모와 잠자리를 같이한 사람은 자기 아버지를 욕되게 했으므로 그 사람과 계모를 다 죽여라. 그들의 죄값이 자기들에게 돌아갈 것이다. 남자가 자기 며느리와 잠자리를 같이하면 두 사람 모두 죽여라. 그들은 망측한 짓을 하였으니 그들의 죄값이 자기들에게 돌아갈 것이다. 남자가 여자와 함께 눕듯이 남자끼리 함께 누우면 그 두 사람은 역겨운 짓을 했으므로 죽여라. 그들의 죄값이 자기들에게 돌아갈 것이다. 남자가 자기 아내뿐 아니라 아내의 어머니까지도 자기 아내로 맞아들이는 것은 나쁜 짓이다. 너희는 그 남자와 두 여자를 불로 태워라. 그래서 너희 가운데 그런 역겨운 일이 없게 하여라. 짐승과 잠자리를 함께하는 남자는 죽여라. 그리고 그 짐승도 죽여라. 짐승과 잠자리를 함께하는 여자도 그 짐승과 함께 죽여라. 그들의 죄값이 자기들에게 돌아갈 것이다.

남자가 자기 누이, 곧 아버지가 다른 아내에게서 낳은 딸이나 어머니가 다른 남편에게서 낳은 딸을 아내로 맞아들여서 잠자리를 함께하는 것은 부끄러운 짓이다. 모든 사람이 보는 앞에서 그들은 백성에게서 끊어질 것이다. 그 남자는 자기 누이를 부끄럽게 했으므로 벌을 받을 것이다. 남자가 월경 중인 여자와 함께 누우면 두 사람 모두 백성에게서 끊어질 것이다. 남자는 여자의 피의 샘을 드러내었고, 여자는 자신의 피의 샘을 열어 보이는 죄를 저질렀기 때문이다. 이모나 고모의 몸을 범하지 마라. 그것은 가까운 친척을 욕되게 하는 짓이다. 두 사람 모두 벌을 받을 것이다. 남자가 자기 숙모와 함께 누우면 그 남자는 자기 삼촌을 욕되게 한 것이니 그 두 사람 모두 벌을 받을 것이다. 그들은 자손을 보지 못하고 죽을 것이다. 남자가 자기 형제의 아내와 결혼하면 부정할 것이다. 그는 자기 형제를 욕되게 했으므로 그들은 자녀를 낳지 못할 것이다.

나의 모든 가르침과 규례를 기억하고 잘 지켜라. 그러면 내가 너희를 인도해 갈 그 땅이 너희를 쫓아내지 않을 것이다. 너희는 내가 너희 앞에서 쫓아낼 나라의 풍속을 따라 살지 마라. 그들은 이 모든 죄를 지었기 때문에 내가 그들을 미워한다. 너희가 그들의 땅을 얻게 될 것이라고 내가 말했다. 내가 그 땅, 곧 젖과 꿀이 넘쳐흐르는 비옥한 그 땅을 너희에게 줄 것이다. 나는 너희 하나님 여호와이다. 나는 너희를 다른 백성과 구별하여 나의 백성으로 삼았다. 그러므로 너희는 새나 짐승이나 깨끗하고 부정한 것을 구별하여라. 그런 부정한 새나 짐승이나 땅에서 기는 것 때문에 너희 스스로를 부정하게 하지 마라. 나 여호와가 거룩하므로 너희도 내 앞에 거룩한 백성이 되어라. 나는 너희를 다른 백성과 구별하여 내 백성으로 삼았다.

무당이나 점쟁이는 남자든지 여자든지 모두 죽여라. 죽이되 돌로 쳐서 죽여라. 그들의 죄값이 자기들에게 돌아갈 것이다."

제사장이 지켜야 할 규례

여호와께서 모세에게 말씀하셨습니다. "아론의 아들들, 곧 제사장들에게 이렇게 전하여라. 제사장은 시체를 만져서 스스로를 부정하게 하지 마라. 다만 죽은 사람이 제사장의 가까운 친척, 곧 어머니나 아버지나 아들이나 딸이나 형제면 그 시체는 만져도 된다. 그리고 시집가지 못하고 죽은 누이의 시체도 만질 수 있다. 그 누이에게는 남편이 없으므로 제사장이 가까운 친척이다. 그 누이 때문에 몸을 더럽히는 것은 괜찮다. 그러나 제사장이 한 여자의 남편이라면, 아내의 친척이 죽었을 경우, 제사장은 그들 때문에 몸을 더럽히지 마라. 제사장은 머리털을 대머리같이 만들지 마라. 제사장은 턱수염을 깎아 내거나 몸에 칼자국을 내지 마라. 제사장은 하나님께 거룩해야 하며 자기들이 섬기는 하나님의 이름을 욕되게 해선 안 된다. 제사장은 여호와께 불에 태워 제물을 바치는 사람이고 하나님께 음식을 드리는 사람이다. 그러므로 제사장은 거룩해야 한다. 제사장은 그들의 하나님께 거룩하므로 창녀나 몸을 더럽힌 여자와 결혼하지 마라. 그리고 남편과 이혼한 여자와 결혼하지도 마라. 너희는 제사장을 거룩하게 여겨라. 그들은 너희 하나님의 음식을 바치는 사람이기 때문이다. 너희를 거룩하게 하는 나 여호와가 거룩하므로 너희도 제사장을 거룩히 여겨야 한다. 제사장의 딸이 창녀가 되어 스스로 부정하게 되면 그것은 자기 아버지를 욕되게 하는 것이다. 그런 딸은 불에 태워 죽여라.

자기 형제 제사장들 가운데서 뽑힌 대제사장, 곧 머리에 특별한 기름부음을 받고 임명되어 제사장의 옷을 입은 대제사장은 슬픔을 나타내기 위해 머리를 풀거나 옷을 찢지 마라. 그는 시체가 놓여 있는 집에 들어가면 안 된다. 그는 아버지나 어머니라도 그 주검을 만져 몸을 더럽히지 말아야 한다. 대제사장은 성소를 떠남으로 하나님의 성소를 부정하게 하지 마라. 그는 하나님의 특별한 기름으로 임명된 대제사장이기 때문이다. 나는 여호와이다. 대제사장은 반드시 처녀인 여자와 결혼하여라. 대제사장은 과부나 이혼한 여자나 창녀와 결혼하지 마라. 그는 자기 백성 가운데서 처녀와 결혼해야 한다. 그래야만 백성 가운데 자기 자손을 더럽히지 않고 남기게 될 것이다. 나는 그를 거룩하게 한 여호와이다."

여호와께서 모세에게 말씀하셨습니다. "아론에게 전하여라. 네 자손 가운데서 흠이 있는 사람은 하나님께 음식을 바치러 나오지 마라. 흠이 있는 사람은 제사장이 되어 하나님께 나올 수 없다. 곧 앞을 못 보는 사람, 다리를 저는 사람, 코가 기형인 사람, 팔다리가 성하지 않은 사람, 발이나 손을 못 쓰게 된 사람, 곱사등이, 난쟁이, 눈에 이상이 있는 사람, 옴이 난 사람, 종기가 난 사람, 고환을 다친 사람은 제사장이 되어 하나님께 나올 수 없다. 아론의 자손 가운데서 흠이 있는 사람은 태워 바치는 제사인 화제를 드리기 위해 여호와께 나올 수 없다. 그는 흠이 있는 사람이므로 하나님께 음식을 바치기 위해 나올 수 없다. 그러나 그도 제사장 집안 사람이므로 하나님의 가장 거룩한 음식이나 거룩한 음식을 먹을 수 있다. 그러나 그는 휘장을 지나 안으로 들어가지 못한다. 제단에도 가까이 가지 못한다. 그는 흠이 있으므로 내 성소를 더럽히지 말아야 한다. 나는 그것들을 거룩하게 하는 여호와이다." 그리하여 모세는 이 모든 말씀을 아론과 아론의 아들들과 모든 이스라엘 백성에게 일러 주었습니다.

여호와께서 모세에게 말씀하셨습니다. "아론과 그의 아들들에게 전하여라. 이스라엘 백성이 나에게 바친 제물은 거룩한 것이므로 너희는 그것을 조심스럽게 다루어라. 그리하여 내 이름을 더럽히는 일이 없도록 하여라. 나는 여호와이다. 앞으로 너희 자손 가운데 몸이 부정하면서도 이스라엘 백성이 여호와께 바친 거룩한 제물을 만지는 사람은 다시 내 앞에 나타나지 못하게 하여라. 나는 여호와이다. 아론의 자손 가운데서 위험한 피부병에 걸렸거나 몸에서 고름이 흐르는 사람은 깨끗해질 때까지 거룩한 제물을 먹지 마라. 그리고 누구든지 시체를 만졌거나 정액을 흘렸거나 땅에 기는 것 가운데 부정한 짐승을 만져서 부정하게 되었거나 부정한 사람을 만져서 부정하게 되었거나 그 밖에 어떤 것을 만져서 부정하게 된 사람은 저녁 때까지 부정할 것이다. 그런 사람은 물로 몸을 씻을 때까지 거룩한 제물을 먹지 마라. 해가 지면 그 사람은 깨끗해질 것이다. 그러면 그는 거룩한 제물을 먹을 수 있을 것이다. 왜냐하면 그 제물은 그의 몫이기 때문이다. 제사장은 저절로 죽었거나 다른 짐승에게 찢겨 죽은 짐승을 먹지 마라. 만약 먹으면 그는 부정해질 것이다. 나는 여호와이다. 제사장은 내가 준 모든 규례를 지켜라. 그래야 죄를 짓지 않을 것이다. 죽지 않으려면 조심하여라. 나는 그들을 거룩하게 하는 여호와이다. 내가 그들을 거룩히 구별했다.

제사장 집안의 사람만이 거룩한 제물을 먹을 수 있다. 제사장의 집에 머무는 나그네나 품꾼은 그것을 먹지 마라. 그러나 제사장이 자기 돈으로 산 종은 그 거룩한 음식을 먹을 수 있다. 그리고 제사장의 집에서 태어난 종도 제사장의 음식을 먹을 수 있다. 제사장의 딸은 제사장이 아닌 사람과 결혼했을 경우 거룩한 음식을 먹을 수 없다. 제사장의 딸이 자식을 낳지 못했는데 과부가 되었거나 이혼을 해서 자기 아버지의 집으로 돌아와서 시집가기 전처럼 살면 그 딸은 아버지의 음식을 먹을 수 있다. 그러나 제사장의 집안 사람이 아니면 그 음식을 먹을 수 없다. 실수로 거룩한 제물을 먹은 사람은 제사장에게 그 거룩한 음식값을 갚아라. 그는 음식값의 오분의 일을 보태서 갚아라. 제사장은 이스라엘 백성이 여호와께 바친 거룩한 제물을 더럽히지 마라. 만약 제사장이 제사장이 아닌 사람에게 그 음식을 먹게 하면 그 사람은 그 음식을 먹음으로써 죄를 짓게 된다. 나는 그 음식을 거룩하게 한 여호와이다.”

여호와께서 모세에게 말씀하셨습니다. “아론과 그의 아들들과 모든 이스라엘 백성에게 전하여라. 이스라엘 백성이나 그 백성과 함께 사는 외국인이 번제를 바칠 때는 그것이 맹세한 것을 갚기 위해 바치는 제물이든 아니면 스스로 원해서 바치는 제물이든, 소나 양이나 염소를 바치되 흠 없는 수컷으로 바쳐라. 그래야 여호와께서 너희를 기뻐하실 것이다. 흠이 있는 것을 바치지 마라. 여호와께서 너희를 기뻐하지 않으실 것이다. 누구든지 여호와께 화목 제물을 바칠 때는 그것이 맹세한 것을 갚기 위해 바치는 제물이든 아니면 스스로 원해서 바치는 제물이든, 소나 양을 바치되 흠 없는 수컷으로 바쳐라. 그래야 여호와께서 즐거이 받으실 것이다. 앞을 못 보는 것이나 뼈가 부러진 것이나 다리를 저는 것이나 고름이 흐르는 것이나 피부병에 걸린 것을 여호와께 바치지 마라. 그런 짐승을 제단 위에 바치지 마라. 그런 것들은 여호와께 태워서 드리는 제물이 될 수 없다. 소나 양이 보통 것보다 작거나 생긴 모습이 성하지 않은 것이라 하더라도 그것이 스스로 원해서 바치는 제물이라면 바쳐도 괜찮다. 그러나 맹세한 것을 갚기 위해 바치는 제물이라면 바칠 수 없다. 고환이 터졌거나 으스러졌거나 찢어졌거나 잘린 짐승은 여호와께 바치지 마라. 너희가 사는 땅에서 그런 짐승을 바쳐서는 안 된다. 그런 짐승을 외국인에게 받아서 여호와께 제물로 바쳐서도 안 된다. 그런 짐승은 상한 것이며 흠이 있는 것이다. 여호와께서는 너희를 기뻐하지 않으실 것이다."

여호와께서 모세에게 말씀하셨습니다. "소나 양이나 염소가 태어나면 칠 일 동안은 그 어미와 함께 있게 하여라. 그러나 팔 일째 되는 날부터 그것을 제물로 바치면 여호와께서는 그것을 받아 주실 것이다. 그러나 새끼와 그 어미를 같은 날에 잡지 마라. 암소나 암양이나 다 마찬가지다. 너희가 여호와께 감사의 제물을 바칠 때는 여호와께서 너희를 기쁘게 받으시도록 바쳐라. 너희는 그 바친 짐승을 그날에 먹어라. 이튿날 아침까지 그 고기를 남기지 마라. 나는 여호와이다.

내 명령을 잘 기억하고 그대로 지켜라. 나는 여호와이다. 내 거룩한 이름을 더럽히지 마라. 너희 이스라엘 백성 가운데서 내가 거룩하다는 것을 드러낼 것이다. 나는 너희를 거룩하게 하는 여호와이다. 나는 너희 하나님이 되기 위해 너희를 이집트에서 인도해 낸 여호와이다."

절기에 관한 규례

여호와께서 모세에게 말씀하셨습니다. "이스라엘 백성에게 전하여라. 너희는 여호와께서 거룩한 모임을 갖고 여호와를 예배하라고 정하신 절기를 선포하여라. 나의 특별한 절기는 이러하다.

안식일

너희는 엿새 동안은 일을 하지만 칠 일째 되는 날은 완전히 쉬는 안식일이며 거룩한 모임의 날이다. 너희는 어떤 일도 하지 마라. 그날은 너희의 모든 가정에서 지켜야 할 여호와의 안식일이다.

유월절과 무교절

여호와께서 정하신 절기는 이러하다. 너희는 그 절기의 때 거룩한 모임을 갖고 지켜라. 여호와의 유월절은 첫째 달 십사 일인데 유월절은 해 질 무렵부터 시작된다. 무교절은 같은 달 십오 일에 시작된다. 너희는 칠 일 동안 누룩을 넣지 않고 만든 빵인 무교병을 먹어라. 이 절기의 첫째 날에 너희는 거룩한 모임을 가져라. 그날에 너희는 아무 일도 하지 마라. 너희는 칠 일 동안 여호와께 불로 태워 바치는 화제를 드려라. 칠 일째 되는 날에는 거룩한 모임을 가져라. 그날에는 보통 때 하던 어떤 일도 하지 마라."

초실절

여호와께서 모세에게 말씀하셨습니다. "이스라엘 백성에게 전하여라. 너희는 내가 너희에게 줄 땅으로 들어가서 추수를 할 때 너희가 거둔 것 가운데서 첫 곡식단을 제사장에게 가져가거라. 제사장은 여호와께서 너희를 기뻐하시도록 그 단을 여호와 앞에 흔들어 바쳐라. 제사장은 그 단을 안식일 다음 날에 흔들어서 드려라. 너희는 곡식단을 흔들어서 드릴 때 일 년 된 흠 없는 숫양을 번제물로 바쳐라. 너희는 또 곡식 제물을 바쳐라. 너희가 바칠 제물은 기름을 섞은 고운 가루 십분의 이 에바이다. 그것은 불로 태워 드리는 화제이며 그 냄새가 여호와를 기쁘시게 한다. 너희는 또 포도주 사분의 일 힌을 부어 드리는 전제로 바쳐라. 먼저 너희 제물을 여호와께 바치기 전에는 빵이나 볶은 곡식이나 햇곡식도 먹지 마라. 이것은 너희가 사는 곳에서 지금부터 영원히 지켜야 할 규례이다.

오순절
너희는 첫 곡식단을 가져와 흔들어서 바친 안식일 다음 날부터 칠 주를 꼭 차게 세어라. 그러다가 오십 일째 되는 날, 곧 일곱 번째 안식일 그 다음 날에 새 곡식 제물을 여호와께 가져와 바쳐라. 그날에는 너희 집에서 고운 가루 십분의 이 에바에 누룩을 넣어 만든 빵인 유교병 두 개를 가져와 여호와께 흔들어 바쳐라. 그것이 너희가 거둘 햇곡식 가운데서 여호와께 바치는 제물이다. 그 빵과 함께 수송아지 한 마리와 숫양 두 마리와 일 년 된 흠 없는 어린 숫양 일곱 마리를 번제물로 바쳐라. 그것은 불로 태워 드리는 화제이며 그 냄새가 여호와를 기쁘시게 할 것이다. 곡식 제물과 부어 드리는 전제물도 함께 바쳐라. 너희는 또 숫염소 한 마리를 속죄 제물로 바쳐라. 그리고 화목 제물로 일 년 된 어린 숫양 두 마리를 바쳐라. 제사장은 양 두 마리를 제물로 바치되, 추수한 햇곡식으로 만든 빵과 함께 흔들어 바쳐라. 그것들은 여호와께 바친 거룩한 것이며 제사장의 몫이다. 너희는 그날을 거룩한 모임의 날로 선포하라. 그날에는 아무 일도 하지 마라. 이것은 너희가 사는 곳에서 지금부터 영원히 지켜야 할 규례이다.

너희는 너희 땅에서 추수를 할 때에 밭의 구석구석까지 다 거두어들이지 마라. 그리고 거두어들이다가 곡식이 밭에 떨어졌더라도 줍지 말고 너희 땅에 사는 가난한 사람과 외국인이 주워 갈 수 있도록 그냥 내버려 두어라. 나는 너희 하나님 여호와이다."

나팔절

여호와께서 또 모세에게 말씀하셨습니다. "이스라엘 백성에게 전하여라. 너희는 일곱째 달 첫째 날을 완전한 안식일로 지켜라. 나팔을 불어 그날을 기념하고 거룩한 모임을 열어라. 그날에는 아무 일도 하지 말고 여호와께 불에 태워 바치는 화제를 드려라."

속죄일

여호와께서 모세에게 말씀하셨습니다. "이 일곱째 달 십 일은 속죄일이다. 그날에는 거룩한 모임을 가져라. 너희는 음식을 먹지 말고 불에 태워 바치는 화제를 드려라. 그날에는 아무 일도 하지 마라. 그날은 속죄일이기 때문이다. 그날에 제사장은 여호와 앞으로 나아가서 너희의 죄를 씻는 예식을 행하여라. 그날에 금식을 하지 않는 사람은 백성에게서 끊어질 것이다. 누구든지 그날에 일을 하면 내가 그 백성 가운데서 끊어 버리겠다. 그날에는 아무 일도 하지 말아야 한다. 이것은 너희가 사는 곳에서 지금부터 영원히 지켜야 할 규례이다. 그날은 너희의 완전한 안식일이 되게 하여라. 그리고 그날에는 음식을 먹지 마라. 그날은 전날 저녁에 시작해서 다음 날 저녁까지 계속될 것이다."

초막절

여호와께서 또 모세에게 말씀하셨습니다. "이스라엘 백성에게 전하여라. 일곱째 달 십오 일은 초막절이다. 여호와를 위해 지키는 이 절기는 칠 일 동안 계속될 것이다. 그 첫째 날에는 거룩한 모임을 가져라. 그날에는 아무 일도 하지 마라. 너희는 칠 일 동안 매일 여호와 앞에 화제를 위한 제물을 바쳐라. 팔 일째 되는 날에는 또 다시 거룩한 모임을 가져라. 그리고 여호와께 화제를 위한 제물을 바쳐라. 그날의 모임은 거룩한 모임이므로 그날에는 아무 일도 하지 마라.

이상의 절기들은 여호와의 특별한 절기들이다. 각 절기에는 거룩한 모임을 가져라. 너희는 화제를 바쳐라. 번제물과 곡식 제물과 희생 제물과 부어 드리는 전제물을 각각 정해진 날에 바쳐라. 너희는 여호와의 안식일에 바치는 것 말고도 이 제물들을 더 바쳐라. 너희는 맹세한 것을 갚기 위해 바치는 제물과 스스로 원해서 여호와께 바치는 제물 말고도 이 제물들을 더 바쳐라.

일곱째 달 십오 일에, 곧 너희가 땅에 심었던 것을 거두어들이고 나서 여호와의 절기를 칠 일 동안 지켜라. 초하루와 팔 일은 완전한 안식일이다. 너희는 첫째 날에 좋은 나무에서 열매를 거두어들이고 종려나무 가지와 잎이 무성한 나무의 가지와 시냇가의 버드나무 가지를 꺾어서 칠 일 동안 너희 하나님 여호와 앞에서 즐거워하여라. 해마다 이 절기를 여호와 앞에서 칠 일 동안 지켜라. 이것은 지금부터 영원히 지켜야 할 율법이다. 너희는 이 절기를 일곱째 달에 지켜라. 칠 일 동안 초막에서 지내라. 이스라엘에서 태어난 모든 백성은 칠 일 동안 초막에서 지내라. 이것은 내가 너희 이스라엘을 이집트에서 인도해 내던 때에 너희를 초막에서 살게 하던 일을 너희 후손에게 알려 주기 위해서이다. 나는 너희 하나님 여호와이다."

그리하여 모세는 여호와께서 정하신 절기들을 이스라엘 백성에게 알려 주었습니다.

등잔불과 거룩한 빵

여호와께서 모세에게 말씀하셨습니다. "이스라엘 백성에게 명령하여 올리브를 짜서 만든 순수한 기름을 가져오게 하여라. 그 기름은 등잔에 쓸 기름이다. 그 등잔의 불은 꺼지지 않게 계속 켜 두어라. 아론은 그 등잔을 회막 안에, 곧 언약궤 앞에 친 휘장 앞에 두어라. 이것은 지금부터 영원히 지켜야 할 율법이다. 아론은 여호와 앞, 곧 순금으로 만든 등잔대 위에 언제나 등불을 켜 두어라.

고운 가루로 **빵** 열두 개를 만들어라. 빵 하나에 가루 십분의 이 에바가 들어가게 만들어라. 그것들을 여호와 앞의 금상 위에 두 줄로 늘어놓되, 한 줄에 여섯 개씩 늘어놓아라. 각 줄에 순수한 향을 얹어라. 그 향은 빵을 대신해서 기념하는 몫으로 바치는 것이다. 그것은 여호와께 불에 태워 바치는 화제를 드리기 위한 제물이다. 아론은 안식일마다 그 빵을 여호와 앞에 놓아두어라. 이스라엘 백성과 맺은 이 언약은 영원히 계속될 것이다. 그 빵은 아론과 그의 아들들의 몫이다. 그들은 그것을 성소에서 먹어라. 그것은 여호와께 바치는 화제 가운데서 가장 거룩하기 때문이다. 이것은 그들이 영원히 지켜야 할 규례이다."

하나님을 저주한 사람에 대하여

어머니는 이스라엘 여자이고 아버지는 이집트 남자인 어떤 사람이 이스라엘 백성들 사이로 걷고 있었습니다. 그런데 그 사람과 어떤 이스라엘 사람 사이에 싸움이 벌어졌습니다. 이스라엘 여자의 아들이 여호와의 이름을 모독하고 여호와를 저주하는 말을 했습니다. 그래서 사람들이 그를 모세에게 데려갔습니다. 그의 어머니의 이름은 슬로밋이었습니다. 슬로밋은 단 지파 사람 디브리의 딸이었습니다. 백성은 여호와께서 명령하시는 것을 확실히 알 때까지 그 사람을 가두어 놓았습니다.

여호와께서 모세에게 말씀하셨습니다. "나를 저주한 사람을 진 밖으로 끌어내어라. 그리고 그의 말을 들은 사람을 다 데려가거라. 그 사람들이 그의 머리에 손을 얹은 다음에 모든 백성들이 돌을 던져 그를 죽여라. 이스라엘 백성에게 전하여라. 누구든지 하나님을 저주하는 사람은 벌을 받을 것이다. 누구든지 하나님의 이름을 모독하는 사람은 죽여라. 모든 백성이 돌을 던져 그 사람을 죽여라. 외국인도 이스라엘에서 태어난 사람과 마찬가지로 같은 벌을 받을 것이다.

누구든지 사람을 죽인 자는 반드시 죽여라. 짐승을 죽인 사람은 다른 짐승으로 물어 주어라. 이웃에게 상처를 입힌 사람은 똑같은 상처를 당하게 하여라. 뼈를 부러뜨리면 뼈를 부러뜨림으로, 눈은 눈으로, 이는 이로 갚아라. 다른 사람에게 상처를 입힌 사람은 그것과 똑같은 상처로 벌을 받을 것이다. 남의 짐승을 죽인 사람은 다른 짐승으로 물어 주고 사람을 죽인 사람은 죽여라. 이 법은 이스라엘 백성이나 외국인이나 똑같이 지켜야 할 것이다. 나는 너희 하나님 여호와이다." 그리하여 모세가 이스라엘 백성에게 말했습니다. 그러자 백성은 하나님을 저주한 사람을 진 밖으로 끌고 가서 그를 돌로 쳐 죽였습니다. 이스라엘 백성은 여호와께서 모세에게 명령하신 대로 했습니다.

땅의 안식

여호와께서 시내 산에서 모세에게 말씀하셨습니다. "이스라엘 백성에게 전하여라. 내가 너희에게 줄 그 땅으로 들어가면 너희는 그 땅이 여호와를 위하여 안식할 수 있도록 특별한 시간을 주어라. 육 년 동안은 땅에 씨를 뿌려도 좋고 포도밭을 가꾸어 열매를 거두어도 좋다. 그러나 칠 년째 되는 해에는 땅을 쉬게 하여라. 그해는 여호와를 위해 쉬는 해이니 너희는 땅에 씨를 뿌리거나 포도원을 가꾸는 일을 하지 마라. 너희는 추수하다가 땅에 떨어져 저절로 자란 것은 거두지 마라. 너희가 가꾸지 않은 포도밭에서 자란 포도도 따지 마라. 이것은 땅이 일 년 동안 쉬는 해이기 때문이다. 땅이 쉬는 해에는 땅이 너희에게 먹을 것을 낼 것이다. 너희 남자나 여자나 종이나 품꾼이나 너희 땅에 사는 외국인에게 땅에서 나는 것은 무엇이든 먹게 하여라. 또한 너희가 기르는 가축이나 너희 땅의 들짐승도 땅에서 나는 것이면 다 먹게 하여라.

기쁨의 해인 희년

너희는 칠 년을 일곱 번 세어라. 그러면 사십구 년이 될 것이다. 그동안 땅이 쉬는 해가 일곱 번 있을 것이다. 너희는 사십구 년이 지난 다음 속죄일에 나팔을 불어라. 너희가 나팔을 불어야 할 날은 일곱째 달 십 일이다. 너희는 온 땅에서 나팔을 불어라. 오십 년째 되는 해를 특별한 해로 정하여 너희 땅에 사는 모든 백성에게 자유를 선포하여라. 그해는 기쁨의 해인 희년이니 너희 모두는 각자 자기 땅으로 돌아가거라. 모두 자기 집, 자기 가족에게로 돌아가거라. 오십 년째 되는 해는 너희에게 기쁨의 해이니 땅에 씨를 심지 말고, 저절로 자란 것을 거두지 말며, 가꾸지 않은 포도밭의 포도를 따지 마라. 그해는 희년이니 너희에게 거룩한 때이다. 너희는 밭에서 나는 것을 먹어라.

희년에는 모든 사람이 자기 땅으로 돌아가거라. 이웃에게 땅을 팔거나 이웃에게서 땅을 살 때 이웃을 속이지 마라. 이웃에게서 땅을 살 때는 바로 전의 희년에서부터 몇 년이 지났는가를 헤아려 보아라. 그래서 땅값을 알맞게 계산하여라. 땅을 파는 사람도 앞으로 추수할 수 있는 해가 몇 년인가를 헤아려서 땅값을 알맞게 계산하여라. 여러 해가 남았으면 값을 더 치러야 하고, 몇 해 안 남았으면 값을 덜 치러도 될 것이다. 이웃은 희년까지 추수할 횟수에 따라 네게 팔 것이다. 너희는 서로 속이지 마라. 너희는 하나님을 두려워하여라. 나는 너희 하나님 여호와이다.

나의 모든 가르침과 규례를 기억하고 잘 지켜라. 그러면 너희가 그 땅에서 안전하게 살 수 있을 것이다. 그 땅이 너희에게 좋은 열매를 주며 너희는 먹고 싶은 만큼 먹을 수 있을 것이다. 너희는 그 땅에서 안전하게 살 수 있을 것이다. 하지만 너희는 "씨를 뿌리지도 않고 심은 것을 거두어들이지도 않는다면 일곱째 해에는 무엇을 먹고 삽니까?" 하고 물을 것이다. 내가 여섯째 해에는 너희에게 큰 복을 주리니 그해에 땅에서는 삼 년 동안 먹을 작물이 나올 것이다. 여덟째 되는 해에 땅에 씨를 뿌릴 때는 전에 거두어 놓은 곡식을 먹을 수 있을 것이다. 아홉째 해가 되어 추수할 때까지 묵은 곡식을 먹게 될 것이다.

땅에 관한 규례

땅은 원래 나의 것이므로 너희는 땅을 아주 팔지는 못할 것이다. 너희는 내 땅에서 잠시 동안 사는 외국인이요, 나그네일 뿐이다. 너희는 땅을 팔 수는 있으나 그 땅을 언제든지 다시 살 수 있어야 한다.

너희 땅에 어떤 사람이 매우 가난해져서 땅을 팔게 되었다면, 그의 가까운 친척이 그를 위해 그 땅을 다시 사들여야 한다. 만약 그 사람을 위해 다시 그 땅을 사들일 만한 가까운 친척이 없던 중에 그 사람 스스로가 그 땅을 사들일 만한 돈을 가지게 되면, 그 사람은 그 땅을 판 지 몇 해가 지났는가를 헤아려라. 그래서 그 땅을 얼마에 사들여야 할지를 결정하여라. 그렇게 해서 그 땅을 사들이면 그 땅은 다시 그 사람의 것이 된다. 그러나 만약 땅을 다시 사들일 만큼 돈이 충분하지 않으면 그 땅은 기쁨의 해인 희년까지 땅을 산 사람의 것이다. 그러나 기쁨의 해가 돌아오면 땅을 산 사람은 땅을 원래 임자에게 돌려주어라.

성벽 안에 사는 사람이 집을 팔았으면 일 년 안에는 언제든지 그 집을 다시 살 수 있으나, 만약 일 년 안에 그 집을 다시 사지 않으면 성벽 안의 그 집은 산 사람의 것이 되어 자손 대대로 그의 것이 된다. 또한 희년이 돌아와도 원래의 임자에게 돌아가지 않을 것이다. 그러나 성벽이 없는 마을의 집은 토지와 같이 여겨라. 그런 집은 다시 사들일 수 있으니 희년이 돌아오면 그런 집은 원래 임자에게 돌려주어라. 레위 사람은 성벽 안에 있는 집이라도 언제든지 자기 집을 다시 살 수 있다. 레위 사람에게서 집을 샀다 하더라도 레위 사람들의 성안에 있는 그 집은 희년이 돌아오면 다시 레위 사람들의 것이 될 것이다. 레위 사람들의 성안에 있는 집은 레위 사람들의 것이기 때문이다. 그런 성은 이스라엘 백성이 레위 사람들에게 준 성이다. 레위 사람들의 성 둘레에 있는 밭과 들판도 팔 수 없으니 그 들판은 영원히 레위 사람의 것이다.

채무자 및 종에 관한 규례

네 동족 가운데 너무 가난해서 혼자 힘으로는 살아가기 어려운 사람이 있거든, 너희는 나그네나 외국인을 돕듯이 그를 도와 너와 함께 살 수 있도록 하여라. 그에게 돈을 빌려줄 때는 이자를 받거나 이익을 얻으려 하지 마라. 네 하나님을 두려워하여라. 그 가난한 사람이 너와 함께 살 수 있도록 하여라. 그에게 이자를 받을 생각을 하고 돈을 빌려주지 마라. 그에게 이익을 바라고 먹을 것을 줘서도 안 된다. 나는 너희를 이집트 땅에서 인도해 낸 너희 하나님 여호와이다. 내가 너희를 인도해 낸 것은 너희에게 가나안 땅을 주고 너희 하나님이 되기 위함이다.

네 동족 가운데 너무 가난해서 자기 몸을 종으로 팔려고 하는 사람이 있더라도 너는 그를 종 부리듯 하지 마라. 너는 그들을 품꾼이나 나그네처럼 여겨서 기쁨의 해인 희년이 돌아올 때까지 너와 함께 살 수 있도록 하여라. 기쁨의 해가 돌아오면 그를 돌려보내라. 그가 자기 자녀를 데리고 자기 가족이 있는 조상의 땅으로 돌아가게 하여라. 내가 이스라엘 백성을 이집트에서 인도해 냈으니 그들은 나의 종이다. 그러므로 그들을 종으로 여겨 팔아서는 안 된다. 너는 그 사람을 고되게 부리지 마라. 너는 네 하나님을 두려워하여라. 남종이나 여종을 두고 싶으면 네 둘레에 있는 다른 나라 중에서 사 오너라. 또 너와 함께 사는 외국인 자녀 가운데서 종을 얻을 수도 있고, 너와 함께 태어난 그들의 가족 가운데서도 얻을 수 있다. 너는 그들을 너의 것으로 삼을 수 있다. 너는 그런 외국인 종을 네 자손에게 물려줄 수도 있고, 너는 그들을 영원히 종으로 삼을 수도 있다. 그러나 너의 형제인 이스라엘 백성들끼리 서로 고되게 부리지 마라.

너와 함께 사는 외국인이나 나그네가 부자가 되었다고 하자. 그리고 너의 동족 가운데 한 사람이 가난하게 되었다고 하자. 그 가난하게 된 사람이 너와 함께 사는 외국인에게 종으로 팔렸거나 아니면 그 외국인의 가족 가운데 다른 사람에게 팔렸다고 하자. 이때 그 가난한 사람은 팔린 후에도 그 몸값만 지불하면 자유의 몸이 될 권리가 있다. 그의 가까운 친척 중 한 사람이 그를 다시 살 수도 있고 삼촌이나 사촌이 다시 살 수도 있다. 누구든지 그의 가까운 친척 가운데 한 사람이 그를 다시 살 수도 있고 아니면 그가 스스로 돈을 벌어 값을 치르고 자유의 몸이 될 수 있다. 값을 치를 때는 그 사람이 외국인에게 자기 몸을 판 해로부터 시작해서 돌아올 희년까지 햇수를 헤아려 값을 계산하여라. 이는 그가 그 햇수만큼만 종으로 일할 것이기 때문이다. 기쁨의 해까지 아직 많은 햇수가 남아 있다면 그만큼 값도 많이 치러야 하고, 햇수가 얼마 남지 않았다면 그만큼 값을 적게 치르면 된다. 그가 자기 몸을 판 동안 외국인 주인은 그를 품꾼처럼 여기고 그를 고되게 부리지 마라. 아무도 그를 다시 사지 않았다 하더라도 기쁨의 해가 돌아오면 그를 풀어 주어라. 그와 그의 자녀는 자유의 몸이 될 것이다. 이는 이스라엘 백성은 내 종이기 때문이다. 그들은 내가 이집트 땅에서 인도해 낸 내 종이다. 나는 너희 하나님 여호와이다.

하나님께 복종하여 얻는 상

너희는 우상을 만들지 마라. 조각한 신상이나 돌기둥도 세우지 마라. 너희 땅에 석상을 세워 놓고 절하지 마라. 왜냐하면 나는 너희 하나님 여호와이기 때문이다. 내 안식일을 기억하고 내 성소를 소중히 생각하여라. 나는 여호와이다.

내 율법과 명령을 기억하고 잘 지켜라. 그리하면 내가 철을 따라 너희에게 비를 내려 줄 것이다. 땅은 작물을 낼 것이고, 들판의 나무는 열매를 맺을 것이다. 너희는 타작할 것이 너무 많아서 포도를 거둘 때까지 타작을 해야 할 것이다. 그리고 포도도 너무 많이 달려서 씨를 뿌릴 때까지 포도를 거두어야 할 것이다. 너희에게는 먹을 것이 넘쳐 날 것이다. 또한 너희는 너희 땅에서 안전하게 살 수 있을 것이다. 내가 너희 나라에 평화를 주리니 너희는 평화롭게 누울 수 있을 것이며 아무도 너희를 위협하지 못할 것이다. 내가 해로운 짐승을 너희 나라에서 쫓아내고 어떤 군대도 너희 나라에 처들어 오지 못하게 할 것이다. 너희는 원수를 뒤쫓아 물리칠 것이니 그들이 너희 앞에서 칼에 맞아 쓰러질 것이다. 너희 다섯 사람이 백 명을 물리치며, 너희 백 명이 만 명을 물리칠 수 있을 것이다. 너희는 원수를 물리쳐 이길 것이니 그들이 너희 앞에서 칼에 맞아 쓰러질 것이다. 그때 내가 너희에게 자비를 베풀 것이다. 내가 너희에게 자녀를 많이 주고 너희와 맺은 내 언약을 지킬 것이다. 너희는 묵은 곡식을 다 먹기도 전에 햇곡식을 저장하기 위해서 묵은 곡식을 퍼내야 할 것이다. 내가 내 성막을 너희 가운데 두고 너희에게서 떠나지 않을 것이다. 나는 너희와 동행하며 너희 하나님이 되며, 너희는 나의 백성이 될 것이다. 나는 너희를 이집트에서 인도해 낸 너희 하나님 여호와이다. 나는 너희 등을 짓누르던 멍에를 없애 주었고, 너희가 당당히 걸을 수 있게 해 주었다.

하나님께 복종하지 않아 받는 벌

그러나 너희가 내 말을 잘 듣지 아니하고 내 명령에 복종하지 아니하며 내 율법과 명령을 따르지 않고 내 언약을 어기면, 내가 너희에게 끔찍한 벌을 내릴 것이다. 너희에게 폐병과 열병을 보내어 너희 눈을 어둡게 하고 너희 생명을 위태롭게 할 것이다. 너희는 씨를 뿌려도 거두지 못할 것이며, 너희 원수가 너희 작물을 먹을 것이다. 내가 내 얼굴을 너희에게서 돌리겠고, 너희 원수가 너희를 물리쳐 이길 것이다. 너희 원수가 너희를 다스리겠고, 누가 너희를 뒤쫓지 않더라도 너희는 쫓기는 신세가 될 것이다. 그래도 너희가 내 말을 듣지 않으면 너희 죄를 일곱 배로 벌할 것이다. 너희가 자랑하는 큰 성들을 내가 무너뜨리겠고, 하늘에서는 비가 내리지 않을 것이며, 땅에서는 작물이 자라지 않을 것이다. 너희가 아무리 힘을 써도 소용이 없을 것이다. 너희 땅에서는 아무것도 자라나지 않으며 나무에는 아무 열매도 맺지 않을 것이다.

그래도 내 말을 듣지 않으면 너희 죄를 일곱 배로 벌할 것이다. 내가 들짐승을 너희에게 보내리니 짐승들은 너희를 공격하며, 너희 자녀를 물어 가고, 너희 가축 떼를 죽일 것이다. 그래서 너희의 수가 줄어들고 너희가 다니는 길도 텅텅 비게 될 것이다.

이 모든 일이 있은 뒤에도 깨닫지 못하고 여전히 내 말을 듣지 않으면 나도 너희에게서 등을 돌리고 너희 죄를 일곱 배나 벌할 것이다. 너희가 내 언약을 어겼으므로 너희에게 군대를 보내어 벌을 내릴 것이다. 너희가 여러 성읍으로 도망치더라도 너희 가운데에 병이 퍼지게 할 것이다. 결국 너희 원수가 너희를 물리쳐 이길 것이다. 내가 너희 먹을 것을 끊어 버릴 것이니 여자 열 명이 너희가 먹을 빵 전체를 한 화덕에서 구울 것이며 빵을 저울에 달아 조금씩 나누어 줄 것이다. 너희는 먹어도 여전히 배가 고플 것이다.

그래도 내 말을 듣지 않고 내게서 등을 돌리면 나도 계속해서 노할 것이며 너희 죄를 일곱 배로 벌할 것이다. 너희는 너희 아들과 딸의 살을 먹게 될 것이다. 너희가 거짓 신들을 섬기는 곳을 내가 무너뜨리며 분향단을 부수며 너희의 주검을 너희가 섬기는 우상들의 주검 위에 쌓아 올릴 것이다. 나는 너희를 미워하며 너희 성들을 무너뜨리며 너희 성소들을 황폐하게 만들 것이다. 너희가 바치는 제물의 향기도 맡지 않을 것이다. 나는 이 땅을 황폐하게 만들 것이다. 그래서 너희 땅을 차지한 너희 원수들도 그 모습을 보고 놀랄 것이다. 나는 너희를 여러 나라에 흩어 놓고 너희를 향해 내 칼을 뽑을 것이다. 너희 땅은 황폐하게 될 것이며 너희 성들은 폐허가 될 것이다.

너희 땅이 황폐하게 된 그때가 너희 땅이 쉬는 때가 될 것이다.

너희가 원수의 나라로 끌려가 있는 동안 너희 땅은 비로소 쉴 수 있게 될 것이다. 너희가 그 땅에 살 동안에는 안식년이 되어도 땅이 쉬지 못하였지만 폐허로 변한 동안에는 쉴 수 있을 것이다. 살아남은 사람은 원수들의 나라에서 용기를 잃고 무엇이나 무서워할 것이다. 그들은 바람에 흔들리는 나뭇잎 소리에도 놀라며 마치 누가 칼을 들고 쫓아오듯 무서워 달아날 것이다. 누가 너희를 뒤쫓아오지 않는데도 달아나다가 넘어질 것이다. 그들은 뒤쫓아오는 사람이 없는데도 칼을 피해 달아나는 사람처럼 서로 엉켜서 넘어질 것이다. 너희는 원수를 물리칠 만한 힘이 없을 것이다. 너희는 남의 나라에서 죽을 것이며 원수들의 나라에서 없어져 버릴 것이다. 그리고 살아남은 사람들은 자기 죄 때문에, 그리고 조상들의 죄 때문에 원수들의 나라에서 점점 쇠약해질 것이다.

회개에 의한 축복의 회복

그러나 만약 백성이 자기 죄와 조상들의 죄를 고백하고, 그들이 나에게서 등을 돌렸음과 나에게 죄를 지었음을 고백하고, 내가 그들의 죄 때문에 등을 돌려 그들을 원수의 나라로 쫓아냈음을 고백하고, 복종하지 않았던 그 백성이 자기 잘못을 뉘우치고 그들이 저지른 죄에 대한 벌을 달게 받으면, 나도 야곱과 맺은 내 언약을 기억할 것이다. 그리고 이삭과 맺은 언약과 아브라함과 맺은 언약도 기억할 것이다. 그리고 그 땅도 기억할 것이다. 그 땅은 폐허가 될 것이나 그동안에 쉴 수 있을 것이다. 살아남은 사람은 자기 죄값을 기꺼이 치를 것이다. 그들은 내 율법을 지키지 않았고 내 규례를 따르지 않았기 때문에 벌을 받는다는 사실을 배울 것이다. 비록 그들이 원수들의 땅에 머물고 있을 때라도 나는 그들을 버리지 않을 것이다. 그들의 원수의 땅에서도 그들의 말에 귀를 기울일 것이다. 그들을 완전히 멸망시키지 않을 것이다. 그들과 맺은 내 언약을 어기지 않을 것이다. 그것은 나는 그들의 여호와 하나님이기 때문이다. 나는 그들을 위해 그들의 조상과 맺은 언약을 기억할 것이다. 나는 그들의 하나님이 되려고 그들을 이집트 땅에서 인도해 내었고 다른 나라들도 그것을 보았노라. 나는 여호와니라."

이것은 여호와께서 이스라엘 백성에게 주신 율법과 규례와 가르침입니다. 여호와께서는 시내 산에서 모세를 시켜 이 율법을 이스라엘 백성에게 주셨습니다.

사람을 드리기로 서원한 경우

여호와께서 모세에게 말씀하셨습니다. "이스라엘 백성에게 전하여라. 만약 어떤 사람이 자기나 다른 사람을 여호와께 종으로 바치기로 특별한 약속을 했다면 너는 그 사람의 값을 정하여라. 이십 세에서 육십 세까지의 남자의 값은 성소에서 다는 무게로 은 오십 세겔이다. 이십 세에서 육십 세까지의 여자의 값은 은 삼십 세겔이다. 오 세에서 이십 세까지의 남자의 값은 은 이십 세겔이고, 오 세에서 이십 세까지의 여자의 값은 은 십 세겔이다. 태어난 지 일 개월 된 아기에서 오 세까지의 남자 아이의 값은 은 오 세겔이고, 여자 아이의 값은 은 삼 세겔이다. 육십 세 이상 된 남자의 값은 은 십오 세겔이고, 여자의 값은 은 십 세겔이다. 그러나 너무 가난해서 값을 치를 수 없는 사람은 제사장에게 데리고 가거라. 제사장은 그 사람이 낼 수 있는 값을 정해 주어라.

짐승을 드리기로 서원한 경우

만약 여호와께 바치기로 약속한 것이 여호와께 제물로 바치는 짐승 가운데 한 마리라면, 그 짐승은 거룩하게 되므로 그 짐승을 대신해서 다른 짐승을 바칠 수 없다. 좋은 짐승을 나쁜 짐승으로 바꿔서도 안 되고, 나쁜 짐승을 좋은 짐승으로 바꿔서도 안 된다. 만약 바친 짐승을 다른 짐승과 바꾸면 두 짐승 모두 다 거룩하게 바친 것이 된다. 만약 여호와께 바치기로 약속한 것이 여호와께 바칠 수 없는 부정한 짐승이라면 그것을 제사장에게 가져가거라. 제사장은 좋은 짐승이냐 나쁜 짐승이냐에 따라 그 값을 정하여라. 제사장이 정하는 값이 그 짐승의 값이 될 것이다. 그 짐승을 다시 사려면 그 값에 오분의 일을 더해서 사라.

집을 바치기로 서원한 경우

누구든지 자기 집을 여호와께 거룩히 구별하여 바치려 하거든 제사장은 그 집의 값을 정하여라. 집이 좋으냐 나쁘냐에 따라 그 값을 정하여라. 제사장이 정하는 값이 그 집의 값이 될 것이다. 그 집을 다시 사려면 그 값에 오분의 일을 더해서 사라. 그러면 그 집은 원래 주인의 것이 될 것이다.

땅을 바치기로 서원한 경우

자기 밭 가운데서 얼마를 여호와께 거룩히 구별하여 바치려 하면 그 밭의 값은 그 밭에 얼마나 많은 씨를 뿌릴 수 있는가에 따라 정해질 것이다. 보리씨 한 호멜을 뿌릴 수 있는 밭의 경우는 그 값이 은 오십 세겔가량 될 것이다. 기쁨의 해에 자기 밭을 바치려 하면 그 밭의 값은 제사장이 정하는 대로이다. 기쁨의 해가 지나서 자기 밭을 바치려 하면 제사장은 그 밭의 정확한 값을 계산하여라. 제사장은 다음 기쁨의 해까지 몇 년이 남았는가를 헤아려 정하여라. 그래서 남은 연수에 따라 값을 정하여라. 밭을 바친 사람이 그 밭을 다시 사려면 그 값에 오분의 일을 더해서 사라. 그러면 그 밭은 원래 주인의 것이 될 것이다. 그가 밭을 다시 사지 않거나 그 밭이 다른 사람에게 팔렸으면 다시는 그 밭을 살 수 없다. 기쁨의 해가 돌아와서 그 밭을 원래 주인에게 돌려주어야 할 때도 그 밭은 여호와께 거룩히 구별된 밭으로 남아 영원히 제사장의 재산이 될 것이다. 누구든지 자기 가족의 땅 가운데서 얼마가 아니라 자기가 산 밭을 여호와께 바치려 하면 제사장은 다음 기쁨의 해까지 몇 년이 남았는가를 헤아려라. 그리고 그 땅의 값을 정하여라. 그 밭은 여호와께 거룩히 구별된 땅이 될 것이다. 그러다가 기쁨의 해가 돌아오면 그 땅은 원래 주인의 것이 되어 그 땅을 판 가족에게로 돌아갈 것이다. 값을 정한 다음에 값을 치를 때는 성소에서 다는 무게로 계산하되 이십 게라를 한 세겔로 하라.

짐승의 첫 새끼

첫 새끼는 따로 바치지 않더라도 여호와의 것이므로 짐승의 첫 새끼를 거룩히 구별하여 바칠 수는 없다. 소든 양이든 첫 새끼는 여호와의 것이다. 만약 바치려 하는 것이 부정한 짐승이면 바치려는 사람은 그것을 제사장이 정한 값에 오분의 일을 더해서 다시 살 수 있다. 만약 그가 짐승을 다시 사지 않으면 제사장은 자기가 정한 값으로 그것을 팔아라.

백성이 여호와께 바치는 예물 가운데에는 특별한 것이 있다. 그것은 사람이 될 수도 있고, 짐승이 될 수도 있고, 가족의 재산 가운데서 밭이 될 수도 있다. 그런 예물은 다시 사거나 팔 수 없다. 그것은 여호와께 지극히 거룩한 것이다. 여호와께 바친 사람은 다시 살 수 없으니 그런 사람은 죽여라.

모든 작물의 십분의 일은 여호와의 것이다. 밭의 작물이든 나무의 열매이든 마찬가지이다. 그것의 십분의 일은 여호와의 것이다.

그 십분의 일을 되돌려 받으려면 그 값에 오분의 일을 더하고 다시 사라. 소 떼와 양 떼의 십분의 일은 여호와의 것이다. 목자의 지팡이 아래로 짐승을 지나가게 하여 열 번째에 해당되는 것은 여호와의 거룩한 짐승이 될 것이다. 소 떼나 양 떼의 주인은 나쁜 것 가운데서 좋은 것을 가려내지 마라. 짐승끼리 서로 바꿔치기하지 마라. 만약 바꿔치기를 하면 두 짐승 모두 다 거룩하게 되어 그 짐승들은 다시 살 수 없게 된다.”

　이것은 여호와께서 이스라엘 백성을 위해 시내 산에서 모세에게 명령하신 말씀입니다.

민수기

이스라엘 백성의 수를 세다

여호와께서 회막에서 모세에게 말씀하셨습니다. 말씀하신 곳
은 시내 광야였고, 때는 이스라엘 백성이 이집트에서 나온 지
이 년이 되는 해의 둘째 달 첫째 날이었습니다. "이스라엘 모든 백
성의 수를 세어라. 각 사람의 이름을 가족별로 그리고 집안별로 적
어라. 너는 아론과 함께 스무 살 이상 된 모든 이스라엘 남자의 수
를 세어라. 그들은 이스라엘 군대에서 일할 사람들이다. 그들의 이
름을 부대별로 적어라. 각 지파에서 한 사람씩을 지도자로 정해 너
희와 함께 일하게 하여라. 너희를 도와줄 지도자들의 이름은 이러
하다. 르우벤 지파에서는 스데울의 아들 엘리술이요, 시므온 지파
에서는 수리삿대의 아들 슬루미엘이요, 유다 지파에서는 암미나답
의 아들 나손이요, 잇사갈 지파에서는 수알의 아들 느다넬이요, 스
불론 지파에서는 헬론의 아들 엘리압이요, 요셉의 아들 가운데 에
브라임 지파에서는 암미훗의 아들 엘리사마와 므낫세 지파에서는
브다술의 아들 가말리엘이요, 베냐민 지파에서는 기드오니의 아들
아비단이요, 단 지파에서는 암미삿대의 아들 아히에셀이요, 아셀
지파에서는 오그란의 아들 바기엘이요, 갓 지파에서는 드우엘의 아

들 엘리아삽이요, 납달리 지파에서는 에난의 아들 아히라이니라."
이들은 백성이 각 지파의 지도자로 뽑은 사람들입니다. 이들은 각
집안의 지도자였습니다.

모세와 아론은 백성이 뽑은 이 사람들을 데리고 모든 이스라엘
백성을 모았습니다. 그때는 둘째 달 첫째 날이었습니다. 백성은 가
족별로, 집안별로 이름을 적었습니다. 스무 살 이상 된 모든 남자
가 이름을 적었습니다. 모세는 여호와께서 명령하신 대로 했습니
다. 모세는 시내 광야에서 백성의 이름을 적었습니다.

이스라엘의 맏아들인 르우벤 지파의 수를 세었습니다. 스무 살
이상 된 남자로서 군대에서 일할 수 있는 사람의 이름을 적었습니
다. 그들의 이름을 가족별로, 집안별로 적었습니다. 르우벤 지파에
서 이름을 적은 사람은 모두 사만 육천오백 명이었습니다.

시므온 지파의 수를 세었습니다. 스무 살 이상 된 남자로서 군
대에서 일할 수 있는 사람의 이름을 적었습니다. 그들의 이름을 가
족별로, 집안별로 적었습니다. 시므온 지파에서 이름을 적은 사람
은 모두 오만 구천삼백 명이었습니다.

갓 지파의 수를 세었습니다. 스무 살 이상 된 남자로서 군대에
서 일할 수 있는 사람의 이름을 적었습니다. 그들의 이름을 가족
별로, 집안별로 적었습니다. 갓 지파에서 이름을 적은 사람은 모두
사만 오천육백오십 명이었습니다.

유다 지파의 수를 세었습니다. 스무 살 이상 된 남자로서 군대
에서 일할 수 있는 사람의 이름을 적었습니다. 그들의 이름을 가족
별로, 집안별로 적었습니다. 유다 지파에서 이름을 적은 사람은 모
두 칠만 사천육백 명이었습니다.

잇사갈 지파의 수를 세었습니다. 스무 살 이상 된 남자로서 군
대에서 일할 수 있는 사람의 이름을 적었습니다. 그들의 이름을 가

족별로, 집안별로 적었습니다. 잇사갈 지파에서 이름을 적은 사람은 모두 오만 사천사백 명이었습니다.

스불론 지파의 수를 세었습니다. 스무 살 이상 된 남자로서 군대에서 일할 수 있는 사람의 이름을 적었습니다. 그들의 이름을 가족별로, 집안별로 적었습니다. 스불론 지파에서 이름을 적은 사람은 모두 오만 칠천사백 명이었습니다.

에브라임 지파의 수를 세었습니다. 에브라임은 요셉의 아들입니다. 스무 살 이상 된 남자로서 군대에서 일할 수 있는 사람의 이름을 적었습니다. 그들의 이름을 가족별로, 집안별로 적었습니다. 에브라임 지파에서 이름을 적은 사람은 모두 사만 오백 명이었습니다.

므낫세 지파의 수를 세었습니다. 스무 살 이상 된 남자로서 군대에서 일할 수 있는 사람의 이름을 적었습니다. 그들의 이름을 가족별로, 집안별로 적었습니다. 므낫세 지파에서 이름을 적은 사람은 모두 삼만 이천이백 명이었습니다.

베냐민 지파의 수를 세었습니다. 스무 살 이상 된 남자로서 군대에서 일할 수 있는 사람의 이름을 적었습니다. 그들의 이름을 가족별로, 집안별로 적었습니다. 베냐민 지파에서 이름을 적은 사람은 모두 삼만 오천사백 명이었습니다.

단 지파의 수를 세었습니다. 스무 살 이상 된 남자로서 군대에서 일할 수 있는 사람의 이름을 적었습니다. 그들의 이름을 가족별로, 집안별로 적었습니다. 단 지파에서 이름을 적은 사람은 모두 육만 이천칠백 명이었습니다.

아셀 지파의 수를 세었습니다. 스무 살 이상 된 남자로서 군대에서 일할 수 있는 사람의 이름을 적었습니다. 그들의 이름을 가족별로, 집안별로 적었습니다. 아셀 지파에서 이름을 적은 사람은 모두 사만 천오백 명이었습니다.

납달리 지파의 수를 세었습니다. 스무 살 이상 된 남자로서 군대에서 일할 수 있는 사람의 이름을 적었습니다. 그들의 이름을 가족별로, 집안별로 적었습니다. 납달리 지파에서 이름을 적은 사람은 모두 오만 삼천사백 명이었습니다.

모세와 아론은 각 집안을 대표하는 이스라엘의 지도자 열두 명의 도움을 받아서 이 사람들의 수를 세었습니다. 이스라엘의 남자 가운데서 스무 살 이상으로 군대에서 일할 수 있는 사람의 수를 세었습니다. 그래서 각 사람의 이름을 집안별로 적었습니다. 이름을 적은 사람은 모두 육십만 삼천오백오십 명이었습니다.

하지만 레위 지파의 가족들에 대해서는 다른 지파들처럼 그 이름을 적지 않았습니다. 여호와께서 모세에게 말씀하셨습니다. "레위 지파는 세지 말고 다른 이스라엘 백성과 함께 이름을 적지 마라. 레위 사람에게는 언약의 성막을 관리하는 일을 시켜라. 레위 사람에게 성막과 그 안에 있는 모든 것을 보살피게 하여라. 그들은 성막과 그 안의 모든 것을 옮기는 일을 하며 또 성막을 관리하며 성막 둘레에 진을 치고 살아야 한다. 언제든 성막을 옮길 때에는 레위 사람들이 성막을 거두어야 하고 성막을 칠 때에도 레위 사람이 세워야 한다. 누구든지 다른 사람이 성막에 가까이 했다가는 죽을 것이다. 이스라엘 백성은 부대별로 진을 치거라. 각 사람은 자기 집안 깃발 가까운 곳에 진을 쳐라. 하지만 레위 사람은 언약의 성막 둘레에 진을 쳐라. 그래야 내가 이스라엘 백성에게 진노하지 않을 것이다. 이와 같이 레위 사람은 언약의 성막을 관리하여라." 그리하여 이스라엘 백성은 여호와께서 모세에게 명령하신 대로 했습니다.

이스라엘 백성의 진 배치

여호와께서 모세와 아론에게 말씀하셨습니다. "이스라엘 백성은 성막 둘레에 진을 치거라. 그러나 그 장막에서 조금 떨어진 곳에 진을 쳐라. 각 사람은 부대별로 진을 치되 자기 집안의 깃발 아래에 진을 쳐라. 유다 지파는 동쪽, 곧 해 돋는 쪽에 진을 치거라. 그들은 부대별로 자기 깃발 아래에 진을 치거라. 유다 백성의 지도자는 암미나답의 아들 나손이다. 나손 부대의 군인은 모두 칠만 사천육백 명이다. 유다 지파의 한쪽 옆에는 잇사갈 지파가 진을 치거라. 잇사갈 백성의 지도자는 수알의 아들 느다넬이다. 그의 부대의 군인은 모두 오만 사천사백 명이다. 다른 쪽 옆에는 스불론 지파가 진을 치거라. 스불론 백성의 지도자는 헬론의 아들 엘리압이다. 그의 부대의 군인은 모두 오만 칠천사백 명이다. 유다 진영의 군인을 부대별로 모두 합하면 십팔만 육천사백 명이다. 그들은 행군할 때 가장 먼저 출발해야 한다.

르우벤의 진영의 각 부대는 성막 남쪽에 진을 치거라. 그들은 각기 자기 깃발 아래에 진을 쳐야 한다. 르우벤 백성의 지도자는 스데울의 아들 엘리술이다. 그의 부대의 군인은 모두 사만 육천오백 명이다. 그 한쪽 옆에는 시므온 지파가 진을 치거라. 시므온 백성의 지도자는 수리삿대의 아들 슬루미엘이다. 그의 부대의 군인은 모두 오만 구천삼백 명이다. 다른 쪽 옆에는 갓 지파가 진을 쳐야 한다. 갓 백성의 지도자는 르우엘의 아들 엘리아삽이다. 그의 부대의 군인은 모두 사만 오천육백오십 명이다. 르우벤 진영의 군인을 부대별로 모두 합하면 십오만 천사백오십 명이다. 그들은 행군할 때 두 번째로 출발해야 한다.

회막은 레위 사람의 진과 함께 모든 진의 한가운데에서 이동해야 한다. 지파들은 진을 칠 때와 같은 순서로 이동해야 한다. 각 사람은 자기 집안의 깃발 아래에 있어야 한다.

에브라임 진영의 각 부대는 서쪽에 진을 치거라. 그들은 각기 자기 깃발 아래에 진을 쳐야 한다. 에브라임 백성의 지도자는 암미훗의 아들 엘리사마이다. 그의 부대의 군인은 모두 사만 오백 명이다. 그 한쪽 옆에는 므낫세 지파가 진을 치거라. 므낫세 백성의 지도자는 브다술의 아들 가말리엘이다. 그의 부대의 군인은 모두 삼만 이천이백 명이다. 다른 쪽 옆에는 베냐민 지파가 진을 쳐야 한다. 베냐민 백성의 지도자는 기드오니의 아들 아비단이다. 그의 부대의 군인은 모두 삼만 오천사백 명이다. 에브라임 진영의 군인을 부대별로 모두 합하면 십만 팔천백 명이다. 그들이 행군할 때 세 번째로 출발해야 한다.

단 진영의 각 부대는 북쪽에 진을 치거라. 그들은 각기 자기 깃발 아래에 진을 쳐야 한다. 단 백성의 지도자는 암미삿대의 아들 아히에셀이다. 그의 부대의 군인은 모두 육만 이천칠백 명이다. 그 한쪽 옆에는 아셀 지파가 진을 치거라. 아셀 백성의 지도자는 오그란의 아들 바기엘이다. 그의 부대의 군인은 모두 사만 천오백 명이다. 다른 쪽 옆에는 납달리 지파가 진을 치거라. 납달리 백성의 지도자는 에난의 아들 아히라이다. 그의 부대의 군인은 모두 오만 삼천사백 명이다. 단 진영의 군인을 부대별로 모두 합하면 십오만 칠천육백 명이다. 그들은 행군할 때에 깃발을 앞세우고 마지막으로 출발해야 한다."

집안별로 센 이스라엘 백성의 수는 이러합니다. 각 진에 있는 이스라엘 백성을 부대별로 모두 합하면 육십만 삼천오백오십 명입니다. 여호와께서 모세에게 명령하신 대로 이스라엘 백성을 셀 때, 레위 사람은 세지 않았습니다.

그리하여 이스라엘 백성은 여호와께서 모세에게 명령하신 대로 했습니다. 그들은 자기 깃발 아래에 진을 쳤습니다. 각 사람은 가족별로, 집안별로 이동했습니다.

레위 지파의 수를 세다

여호와께서 시내 산에서 모세에게 말씀하셨을 당시 아론과 모세의 족보는 이러합니다. 아론에게는 네 아들이 있습니다. 맏아들은 나답이고 그 아래로 아비후와 엘르아살과 이다말입니다. 이것이 아론의 아들들의 이름입니다. 그들은 기름부음을 받고 제사장으로 임명되었습니다. 그러나 나답과 아비후는 여호와 앞에서 죄를 지어 죽고 말았습니다. 그들은 시내 광야에서 잘못된 불을 여호와께 제물로 바쳤습니다. 그들에게는 아들이 없었습니다. 그래서 아버지인 아론을 도와 엘르아살과 이다말이 제사장으로 일했습니다.

여호와께서 모세에게 말씀하셨습니다. "레위 지파를 제사장 아론에게 데려가거라. 레위 지파는 아론을 도와라. 레위 지파에게 회막 앞에서 아론의 일과 모든 이스라엘 백성의 일을 돕게 하여라. 그들에게 회막의 모든 기구들을 관리하게 하고 회막의 일을 돌보며 이스라엘 백성의 일을 보살피게 하여라. 레위 사람을 아론과 그의 아들들에게 맡겨라. 모든 이스라엘 백성 가운데 레위 사람은 아론에게 완전히 맡겨진 사람들이다. 그러나 너는 아론과 그의 아들들만을 제사장으로 임명하여라. 다른 사람이 거룩한 것에 가까이 하면 죽게 될 것이다."

여호와께서 또 모세에게 말씀하셨습니다. "나는 이스라엘 백성 가운데 레위 사람을 뽑아서 그들로 이스라엘의 모든 맏아들을 대신하게 했다. 레위 사람은 내 것이다. 처음 태어난 것은 다 내 것이기 때문이다. 너희가 이집트에 있을 때 나는 이집트 백성의 처음 태어난 아이를 다 죽이고 이스라엘의 처음 태어난 것은 구별하여 다 내 것으로 삼았다. 사람이든 짐승이든 처음 태어난 것은 내 것이다. 나는 여호와니라."

여호와께서 또다시 시내 광야에서 모세에게 말씀하셨습니다. "레위 사람을 가족별로 그리고 집안별로 세어라. 태어난 지 한 달 이상 된 남자를 다 세어라." 그래서 모세는 여호와의 말씀에 복종하여 레위 사람을 세었습니다. 레위에게는 세 아들이 있었습니다. 그 아들들의 이름은 게르손과 고핫과 므라리입니다. 게르손의 아들은 집안별로 립니와 시므이입니다. 고핫의 아들은 집안별로 아므람과 이스할과 헤브론과 웃시엘입니다. 므라리의 아들은 집안별로 마흘리와 무시입니다. 레위 사람을 집안별로 나누면 이러합니다.

게르손 집안에는 립니와 시므이 가족이 있습니다. 이들은 모두 게르손 집안입니다. 게르손 집안에는 태어난 지 한 달 이상 된 남자가 모두 칠천오백 명이 있었습니다. 게르손 집안은 서쪽, 곧 성막 뒤에 진을 쳤습니다. 게르손 집안의 어른은 라엘의 아들 엘리아삽입니다. 게르손 집안이 회막에서 맡은 일은 회막과 장막과 그 덮개와 회막의 휘장과 뜰의 휘장과 회막과 제단을 둘러싸고 있는 뜰 입구의 휘장과 그 모든 것에 쓰는 줄을 맡아 관리하는 것이었습니다.

고핫 집안에는 아므람과 이스할과 헤브론과 웃시엘 가족이 있습니다. 이들은 모두 고핫 집안입니다. 고핫 집안에는 태어난 지 한 달 이상 된 남자가 모두 팔천육백 명이 있었습니다. 이들은 성소를 돌보는 일을 맡았습니다. 고핫 집안은 성막 남쪽에 진을 쳤습니다. 고핫 집안의 어른은 웃시엘의 아들 엘리사반입니다. 이들이 맡은 일은 언약궤와 상과 등잔대와 제단들과 성소의 연장들과 휘장을 맡아 관리하고 이와 관계가 있는 그 밖의 모든 일을 돕는 것이었습니다. 레위 사람의 가장 큰 어른은 제사장 아론의 아들 엘르아살입니다. 엘르아살은 성소를 관리하는 모든 사람들을 감독했습니다.

므라리 집안에는 마흘리와 무시 가족이 있습니다. 이들은 모두 므라리 집안입니다. 므라리 집안에는 태어난 지 한 달 이상 된 남자가 모두 육천이백 명이 있었습니다. 므라리 집안의 어른은 아비하일의 아들 수리엘입니다. 므라리 집안은 성막의 북쪽에 진을 쳤습니다. 이들이 맡은 일은 성막의 널빤지와 빗장과 기둥과 그 받침을 맡아 관리하고 이와 관계가 있는 그 밖의 모든 일을 돕는 것이었습니다. 그들은 또한 성막 둘레의 뜰에 있는 기둥과 그 받침, 말뚝과 줄을 관리하는 일도 맡았습니다.

모세와 아론과 그의 아들들은 회막의 동쪽에 진을 쳤습니다. 그들은 회막 앞에 있었습니다. 그들은 이스라엘 백성을 위해 성소의 일을 맡았습니다. 하지만 다른 사람이 성소에 가까이 오면 죽었습니다. 모세와 아론은 여호와께서 명령하신 대로 레위 사람을 세웠습니다. 태어난 지 한 달 이상 된 남자는 모두 이만 이천 명이 있었습니다.

레위 사람이 맏아들을 대신하다

여호와께서 모세에게 말씀하셨습니다. "이스라엘 백성 가운데서 태어난 지 한 달 이상 된 맏아들을 다 세어라. 그리고 그 이름을 적어라. 이스라엘의 모든 맏아들 대신 레위 사람을 나에게 바치고, 이스라엘의 처음 태어난 짐승 대신 레위 사람의 짐승을 나에게 바쳐라. 나는 여호와니라." 모세는 여호와께서 명령하신 대로 했습니다. 모세는 이스라엘의 맏아들을 다 세었습니다. 모세는 태어난 지 한 달 이상 된 맏아들의 이름을 다 적었습니다. 모세가 적은 이름은 모두 이만 이천이백칠십삼 명이었습니다.

여호와께서 또 모세에게 말씀하셨습니다. "너는 이스라엘의 모

든 맏아들 대신 레위 사람을 나에게 바치고, 이스라엘의 처음 태어
난 짐승 대신 레위 사람의 처음 태어난 짐승을 나에게 바쳐라. 나는
여호와니라. 그런데 이스라엘의 모든 맏아들이 레위 사람보다 이백
칠십삼 명이 더 많다. 그러므로 그 이백칠십삼 명에 대해서는 한 사
람에 은 오 세겔씩 받되 성소에서 다는 무게로 달아서 받아라. 한
세겔은 이십 게라니라. 그 은은 아론과 그의 아들들에게 주어라.
그것은 이스라엘 백성 이백칠십삼 명을 대신해서 바치는 것이다."
그리하여 모세는 레위 사람들이 대신할 수 없는 사람들의 돈을 거
두었습니다. 모세는 이스라엘의 맏아들에게서 은을 거두었습니다.
모세는 성소에서 다는 무게로 은 천삼백육십오 세겔을 거두었습니
다. 모세는 그 은을 아론과 그의 아들들에게 주었습니다.

고핫 자손이 맡은 일

여호와께서 모세와 아론에게 말씀하셨습니다. "레위 사람 가운
데서 고핫 자손을 따로 세어라. 그들을 집안별로, 가족별로
세어라. 삼십 세에서 오십 세까지의 남자들을 세어라. 그들은 회막
에서 일할 사람들이다. 그들에게 회막 안의 가장 거룩한 물건인 지
성물들을 맡게 하여라. 이스라엘 백성이 이동할 때 아론과 그의 아
들들은 회막으로 들어가거라. 그들은 휘장을 걷어 내려서 언약궤를
그 휘장으로 덮어라. 그 위에 고운 가죽으로 만든 덮개를 덮고 다
시 파란색 천을 덮은 다음에 언약궤의 고리에 채를 꿰어라. 또 진설
병을 놓는 상 위에도 파란색 천을 깔아라. 그리고 그 위에 접시와
향 피우는 그릇과 부어 드리는 제물인 전제물을 담을 병과 잔들과
상 위에 늘 차려 놓는 빵인 진설병을 올려놓아라. 그런 다음에는
그 모든 것 위에 빨간색 천을 덮어라. 그리고 그 위에 고운 가죽을
덮고 채들을 꿰어라. 또 파란색 천을 가져다가 등잔대와 등잔과 심

지 자르는 가위와 불똥 그릇과 등잔에 쓰는 모든 기름 그릇을 덮어라. 그런 다음에 그 등잔대와 거기에 딸린 그 모든 기구들을 고운 가죽에 싸서 들것에 얹어라. 그리고 나서 금 제단 위에 파란색 천을 깔아라. 그리고 다시 고운 가죽으로 덮고 채를 꿰어 두어라. 성소에서 쓰던 것은 다 파란색 천으로 싸고 고운 가죽으로 덮어서 들것에 얹어라. 놋 제단의 재는 모두 쳐내고 제단 위에 자주색 천을 깔아라. 제단에서 쓰던 물건, 곧 불을 옮기는 그릇과 고기를 찍는 갈고리와 삽과 사발을 다 모아서 놋 제단 위에 올려놓고 그 위에 고운 가죽을 덮은 다음 제단의 고리에 채를 끼워라. 진이 이동할 준비가 다 되었으면 아론과 그의 아들들은 거룩한 물건들과 거기에 딸린 그 모든 기구들을 다 싸 놓아라. 그런 다음에 고핫 자손이 와서 그것들을 옮겨라. 그러나 그들 역시 성물에는 손을 대지 말도록 하여라. 손을 대는 날엔 죽을 것이다. 회막에 있는 물건들을 옮기는 일이 고핫 자손의 할 일이다.

제사장 아론의 아들 엘르아살은 성막을 관리할 책임이 있다. 그는 성막 안에 있는 모든 것, 곧 등잔에 쓸 기름과 향기로운 냄새가 나는 향과 늘 바치는 곡식 제물과 제사장과 물건을 거룩히 구별할 때 쓰는 기름을 맡으며 거기에 딸린 모든 기구들을 맡아라."

여호와께서 모세와 아론에게 말씀하셨습니다. "고핫 자손이 레위 사람 가운데서 끊어지지 않게 하여라. 그들이 가장 거룩한 물건들에 가까이 갈 때에 죽지 않도록 아론과 그의 아들들이 들어가서 고핫 자손이 해야 할 일을 일일이 가르쳐 주어라. 그리고 고핫 자손이 옮길 물건을 일일이 정해 주어라. 고핫 자손은 성소에 들어가서 잠깐 동안이라도 거룩한 물건들을 보아서는 안 된다. 그러면 죽을 것이다."

게르손 자손이 맡은 일

여호와께서 모세에게 말씀하셨습니다. "게르손 자손을 가족별로, 집안별로 세어라. 삼십 세에서 오십 세까지의 남자들을 세어라. 그들은 회막에서 일할 사람들이다. 게르손 집안이 해야 할 일과 날라야 할 물건은 이러하다. 그들에게 회막의 여러 가지 천과 그 덮개와 고운 가죽으로 만든 덮개와 회막 입구의 휘장을 운반하게 하여라. 그리고 성막 둘레의 뜰 휘장과 제단과 뜰 입구의 휘장과 줄과 휘장에 쓰는 모든 물건과 이와 관계가 있는 그 밖의 모든 물건을 운반하여라. 아론과 그의 아들들은 게르손 자손이 하는 모든 일을 감독하여라. 너희는 그들이 날라야 할 물건을 일러 주어라. 이것이 게르손 집안이 회막에서 해야 할 일이다. 제사장 아론의 아들 이다말이 그 일을 감독하여라."

므라리 자손이 맡은 일

"므라리 자손을 가족별로, 집안별로 세어라. 삼십 세에서 오십 세까지의 남자들을 세어라. 그들은 회막에서 일할 사람들이다. 므라리 집안이 해야 할 일은 회막의 널빤지와 빗장과 기둥과 밑받침을 나르는 일이다. 그들은 또 뜰 둘레에 있는 기둥과 그 밑받침과 장막 말뚝과 줄과 거기에 딸린 모든 연장을 날라라. 너희는 각 사람이 해야 할 일을 자세히 일러 주어라. 이것이 므라리 집안이 회막에서 해야 할 일이다. 제사장 아론의 아들 이다말이 그 일을 감독하여라."

레위 자손의 수

모세와 아론과 이스라엘 장로들은 고핫 자손을 가족별로, 집안별로 세었습니다. 이들은 삼십 세에서 오십 세까지의 남자로서 회막에서 일할 사람들입니다. 가족별로 이름을 적은 남자는 모두 이천칠백오십 명이었습니다. 이것이 회막에서 일한 고핫 자손을 모두 합한 수입니다. 모세와 아론은 여호와께서 모세에게 명령하신 대로 그들의 수를 세었습니다.

게르손 집안도 가족별로, 집안별로 이름을 적었습니다. 이들은 삼십 세에서 오십 세까지의 남자로서 회막에서 일해야 했습니다. 집안별로, 가족별로 이름을 적은 남자는 모두 이천육백삼십 명이었습니다. 이것이 회막에서 일한 게르손 자손을 모두 합한 수입니다. 모세와 아론은 여호와께서 명령하신 대로 그들의 수를 세었습니다.

므라리 집안도 가족별로, 집안별로 이름을 적었습니다. 이들은 삼십 세에서 오십 세까지의 남자로서 회막에서 일해야 했습니다. 집안별로 이름을 적은 남자는 모두 삼천이백 명이었습니다. 이것이 회막에서 일한 므라리 자손을 모두 합한 수입니다. 모세와 아론은 여호와께서 명령하신 대로 그들의 수를 세었습니다.

그리하여 모세와 아론과 이스라엘 장로들은 레위 사람을 가족별로, 집안별로 다 세었습니다. 삼십 세에서 오십 세까지의 남자는 회막에서 일할 사람들입니다. 그들은 또 회막과 관계가 있는 물건들을 나르는 일도 했습니다. 가족별로 이름을 적은 남자는 모두 팔천오백팔십 명이었습니다. 여호와께서 모세에게 명령하신 대로 각 사람은 해야 할 일과 날라야 할 짐을 맡았습니다. 모든 일이 여호와께서 모세에게 명령하신 대로 이루어졌습니다.

부정한 사람에 관한 규례

여호와께서 모세에게 말씀하셨습니다. "이스라엘 백성에게 명령하여 누구든지 문둥병에 걸린 사람은 진 밖으로 쫓아내도록 하여라. 그리고 피와 고름이 흘러나오는 악성 피부병 환자와 시체를 만진 사람도 쫓아내어라. 남자든 여자든 가릴 것 없이 진 밖으로 쫓아내어라. 그래서 내가 너희와 함께 사는 이 진을 더럽히지 마라."
이스라엘은 하나님의 명령에 복종했습니다. 그들은 여호와께서 모세에게 명령하신 대로 그런 사람들을 진 밖으로 쫓아냈습니다.

잘못한 일을 갚는 것에 관한 규례

여호와께서 모세에게 말씀하셨습니다. "이스라엘 백성에게 전하여라. '남자든 여자든 다른 사람에게 어떤 잘못을 행하여 여호와를 배반하고 죄를 저질렀을 때는 자기 잘못을 고백하고 손해를 본 사람에게 다 갚도록 하여라. 갚을 때에는 오분의 일을 더해서 갚아야 한다. 만약 피해를 본 사람에게 보상을 받을 만한 가까운 친척이 없으면 잘못을 저지른 사람은 죄를 씻는 숫양에 배상금을 더하여 여호와께 갚아야 하고 그 갚은 것은 제사장의 몫이 될 것이다. 이스라엘 백성이 바치는 모든 거룩한 예물 가운데서 이스라엘 백성이 제사 지낼 때 제사장에게 가져온 것은 제사장의 몫이다. 모든 거룩한 예물은 바친 사람의 것이다. 그러나 그것을 제사장에게 주었으면 그것은 제사장의 것이 된다.'"

아내의 부정을 밝히는 규례

여호와께서 모세에게 말씀하셨습니다. "이스라엘 백성에게 전하여라. 만약 어떤 남자의 아내가 잘못을 저질러 남편을 배반하고 다른 남자와 동침했는데도 남편이 자기 아내의 나쁜 짓을 모를 뿐 아니라 본 사람이 아무도 없고 아내가 나쁜 짓을 하다가 붙잡히지도 않았다고 하자. 그런데 남편이 질투하는 마음 때문에 아내가 죄를 지었건 죄를 짓지 않았건 자기 아내를 의심한다고 하면 남편은 아내를 데리고 제사장에게 가거라. 그때 남편은 아내를 위해 바칠 제물도 가져가거라. 제사장에게 가져가야 할 제물은 보릿가루 십분의 일 에바이다. 이 제물에는 기름을 붓거나 향을 얹지 마라. 이것은 질투 때문에 바치는 곡식 제물이며 아내에게 죄가 있는지를 밝혀 주는 곡식 제물이다.

제사장은 여자를 가까이 오게 해서 여호와 앞에 세워라. 제사장은 거룩한 물을 오지그릇에 담아다가 성막의 바닥에 있는 흙을 그 물에 타라. 제사장은 여자를 여호와 앞에 서게 하고 머리를 풀게 한 다음에 질투 때문에 바치는 곡식 제물을 여자에게 주어서 들고 있게 하여라. 그리고 제사장은 저주를 내리는 쓴 물을 들어라. 제사장은 여자에게 맹세를 시키고 여자에게 이렇게 물어보아라. '그대는 다른 남자와 동침한 일이 없는가? 그대는 남편을 배반하여 몸을 더럽힌 일이 없는가? 만약 그런 일이 없다면 저주를 내리는 이 물이 결코 그대를 해치지 못할 것이다. 그러나 만약 그대가 남편을 배반하였거나 남편 말고 다른 남자와 함께 누웠다면 (이때 제사장은 여자에게 저주를 받아도 좋다는 맹세를 하게 하고 이렇게 말하여라.) 여호와께서 네 넓적다리를 떨어져 나가게 하고 네 배는 부어오르게 하셔서 네 백성 가운데 본보기가 되게 하실 것이다. 그러므로 저주를 내리는 이 물이 그대의 몸에 들어가서 그대의 배를 부어오르게 할 것이고 넓적다리를 떨어져 나가게 할 것이다.' 그러면 여자는 그렇게 되기를 바란다고 말해야 한다.

제사장은 이 저주를 글로 써서 그 쓴 물에 담가 씻어라. 그런 다음에 제사장은 여자에게 그 저주를 내리는 물을 마시게 하여라. 그 물을 마시면 여자의 몸이 아프게 될 것이다. 제사장은 질투 때문에 바치는 곡식 제물을 여자에게서 받아서 여호와 앞에 드리고 제단으로 가져가거라. 그리고 제사장은 곡식을 한 움큼 쥐어 전체를 바쳤다는 뜻으로 그것을 제단 위에서 태워라. 그런 다음에 여자에게 그 물을 마시게 하여라. 제사장은 여자에게 물을 마시게 한 다음 여자가 몸을 더럽히지 않았는지를 살펴보아라. 만약 여자가 남편에게 죄를 지었다면 물이 몸속에 들어갔을 때에 여자의 배가 부어오를 것이고 넓적다리는 떨어져 나가게 될 것이다. 또한 백성 가운데서 저줏거리가 될 것이다. 그러나 만약 여자가 몸을 더럽히지 않아서 깨끗하다면 해로운 일도 일어나지 않을 것이고 아이도 낳을 수 있을 것이다.

이것은 질투에 관한 가르침이다. 이것은 여자가 남편을 배반하고 몸을 더럽혔을 때에 지켜야 할 율법이다. 또한 남편이 자기 아내에게 질투할 때도 남편은 아내를 여호와 앞에 세워야 하며 제사장은 위에서 말한 모든 일을 해야 한다. 이것은 율법이다. 만약 남편이 옳다면 여자는 죄의 대가를 받을 것이다."

나실인에 관한 규례

여호와께서 모세에게 말씀하셨습니다. "이스라엘 백성에게 전하여라. '남자든 여자든 특별한 맹세, 곧 나실인의 맹세를 해서 자기를 여호와께 헌신하기로 했다면 포도주와 독한 술을 마시지 말고 포도주나 독한 술로 만든 초도 마시지 마라. 또 포도즙도 마시지 말고 포도나 건포도도 먹지 마라. 나실인으로 살기로 맹세한 동안에는 포도나무에서 난 것은 아무것도 먹지 마라. 씨나 껍질도 먹지 마라.

나실인으로 살기로 맹세한 동안에는 머리털을 깎지 마라. 여호와께 맹세한 특별한 기간이 끝날 때까지 그는 거룩해야 하므로 머리털이 자라도록 내버려 두어라.

나실인은 여호와께 맹세한 특별한 기간에는 시체를 가까이 하지 마라. 설사 그의 아버지나 어머니나 형제나 누이가 죽었다 하더라도 그들의 시체를 만지지 마라. 만약 만지면 부정해질 것이다. 그가 하나님의 나실인이라는 표가 그의 머리에 있기 때문이다. 나실인으로 살기로 맹세한 동안에는 여호와께 거룩하게 구별된 사람이다.

만약 어떤 사람이 그의 곁에서 갑자기 죽어 어쩔 수 없이 여호와께 헌신한 그의 머리털을 더럽혔다면 몸을 깨끗하게 하는 날인 칠일 뒤에 머리를 모두 깎아라. 그리고 팔 일째 날 산비둘기 두 마리나 집비둘기 새끼 두 마리를 회막 입구에 있는 제사장에게 가져가거라. 제사장은 그 가운데 한 마리를 죄를 씻는 제물인 속죄 제물로 바치고, 나머지 한 마리는 태워 드리는 제물인 번제물로 바쳐라. 그렇게 해서 죄를 씻는 예식을 행하여라. 그가 시체를 가까이 했기 때문에 죄가 있느니라. 바로 그날 그는 자기 머리를 거룩히 구별하기로 다시 맹세하여라. 그리고 다시 특별한 기간을 정해서 자기를 여호와께 바치고, 일 년 된 숫양을 가져와서 허물을 씻는 속건제로 바쳐라. 그전까지의 기간은 무효이다. 그것은 그가 그 기간 동안에 부정해졌기 때문이다.

나실인의 규례는 이러하다. 맹세한 기간이 끝나면 회막 입구로 가서 거기에서 여호와께 제물을 바쳐라. 흠 없는 일 년 된 숫양을 번제물로 바치고 흠 없는 일 년 된 암양을 속죄 제물로 바쳐라. 그리고 흠 없는 숫양 한 마리를 화목 제물로 바쳐라. 그 밖에도 누룩을 넣지 않고 기름을 섞어 만든 빵과 누룩을 넣지 않고 기름을 발라 만든 과자를 가져와서 곡식 제물과 부어 드리는 제물인 전제물과 함께 바쳐라. 제사장은 이 제물들을 여호와 앞에 가져와서 죄를 씻는 제사인 속죄제와 태워 드리는 제사인 번제로 바쳐라. 그런 다음에 숫양을 잡아 여호와께 화목 제물로 바치며 그때에 누룩을 넣지 않은 빵인 무교병 한 광주리를 함께 바쳐라. 그리고 곡식 제물과 전제물도 바쳐라. 나실인은 회막 입구로 가서 그가 바친 머리털을 밀고 그 머리털을 화목 제물 밑에서 타고 있는 불에 올려놓아

라. 나실인이 머리를 모두 민 뒤에 제사장은 숫양의 삶은 어깨 고기와 광주리에 들어 있는 누룩을 넣지 않은 빵과 과자를 하나씩 나실인에게 주어서 손에 들고 있게 하여라. 그런 다음에 제사장은 그것들을 여호와 앞에 흔들어 바치는 제사인 요제로 드려라. 그것들은 거룩한 제물로서 제사장의 몫이다. 또 흔들어 바친 숫양의 가슴 고기와 높이 들어 올려 바친 넓적다리 고기도 제사장의 몫이다. 그런 다음에야 나실인은 포도주를 마실 수 있다.

이것은 나실인에 관한 율법이다. 누구든지 여호와께 자신을 구별하여 나실인이 되기로 예물을 드린 자는 이외에도 힘이 미치는 대로 하고 그가 맹세한 대로 자신을 구별한 법을 따르라.'"

제사장의 축복

여호와께서 모세에게 말씀하셨습니다. "아론과 그의 아들들에게 전하여라. '너희는 이스라엘 백성에게 이렇게 복을 빌어 주어라.

여호와께서 너에게 복을 내리시고 너를 지켜 주시고
여호와께서 너에게 자비를 베푸시며
너에게 은혜를 내려 주시기를 빈다.
여호와께서 너를 내려다보시고 너에게 평화를 주시기를 빈다.'

아론과 그의 아들들이 내 이름으로 이스라엘 백성에게 복을 빌어 주면 내가 그들에게 복을 내릴 것이다."

지도자들이 드린 예물

모세는 성막 세우기를 마치고 성막과 그 안의 모든 것에 기름을 붓고 제단과 그 모든 연장에도 기름을 부어 거룩히 구별했습니다. 그러자 이스라엘 지도자들, 곧 각 집안의 어른들과 각 지파의 지도자들로서 백성의 수를 셀 때에 함께 일한 사람들이 제물을 바쳤습니다. 그들은 여호와께 덮개가 있는 수레 여섯 대와 황소 열두 마리를 가져왔습니다. 각 지도자마다 황소 한 마리씩 가져왔고, 수레는 두 사람이 한 대씩 가져왔습니다. 그들은 그것을 성막 앞으로 가져왔습니다. 여호와께서 모세에게 말씀하셨습니다. "지도자들이 가져온 이 예물을 받아라. 그래서 회막에서 하는 모든 일에 쓸 수 있도록 하여라. 그것을 레위 사람에게 주어서 각자 맡은 일에 따라 쓸 수 있도록 하여라." 그리하여 모세는 수레와 황소를 받았습니다. 모세는 그것들을 레위 사람에게 주었습니다. 수레 두 대와 황소 네 마리는 게르손 자손에게 주었습니다. 이것은 그들이 맡은 일을 하는 데 필요한 분량이었습니다. 수레 네 대와 황소 여덟 마리는 므라리 자손에게 주었습니다. 이것은 그들이 맡은 일을 하는 데 필요한 분량이었습니다. 제사장 아론의 아들 이다말이 이들 모두의 일을 감독했습니다. 그러나 고핫 자손에게는 황소나 수레를 주지 않았습니다. 왜냐하면 그들은 어깨로 거룩한 물건들을 날라야 했기 때문입니다. 제단에 기름을 붓던 날 지도자들은 여호와를 섬기는 일에 쓸 수 있는 예물을 가져와서 제단 앞에 드렸습니다. 여호와께서 모세에게 말씀하셨습니다. "너는 지도자들이 매일 한 사람씩 나와서 예물을 바치게 하여라. 그래서 제단을 거룩히 구별하여라."

첫째 날에는 암미나답의 아들 나손이 예물을 가져왔습니다. 그는 유다 지파의 지도자입니다. 그 예물은 거룩한 곳인 성소에서 다는 무게로 백삼십 세겔 되는 은쟁반 하나와 칠십 세겔 되는 은접시 하나입니다. 접시와 쟁반에는 기름을 섞은 고운 가루를 가득 채워 가져왔습니다. 이것은 곡식 제물로 바칠 것입니다. 그리고 무게가 십 세겔 되는 금잔에 향을 담아서 가져왔습니다. 또 수송아지와 숫양과 일 년 된 어린 숫양을 한 마리씩 가져왔습니다. 이것은 태워 드리는 제물인 번제물로 바칠 것입니다. 또 죄를 씻는 제물인 속죄 제물로 숫염소를 한 마리 가져왔습니다. 또 황소 두 마리와 숫양 다섯 마리와 숫염소 다섯 마리와 일 년 된 어린 숫양 다섯 마리도 가져왔습니다. 이것은 모두 화목 제물로 바칠 것입니다. 이것은 암미나답의 아들 나손의 예물이었습니다.

둘째 날에는 수알의 아들 느다넬이 예물을 가져왔습니다. 그는 잇사갈 지파의 지도자입니다. 그 예물은 성소에서 다는 무게로 백 삼십 세겔 되는 은쟁반 하나와 칠십 세겔 되는 은접시 하나입니다. 접시와 쟁반에는 기름을 섞은 고운 가루를 가득 채워 가져왔습니다. 이것은 곡식 제물로 바칠 것입니다. 그리고 무게가 십 세겔 되는 금잔에 향을 담아서 가져왔습니다. 또 수송아지와 숫양과 일 년 된 어린 숫양을 한 마리씩 가져왔습니다. 이것은 번제물로 바칠 것입니다. 또 속죄 제물로 숫염소를 한 마리 가져왔습니다. 또 황소 두 마리와 숫양 다섯 마리와 숫염소 다섯 마리와 일 년 된 어린 숫양 다섯 마리도 가져왔습니다. 이것은 모두 화목 제물로 바칠 것입니다. 이것은 수알의 아들 느다넬의 예물이었습니다.

셋째 날에는 헬론의 아들 엘리압이 예물을 가져왔습니다. 그는 스불론 지파의 지도자입니다. 그 예물은 성소에서 다는 무게로 백 삼십 세겔 되는 은쟁반 하나와 칠십 세겔 되는 은접시 하나입니다. 접시와 쟁반에는 기름을 섞은 고운 가루를 가득 채워 가져왔습니다. 이것은 곡식 제물로 바칠 것입니다. 그리고 무게가 십 세겔 되는 금잔에 향을 담아서 가져왔습니다. 또 수송아지와 숫양과 일 년 된 어린 숫양을 한 마리씩 가져왔습니다. 이것은 번제물로 바칠 것입니다. 또 속죄 제물로 숫염소를 한 마리 가져왔습니다. 또 황소 두 마리와 숫양 다섯 마리와 숫염소 다섯 마리와 일 년 된 어린 숫양 다섯 마리도 가져왔습니다. 이것은 모두 화목 제물로 바칠 것입니다. 이것은 헬론의 아들 엘리압의 예물이었습니다.

넷째 날에는 스데울의 아들 엘리술이 예물을 가져왔습니다. 그는 르우벤 지파의 지도자입니다. 그 예물은 성소에서 다는 무게로 백삼십 세겔 되는 은쟁반 하나와 칠십 세겔 되는 은접시 하나입니다. 접시와 쟁반에는 기름을 섞은 고운 가루를 가득 채워 가져왔습니다. 이것은 곡식 제물로 바칠 것입니다. 그리고 무게가 십 세겔 되는 금잔에 향을 담아서 가져왔습니다. 또 수송아지와 숫양과 일 년 된 어린 숫양을 한 마리씩 가져왔습니다. 이것은 번제물로 바칠 것입니다. 또 속죄 제물로 숫염소를 한 마리 가져왔습니다. 또 황소 두 마리와 숫양 다섯 마리와 숫염소 다섯 마리와 일 년 된 어린 숫양 다섯 마리도 가져왔습니다. 이는 모두 화목 제물로 바칠 것입니다. 이것은 스데울의 아들 엘리술의 예물이었습니다.

다섯째 날에는 수리삿대의 아들 슬루미엘이 예물을 가져왔습니다. 그는 시므온 지파의 지도자입니다. 그 예물은 성소에서 다는 무게로 백삼십 세겔 되는 은쟁반 하나와 칠십 세겔 되는 은접시 하나입니다. 접시와 쟁반에는 기름을 섞은 고운 가루를 가득 채워 가져왔습니다. 이것은 곡식 제물로 바칠 것입니다. 그리고 무게가 십 세겔 되는 금잔에 향을 담아서 가져왔습니다. 또 수송아지와 숫양과 일 년 된 어린 숫양을 한 마리씩 가져왔습니다. 이것은 번제물로 바칠 것입니다. 또 속죄 제물로 숫염소를 한 마리 가져왔습니다. 또 황소 두 마리와 숫양 다섯 마리와 숫염소 다섯 마리와 일 년 된 어린 숫양 다섯 마리도 가져왔습니다. 이것은 모두 화목 제물로 바칠 것입니다. 이것은 수리삿대의 아들 슬루미엘의 예물이었습니다.

여섯째 날에는 드우엘의 아들 엘리아삽이 예물을 가져왔습니다.

그는 갓 지파의 지도자입니다. 그 예물은 성소에서 다는 무게로 백삼십 세겔 되는 은쟁반 하나와 칠십 세겔 되는 은접시 하나입니다. 접시와 쟁반에는 기름을 섞은 고운 가루를 가득 채워 가져왔습니다. 이것은 곡식 제물로 바칠 것입니다. 그리고 무게가 십 세겔 되는 금잔에 향을 담아서 가져왔습니다. 또 수송아지와 숫양과 일 년 된 어린 숫양을 한 마리씩 가져왔습니다. 이것은 번제물로 바칠 것입니다. 또 속죄 제물로 숫염소를 한 마리 가져왔습니다. 또 황소 두 마리와 숫양 다섯 마리와 숫염소 다섯 마리와 일 년 된 어린 숫양 다섯 마리도 가져왔습니다. 이는 모두 화목 제물로 바칠 것입니다. 이것은 드우엘의 아들 엘리아삽의 예물이었습니다.

일곱째 날에는 암미훗의 아들 엘리사마가 예물을 가져왔습니다. 그는 에브라임 지파의 지도자입니다. 그 예물은 성소에서 다는 무게로 백삼십 세겔 되는 은쟁반 하나와 칠십 세겔 되는 은접시 하나입니다. 접시와 쟁반에는 기름을 섞은 고운 가루를 가득 채워 가져왔습니다. 이것은 곡식 제물로 바칠 것입니다. 그리고 무게가 십 세겔 되는 금잔에 향을 담아서 가져왔습니다. 또 수송아지와 숫양과 일 년 된 어린 숫양을 한 마리씩 가져왔습니다. 이것은 번제물로 바칠 것입니다. 또 속죄 제물로 숫염소를 한 마리 가져왔습니다. 또 황소 두 마리와 숫양 다섯 마리와 숫염소 다섯 마리와 일 년 된 어린 숫양 다섯 마리도 가져왔습니다. 이는 모두 화목 제물로 바칠 것입니다. 이것은 암미훗의 아들 엘리사마의 예물이었습니다.

여덟째 날에는 브다술의 아들 가말리엘이 예물을 가져왔습니다. 그는 므낫세 지파의 지도자입니다. 그 예물은 성소에서 다는 무게로 백삼십 세겔 되는 은쟁반 하나와 칠십 세겔 되는 은접시 하나입니다. 접시와 쟁반에는 기름을 섞은 고운 가루를 가득 채워 가져왔습니다. 이것은 곡식 제물로 바칠 것입니다. 그리고 무게가 십 세겔 되는 금잔에 향을 담아서 가져왔습니다. 또 수송아지와 숫양과 일 년 된 어린 숫양을 한 마리씩 가져왔습니다. 이것은 번제물로 바칠 것입니다. 또 속죄 제물로 숫염소를 한 마리 가져왔습니다. 또 황소 두 마리와 숫양 다섯 마리와 숫염소 다섯 마리와 일 년 된 어린 숫양 다섯 마리도 가져왔습니다. 이는 모두 화목 제물로 바칠 것입니다. 이것은 브다술의 아들 가말리엘의 예물이었습니다.

아홉째 날에는 기드오니의 아들 아비단이 예물을 가져왔습니다. 그는 베냐민 지파의 지도자입니다. 그 예물은 성소에서 다는 무게로 백삼십 세겔 되는 은쟁반 하나와 칠십 세겔 되는 은접시 하나입니다. 접시와 쟁반에는 기름을 섞은 고운 가루를 가득 채워 가져왔습니다. 이것은 곡식 제물로 바칠 것입니다. 그리고 무게가 십 세겔 되는 금잔에 향을 담아서 가져왔습니다. 또 수송아지와 숫양과 일 년 된 어린 숫양을 한 마리씩 가져왔습니다. 이것은 번제물로 바칠 것입니다. 또 속죄 제물로 숫염소를 한 마리 가져왔습니다. 또 황소 두 마리와 숫양 다섯 마리와 숫염소 다섯 마리와 일 년 된 어린 숫양 다섯 마리도 가져왔습니다. 이는 모두 화목 제물로 바칠 것입니다. 이것은 기드오니의 아들 아비단의 예물이었습니다.

열째 날에는 암미삿대의 아들 아히에셀이 예물을 가져왔습니다. 그는 단 지파의 지도자입니다. 그 예물은 성소에서 다는 무게로 백삼십 세겔 되는 은쟁반 하나와 칠십 세겔 되는 은접시 하나입니다. 접시와 쟁반에는 기름을 섞은 고운 가루를 가득 채워 가져왔습니다. 이것은 곡식 제물로 바칠 것입니다. 그리고 무게가 십 세겔 되는 금잔에 향을 담아서 가져왔습니다. 또 수송아지와 숫양과 일 년 된 어린 숫양을 한 마리씩 가져왔습니다. 이것은 번제물로 바칠 것입니다. 또 속죄 제물로 숫염소를 한 마리 가져왔습니다. 또 황소 두 마리와 숫양 다섯 마리와 숫염소 다섯 마리와 일 년 된 어린 숫양 다섯 마리도 가져왔습니다. 이는 모두 화목 제물로 바칠 것입니다. 이것은 암미삿대의 아들 아히에셀의 예물이었습니다.

열한째 날에는 오그란의 아들 바기엘이 예물을 가져왔습니다. 그는 아셀 지파의 지도자입니다. 그 예물은 성소에서 다는 무게로 백삼십 세겔 되는 은쟁반 하나와 칠십 세겔 되는 은접시 하나입니다. 접시와 쟁반에는 기름을 섞은 고운 가루를 가득 채워 가져왔습니다. 이것은 곡식 제물로 바칠 것입니다. 그리고 무게가 십 세겔 되는 금잔에 향을 담아서 가져왔습니다. 또 수송아지와 숫양과 일 년 된 어린 숫양을 한 마리씩 가져왔습니다. 이것은 번제물로 바칠 것입니다. 또 속죄 제물로 숫염소를 한 마리 가져왔습니다. 또 황소 두 마리와 숫양 다섯 마리와 숫염소 다섯 마리와 일 년 된 어린 숫양 다섯 마리도 가져왔습니다. 이는 모두 화목 제물로 바칠 것입니다. 이것은 오그란의 아들 바기엘의 예물이었습니다.

열두째 날에는 에난의 아들 아히라가 예물을 가져왔습니다. 그는 납달리 지파의 지도자입니다. 그 예물은 성소에서 다는 무게로 백삼십 세겔 되는 은쟁반 하나와 칠십 세겔 되는 은접시 하나입니다. 접시와 쟁반에는 기름을 섞은 고운 가루를 가득 채워 가져왔습니다. 이것은 곡식 제물로 바칠 것입니다. 그리고 무게가 십 세겔 되는 금잔에 향을 담아서 가져왔습니다. 또 수송아지와 숫양과 일 년 된 어린 숫양을 한 마리씩 가져왔습니다. 이것은 번제물로 바칠 것입니다. 또 속죄 제물로 숫염소를 한 마리 가져왔습니다. 또 황소 두 마리와 숫양 다섯 마리와 숫염소 다섯 마리와 일 년 된 어린 숫양 다섯 마리도 가져왔습니다. 이는 모두 화목 제물로 바칠 것입니다. 이것은 에난의 아들 아히라의 예물이었습니다.

이처럼 모세가 제단에 기름을 부은 때에 이스라엘의 지도자들은 제단을 거룩하게 하기 위해 제물을 바쳤습니다. 그들이 바친 제물은 은쟁반 열두 개와 은접시 열두 개와 금잔 열두 개입니다. 각각 은쟁반의 무게는 백삼십 세겔이었고, 은접시의 무게는 칠십 세겔이었습니다. 은쟁반과 은그릇들의 무게를 모두 합하면 성소에서 다는 무게로 이천사백 세겔이었습니다. 향이 가득 담긴 금잔은 열두 개였는데 각 금잔은 성소에서 다는 무게로 십 세겔이었습니다. 그러므로 금잔의 무게를 모두 합하면 백이십 세겔이었습니다. 번제물로 바친 짐승은 수송아지 열두 마리, 숫양 열두 마리, 일 년 된 어린 숫양 열두 마리입니다. 그 밖에도 곡식 제물이 있었고, 속죄 제물로 바친 숫염소 열두 마리도 있었습니다. 화목 제물로 바친 짐승은 황소 스물네 마리, 숫양 예순 마리, 숫염소 예순 마리, 일 년 된 숫양 예순 마리입니다. 이 모든 제물은 모세가 제단에 기름을 부은 뒤에 제단을 거룩히 구별하기 위해 바친 것입니다.

모세는 여호와께 말씀드릴 것이 있을 때에는 만남의 장막인 회막으로 들어갔습니다. 모세는 여호와께서 자기에게 하시는 말씀을 들었습니다. 여호와의 목소리는 언약궤를 덮고 있는 속죄판 위에 있는 날개 달린 생물들인 두 그룹 사이에서 들려왔습니다. 이처럼 여호와께서는 모세에게 말씀하셨습니다.

금 등잔대

여호와께서 모세에게 말씀하셨습니다. "아론에게 전하여라. 그에게 등잔대 앞을 밝힐 수 있도록 등잔 일곱 개를 놓아두라고 말하여라." 아론은 그대로 했습니다. 아론은 등잔대 앞을 밝힐 수 있도록 등잔 일곱 개를 놓아두었습니다. 아론은 여호와께서 모세에게 주신 명령에 복종했습니다. 등잔대는 여호와께서 모세에게 보여 주신 형식을 따라서 밑받침에서 꽃 모양까지 모두 금을 두드려서 만들었습니다.

레위 사람을 요제로 드리다

여호와께서 모세에게 말씀하셨습니다. "이스라엘 백성 가운데서 레위 사람을 데려다가 정결하게 하여라. 그들을 정결하게 하는 방법은 이러하다. 정결하게 하는 물을 그들에게 뿌려라. 온몸의 털을 밀고 옷을 빨게 하여라. 그러면 그들은 정결하게 될 것이다. 그들에게 수송아지 한 마리를 가져오게 하고 그것과 함께 바칠 곡식 제물도 가져오게 하여라. 곡식 제물은 기름을 섞은 고운 가루로 하여라. 그리고 너는 다른 수송아지 한 마리를 가져와서 죄를 씻는 제물인 속죄 제물로 바쳐라. 레위 사람을 회막 앞으로 데려가고 모든 이스라엘 무리를 모아라. 레위 사람을 여호와 앞으로 데려가거라. 그리고 이스라엘 백성이 그들에게 손을 얹게 하여라. 아론은 레위 사람을 여호와 앞에 흔들어 바치는 요제로 드려라. 레위 사람을 이스라엘 백성이 바치는 제물로 여겨 여호와 앞에 드려라. 이는 레위 사람이 여호와의 일을 할 수 있도록 하기 위함이다. 너는 레위 사람이 수송아지의 머리에 손을 얹게 한 후 이것을 여호와께 바쳐라. 한 마리는 여호와께 바치는 죄를 씻는 제물인 속죄 제물이고, 다른 한 마리는 태워 드리는 제물인 번제물이다. 이것을 바쳐 레위 사람의 죄를 씻는 예식을 행하여라. 레위 사람을 아론과 그의 아들들 앞에 세워라. 그리고 레위 사람을 여호와께 흔들어 바치는 요제로 드려라.

이렇게 하여 너는 이스라엘 백성 가운데서 레위 사람을 구별하여라. 레위 사람은 내 것이라. 이처럼 레위 사람을 정결하게 한 뒤 그들을 제물로 드려라. 그래야 그들이 회막에 와서 일할 수 있을 것이다. 그들은 이스라엘 백성 가운데서 나에게 바쳐진 사람이다. 나는 그들을 이스라엘의 모든 여자가 낳은 맏아들을 대신해서 내 것으로 삼았도다. 사람이든 짐승이든 이스라엘에서 처음 태어난 것은 다 내 것이니, 나는 이집트 땅의 처음 태어난 것을 다 죽이던 날에 그들을 거룩히 구별했다. 나는 이스라엘의 모든 맏아들을 대신해서 레위 사람을 내 것으로 삼았고, 레위 사람을 모든 이스라엘 백성 가운데서 뽑았다. 그리고 그들을 아론과 그의 아들들에게 주었다. 그들은 회막에서 모든 이스라엘 백성의 일을 맡아볼 것이다. 그들은 이스라엘 백성의 죄를 씻는 예식들을 도울 것이다. 그러면 이스라엘 백성이 성소에 가까이 오더라도 그들에게 재앙이 내리는 일은 없을 것이다."

모세와 아론과 모든 이스라엘 백성은 여호와의 말에 순종했습니다. 그들은 레위 사람에 대하여 여호와께서 모세에게 명령하신 대로 했습니다. 레위 사람은 스스로 정결하게 하고 옷을 빨았습니다. 그러자 아론이 그들을 여호와께 흔들어 바치는 제사인 요제로 드렸습니다. 아론은 또 그들의 죄를 씻는 예식을 행하여 그들을 정결하게 했습니다. 그런 다음에 레위 사람은 회막으로 와서 일했습니다. 아론과 그의 아들들은 그들에게 해야 할 일을 가르쳐 주었습니다. 그들은 레위 사람에 대하여 여호와께서 모세에게 명령하신 대로 했습니다.

여호와께서 모세에게 말씀하셨습니다. "이것은 레위 사람을 위한 명령이다. 스물다섯 살 이상 된 모든 남자는 회막으로 나아오게 하여라. 그들을 모두 회막에서 일하게 하고 쉰 살이 되면 하던 일을 그만두게 하여라. 더 일하지 않아도 된다. 그때부터는 회막에서 다른 레위 사람을 도와줄 수는 있으나 그 일을 대신하지는 못한다. 너는 이렇게 레위 사람에게 해야 할 일을 맡겨라."

두 번째 유월절

여호와께서 시내 광야에서 모세에게 말씀하셨습니다. 여호와께서 말씀하신 때는 이스라엘 백성이 이집트에서 나온 지 이 년째 되는 해의 첫째 달이었습니다. "이스라엘 백성에게 정해진 때에 유월절을 지키라고 전하여라. 유월절을 지켜야 할 때는 이달 십사 일 해 질 무렵이다. 이스라엘 백성은 유월절에 관한 모든 규례를 지켜라." 그리하여 모세는 이스라엘 백성에게 유월절을 지키라는 말씀을 전했습니다. 이스라엘 백성은 첫째 달 십사 일 해 질 무렵에 시내 광야에서 유월절을 지켰습니다. 이스라엘 백성은 여호와께서 모세에게 명령하신 그대로 했습니다. 그러나 그날 유월절을 지킬 수 없는 사람들이 있었습니다. 그들은 시체를 만져서 부정해진 사람들입니다. 그들은 그날 모세와 아론에게 갔습니다. 그들이 모세에게 말했습니다. "우리는 시체를 만졌으므로 부정합니다. 그렇지만 이 정해진 때에 우리도 여호와께 예물을 드려야 하지 않겠습니까? 우리도 다른 이스라엘 백성처럼 예물을 드리고 싶습니다." 모세가 그들에게 말했습니다. "기다리시오. 여호와께서 여러분에게 무엇이라고 말씀하실지 알아봐야겠소."

그때에 여호와께서 모세에게 말씀하셨습니다. "이스라엘 백성에게 전하여라. '너희나 너희 자손은 시체를 만져서 부정해졌거나 먼 길을 떠나 있을 때라도 여호와의 유월절을 지켜야 한다. 그러한 사람은 유월절을 지키되 둘째 달 십사 일 해 질 무렵에 지켜라. 그때에는 쓴 나물과 누룩을 넣지 않은 빵을 어린 양고기와 함께 먹어라. 먹던 것을 다음 날 아침까지 남기지 말고 양의 뼈를 부러뜨리지도 마라. 유월절을 지킬 때에는 이 모든 규례를 지켜라. 부정하지도 않고 먼 길을 떠나지도 않은 사람은 유월절을 지켜라. 만약 지키지 않으면 그는 백성에게서 끊어질 것이다. 그는 정해진 때에 여호와께 제물을 바치지 않았으므로 죄값을 받을 것이다. 너희 가운데 사는 외국인도 여호와의 유월절을 지킬 수 있으니 그가 유월절을 지킬 때에는 모든 규례를 따르게 하여라. 너희가 지키는 규례를 외국인도 똑같이 지키게 하여라.'"

성막 위의 구름

주님의 장막인 성막을 세우던 날 구름이 그 장막, 곧 언약의 성
막을 덮었습니다. 저녁부터 새벽까지 장막 위의 구름은 불처럼 보
였습니다. 항상 구름은 성막 위에 머물렀으며, 밤이 되면 그 구름
은 불처럼 보였습니다. 구름이 성막 위에서 걷혀 올라가면 이스라
엘 백성도 길을 떠났습니다. 그러다가 구름이 멈추면 이스라엘 백
성도 그곳에 진을 쳤습니다. 이스라엘 백성은 여호와의 명령에 따
라 길을 떠났다가 여호와의 명령에 따라 진을 쳤습니다. 구름이 성
막 위에 머물러 있는 동안에는 이스라엘 백성도 진에 머물러 있었
습니다. 성막 위의 구름이 오랫동안 머물러 있을 때는 이스라엘 백
성도 여호와의 명령대로 이동하지 않았습니다. 어떤 때에는 성막 위
의 구름이 며칠 동안만 머물기도 했습니다. 이스라엘 백성은 여호
와의 명령에 따라 길을 떠났고 여호와의 명령에 따라 진을 쳤습니
다. 어떤 때에는 성막 위의 구름이 저녁부터 아침까지만 머물기도
했습니다. 이튿날 아침에 구름이 걷히면 백성도 길을 떠났습니다.
밤이든 낮이든 구름이 걷히면 백성도 길을 떠났습니다. 성막 위의
구름은 이틀을 머물기도 하고 한 달을 머물기도 하고 일 년을 머물
기도 했습니다. 구름이 머물러 있는 동안에 이스라엘 백성은 진을
치고 있었습니다. 그러나 구름이 걷히면 백성도 길을 떠났습니다.
이스라엘 백성은 여호와의 명령에 따라 진을 쳤다가 여호와의 명령
에 따라 길을 떠났습니다. 그들은 여호와께서 모세에게 명령하신
대로 했습니다.

은 나팔

여호와께서 모세에게 말씀하셨습니다. "은을 두드려 나팔 두 개를 만들어라. 그 나팔은 백성을 불러 모을 때와 진을 떠날 때 쓸 것이다. 두 나팔을 한꺼번에 불면 백성을 회막 입구 네 앞에 모이게 하고, 나팔을 하나만 불면 지도자들이 네 앞에 모이게 하여라. 두 나팔을 한 번만 불면 동쪽에 진을 친 지파들이 이동하고 두 번째로 나팔을 불면 남쪽에 진을 친 지파들이 이동할 것이다. 그들은 나팔 소리를 듣고 이동할 것이다. 백성을 불러 모을 때도 나팔을 불어라. 그러나 똑같은 방법으로 불지는 마라. 나팔은 제사장인 아론의 아들들에게 불게 하여라. 이것은 너희가 지금부터 대대로 지켜야 할 규례이다. 너희의 땅으로 너희를 공격해 온 적과 싸울 때도 나팔을 불어라. 너희 하나님이신 여호와께서 너희를 기억해 주실 것이다. 여호와께서 너희를 원수에게서 구해 주실 것이다. 기쁜 날에도 나팔을 불어라. 절기 때와 매달 초하루에도 나팔을 불어라. 너희의 태워 드리는 제물인 번제물과 화목 제물 위에서 나팔을 불어라. 그러면 너희 하나님께서 너희를 기억해 주실 것이다. 나는 너희 여호와 하나님이다."

진을 옮기는 이스라엘 백성

거룩한 장막인 성막에서 구름이 걷혀 올라갔습니다. 그때는 이집트에서 떠나온 지 둘째 해 둘째 달 이십 일이었습니다. 이스라엘 백성은 시내 광야를 떠나서 구름이 바란 광야에 멈출 때까지 옮겨 다녔습니다. 이것은 이스라엘 백성의 첫 번째 이동이었습니다. 그들은 여호와께서 모세에게 명령하신 대로 했습니다. 유다 진의 부대들이 깃발을 따라 이동했습니다. 지휘자는 암미나답의 아들 나손이었습니다. 수알의 아들 느다넬이 잇사갈 지파의 군대를 이끌었습

358 • 민수기 10

니다. 헬론의 아들 엘리압이 스불론 지파의 부대를 이끌었습니다.

그 다음에 성막을 걷었습니다. 게르손 자손과 므라리 자손이 성막을 메고 길을 떠났습니다. 그 다음에는 르우벤 진의 부대들이 깃발을 따라 이동했습니다. 지휘자는 스데울의 아들 엘리술이었습니다. 수리삿대의 아들 슬루미엘이 시므온 지파의 부대를 이끌었습니다. 드우엘의 아들 엘리아삽이 갓 지파의 부대를 이끌었습니다.

그 다음에는 고핫 자손이 성막에서 쓰는 물건인 성물을 메고 길을 떠났습니다. 성막은 그들이 도착하기 전에 세워야 했습니다. 그 다음에는 에브라임 진의 부대들이 깃발을 따라 이동했습니다. 지휘자는 암미훗의 아들 엘리사마였습니다. 브다술의 아들 가말리엘이 므낫세 지파의 부대를 이끌었습니다. 기드오니의 아들 아비단이 베냐민 지파의 부대를 이끌었습니다.

맨 마지막에는 단 진의 부대들이 깃발을 앞세우고 앞서간 다른 모든 부대의 후방 수비를 맡은 부대들이 부대별로 이동했습니다. 지휘자는 암미삿대의 아들 아히에셀이었습니다. 오그란의 아들 바기엘이 아셀 지파의 부대를 이끌었습니다. 에난의 아들 아히라가 납달리 지파의 부대를 이끌었습니다. 이스라엘의 부대들은 이동할 때 이런 순서로 행군했습니다.

호밥은 미디안 사람 르우엘의 아들입니다. 이드로라고도 하는 르우엘은 모세의 장인입니다. 모세가 처남인 호밥에게 말했습니다. "우리는 하나님께서 우리에게 주시기로 약속한 땅으로 갑니다. 우리와 함께 갑시다. 처남을 잘 대접하겠습니다. 여호와께서 이스라엘에게 좋은 것으로 약속하셨습니다." 그러나 호밥이 대답했습니다. "아닐세. 나는 가지 못하네. 나는 내가 태어난 내 고향으로 돌아가야 하네." 모세가 말했습니다. "우리를 떠나지 마시오. 처남은 이 광야에서 우리가 어디에 진을 쳐야 할지 알고 있습니다. 처남은 우리의 안내자가 될 수 있습니다. 우리와 함께 갑시다. 여호와께서 우리에게 주시는 좋은 것을 다 처남에게 나누어 드리겠습니다."

그리하여 그들은 여호와의 산을 떠났습니다. 백성은 여호와의 언약궤를 앞세웠습니다. 그들은 삼 일 동안 진을 칠 곳을 찾았습니다. 백성이 진을 떠날 때면 낮에는 여호와의 구름이 그들 위를 덮었습니다.

궤가 진을 떠날 때면 모세는 늘 "여호와여! 일어나십시오. 원수들을 흩으십시오. 여호와께 맞서는 자들을 여호와 앞에서 쫓아내십시오"라고 말했습니다. 그리고 궤를 내려놓을 때도 모세는 늘 "여호와여! 수천만 이스라엘 백성에게 돌아오십시오"라고 말했습니다.

여호와께서 내리신 불

백성에게 어려운 일이 닥치자 그들이 여호와께 불평했습니다. 여호와께서 그들의 불평을 들으시고 화를 내셨습니다. 여호와께서 백성 가운데에 불을 내리셨습니다. 그 불이 진 가장자리를 태웠습니다. 그러자 백성이 모세에게 부르짖었습니다. 모세가 여호와께 기도드리자 불이 꺼졌습니다. 그곳은 사람들에 의해 다베라라고 불리웠는데 이는 여호와의 불이 내려와 그들 가운데서 탔기 때문입니다.

장로 칠십 명을 뽑다

백성 가운데 섞여 살던 외국인들이 음식에 욕심을 품고 불평했습니다. 이윽고 모든 이스라엘 백성도 불평하기 시작했습니다. 그들이 말했습니다. "고기를 먹었으면 좋겠소. 이집트에 있을 때에는 생선을 마음껏 먹었소. 그 밖에도 오이와 수박과 부추와 파와 마늘을 먹었소. 그런데 지금은 이 만나밖에 없으니 우리 몸이 쇠약해지고 말았소."

만나는 작고 하얀 씨처럼 생겼습니다. 백성들은 그것을 주워 모아서 맷돌에 갈거나 절구에 찧었습니다. 그래서 냄비에 요리를 하거나 과자를 만들기도 했습니다. 그러자 그것은 기름에 구운 빵 맛이 났습니다. 밤마다 진에 이슬이 내릴 때 만나도 같이 내렸습니다.

모세는 백성의 온 가족들이 자기 장막 입구에서 우는 소리를 들었습니다. 여호와께서 매우 노하셨습니다. 그래서 모세는 당황했습니다. 모세가 여호와께 여쭈었습니다. "왜 저에게 이런 어려움을 주십니까? 저는 여호와의 종입니다. 제가 무슨 잘못을 했습니까? 왜 저에게 이 모든 백성을 맡기셨습니까? 저는 이 모든 백성의 아비가 아닙니다. 저는 이 백성을 낳지 않았습니다. 왜 저더러 여호와께서 저희 조상에게 약속하신 땅으로 저들을 인도하게 하십니까? 왜 저에게 유모가 젖먹이를 품듯이 그들을 품으라고 하십니까? 모든 백성이 먹을 고기를 제가 어디에서 얻을 수 있겠습니까? 저들은 '고기를 먹고 싶다'라고 저에게 부르짖고 있습니다. 저 혼자서는 이 모든 백성을 돌볼 수 없습니다. 저에게는 너무 힘든 일입니다. 저에게 이렇게 하시려거든 차라리 저를 지금 죽여 주십시오. 제가 여호와께 은혜를 입었다면 저를 죽여 주십시오. 그래서 이 어려움을 더 이상 보지 않게 해 주십시오."

여호와께서 모세에게 말씀하셨습니다. "이스라엘의 장로 칠십 명을 데려오너라. 백성 가운데서 네가 지도자로 알고 있는 사람들을 뽑아 오너라. 그들을 만남의 장막인 회막으로 데려오고 너도 그들과 함께 서 있어라. 내가 내려가 너와 말하겠다. 너에게 있는 영을 그들에게도 줄 것이다. 그러면 그들이 너와 함께 백성을 돌볼 수 있을 것이다. 너 혼자서 백성을 돌보지 않아도 된다. 백성에게 스스로 거룩하게 하여 내일 고기 먹기를 기다리라고 전하여라. 나 여호와가 '누가 우리에게 고기를 먹여 줄까? 이집트에서 살 때가 더 좋았다'라고 울며 부르짖는 소리를 들었다. 그러니 이제 나 여호와가 너희에게 고기를 줄 것이다. 하루나 이틀이나 닷새나 열흘이나 스무 날만 먹고 그칠 것이 아니다. 한 달 내내 먹게 될 것이다. 냄새만 맡아도 질릴 정도로 먹게 될 것이다. 먹기 싫을 때까지 먹게 될 것이다. 그것은 너희가 너희 가운데 있는 나를 모시지 않고 내가 너희와 함께 있는데도 '우리가 왜 이집트를 떠났나?' 하고 말하면서 나에게 부르짖었기 때문이다." 모세가 말했습니다. "여호와여, 저와 함께 있는 사람이 육십만 명이나 됩니다. 그런데 여호와께서는 '내가 그들에게 한 달 동안 고기를 넉넉히 주겠다'라고 말씀하셨습니다. 양과 소를 다 잡는다 하더라도 그것 가지고는 부족할 것입니다. 바다의 물고기를 다 잡는다 하더라도 그것 가지고는 부족할 것입니다." 그러나 여호와께서 모세에게 말씀하셨습니다. "너는 내가 능력이 없다고 생각하느냐? 내가 말한 것을 내가 할 수 있는지 없는지 너는 보게 될 것이다."

모세는 백성에게로 나가서 여호와께서 말씀하신 것을 들려주었습니다. 모세는 장로 칠십 명을 불러 모았습니다. 모세는 그들을 장막 둘레에 서 있게 했습니다. 그러자 여호와께서 구름 가운데 내려오셔서 모세에게 말씀하셨습니다. 여호와께서 모세 위에 내리셨던 영을 장로 칠십 명에게 나누어 주셨습니다. 영이 들어오자 그들은 예언을 했습니다. 그러나 그때 한 번만 예언을 했습니다.

엘닷과 메닷이라는 사람도 지도자로 이름이 적혀 있었습니다. 그러나 그들은 회막으로 가지 않고 진에 머물러 있었습니다. 영이 그들에게도 내려왔습니다. 그래서 그들은 진에서 예언했습니다. 어떤 젊은이가 모세에게 달려와서 "엘닷과 메닷이 진에서 예언하고 있습니다"라고 말했습니다. 눈의 아들 여호수아가 말했습니다. "나의 주 모세여, 그들의 하는 일을 말리셔야 합니다." 여호수아는 아직 젊었으며 모세의 보좌관으로 일할 때였습니다. 그러나 모세가 대답했습니다. "네가 나를 위해 질투하는 것이냐? 오히려 여호와의 백성이 다 예언을 했으면 좋겠다. 여호와께서 그의 영을 모두에게 내리셨으면 좋겠다." 모세와 이스라엘 장로들은 진으로 돌아왔습니다.

메추라기가 내리다

여호와께서 바다에서 강한 바람을 보내셨습니다. 그 바람이 진 둘레에 메추라기를 몰고 왔습니다. 메추라기가 땅 위에 이 규빗 높이에 가까울 정도로 있었습니다. 사방으로 하룻길이 될 만한 곳까지 메추라기가 있었습니다. 백성은 밖으로 나가서 메추라기를 모았습니다. 그들은 하루 종일 그리고 다음 날까지 메추라기를 모았습니다. 적게 모으는 사람도 십 호멜은 모았습니다. 그들은 모은 것을 진 둘레에 널어놓았습니다. 그러나 여호와께서는 크게 노하셨습니다. 아직 백성들이 입안에서 고기를 씹고 있을 때 여호와께서는 백성들에게 끔찍한 병을 내리셨습니다. 그래서 백성은 그곳의 이름을 기브롯 핫다아와라고 불렀습니다. 다른 음식을 원했던 욕심 많은 사람들을 그곳에 묻었기 때문입니다. 백성은 기브롯 핫다아와를 떠나 하세롯으로 가서 거기에 머물렀습니다.

모세를 비방하는 미리암과 아론

미리암과 아론이 모세가 구스 여자와 결혼한 것을 내세워 모세를 비방하기 시작했습니다. 그들이 말했습니다. "여호와께서 모세하고만 말씀하셨나? 여호와께서 우리하고는 말씀하지 않으셨단 말이냐?" 여호와께서 이 말을 들으셨습니다. 모세는 매우 겸손했습니다. 모세는 땅 위에서 가장 겸손한 사람이었습니다. 여호와께서 갑자기 모세와 아론과 미리암에게 말씀하셨습니다. "너희셋 모두 당장 회막으로 나오너라." 그래서 그들은 회막으로 갔습니다. 여호와께서 구름 기둥 가운데서 내려오셨습니다. 여호와께서는 회막 입구에 서 계셨습니다. 여호와께서 아론과 미리암을 부르시자 두 사람 모두 가까이 나아왔습니다. 여호와께서 말씀하셨습니다. "내 말을 들어라. 너희 가운데 예언자가 있으면 나 여호와가 환상으로 나를 그에게 보여 주고 꿈으로 그에게 말할 것이다. 그러나내 종 모세에게는 그렇게 하지 않았다. 그는 나의 모든 백성을 충성스럽게 보살피고 있다. 나는 그와 얼굴과 얼굴을 맞대어 말하고 숨은 뜻으로 말하지 않고 분명히 말하노라. 그는 나 여호와의 모습까지 보는데 어찌하여 너희는 아무 두려움도 없이 내 종 모세를 비방하느냐?" 여호와께서 그들에게 크게 노하시고 떠나가셨습니다.

장막 위에서 구름이 걷혔습니다. 아론이 미리암을 바라보니 미리암이 눈처럼 하얗게 되어 있었습니다. 미리암은 문둥병에 걸렸습니다. 아론이 모세에게 말했습니다. "내 주여, 우리의 어리석은 죄를 용서해 주십시오. 미리암을 죽은 채로 태어나는 아기처럼 내버려두지 마십시오. 살이 반쯤이나 썩어서 태어난 아이처럼 버려두지 마십시오." 모세가 여호와께 부르짖었습니다. "하나님, 미리암을 고쳐 주십시오." 여호와께서 모세에게 대답하셨습니다. "미리암의 아버지가 미리암에게 침을 뱉어도 미리암은 칠 일 동안 부끄러워했을 것이다. 그러니 미리암을 칠 일 동안 진 밖으로 내보냈다가 돌아오게 하여라." 그리하여 미리암은 칠 일 동안 진 밖에 갇혀 있었습니다. 백성은 미리암이 돌아올 때까지 진을 옮기지 않았습니다. 그런 일이 있은 뒤에 백성은 하세롯을 떠나 바란 광야에 진을 쳤습니다.

가나안을 정탐하다

여호와께서 모세에게 말씀하셨습니다. "가나안 땅을 정탐할 사람들을 보내거라. 내가 그 땅을 이스라엘 백성에게 줄 것이다. 각 지파에서 지도자 한 사람씩을 보내어라." 모세는 여호와의 명령에 따랐습니다. 모세는 바란 광야에서 가나안 땅으로 이스라엘의 지도자들을 보냈습니다. 모세가 보낸 지도자들의 이름은 이러합니다. 르우벤 지파에서는 삭굴의 아들 삼무아, 시므온 지파에서는 호리의 아들 사밧, 유다 지파에서는 여분네의 아들 갈렙, 잇사갈 지파에서는 요셉의 아들 이갈, 에브라임 지파에서는 눈의 아들 호세아, 베냐민 지파에서는 라부의 아들 발디, 스불론 지파에서는 소디의 아들 갓디엘, 므낫세 지파 곧 요셉 지파에서는 수시의 아들 갓디, 단 지파에서는 그말리의 아들 암미엘, 아셀 지파에서는 미가엘의 아들 스둘, 납달리 지파에서는 웝시의 아들 나비, 갓 지파에서는 마기의 아들 그우엘입니다. 이것은 모세가 가나안 땅을 정탐하러 보낸 사람들의 이름입니다. 모세는 눈의 아들 호세아에게 여호수아라는 새 이름을 붙여 주었습니다.

모세는 그들을 보내어 가나안 땅을 정탐하게 했습니다. 모세가 말했습니다. "가나안 남쪽 네게브 지방에 갔다가 산악 지방으로도 가시오. 그 땅이 어떻게 생겼는지 살펴보시오. 그 땅에 사는 백성이 강한지 약한지, 적은지 많은지 살펴보시오. 그리고 그들이 사는 땅이 어떤가 살펴보시오. 좋은 땅인지 나쁜 땅인지 살펴보시오. 그들이 사는 마을은 어떤지, 마을에 성벽이 있는지 아니면 훤히 트인 들판의 진과 같은지 살펴보시오. 흙은 어떤지 기름진지 메마른지, 나무는 자라는지 살펴보시오. 그 땅에서 자라는 열매도 가져오시오." 그때는 첫 열매가 맺히는 계절이었습니다.

그리하여 그들은 올라가서 그 땅을 정탐했습니다. 그들은 신 광야에서부터 하맛 어귀 르홉에 이르기까지 그 땅을 정탐했습니다. 그들은 가나안 남쪽 네게브를 거쳐 헤브론에까지 이르렀습니다. 헤브론에는 아히만과 세새와 달매가 살았습니다. 그들은 아낙 자손이었습니다. 헤브론 성은 이집트의 소안보다 칠 년 먼저 세워졌습니다. 그들은 에스골 골짜기에서 포도 한 송이가 달려 있는 포도나무 가지 하나를 꺾었습니다. 그리고 두 사람이 장대를 메고 장대 가운데에 포도나무 가지를 매달아서 날랐습니다. 그들은 석류와 무화과도 땄습니다. 그들은 그곳을 에스골 골짜기라고 불렀습니다. 이스라엘 백성이 그곳에서 포도나무 가지를 꺾었기 때문입니다.

그들은 사십 일 동안 가나안 땅을 정탐한 뒤에 진으로 돌아왔습니다. 그들은 가데스에 있는 모세와 아론과 모든 이스라엘 백성에게로 돌아왔습니다. 가데스는 바란 광야에 있습니다. 그들은 모세와 아론과 모든 이스라엘 백성에게 보고를 하고 그 땅에서 가져온 과일을 보여 주었습니다. 그들이 모세에게 말했습니다. "당신이 가라고 한 땅에 갔었습니다. 그 땅은 온갖 식물이 아주 잘 자라는 땅입니다. 거기에서 자라는 열매를 여기에 가져왔습니다. 그러나 거기에 사는 백성은 강합니다. 그들의 성은 성벽도 있고 큽니다. 우리는 거기에서 아낙 자손도 보았습니다. 아말렉 사람들은 네게브 지방에 살고 있습니다. 헷 사람과 여부스 사람과 아모리 사람은 산악 지방에서 살고 있고 가나안 사람들은 바닷가와 요단 강가에서 살고 있습니다."

그러자 갈렙이 모세 앞에 있는 백성을 잠잠하게 한 뒤에 말했습니다. "우리는 올라가서 저 땅을 차지해야 합니다. 우리는 할 수 있습니다." 그러나 갈렙과 함께 갔던 사람들이 말했습니다. "우리는 그 백성들을 공격할 수 없습니다. 그들은 우리보다 강합니다." 그 사람들은 자기들이 정탐한 땅에 대해 이스라엘 백성에게 나쁜 소식을 전해 주었습니다. 그들이 말했습니다. "그 땅은 우리를 삼키고 말 것입니다. 우리가 봤던 사람들 모두 키가 매우 컸습니다. 우리는 그곳에서 네피림 백성도 보았습니다. 아낙 자손은 네피림 백성의 자손일 것입니다. 그들은 거인이었습니다. 우리는 스스로 보기에도 메뚜기 같았고 그들에게도 메뚜기 같아 보였을 것입니다."

또다시 불평하는 백성

그 날 밤 모든 백성이 큰 소리로 울기 시작했습니다. 모든 이스라엘 백성이 모세와 아론에게 불평했습니다. 모든 백성이 그들에게 말했습니다. "우리가 이집트에서 죽었거나 광야에서 죽었더라면 더 좋았을 것이오. 여호와께서는 왜 우리를 이 땅으로 인도해서 칼에 맞아 죽게 하는 거요? 우리 아내와 자식들은 잡혀가고 말 것이오. 차라리 이집트로 돌아가는 것이 좋겠소." 그들이 또 서로 말했습니다. "지도자를 뽑아서 이집트로 돌아갑시다."

모세와 아론은 그곳에 모인 모든 이스라엘 백성 앞에서 땅에 엎드렸습니다. 가나안 땅을 정탐하고 온 눈의 아들 여호수아와 여분네의 아들 갈렙은 옷을 찢었습니다. 그들이 모든 이스라엘 백성에게 말했습니다. "우리가 정탐하러 갔던 땅은 매우 좋은 곳입니다. 여호와께서 우리에게 자비를 베푸신다면 우리를 그 땅으로 인도하실 것입니다. 젖과 꿀이 넘쳐흐를 만큼 비옥한 그 땅을 우리에게 주실 것입니다. 여호와를 배반하지 마십시오. 그 땅의 백성을 두려워하지 마십시오. 그들은 우리의 밥이나 마찬가지입니다. 그들에게는 방벽이 없지만 우리에게는 여호와가 계십니다. 그들을 두려워하지 마십시오." 그러나 모든 무리는 그들을 돌로 쳐서 죽이려고 했습니다. 그때에 여호와의 영광이 회막에서 이스라엘 백성에게 나타났습니다.

여호와께서 모세에게 말씀하셨습니다. "내가 이들 가운데서 기적을 일으켰는데도 이 백성이 언제까지 나를 멸시할 것이냐? 언제까지 나를 믿지 않을 것이냐? 내가 이들에게 끔찍한 병을 내려서 이들을 없애 버리겠다. 그러나 너를 통하여 이들보다 크고 센 나라를 이룰 것이다."

모세가 여호와께 말씀드렸습니다. "이집트 사람들이 듣겠습니다. 여호와께서는 이 백성을 크신 능력으로 이집트에서 인도해 내셨습니다. 이집트 사람이 이 땅에 사는 사람들에게 이 일에 대해 말할 것입니다. 그들은 이미 여호와에 대해 알고 있습니다. 그들은 여호와께서 여호와의 백성과 함께 계시다는 것을 알고 있습니다. 그리고 여호와께서 얼굴과 얼굴을 마주해 보이셨다는 것도 알고 있습니다. 그들은 여호와의 구름이 여호와의 백성 위에 머문다는 것과 여호와께서 낮에는 구름으로 밤에는 불로 여호와의 백성을 인도하신다는 것도 알고 있습니다. 나라들이 여호와의 능력을 들어 알고 있습니다. 만약 여호와께서 여호와의 백성을 단번에 죽이시면 나라들은 '여호와는 자기 백성을 약속한 땅으로 데려갈 힘이 없어서 광야에서 죽여 버렸다'라고 말할 것입니다. 그러므로 나의 여호와시여, 이제 곧 주의 큰 힘을 보여 주십시오. 전에 말씀하신 대로 해 주십시오. 여호와께서는 '나는 그리 쉽게 노하지 않는다. 나는 한결같은 사랑의 하나님이다. 나는 허물과 죄를 용서해 준다. 하지만 나는 죄를 그냥 보아 넘기지는 않는다. 나는 죄지은 사람뿐만 아니라 그의 삼대나 사대 자손에게까지 벌을 내린다'라고 말씀하셨습니다. 주의 한결같은 사랑을 베풀어 주십시오. 이 백성의 죄를 용서해 주십시오. 이들이 이집트를 떠났을 때부터 지금까지 용서해 주셨던 것처럼 이제도 용서해 주십시오."

여호와께서 대답하셨습니다. "네가 구한 대로 그들을 용서해 주 겠다. 그러나 내가 사는 한 그리고 내 영광이 온 땅에 가득 차는 한 한 가지 약속을 하겠다. 이 모든 백성은 내 영광을 보았고 내가 이 집트와 광야에서 일으킨 기적을 보았다. 그러나 그들은 나의 말을 따르지 않고 열 번이나 나를 시험했다. 그러므로 어느 누구도 내 가 그들의 조상에게 약속한 땅을 보지 못할 것이다. 나를 노하게 한 사람은 그 누구도 그 땅을 볼 수 없을 것이다. 그러나 내 종 갈 렙은 다른 마음을 가졌다. 갈렙은 나를 온전히 따르고 있다. 따라 서 나는 그가 이미 본 땅으로 그를 데리고 가겠다. 그리고 그의 자 녀들은 그 땅을 차지하게 될 것이다. 아말렉 사람과 가나안 사람이 골짜기에서 살고 있으니 너는 내일 돌아가거라. 홍해 길을 따라 광 야 쪽으로 가거라."

여호와께서 백성을 벌하시다

여호와께서 모세와 아론에게 말씀하셨습니다. "이 악한 백성이 언제까지 나에게 불평하려느냐? 나는 이 이스라엘 백성이 원망하 고 불평하는 소리를 들었다. 그러니 그들에게 전하여라. '여호와께 서 이렇게 말씀하셨다. 나는 너희가 말하는 것을 들었다. 내가 사 는 한 내가 들은 말대로 너희에게 해 줄 것이다. 너희는 이 광야에 서 죽을 것이다. 너희 가운데 스무 살 이상 된 사람으로서 인구 조 사를 할 때 그 수에 포함되었던 사람은 모두 죽을 것이다. 너희 는 여호와인 나에게 불평했으니 너희 가운데 한 사람도 내가 너희 에게 약속한 땅에 들어가 살지 못하게 하겠다. 오직 여분네의 아 들 갈렙과 눈의 아들 여호수아만이 들어갈 수 있을 것이다. 너희 가 잡혀갈 것이라고 말한 너희 자녀는 내가 그 땅으로 인도할 것이 다. 그들은 너희가 저버린 그 땅을 차지할 것이다. 그리고 너희는 이 광야에서 죽고 너희 자녀는 사십 년 동안 이 광야에서 떠돌아다닐 것이다. 그들은 너희의 허물을 짊어지고 너희가 광야에서 죽어 땅에 묻힐 때까지 고통을 당할 것이다. 너희는 사십 년 동안 너희 죄 때문에 고통을 당할 것이다. 그 사십 년은 너희가 그 땅을 정탐한 사십 일의 하루를 일 년으로 친 것이다. 너희는 내가 너희를 싫어하는 것이 어떤 것인지를 알게 될 것이다.' 여호와인 나의 말이다. 나는 이 악한 백성에게 내가 말한 이 모든 일을 분명히 하겠다. 그들은 한데 어울려 나를 배반했다. 그러므로 그들은 모두 이 광야에서 죽을 것이다."

모세가 정탐하라고 보냈던 사람들이 돌아와서 모든 이스라엘 백성에게 불평을 퍼뜨렸습니다. 그들은 그 땅에 대해 나쁜 소식을 전했습니다. 그 땅에 대해서 나쁜 소식을 전한 사람들은 여호와께서 내리신 끔찍한 병으로 말미암아 죽었습니다. 오직 눈의 아들 여호수아와 여분네의 아들 갈렙만이 죽지 않았습니다.

모세가 이 모든 말씀을 백성에게 일러 주자 백성은 매우 슬퍼했습니다. 이튿날 아침 일찍 백성은 산악 지방 쪽으로 올라가면서 말했습니다. "우리가 죄를 지었다. 여호와께서 말씀하신 곳으로 가자." 그러나 모세가 말했습니다. "왜 여호와의 명령에 복종하지 않소? 올라가도 이기지 못할 것이오. 가지 마시오. 여호와께서 여러분과 함께 계시지 않소. 여러분은 원수들에게 질 것이오. 아말렉 사람과 가나안 사람이 여러분을 가로막고 여러분을 칼로 죽일 것이오. 여러분은 여호와의 말씀에 따르지 않았소. 여호와께서는 여러분과 함께 계시지 않을 것이오." 그들은 아랑곳하지 않고 산악 지방 쪽으로 올라갔습니다. 그러나 모세와 여호와의 언약궤는 진을 떠나지 않았습니다. 산악 지방에 사는 아말렉 사람과 가나안 사람이 내려와서 이스라엘 백성을 공격했습니다. 이스라엘 백성은 그들에게 져서 호르마까지 쫓겨났습니다.

제사에 관한 규례

여호와께서 모세에게 말씀하셨습니다. "이스라엘 백성에게 전하여라. '내가 너희에게 줘서 살게 할 땅에 너희가 들어가면 소 떼나 양 떼 가운데서 제물을 골라 나 여호와에게 불에 태워 바치는 제사인 화제로 바쳐라. 그 냄새가 나 여호와를 기쁘게 할 것이다. 그렇게 바치는 제물은 태워 드리는 제물인 번제물일 수도 있고 희생 제물일 수도 있으며 서원한 것을 갚는 제물일 수도 있고 자발적으로 드리는 낙헌 제물일 수도 있다. 아니면 절기 때에 드리는 예물일 수도 있다. 제물을 가져오는 사람은 나 여호와에게 곡식 제물도 바쳐야 한다. 곡식 제물로 바쳐야 할 것은 기름 사분의 일 힌을 섞은 고운 가루 십분의 일 에바이다. 양을 태워 드리는 제물인 번제물이나 희생 제물로 바칠 때는 포도주 사분의 일 힌을 부어 드리는 전제로 바쳐라. 숫양을 제물로 바칠 때에도 곡식 제물을 준비하여라. 곡식 제물로 바쳐야 할 것은 기름 삼분의 일 힌을 섞은 고운 가루 십분의 이 에바이다. 그리고 포도주 삼분의 일 힌도 준비하여라. 포도주는 전제로 나 여호와에게 바쳐라. 그 냄새가 나 여호와를 기쁘게 한다. 맹세한 것을 갚거나 나 여호와에게 화목 제물을 드리려고 수송아지를 태워 드리는 제물인 번제물이나 희생 제물로 바칠 때는 수송아지와 함께 기름 이분의 일 힌을 섞은 고운 가루 십분의 삼 에바를 바쳐라. 그리고 포도주 이분의 일 힌도 준비하여라. 그것은 불에 태워 바치는 제사인 화제이며 그 냄새가 나 여호와를 기쁘게 한다.

이런 방법으로 수소나 숫양이나 어린 양이나 어린 염소도 준비하여라. 여러 마리를 바칠 때도 한 마리마다 이런 방법으로 드려라.

이스라엘 백성이라면 누구나 화제를 드릴 때는 이와 같이 하여라. 그 냄새가 나 여호와를 기쁘게 한다. 그리고 너희와 함께 사는 외국인이라도 화제물, 곧 나 여호와에게 향기로운 제물을 바치려 할 때에는 이런 방법으로 바쳐라. 너희나 외국인이나 똑같은 규례를 지켜라. 그것은 지금부터 영원히 지켜야 할 규례니라. 너희나 외국인이나 여호와 앞에서는 똑같으니 너희나 너희 가운데 사는 외국인이나 똑같은 가르침과 똑같은 규례를 지켜라.'"

여호와께서 모세에게 말씀하셨습니다. "이스라엘 백성에게 전하여라. '너희는 내가 인도할 땅으로 들어가서 그 땅에서 나는 음식을 먹을 때마다 나 여호와에게 예물을 드려라. 너희의 첫 곡식으로 빵을 만들어 드려라. 타작마당에서 타작한 것으로 드려야 한다. 지금부터 영원히 너희의 첫 곡식 가운데서 얼마를 나 여호와에게 드려라.

나 여호와가 모세에게 준 이 명령을 실수로 지키지 못했을 때, 곧 나 여호와가 계명을 준 때로부터 시작해서 모세에게 준 명령을 지키지 못했을 때에 그것이 만약 모든 무리가 모르고 실수로 지키지 못한 것이라면 모든 무리는 수송아지 한 마리를 불에 태워 바치는 제사인 화제로 바쳐라. 그 냄새가 나 여호와를 기쁘게 한다. 그리고 율법에 따라 곡식 제물과 부어 드리는 제물인 전제물도 함께 바쳐라. 또 숫염소 한 마리를 죄를 씻는 제물인 속죄 제물로 바쳐라. 제사장은 모든 이스라엘 백성의 죄를 씻는 예식을 행하여라. 그러면 그들이 용서를 받을 것이다. 이는 그들이 모르고 죄를 지었고 모르고 지은 죄를 씻기 위해 나 여호와에게 제물을 바쳤기 때문이다. 그들이 화제물과 속죄 제물을 가져왔기 때문이다. 이스라엘 모든 백성과 그들 가운데 사는 외국인이 용서를 받을 것이다. 이는 그들이 모르고 죄를 지었기 때문이다.

만약 어떤 한 사람이 모르고 죄를 지었으면 그는 일 년 된 암염소를 속죄 제물로 바쳐라. 그리고 제사장은 모르고 죄를 지은 그 사람의 죄를 씻는 예식을 행하여라. 그러면 그는 용서를 받을 것이다. 이스라엘 백성이든 그들과 함께 사는 외국인이든 모르고 죄를 지은 사람은 똑같이 이 규례를 지켜라. 하지만 이스라엘 백성이든 외국인이든, 일부러 죄를 지은 사람은 나 여호와를 거역한 것이므로 그 백성 중에서 끊어질 것이다. 그 사람은 여호와의 말씀을 멸시했고 나 여호와의 명령에 복종하지 않았으므로 다른 백성 중에서 끊어질 것이다. 그 사람에게 죄의 대가가 있을 것이다.'"

안식일에 일한 사람

이스라엘 백성이 광야에 있을 때입니다. 어떤 사람이 안식일에 장작을 주워 모았습니다. 그가 장작을 주워 모으는 모습을 본 사람들이 그를 모세와 아론과 모든 백성에게 데려갔습니다. 그들은 그를 가두었습니다. 이는 그들이 그를 어떻게 해야 할지 몰랐기 때문입니다. 그때에 여호와께서 모세에게 말씀하셨습니다. "그 사람을 죽여라. 모든 백성이 그를 진 밖에서 돌로 쳐서 죽여라." 그리하여 백성이 그를 진 밖으로 끌고 가서 여호와께서 모세에게 명령하신 대로 돌로 쳐서 죽였습니다.

옷자락 끝에 다는 술

여호와께서 모세에게 말씀하셨습니다. "이스라엘 백성에게 전하여라. '너희는 옷자락 끝에 술을 만들어 달아라. 그리고 그 술에 파란 실을 달아라. 지금부터 대대로 그렇게 하여라. 그렇게 술을 만들어 달고 있으면 그것을 볼 때마다 너희 몸이 원하는 것과 너희 눈이 바라는 것을 하지 않고 여호와의 명령을 기억하고 지킬 수 있게 될 것이다. 나의 모든 명령을 잘 기억하고 지켜라. 그래야 너희가 하나님의 거룩한 백성이 될 것이다. 나는 너희를 이집트에서 인도해 낸 여호와 너희 하나님이다. 나는 여호와 너희 하나님이다.'"

고라, 다단, 아비람, 온의 반역

고라와 다단과 아비람과 온이 모세에게 반역했습니다. 고라는 이스할의 아들이고, 이스할은 고핫의 아들이며, 고핫은 레위의 아들입니다. 다단과 아비람은 형제로서 엘리압의 아들들입니다. 그리고 온은 벨렛의 아들입니다. 다단과 아비람과 온은 르우벤 지파 사람입니다. 이 네 사람은 다른 이스라엘 사람 이백오십 명을 모아 모세에게 반역했습니다. 그들은 이스라엘 무리가 뽑은 유명한 지도자들입니다. 그들은 무리를 지어 와서 모세와 아론에게 말했습니다. "당신들은 너무 지나치오. 모든 백성이 다 거룩하오. 거룩하지 않은 백성은 없소. 그리고 여호와께서 그들과도 함께 계시오. 그런데 당신들은 왜 스스로를 높여서 모든 백성 위에 있으려 하오?" 모세는 이 말을 듣고 땅에 엎드렸습니다. 그런 다음에 모세는 고라를 비롯해서 그를 따르는 사람들에게 말했습니다. "내일 아침 여호와께서 누가 여호와의 사람인지를 보여 주실 것이오. 그리고 누가 거룩한 사람인지, 누가 여호와께 가까이 나아갈 수 있는지도 보여 주실 것이오. 여호와께서는 그가 뽑으신 사람만을 여호와께 나아올 수 있도록 하실 것이오. 그러므로 고라와 그를 따르는 사람들은 향로를 가져오시오. 내일 그 향로에 불을 담아 향을 피우시오. 그때에 여호와께서 뽑으신 사람이 거룩한 사람이 될 것이오. 당신들 레위 사람은 너무 지나치오." 모세가 고라에게 말했습니다. "당신들 레위 사람은 들으시오. 이스라엘의 하나님께서는 당신들을 다른 이스라엘 백성과 구별하셔서 당신들을 하나님께 가까이 갈

수 있게 하셨소. 당신들은 여호와의 거룩한 장막인 성막에서 일하
며 모든 이스라엘 백성 앞에 서서 그들을 대신하여 여호와를 섬기
고 있소. 그것이 부족하단 말이오? 하나님께서는 당신과 다른 레위
사람을 가까이 부르셨소. 그런데 당신들이 이제는 제사장까지 되려
하고 있소. 당신과 당신을 따르는 사람들은 무리를 지어서 여호와
께 반역했소. 아론이 누구인데 감히 그에게 반역한단 말이오!"

모세가 엘리압의 아들들인 다단과 아비람을 불렀으나 그들은
이렇게 말했습니다. "우리는 가지 않겠소. 당신은 젖과 꿀이 넘쳐흐
를 만큼 비옥한 땅에서 살고 있던 우리를 이 광야로 이끌어 내어 죽
이려 하고 있소. 그것으로도 부족해서 이제는 우리 위에서 우리를
다스리려 하고 있소. 당신은 우리를 젖과 꿀이 넘쳐흐를 만큼 비옥
한 땅으로 인도하지 못했소. 밭과 포도밭이 있는 땅도 주지 못했
소. 당신은 이 사람들의 눈을 뽑을 생각이오? 우리는 갈 수 없소."
모세는 몹시 화가 났습니다. 모세가 여호와께 말씀드렸습니다. "저
들의 예물을 받지 마십시오. 저는 저들에게서 나귀 한 마리도 받은
것이 없습니다. 저들에게 아무런 잘못도 한 일이 없습니다."

모세가 고라에게 말했습니다. "당신과 당신을 따르는 사람들은
내일 여호와 앞에 서야 하오. 그때에 아론도 당신들과 함께 설 것이
오. 당신들은 각자 향로에 향을 얹어서 가져와야 하오. 향로 이백
오십 개를 여호와 앞에 드리시오. 당신과 아론도 자기 향로를 드려
야 하오." 그래서 각 사람은 향로를 가져와서 향을 피웠습니다. 그
런 다음에 그들은 모세와 아론과 함께 회막 입구에 섰습니다. 고
라는 자기를 따르는 사람들, 곧 모세와 아론에게 반역한 사람들을
모았습니다. 그들은 회막 입구에 섰습니다. 그러자 여호와의 영광
이 모든 이에게 나타났습니다.

여호와께서 모세와 아론에게 말씀하셨습니다. "이 사람들에게서

물러나라. 내가 그들을 순식간에 없애 버릴 것이다." 그러나 모세와 아론이 땅에 엎드려 부르짖었습니다. "하나님, 하나님은 모든 백성의 영을 다스리는 하나님이십니다. 이 무리에게 노하지 마십시오. 죄는 한 사람만 지었을 뿐입니다." 여호와께서 모세에게 말씀하셨습니다. "모든 무리에게 고라와 다단과 아비람 곁에서 떨어져 있으라고 말하여라."

모세가 일어나 다단과 아비람에게 갔습니다. 이스라엘의 장로들이 모세의 뒤를 따라갔습니다. 모세가 백성에게 경고했습니다. "이 나쁜 사람들의 장막에서 물러서시오. 그들의 것은 아무것도 만지지 마시오. 만지는 날에는 그들의 죄 때문에 당신들도 멸망하고 말 것이오." 그러자 그들은 고라와 다단과 아비람의 장막에서 물러섰습니다. 다단과 아비람은 그들의 아내와 자녀와 어린 아기들과 함께 장막 바깥에 섰습니다. 모세가 말했습니다. "이제 당신들은 이 모든 일이 내 뜻대로 한 일이 아니라 여호와께서 나를 보내셔서 하신 일임을 알게 될 것이오. 만약 이 사람들이 보통 사람들이 죽는 것처럼 죽는다면 여호와께서 나를 보내신 것이 아니오. 그러나 여호와께서 새로운 일을 일으키시면 이 사람들이 하나님을 멸시했다는 것을 알게 될 것이오. 땅이 갈라져 그들을 삼킬 것이오. 그들은 산 채로 죽은 자들이 있는 곳으로 내려갈 것이오. 그리고 그들이 가진 모든 것도 땅이 삼켜 버릴 것이오."

모세가 이 말을 마치자마자 그들이 서 있던 땅이 갈라졌습니다. 마치 땅이 입을 벌려 그들을 삼키는 것 같았습니다. 그들의 가족과 고라를 따르던 사람들과 그들이 가진 모든 것을 땅이 삼켜 버렸습니다. 그들은 산 채로 묻혀서 그들이 가진 모든 것과 함께 죽은 자들이 있는 곳으로 내려갔습니다. 그러자 땅이 그들을 덮어 버렸습니다. 그들은 죽어서 백성의 무리 중에서 사라졌습니다. 그들과 가까운 곳에 있던 이스라엘 백성은 그들의 비명 소리를 듣고 "땅이 우리도 삼켜 버리려고 한다"라고 말하면서 도망쳤습니다. 그때 여호와의 불이 내려왔습니다. 그 불이 향을 피운 사람 이백오십 명을 죽였습니다.

여호와께서 모세에게 말씀하셨습니다. "제사장 아론의 아들 엘르아살에게 전하여 불탄 자리에서 향로들을 모으게 하여라. 그리고 타다 남은 불은 멀리 내버리게 하여라. 그러나 그 향로들은 거룩하다. 이들은 죄를 지어 목숨을 잃었다. 그러나 그들의 향로는 거두어서 망치로 두드려 펴라. 그래서 그것으로 제단을 덮어라. 그것들은 나 여호와에게 바쳐진 것이므로 거룩하다. 그것이 이스라엘 백성에게 표적이 될 것이다." 그리하여 제사장 엘르아살은 놋향로들을 다 거두어들였습니다. 그것은 불에 타 죽은 사람들의 것을 가져온 것입니다. 엘르아살은 향로들을 망치로 두드려서 편 다음에 그것으로 제단을 덮었습니다. 이렇게 두드려 펴서 제단을 덮은 향로는 이스라엘 백성에게 이 사건을 기억나게 하는 물건이 되었습니다. 곧 아론 자손이 아닌 다른 사람들은 여호와 앞에 향을 피우러 나올 수 없다는 것을 기억시켜 주어 고라와 그를 따르는 사람들처럼 죽지 않게 하려는 것입니다. 엘르아살은 여호와께서 모세를 통하여 명령하신 대로 했습니다.

아론이 백성을 구하다

이튿날 모든 이스라엘 백성이 모세와 아론에게 불평했습니다. 그들은 "당신들이 여호와의 백성을 죽였소"라고 말했습니다. 백성이 모세와 아론에게 몰려들어 불평하자 모세와 아론은 회막 쪽으로 몸을 돌렸습니다. 그러자 구름이 장막을 덮고 여호와의 영광이 나타났습니다. 모세와 아론은 회막 앞으로 갔습니다. 여호와께서 모세에게 말씀하셨습니다. "이 백성에게서 멀리 떨어져 있어라. 내가 그들을 순식간에 없애 버릴 것이다." 그 말씀을 듣고 모세와 아론은 땅에 엎드렸습니다. 모세가 아론에게 말했습니다. "향로를 가져와서 제단 위의 불을 향로에 담고 거기에 향을 피우십시오. 급히 백성에게 가서 그들의 죄를 씻는 예식을 행하십시오. 여호와께서 백성에게 노하셨습니다. 이미 재앙이 시작되었습니다." 아론은 모세가 말한 대로 했습니다. 아론은 모든 백성들이 있는 한가운데로 달려갔습니다. 이미 그들 가운데서 재앙이 시작되었습니다. 아론은 그들의 죄를 씻는 예식을 행하기 위해 향을 피웠습니다. 아론은 산 사람과 죽은 사람 사이에 섰습니다. 그러자 재앙이 그곳에서 그쳤습니다. 그 재앙 때문에 만 사천칠백 명이 죽었습니다. 거기에는 고라의 일로 죽은 사람의 숫자는 들어 있지 않았습니다. 재앙이 그치자 아론은 회막 입구에 있는 모세에게 돌아갔습니다.

싹이 난 아론의 지팡이

여호와께서 모세에게 말씀하셨습니다. "이스라엘 백성에게 전하여라. 지파별로 지팡이를 하나씩 거두되 각 지파의 지도자에게서 지팡이 한 개씩 모두 열두 개를 거두어라. 그리고 지팡이마다 각 지도자의 이름을 써라. 레위 지파의 지팡이에는 아론의 이름을 써라. 각 지파의 우두머리마다 지팡이가 한 개씩 있어야 한다. 그 지팡이들을 회막에 두되 내가 너희를 만나는 언약궤 앞에 놓아두어라. 내가 한 사람을 선택하면 그 사람의 지팡이에서 싹이 틀 것이다. 너희에게 늘 불평하는 이스라엘 백성의 버릇을 내가 없애 버리겠다." 모세가 이스라엘 백성에게 전했습니다. 그리하여 열두 지도자가 모세에게 지팡이를 하나씩 가져왔으므로 지팡이는 열두 개가 되었습니다. 아론의 지팡이도 그 가운데 있었습니다. 모세가 그 지팡이들을 여호와 앞에, 곧 회막 안에 놓아두었습니다.

이튿날 모세가 장막에 들어가 보니 레위의 집안을 나타내는 아론의 지팡이에서 싹이 텄습니다. 더구나 지팡이에서 싹이 자라고 꽃이 피더니 감복숭아 열매까지 맺혔습니다. 모세는 여호와 앞에 있던 그 지팡이들을 이스라엘 백성에게 가지고 나갔습니다. 모든 사람이 그 지팡이들을 보았습니다. 그리고 각자 자기 것을 가지고 갔습니다. 여호와께서 모세에게 말씀하셨습니다. "아론의 지팡이를 다시 가져다 놓아라. 그것을 언약궤 앞에 놓아두어라. 그 지팡이는 언제나 나에게 반역하는 이 백성에게 표적이 될 것이다. 이 지팡이가 나를 향해 백성이 불평하는 것을 멈추게 하여 그들을 죽지 않게 할 것이다." 모세는 여호와께서 명령하신 대로 했습니다.

이스라엘 백성이 모세에게 말했습니다. "우리는 죽게 되었소. 망하게 되었소. 우리 모두가 다 망하게 되었소. 여호와의 성막에 가까이 가는 사람은 모두 죽으니 우리는 다 죽게 생겼소."

제사장과 레위 사람의 할 일

여호와께서 아론에게 말씀하셨습니다. "너와 네 아들들과 네 집안 사람들은 거룩한 곳인 성소를 더럽히는 죄에 대해 책임을 져라. 제사장과 관계된 죄에 대해서는 너와 네 아들들만이 책임을 져라. 너는 너의 지파에서 너의 형제인 레위 사람들을 데려오너라. 그들에게 너와 네 아들들이 언약의 장막에서 섬기는 일을 돕게 하여라. 너는 그들을 시켜 그들에게 성막과 관계가 있는 일이라면 무슨 일이든 하게 하여라. 그러나 그들은 거룩한 곳인 성소나 제단 가까이에 가서는 안 된다. 가까이 가는 날에는 그들뿐만 아니라 너희도 죽을 것이다. 그들은 너희와 협력하여 회막을 돌볼 것이며 장막에서 하는 모든 일을 할 것이다. 다른 사람은 너희에게 가까이 올 수 없다. 너희는 성소와 제단을 돌보아라. 그래야 내가 다시 이스라엘 백성에게 노하지 않을 것이다. 나는 너희 형제 레위 사람을 이스라엘 백성 가운데서 뽑았노라. 그들은 너희에게 준 선물과 같으며 나 여호와에게 바친 사람들이다. 그들이 할 일은 회막을 돌보는 일이다. 그러나 너와 네 아들들만이 제사장이 될 수 있다. 너희만이 제단에서 일할 수 있으며 휘장 뒤로 갈 수 있다. 내가 제사장으로서 일할 수 있는 자격을 너희에게 선물로 주겠다. 그러나 누구든지 다른 사람이 성소에 가까이 오면 그는 죽을 것이다."

여호와께서 아론에게 말씀하셨습니다. "나에게 바친 모든 제물을 너에게 맡기겠다. 이스라엘 백성이 나에게 바치는 모든 거룩한 제물을 내가 너에게 주겠다. 그것은 너와 네 아들들의 몫이며 영원한 너희들의 몫이다. 거룩한 제물 가운데서 너희의 몫은 태우지 않고 남은 부분이다. 백성이 바치는 가장 거룩한 제물, 곧 곡식 제물이나 죄를 씻는 제물인 속죄 제물이나 허물을 씻는 제물인 속건 제물은 너와 네 아들들의 몫이다. 너는 그것을 가장 거룩한 곳에서 먹어라. 남자만이 그것을 먹을 수 있다. 너희는 그것을 거룩히 여겨라. 내가 또 다른 제물도 너에게 줄 것이다. 즉 이스라엘 자손이 드리는 들어 올려 바친 거제물과 흔들어 바친 요제물이다. 내가 너와 네 아들들과 네 딸들에게 이것을 주니 이것은 너희의 몫이다. 너희 집안 가운데서 부정하지 않은 사람이라면 누구나 그것을 먹어라. 내가 또 너에게 가장 좋은 기름과 가장 좋은 포도주와 곡식, 곧 이스라엘 백성이 나 여호와에게 바친 것 가운데서 첫 열매를 너에게 주겠다. 이스라엘 백성이 그 땅에서 거둔 것 가운데서 여호와께 가져오는 첫 열매는 너의 것이다. 너희 집안 가운데서 부정하지 않은 사람이라면 누구나 그것을 먹어라. 이스라엘에서 나 여호와에게 바친 것은 다 너의 것이다. 사람이든 짐승이든 모든 생물의 처음 태어난 것은 다 나 여호와에게 바쳐야 하며 그것은 너의 것이다. 그러나 처음 태어난 사람과 처음 태어난 부정한 짐승은 대신 돈으로 계산하여 받아라. 사람이 태어난 지 한 달이 되었으면 성소에서 다는 무게로 은 다섯 세겔을 받아라. 한 세겔은 이십 게라이다. 그러나 처음 태어난 소나 양이나 염소는 돈으로 대신할 수 없다. 치르고 돌려주지 못한다. 그 짐승들은 거룩하니 그 짐승들의 피를 제단 위에 뿌리고 그 기름은 태워라. 그것은 화제이며 그 냄새가 나 여호와를 기쁘게 한다. 그러나 그 짐승들의 고기는 너의 것이다. 또한 나 여호와에게 바친 가슴고기와 오른쪽 넓적다리도 너의 것이다. 이스라엘 백성이 거룩한 예물로 드리는 것을 나 여호와가 너와 네 아들들과 딸들에게 주니 그것은 영원히 너희의 몫이다. 이것은 너와 네 자손을 위해 여호와 앞에서 대대로 지켜야 할 변치 않는 소금 언약이니라." 여호와께서 또 아론에게 말씀하셨습니다. "너는 물려받을 땅이 없다. 너는 다른 백성과 같이 땅을 차지하지는 못한다. 이는 이스라엘 백성 가운데서 너의 몫이자 너의 재산은 바로 나이기 때문이다.

이스라엘 백성이 얻은 것의 십분의 일을 바치면 내가 그것을 레위 사람에게 주겠다. 그것은 그들이 회막에서 일하는 것에 대한 보수이다. 그러나 다른 이스라엘 백성은 회막에 가까이 가지 마라. 가까이 가는 날에는 그 죄 때문에 죽을 것이다. 오직 레위 사람만이 회막에서 일하여라. 그들은 회막을 더럽히는 죄에 대해 책임을 져라. 이것은 지금부터 영원히 지켜야 할 규례이다. 레위 사람은 다른 이스라엘 백성과 같이 땅을 얻지는 못할 것이다. 그러나 이스라엘 백성이 얻은 것의 십분의 일을 내게 바치면 내가 그것을 레위 사람에게 줄 것이다. 내가 레위 사람에 대해 '그들은 이스라엘 백성 가운데서 땅을 얻지 못할 것이다'라고 말하였다."

여호와께서 모세에게 말씀하셨습니다. "레위 사람에게 전하여라. 너희는 '이스라엘 백성이 얻은 것의 십분의 일을 바치면 그것을 받아라. 내가 그것을 너희에게 준다. 그러나 너희는 그 가운데서 다시 십분의 일을 들어 올려 바치는 제사인 거제로 나 여호와에게 바쳐라. 나는 너희가 바치는 것을 다른 사람들이 바치는 새 곡식이나 새 포도주를 받듯이 받을 것이다. 이처럼 너희는 다른 이스라엘 백성처럼 나 여호와에게 제물을 바쳐라. 이스라엘 백성이 너희에게 십분의 일을 주면 너희는 다시 그것의 십분의 일을 들어 올려 바치는 거제물로 나 여호와에게 바치고 그것을 제사장 아론에게 주어라. 너희가 받은 것 가운데서 가장 좋고 가장 거룩한 부분을 골라서 거제로 나 여호와에게 바쳐라.' 레위 사람에게 전하여라. '너희가 가장 좋은 부분을 드리면 나는 그것을 다른 백성이 바치는 곡식과 포도를 받듯이 받을 것이다. 너희와 너희 집안은 나에게 바치고 남은 것을 어디에서나 먹어도 좋다. 그것은 너희가 회막에서 일하여 받는 보수이다. 너희가 언제나 가장 좋은 부분을 나 여호와에게 바치면 이 일 때문에 너희에게 죄가 되지는 않을 것이다. 너희는 이스라엘 백성의 가장 거룩한 제물을 더럽히지 마라. 만약 더럽히면 죽을 것이다.'"

시체로 인한 부정에 대한 정결 의식

여호와께서 모세와 아론에게 말씀하셨습니다. "이것은 여호와께서 명령하신 규례이다. 이스라엘 백성에게 붉은 암송아지를 끌고 오게 하여라. 그 암송아지는 흠이 없고 아직 일을 해 보지 않은 것이어야 한다. 그 암송아지를 제사장 엘르아살에게 주어라. 그러면 엘르아살은 그것을 진 밖으로 끌고 가서 잡아라. 제사장 엘르아살은 그 피를 손가락에 적셔서 회막 앞을 향해 일곱 번 뿌려라. 그리고 나서 제사장이 보는 앞에서 그 암송아지를 불에 태워라. 가죽과 고기와 피와 내장을 다 불에 태워라. 제사장은 백향목과 우슬초와 붉은색 줄을 가져와서 암송아지를 태우고 있는 불에 던져라. 제사장은 물에 몸을 씻고 옷을 빨아라. 그런 다음에야 그는 진으로 돌아올 수 있다. 그러나 제사장은 저녁 때까지 부정할 것이다. 암송아지를 불에 태운 사람도 물에 몸을 씻고 옷을 빨아라. 그는 저녁 때까지 부정할 것이다. 그리고 나서 깨끗한 사람이 암송아지의 재를 거두어서 진 밖의 깨끗한 곳에 놓아두어라. 그 재는 이스라엘 백성이 죄를 씻는 특별한 예식을 할 때에 쓸 것이므로 잘 보관하여라. 암송아지의 재를 모은 사람은 옷을 빨아라. 그러나 그는 저녁 때까지 부정할 것이다. 이것은 이스라엘 백성이나 그들과 함께 사는 외국인이 지켜야 할 영원한 규례이다.

누구든지 시체에 닿은 사람은 칠 일 동안 부정할 것이다. 그는 이 암송아지의 재를 탄 물로 몸을 씻어라. 그는 삼 일째 되는 날과 칠 일째 되는 날에 그 물로 몸을 씻어라. 만약 삼 일째 되는 날과 칠 일째 되는 날에 그 물로 몸을 씻지 않으면 그는 깨끗해질 수 없을 것이다. 누구든지 시체에 닿는 사람은 부정하니 그가 부정한 채로 여호와의 성막에 가면 그 장막도 부정해질 것이다. 그러므로 그런 사람은 이스라엘 중에서 끊어질 것이다. 깨끗하게 하는 물을 그 사람에게 뿌리지 않으면 그 사람은 여전히 부정할 것이다.

장막에서 죽은 사람에 관한 규례는 이러하다. 누구든지 그 장막에 있거나 그 장막으로 들어가는 사람은 칠 일 동안 부정할 것이다. 어떤 그릇이든지 뚜껑이 덮여 있지 않으면 부정할 것이다. 누구든지 칼에 맞아 죽은 사람이나 그냥 죽은 사람의 시체를 만지면 부정할 것이다. 죽은 사람의 뼈나 무덤을 만진 사람도 칠 일 동안 부정할 것이다. 그렇게 해서 부정해진 사람은 태워 드리는 제물인 번제물에서 거둔 재로 깨끗하게 하여라. 그러려면 항아리에 재를 넣고 거기에 깨끗한 물을 부어서 깨끗하게 하는 물을 만들어라. 깨끗한 사람이 우슬초를 그 물에 담갔다가 장막과 모든 기구와 그 안에 있던 사람에게 뿌려라. 그리고 사람의 뼈나 죽임을 당한 사람이나 시체나 무덤을 만진 사람에게도 뿌려라. 깨끗한 사람은 삼 일째 되는 날과 칠 일째 되는 날에 이 물을 부정한 사람에게 뿌려라. 부정한 사람은 칠 일째 되는 날에 깨끗해질 것이다. 그 사람은 옷을 빨고 목욕을 하여라. 그러면 그날 저녁부터 깨끗해질 것이다.

누구든지 부정한 사람이 자기를 깨끗하게 하지 않으면 백성의 무리 중에서 끊어질 것이다. 깨끗하게 하는 물을 몸에 뿌리지 않은 사람은 부정하며 그런 사람은 주님의 장막인 성막을 부정하게 하기 때문이다. 이것은 영원한 규례이다. 깨끗하게 하는 물을 뿌리는 사람도 자기 옷을 빨아라. 누구든지 그 물을 만지는 사람은 저녁 때까지 부정할 것이다. 무엇이든 부정한 사람이 만진 것은 부정하며 누구든지 그 부정한 것을 만진 사람도 저녁 때까지 부정할 것이다."

므리바 물 사건

첫째 달에 이스라엘 모든 백성은 신 광야에 이르러 가데스에 머물렀습니다. 미리암이 죽어 그곳에 묻혔습니다.

그곳에는 백성이 마실 물이 없었습니다. 그래서 그들은 모세와 아론에게 몰려들었습니다. 그들이 모세와 다투며 말했습니다. "우리 형제들이 죽을 때 우리도 여호와 앞에서 죽는 것이 나을 뻔했소. 당신은 왜 여호와의 백성을 이 광야로 끌고 왔소? 우리와 우리 짐승을 여기서 죽일 작정이오? 왜 우리를 이집트에서 이 끔찍한 곳으로 끌고 왔소? 여기에는 씨 뿌릴 장소도 없고, 무화과도 없고, 포도도 없고, 석류도 없소. 그리고 마실 물조차 없소." 모세와 아론이 백성을 떠나 회막 입구로 갔습니다. 그들은 땅에 엎드렸습니다. 그러자 여호와의 영광이 그들에게 나타났습니다. 여호와께서 모세에게 말씀하셨습니다. "너와 네 형 아론은 백성을 불러 모아라. 그리고 네 지팡이를 가지고 간 후에 백성 앞에서 저 바위에 대고 말하여라. 그러면 저 바위에서 물이 흘러내릴 것이다. 그 물을 백성과 그들의 짐승에게 주어 마시게 하여라." 모세는 여호와께서 명령하신 대로 여호와 앞에서 지팡이를 잡았습니다.

모세와 아론은 백성을 바위 앞으로 불러 모았습니다. 그런 다음에 모세가 말했습니다. "불평꾼들이여, 내 말을 들으시오. 당신들을 위해 이 바위에서 물이 나오게 하면 되겠소?" 모세는 손을 높이 들고 그 바위를 지팡이로 두 번 내리쳤습니다. 그러자 바위에서 많은 물이 흘러내렸습니다. 백성과 그들의 짐승이 그 물을 마셨습니다. 그러나 여호와께서 모세와 아론에게 말씀하셨습니다. "너희는 나를 믿지 않고 백성 앞에서 나를 거룩히 여기지 않았다. 그러므로 너희는 내가 약속으로 주겠다던 그 땅으로 백성을 인도하지 못할 것이다." 이곳에서 이스라엘 백성이 여호와와 다투었기 때문에 이곳 물을 므리바 물이라고 하였습니다. 여호와께서는 백성에게 여호와의 거룩함을 나타내 보이셨습니다.

에돔이 이스라엘의 요청을 거절하다

모세는 가데스에서 에돔 왕에게 사자들을 보냈습니다. "왕의 형제인 이스라엘 백성이 왕에게 말합니다. 왕은 우리가 겪은 온갖 고난에 대해 알고 계실 것입니다. 옛날에 우리 조상이 이집트로 내려간 뒤로 우리는 그곳에서 오랫동안 살았습니다. 그런데 이집트 백성은 우리와 우리 조상을 학대했습니다. 우리가 여호와께 부르짖었더니 여호와께서 우리의 부르짖음을 들어주셔서 한 천사를 보내어 우리를 이집트에서 인도해 내셨습니다. 우리는 지금 왕의 땅 변두리에 있는 한 마을인 가데스에 와 있습니다. 우리가 왕의 땅을 지나가는 것을 허락해 주십시오. 우리는 왕의 밭이나 포도밭으로 지나가지도 않겠고, 어떤 우물에서도 물을 마시지 않겠고, 오직 '왕의 길'만을 따라 걷겠습니다. 왕의 땅을 다 지나가기까지는 왼쪽으로도 오른쪽으로도 벗어나지 않겠습니다." 그러나 에돔 왕은 "당신들은 여기를 지나갈 수 없소. 만약 지나가기만 하면 당신들을 칼로 쳐 버리겠소"라고 대답했습니다. 이스라엘 백성이 말했습니다. "우리는 큰길로만 걷겠습니다. 혹시라도 우리의 짐승들이 왕의 우물에서 물을 마시면 그 값을 치르겠습니다. 우리는 그저 걸어서 지나가기만 하면 됩니다. 허락해 주십시오." 그러나 에돔 왕이 대답했습니다. "당신들은 여기를 지나갈 수 없소." 에돔 사람들은 크고도 강한 군대를 보내어 이스라엘 백성 앞을 막았습니다. 에돔 사람들은 이스라엘 백성이 자기 나라를 지나가는 것을 끝내 허락하지 않았습니다. 그래서 이스라엘 백성은 돌아서야 했습니다.

아론이 죽다

모든 이스라엘 백성은 가데스를 떠나 호르 산에 이르렀습니다. 그곳은 에돔 국경에서 가까웠습니다. 여호와께서 모세와 아론에게 말씀하셨습니다. "이제 아론은 죽어 조상들에게 돌아갈 것이다. 아론은 내가 이스라엘 백성에게 주기로 약속한 땅에 들어가지 못할 것이다. 그것은 너희 둘이 므리바 물에서 내 명령을 거역했기 때문이다. 아론과 그의 아들 엘르아살을 호르 산으로 데려오너라. 아론의 옷을 벗겨서 그의 아들 엘르아살에게 입혀라. 아론은 거기에서 죽어 조상들에게로 돌아갈 것이다." 모세는 여호와의 명령에 따랐습니다. 그들은 모든 백성이 지켜보는 가운데 호르 산으로 올라갔습니다. 모세는 아론의 옷을 벗겨 그의 아들 엘르아살에게 입혔습니다. 아론은 그 산꼭대기에서 죽었습니다. 모세와 엘르아살은 산에서 내려왔습니다. 백성들은 아론이 죽은 것을 알자 이스라엘 모든 집은 아론을 위해 삼십 일 동안 슬퍼하며 울었습니다.

아랏을 물리치다

네게브 지방에서 살고 있던 가나안 사람 아랏 왕은 이스라엘 백성이 아다림 길로 오고 있다는 소식을 듣고 그들을 공격하여 그들 가운데 몇 명을 사로잡았습니다. 그러자 이스라엘 백성이 여호와께 이렇게 맹세했습니다. "여호와께서 우리를 도우셔서 이 백성을 물리쳐 이기게 해 주시면 저들의 성을 완전히 멸망시키겠습니다." 여호와께서는 이스라엘 백성의 말을 들어주셨습니다. 그래서 이스라엘 백성이 가나안 사람들을 물리쳐 이기게 해 주셨습니다. 이스라엘 백성은 가나안 사람들과 그들의 성을 완전히 멸망시켰습니다. 그래서 그곳의 이름이 호르마가 되었습니다.

구리뱀

이스라엘 백성이 호르 산을 떠나 홍해로 가는 길을 따라갔습니다. 그 길로 들어선 것은 에돔 나라를 돌아서 가야 했기 때문입니다. 하지만 백성은 참을성이 없어졌습니다. 그들은 하나님과 모세를 원망하며 이렇게 말했습니다. "왜 우리를 이집트에서 데리고 나와서 이 광야에서 죽게 하는 거요? 여기에는 빵도 없고 물도 없소. 이 형편없는 음식은 이제 지긋지긋하오." 그러자 여호와께서 백성에게 독사를 보내셨습니다. 독사가 백성을 물어 많은 사람이 죽었습니다. 백성이 모세에게 와서 말했습니다. "우리가 당신과 여호와를 원망함으로 죄를 지었습니다. 여호와께 기도드려서 이 뱀들을 없애 주십시오." 그래서 모세는 백성을 위해 기도드렸습니다. 여호와께서 모세에게 말했습니다. "구리뱀을 만들어서 장대에 매달아라. 뱀에 물린 사람은 그것을 쳐다보면 살 것이다." 그리하여 모세는 구리뱀을 만들어 장대에 매달았습니다. 뱀에 물린 사람은 누구든지 그것을 쳐다보면 살아났습니다.

모압으로 가는 길

이스라엘 백성은 길을 떠나 오봇에 진을 쳤습니다. 그들은 또 오봇을 떠나 이예아바림에 진을 쳤습니다. 이예아바림은 모압 동쪽 해 돋는 쪽 광야에 있습니다. 그들은 또 그곳을 떠나 세렛 골짜기에 진을 쳤습니다. 그들은 또 그곳을 떠나 아르논 강 건너편에 진을 쳤습니다. 그곳은 아모리 사람들의 땅 바로 안쪽의 광야입니다. 아르논은 모압과 아모리 사람들이 살고 있는 땅의 경계를 이룹니다. 그래서 '여호와의 전쟁기'에도 이런 말이 있습니다.

"수바의 와헙과 아르논 골짜기와 골짜기의 비탈은
아르 지역으로 뻗어 있고 모압 경계에 놓여 있다."

이스라엘 백성은 그곳을 떠나 브엘에 이르렀습니다. 브엘에는 샘이 있었는데, 여호와께서는 그 샘에서 모세에게 "백성들을 불러모아라. 내가 그들에게 물을 주겠다"라고 말씀하셨습니다. 그때에 이스라엘 백성이 이런 노래를 불렀습니다.

"샘물아, 솟아나라. 샘물을 노래하여라.
지도자들이 이 샘을 팠고 귀한 사람들이 이 우물을 팠다네.

홀과 지팡이로 이 샘을 팠다네."

백성은 광야를 떠나 맛다나에 이르렀습니다. 백성은 다시 맛다나를 떠나 나할리엘에 이르렀고, 나할리엘을 떠나서는 바못에 이르렀습니다. 백성은 바못을 떠나 모압 골짜기에 이르러 광야가 내려다보이는 비스가 산 꼭대기에 이르렀습니다.

시혼과 옥

이스라엘 백성이 아모리 사람들의 왕 시혼에게 사자들을 보내어 이렇게 말했습니다. "왕의 땅을 지나가는 것을 허락해 주십시오. 우리는 왕의 밭이나 포도밭으로 지나가지도 않겠고 어떤 우물에서도 물을 마시지 않겠고 오직 '왕의 길'만을 따라 걷겠습니다. 왕의 땅을 다 지나가기까지는 왼쪽으로도 오른쪽으로도 벗어나지 않겠습니다." 그러나 시혼은 이스라엘 백성이 자기 나라를 지나가는 것을 허락하지 않았습니다. 시혼은 군대를 모아 광야로 나와서 이스라엘을 막았습니다. 그들은 야하스에서 이스라엘과 맞서 싸웠습니다. 이스라엘은 시혼을 죽이고 아르논 강에서부터 얍복 강까지 그의 땅을 점령했습니다. 이스라엘은 암몬 사람들의 국경까지 이르렀습니다. 그 국경의 수비는 삼엄하였습니다. 이스라엘은 아모리 사람들의 모든 성을 점령하고 그 성에서 살았습니다. 이스라엘은 헤스본과 그 둘레의 모든 마을을 점령했습니다. 헤스본은 아모리 왕 시혼이 살던 성입니다. 시혼은 옛날에 모압 왕과 싸워 아르논까지 모든 땅을 점령했던 왕이었습니다. 그래서 시인들은 이렇게 노래했습니다.

"오라, 헤스본으로. 성을 지어라. 시혼의 성을 다시 지어라.
헤스본에서 불길이 시작되었다네.

시혼의 성에서 불꽃이 타올랐다네.
불꽃이 모압의 아르를 사르고
아르논의 높은 곳을 삼켰다네.
저주받은 모압이여!
그모스의 백성은 망했구나.
그의 아들들은 달아났고
그의 딸들은 아모리 왕 시혼에게 사로잡혔구나.
그러나 우리가 그 아모리 사람들을 물리쳤다네.
우리는 헤스본에서 디본까지 그들의 마을을 멸망시켰다네.
우리는 메드바에서 가까운 노바까지 그들을 쳐부수었다네."

이렇게 이스라엘은 아모리 사람들의 땅에서 살았습니다. 모세는
정탐꾼들을 야셀 마을로 보냈습니다. 이스라엘은 야셀 주변의 마
을들을 점령했습니다. 이스라엘은 그곳에서 살고 있던 아모리 사람
들을 쫓아냈습니다. 그런 다음에 이스라엘 백성은 바산으로 가는
길로 들어섰습니다. 바산 왕 옥과 그의 군대가 이스라엘을 막으려
고 나왔습니다. 그들은 에드레이에서 싸웠습니다. 여호와께서 모세
에게 말씀하셨습니다. "옥을 두려워하지 마라. 내가 옥과 그의 모
든 군대와 그의 땅을 너에게 넘겨줄 것이다. 너는 헤스본에 살던 아
모리 왕 시혼에게 한 그대로 옥에게도 하여라." 그리하여 이스라엘
백성은 옥과 그의 아들들과 그의 모든 군대를 다 죽이고 한 사람도
살려 두지 않았습니다. 이스라엘 백성은 그의 땅을 점령했습니다.

발람과 발락

이스라엘 백성은 길을 떠나 모압 평야로 갔습니다. 그들은 요
단 강 가까이, 곧 여리고 건너편에 진을 쳤습니다. 십볼의 아

들 발락은 이스라엘 백성이 아모리 사람들에게 한 일을 다 보았습니다. 모압은 이스라엘 백성을 몹시 두려워했습니다. 그것은 그들의 수가 너무 많았기 때문입니다. 모압은 이스라엘 백성 때문에 겁에 질려 있었습니다. 모압 백성이 미디안의 장로들에게 말했습니다. "이 이스라엘 무리들이 마치 소가 풀을 먹어 치우듯이 우리 둘레의 모든 것을 삼켜 버리고 말 것입니다." 그때 십볼의 아들 발락은 모압 왕이었습니다. 발락은 브돌에 사는 브올의 아들 발람을 부르러 사자들을 보냈습니다. 브돌은 아마우 땅 유프라테스 강가에 있습니다. 발락이 말했습니다. "한 나라가 이집트에서 나왔소. 그들은 온 땅을 덮고 있소. 그들은 나와 아주 가까운 곳에 진을 치고 있소. 그들은 너무 강해서 나는 이길 수 없소. 그러니 이리 와서 그들을 저주해 주시오. 그러면 내가 그들을 물리치고 그들을 이곳에서 쫓아낼 수 있을지도 모르겠소. 당신이 누구에게 복을 빌어 주면 그가 복을 받고 누구를 저주하면 그가 저주를 받는다는 것을 알고 있소."

모압과 미디안의 지도자들은 복채를 그들의 손에 가지고 떠났습니다. 그들은 발람을 발견하고 발락의 말을 그에게 전했습니다. 발람이 그들에게 말했습니다. "오늘 밤은 여기에서 지내십시오. 여호와께서 나에게 하시는 말씀을 여러분에게 전해 드리겠습니다." 그래서 모압의 지도자들은 발람과 함께 지냈습니다. 하나님께서 발람에게 오셔서 물으셨습니다. "너와 함께 있는 이 사람들은 누구냐?" 발람이 하나님께 말씀드렸습니다. "십볼의 아들 모압 왕 발락이 저들을 보내서 저에게 이렇게 말했습니다. '한 나라가 이집트에서 나왔소. 그들은 온 땅을 덮고 있소. 그러니 이리 와서 그들을 저주해 주시오. 그러면 내가 그들을 물리치고 그들을 이곳에서 쫓아낼 수 있을지도 모르겠소.'" 그러자 하나님께서 발람에게 말했습니다. "저들과 함께 가지 마라. 그 백성에게 저주하지 마라. 그들은 복을 받은 백성이다." 이튿날 아침 발람은 자리에서 일어나서 발락이 보낸 지도자들에게 말했습니다. "여러분의 나라로 돌아가십시오. 여호와께서는 내가 여러분과 함께 가는 것을 허락하지 않으셨습니다." 그래서 모압의 지도자들은 발락에게 돌아가서 "발람이 우리와 함께 오려 하지 않았습니다" 하고 말했습니다.

발락은 다른 지도자들을 보냈습니다. 이번에는 더 높고 더 많은 지도자들을 보냈습니다. 그들은 발람에게 가서 말했습니다. "십볼의 아들 발락이 이렇게 말했습니다. '주저하지 말고 나에게로 오시오. 내가 충분히 보답을 하겠소. 당신이 원하는 것은 무엇이든 해 주겠소. 와서 이 백성을 저주해 주시오.'" 그러나 발람은 발락의 신하들에게 이렇게 대답했습니다. "발락 왕이 은과 금으로 가득 차 있는 그의 집을 준다 해도 나는 내 하나님이신 여호와의 명령을 어길 수 없습니다. 오늘 밤은 전에 왔던 사람들처럼 여기에서 지내십시오. 여호와께서 무슨 다른 말씀을 하실지 알아보겠습니다." 그날 밤 하나님께서 발람에게 오셔서 말씀하셨습니다. "이 사람들이 너를 부르러 왔다면 그들을 따라가거라. 그러나 오직 너는 내가 시키는 말만 하여라."

발람과 그의 나귀

발람은 이튿날 아침에 일어나 나귀에 안장을 얹고 모압의 지도자들과 함께 길을 떠났습니다.

그러나 하나님께서는 발람이 길을 떠난 것 때문에 화가 나셨습니다. 여호와의 천사가 발람이 가는 길에 서서 발람을 가로막았습니다. 그때 발람은 나귀를 타고 있었습니다. 그리고 발람에게는 종 두 사람이 함께 있었습니다. 나귀는 여호와의 천사가 길을 가로막고 서 있는 모습을 보았습니다. 천사는 손에 칼을 들고 있었습니다. 나귀가 길을 벗어나 밭으로 들어가자 발람이 나귀를 때려 억지로 길로 들어서게 했습니다. 얼마 후에 여호와의 천사가 두 포도밭 사이에 있는 좁은 길을 가로막고 섰습니다. 길 양쪽에는 담이 있었습니다. 이번에도 나귀가 여호와의 천사를 보았습니다. 그래서 나귀는 담에 바짝 붙어서 걸었습니다. 그 때문에 발람의 발이 담에 닿아 긁혔습니다. 발람이 또 나귀를 때렸습니다. 여호와의 천사가 다시 앞으로 나가서 좁은 길을 가로막고 섰습니다. 너무 좁은 길이라 왼쪽으로도 오른쪽으로도 피할 수가 없었습니다. 나귀는 여호와의 천사를 보고 발람을 태운 채 주저앉았습니다. 발람은 너무 화가 나서 지팡이로 나귀를 후려쳤습니다. 그때에 여호와께서 나귀의 입을 열게 하셨습니다. 나귀가 발람에게 말했습니다. "내가 무슨 일을 했기에 이렇게 세 번씩이나 때리시는 겁니까?" 발람이 나귀에게 대답했습니다. "그것은 네가 나를 놀림감으로 만들었기 때문이다. 내가 칼을 가지고 있었다면 당장 너를 죽여 버렸을 것이다." 그러자 나귀가 발람에게 말했습니다. "나는 주인님의 나귀입니다. 주인님은 오랫동안 나를 타셨습니다. 내가 언제 지금처럼 행동한 적이 있었습니까?" 발람이 말했습니다. "없었다."

그때에 여호와께서 발람의 눈을 열어 천사를 보게 하셨습니다. 여호와의 천사가 칼을 빼 들고 길에 서 있었습니다. 그 모습을 보고 발람은 땅에 엎드렸습니다. 여호와의 천사가 발람에게 물었습니다. "너는 왜 네 나귀를 세 번이나 쳤느냐? 네가 하는 일이 악하기에 내가 너를 막으려고 여기에 온 것이다. 나귀가 나를 보고 나에게서 세 번 비켜섰다. 만약 나귀가 비켜서지 않았다면 내가 당장 너를 죽이고 나귀는 살려 주었을 것이다." 발람이 여호와의 천사에게 말했습니다. "제가 죄를 지었습니다. 저는 당신께서 제 길을 가로막고 계신 줄을 몰랐습니다. 제가 잘못된 길을 가고 있는 것이라면 다시 돌아가겠습니다." 여호와의 천사가 발람에게 말했습니다. "이 사람들과 함께 가거라. 그러나 오직 내가 너에게 시키는 말만 하여라." 그리하여 발람은 발락이 보낸 지도자들과 함께 갔습니다.

발락은 발람이 오고 있다는 말을 듣고 그를 맞으러 모압 땅 아르로 갔습니다. 아르는 아르논 강가, 곧 그 나라의 국경에 있는 마을입니다. 발락이 발람에게 말했습니다. "빨리 좀 와 달라고 했는데 왜 오지 않았소? 당신에게 충분히 보답을 해 주지 못할 것 같소?" 발람이 대답했습니다. "이렇게 왕에게 오지 않았습니까? 하지만 내 마음대로 아무 말이나 할 수 없습니다. 나는 오직 하나님께서 나에게 하라고 하신 말만 할 수 있습니다." 발람은 발락과 함께 기럇후솟으로 갔습니다. 발락은 소와 양을 잡아서 발람과 발람을 데려온 지도자들을 대접해 주었습니다.

이튿날 아침 발락은 발람을 데리고 바알 산당으로 갔습니다. 발람은 거기에서 이스라엘 진의 끝부분을 볼 수 있었습니다.

발람의 첫 번째 예언

발람이 말했습니다. "여기에 제단 일곱을 쌓아 주십시오. 그리고 수송아지 일곱 마리와 숫양 일곱 마리를 준비해 주십시오." 발락은 발람이 말한 대로 했습니다. 발락과 발람은 각 제단 위에 수송아지와 숫양을 한 마리씩 바쳤습니다. 발람이 발락에게 말했습니다. "왕은 왕의 번제물 곁에 서 계십시오. 나는 저쪽으로 가겠습니다. 어쩌면 여호와께서 나에게 오실지도 모릅니다. 여호와께서 나에게 무엇을 보여 주시든 그것을 왕에게 알려 드리겠습니다." 그런 다음에 발람은 더 높은 곳으로 갔습니다. 하나님께서 발람에게 나타나셨습니다. 발람이 하나님께 말씀드렸습니다. "저는 제단 일곱을 준비했습니다. 그리고 각 제단 위에 수송아지와 숫양을 한 마리씩 바쳤습니다." 여호와께서 발람에게 말해야 할 것을 일러 주셨습니다. 그리고 발람에게 말씀하셨습니다. "발락에게로 돌아가서 이렇게 말하여라." 그래서 발람은 발락에게로 돌아갔습니다. 발락과 모압의 모든 지도자들이 아직도 발락이 바친 태워 바치는 제물인 번제물 곁에 서 있었습니다. 그때 발람이 이런 말을 전했습니다.

"발락이 나를 아람에서 이곳으로 데려왔구나.
모압 왕이 나를 동쪽 산악 지대에서 데려왔구나.
발락은 '와서 야곱 백성을 저주해 다오.
와서 이스라엘 백성을 꾸짖어 다오'라고 말하는구나.
그러나 하나님께서 그들을 저주하지 않으셨는데
내가 어찌 그들을 저주할 수 있으랴!
여호와께서 꾸짖지 않으셨는데 내가 어찌 꾸짖을 수 있으랴!
바위 꼭대기에서 그들을 보고 언덕에서 그들을 보노라.
그들은 홀로 사는 백성이요,
다른 나라들과는 다르다고 생각하는 백성이다.
누구도 야곱 백성의 수를 헤아릴 수 없으며
누구도 이스라엘 백성 중 사분의 일이라도 셀 수 없다.
나는 정직한 사람처럼 죽기를 바라며
나는 이스라엘 백성처럼 죽기를 바란다."

그러자 발락이 발람에게 말했습니다. "이게 도대체 무슨 짓이오? 내 원수들을 저주하라고 데려왔더니 그들을 축복하지 않았소?" 발람이 대답했습니다. "나는 여호와께서 하라고 하신 말씀만을 할 따름입니다."

발람의 두 번째 예언

발락이 발람에게 말했습니다. "나와 함께 다른 곳으로 갑시다. 그곳에서도 저 백성을 볼 수 있을 것이오. 하지만 전부는 보이지 않고 일부만 보일 것이오. 그러니 그곳에서 저 백성을 저주해 주시오." 발락은 발람을 소빔 들판, 곧 비스가 산 꼭대기로 데려갔습니다. 발락은 그곳에 일곱 제단을 쌓았습니다. 그리고 각 제단 위에 수송아지와 숫양 한 마리씩을 바쳤습니다. 발람이 발락에게 말했습니다. "왕은 왕의 번제물 곁에 서 계십시오. 나는 저쪽에서 여호와를 만나 뵙겠습니다." 여호와께서 발람에게 오셔서 발람에게 해야 할 말을 일러 주셨습니다. 그리고 발람에게 말씀하셨습니다. "발락에게로 돌아가서 이렇게 말하여라." 발람이 발락에게 돌아가 보니 발락과 모압의 모든 지도자들이 아직도 발락이 바친 번제물 곁에 서 있었습니다. 발락이 발람에게 물었습니다. "여호와께서 뭐라고 말씀하셨소?" 발람이 이런 말을 했습니다.

"발락이여, 일어나서 들어라.
십볼의 아들이여, 내 말을 들어라.
하나님은 사람이 아니시니 거짓말을 하지 않으신다.
하나님은 인간이 아니시니 마음을 바꾸지 않으신다.
하나님은 말씀하신 것은 이루시며 약속하신 것은 지키신다.
하나님께서 나에게 저들을 축복하라고 말씀하셨으니
내가 그것을 바꿀 수 없다.
하나님께서는 야곱 백성에게서 아무런 잘못도 찾지 못하셨고
이스라엘에게서 아무런 죄도 찾지 못하셨다네.

그들의 하나님이신 여호와께서 그들과 함께하시니
그들이 자기들의 왕을 찬양할 것이다.
하나님께서는 그들을 이집트에서 인도해 내셨고
그들을 위해 들소처럼 강하게 싸우신다네.
야곱 백성에게는 어떤 마법도 통하지 않고
이스라엘에게는 어떤 주술도 통하지 않을 것이다.
이제는 백성들이 야곱과 이스라엘에 관해
'하나님께서 하신 일을 보아라!' 하고 말할 것이다.
그 백성은 암사자처럼 일어나고
그들은 사자처럼 몸을 일으킨다네.
사자는 먹이를 삼키기 전에는,
먹이의 피를 마시기 전에는 눕지 않는구나."

발락이 발람에게 말했습니다. "이 백성을 저주하지도 말고 축복하지도 마시오." 발람이 발락에게 말했습니다. "전에도 말했듯이 나는 여호와께서 말하라고 하신 것만 말할 수 있습니다."

발람의 세 번째 예언

발락이 발람에게 말했습니다. "자, 또 다른 곳으로 가 보십시다. 어쩌면 그곳에서는 나를 위해 저들을 저주하는 것을 하나님께서 기뻐하실지도 모르오." 발락은 발람을 데리고 광야가 내려다보이는 브올 산 꼭대기로 갔습니다. 발람이 발락에게 말했습니다. "여기에 제단 일곱을 쌓으십시오. 그리고 수송아지 일곱 마리와 숫양 일곱 마리를 준비하십시오." 발락은 발람이 말한 대로 했습니다. 발락은 각 제단 위에 수송아지와 숫양을 한 마리씩 바쳤습니다.

발람은 여호와께서 이스라엘에게 복 주시기를 원하신다는 것을 알았습니다. 그래서 발람은 전과 같이 마술을 쓰려 하지 않고 대신 광야 쪽으로 얼굴을 돌렸습니다. 발람은 이스라엘 백성이 지파별로 진을 치고 있는 모습을 보았습니다. 그때 하나님의 영이 그에게 들어갔습니다. 발람이 이런 말을 했습니다.

"브올의 아들 발람의 말이라. 눈이 열린 사람의 말이라.
하나님의 말씀을 들은 사람의 말이라.
나는 전능하신 분에게서 환상을 보았고
그분 앞에 엎드릴 때 내 눈이 열렸도다.
야곱 백성아, 너희의 장막은 아름답고
이스라엘아, 너희의 집은 아름답구나.
너희의 장막은 골짜기처럼 펼쳐졌고 강가의 동산 같구나.
여호와께서 심으신 침향목 같고
물가에서 자라는 백향목 같구나.
이스라엘의 물통은 언제나 가득 찰 것이며
이스라엘의 씨는 물을 가득 머금으리라.
그들의 왕은 아각보다 위대하고
그들의 나라는 매우 큰 나라가 될 것이다.
하나님께서는 그들을 이집트에서 인도하셨고
그에게는 들소의 뿔과 같은 힘이 있다네.
그는 원수를 물리칠 것이며 원수의 뼈를 꺾을 것이고
활로 몸을 꿰뚫을 것이다.
사자처럼 웅크리고 있으니
누가 과연 잠자는 사자를 깨울 수 있으랴?
너를 축복하는 사람마다 복을 받을 것이요,

너를 저주하는 사람마다 저주를 받을 것이라."

그러자 발락이 발람에게 화를 냈습니다. 발락은 주먹을 쥐고 발람에게 말했습니다. "내 원수들을 저주해 달라고 불렀더니 당신은 오히려 세 번이나 축복해 주었소. 이제는 돌아가시오. 당신에게 보수를 충분히 주겠다고 말했지만 여호와께서 당신이 보수를 받는 것을 막으셨소." 그러자 발람이 발락에게 말했습니다. "왕이 나에게 보냈던 사람들에게도 내가 말하지 않았습니까? '발락이 은과 금으로 가득 찬 그의 집을 내게 준다 해도 나는 좋은 일이든 나쁜 일이든 어떤 일도 내 마음대로 할 수 없습니다. 나는 여호와께서 말씀하신 것만 말해야 합니다'라고 말하지 않았습니까? 나는 이제 내 백성에게로 돌아가겠습니다. 하지만 이 백성이 장차 왕의 백성에게 무슨 일을 할지 말씀드리겠습니다."

발람의 마지막 예언
발람이 이런 말을 했습니다.

"브올의 아들 발람의 말이라. 눈이 열린 사람의 말이라.
하나님의 말씀을 들은 사람의 말이라.
나는 가장 높으신 하나님을 안다.
나는 전능하신 분에게서 환상을 보았고
그분 앞에 엎드릴 때 내 눈이 열렸도다.
나는 언젠가 오실 분의 모습을 보는도다.
그러나 당장 오실 분은 아니다.
야곱에게서 별이 나오고
이스라엘에서 다스리는 자가 나올 것이다.

그는 모압 백성의 이마를 깨뜨릴 것이고
셋 자손의 해골을 부술 것이다.
에돔은 정복될 것이다.
그의 원수 세일도 정복될 것이다.
하지만 이스라엘은 힘을 떨칠 것이다.
야곱 자손에게서 한 통치자가 나올 것이며
성에 남아 있는 사람을 멸망시킬 것이다."

발람은 아말렉을 보고 이런 말을 했습니다.

"아말렉은 으뜸가는 나라였으나 마침내 멸망할 것이다."

발람은 가인 자손을 보고 이런 말을 했습니다.

"너의 집은 든든하고 너희 보금자리는 바위 안에 있도다.
하지만 너희 가인 자손은 쇠약해질 것이며
앗시리아가 너희를 포로로 잡아갈 것이다."

발람은 또 이런 말을 했습니다.

"하나님께서 이 일을 하실 때는 아무도 살지 못하리라.
키프로스 바닷가에서 배들이 와서
앗시리아와 에벨을 물리쳐 이길 것이다.
그러나 그들도 역시 망할 것이다."

이 말을 하고 발람은 자리에서 일어나 집으로 돌아갔습니다. 발락도 자기 갈 길로 갔습니다.

죄를 짓는 이스라엘 백성

이스라엘 백성이 싯딤에 진을 치고 있을 때였습니다. 이스라엘 백성이 모압 여자들과 성관계를 맺음으로 죄를 짓기 시작했습니다. 모압 여자들이 거짓 신들을 섬기는 제사에 이스라엘 백성을 초대했습니다. 그래서 이스라엘 백성은 거기에서 음식을 먹으며 그 신들에게 예배했습니다. 이처럼 이스라엘 백성이 바알브올을 예배하기 시작했습니다. 그래서 여호와께서 이스라엘 백성에게 크게 노하셨습니다. 여호와께서 모세에게 말씀하셨습니다. "백성의 지도자들을 불러 모아라. 그리고 그들을 여호와 앞에서 대낮에 죽여라. 그래야 여호와께서 이스라엘 백성에게 노하지 않으실 것이다." 모세가 이스라엘의 재판관들에게 말했습니다. "그대들 각 사람은 바알브올에게 예배한 사람들을 잡아 죽이시오."

이스라엘 백성은 회막 입구에 모여서 울부짖었습니다. 그때에 어떤 이스라엘 사람이 한 미디안 여자를 자기 집으로 데리고 들어갔습니다. 모세와 이스라엘 모든 무리가 그 모습을 보았습니다. 엘르아살의 아들이며 아론의 손자인 비느하스도 그 모습을 보고 자리에서 일어나 무리를 떠났습니다. 그는 손에 창을 들었습니다. 그는 그 이스라엘 사람의 뒤를 쫓아 장막까지 따라 들어갔습니다. 그리고 창으로 이스라엘 남자와 미디안 여자를 찔렀습니다. 그러자 이스라엘 백성 가운데 있었던 끔찍한 병이 멈추었습니다. 그 병으로 죽은 백성은 모두 이만 사천 명이었습니다.

여호와께서 모세에게 말씀하셨습니다. "엘르아살의 아들이며 아론의 손자인 비느하스가 나의 분노로부터 이스라엘 백성을 구해 냈도다. 비느하스는 타오르던 나의 분노를 달랬도다. 그러므로 나는 백성을 죽이지 않을 것이다. 그리고 비느하스에게 내가 나의 평화의 언약을 그와 맺겠다고 일러라. 비느하스와 그의 모든 자손에게 영원한 언약을 주어 그들이 영원히 제사장이 되게 할 것이다. 그가 자기 하나님을 위해 분노했기 때문이다. 그리하여 그는 이스라엘 백성의 죄를 가리워 주었다."

미디안 여자와 함께 죽임을 당한 이스라엘 사람의 이름은 살루의 아들 시므리입니다. 시므리는 시므온 지파에 속한 한 집안의 어른입니다. 그리고 죽임을 당한 미디안 여자의 이름은 수르의 딸 고스비입니다. 수르는 미디안에 속한 한 집안의 우두머리입니다.

여호와께서 모세에게 말씀하셨습니다. "미디안 백성을 대적하여라. 그리고 그들을 죽여라. 그들은 브올에서 너희를 속였고 미디안의 한 우두머리의 딸인 고스비의 일로 너희를 괴롭혔도다. 고스비는 이스라엘 백성이 브올에서 지은 죄로 말미암아 병이 퍼졌을 때 창에 찔려 죽은 여자이다."

백성의 수를 세다

끔찍한 병이 있은 후 여호와께서 모세와 제사장 아론의 아들 엘르아살에게 말씀하셨습니다. "이스라엘 모든 백성을 집안별로 세어라. 스무 살 이상 된 남자로서 군대에서 일할 사람의 수를 다 세어라." 이스라엘 백성은 요단 강에서 가까운 모압 평야, 곧 여리고 건너편에 있었습니다. 모세와 엘르아살이 백성에게 말했습니다. "여호와께서 모세에게 명령하신 대로 스무 살 이상 된 남자의 수를 세시오." 이집트에서 나온 이스라엘 백성은 이러합니다.

이스라엘의 맏아들은 르우벤입니다. 하녹에게서 난 하녹 집안, 발루에게서 난 발루 집안, 헤스론에게서 난 헤스론 집안, 갈미에게서 난 갈미 집안, 이들이 르우벤의 집안입니다. 그 수는 모두 사만 삼천칠백삼십 명입니다. 발루의 아들은 엘리압입니다. 엘리압의 아들은 느무엘과 다단과 아비람입니다. 다단과 아비람은 모세와 아론에게 반역했던 지도자들입니다. 그들은 고라와 함께 여호와께 반역한 사람들입니다. 땅이 입을 벌려 그들과 고라를 삼켜 버렸습니다. 그들은 불이 이백오십 명을 태웠을 때 죽었습니다. 그것은 경고였습니다. 그러나 고라의 자손은 죽지 않았습니다.

시므온의 자손은 집안별로 이러합니다. 느무엘에게서 난 느무엘 집안, 야민에게서 난 야민 집안, 야긴에게서 난 야긴 집안, 세라에게서 난 세라 집안, 사울에게서 난 사울 집안이니 이들이 시므온의 집안입니다. 그 수는 모두 이만 이천이백 명입니다.

갓의 자손은 집안별로 이러합니다. 스본에게서 난 스본 집안, 학기에게서 난 학기 집안, 수니에게서 난 수니 집안, 오스니에게서 난 오스니 집안, 에리에게서 난 에리 집안, 아롯에게서 난 아롯 집안, 아렐리에게서 난 아렐리 집안이니 이들이 갓의 집안입니다. 그 수는 모두 사만 오백 명입니다.

유다의 두 아들 에르와 오난은 가나안에서 죽었습니다. 유다의 자손은 집안별로 이러합니다. 셀라에게서 난 셀라 집안, 베레스에게서 난 베레스 집안, 세라에게서 난 세라 집안이며 또 베레스 자손은 집안별로 이러합니다. 헤스론에게서 난 헤스론 집안, 하물에게서 난 하물 집안이니 이들이 유다의 집안입니다. 그 수는 모두 칠만 육천오백 명입니다.

잇사갈의 자손은 집안별로 이러합니다. 돌라에게서 난 돌라 집안, 부와에게서 난 부니 집안, 야숩에게서 난 야숩 집안, 시므론에게서 난 시므론 집안이니 이들이 잇사갈의 집안입니다. 그 수는 모두 육만 사천삼백 명입니다.

스불론의 자손은 집안별로 이러합니다. 세렛에게서 난 세렛 집

안, 엘론에게서 난 엘론 집안, 얄르엘에게서 난 얄르엘 집안이니 이
들이 스불론의 집안입니다. 그 수는 모두 육만 오백 명입니다.

요셉의 자손은 므낫세 집안과 에브라임 집안으로 다시 나뉩니
다. 므낫세의 집안은 이러합니다. 마길에게서 난 마길 집안이며 마
길은 길르앗의 아버지입니다. 길르앗에게서 난 길르앗 집안이니 길
르앗의 집안은 이러합니다. 이에셀에게서 난 이에셀 집안, 헬렉에게
서 난 헬렉 집안, 아스리엘에게서 난 아스리엘 집안, 세겜에게서 난
세겜 집안, 스미다에게서 난 스미다 집안, 헤벨에게서 난 헤벨 집안
입니다. 헤벨의 아들 슬로브핫에게는 아들이 없고 딸만 있습니다.
그들의 이름은 말라와 노아와 호글라와 밀가와 디르사입니다. 이
들이 므낫세의 집안입니다. 그 수는 모두 오만 이천칠백 명입니다.

에브라임의 집안은 이러합니다. 수델라에게서 난 수델라 집안,
베겔에게서 난 베겔 집안, 다한에게서 난 다한 집안이며 수델라의
자손은 이러합니다. 에란에게서 난 에란 집안이니 이들이 에브라임
의 집안입니다. 그 수는 모두 삼만 이천오백 명입니다. 이들이 집안
별로 본 요셉의 자손입니다.

베냐민의 자손은 집안별로 이러합니다. 벨라에게서 난 벨라 집
안, 아스벨에게서 난 아스벨 집안, 아히람에게서 난 아히람 집안,
스부밤에게서 난 스부밤 집안, 후밤에게서 난 후밤 집안이며, 벨라
의 아들은 아릇과 나아만입니다. 아릇에게서 아릇 집안이, 나아만
에게서 나아만 집안이 나왔습니다. 이들이 베냐민의 집안입니다. 그
수는 모두 사만 오천육백 명입니다.

단의 자손은 집안별로 이러합니다. 수함에게서 난 수함 집안이
니 이들이 단의 집안입니다. 수함 집안의 수는 모두 육만 사천사백
명입니다.

아셀의 자손은 집안별로 이러합니다. 임나에게서 난 임나 집안,

이스위에게서 난 이스위 집안, 브리아에게서 난 브리아 집안이며 브리아의 자손은 집안별로 이러합니다. 헤벨에게서 난 헤벨 집안, 말기엘에게서 난 말기엘 집안입니다. 아셀에게는 세라라는 딸도 있습니다. 이들이 아셀의 집안입니다. 그 수는 모두 오만 삼천사백 명입니다.

납달리의 자손은 집안별로 이러합니다. 야셀에게서 난 야셀 집안, 구니에게서 난 구니 집안, 예셀에게서 난 예셀 집안, 실렘에게서 난 실렘 집안이니 이들이 납달리의 집안입니다. 그 수는 모두 사만 오천사백 명입니다.

그리하여 이스라엘 백성의 수는 모두 육십만 천칠백삼십 명입니다.

여호와께서 모세에게 말씀하셨습니다. "이름을 적은 백성의 수에 따라 이 땅을 백성에게 나누어 주어라. 백성의 수가 많은 지파가 더 많은 땅을 얻을 것이고, 수가 적은 지파는 그보다 더 작은 땅을 얻을 것이다. 각 지파가 얻는 땅의 크기는 그 백성의 수에 따라 정하여라. 땅을 나누되 제비를 뽑아서 나누어라. 각 지파가 얻는 땅은 그 지파의 조상의 이름을 따라 물려받게 될 것이다. 제비를 뽑아 땅을 나누어라. 그래서 수가 많고 적음에 따라 땅을 나누어 주어라."

레위 지파도 집안별로 이름을 적었습니다. 레위의 자손은 집안별로 이러합니다. 게르손에게서 난 게르손 집안, 고핫에게서 난 고핫 집안, 므라리에게서 난 므라리 집안입니다. 다음도 레위의 집안입니다. 립니 집안, 헤브론 집안, 마흘리 집안, 무시 집안, 고라 집안이니 고핫은 아므람의 조상입니다. 아므람의 아내는 이름이 요게벳입니다. 요게벳은 레위 지파 사람입니다. 요게벳은 이집트에서 태어났습니다. 요게벳과 아므람은 두 아들, 곧 아론과 모세와 그들의 누이 미리암을 낳았습니다. 아론은 나답과 아비후와 엘르아살과 이다말을 낳았습니다. 그러나 나답과 아비후는 여호와께 옳지 않은 불을 바치다가 죽었습니다. 한 달 이상 된 레위 사람 남자의 수는 모두 이만 삼천 명입니다. 그러나 다른 이스라엘 백성의 수를 셀 때 레위 사람의 수는 세지 않았습니다. 그것은 여호와께서 이스라엘 백성에게 주신 땅 가운데서 레위 사람의 몫은 없었기 때문입니다.

모세와 제사장 엘르아살은 요단 강가의 모압 평야, 곧 여리고 건너편에서 이스라엘 백성의 수를 세었습니다. 모세와 제사장 아론은 시내 광야에서 이스라엘 백성의 수를 센 일이 있었습니다. 그런데 모세가 모압 평야에서 백성의 수를 세었을 때는 첫 번째 시내 광야에서 백성의 수를 셀 때 포함되어 있었던 사람이 한 사람도 없었습니다. 그것은 여호와께서 이스라엘 백성에 관하여 "그들은 광야에서 죽을 것이다" 하고 말씀하셨기 때문입니다. 오직 남아 있는 사람은 여분네의 아들 갈렙과 눈의 아들 여호수아뿐이었습니다.

슬로브핫의 딸들

슬로브핫은 헤벨의 아들입니다. 헤벨은 길르앗의 아들입니다. 길르앗은 마길의 아들입니다. 마길은 므낫세의 아들입니다. 슬로브핫의 딸들은 요셉의 아들 므낫세의 집안 사람입니다. 슬로브핫의 딸들의 이름은 말라와 노아와 호글라와 밀가와 디르사입니다. 그들은 회막 입구로 갔습니다. 그들은 그곳에서 모세와 제사장 엘르아살과 지도자들과 모든 백성 앞에 서서 말했습니다. "우리 아버지는 광야에서 돌아가셨습니다. 우리 아버지는 여호와께 반역했던 고라의 무리 가운데에는 끼지 않았습니다. 우리 아버지는 스스로 지으신 죄 때문에 돌아가셨습니다. 그런데 우리 아버지에게는 아들이 없습니다. 어찌하여 우리 아버지에게 아들이 없다고 해서 그 이름이 집안에서 없어져 버릴 수 있습니까? 우리 아버지의 친척들에게 재산을 주실 때 우리에게도 재산을 주십시오."

모세가 이들의 문제를 여호와께 가지고 갔습니다. 여호와께서 모세에게 말씀하셨습니다. "슬로브핫 딸들의 말이 옳다. 너는 그 아버지의 친척들에게 재산을 줄 때 그들에게도 재산을 주어라. 이스라엘 백성에게 전하여라. '어떤 사람이 아들이 없이 죽으면 그의 모든 재산은 그 딸에게 돌아가리라. 만약 그에게 딸도 없으면 그의 모든 재산은 그 형제들에게 돌아가리라. 만약 그에게 형제들도 없으면 그의 모든 재산은 그 아버지의 형제들에게 돌아가리라. 만약 아버지의 형제들도 없으면 그의 모든 재산은 그의 집안 가운데서 가장 가까운 친척에게 돌아가리라. 여호와께서 모세에게 명령하셨으므로 이것은 이스라엘 백성에게 규례와 율법이 될 것이다.'"

새 지도자 여호수아

여호와께서 모세에게 말씀하셨습니다. "이 아바림 산맥의 산에 올라가서 내가 이스라엘 백성에게 주는 땅을 보아라. 그 땅을 본 다음에 너는 네 형 아론과 마찬가지로 죽게 될 것이다. 이는 너희 둘이 신 광야에서 내 명령을 따르지 않고 므리바 샘에 있을 때에 백성 앞에서 나를 거룩히 여기지 않았기 때문이다." 이것은 신 광야인 가데스의 므리바에 있는 샘입니다. 모세가 여호와께 말씀드렸습니다. "모든 백성의 영이 되시는 여호와 하나님, 이 백성을 위해 좋은 지도자를 뽑아 주십시오. 그는 백성 앞에서 들어가고 나가야 하며 양 떼를 치듯이 백성을 인도해야 합니다. 그래서 여호와의 백성은 목자 없는 양 떼와 같이 되지 말아야 합니다." 여호와께서 모세에게 말씀하셨습니다. "눈의 아들 여호수아를 데려오너

라. 내 영이 그에게 있도다. 네 손을 여호수아에게 얹어라. 제사장 엘르아살과 모든 백성 앞에 여호수아를 세워라. 그리고 모든 백성이 보는 가운데서 그를 지도자로 세워라. 네 권위를 그에게도 줘서 모든 이스라엘 백성이 그에게 복종하게 하여라. 그를 제사장 엘르아살 앞에도 세워라. 그러면 엘르아살이 우림을 써서 여호와의 뜻을 여쭈어 볼 것이다. 그의 명령에 따라 이스라엘 백성은 들어가기도 하고 나가기도 할 것이다." 모세는 여호와께서 말씀하신 대로 했습니다. 모세는 여호수아를 제사장 엘르아살과 모든 백성 앞에 세웠습니다. 그런 다음에 모세는 여호수아에게 손을 얹고 그를 지도자로 세웠습니다. 모든 일이 여호와께서 모세에게 말씀하신 대로 이루어졌습니다.

날마다 바치는 제물

여호와께서 모세에게 말씀하셨습니다. "이스라엘 백성에게 명령하되 이렇게 말하여라. '불에 태워 바치는 제사인 화제, 곧 내가 기뻐하는 향기를 정해진 때에 드리도록 하여라.' 너는 또 이렇게 말하여라. '너희가 나 여호와에게 바칠 화제는 이러하다. 일 년 된 흠 없는 숫양 두 마리를 날마다 바쳐라. 한 마리는 아침에 바치고 한 마리는 저녁에 바쳐라. 그리고 곡식 제사로는 고운 가루 십분의 일 에바를 바치되 찧어서 짠 기름 사분의 일 힌을 섞어서 바쳐라. 이것은 시내 산에서 시작되어 날마다 바치는 화제이니 그 냄새가 나 여호와를 기쁘게 한다. 양을 바칠 때마다 독한 술 사분의 일 힌을 부어 드리는 제사인 전제로 함께 바쳐라. 그것을 성소에서 나 여호와에게 바쳐라. 두 번째 양은 저녁에 바쳐라. 아침에 바친 것처럼 저녁에도 곡식 제사와 부어 드리는 제사인 전제를 함께 바쳐라. 이것도 화제이며 그 냄새가 나 여호와를 기쁘게 한다.'

안식일 제물

'안식일에는 일 년 된 흠 없는 숫양 두 마리를 바쳐라. 그리고 전제와 곡식 제사도 함께 바쳐라. 곡식 제사로는 기름을 섞은 고운 가루 십분의 이 에바를 바쳐라. 이것이 안식일에 바칠 태워 드리는 제사인 번제이다. 날마다 바치는 번제와 전제 말고도 안식일 제물을 따로 바쳐라.'

달마다 바치는 제물

'달마다 첫째 날에는 여호와께 번제를 바쳐라. 그때에 바칠 제물은 수송아지 두 마리와 숫양 한 마리와 일 년 된 흠 없는 숫양 일곱 마리이다. 수소를 드릴 때는 곡식 제사도 함께 바쳐라. 곡식 제사로는 수소 한 마리마다 기름을 섞은 고운 가루 십분의 삼 에바를 바쳐라. 숫양을 드릴 때도 곡식 제사를 함께 바쳐라. 그때는 기름을 섞은 고운 가루 십분의 이 에바를 바쳐라. 어린 숫양을 드릴 때도 곡식 제사를 바쳐라. 그때는 기름을 섞은 고운 가루 십분의 일 에바를 바쳐라. 이것은 화제이며 그 냄새가 나 여호와를 기쁘게 하니라. 그리고 전제로 포도주를 바쳐라. 수송아지 한 마리와 함께 바칠 포도주는 이분의 일 힌이고, 숫양 한 마리와 함께 바칠 포도주는 삼분의 일 힌이며, 어린 숫양 한 마리와 함께 바칠 포도주는 사분의 일 힌이라. 이것이 달마다 초하루에 바쳐야 할 번제니라. 날마다 바치는 번제와 전제 말고도 속죄제를 여호와께 바쳐라. 속죄제로는 숫염소 한 마리를 바쳐라.'

유월절

'여호와의 유월절은 첫째 달 십사 일이다. 무교절은 그달 보름에 시작된다. 무교절은 칠 일 동안 이어질 것이다. 너희는 누룩을 넣지 않은 빵인 무교병을 먹어라. 절기의 첫째 날에는 성회로 모여라. 그날에는 일을 하지 마라. 너희는 화제로 번제를 나 여호와에게 드려라. 수송아지 두 마리와 숫양 한 마리와 일 년 된 숫양 일곱 마리를 드려라. 모두 흠 없는 것으로 드려라. 그리고 수소를 드릴 때마다 곡식 제사도 함께 드려라. 그때는 소 한 마리마다 기름을 섞은 고운 가루 십분의 삼 에바를 드려라. 숫양을 드릴 때는 숫양 한 마리마다 곡식 제사로 기름을 섞은 고운 가루 십분의 이 에바를 함께 드려라. 어린 숫양을 드릴 때는 어린 숫양 한 마리마다 기름을 섞은 고운 가루 십분의 일 에바를 함께 드려라. 그리고 너희 죄를 씻기 위해 숫염소 한 마리를 죄를 씻는 제사인 속죄제로 바쳐라. 이 제물은 너희가 날마다 아침에 바치는 태워 드리는 제사인 번제 외에 따로 드리는 것이다. 칠 일 동안 날마다 화제, 곧 나 여호와에게 향기로운 음식을 바쳐라. 날마다 바치는 번제와 전제 말고도 그 제물을 따로 바쳐라. 칠 일째 되는 날에는 성회로 모여라. 그날에는 보통 때 하던 어떤 일도 하지 마라.'

칠칠절 제물

'첫 열매의 날, 곧 칠칠절 기간에 나 여호와에게 햇곡식을 바쳐라. 거룩한 모임인 성회로 모이고 그날에는 보통 때 하던 어떤 일도 하지 마라. 나 여호와에게 번제를 바치되 수송아지 두 마리와 숫양 한 마리와 일 년 된 숫양 일곱 마리를 바쳐라. 그 냄새가 나 여호와를 기쁘게 한다. 수소를 드릴 때마다 곡식 제사도 함께 드려라. 그때는 기름을 섞은 고운 가루 십분의 삼 에바를 드려라. 숫양을 드릴 때는 숫양 한 마리마다 곡식 제사로 기름을 섞은 고운 가루 십분의 이 에바를 드려라. 어린 숫양을 드릴 때는 어린 숫양 한 마리마다 기름을 섞은 고운 가루 십분의 일 에바를 함께 드려라. 그리고 너희 죄를 씻기 위해 숫염소 한 마리를 속죄제로 바쳐라. 너희가 날마다 아침에 바치는 태워 드리는 번제와 곡식 제사와 부어 드리는 전제 말고도 이 제물들을 따로 드려라. 모두 흠 없는 것으로 드려라.'

나팔절

'일곱째 달 초하루인 첫째 날에는 거룩한 모임인 성회로 모여라. 그날에는 보통 때 하던 어떤 일도 하지 마라. 그날은 나팔을 부는 날이다. 너희는 나 여호와에게 번제를 바쳐라. 수송아지 한 마리와 숫양 한 마리와 일 년 된 숫양 일곱 마리를 바쳐라. 모두 흠 없는 것으로 드려라. 그 냄새가 나 여호와를 기쁘게 한다. 수소를 드릴 때마다 곡식 제사도 함께 드려라. 그때는 기름을 섞은 고운 가루 십분의 삼 에바를 드려라. 숫양을 드릴 때는 숫양 한 마리마다 곡식 제사로 기름을 섞은 고운 가루 십분의 이 에바를 드려라. 어린 숫양을 드릴 때는 어린 숫양 한 마리마다 기름을 섞은 고운 가루 십분의 일 에바를 함께 드려라. 그리고 너희 죄를 씻기 위해 숫염소 한 마리를 속죄제로 바쳐라. 너희가 날마다 그리고 달마다 바치는 번제와 곡식 제사와 전제 말고도 이 제물들을 따로 드려라. 이것은 화제이며 그 냄새가 나 여호와를 기쁘게 한다.'

속죄일

'일곱째 달 십 일이 되면 성회로 모여라. 그날에는 먹지도 말고 일하지도 마라. 너희는 나 여호와에게 번제를 바쳐라. 수송아지 한 마리와 숫양 한 마리와 일 년 된 숫양 일곱 마리를 바쳐라. 모두 흠 없는 것으로 드려라. 그 냄새가 나 여호와를 기쁘게 한다. 수소를 드릴 때마다 곡식 제사도 함께 드려라. 그때에는 기름을 섞은 고운 가루 십분의 삼 에바를 드려라. 숫양을 드릴 때는 숫양 한 마리마다 곡식 제사로 기름을 섞은 고운 가루 십분의 이 에바를 드려라. 어린 숫양을 드릴 때는 어린 숫양 한 마리마다 기름을 섞은 고운 가루 십분의 일 에바를 함께 드려라. 그리고 숫염소 한 마리를 속죄제로 바쳐라. 너희가 날마다 바치는 번제와 곡식 제사와 전제 말고도 이 제물들을 따로 드려라.'

장막절

'일곱째 달 보름인 십오 일에도 성회로 모여라. 그날에는 일을 하지 마라. 여호와께 칠 일 동안 절기로 지켜라. 절기의 첫째 날에 너희는 나 여호와에게 번제를 바쳐라. 수송아지 열세 마리와 숫양 두 마리와 일 년 된 숫양 열네 마리를 바쳐라. 모두 흠 없는 것으로 드려라. 그 냄새가 나 여호와를 기쁘게 한다. 수소를 드릴 때마다 곡식 제사도 함께 드려라. 그때는 수송아지 한 마리마다 기름을 섞은 고운 가루 십분의 삼 에바를 드려라. 숫양을 드릴 때는 숫양 한 마리마다 곡식 제사로 기름을 섞은 고운 가루 십분의 이 에바를 드려라. 어린 숫양을 드릴 때는 어린 숫양 한 마리마다 기름을 섞은 고운 가루 십분의 일 에바를 함께 드려라. 그리고 숫염소 한 마리를 속죄제로 바쳐라. 너희가 날마다 바치는 번제와 곡식 제사와 전제 말고도 이 제물들을 따로 드려라.

이 절기의 둘째 날에도 제물을 드려라. 수송아지 열두 마리와 숫양 두 마리와 일 년 된 숫양 열네 마리를 드려라. 모두 흠 없는 것으로 드려라. 수송아지와 숫양과 어린 숫양을 드릴 때마다 곡식 제사와 전제를 함께 드려라. 그리고 숫염소 한 마리를 속죄제로 바쳐라. 너희가 날마다 바치는 번제와 곡식 제사와 전제 말고도 이 제물들을 따로 드려라.

셋째 날에는 수송아지 열한 마리와 숫양 두 마리와 일 년 된 숫양 열네 마리를 드려라. 모두 흠 없는 것으로 드려라. 수송아지와 숫양과 어린 숫양을 드릴 때마다 곡식 제사와 전제를 함께 드려라. 그리고 숫염소 한 마리를 속죄제로 바쳐라. 너희가 날마다 바치는 번제와 곡식 제사와 전제 말고도 이 제물들을 따로 드려라.

넷째 날에는 수송아지 열 마리와 숫양 두 마리와 일 년 된 숫양 열네 마리를 드려라. 모두 흠 없는 것으로 드려라. 수송아지와 숫양과 어린 숫양을 드릴 때마다 곡식 제사와 전제를 함께 드려라. 그리고 숫염소 한 마리를 속죄제로 바쳐라. 너희가 날마다 바치는 번제와 곡식 제사와 전제 말고도 이 제물들을 따로 드려라.

다섯째 날에는 수송아지 아홉 마리와 숫양 두 마리와 일 년 된 숫양 열네 마리를 드려라. 모두 흠 없는 것으로 드려라. 수송아지와 숫양과 어린 숫양을 드릴 때마다 곡식 제사와 전제를 함께 드려라. 그리고 숫염소 한 마리를 속죄제로 바쳐라. 너희가 날마다 바치는 번제와 곡식 제사와 전제 말고도 이 제물들을 따로 드려라.

여섯째 날에는 수송아지 여덟 마리와 숫양 두 마리와 일 년 된 숫양 열네 마리를 드려라. 모두 흠 없는 것으로 드려라. 수송아지와 숫양과 어린 숫양을 드릴 때마다 곡식 제사와 전제를 함께 드려라. 그리고 숫염소 한 마리를 속죄제로 바쳐라. 너희가 날마다 바치는 번제와 곡식 제사와 전제 말고도 이 제물들을 따로 드려라.

일곱째 날에는 수송아지 일곱 마리와 숫양 두 마리와 일 년 된 숫양 열네 마리를 드려라. 모두 흠 없는 것으로 드려라. 수송아지와 숫양과 어린 숫양을 드릴 때마다 곡식 제사와 전제를 함께 드려라. 그리고 숫염소 한 마리를 속죄제로 바쳐라. 너희가 날마다 바치는 번제와 곡식 제사와 전제 말고도 이 제물들을 따로 드려라.

여덟째 날에는 거룩한 모임으로 모여라. 그날에는 보통 때 하던 어떤 일도 하지 마라. 너희는 번제를 드려라. 그 냄새가 나 여호와를 기쁘게 한다. 수송아지 한 마리와 숫양 한 마리와 일 년 된 숫양 일곱 마리를 드려라. 모두 흠 없는 것으로 드려라. 수송아지와 숫양과 어린 숫양을 드릴 때마다 곡식 제사와 전제를 함께 드려라. 그리고 숫염소 한 마리를 속죄제로 바쳐. 너희가 날마다 바치는 번제와 곡식 제사와 전제 말고도 이 제물들을 따로 드려라.

너희는 절기가 돌아오면 번제와 곡식 제사와 전제와 화목제를 나 여호와에게 드려야 한다. 너희가 서약을 지키는 서원제와 자진해서 드리는 낙헌제 말고도 이 제물을 따로 드려라.'"

모세는 여호와께서 그에게 명령하신 모든 것을 이스라엘 백성에게 일러 주었습니다.

특별한 약속

모세가 이스라엘 각 지파의 지도자들에게 여호와께서 명령하신 것을 말했습니다. "누군가가 여호께 어떤 약속을 했거나 어떤 특별한 일을 하지 않기로 맹세했다면 그는 자기의 약속을 지켜라. 그는 자기가 말한 대로 하여라.

아직 시집을 가지 않은 여자가 여호께 어떤 약속을 했거나 어떤 특별한 일을 하지 않기로 맹세했는데 그의 아버지가 그 약속이나 맹세를 듣고 아무 말도 하지 않으면 여자는 자기가 약속한 대로 하여라. 여자는 맹세한 것을 지켜라. 그러나 그의 아버지가 그 약속이나 맹세를 듣고 그것을 허락하지 않으면 그 약속이나 맹세는 지키지 않아도 된다. 그의 아버지가 허락하지 않았기 때문에 여자가 약속을 지키지 않아도 여호와께서 여자를 용서해 주실 것이다.

여자가 어떤 맹세를 했거나 어떤 경솔한 약속을 한 가운데 결혼했는데 그의 남편이 듣고 아무 말도 하지 않으면 여자는 자기가 약속이나 맹세한 대로 하여라. 그러나 그의 남편이 그 약속이나 맹세를 듣고 그것을 허락하지 않으면 여자가 한 맹세나 경솔히 한 약속은 무효가 될 것이다. 여자가 약속을 지키지 않아도 여호와께서 여자를 용서해 주실 것이다. 과부나 이혼한 여자가 어떤 약속을 했다면 그 여자는 무엇이든 약속한 것을 지켜라. 결혼한 여자가 어떤 약속이나 맹세를 했는데 그의 남편이 듣고도 아무 말도 하지 않으면 여자는 자기가 약속하거나 맹세한 대로 하여라. 그러나 그의 남편이 그 약속이나 맹세를 듣고 그것을 허락하지 않으면 여자가 한 맹세나 약속은 무효가 될 것이다. 여자가 약속을 지키지 않아도 여호와께서 여자를 용서해 주실 것이다. 여자의 남편은 여자가 한 어떤 약속이나 맹세를 지키게 하거나 취소시킬 수 있다. 그러나 여자의 남편이 여자의 맹세나 약속에 대해서 여러 날 동안 아무 말도 하지 않으면 여자는 자기 약속을 지켜라. 이는 남편이 여자의 약속을 듣고도 아무 말도 하지 않았기 때문이다. 그러나 남편이 여자의 약속이나 맹세를 듣고 한참 지난 뒤에 그것을 취소시키면 여자의 죄를 남자가 져야 한다."

이것은 여호와께서 모세에게 주신 명령입니다. 이것은 남편과 아내에 관해 그리고 아버지와 아직 시집가지 않은 딸에 관해 주신 명령입니다.

이스라엘이 미디안 사람을 공격하다

여호와께서 모세에게 말씀하셨습니다. "미디안 사람에게 이스라엘 백성의 원수를 갚아라. 이 일을 마치고 나면 너는 죽을 것이다." 모세가 백성에게 말했습니다. "전쟁에 나갈 사람을 준비시키시오. 여호와께서 그들을 미디안 사람에게 보내어 원수를 갚게 하실 것이오. 이스라엘 각 지파에서 천 명씩을 전쟁에 내보내시오." 그리하여 이스라엘 각 지파에서 천 명씩 모여 만 이천 명이 전쟁에 나갈 준비를 했습니다. 모세는 각 지파에서 천 명씩 모인 사람을 전쟁에 내보냈습니다. 제사장 엘르아살의 아들 비느하스가 그들과 함께 나갔습니다. 비느하스는 성소의 기구들과 나팔을 가지고 갔습니다. 그들은 여호와께서 모세에게 명령하신 대로 미디안 사람과 싸웠습니다. 그들은 미디안의 남자를 다 죽였습니다. 그들이 죽인 사람 가운데는 에위와 레겜과 수르와 후르와 레바가 들어 있었습니다. 이들은 미디안의 다섯 왕입니다. 그들은 브올의 아들 발람도 칼로 죽였습니다. 이스라엘 백성은 미디안의 여자와 어린아이들을 포로로 붙잡았습니다. 그리고 미디안의 가축과 짐승과 모든 물건을 빼앗았습니다. 그런 다음에 이스라엘 백성은 미디안의 마을과 진을 다 불살랐습니다. 이스라엘 백성은 사람과 짐승과 물건을 다 자기 것으로 삼았습니다. 그들은 모세와 제사장 엘르아살과 모든 이스라엘 백성에게 돌아갔습니다. 그들은 사로잡은 포로와 짐승과 물건들을 가지고 갔습니다. 이스라엘의 진은 요단 강에서 가까운 모압 평야, 곧 여리고 건너편에 있었습니다.

모세와 제사장 엘르아살과 백성의 모든 지도자들은 그들을 맞이하러 진 밖으로 나갔습니다. 모세는 전쟁에서 돌아온 장교들, 곧 천부장과 백부장들에게 화를 냈습니다. 모세가 그들에게 물었습니다. "왜 여자들을 살려 두었소? 이 여자들은 발람의 꾀를 좇아 이스라엘 백성으로 하여금 브올에서 여호와께 반역하도록 만든 사람들이오. 그때에 끔찍한 병이 여호와의 백성을 치지 않았소? 미디안의 모든 사내아이를 죽이시오. 미디안의 여자 가운데서 남자와 동침한 적이 있는 여자는 다 죽이시오. 하지만 남자와 함께 잔 적이 없는 여자는 살려 두시오. 여러분 가운데 누구든지 사람을 죽였거나 시체를 만진 사람이 있으면 칠 일 동안 진 밖에 머물러 있으시오. 삼 일째 되는 날과 칠 일째 되는 날에 여러분은 여러분이 잡은 포로와 함께 깨끗하게 하는 의식을 해야 하오. 여러분은 옷이란 옷은 다 깨끗하게 해야 하오. 그 밖에도 가죽이나 양털이나 나무로 만든 것을 다 깨끗하게 해야 하오."

제사장 엘르아살이 전쟁에 나갔던 군인들에게 말했습니다. "이것은 여호와께서 모세에게 주신 가르침이오. 금과 은과 구리와 철과 주석과 납을 불에 던져 넣으시오. 타지 않는 것들은 다 불에 던져 넣으시오. 그런 다음에 그것들을 깨끗하게 하는 물에 씻으시오. 그러면 깨끗해질 것입니다. 그러나 불에 타는 것은 물로 씻으시오. 칠 일째 되는 날에는 여러분의 옷을 빠십시오. 그래야 여러분이 깨끗해집니다. 그런 다음에야 여러분은 진으로 돌아올 수 있습니다."

빼앗은 물건을 나누다

여호와께서 모세에게 말씀하셨습니다. "너와 제사장 엘르아살과 모든 무리의 지도자들은 사로잡은 사람은 물론 짐승과 빼앗은 물건을 세어라. 그래서 그것을 전쟁에 나갔던 군인들과 나머지 백성에게 절반씩 나누어 주어라. 전쟁에 나갔던 군인들의 몫에서 나 여호와에게 바쳐야 할 것을 따로 떼어 놓아라. 여호와의 것은 사람이든 소든 나귀든 양이든 염소든 모든 것의 오백분의 일이다. 이것을 군인들의 몫인 절반에서 떼어 제사장 엘르아살에게 주어라. 그것이 나 여호와에게 바칠 거제니라. 그리고 백성의 몫인 절반에서는 사람이든 소든 나귀든 양이든 염소든 모든 것의 오십분의 일을 떼어서 여호와의 성막을 지키는 레위 사람에게 주어라." 모세와 엘르아살은 여호와께서 모세에게 명령하신 대로 했습니다.

군인들이 빼앗아 온 것 가운데서 남은 것은 양이 육십칠만 오천 마리, 소가 칠만 이천 마리, 나귀가 육만 천 마리, 그리고 여자가 삼만 이천 명이었습니다. 이들은 남자와 함께 잔 적이 없는 여자들

입니다. 전쟁에 나갔던 군인들의 몫은 양이 삼십삼만 칠천오백 마
리였습니다. 그들은 양 육백일흔다섯 마리를 여호와께 드렸습니다.
소는 삼만 육천 마리가 군인들의 몫이었습니다. 그들은 그 가운데
서 일흔두 마리를 여호와께 드렸습니다. 나귀는 삼만 오백 마리가
군인들의 몫이었습니다. 그들은 그 가운데서 예순한 마리를 여호와
께 드렸습니다. 사람은 만 육천 명이 군인들의 몫이었습니다. 그들
은 그 가운데서 서른두 명을 여호와께 드렸습니다. 모세는 여호와
의 몫을 제사장 엘르아살에게 주었습니다. 이렇게 모세는 여호와께
서 명령하신 대로 했습니다.

　모세는 백성의 몫과 군인들의 몫을 절반씩 나누었습니다. 백성
에게 돌아간 몫은 양 삼십삼만 칠천오백 마리와 소 삼만 육천 마리
와 나귀 삼만 오백 마리와 사람 만 육천 명이었습니다. 모세는 백
성의 몫 가운데서 사람과 짐승의 오십분의 일을 여호와께 드렸습니
다. 모세는 그것을 여호와의 성막을 지키는 레위 사람들에게 주었
습니다. 이렇게 모세는 여호와께서 명령하신 대로 했습니다.

　군대의 장교들, 곧 천부장과 백부장이 모세에게 왔습니다. 그들
이 모세에게 말했습니다. "당신의 종인 우리가 다스리고 있는 군인
들 중에 없어진 사람은 한 명도 없습니다. 그래서 여호와께 예물을
가져왔습니다. 우리가 저마다 얻은 것 가운데서 금붙이들, 곧 팔찌
와 인장과 귀고리와 목걸이를 가져왔습니다. 이것은 우리 죄를 씻
기 위해 가져온 것입니다." 모세와 제사장 엘르아살은 그 금붙이들
을 받았습니다. 천부장과 백부장들이 여호와께 드린 금붙이는 모
두 만 육천칠백오십 세겔이었습니다. 군인들은 내놓은 것 말고도
저마다 따로 빼앗아서 가지고 있는 것이 있었습니다. 모세와 제사
장 엘르아살은 천부장과 백부장에게서 금을 받아 회막에 가져가서
이스라엘 백성을 위한 기념으로 여호와 앞에 놓아두었습니다.

요단 강 동쪽 지파들

ㄹ 우벤 자손과 갓 자손은 가축 떼를 많이 갖고 있었습니다. 그들은 야셀 땅과 길르앗 땅이 가축 떼를 치기에 좋다는 것을 알고 모세와 제사장 엘르아살과 백성의 지도자들에게 와서 말했습니다. "아다롯과 디본과 야셀과 니므라와 헤스본과 엘르알레와 스밤과 느보와 브온 땅은 여호와께서 우리를 위해 정복해 주신 땅입니다. 이 땅은 가축 떼를 치기에 좋은 곳입니다. 그런데 당신의 종인 우리에게는 가축 떼가 많이 있습니다. 우리를 좋게 여기신다면 이 땅을 우리에게 주십시오. 요단 강을 건너지 않게 해 주십시오."

모세가 갓과 르우벤 자손에게 말했습니다. "당신들의 형제들은 전쟁하러 나가는데 당신들은 여기에 남겠단 말이오? 여호와께서 이스라엘 백성에게 주신 땅으로 그 백성이 들어가려고 하는데 어찌하여 당신들은 그들의 사기를 꺾는 것이오? 당신들의 조상도 내가 가데스바네아에서 저 땅을 정탐하러 보냈을 때 당신들과 똑같은 일을 했소. 그들은 에스골 골짜기까지 가서 그 땅을 살펴보고 나서는 여호와께서 이스라엘 백성에게 주신 땅으로 그 백성이 들어가려는데 그만 그 백성의 사기를 꺾어 놓고 말았소. 그날 여호와께서 크게 노하셔서 이렇게 맹세하셨소. '이집트에서 나온 백성 가운데 스무 살 이상 된 사람은 내가 아브라함과 이삭과 야곱에게 약속했던 이 땅을 보지 못할 것이다. 그것은 그들이 나를 온전히 따르지 않았기 때문이다. 오직 그나스 사람 여분네의 아들 갈렙과 눈의 아들 여호수아가 여호와를 온전히 따랐도다.' 여호와께서는 이스라엘에게 크게 노하셨소. 그래서 이스라엘을 광야에서 사십 년 동안 떠돌게 하셨소. 그리하여 마침내 여호와께 죄를 지었던 백성은 다 죽고 말았소. 당신들은 지금 당신들의 조상들과 똑같이 행동하고 있소. 당신들이 죄를 많이 지어 여호와가 이스라엘을 향해 더욱더 노하시게 만들었소. 당신들이 여호와를 따르지 않는다면 여호와께서는 또다시 이스라엘 백성을 광야에 내버려 두실 것이오. 당신들 때문에 모든 백성이 망하고 말 것이오."

그러자 르우벤 자손과 갓 자손이 모세에게 올라와 말했습니다. "우리는 여기에 가축의 우리를 만들고 아내와 자식들이 살 성을 쌓겠습니다. 그래서 우리 가족들이 이 땅에 사는 백성에게서 위협을 당하지 않고 안전하게 살 수 있도록 강하고 튼튼한 성을 쌓은 다음에 우리도 전쟁 준비를 해서 다른 이스라엘 백성도 땅을 얻을 수 있도록 도와주겠습니다. 모든 이스라엘 백성이 땅을 얻을 때까지는 우리도 집으로 돌아가지 않겠습니다. 우리가 받은 땅은 요단 강 동쪽이므로 서쪽 땅은 우리가 나누어 받지 않겠습니다." 그러자 모세가 그들에게 말했습니다. "당신들이 지금 말한 대로 해야 하오. 당신들은 여호와 앞에서 전쟁에 나가야 하오. 당신들은 무기를 들고 요단 강을 건너야 하오. 여호와께서 원수를 쫓아내실 것이오. 여호와께서 우리를 도우셔서 저 땅을 차지하게 하시면 당신들은 집으로 돌아가도 좋소. 당신들은 여호와와 이스라엘에게 해야 할 의무를 다한 것이오. 그렇게 하기만 하면 이 땅을 가져도 좋소. 그러나 당신들이 그대로 하지 않으면 당신들은 여호와께 죄를 짓는 것이오. 확실히 알아 두시오. 당신들은 당신들의 죄 때문에 벌을 받을 것이오. 당신들의 아내와 자식들을 위해 성을 쌓고 가축을 위해 우리를 지으시오. 그러나 약속한 것은 반드시 지켜야 하오." 갓 자손과 르우벤 자손이 모세에게 말했습니다. "우리는 당신의 종입니다. 우리는 어르신이 명령하신 대로 하겠습니다. 우리 아내와 자식과 우리의 모든 가축은 길르앗 성에 남겨 두겠습니다. 그러나 당신의 종인 우리는 전쟁에 나갈 준비를 해서 어르신이 말씀하신 대로 여호와를 위해 싸우겠습니다."

모세가 그들에 관하여 제사장 엘르아살과 눈의 아들 여호수아와 이스라엘 각 지파의 지도자들에게 명령을 내렸습니다. 모세가 그들에게 말했습니다. "만약 갓 자손과 르우벤 자손이 여호와 앞에서 전쟁에 나갈 준비를 하고 여러분과 함께 요단 강을 건너 저 땅을 차지할 때까지 도와주면 여러분도 그들에게 길르앗 땅을 주시오. 그러나 만약 그들이 전쟁에 나갈 준비를 하지 않은 채 요단 강을 건너지 않으면 이 땅을 주지 말고 여러분과 함께 가나안 땅을 얻게 하시오." 갓 자손과 르우벤 자손이 대답했습니다. "우리는 당신의 종입니다. 우리는 여호와께서 말씀하신 대로 하겠습니다. 우리는 전쟁 준비를 하고 여호와 앞에서 요단 강을 건너 가나안으로 가겠습니다. 하지만 우리가 가질 땅은 요단 강 동쪽이 될 것입니다."

그리하여 모세는 그 땅을 갓 자손과 르우벤 자손과 므낫세 지파 절반에게 주었습니다. 므낫세는 요셉의 아들입니다. 그 땅은 원래 아모리 사람 시혼과 바산 왕 옥의 나라였습니다. 그들 나라의 모든 성과 그 둘레의 땅도 그 땅에 포함됩니다. 갓 자손은 디본과 아다롯과 아로엘과 아다롯소반과 야셀과 욕브하와 벧니므라와 벧하란 성들을 새로 쌓았습니다. 이 성들은 굳건하고 성벽도 있는 성들입니다. 그들은 양의 우리도 만들었습니다. 르우벤 자손은 헤스본과 엘르알레와 기랴다임과 느보와 바알므온과 십마 성들을 쌓았습니다. 그들은 성을 쌓은 다음에 느보와 바알므온의 이름을 바꾸었습니다. 므낫세의 아들 마길의 자손은 길르앗으로 가서 길르앗을 점령했습니다. 그들은 그곳에 살던 아모리 사람을 쫓아냈습니다. 그래서 모세는 길르앗을 므낫세의 아들 마길의 가족에게 주었습니다. 마길의 가족은 길르앗에 머물러 살았습니다. 므낫세의 아들 야일은 그곳의 작은 마을들을 점령하고 그 이름을 '야일 마을'이란 뜻으로 하봇야일이라고 불렀습니다. 노바는 그낫과 그 둘레의 작은 마을들을 점령하고 자기 이름을 따서 그 이름을 노바라고 불렀습니다.

이집트에서 모압까지

이스라엘 백성이 이집트에서 나와서 모세와 아론이 인도하는 가운데 부대를 짜서 거쳐 간 곳은 이러합니다. 여호와의 명령에 따라 모세는 그들이 거쳐 간 곳을 적어 두었습니다. 이스라엘 백성이 거쳐 간 곳은 이러합니다. 첫째 달 십오 일에 그들은 라암셋을 떠났습니다. 그날은 유월절 다음 날이었습니다. 이스라엘 백성은 모든 이집트 사람 앞에서 당당하게 행진했습니다. 이집트 사람들은 그때 여호와께서 쳐서 죽이신 그들의 맏아들을 장사 지내고 있었습니다. 여호와께서는 이집트 사람들이 믿는 거짓 신들에게 벌을 주셨습니다.

이스라엘 백성은 라암셋을 떠나 숙곳에 진을 쳤습니다. 그들은 숙곳을 떠나 에담에 진을 쳤습니다. 에담은 광야의 변두리에 있습니다. 그들은 에담을 떠나 비하히롯으로 돌아갔습니다. 비하히롯은 바알스본의 동쪽에 있습니다. 그들은 믹돌 부근에 진을 쳤습니다. 비하히롯을 떠나서는 바다를 건너 광야로 들어갔습니다. 에담 광야를 삼 일 동안 걸은 후에 그들은 마라에 진을 쳤습니다. 마라를 떠나서는 엘림으로 갔습니다. 그들이 진을 친 곳에는 샘이 열두 개가 있었고 종려나무가 칠십 그루가 있었습니다. 엘림을 떠나서는 홍해 부근에 진을 쳤습니다. 홍해를 떠나서는 신 광야에 진을 쳤습니다. 신 광야를 떠나서는 돕가에 진을 쳤습니다. 돕가를 떠나서는 알루스에 진을 쳤습니다. 알루스를 떠나서는 르비딤에 진을 쳤는데 그곳에는 백성이 마실 물이 없었습니다. 르비딤을 떠나서는 시내 광야에 진을 쳤습니다. 시내 광야를 떠나서는 기브롯핫다아와에 진을 쳤습니다. 기브롯핫다아와를 떠나서는 하세롯에 진을 쳤습니다. 하세롯을 떠나서는 릿마에 진을 쳤습니다. 릿마를 떠나서는 림몬베레스에 진을 쳤습니다. 림몬베레스를 떠나서는 립나에 진을 쳤습니다. 립나를 떠나서는 릿사에 진을 쳤습니다. 릿사를 떠나서는 그헬라다에 진을 쳤습니다. 그헬라다를 떠나서는 세벨 산에 진을 쳤습니다. 세벨 산을 떠나서는 하라다에 진을 쳤습니다. 하라다를 떠나서는 막헬롯에 진을 쳤습니다. 막헬롯을 떠나서는 다핫에 진을 쳤습니다. 다핫을 떠나서는 데라에 진을 쳤습니다. 데라를 떠나서는 밋가에 진을 쳤습니다. 밋가를 떠나서는 하스모나에 진을 쳤습니다. 하스모나를 떠나서는 모세롯에 진을 쳤습니다. 모세롯을 떠나서는 브네야아간에 진을 쳤습니다. 브네야아간을 떠나서는 홀하깃갓에 진을 쳤습니다. 홀하깃갓을 떠나서는 욧바다에 진을 쳤습니다. 욧바다를 떠나서는 아브로나에 진을 쳤습니다. 아브로나를 떠나서는 에시온게벨에 진을 쳤습니다. 에시온게벨을 떠나서는 신 광야의 가데스에 진을 쳤습니다. 가데스를 떠나서는 호르 산에 진을 쳤습니다. 호르 산은 에돔의 국경에 있습니다.

제사장 아론은 여호와의 명령을 따라 호르 산에 올라가서 죽었습니다. 그때는 이스라엘 백성이 이집트를 떠난 지 사십 년 되던 해의 다섯째 달 첫째 날이었습니다. 아론이 호르 산에서 죽을 때의 나이는 백이십삼 세였습니다.

가나안 남쪽 네게브에 살고 있던 아랏 왕이 이스라엘 백성이 오고 있다는 소식을 들었습니다.

이스라엘 백성은 호르 산을 떠나 살모나에 진을 쳤습니다. 살모나를 떠나서는 부논에 진을 쳤습니다. 부논을 떠나서는 오봇에 진을 쳤습니다. 오봇을 떠나서는 이예아바림에 진을 쳤습니다. 이예아바림은 모압의 국경에 있습니다. 이예아바림을 떠나서는 디본갓에 진을 쳤습니다. 디본갓을 떠나서는 알몬디블라다임에 진을 쳤습니다. 알몬디블라다임을 떠나서는 느보 부근 아바림 산에 진을 쳤습니다. 아바림 산을 떠나서는 모압 평야에 진을 쳤습니다. 모압 평야는 요단 강가 여리고 건너편에 있습니다. 이스라엘 백성은 요단 강을 따라서 모압 평야에 진을 쳤습니다. 그들의 진은 벧여시못에서 아벨싯딤까지 이어졌습니다.

요단 강가의 모압 평야, 곧 여리고 건너편에서 여호와께서 모세에게 말씀하셨습니다. "이스라엘 백성에게 전하여라. '요단 강을 건너 가나안으로 들어가거라. 그곳에 사는 백성을 쫓아내어라. 그들이 새겨서 만든 우상이나 쇠로 만든 우상을 다 부수어라. 그들의 예배하는 장소도 다 헐어 버려라. 그 땅을 차지하고 그 땅에 눌러 살아라. 내가 그 땅을 너희의 것으로 주었다. 제비를 뽑아 집안별로 그 땅을 나누어 가져라. 큰 집안에는 더 넓은 땅을 주고 작은 집안에는 그보다 좁은 땅을 주어라. 제비를 뽑아 나오는 대로 지파마다 땅을 나누어 가지도록 하여라. 그러나 만약 너희가 그 땅의 백성을 쫓아내지 않으면 그들이 너희에게 재앙을 불러올 것이다. 그들은 너희 눈에 가시와 같을 것이고 너희 옆구리에 바늘과 같을 것이다. 그들은 너희가 사는 땅에 재앙을 불러올 것이다. 내가 그들에게 벌을 내리기로 계획했던 것처럼 너희에게 벌을 내리겠다.'"

가나안의 경계

여호와께서 모세에게 말씀하셨습니다. "이 명령을 이스라엘 백성에게 전하여라. '너희는 곧 가나안에 들어갈 것이다. 가나안은 너희 땅이 될 것이다. 가나안의 경계는 이러하다. 남쪽으로는 너희가 신 광야의 일부를 얻을 것이다. 그곳은 에돔 국경에서 가깝다. 너희의 남쪽 경계는 동쪽 사해의 끝에서부터 시작된다. 거기에서 아그랍빔 언덕 남쪽을 건너 신 광야와 가데스바네아 남쪽을 지나 하살아달을 지나 아스몬으로 이어진다. 아스몬에서는 이집트 시내로 이어지고 지중해에서 끝난다.

너희의 서쪽 경계는 지중해가 된다. 이것이 너희의 서쪽 경계이다.

너희의 북쪽 경계는 지중해에서부터 호르 산을 지나 하맛 어귀로 이어진다. 하맛 어귀에서는 스닷으로 이어지며 스닷에서는 시브론을 지나 하살에난에서 끝난다. 이것이 너희의 북쪽 경계이다.

너희의 동쪽 경계는 하살에난에서부터 스밤을 지나 아인 동쪽을 지나 리블라로 이어진다. 리블라에서는 긴네렛 바다 동쪽 산악 지대를 따라 이어지며 거기에서 다시 요단 강을 따라 내려가다가 사해에서 끝난다. 이것이 너희 나라의 사방 경계이다.'"

모세는 이스라엘 백성에게 이 명령을 전했습니다. "이 땅이 여러분이 받을 땅이오. 제비를 뽑아 아홉 지파와 절반 지파에게 이 땅을 분배하시오. 여호와께서 이 땅을 여러분의 몫으로 주라고 명령하셨소. 르우벤과 갓과 므낫세 지파 절반은 이미 그들 몫의 땅을 받았소. 이 두 지파와 절반 지파는 요단 강 동쪽 땅, 곧 여리고 건너편 땅을 받았소."

여호와께서 모세에게 말씀하셨습니다. "이 땅을 나눌 사람은 제사장 엘르아살과 눈의 아들 여호수아이다. 그리고 각 지파에서 지도자 한 사람씩을 뽑아라. 그들도 땅을 나눌 것이다. 지도자들의 이름은 이러하다. 유다 지파에서는 여분네의 아들 갈렙, 시므온 지파에서는 암미훗의 아들 스므엘, 베냐민 지파에서는 기슬론의 아들 엘리닷, 단 지파에서는 요글리의 아들 북기, 요셉의 아들 므낫세 지파에서는 에봇의 아들 한니엘, 요셉의 아들 에브라임 지파에서는 십단의 아들 그므엘, 스불론 지파에서는 바르낙의 아들 엘리사반, 잇사갈 지파에서는 앗산의 아들 발디엘, 아셀 지파에서는 슬로미의

아들 아히훗, 납달리 지파에서는 암미훗의 아들 브다헬이다." 여호
와께서는 이 사람들을 시켜 가나안 땅을 이스라엘 백성에게 나누어
주게 하셨습니다.

레위 사람의 성

여호와께서 요단 강가의 모압 평야, 곧 여리고 건너편에서 모
세에게 말씀하셨습니다. "이스라엘 백성에게 명령하여 그들
이 받을 성 가운데서 레위 사람이 살 성을 주게 하여라. 그리고 레
위 사람에게 그 성 둘레의 목초지도 주게 하여라. 그래야 레위 사람
도 살 성을 얻게 될 것이며 소 떼와 양 떼와 다른 짐승을 먹일 목초
지를 갖게 될 것이다. 레위 사람에게 줄 목초지는 성벽에서부터 천
규빗 떨어진 곳까지이다. 또 성벽에서부터 각 방향으로 이천 규빗
씩을 재어라. 성의 동쪽으로 이천 규빗을 재고, 성의 남쪽으로도 이
천 규빗을 재고, 성의 서쪽으로도 이천 규빗을 재고, 성의 북쪽으
로도 이천 규빗을 재어라. 성은 그 한가운데에 있어야 한다. 이것이
레위 사람들이 사는 성의 목초지이다."

도피성

"너희가 레위 사람에게 줄 성 가운데 여섯 성은 도피성이다. 누
구든지 실수로 살인을 한 사람은 그 도피성 가운데 한 곳으로 도망
갈 수 있다. 너희는 또 다른 성 마흔두 곳을 레위 사람에게 주어야
한다. 레위 사람에게 모두 마흔여덟 성과 그 목초지를 주어라. 이
스라엘 지파 가운데서 큰 지파일수록 성을 더 많이 주고 작은 지파
일수록 적게 주어야 한다. 각 지파는 가지고 있는 성 가운데 얼마
를 레위 사람에게 주어야 한다. 각 지파는 가지고 있는 땅의 크기에
따라 성을 많이 주거나 적게 주어야 한다."

여호와께서 모세에게 말씀하셨습니다. "이스라엘 백성에게 전하여라. '너희는 요단 강을 건너 가나안 땅으로 들어갈 것이다. 너희는 여러 성 가운데서 도피성을 골라 누구든지 실수로 살인한 사람은 그 도피성으로 도망갈 수 있게 하여라. 그곳에서 그는 살인자에게 벌을 줄 의무가 있는 죽은 사람의 친척의 복수를 피할 수 있다. 그는 재판정에서 재판을 받을 때까지는 죽임을 당하지 않을 것이다. 너희가 줄 성 가운데 여섯 성은 도피성이다. 요단 강 동쪽의 세 성과 가나안 지역의 세 성을 도피성으로 주어라. 이 여섯 성은 이스라엘 자손을 위한 도피성이 될 것이다. 이 도피성들은 외국인과 무역하는 상인들에게도 해당되니 누구든지 실수로 살인한 사람은 이 여섯 성 가운데 한 성으로 도망갈 수 있다.

쇠 무기를 가지고 사람을 죽인 사람은 모두 살인자니 그런 사람은 죽여야 한다. 사람을 죽일 만한 돌을 가지고 사람을 죽인 사람도 살인자이다. 그런 사람은 죽여야 한다. 사람을 죽일 만한 나무 무기를 가지고 사람을 죽인 사람 역시 살인자이므로 그런 사람은 죽여야 한다. 죽은 사람의 가장 가까운 친척은 살인자를 만나면 죽여야 한다. 다른 사람을 미워해서 밀쳐 죽이거나 숨어서 기다리고 있다가 무엇을 던져서 죽이거나 주먹으로 쳐서 죽이면 그는 살인자니 그런 사람은 죽여야 한다. 죽은 사람의 가장 가까운 친척은 살인자를 만나면 죽여야 한다.

그러나 미워하는 마음이 없이 실수로 사람을 밀치거나 실수로 무엇을 던져서 사람을 맞히거나 사람을 죽일 만한 돌을 실수로 떨어뜨려서 사람을 죽였다면, 그 사람은 해칠 마음이 없었고 자기가 죽인 사람을 미워하지도 않았으므로 이스라엘의 모든 무리는 어떻게 할 것인가를 결정해야 한다. 그들은 죽은 사람의 친척과 살인자 사이에서 판단해야 한다. 판단할 때의 규례는 이러하다. 무리는 살인자를 죽은 사람의 친척에게서 보호해 주어야 한다. 무리는 살인자를 그가 도망갔던 도피성으로 돌려보내야 한다. 그는 그곳에서 거룩한 기름으로 기름부음을 받은 대제사장이 죽을 때까지 머물러 있어야 한다. 그 사람은 도피성 밖으로 나가지 말아야 한다. 죽은 사람의 친척이 도피성 밖에서 그를 만났을 경우에 그를 죽여도 그 친척은 살인죄에 해당되지 않는다. 살인자는 대제사장이 죽을 때까지 도피성에 머물러 있어야 한다. 대제사장이 죽으면 그때는 자기 땅으로 돌아갈 수 있다. 이것은 너희가 사는 땅에서 지금부터 영원히 지켜야 할 규례이다.

살인자는 죽어야 한다. 그때는 살인한 것을 본 증인이 있어야 한다. 그러나 단지 증인 한 사람이 증언한 것으로는 살인자를 죽일 수 없다. 살인자는 죽어야 한다. 돈을 받고 그를 살려 주면 안 된다. 반드시 죽여야 한다. 대제사장이 죽기 전에 도피성으로 도망간 사람으로부터 돈을 받고 그를 고향으로 돌려보내면 안 된다. 너희가 사는 땅을 더럽히면 안 된다. 죄 없는 사람을 죽인 죄를 씻는 길은 오직 한 가지뿐이다. 그것은 살인자를 죽이는 것이다. 나는 여호와이다. 나는 이스라엘 백성인 너희와 함께 그 땅에서 산다. 그러므로 살인을 하여 그 땅을 더럽히지 마라.'"

여자의 재산 상속

길르앗 집안의 지도자들이 모세와 이스라엘 집안 지도자들에게 가서 말했습니다. 길르앗은 마길의 아들입니다. 마길은 므낫세의 아들이고 므낫세는 요셉의 아들입니다. "여호와께서 우리의 주인 당신에게 명령하여 제비를 뽑아 이 땅을 이스라엘 백성에게 주라고 명령하셨습니다. 그리고 여호와께서는 우리의 형제 슬로브핫의 땅을 그의 딸들에게 주라고 명령하셨습니다. 하지만 슬로브

핫의 딸들이 이스라엘의 다른 지파 사람들과 결혼을 하면 그 땅은
우리 집안의 땅이 되지 않고 다른 지파 사람들의 땅이 될 것입니다.
그리하여 우리는 우리 땅 가운데서 얼마를 잃어버릴 것입니다. 희년
이 돌아와도 슬로브핫의 딸들이 가진 땅은 다른 지파에게 돌아갈
것입니다. 그 땅은 그들이 결혼하는 사람들의 지파에게 주어질 것
입니다. 그래서 우리 조상들에게서 받은 그 땅을 우리는 잃어버리
고 말 것입니다."

모세가 여호와의 말씀에 따라 이스라엘 백성에게 명령했습니다.
"이 요셉 지파 사람들의 말이 옳소. 이것은 슬로브핫의 딸들에 관
한 여호와의 명령이오. 그들은 마음에 드는 사람과 결혼할 수 있지
만 자기와 같은 지파의 사람하고만 결혼을 해야 하오. 그래야 이스
라엘 백성의 땅이 이 지파에서 저 지파로 옮겨지는 일이 없을 것이
오. 이스라엘 백성은 누구나 자기 조상에게서 물려받은 땅을 지켜
야 하오. 자기 아버지의 땅을 물려받은 여자가 결혼을 할 경우에는
같은 지파 사람하고 결혼해야 하오. 그래서 모든 이스라엘 백성은
자기 조상의 땅을 지켜야 하오. 땅은 이 지파에서 저 지파로 옮겨질
수 없소. 이스라엘 백성은 누구나 자기 조상에게서 받은 땅을 지켜
야 하오."

슬로브핫의 딸들은 여호와께서 모세에게 주신 명령에 복종했습
니다. 그래서 슬로브핫의 딸들, 곧 말라와 디르사와 호글라와 밀가
와 노아는 사촌들과 결혼했습니다. 그들의 남편은 요셉의 아들 므
낫세 지파 사람입니다. 그래서 그들의 땅은 그들의 집안과 지파의
땅으로 남았습니다.

이것은 여호와께서 모세를 통해 이스라엘 백성에게 주신 율법과
명령입니다. 백성은 그때 요단 강가의 모압 평야, 곧 여리고 건너편
에 있었습니다.

신명기

모세가 이스라엘 백성에게 말하다

이것은 모세가 이스라엘 백성에게 일러 준 말씀입니다. 그때 이스라엘 백성은 요단 강 동쪽 광야, 곧 숩 맞은편, 바란과 도벨, 라반, 하세롯, 디사합 마을들 사이에 있는 아라바 광야에 있었습니다. 시내 산에서 세일 산길로 가데스바네아까지 가는 데는 십일 일이 걸립니다. 이스라엘 백성이 이집트에서 떠난 지 이미 사십 년이 되던 해의 열한 번째 달 첫째 날에 모세는 여호와께서 말하라고 명령하신 모든 말씀을 백성들에게 다 전했습니다. 그때는 모세가 시혼과 옥을 물리친 뒤였습니다. 시혼은 아모리 백성의 왕이었으며 헤스본에 살았습니다. 옥은 바산의 왕이었으며 아스다롯과 에드레이에 살았습니다. 이스라엘 백성은 요단 강 동쪽 모압 땅에 있었습니다. 그곳에서 모세는 하나님의 명령을 설명해 주기 시작했습니다. 모세가 말했습니다. "우리의 하나님 여호와께서 시내 산에서 우리에게 말씀하셨소. '너희는 이 산에서 오랫동안 머물러 있었다. 이제 길을 떠날 준비를 하고 아모리 사람들의 산악 지방으로 가거라. 그리고 그 둘레의 모든 땅, 곧 요단 골짜기와 산지와 서쪽 평지와 남쪽 지방과 해안 지방과 가나안 땅과 레바논으로 가거라. 큰 강, 곧 유프라테스까지 가거라. 보아라. 내가 이 땅을 너희에게 줄 것이다.
가서 그 땅을 차지하여라. 나 여호와가 그 땅을 너희 조상, 곧 아브
라함과 이삭과 야곱과 그 자손들에게 주기로 약속했다.'"

지도자를 세우는 모세

"그때에 내가 여러분에게 말했소. '나는 혼자서 여러분을 돌볼
힘이 없소. 여러분의 하나님 여호와께서 여러분의 수를 하늘의 별처
럼 많게 해 주셨소. 나는 여러분 조상의 하나님 여호와께서 백성의
수를 천 배나 많게 해 주시고 그분께서 이미 약속하신 대로 여러분
에게 복을 주시기를 원하오. 하지만 여러분의 문제와 다툼을 나 혼
자서는 다 해결할 수가 없소. 그러니 각 지파에서 몇 사람씩을 뽑
되 지혜와 경험이 있는 현명한 사람들을 뽑으시오. 내가 그 사람들
을 여러분의 지도자로 세우겠소.' 그랬더니 여러분은 '좋은 생각입
니다'라고 대답했소. 그래서 나는 여러분의 지파에서 지혜롭고 경험
있는 사람들을 뽑아 여러분의 지도자로 세웠소. 천부장과 백부장,
오십부장과 십부장을 가려 여러분 각 지파의 지휘관으로 세웠소.
그런 다음에 나는 여러분의 재판관들에게 말했소. '백성 사이의 다
툼을 잘 듣고 이스라엘 백성 사이의 일이나 이스라엘 백성과 외국
인 사이의 일이나 모두 공정하게 재판하시오. 재판을 할 때는 사람
의 얼굴을 보지 말고 신분이 높은 사람과 낮은 사람의 말을 똑같이
들어 주시오. 재판은 하나님께 속한 일이니 사람을 두려워하지 마
시오. 어려운 문제가 생기면 나에게 가져오시오. 내가 듣고 결정을
내리겠소.' 그때에 나는 여러분이 해야 할 일을 다 말해 주었소."

정탐꾼들이 가나안 땅에 들어가다

"우리는 우리 하나님 여호와께서 명령하신 대로 시내 산을 떠

났소. 우리는 아모리 사람들이 사는 산지 쪽으로 가다가 여러분이
보았던 넓고 무서운 광야를 지나 가데스바네아에 이르렀소. 그때
에 내가 여러분에게 말했소. '이제 여러분은 우리 하나님 여호와께
서 우리에게 주실 아모리 사람의 산지에 이르렀소. 보시오. 여러분
의 하나님 여호와께서는 이 땅을 여러분에게 주셨소. 일어나서 여
러분의 하나님께서 여러분에게 약속하신 대로 저 땅을 차지하시오.
두려워하지 말고 걱정하지도 마시오.' 그러자 여러분 모두가 나에게
와서 말했소. '저 땅을 정탐할 사람을 먼저 보냅시다. 그래서 우리
가 올라갈 길과 우리가 들어갈 성에 대해 먼저 보낸 사람들의 이야
기를 들어 보도록 합시다.' 그것은 내가 듣기에도 좋은 생각이었으
므로 나는 한 지파에서 한 사람씩 열두 명을 뽑았소. 그들은 길을
떠나 산지로 올라가 에스골 골짜기에 이르러 그 땅을 정탐했소. 그
들은 그 땅에서 자란 열매 가운데 얼마를 가지고 내려와서는 '우리
하나님 여호와께서 우리에게 주시는 땅은 매우 좋은 땅입니다'라고
말했소."

이스라엘 백성의 불순종

"그러나 여러분은 들어가려 하지 않았소. 여러분은 여러분의 하
나님 여호와께서 명령하시는 것에 복종하지 않았소. 여러분은 장막
안에서 불평하며 이렇게 말했소. '여호와께서는 우리를 미워하신다.
우리를 아모리 사람에게 내어주려고 우리를 이집트에서 인도해
내셨다. 이제 우리가 어디로 갈 수 있겠느냐? 우리가 보낸 정탐꾼
들은 우리를 겁에 질리게 만들었다. 그들은 저 땅 사람들이 우리보
다 더 크며 강하다고 말했다. 저들의 성은 크고 그 성벽은 하늘까
지 닿았으며 그곳에서 아낙 사람들을 보았다고 말했다.' 그때에 내
가 여러분에게 말했소. '겁내지 마시오. 저 백성들을 두려워하지 마

시오. 여러분의 하나님 여호와께서 앞장서실 것이오. 이집트에서 여러분이 보는 가운데 여러분을 위해 싸워 주셨던 것처럼 지금도 싸워 주실 것이오. 여러분도 보았듯이 여러분의 하나님 여호와께서 여러분을 인도해 주셨소. 마치 아들을 보살피는 아버지와 같이 이곳까지 오는 동안 여러분을 안전하게 인도해 주셨소.' 그런데도 여러분은 여러분의 하나님 여호와를 믿지 않았소. 여러분이 이동할 때는 여호와께서 앞서가셔서 여러분이 진 칠 곳을 찾아 주셨소. 밤에는 불로, 낮에는 구름으로 인도하셨고 어느 길로 가야 할지도 보여 주셨소.

그러나 여러분이 하는 말을 듣고는 매우 노하셨소. 그래서 이렇게 맹세하셨소. '내가 너희 조상에게 좋은 땅을 주기로 약속했지만 너희 못된 백성은 그 땅을 보지 못할 것이다. 오직 여분네의 아들 갈렙만이 그 땅을 볼 것이다. 갈렙이 나를 온전하게 따랐으므로 갈렙과 그의 자손에게 갈렙이 밟았던 땅을 줄 것이다.' 여러분 때문에 여호와께서는 나에게도 노하셔서 이렇게 말씀하셨소. '너도 그 땅에 들어가지 못할 것이다. 그러나 너의 시종인 눈의 아들 여호수아는 그 땅에 들어갈 것이다. 여호수아는 이스라엘을 인도하여 그 땅을 차지하게 할 것이므로 그에게 용기를 불어넣어 주어라.' 주께서 우리에게 '너희는 너희의 아이들이 그 땅의 원수들에게 사로잡혀 갈 것이라고 말했다. 그러나 그 아이들, 곧 너무 어려서 옳고 그른 것을 가리지 못하는 너희 자녀들에게는 그 땅을 줄 것이다. 그들은 그 땅을 차지할 것이다. 너희는 발길을 돌려라. 홍해 길을 따라 광야 쪽으로 가거라' 하고 말씀하셨소.

그러자 여러분이 나에게 말했소. '우리가 여호와께 죄를 지었습니다. 그러나 지금은 여호와께서 우리에게 명령하신 대로 올라가서 싸우겠습니다.' 그리고 나서 여러분 모두는 무기를 들었소. 여러분은 저 산지로 올라가는 것이 쉬운 일이라고 생각했소. 그러나 여호와께서 나에게 말씀하셨소. '백성에게 올라가지 말고 싸우지도 말라고 일러라. 나는 저들과 함께하지 않을 것이다. 저들의 원수가 저들을 싸워 이길 것이다.' 내가 이 말씀을 일러 주었는데도 여러분은 내 말을 들으려 하지 않았고 여호와의 명령에 복종하지 않았소. 여러분은 교만한 마음으로 산지로 올라갔소. 산지에 사는 아모리 사람들이 나와서 여러분과 싸웠고 그들은 벌 떼처럼 여러분을 뒤쫓았소. 그들은 세일 산에서 호르마까지 쫓아와 여러분을 물리쳐 이겼소. 여러분은 돌아와서 여호와께 부르짖었소. 그러나 여호와께서는 여러분의 부르짖음에 귀 기울이지 않으셨소. 여호와께서는 여러분의 말을 듣지 않으셨소. 그래서 여러분은 오랫동안 가데스에 머물렀소."

🌿 이스라엘이 광야에서 떠돌아다니다

"그 후에 우리는 발길을 돌려 여호와께서 말씀하신 대로 광야 길을 따라 홍해 쪽으로 갔소. 우리는 여러 날 동안 세일 산에서 맴돌았소. 그때 여호와께서 나에게 말씀하셨소. '너희가 이 산지에서 충분히 맴돌았으니 이제는 북쪽으로 가거라.'

형제 족속을 해치지 말라

그리고 이렇게 전하라고 말씀하셨소. '너희는 곧 세일 땅을 지나게 될 것이다. 이 땅은 너희 친척, 곧 에서 자손의 땅이다. 그들은 너희를 두려워할 것이다. 그러나 매우 조심하고 그들과 다투지 마라. 그들의 땅은 너희에게 조금도 주지 않을 것이다. 나는 세일 산지를 에서의 몫으로 주었다. 너희가 음식이 필요하면 돈을 주고 사 먹어야 하며 물 또한 돈을 주고 사 먹어야 한다. 너희의 하나님 나 여호와는 너희가 하는 모든 일에 복을 주었다. 이 넓은 광야를 지나는 동안에 너희를 지켜 주었으며 이 사십 년 동안 나 여호와는 너희와 함께 있었다. 그리하여 너희에게는 부족한 것이 하나도 없었다.' 그래서 우리는 우리의 친척, 곧 세일 산에서의 자손이 사는 땅을 돌아서 갔소.

우리는 엘랏과 에시온게벨 마을에서 시작되는 아라바로 방향을 바꾸어 모압의 광야 길을 따라 이동했소. 여호와께서 나에게 말씀하셨소. '모압 백성을 괴롭히지 마라. 그들과 다투지 마라. 그들의 땅은 너희에게 조금도 주지 않을 것이다. 내가 롯의 자손에게 아르 땅을 주었다.' (전에 아르에는 엠 사람이 살았습니다. 그들은 강한 백성이었고 그 수도 많았습니다. 그들은 아낙 사람들처럼 키도 매우 컸습니다. 에밈 사람은 아낙 사람처럼 르바임 사람으로 알려졌지만 모압 백성은 그들을 에밈 사람이라고 불렀습니다. 호리 사람도 전에는 세일에 살았습니다. 그러나 에서 백성이 호리 사람을 몰아내고 그들의 땅을 차지했습니다. 마치 이스라엘 백성이 여호와께서 그들에게 주신 땅에 사는 가나안 사람들을 몰아내고 그 땅을 차지한 것처럼 말입니다.) 여호와께서 나에게 말씀하셨소. '이제 일어나서 세렛 골짜기를 건너라.' 그래서 우리는 그 골짜기를 건넜소. 가데스바네아를 떠나 세렛 골짜기를 건너기까지는 삼십팔 년이 걸렸소. 그동안 여호와께서 맹세하신 것처럼 가데스바네아를 떠났을 때의 군인은 다 죽었소. 이는 여호와께서 그들의 진중에 남아 있는 사람이 하나도 없을 때까지 그들을 치셨기 때문이오.

그래서 군인이란 군인은 마지막 한 사람까지 다 죽었소. 여호와께서 나에게 말씀하셨소. '너는 오늘 모압의 경계인 아르를 지나야 한다. 너는 암몬 백성이 사는 곳에 이를 때 그들을 괴롭히지 마라. 그들과 다투지 마라. 그들의 땅은 너에게 주지 않을 것이다. 그 땅은 내가 롯의 자손에게 준 땅이다.'"(그 땅은 또한 르바임 사람의 땅으로 알려졌습니다. 이는 전에는 르바임 사람이 그 땅에 살았기 때문입니다. 암몬 사람은 그들을 삼숨밈 사람이라고 불렀습니다. 그들은 강한 백성이었고 그 수도 많았습니다. 그들은 아낙 사람처럼 키도 매우 컸습니다. 여호와께서는 암몬 사람들 앞에서 삼숨밈 사람을 멸망시키셨습니다. 암몬 사람은 삼숨밈 사람을 그 땅에서 쫓아내고 그 땅을 차지했습니다. 여호와께서는 에서 자손에게도 같은 일을 해 주셨습니다. 에서 자손은 세일에 살았습니다. 여호와께서는 호리 사람을 멸망시키셨습니다. 에서 자손은 호리 사람을 그 땅에서 쫓아내고 그 땅을 차지해서 지금까지 살고 있습니다. 갑돌 섬에서 갑돌 사람이 와서 아위 사람을 물리쳤습니다. 아위 사람은 가사 주변의 여러 마을에 살고 있었으나 갑돌 사람이 아위 사람을 물리치고 그들의 땅을 차지했습니다.)

아모리 사람과의 싸움

"여호와께서 말씀하셨소. '일어나라. 아르논 시내를 건너라. 보아라. 내가 헤스본의 왕 아모리 사람 시혼을 이길 힘을 너희에게 줄 것이다. 그리고 그의 땅을 너희에게 주겠다. 그러니 시혼과 싸워서 그의 땅을 차지하여라. 오늘 내가 온 세계의 모든 백성이 너희를 두려워하게 만들겠다. 그들은 두려워 떨 것이며 그들은 너희를 무서워할 것이다.'

나는 그데못 광야에서 헤스본 왕 시혼에게 사신들을 보내어 다음과 같은 평화의 말을 전하게 하였소. '왕의 나라를 지나가게 해 주십시오. 우리는 길로만 다니고 왼쪽으로나 오른쪽으로 벗어나지 않겠습니다. 음식도 돈을 주고 사 먹고 물도 그 값을 지불하겠습니다. 그저 왕의 나라를 걸어서 지나가게만 해 주십시오. 세일의 에서 자손은 우리를 자기 나라로 지나가게 해 주었습니다. 아르의 모압 사람도 그러했습니다. 우리는 요단 강을 건너 우리 하나님 여호와께서 우리에게 주신 땅으로 들어가기만 하면 됩니다.' 그러나 헤스본 왕 시혼은 우리를 지나가지 못하게 했소. 여러분의 하나님 여호와께서 시혼의 완고한 성품을 드러내 보여 주셨소. 여호와께서는 시혼을 멸망시킬 생각이셨소. 그리고 지금 여호와께서 생각하신 대로 이루어졌소. 여호와께서 나에게 말씀하셨소. '보아라. 내가 시혼과 그의 나라를 너에게 주겠다. 그러니 그 땅을 차지하여라.' 시혼과 그의 모든 군대가 몰려나와 야하스에서 우리와 싸웠소. 우리 하나님 여호와께서 시혼을 우리에게 넘겨주었소. 우리는 시혼과 그의 아들들과 그의 군대를 물리쳐 이겼소. 우리는 시혼의 성을 모두 차지했소. 그리고 남자, 여자, 아이들 할 것 없이 다 없애 버렸소. 아무도 살려 두지 않았소. 소 떼를 비롯해 성에서 빼앗은 물건들은 우리의 전리품으로 삼았소. 우리는 아르논 골짜기 끝의 아로엘에서부터 골짜기 안의 마을과 길르앗까지 물리쳐서 이겼소. 우리를 당할 성은 없었소. 우리 하나님 여호와께서 그 모든 성을 우리에게 주셨소. 그러나 우리는 우리의 하나님 여호와께서 명령하신 대로 암몬 땅 가까이로는 가지 않았소. 얍복 강 근처와 산지의 마을들 근처로도 가지 않았소."

바산에서 옥과 싸우다

"그 후에 우리는 발길을 돌려 바산 쪽으로 가는 길을 따라 올라갔소. 바산 왕 옥과 그의 모든 군대가 나와 에드레이에서 우리와 싸웠소. 여호와께서 나에게 말씀하셨소. '옥을 두려워하지 마라. 내가 옥과 그의 모든 군대와 그의 땅을 너에게 넘겨줄 것이다. 너는 헤스본에서 다스리던 아모리 사람들의 왕 시혼을 무찔

렀듯이 옥도 무찔러라.' 우리 하나님 여호와께서 바산 왕 옥과 그
의 모든 군대를 우리에게 넘겨주셨으므로 우리는 그들을 다 물리쳤
소. 아무도 살려 두지 않았소. 그리고 우리는 옥의 성들을 차지했
소. 차지하지 못한 성읍은 하나도 없었소. 우리가 차지한 옥의 성
은 모두 육십 개였소. 우리는 바산에 있던 옥의 나라인 아르곱의
모든 지역을 차지했소. 우리가 차지한 성은 모두 견고한 성이었소.
성마다 높은 성벽이 있었고 문에는 빗장이 있었소. 또한 성벽이 없
는 자그마한 마을들도 있었소. 우리는 헤스본 왕 시혼의 성들을 쳐
부순 것과 마찬가지로 그 성들을 완전히 쳐부수었소. 그리고 남자,
여자, 아이들 할 것 없이 다 없애 버렸소. 소 떼를 비롯해 성에서 빼
앗은 물건들은 우리의 전리품으로 삼았소. 우리는 요단 강 동쪽 땅
을 아모리 두 왕, 곧 시혼과 옥에게서 빼앗았소. 우리가 빼앗은 땅
은 아르논 시내에서부터 헤르몬 산까지요. (시돈 사람은 헤르몬 산
을 시룐이라고 불렀고 아모리 사람은 스닐이라고 불렀습니다.) 우
리는 고원 지대의 모든 성과 길르앗 전체를 차지했소. 살르가와 에
드레이까지 바산 전체를 빼앗았소. 이 마을들은 바산 왕 옥의 나라
에 있던 마을들이오." (르바임 사람 가운데 살아남은 사람은 바산
왕 옥뿐이었습니다. 옥의 침대는 쇠로 만든 것입니다. 그 침대는 길
이가 구 규빗이나 되었고 너비는 사 규빗이나 되었습니다. 그 침대
는 지금도 암몬 사람의 성 랍바에 있습니다.)

요단 강 동편의 땅을 나눔

"우리가 이 땅을 차지하였을 때에 나는 아르논 시냇가의 아로
엘 지역과 길르앗 산지의 절반과 그 안의 성들을 르우벤 자손과 갓
자손에게 주었소. 동쪽의 므낫세 지파 절반에게는 길르앗의 나머
지 땅과 옥의 나라인 바산 전체를 주었소. (바산의 아르곱 지역은

르바임 사람들의 땅이라고도 불렀습니다. 므낫세의 자손인 야일은 아르곱 지역 전체를 차지했습니다. 그 땅은 그술 사람과 마아갓 사람의 땅의 경계까지입니다. 그 땅의 이름은 야일의 이름을 따서 붙인 것입니다. 그래서 오늘까지 바산을 야일 마을이라는 뜻으로 하봇야일이라고도 부릅니다.) 나는 길르앗을 마길에게 주었소. 그리고 르우벤 자손과 갓 자손에게는 길르앗에서부터 시내의 한가운데를 경계로 하는 아르논 시내까지 주었고, 또 암몬의 경계인 얍복 강까지 주었소. 그것의 서쪽 경계는 긴네렛에서 아라바 바다라고도 하는 사해까지 이어지고 비스가 산기슭 아래의 아라바에 위치한 요단 강이었소.

그때, 내가 여러분에게 이렇게 명령했소. '여러분의 하나님 여호와께서 이 땅을 여러분의 것으로 주셨소. 이제 여러분 가운데 군인은 무기를 들고 다른 이스라엘 백성보다 먼저 강을 건너야 하오. 여러분의 아내와 어린 자식과 짐승은 이곳에 머물러 있어도 좋소. 여러분에게 짐승이 많다는 것을 내가 알고 있으니 그 짐승들은 내가 여러분에게 준 성들에 남겨 두어도 좋소. 장차 여러분의 형제 이스라엘 백성도 편히 쉴 곳을 얻을 것이오. 그들은 하나님 여호와께서 주신 요단 강 건너편 땅을 받을 것이오. 그런 다음에는 여러분도 내가 여러분에게 준 땅으로 돌아갈 수 있을 것이오.' 그때에 나는 여호수아에게 이렇게 명령했소. '너는 네 눈으로 너희의 하나님 여호와께서 이 두 왕에게 하신 일을 보았다. 여호와께서 네가 지나갈 모든 나라에게도 똑같은 일을 하실 것이다. 그들을 두려워하지 마라. 너희 하나님 여호와께서 너희를 위해 싸워 주실 것이다.'"

모세는 가나안 땅에 들어갈 수 없다

"그때에 내가 여호와께 간절히 부탁드렸소. '주 여호와여, 주께

서는 주님의 종인 저에게 주께서 얼마나 위대하신가를 보여 주기 시
작하셨습니다. 주님은 위대한 힘을 가지고 계신 분입니다. 하늘이
나 땅의 다른 어떤 신도 주께서 하신 것과 같은 위대한 일들을 할
수 없습니다. 주님과 같은 신은 하나도 없습니다. 제발 저도 요단
강을 건널 수 있게 해 주십시오. 저도 저 아름다운 산들과 레바논
을 보고 싶습니다.' 그러나 여호와께서는 여러분으로 인해 나에게도
노하셨소. 그래서 내 말을 들으려고 하지 않으셨소. 여호와께서는
나에게 이렇게 말씀하셨소. '이것으로 만족하여라. 그 일에 관해서
는 더 이상 말하지 마라. 비스가 산 꼭대기로 올라가서 서쪽과 북
쪽과 남쪽과 동쪽을 둘러보아라. 너는 그 땅을 볼 수는 있어도 요
단 강을 건널 수는 없을 것이다. 여호수아를 불러 세워라. 그에게
용기를 불어넣고 힘을 주어라. 여호수아는 이 백성을 이끌고 저 강
을 건널 것이며, 네가 보는 땅을 그들에게 유산으로 나누어 줄 것이
다.' 그때에 우리는 벧브올 맞은편 골짜기에 머물러 있었소."

모세가 이스라엘 백성에게 하나님께 복종할 것을 가르침

"이스라엘 백성들이여, 내가 여러분에게 가르칠 율법과 명령
에 귀를 기울이시오. 그 말씀에 복종하시오. 그러면 여러
분이 살 것이오. 그리고 저리로 건너가 여러분 조상의 하나님 여호
와께서 주시는 저 땅을 차지할 것이오. 내가 여러분에게 전하는 이
말씀에 다른 것을 더하거나 빼지 말고 내가 여러분에게 전하는 하
나님 여호와의 명령에 복종하시오. 여러분은 여호와께서 바알브올
에서 하신 일을 직접 보았소. 여러분의 하나님 여호와께서는 브올
에서 바알을 따르던 사람들을 하나도 빠짐없이 여러분 가운데서 없
애 버리셨소. 그러나 여러분은 하나님 여호와를 끝까지 따랐으므로
지금까지 살아 있소. 보시오. 내가 여러분에게 나의 하나님 여호와

께서 나에게 명령하신 대로 율법과 규례를 가르쳐 주었소. 이것은 여러분이 이제 들어가 차지할 땅에서 그대로 복종하도록 하기 위한 것이오. 마음을 다하여 이 율법에 복종하시오. 이로 말미암아 다른 백성들이 여러분에게 지혜와 슬기가 있음을 알게 될 것이오. 그들은 이 율법에 관해 듣고 '이 위대한 나라 이스라엘의 민족은 지혜롭고 슬기로운 백성이다'라고 말할 것이오. 다른 나라의 신은 그 백성에게 가까이 가지 않지만 우리 하나님 여호와께서는 우리가 기도할 때마다 우리에게 가까이 오신다오. 우리처럼 위대한 나라가 어디 있소? 또한 내가 오늘 여러분에게 주는 것과 같이 이처럼 좋은 가르침과 명령을 가진 위대한 나라가 어디 있소?

그러나 조심하고 정신을 차리시오. 여러분이 본 것들을 잊지 않도록 하시오. 평생토록 이 모든 일들이 여러분의 마음에서 떠나지 않게 하시오. 그것을 여러분의 자손에게 가르쳐 대대로 알게 하시오. 여러분이 시내 산에서 여러분의 하나님 여호와 앞에 섰던 것을 기억하시오. 여호와께서 나에게 이렇게 말씀하셨소. '백성을 데려와서 내 말을 듣게 하여라. 내가 그들을 가르쳐 이 땅에서 사는 동안 나를 존경할 줄 알게 하고 또 그 자손들에게도 그렇게 가르치도록 할 것이다.' 그리하여 여러분은 산기슭에 가까이 와 섰소. 산에서는 불길이 치솟아 하늘까지 닿았고 검은 구름이 산을 덮어 매우 어두워졌소. 그때에 여호와께서 여러분에게 불 가운데서 말씀하셨소. 여러분은 말씀하시는 소리는 들었으나 여호와의 모습은 보지 못했소. 오직 목소리만 들었소. 여호와께서는 여호와의 언약에 관해 말씀하셨소. 그것은 십계명이었소. 여호와께서는 십계명에 복종하라고 말씀하시고 친히 돌판 두 개 위에 십계명을 써 주셨소. 그리고는 여러분에게 율법과 규례를 가르치라고 나에게 명령하셨소. 이는 여러분이 요단 강을 건너가 차지할 땅에서 복종케 하기 위함이오."

우상에 관한 율법

"여호와께서 시내 산 불길 속에서 여러분에게 말씀하셨을 때 여러분은 주님의 모습을 보지 못했소. 그러니 여러분은 이 사실을 마음 깊이 새겨 두시오. 어떤 종류든지 우상을 만들어 죄를 짓지 마시오. 남자나 여자의 모습으로 우상을 만들지 마시오. 땅의 짐승이나 하늘을 나는 새의 모습으로도 우상을 만들지 마시오. 땅 위에 기는 어떤 것의 모습으로도 우상을 만들지 말고 물속의 어떤 물고기의 모습으로도 우상을 만들지 마시오. 눈을 들어 하늘을 바라보면 해와 달과 별들이 보이겠지만 그것들에게 절하거나 그것들을 경배하지 마시오. 그것들은 여러분의 하나님 여호와께서 이 세상의 모든 백성을 위해 만들어 주신 것이오. 여호와께서는 여러분을 택하시고 쇠를 녹이는 용광로와 같은 이집트에서 여러분을 인도해 내셨소. 그것은 주님의 백성으로 삼으신 지금처럼 여러분을 주님의 소유로 삼기 위함이었소. 여호와께서는 여러분 때문에 나에게 노하셨소. 그리고 내가 요단 강을 건너지 못할 것이라고 맹세하셨소. 나는 여러분의 하나님 여호와께서 여러분에게 주시는 그 좋은 땅으로 들어가지 못할 것이오. 나는 요단 강을 건너지 못하고 이 땅에서 죽을 것이오. 그러나 여러분은 이 강을 건너 그 좋은 땅을 차지하시오. 조심하시오. 여러분은 하나님 여호와께서 여러분과 맺은 언약을 잊지 말고 어떤 우상도 만들지 마시오. 여러분의 하나님 여호와께서는 그런 일을 하지 말라고 명령하셨소. 여러분의 하나님 여호와께서는 질투하시는 하나님이시며 모든 것을 살라 버리시는 불과 같은 하나님이시오.

여러분은 저 땅에서 대대로 자식을 낳으며 오래오래 살게 될 것이오. 그러나 악한 일은 하지 마시오. 어떤 종류의 우상도 만들지 마시오. 여호와께서 악하다고 말씀하신 일은 하지 마시오. 그런 일을 행하여 여호와를 노하시게 만든다면 오늘 내가 하늘과 땅을 증거자로 삼아 말하건대 여러분은 얼마 가지 않아 요단 강을 건너가 차지할 그 땅에서 망하게 될 것이오. 저 땅에서 얼마 살지 못하고 완전히 멸망할 것이오. 여호와께서 여러분을 다른 나라들 가운데 흩어 놓으실 것이오. 여러분 가운데 얼마 되지 않는 사람만이 살아남을 것이오. 그리고 그 사람들도 여호와께서 쫓아 보내는 다른 나라에 있게 될 것이오. 거기에서 여러분은 나무와 돌로 만들어 보지도, 듣지도, 먹지도 못하며, 냄새도 맡지 못하는 우상을 섬길 것이오. 그러나 거기에서도 여러분은 여러분의 하나님 여호와를 찾을 수 있을 것이오. 찾기만 하면 찾을 수 있을 것이오. 그러나 하나님을 찾으려면 온몸과 마음을 다해 찾아야 할 것이오. 이 모든 일이 일어나면 여러분은 고통을 받을 것이오. 그러나 그런 일이 있은 후에 여러분은 여러분의 하나님 여호와께 돌아오고 그분의 말씀에 복종하게 될 것이오. 여러분의 하나님 여호와는 자비로운 하나님이시오. 주님께서는 여러분을 버리지도 멸망시키지도 않으실 것이오. 주님께서는 여러분의 조상과 굳은 맹세로 맺으신 언약을 잊지 않으실 것이오."

여호와께서는 위대하시다

"이와 같은 일이 전에는 일어나지 않았소. 여러분이 태어나기도 훨씬 전인 옛날을 생각해 보시오. 하나님께서 이 땅 위에 사람을 지으셨을 때를 돌이켜 보시오. 하늘의 이쪽 끝에서부터 저쪽 끝까지 살펴보시오. 이와 같은 일은 들어 본 적도 없었소. 어떤 백성이 하나님께서 불 가운데서 말씀하시는 것을 듣고 여러분처럼 살아남은 일이 있었소? 어떤 신이 한 나라를 다른 나라로부터 이끌어 낸 적이 있었소? 여러분의 하나님 여호와께서는 시험과 표적과 기적과 전쟁과 위엄으로 여러분을 이집트 땅에서 이끌어 내셨소. 여호와께서는 여러분이 보는 앞에서 여러분을 위하여 크신 능력과 힘으로 그 일을 행하셨소. 여호와께서 여러분에게 그 일들을 보여 주신 것은 여호와만이 하나님이요, 여호와 외에 다른 하나님은 없다는 것을 보여 주시기 위함이오. 여호와께서는 여러분을 가르치시려고 하늘에서 말씀하시고, 땅에서는 여호와의 크신 불을 여러분에게 보여 주셨소. 여러분은 그 불 속에서 여호와께서 말씀하시는 소리를 들었소. 여호와께서는 여러분의 조상을 사랑하셔서 그들의 자손인 여러분을 선택하셨소. 여호와께서는 크신 능력으로 여러분을 이집트에서 인도해 내셨소. 여호와께서는 여러분 앞에서 여러분보다 크고 강한 나라들을 그 땅에서 쫓아내셨소. 그리고 여러분을 그들의 땅에 들이시고 그 땅을 차지하게 하셨소. 그래서 지금 그 땅은 여러분의 땅이 되었소. 이제 여호와께서 하나님이심을 알고 믿으시오. 주님께서는 저 위의 하늘에서도 그리고 저 아래 땅에서도 하나님이시오. 다른 신은 없소. 내가 오늘 여러분에게 주는 여호와의 율법과 명령에 복종하시오. 복종하면 여러분과 여러분의 자손은 잘될 것이오. 여러분은 여러분의 하나님 여호와께서 여러분에게 영원히 주시는 이 땅에서 오랫동안 살 수 있을 것이오.”

도피성

모세는 요단 강 동쪽에서 세 성을 뽑았습니다. 미워하는 마음이 없이 실수로 사람을 죽인 사람은 그 성으로 도망갈 수 있었으며, 그 세 성 중 어느 한 성으로만 도망가면 목숨을 건질 수 있었습니다. 한 성은 고원 광야에 있는 베셀로 르우벤 자손을 위한 것이고, 또 한 성은 길르앗에 있는 라못으로 갓 자손을 위한 것이었으며, 또 한 성은 바산에 있는 골란인데 므낫세 자손을 위한 것이었습니다.

모세가 준 율법

모세가 이스라엘 백성에게 준 가르침은 다음과 같습니다. 이것은 이스라엘 백성이 이집트에서 나왔을 때 모세가 준 규례와 명령과 율법입니다. 이스라엘 백성은 그때 벧브올에서 가까운 골짜기에 있었습니다. 그곳은 요단 강 동쪽이며 시혼의 땅이었습니다. 시혼은 아모리 사람들의 왕이었습니다. 시혼은 헤스본에서 왕으로 있었는데 이집트에서 나온 모세와 이스라엘 백성들이 쳐서 멸망시킨 왕이었습니다. 이스라엘 백성은 시혼의 땅을 차지했습니다. 또 바산 왕 옥의 땅도 차지했습니다. 이 두 사람은 요단 강 동쪽에 있던 아모리 족속의 왕이었습니다. 이스라엘 백성이 차지한 땅은 아르논 시내가 있는 아로엘에서부터 시온 산, 곧 헤르몬 산까지였으며 비스가 산기슭 아래, 아라바 바다만큼이나 먼 요단 강 동쪽 아라바 전 지역을 포함하고 있었습니다.

십계명

모세가 이스라엘 백성을 다 모아 놓고 말했습니다. "이스라엘 백성들이여, 내가 오늘 여러분에게 주는 명령과 율법을 귀담아듣고 잘 배우며 부지런히 지키시오. 우리 하나님 여호와께서 우리와 시내 산에서 언약을 맺으셨소. 우리 조상들과 맺으신 것이 아니라 우리와 맺으신 것이오. 오늘까지 여기에 살아 있는 우리 모두와 맺으셨소. 여호와께서는 여러분에게 얼굴과 얼굴을 맞대고 말씀하셨으며 산 위의 불 가운데서 말씀하셨소. 그때 나는 여러분과 여호와 사이에 서 있었소. 나는 여호와께서 말씀하신 것을 여러분에게 전했소. 여러분은 불을 두려워하여 산에 가까이 가려 하지 않았소. 여호와께서 말씀하셨소.

'나는 너희가 종으로 있던 이집트에서 너희를 인도해 낸 너희의 하나님 여호와이다.

너희는 나 외에 다른 신들을 섬기지 마라.

너희는 어떤 우상도 만들지 마라. 저 위로 하늘에 있는 것이든 저 아래로 땅에 있는 것이든 땅 아래 물에 있는 것이든 그 어떤 모습의 우상도 만들지 마라. 너희는 어떤 우상에게도 예배하지 말고 절하지 마라. 이는 나 여호와 너희의 하나님은 질투하는 하나님이기 때문이다. 나에게 죄를 짓고 나를 미워하는 사람에게는 삼사 대 자손에게까지 벌을 내릴 것이다. 그러나 나를 사랑하고 나의 명령에 복종하는 사람에게는 수천 대 자손에게까지 자비를 베풀 것이다.

너희는 너희 하나님 나 여호와의 이름을 함부로 쓰지 마라. 왜냐하면 나 여호와는 내 이름을 함부로 부르는 사람을 죄 없는 사람으로 보지 않기 때문이다.

안식일을 거룩한 날로 지켜라. 나 여호와 너희의 하나님이 그렇게 명령하였다. 너희는 육 일 동안 힘써서 모든 일을 하여라. 그러나 칠 일째 되는 날은 너희 하나님 나 여호와를 기리며 쉬는 날이다. 그날에는 아무도 일하지 마라. 너나 너의 아들이나 딸이나 너의 남종이나 여종이나 그 누구도 일하지 마라. 또한 너희 소나 나귀나 그 밖에 어떤 가축도 일하게 하지 마라. 그리고 너희 성에서 사는 외국인도 일해서는 안 된다. 너희와 마찬가지로 너희 종들도 쉬게 하여라. 너희가 이집트에서 종 되었을 때 너희 하나님 나 여호와는 큰 힘과 능력으로 너희를 이집트에서 인도해 내었다. 그러므로 너희 하나님 나 여호와가 너희에게 안식일을 지키라고 명령하는 것이다.

너희는 너희 하나님 나 여호와가 명령한 대로 너희 아버지와 어머니를 잘 섬겨라. 그리하면 너희 하나님 나 여호와가 너희에게 영원히 주는 이 땅에서 오랫동안 잘 살 수 있을 것이다.

너희는 살인하지 마라.

너희는 간음하지 마라.

너희는 도둑질하지 마라.

너희는 재판을 할 때 이웃에 대하여 거짓 증언을 하지 마라.

너희는 이웃의 아내를 탐내지 마라. 너희는 이웃의 집이나 땅이나 남종이나 여종이나 소나 나귀를 탐내지 마라. 이웃의 것은 어떤 것도 탐내지 마라.'

여호와께서는 이 명령을 그 산 위에서 여러분 모두에게 주셨소. 여호와께서는 이 명령을 불 가운데서 큰 소리로 말씀하셨소. 또한 구름 속에서 그리고 깊은 어둠 속에서 말씀하셨소. 그리고는 더 이상 아무 말씀도 하지 않으시고 이 말씀을 두 돌판에 새겨서 나에게 주셨소. 여러분이 산이 불타는 동안 어둠 속에서 들려오는 목소리를 들었을 때 여러분의 모든 지파의 장로들과 지도자들은 나에게 나아왔소. 여러분은 이렇게 말했소. '우리 하나님 여호와께서 영광과 위엄을 우리에게 보여 주셨습니다. 우리는 불 가운데서 여호와의 목소리를 들었습니다. 우리는 오늘 하나님께서 말씀하시는 소리를 듣고도 살 수 있다는 것을 보았습니다. 그런데 지금은 우리가 죽게 생겼습니다. 이 큰불이 우리를 삼키려고 합니다. 우리 하나님 여호와께서 우리에게 말씀하시는 소리를 한 번만 더 들으면 우리는 죽고 말 것입니다. 살아 계신 하나님께서 불 가운데서 말씀하시는 소리를 듣고도 살아남은 사람은 한 사람도 없었으나 우리는 살아남았습니다. 모세여, 당신이 가까이 나아가서 우리 하나님 여호와께서 말씀하시는 것을 다 들으시고 우리에게 일러 주십시오. 그러면 우리가 듣고 복종하겠습니다.'

여호와께서는 여러분이 나에게 하는 말을 들으셨소. 그래서 여호와께서는 나에게 말씀하셨소. '백성이 너에게 하는 말을 나도 들었다. 그들이 한 말은 다 옳으니라. 그들이 언제나 이런 마음으로 나를 두려워하고 내 명령에 복종하기를 원한다. 그러면 그들과 그들의 자손이 영원토록 잘될 것이다. 가서 백성에게 자기 장막으로 돌아가라고 일러라. 그러나 너는 나와 함께 여기에 머물러 있어라. 내가 너에게 모든 명령과 규례와 율법을 줄 것이다. 너는 그것을 백성에게 가르쳐서 내가 그들에게 주는 땅에서 그것을 잘 지키게 하여라.' 그러니 여러분의 하나님 여호와께서 여러분에게 명령하신 것을 잘 지키도록 하시오. 여호와의 명령에서 오른쪽으로나 왼쪽으로 벗어나지 말고 그대로 지키시오. 여러분의 하나님 여호와께서 여러분에게 명령하신 대로 살면 여러분은 삶을 얻고 복을 얻을 것이요, 여러분이 차지할 땅에서 오래오래 살 것이오."

마음과 뜻과 힘을 다해 하나님만 사랑하라

"**이**것은 여러분의 하나님 여호와의 명령과 규례와 율법이오. 여호와께서는 이것을 나더러 여러분에게 가르치라고 말씀하셨소. 여러분은 요단 강을 건너 차지할 땅에서 이것을 잘 지키시오. 이것은 여러분과 여러분의 자녀와 자손들이 하나님 여호와를 평생토록 섬기도록 하기 위함이오. 또한 내가 여러분에게 주는 여호와의 모든 규례와 명령을 잘 지켜 오래오래 살 수 있도록 하기 위함이오. 이스라엘 백성들이여, 이 율법을 잘 듣고 부지런히 지키시오. 그러면 모든 일이 잘될 것이오. 여러분은 젖과 꿀이 흐르는 비옥한 땅, 곧 여러분 조상의 하나님 여호와께서 약속하신 땅에서 큰 나라가 될 것이오.

이스라엘 백성들이여, 들으시오. 우리 하나님 여호와는 오직 한 분뿐이신 여호와시오. 여러분의 하나님 여호와를 마음과 뜻과 힘을 다하여 사랑하시오. 내가 오늘 여러분에게 주는 이 명령을 항상 마음속에 기억하시오. 그리고 여러분 자녀에게도 가르쳐 주시오. 집에 앉아 있을 때나 길을 걸어갈 때, 자리에 누웠을 때나 자리에서 일어날 때, 언제든지 그것을 가르쳐 주시오. 그것을 써서 손에 매고 이마에 붙여 항상 기억하고 생각해야 합니다. 여러분의 집 문설주와 대문에도 써서 붙이시오.

여러분의 하나님 여호와께서 여러분의 조상 아브라함과 이삭과 야곱에게 약속하신 땅으로 여러분을 인도하시고 그 땅을 여러분에게 주실 것이오. 그 땅에는 여러분이 세우지 않은 크고 훌륭한 성들이 있소. 또 여러분이 채워 놓지 않은 훌륭한 물건들로 가득 찬 집들이 있고, 여러분이 파지 않은 우물들이 있으며, 여러분이 심지 않은 포도밭과 올리브 나무들이 있소. 여러분은 먹고 싶은 것을 마음껏 먹을 것이오. 그때에 이집트 땅에서 종살이했던 여러분을 인도해 내신 이가 여호와임을 잊지 않도록 조심하시오. 여러분의 하나님 여호와를 존경하고 오직 여호와만을 섬기시오. 맹세할 때에는 여호와의 이름으로만 맹세하시오. 여러분 주변에 사는 다른 백성들처럼 다른 신을 섬기지 마시오. 여러분 가운데 계신 여러분의 여호와 하나님은 질투하시는 하나님이시오. 여러분이 다른 신들을 섬기면 여호와께서는 노하시고 여러분을 이 땅에서 없애 버리실 것이오.

여러분은 맛사에서처럼 여러분의 하나님 여호와를 시험하지 마시오. 여러분의 하나님 여호와의 명령을 잘 지키시오. 여호와께서 여러분에게 주신 규례와 율법에 복종하시오. 여호와께서 보시기에 올바르고 좋은 일을 하시오. 그러면 여러분의 모든 일이 잘될 것이며 여호와께서 여러분 조상에게 약속하신 땅에 들어가 그 좋은 땅을 차지할 수 있을 것이오. 여호와께서 약속하신 대로 여러분의 원수들을 다 쫓아내 주실 것이오.

장차 여러분의 아들이 '우리 하나님 여호와께서 주신 율법과 명령과 규례의 뜻이 무엇이냐?' 하고 물을 때는 이렇게 대답해 주시오. '우리는 이집트에서 파라오의 노예였는데 여호와께서 크신 능력으로 우리를 이집트에서 인도해 내셨다. 여호와께서는 우리에게 크고도 놀라운 표적과 기적을 보여 주셨다. 여호와께서는 그 놀라운 표적과 기적으로 이집트와 파라오와 그의 모든 집안을 치셨다. 여호와께서 우리를 이집트에서 인도해 내시고 이곳으로 데려오셨다. 그렇게 하신 것은 우리 조상에게 약속하셨던 땅을 우리에게 주시기 위함이었다. 여호와께서는 이 모든 규례를 지키라고 명령하셨다. 이것은 우리가 하나님 여호와를 섬김으로 영원히 잘되고 지금처럼 살아남을 수 있게 하시기 위함이었다. 우리가 우리 하나님 여호와 앞에서 여호와께서 명령하신 이 모든 규례를 지키는 것이 우리에게 의로움이 될 것이다.' "

하나님의 백성

" 여러분의 하나님 여호와께서 여러분이 들어가 차지할 땅으로 인도하실 때에 헷 사람과 기르가스 사람과 아모리 사람과 가나안 사람과 브리스 사람과 히위 사람과 여부스 사람을 쫓아 내실 것이오. 이 일곱 나라 사람은 여러분보다 강하오. 여러분의 하나님 여호와께서는 이 나라들을 여러분에게 넘겨주실 것이오. 여러분은 그들을 물리쳐 이길 수 있을 것이오. 여러분은 그들을 완전히 멸망시키고 그들과 평화 조약을 맺지 마시오. 그들에게 자비를 베풀지 마시오. 그들 가운데서 누구와도 결혼하지 마시오. 여러분의 딸을 그들의 아들과 결혼시키면 안 되고, 여러분의 아들을 그들의 딸과 결혼시켜서도 안 되오. 그 백성들은 여러분 자녀를 여호와에게서 떼어 놓을 것이고, 여러분 자녀는 다른 신들을 섬기기 시작할 것이오. 그러면 여호와께서는 여러분에게 진노하실 것이고 여러분을 멸망시키실 것이오. 여러분이 그 백성들에게 해야 할 일은 이렇소. 그들의 제단을 헐어 버리시오. 그들이 세운 돌기둥들을 부숴 버리시오. 그들의 아세라 우상을 찍어 버리고 우상들을 불태워 버리시오.

여러분은 여호와 하나님의 거룩한 백성이오. 여호와께서는 땅 위의 모든 백성 가운데 여러분을 선택하셨소. 여러분은 여호와의 백성이오. 여호와께서 여러분을 돌보시고 여러분을 선택하신 까닭은 여러분의 수가 많기 때문이 아니오. 오히려 여러분은 모든 나라 가운데서도 가장 작은 나라에 불과하오. 그런데도 여호와께서 여러분을 선택하신 것은 여러분의 조상에게 하신 약속을 지키시기 위함이며 여러분을 사랑하시기 때문이오. 여호와는 크신 능력으로 여러분을 이집트에서 인도해 내셨소. 여호와께서는 노예의 땅에서 여러분을 건져 내셨소. 여러분을 이집트 왕 파라오의 손아귀에서 구해 내셨소. 그러므로 여호와 하나님이 참 하나님이신 줄을 아시오. 여호와께서는 신실하신 하나님이시오. 여호와께서는 자기를 사랑하고 자기 명령을 지키는 백성을 위해 천 대에 이르기까지 사랑의 언약을 지키실 것이오. 그러나 여호와를 미워하는 백성에게는 벌을 내리셔서 멸망시키실 것이오. 여호와께서는 자기를 미워하는 사람에게 벌 내리시기를 늦추지 않으실 것이오. 그러므로 조심하여 내가 오늘 여러분에게 주는 여호와의 명령과 규례와 율법을 잘 지키도록 하시오.

이 율법을 마음에 새기고 부지런히 지키면 여러분의 하나님 여호와께서도 여러분의 조상에게 맹세하신 언약을 여러분과도 지키실 것이며, 여호와의 사랑을 보여 주실 것이오. 여호와는 여러분을 사랑해 주시고, 여러분에게 복을 주시며, 여러분 백성의 수를 많게 해 주실 것이오. 또한 자녀의 복과 땅의 복을 주실 것이오. 그래서 땅은 열매와 곡식과 포도주와 기름을 많이 내게 될 것이오. 또 소와 양이 번성케 되는 복을 주셔서 새끼를 많이 낳게 해 주실 것이오. 이 모든 일이 여호와께서 여러분 조상에게 약속하신 땅에서 이루어질 것이오. 여러분은 다른 어떤 백성보다도 많은 복을 받을 것이오. 여러분 가운데서 아기를 낳지 못하는 사람이 없을 것이며, 여러분 짐승 가운데서 새끼를 낳지 못하는 짐승이 없을 것이오. 여호와께서 여러분 가운데 있는 모든 병을 없애 주실 것이오. 이집트에 있던 것과 같은 끔찍한 병은 다시는 있지 않을 것이오. 그러나 여러분을 미워하는 사람에게는 그런 병이 생길 것이오. 여러분은 여러분의 하나님 여호와께서 여러분에게 넘겨주시는 백성을 다 멸망시키시오. 그들을 불쌍히 여기지 말고, 그들의 신을 섬기지도 마시오. 그 신들은 여러분에게 덫이 될 것이오.

여러분은 속으로 '이 나라들은 우리보다 강하다. 우리는 그들을 쫓아낼 수 없다'라고 생각할지도 모르겠소. 그러나 그들을 두려워하지 마시오. 여러분의 하나님 여호와께서 파라오와 온 이집트에게 하신 일을 기억하시오. 여러분은 여호와께서 일으키신 재앙과 표적과 기적을 직접 보았소. 그리고 여호와께서 크신 힘과 능력으로 여러분을 이집트에서 인도해 내신 것을 보았소. 여러분의 하나님 여호와께서는 여러분이 지금 두려워하고 있는 모든 나라들에게도 똑같은 일을 해 주실 것이오. 여러분의 하나님 여호와께서 왕벌을 그들에게 보내어 그들을 공격하게 하실 것이오. 그래서 아직 살아남은 사람과 여러분을 피해 숨어 있는 사람들까지 죽게 할 것이오. 그들을 두려워하지 마시오. 여러분의 하나님 여호와께서 여러분과 함께 계시오. 여호와께서는 위대하고 두려운 하나님이시오. 여러분의 하나님 여호와께서는 그 나라들을 여러분 앞에서 차츰차츰 쫓아내실 것이오. 그러니 그들을 단번에 없애지 마시오. 그렇게 했다가는 들짐승이 너무 많아질 것이오. 여러분의 하나님 여호와께서 그들을 여러분에게 넘겨주시고, 그들을 큰 혼란에 빠지게 하실 것이며, 마침내는 그들을 없애 버리실 것이오. 여호와께서 여러분을 도우셔서 그들의 왕들을 물리쳐 이길 수 있게 하실 것이오. 그러니 여러분은 하늘 아래에서 그들의 이름을 완전히 지워 버리시오. 아무도 여러분을 막을 수 없을 것이오. 여러분은 그들 모두를 물리칠 것이오. 그들의 우상을 불에 태워 버리시오. 우상에 입힌 은이나 금을 탐내지 말고 갖지도 마시오. 그것이 여러분에게 덫이 될 것이오. 여러분의 하나님 여호와께서는 그런 짓을 싫어하시오. 그런 역겨운 것을 여러분의 집에 들여놓지 마시오. 그렇게 하면 그것과 함께 여러분도 멸망할 것이오. 그런 것들을 미워하고 피하시오. 그런 것들은 모두 없애야 할 것들이오."

여호와를 기억하라

"내가 오늘 여러분에게 주는 모든 명령을 지키시오. 그러면 여러분이 살고 여러분의 수도 많아질 것이며 여호와께서 여러분의 조상에게 약속하신 땅에 들어가 살게 될 것이오. 여러분의 하나님 여호와께서 지난 사십 년 동안 여러분을 광야에서 인도하신 것을 기억하시오. 주께서 그리하신 까닭은 여러분을 겸손하게 만드시고 여러분의 마음속에 무슨 생각이 있는가, 여호와의 명령은 지키는가를 시험하시기 위함이었소. 여호와께서 여러분을 낮추시고 굶기셨다가 만나를 먹여 주셨소. 만나는 여러분이나 여러분의 조상이 한 번도 본 적이 없는 것이오. 여호와께서 그렇게 하신 까닭은 사람이 먹는 것으로만 사는 것이 아니라 여호와께서 말씀하시는 모든 말씀으로 살아야 한다는 것을 여러분에게 가르쳐 주시기 위함이오. 지난 사십 년 동안 여러분의 옷은 해어지지 않았고, 여러분의 발도 부르트지 않았소. 부모가 자기 자녀를 단련시켜 가르치는 것과 같이 여호와께서도 여러분을 단련시켜 가르쳐 주신다는 것을 마음속에 새겨 두시오. 여러분의 하나님 여호와의 명령을 잘 지키시오. 여호와께서 명령하신 대로 살아가고 여호와를 잘 섬기시오. 여러분의 하나님 여호와께서는 여러분을 좋은 땅으로 데려가실 것이오. 그 땅에는 강이 있고, 연못이 있으며, 골짜기와 언덕에는 샘물이 흐르고 있소. 그 땅에는 밀과 보리가 있고, 포도나무와 무화과나무와 석류나무가 있으며, 올리브 나무와 꿀이 있소. 그 땅에는 먹을 것이 얼마든지 있고 부족한 것이 없소. 그 땅의 돌을 취하여 쇠를 얻을 수 있고, 언덕에서는 구리를 캘 수 있소. 여러분은 먹고 싶은 것을 마음껏 먹으며 여러분에게 좋은 땅을 주신 여러분의 하나님 여호와를 찬양하게 될 것이오.

여러분의 하나님 여호와를 잊지 않도록 조심하시오. 내가 오늘 여러분에게 전하여 주는 여호와의 명령과 율법과 규례를 어겨 여호와를 잊어버리는 일이 없도록 하시오. 여러분은 먹고 싶은 것을 마음껏 먹을 것이오. 여러분은 멋진 집을 짓고 거기에서 살게 될 것이오. 여러분의 소 떼와 양 떼는 점점 많아질 것이오. 여러분의 은과 금도 점점 많아질 것이오. 여러분이 가진 모든 것이 점점 많아질 것이오. 그렇더라도 교만해져서 여러분의 하나님 여호와를 잊지 않도록 하시오. 여호와께서는 종살이하던 이집트 땅에서 여러분을 인도해 내셨소. 여호와께서는 넓고 무서운 광야에서도 여러분을 인도하셨소. 그 광야는 메마르고 물도 없는 곳이었소. 거기에는 독뱀과 전갈이 있었소. 그러나 여호와께서는 여러분을 위하여 단단한 바위에서 물이 흐르게 하셨소. 그리고 그 광야에서 여러분의 조상이 한 번도 본 적이 없는 만나를 주어 먹게 하셨소. 그렇게 하신 까닭은 여러분을 겸손하게 만드시고 여러분을 시험하셔서 마침내는 여러분에게 좋은 것을 주시기 위해서였소. 여러분이 속으로 '내가 부자가 된 것은 내 힘과 능력 때문이다'라고 생각할지도 모르겠소. 그러나 여러분의 하나님 여호와를 기억하시오. 여호와께서 여러분에게 부자가 될 수 있는 힘을 주셨소. 여호와께서는 여러분의 조상에게 하신 약속을 이루시려고 지금처럼 여러분을 부자로 만들어 주신 것이오. 만일 여러분이 여러분의 하나님 여호와를 잊어버리고 다른 신들을 따르고 그들을 섬긴다면 여러분은 반드시 멸망할 것이오. 내가 오늘 여러분에게 분명히 말합니다. 여러분이 여러분의 하나님 여호와의 명령을 지키지 않으면 여호와께서 여러분 앞에서 멸망시키시는 나라들처럼 여러분도 멸망하고 말 것이오."

사랑과 인내의 여호와께서 이스라엘과 함께하신다

"이스라엘 백성들이여, 들으시오. 여러분은 곧 요단 강을 건너 여러분보다 크고 강한 나라들을 쫓아내고 그 땅을 차지하게 될 것이오. 그 나라들은 하늘까지 닿는 성벽을 가진 성들을 가지고 있소. 그곳의 백성은 아낙 자손인데 그들은 강하고 키가 크오. 여러분은 '아무도 아낙 자손을 막을 수 없다'라는 말을 들어서 알 것이오. 하지만 오늘 여러분의 하나님 여호와께서 태워 버리는 불처럼 여러분보다 앞서가신다는 것을 기억하시오. 여호와께서는 그들을 멸망시키실 것이오. 여호와께서 여러분 앞에서 그들을 물리치시니 여러분은 그들을 쫓아낼 것이오. 여호와께서 말씀하신 대로 그들을 빨리 몰아낼 수 있을 것이오.

여러분의 하나님 여호와께서 여러분 앞에서 그 나라들을 몰아내실 것이오. 그런 일이 있은 다음에 혹시라도 '내가 착하기 때문에 여호와께서 나를 이곳으로 데려오셔서 이 땅을 차지하게 하셨다' 하고 생각하지 마시오. 그렇지 않소. 그 나라들이 악하기 때문에 여호와께서 여러분 앞에서 그 나라들을 쫓아내 주시는 것이오. 여러분이 그들의 땅을 차지하는 것은 여러분이 착하고 정직해서가 아니라 그 나라들이 악하기 때문이오. 그래서 여러분의 하나님 여호와께서 그 나라들을 여러분 앞에서 쫓아내시는 것이오. 이렇게 하심으로써 여호와께서는 여러분의 조상, 곧 아브라함과 이삭과 야곱에게 하신 약속을 지키시는 것이오.

여러분의 하나님 여호와께서는 이 좋은 땅을 여러분에게 주실 것이오. 그러나 이 땅을 주시는 것이 여러분의 착한 행실 때문이 아니라는 것을 알아 두시오. 왜냐하면 여러분은 악하고 고집 센 백성이기 때문이오."

여호와의 노를 기억하라

"이것을 기억하고 잊지 마시오. 여러분은 광야에서 여러분의 하나님 여호와를 노하시게 하였소. 여러분은 이집트에서 떠나던 날부터 여기에 이르기까지 여호와의 명령을 지키지 않았소. 여러분은 시내 산에서 여호와를 노하시게 하였소. 너무 노하셔서 여러분을 멸망시키려고 하실 정도였소. 나는 여호와께서 여러분과 맺으신 언약의 돌판을 받으려고 산으로 올라갔소. 나는 사십 일 동안 밤낮으로 산에 머물면서 빵도 먹지 않고 물도 마시지 않았소. 하나님께서는 손수 쓰신 돌판 두 개를 나에게 주셨소. 돌판 위에는 여러분이 모인 날에 여호와께서 산 위의 불길 속에서 여러분에게 주신 모든 명령이 새겨져 있었소. 사십 일 밤낮이 지나자 여호와께서는 나에게 언약의 말씀이 새겨진 돌판 두 개를 주셨소. 그리고 여호와께서 나에게 말씀하셨소. '일어나라. 어서 빨리 여기에서 내려가거라. 네가 이집트에서 인도해 낸 백성이 타락했다. 그들은 지금 나의 명령을 저버리고 자기들이 섬길 우상을 빚어 놓았다.'

여호와께서 나에게 말씀하셨소. '나는 이 백성을 지켜보았다. 그런데 그들은 너무 악하고 고집이 세다. 내 앞을 가로막지 마라. 내가 그들을 없애 버리겠다. 하늘 아래에서 그들의 이름을 완전히 지워 버리겠다. 너에게서 그들보다 더 크고 강한 나라가 나오게 할 것이다.' 나는 발길을 돌려 산에서 내려왔소. 산은 불에 타고 있었소. 내 손에는 언약의 말씀이 새겨진 돌판 두 개가 있었소. 내가 보니 여러분은 하나님 여호와께 죄를 짓고 있었소. 여러분은 여러분이 섬길 송아지 모양의 우상을 만들어 놓고 있었소. 그리고 너무도 쉽게 여호와께서 명령하신 길에서 벗어나 있었소. 그래서 나는 돌판 두 개를 여러분이 보는 앞에서 내던져 깨뜨려 버렸소. 나는 전과 같이 여호와 앞에 엎드렸소. 사십 일 동안 밤낮으로 빵도 먹지 않고 물도 마시지 않으면서 그렇게 엎드려 있었소. 내가 그렇게 한 것은 여러분이 여호와께 나쁜 일을 하여 죄를 짓고 여호와를 화나시게 만들었기 때문이오. 여호와께서 너무 화가 나셔서 여러분을 멸망시키려 했으나 여호와께서는 그때도 나의 말을 들어주셨소. 여호와께서는 아론에게 분노하여 그를 죽이려 하셨소. 그러나 나는 아론을 위해 기도했소. 나는 여러분이 만든 그 죄의 물건, 곧 금송아지를 불에 태워 버렸소. 그리고 그것을 산산이 부수고 갈아 버린 다음 산에서 흘러내리는 시냇물에 띄워 보냈소.

여러분은 다베라와 맛사와 기브롯핫다아와에서도 여호와를 화나게 만들었소. 여호와께서 여러분을 가데스바네아에서 내보내시면서 '올라가서 내가 너희에게 주는 땅을 차지하여라' 하고 말씀하셨을 때 여러분은 여러분의 하나님 여호와의 명령에 복종하지 않았소. 여러분은 여호와를 믿지도 않고 따르지도 않았소. 내가 여러분을 알던 날부터 지금까지 여러분은 여호와의 명령을 따르려 하지 않았소.

그때 여호와께서는 여러분을 멸망시키겠다고 말씀하셨소. 그래서 나는 사십 일 동안 밤낮으로 여호와 앞에 엎드려 있었소. 그리고 여호와께 기도를 드렸소. '주 여호와여, 주님의 백성을 멸망시키지 마십시오. 그들은 주님의 백성입니다. 주께서는 그들에게 자유를 주시고 크신 힘과 능력으로 그들을 이집트에서 인도해 내셨습니다. 주님의 종인 아브라함과 이삭과 야곱을 기억해 주십시오. 이 백성의 완고함을 돌아보지 마시고, 이 백성의 죄와 악을 돌아보지 마십시오. 그렇게 하지 않으시면 이집트 사람들은 여호와는 자기 백성을 자기가 약속한 땅으로 인도할 힘이 없었고 그들을 미워하여 광야로 데려다가 죽였다고 말할 것입니다. 하지만 그들은 주님의 크신 힘과 능력으로 인도해 내신 주님의 백성입니다.' "

새로운 돌판

66 그 때 여호와께서 나에게 말씀하셨소. '처음 것과 같은 돌판 두 개를 다듬어서 내가 있는 산으로 올라오너라. 그리고 나무 상자도 하나 만들어 오너라. 네가 깨뜨린 처음 돌판에 썼던 것과 똑같은 말씀을 그 돌판 위에 새겨 줄 것이다. 그러면 그 새 돌판을 상자에 넣어 두어라.' 그래서 나는 조각목으로 상자를 만들고 처음 것과 같은 돌판 두 개를 다듬어 산으로 올라갔소. 그러자 여호와께서 전에 쓰셨던 것과 똑같은 말씀, 곧 십계명을 그 돌판 위에 새겨 주셨소. 그 말씀은 여러분이 모인 날에 여호와께서 여러분에게 불길 가운데서 말씀하신 것이오. 여호와께서는 그 돌판을 다 쓰신 후에 나에게 주셨소. 나는 발길을 돌려 산에서 내려왔소. 그리고 여호와께서 명령하신 대로 내가 만든 상자 안에 돌판을 넣어 두었소. 그 돌판은 지금도 이 상자 안에 있소.

(이스라엘 백성은 브에롯 브네야아간 우물을 떠나 모세라에 이

르렀습니다. 그곳에서 아론이 죽어 땅에 묻혔습니다. 아론의 아들 엘르아살이 아론을 대신하여 제사장이 되었습니다. 모세라를 떠나 굿고다에 이르고 굿고다를 떠나서는 시냇물이 흐르는 욧바다에 이르렀습니다. 그때 여호와께서 레위 지파를 뽑으셔서 여호와의 언약궤를 나르고 여호와를 섬기며 여호와의 이름으로 축복하는 일을 책임지게 하셨습니다. 지금까지도 레위 사람들은 그 일을 합니다. 그일 때문에 레위 사람은 아무런 땅도 받지 못했습니다. 그들은 여러분의 하나님 여호와께서 말씀하신 대로 땅 대신에 여호와를 선물로 받았습니다.)

나는 전에 그랬던 것처럼 사십 일 동안 밤낮으로 산 위에 머물러 있었소. 여호와께서는 이번에도 내가 드리는 말씀을 들어주셨소. 여호와께서는 여러분을 멸망시키지 않기로 하셨소. 여호와께서 나에게 말씀하셨소. '가서 백성을 인도하여라. 내가 그들의 조상에게 약속한 땅으로 그들을 데려가 그 땅을 차지하게 하여라.' "

여호와께서 바라시는 것

"이스라엘 백성들이여, 여러분의 하나님 여호와께서 여러분에게 바라는 것이 무엇이오? 그것은 여러분의 하나님 여호와를 존경하고 주께서 명령하신 말씀을 따르며 주를 사랑하고 마음과 정성을 다하여 여러분의 하나님 여호와를 섬기는 것이오. 또한 여러분이 잘되게 하기 위해 내가 오늘 여러분에게 주는 여호와의 명령과 율법에 복종하는 것이오. 세계와 그 안의 모든 것은 여호와의 것이오. 하늘과 가장 높은 하늘까지도 여호와의 것이오. 여호와께서는 여러분의 조상을 돌보시고 사랑하셔서 그들의 자손인 여러분을 오늘 이렇게 다른 모든 나라 가운데서 선택하여 주셨소. 그러니 여러분은 마음을 참되게 하고 다시는 고집을 피우지 마시오. 여러분의 하나님 여호와는 모든 신의 하나님이시며 모든 주의 주시오. 여호와께서는 위대한 하나님이시며 강하고 두려운 분이시오. 불공평한 일은 하지 않으시며 뇌물도 받지 않으시는 분이시오. 고아와 과부를 도와주시고 외국인을 사랑하셔서 그들에게 먹을 것과 옷을 주시는 분이시오. 여러분은 외국인을 사랑해야 하오. 이는 여러분도 이집트에서 외국인이었기 때문이오. 여러분의 하나님 여호와를 존경하고 잘 섬기시오. 여호와께 충성하시오. 맹세를 할 때는 여호와의 이름으로만 맹세하시오. 여호와를 찬양하시오. 여호와는 여러분의 하나님이시오. 여러분의 눈으로 직접 보았듯이 여호와께서 여러분을 위해 크고도 두려운 일을 해 주셨소. 여러분의 조상이 이집트로 내려갈 때는 칠십 명밖에 없었소. 그러나 지금은 여러분의 하나님 여호와께서 여러분을 하늘의 별처럼 많게 해 주셨소."

이스라엘이 본 위대한 일들

"**여**러분은 하나님 여호와를 사랑하고 여호와의 규율과 규례와 율법과 명령을 항상 지키시오. 여호와의 징계와 위대하심과 크신 능력을 보고 경험했던 사람은 여러분의 자손이 아니라 바로 여러분 자신임을 기억하시오. 여러분의 자손은 여호와의 표적과 이집트 왕 파라오와 이집트 땅에서 하신 일들을 보지 못했소. 여러분의 자손은 여호와께서 이집트 군대와 그 말과 전차들에게 하신 일도 보지 못했소. 여호와께서는 여러분의 뒤를 쫓아오는 그들을 홍해에 빠뜨리시고 영원히 멸망시키셨소. 여러분의 자손은 여러분이 이곳에 이르기까지 여호와께서 여러분에게 광야에서 해 주신 일을 보지 못했소. 그리고 르우벤의 손자요, 엘리압의 아들인 다단과 아비람에게 하신 일도 보지 못했소. 그때에 땅이 갈라져 그들과 그 가족과 장막을 삼켜 버렸고 온 이스라엘 가운데서 그들과 함께

있었던 사람과 짐승들도 다 삼켜 버렸소. 여러분 자신들은 여호와
께서 하신 이 모든 일을 보았소.

그러므로 내가 오늘 여러분에게 주는 여호와의 모든 명령을 지
키시오. 그러면 여러분은 강해져서 여러분이 건너가 들어가려는 땅
을 차지할 수 있을 것이오. 여호와께서 여러분의 조상과 자손에게
주시기로 약속하신 그 땅에서 오래오래 살게 될 것이오. 그 땅은 젖
과 꿀이 넘쳐흐를 만큼 비옥한 땅이오. 여러분이 차지할 땅은 여러
분이 살았던 이집트와 같지 않소. 이집트에서는 채소밭에 씨를 심
고 물을 주느라 발을 많이 움직였소. 그러나 여러분이 건너가 차지
할 땅은 언덕과 골짜기의 땅이오. 그 땅은 하늘에서 내리는 빗물로
물을 대며 여러분의 하나님 여호와께서 돌보시는 땅이오. 또한 한
해가 시작할 때부터 끝날 때까지 여러분의 하나님 여호와께서 언제
나 보살펴 주시는 땅이오.

내가 오늘 여러분에게 주는 명령을 잘 지키시오. 여러분의 하나
님 여호와를 사랑하고 마음과 정성을 다하여 여호와를 섬기시오.
그러면 여호와께서 때를 따라 가을과 봄에 여러분의 땅에 비를 내
려 주실 것이오. 여러분은 곡식과 새 포도주와 기름을 거둘 수 있
을 것이오. 들에는 여러분의 가축들이 먹을 풀을 자라게 해 주실 것
이며 여러분도 배불리 먹을 수 있을 것이오. 여러분은 조심하시오.
꾐에 빠져 다른 신들을 섬기지 마시오. 다른 신들에게 예배하지 마
시오. 그렇게 했다가는 여호와께서 여러분에게 노하셔서 하늘을 닫
으시고 비를 내리지 않으실 것이오. 그러면 땅에서는 식물이 자라지
않고 여러분은 여호와께서 주신 저 좋은 땅에서 죽게 될 것이오.

내 말을 마음과 영혼에 새겨 두시오. 그것을 써서 손에 매고 이
마에 붙여 항상 기억하고 생각하시오. 그리고 여러분의 자녀에게도
가르쳐 주시오. 집에 앉아 있을 때나 길을 걸어갈 때나 자리에 누웠

을 때나 자리에서 일어날 때 언제나 그것을 가르쳐 주시오. 여러분의 집 문설주와 대문에도 써서 붙이시오. 그러면 여호와께서 여러분 조상에게 주시기로 약속하신 그 땅에서 여러분과 여러분의 자손 모두가 오래오래 살 수 있을 것이오. 땅 위에 하늘이 있는 한 그 땅에서 오래오래 살 수 있을 것이오. 내가 여러분에게 주는 이 모든 명령을 부지런히 지키고 여러분의 하나님 여호와를 사랑하며 그의 모든 길을 행하여 그에게 충성하시오. 그러면 여호와께서 저 모든 나라들을 여러분 앞에서 쫓아내실 것이오. 여러분은 여러분보다 크고 강한 나라들에게서 땅을 빼앗을 수 있을 것이오. 여러분이 발로 밟는 곳마다 여러분의 땅이 될 것이오. 광야에서부터 레바논까지, 유프라테스 강에서부터 지중해까지 모두 여러분의 땅이 될 것이오. 여러분의 하나님 여호와께서 약속하신 대로 여러분이 가는 곳마다 그 땅의 백성이 여러분을 두려워하게 만드실 것이오. 아무도 여러분을 막을 수 없을 것이오.

보시오. 내가 오늘 여러분에게 복과 저주 가운데 하나를 고르게 하겠소. 내가 오늘 여러분에게 주는 하나님 여호와의 명령을 잘 지키면 복을 받을 것이나 하나님 여호와의 명령을 지키지 않으면 저주를 받을 것이오. 그러므로 내가 오늘 여러분에게 주는 명령을 어기지 마시오. 여러분이 알지 못하는 다른 신들을 섬기지 마시오. 여러분의 하나님 여호와께서는 여러분이 차지할 땅으로 여러분을 인도하실 것이오. 그러면 여러분은 그리심 산에서 축복을 선포하고 에발 산에서는 저주를 선포하시오. 그 산들은 요단 강 건너편, 곧 서쪽 해 지는 편에 있소. 그 산들은 모레의 상수리나무들이 있는 곳에서 가까우며 길갈 건너편 요단 골짜기에 사는 가나안 사람들의 땅에 있소. 여러분은 곧 요단 강을 건너 여러분의 하나님 여호와께서 여러분에게 주시는 땅으로 들어가 그 땅을 차지할 것이오. 여러분은 그 땅을 차지하고 거기에서 살게 될 것이오. 여러분은 내가 오늘 여러분에게 주는 모든 명령을 잘 지키시오."

예배드릴 곳

"**이**것이 하나님 여호와께서 여러분에게 주시기로 약속한 땅에서 여러분이 부지런히 지켜야 할 명령과 율법이오. 여러분은 이 땅에서 사는 동안 이것들을 잘 지키시오. 여러분은 여러분이 쫓아낼 민족들이 신을 섬겼던 곳을 헐어 버리시오. 그들은 산꼭대기에서, 언덕 위에서, 그리고 잎이 무성한 모든 나무 아래에서 자기 신들을 섬겼소. 여러분은 그들의 제단을 허물고 그들의 돌기둥을 부수고 아세라 우상을 불태우고 다른 우상들을 찍어 버리시오. 그들의 이름을 그곳에서 없애 버리시오. 또한 여러분의 하나님 여호와께 예배드릴 때는 그들이 우상을 섬기던 방식대로 예배드리지 마시오. 여러분의 하나님 여호와께서 여러분 지파들 가운데서 예배드릴 장소를 선택하실 것이오. 여러분은 그곳을 찾아가시오. 그곳으로 태워 드리는 제물인 번제물과 희생 제물을 가져가시오. 그리고 여러분이 얻은 것의 십분의 일과 여러분의 특별한 예물도 가져가시오. 바치기로 약속한 것과 여호와께 드리기 원하는 특별한 예물도 가져가시오. 소와 양의 처음 태어난 것도 가져가시오. 여러분은 여러분의 하나님 여호와께서 계신 그곳에서 가족과 함께 먹으며 여러분의 하나님 여호와께서 여러분에게 복을 주셔서 잘되게 하신 모든 일을 가지고 기뻐하시오.

우리가 지금 예배드리는 방법으로 예배드리지 마시오. 지금은 각 사람이 자기 생각에 옳은 대로 하고 있소. 여러분은 여러분의 하나님 여호와께서 주시는 편히 쉴 곳에 아직 이르지 못했소. 그러나 여러분은 곧 요단 강을 건너서 여러분의 하나님 여호와께서 주시는 땅에서 살게 될 것이오. 그리고 여호와께서 여러분의 모든 원수를 물리치시고 편안히 살 수 있게 해 주실 것이오. 또 여러분의 하나님 여호와께서는 예배받을 만한 장소를 선택하실 것이오. 여러분은 내가 일러 주는 모든 것, 곧 태워 드리는 번제물과 희생 제물과 여러분이 얻은 것의 십분의 일과 여러분의 거제물과 여러분이 여호와께 약속한 가장 좋은 것을 그곳으로 가져가시오. 여러분은 여러분의 하나님 여호와 앞에서 기뻐하시오. 여러분뿐만 아니라 여러분의 자녀와 남종, 여종과 자기 땅이 없이 여러분의 마을에 사는 레위 사람들도 다 함께 기뻐해야 하오. 태워 드리는 제물인 번제물을 아무 곳에서나 드리는 일이 없도록 조심하시오. 그것을 바칠 때에는 앞으로 여호와께서 여러분의 지파들 가운데서 한 곳을 선택하실 테니 그곳에서만 바치시오. 거기에서 여러분은 내가 여러분에게 명령하는 것을 다 지키시오.

고기를 먹고 싶을 때는 여러분 마을 어디에서나 짐승을 잡아 그 고기를 먹고 싶은 대로 먹을 수 있소. 깨끗한 사람이든 부정한 사람이든 노루나 사슴을 먹을 때처럼 그 고기를 먹을 수 있소. 그것은 여러분의 하나님 여호와께서 여러분에게 주시는 복이오. 그러나 피는 먹지 마시오. 피는 물처럼 땅에 쏟아 버리시오. 여러분은 곡식과 새 포도주와 기름의 십분의 일과 소나 양의 처음 태어난 것과 여호와께 바치기로 약속한 것과 자발적으로 드리는 낙헌 제물과 들어 올려 바치는 거제물은 성안에서 먹을 수 없소. 그것을 여러분의 하나님 여호와께서 선택하신 곳으로 가지고 가서 여러분의 하나님 여호와 앞에서 여러분과 여러분의 자녀와 남종과 여종과 자기 땅이 없이 여러분 마을에 사는 레위 사람들과 함께 드시오. 또 여러분의 하나님 여호와 앞에서 여러분이 이룩한 일들을 기뻐하시오. 여러분이 그 땅에 사는 동안 레위 사람을 잊지 않도록 조심하시오.

여러분의 하나님 여호와께서는 약속하신 대로 여러분 땅을 넓혀 주실 것이오. 그때 여러분들이 고기가 먹고 싶다면 얼마든지 먹고 싶은 대로 먹을 수 있소. 만약 여러분의 하나님 여호와께서 예배받으실 장소로 선택하신 곳이 여러분이 사는 곳과 너무 멀리 떨어져 있다면 내가 여러분에게 명령한 대로 여호와께서 여러분에게 주신 소나 양을 잡아서 여러분 마을에서 얼마든지 먹고 싶은 대로 먹을 수 있소. 깨끗한 사람이든지 부정한 사람이든지 노루나 사슴을 먹을 때처럼 그 고기를 먹을 수 있소. 그러나 피만은 먹지 마시오. 피는 생명이기 때문이오. 생명을 고기와 함께 먹으면 안 되오. 피는 먹지 말고 물처럼 땅에 쏟아 버리시오. 피를 먹으면 안 되오. 여호와께서 보시기에 옳은 일을 해야 여러분과 여러분의 자손이 하는 일이 잘될 것이오. 거룩한 물건인 성물과 여호와께 바치기로 약속한 물건은 여호와께서 선택하신 곳으로 가져가시오. 하나님 여호와의 제단 위에 여러분의 태워 드리는 제물인 번제물을 바치시오. 고기와 피를 함께 바치시오. 다른 제물의 피는 제단 둘레에 뿌리고 고기는 여러분이 먹어도 좋소. 내가 여러분에게 명령하는 이 모든 말을 잘 지키고 여러분의 하나님 여호와께서 보시기에 착하고 올바른 일을 하면 여러분과 여러분의 자손이 하는 모든 일이 잘될 것이오.

여러분은 그 땅에 들어가서 그곳에 사는 민족들을 쫓아내고 그 땅을 차지할 것이오. 하나님 여호와께서 여러분 앞에서 그 나라들을 멸망시키실 것이오. 여러분은 그들을 쫓아내고 그들의 땅에서 살게 될 것이오. 그들이 멸망한 후에 그들의 풍습을 따라 사는 함정에 빠지지 않도록 조심하시오. '이 나라들은 어떻게 예배드릴까? 나도 그렇게 해 보고 싶다'라는 말은 하지도 마시오. 여러분의 하나님 여호와를 그런 식으로 섬기지 마시오. 여호와께서는 그들이 자기 신들을 섬길 때 따랐던 방법을 싫어하시오. 심지어 그들은 자기

신들에게 아들과 딸을 태워 바치기까지 했소.

내가 여러분에게 명령한 모든 것을 부지런히 지키시오. 거기에서 조금도 더하지 말고 조금도 빼지 마시오."

거짓 예언자와 우상숭배를 경계함

"**여**러분에게 예언자나 꿈으로 점치는 사람이 나타나서 기적이나 표적을 보여 주겠다고 말할지 모르오. 그런데 그가 말한 기적이나 표적이 실제로 일어나고 그가 '다른 신들을 섬깁시다' 하고 여러분이 알지도 못하는 신을 섬기자고 말할 수도 있소. 그런 일이 일어나더라도 여러분은 그 예언자나 꿈으로 점치는 사람의 말을 듣지 마시오. 그것은 여러분이 마음과 정성을 다하여 하나님 여호와를 사랑하는가를 여호와께서 시험하시는 것이오. 여러분의 하나님 여호와만을 섬기시오. 여호와만을 존경하고 그분의 명령을 잘 지키며 복종하시오. 그분만을 섬기며 충성하시오. 예언자나 꿈으로 점치는 그런 사람은 죽이시오. 그들은 이집트에서 여러분을 인도해 내셨고 종살이하던 땅에서 여러분을 구해 내신 여러분의 하나님 여호와를 배반하라고 말했소. 그들은 하나님 여호와께서 여러분에게 명령하신 대로 살지 말라고 유혹했소. 여러분은 그런 나쁜 사람을 여러분 가운데서 없애야 하오.

여러분의 형제나 아들이나 딸이나 사랑하는 아내나 가까운 친구들 가운데서 누군가가 여러분을 유혹하여 '가서 다른 신들을 섬깁시다' 하고 여러분이나 여러분의 조상이 알지 못하는 신을 섬기자고 말할지도 모르오. 가까운 곳이든 먼 곳이든, 땅의 이 끝에서 저 끝까지 이웃 백성들이 섬기는 신을 섬기자고 할지도 모르오. 그런 일이 일어나더라도 그런 말에 귀 기울이지 말고 듣지도 마시오. 그런 사람을 불쌍하게 여기지도 말고 풀어 주지도 말고 보호해 주지도 마시오. 그런 사람은 죽이시오. 처음에 유혹받은 사람이 그 사람을 먼저 죽이시오. 그런 다음에 다른 사람들도 힘을 합쳐 그 사람을 죽이시오. 여러분은 돌을 던져 그를 죽여야 하오. 그는 여러분이 종살이하던 이집트에서 여러분을 인도해 내신 여러분의 하나님 여호와를 배반하라고 유혹했소. 그를 돌로 쳐 죽이면 온 이스라엘이 듣고 두려워할 것이오. 그리고 여러분 가운데서 그런 악한 일을 하는 사람이 다시는 나오지 않을 것이오."

멸망시켜야 할 성

"여러분의 하나님 여호와께서 여러분에게 주시는 성들 가운데서 어느 한 성에 관하여 이런 소문이 들릴 수도 있소. 나쁜 사람들이 여러분 가운데서 일어나 '가서 다른 신들을 섬깁시다'라고 말하며 성 사람들이 하나님을 배반하게 만든다는 소문이 들리면 여러분은 그 소문에 대해 알아보고 철저하게 조사하시오. 그래서 그런 역겨운 일이 실제로 일어났다는 것이 사실로 밝혀지면 그 성을 완전히 없애 버리시오. 그 성에 사는 사람들과 그 안에 있는 짐승까지도 칼로 다 죽이시오. 그리고 그 성 사람들이 가지고 있던 것을 성 광장에 모아 놓고 성과 함께 그것을 다 불태우시오. 그것을 하나님 여호와께 온전히 태워 바치시오. 다시는 그곳에 성을 쌓지 말고 영원히 폐허로 남겨 두시오. 그 성에서 나온 물건 가운데 하나라도 가지지 마시오. 그래야 여호와께서 분노를 푸시고 여러분에게 자비를 베푸시며 여러분을 불쌍히 여기실 것이오. 그리고 여러분 조상에게 약속하신 대로 여러분 나라를 번성하게 하실 것이오. 여러분은 하나님 여호와의 말씀을 잘 들으시오. 또 내가 오늘 여러분에게 주는 하나님 여호와의 명령을 잘 지키고 여호와 보시기에 올바른 일을 하시오. 그러면 약속하신 대로 될 것이오."

"**여**러분은 하나님 여호와의 자녀요. 누가 죽더라도 슬픔을 나타내기 위해 몸에 상처를 내거나 앞머리를 밀지 마시오. 여러분은 하나님 여호와의 거룩한 백성이오. 여호와께서 땅 위의 모든 백성들 가운데 여러분을 뽑아 자기 백성으로 삼으셨소."

부정한 짐승과 깨끗한 짐승

"무엇이든지 여호와께서 미워하시는 것은 먹지 마시오. 여러분이 먹어도 되는 짐승은 소와 양과 염소와 사슴과 노루와 꽃사슴과 들염소와 산염소와 들양과 산양이오. 굽이 완전히 갈라졌으면서 새김질하는 짐승은 먹어도 좋소. 그러나 새김질을 하거나 굽이 갈라진 짐승 가운데 낙타나 토끼, 오소리와 같은 짐승은 새김질은 하지만 굽이 갈라지지 않았으므로 여러분에게 부정하오. 돼지도 여러분에게 부정하오. 돼지는 굽은 갈라졌지만 새김질은 하지 못하니 여러분은 이런 짐승의 고기를 먹지도 말고 그 시체를 만지지도 마시오.

물에 사는 것 가운데서 지느러미와 비늘이 있는 것은 먹어도 좋소. 그러나 지느러미와 비늘이 없는 것은 먹지 마시오. 그런 것은 여러분에게 부정하오.

깨끗한 새는 무엇이든지 먹을 수 있소. 그러나 새 가운데서도 먹지 말아야 할 것이 있는데, 곧 독수리, 수리, 검은 수리, 솔개와 모든 소리개 종류와 모든 까마귀 종류와 타조, 올빼미, 갈매기, 모든 매 종류와 부엉이, 따오기, 백조와 사막 올빼미, 물수리, 가마우지와 왜가리 종류와 오디새와 박쥐는 먹지 마시오. 날개 달린 곤충은 다 여러분에게 부정하오. 그런 것은 먹지 마시오. 그러나 날개 달린 깨끗한 생물은 먹어도 좋소.

여러분은 하나님 여호와의 거룩한 백성이므로 저절로 죽은 것은 먹지 마시오. 그런 것은 여러분 마을에 사는 외국인에게 주어 먹게 하거나 파시오.

새끼 염소를 그 어미 젖에 삶지 마시오."

십분의 일을 바침

"여러분은 해마다 밭에서 나는 작물의 십분의 일을 따로 떼어 놓으시오. 여러분은 그것을 여러분의 하나님 여호와께서 예배받으시기 위해 선택하신 곳으로 가져가시오. 여러분은 하나님 여호와께서 계시는 그곳에서 여러분의 곡식과 포도주와 기름의 십분의 일을 소와 양의 처음 태어난 것과 함께 먹으시오. 그렇게 하여 여러분의 하나님 여호와를 언제나 두려워하는 법을 배우시오. 그러나 여러분의 하나님 여호와께서 예배받으실 장소로 선택하신 곳이 너무 멀고 여호와께서 여러분에게 주신 복이 너무 많아서 십분의 일을 가져갈 수 없으면 그것을 돈으로 바꿔 하나님 여호와께서 선택하신 곳으로 가져가시오. 그 돈으로 소든, 양이든, 포도주든, 묵은 포도주든 아무것이나 여러분 마음에 드는 것을 사시오. 그리고 여러분의 하나님 여호와 앞에서 여러분의 가족과 함께 먹으며 즐거워하시오. 여러분 마을에 사는 레위 사람을 잊지 마시오. 그들에게는 물려받을 땅이 없소.

여러분은 매 삼 년마다 그해에 거둔 것의 십분의 일을 가져와서 마을 안에 쌓아 두시오. 그것을 레위 사람에게 주어 배불리 먹게 해야 할 것이오. 그것은 레위 사람에게는 물려받을 땅이 없기 때문이오. 그리고 여러분 마을에 사는 나그네와 고아와 과부에게도 주어 배불리 먹게 하시오. 그렇게 하면 여러분의 하나님 여호와께서 여러분이 하는 모든 일에 복을 주실 것이오."

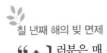

칠 년째 해의 빚 면제

"**여**러분은 매 칠 년마다 빚을 면제해 주어야 하오. 면제하는 방법은 이러하오. 누구든지 돈을 꿔 준 사람은 그 빚을 면제해 주어야 하는데 이웃이나 형제에게 자기 빚을 갚으라고 하지 마시오. 왜냐하면 여호와께서는 이해에 모든 빚이 면제된다고 선포하셨기 때문이오. 외국인에게서는 빚을 받아 낼 수 있으나 동족에게서는 받아 내지 마시오. 여러분 가운데 가난한 사람이 없어야 할 것이오. 여러분의 하나님 여호와께서 여러분이 차지할 땅에 큰 복을 주실 것이오. 내가 오늘 여러분에게 주는 이 모든 명령을 부지런히 지켜 하나님 여호와께 복종하기만 하면 여호와께서 여러분에게 큰 복을 주실 것이오. 하나님 여호와께서 약속하신 대로 여러분에게 복을 주실 것이오. 여러분은 다른 나라들에게 돈을 빌려주기는 해도 빌리지는 않을 것이오. 그리고 많은 나라를 다스리기는 해도 다스림을 받지는 않을 것이오.

혹시 여러분의 하나님 여호와께서 여러분에게 주신 땅의 어느 마을에 가난한 사람이 있다면 그 불쌍한 형제를 차정히 대하거나 인색하게 대하지 마시오. 그에게 필요한 것은 무엇이든지 아끼지 말고 다 빌려주시오. 나쁜 생각을 가지지 않도록 조심하시오. '빚을 면제해 주는 칠 년째 되는 해가 가까웠다'고 생각하여 여러분의 가난한 형제에게 인색하게 굴지 마시오. 만약 여러분이 그에게 아무 것도 해 주지 않아서 그가 여러분을 원망하며 여호와께 부르짖으면 주님께서 여러분을 죄인으로 여기실 것이오. 가난한 사람에게 아낌없이 베풀어 주시오. 인색한 마음을 갖지 마시오. 그렇게 하면 여러분의 하나님 여호와께서 여러분이 하는 모든 일과 여러분의 손으로 하는 모든 일에 복을 주실 것이오. 이 땅 위에 가난한 사람은 언제나 있을 것이오. 그러므로 내가 여러분에게 명령하오. 여러분이 사는 땅의 가난한 사람과 어렵게 사는 사람에게 아낌없이 베풀어 주시오."

종을 풀어 주는 일에 관한 규례

"히브리 남자든지 히브리 여자든지 여러분에게 종으로 팔려 와서 육 년 동안 섬겼거든 칠 년째 되는 해에는 그들을 풀어 주시오. 그에게 자유를 주어 내보낼 때에는 빈손으로 보내지 마시오. 그에게 양과 곡식과 포도주를 넉넉히 주시오. 여러분의 하나님 여호와께서 여러분에게 복을 주신 것만큼 그에게도 베풀어 주시오. 여러분도 이집트에서 종살이했던 것을 기억하시오. 또 여러분의 하나님 여호와께서 여러분을 구해 주셨다는 것을 기억하시오. 그분으로 인하여 내가 오늘 여러분에게 이렇게 명령하는 것이오. 그러나 그 종이 여러분과 여러분의 가족을 사랑하며 여러분과 함께 사는 것을 좋아하여 '주인님을 떠나지 않겠습니다'라고 말하면 그의 귀를 문에 대고 송곳으로 뚫으시오. 그러면 그는 영원히 여러분의 종이 될 것이오. 여자 종에게도 그렇게 하시오. 여러분의 종을 내보내는 것을 어려운 일로 생각하지 마시오. 그는 육 년 동안 주인을 섬겼고, 품삯은 품꾼을 쓸 때에 비해 반밖에 들지 않았소. 여러분의 하나님 여호와께서 여러분이 하는 모든 일에 복을 주실 것이오."

처음 태어난 짐승에 관한 규례

"소와 양의 처음 태어난 모든 수컷은 여러분의 하나님 여호와를 위해 따로 구별하시오. 여러분의 처음 태어난 송아지에게는 일을 시키지 말고 처음 태어난 어린 양의 털도 깎지 마시오. 해마다 여러분은 가족과 함께 하나님 여호와께서 예배받으실 장소로 선택하신 곳에서, 곧 여러분의 하나님 여호와께서 계시는 곳에서 그 고기를 드시오. 흠이 있는 짐승, 이를테면 다리를 절룩거리거나 앞을 못 보거나 그 밖에 다른 흠이 있는 짐승은 하나님 여호와께 바치지 마시오. 그러나 여러분의 마을에서는 그런 짐승을 먹어도 좋소. 깨끗한 사람이든 부정한 사람이든 노루나 사슴을 먹을 때처럼 그 고기를 먹을 수 있소. 그러나 그 피는 먹지 마시오. 피는 물처럼 땅에 쏟아 버리시오."

유월절

"아빕 월에는 여러분의 하나님 여호와의 유월절을 지키시오. 그것은 아빕 월 어느 날 밤에 여러분의 하나님 여호와께서 여러분을 이집트에서 인도해 내셨기 때문이오. 여러분의 하나님 여호와께 유월절 제물을 바치되 하나님 여호와께서 예배받으시기 위해 선택하신 곳에서 양이나 소로 바치시오. 그것을 먹을 때는 누룩 넣은 빵인 유교병과 함께 먹지 마시오. 칠 일 동안은 누룩을 넣지 않은 빵인 무교병을 드시오. 그 빵은 여러분이 이집트를 떠날 때 급히 빠져나왔으므로 먹는 고난의 빵이오. 여러분은 그 빵을 먹음으로써 이집트 땅에서 나오던 날을 평생토록 기억하시오. 칠 일 동안은 여러분의 땅 어느 곳에서도 누룩이 보이지 않게 하시오. 첫날 저녁에 제물을 바치되 다음 날 아침이 되기 전까지 고기를 다 먹고 남기지 마시오. 유월절 제물을 바칠 때는 여러분의 하나님 여호와께서 여러분에게 주신 아무 마을에서나 바치지 마시오. 유월절 제물은 여호와께서 예배받으실 장소로 선택하신 곳에서 바치시오. 그리고 바치는 시각은 여러분이 이집트에서 나온 시각, 곧 저녁 해 질 무렵이오. 여러분의 하나님 여호와께서 선택하신 곳에서 고기를 구워 먹고 이튿날 아침 여러분의 장막으로 돌아가시오. 육 일 동안 무교병을 드시오. 그리고 칠 일째 되는 날에는 여러분의 하나님 여호와를 위해 거룩한 모임으로 모이고 그날에는 아무 일도 하지 마시오."

칠칠절

"곡식을 거두기 시작한 때부터 칠 주를 계산하여 여러분의 하나님 여호와를 위하여 칠칠절을 지키시오. 여호와께 특별한 예물을 가져와 바치시오. 여호와께서 여러분에게 복을 주신 대로 여호와께 바치시오. 그리고 여호와께서 예배받으실 장소로 선택하신 곳에서 즐거워하시오. 여러분의 아들과 딸과 남종과 여종과 여러분 마을에 사는 레위 사람과 나그네와 고아와 과부와 함께 즐거워하시오. 여러분도 이집트에서 종살이했음을 기억하고 이 모든 율법을 부지런히 지키시오."

초막절

"타작마당과 포도주 틀에서 곡식과 포도주를 거두어들인 다음 칠 일 동안 초막절을 지키시오. 여러분은 이 절기에 여러분의 아들과 딸, 남종과 여종, 그리고 여러분 마을에 사는 레위 사람과 나그네와 고아와 과부와 함께 즐거워하시오. 여러분은 칠 일 동안 여러분의 하나님 여호와께서 선택하신 장소에서 여호와를 위해 절기를 지키시오. 여러분의 하나님 여호와께서 여러분의 모든 추수한 것과 여러분이 하는 모든 일에 복을 주실 것이므로 절기를 지키며 즐거워하시오.

여러분 가운데 모든 남자는 한 해에 세 번 여호와 앞으로 나아가시오. 무교절과 칠칠절과 초막절에 여호와께서 선택하신 곳으로 나아가시오. 여호와 앞으로 나아갈 때에는 누구나 예물을 가지고 가시오. 여러분의 하나님 여호와께서 여러분에게 주신 복에 따라 각기 드릴 수 있을 만큼 예물을 드리시오."

공정하게 재판하라

"각 지파는 여호와께서 주신 성마다 재판관과 지도자들을 세워 백성을 공정하게 재판하시오. 재판을 할 때는 공정하게 하고 사람에 따라서 재판을 다르게 해서는 안 되오. 돈을 받고 그릇된 재판을 해서도 안 되오. 왜냐하면 뇌물은 지혜로운 사람의 눈을 어둡게하며 죄 없는 사람을 죄인으로 만들기 때문이오. 언제나 옳은 일만하시오. 그래야 여러분이 살고 여러분의 하나님 여호와께서 주시는 땅을 차지할 수 있소."

우상을 미워하시는 하나님

"하나님 여호와를 위해 쌓는 제단 곁에 나무로 만든 아세라 우상을 세우지 마시오. 돌기둥도 세우지 마시오. 여러분의 하나님 여호와께서는 그런 것들을 싫어하시오."

"흠이 있는 소나 양을 하나님 여호와께 제물로 바치지 마시오. 여호와께서는 그런 것을 싫어하시오.

여호와께서 주시는 성에서 남자든지 여자든지 하나님 여호와께서 보시기에 나쁜 일을 하여 여호와의 언약을 깨뜨리는 사람이 나올 수도 있소. 또 다른 신들을 섬기는 사람이 나올지도 모르오. 해나 달이나 하늘의 별들에게 절하는 사람이 생길 수도 있소. 그런일은 내가 하지 말라고 한 일이오. 만약 그런 일을 한 사람에 대한이야기가 들리거든 여러분은 그것을 잘 조사하시오. 그래서 이스라엘에서 그런 나쁜 일이 일어난 것이 사실로 밝혀지면 남자든지 여자든지 그런 나쁜 일을 한 사람은 성 밖으로 데려가서 돌로 쳐 죽이시오. 나쁜 일을 한 사람을 죽이려면 그 사람에 대한 증인이 두 명이나 세 명은 있어야 하오. 증인이 한 사람밖에 없으면 그 사람을 죽일 수 없소. 그 사람을 죽일 때는 증인들이 먼저 돌을 던지고 그다음에 다른 모든 사람들이 돌을 던지도록 하시오. 그런 나쁜 일을 여러분 가운데서 없애 버리시오."

재판에 관한 규례

"살인이나 다툼이나 폭행이 일어났는데 그 문제에 대해 재판하기가 너무 어려우면 그 문제를 여호와께서 선택하신 곳으로 가져가시오. 그곳에서 제사장인 레위 사람과 그때에 재판의 책임을 맡고 있는 사람들을 찾아가 물어보면 그들이 판결을 내려 줄 것이오. 여러분은 하나님 여호와께서 선택하신 장소에서 내리는 그들의 판결을 그대로 따르고 그들이 일러 주는 것을 부지런히 지키시오. 그들이 여러분에게 주는 가르침을 따르고 그들이 어떤 판결을 내리든지 그대로 행하시오. 오른쪽으로나 왼쪽으로 벗어나지 말고 그들이 판결하는 대로 하시오. 만일 어떤 사람이 하나님 여호와를 섬기는 재판관이나 제사장을 존경하지 않는다면 죽이시오. 그런 나쁜 일을 이스라엘에서 없애 버리시오. 그러면 누구나 다 이 일에 관하여 듣고 두려워할 것이며 다시는 재판관이나 제사장을 업신여기지 않을 것이오."

왕을 세우는 일에 관하여

"여러분의 하나님 여호와께서 여러분에게 주시는 땅에 들어가 그 땅을 차지하고 살 때에 '우리 주위의 다른 나라들처럼 우리도 왕을 세우자'라는 생각이 들면 반드시 여러분의 백성 가운데 하나님 여호와께서 선택하시는 사람을 왕으로 세우시오. 여러분 가운데 속하지 않은 외국인을 왕으로 세우면 안 되오. 왕은 너무 많은 말을 가지면 안 되고 말을 더 사려고 이집트로 백성을 보내서도 안 되오. 여호와께서는 여러분에게 '그 길로는 다시 가지 마라'고 말씀하셨소. 왕은 많은 아내를 두어서도 안 되오. 아내를 많이 두면 그의 마음이 하나님에게서 멀어질 것이오. 그리고 은과 금도 너무 많이 가지면 안 되오.

왕의 자리에 오르는 사람은 제사장인 레위 사람 앞에 있는 이 율법을 두루마리에 베끼시오. 그것을 늘 곁에 두고 평생토록 날마다 읽으시오. 그래서 하나님 여호와를 두려워하기를 배우고 모든 율법과 명령을 부지런히 지켜야 하오. 왕은 스스로 교만해지지 말아야 하며 이 계명을 떠나 오른쪽으로나 왼쪽으로 치우치지 말아야 하오. 그렇게 하면 그와 그의 자손은 오랫동안 이 나라를 다스릴 수 있을 것이오."

제사장과 레위 사람의 몫

"제사장인 레위 사람과 모든 레위 지파는 다른 이스라엘 백성처럼 땅을 자기 몫으로 받지 못하오. 그 대신 그들은 여호와께 불에 태워 바친 제물을 먹을 수 있소. 그것이 그들의 몫이오. 그들은 다른 형제들처럼 땅을 물려받을 수 없소. 여호와께서 약속하신 대로 그들은 여호와를 유산으로 받기 때문이오. 소나 양을 제물로 바칠 때에는 제사장의 몫을 따로 떼어 주시오. 제사장에게 돌아갈 몫은 소나 양의 앞다리 하나와 두 볼과 위장이오. 그리고 여러분의 첫 곡식과 포도주와 기름도 처음 깎은 양털과 함께 제사장에게 드리시오. 하나님 여호와께서는 모든 지파 가운데서 제사장과 그들의 자손을 선택하셨소. 그래서 그들은 언제나 여호와를 섬기는 일을 해야 하오.

레위 사람이 자기가 살던 마을을 떠나 간절히 가고 싶었던 곳, 곧 여호와께서 선택하신 장소로 가면 그는 거기에서 여호와를 섬기던 다른 레위 사람과 마찬가지로 자기 하나님 여호와를 섬길 수 있소. 그가 받을 음식의 몫은 다른 레위 사람과 똑같으며 그 레위 사람이 집안 재산을 팔아 얻는 소득이 있다면 그것은 그 레위 사람의 것이오."

다른 나라들을 본받지 마라

"여러분의 하나님 여호와께서 여러분에게 주시는 땅으로 들어가거든 그 땅의 다른 민족들이 하는 못된 일들을 본받지 마시오. 여러분 가운데 딸이나 아들을 불에 태워 바치는 사람이 없게 하고 무당이나 점쟁이나 마술사도 없게 하시오. 주문을 외우는 사람과 귀신을 불러내는 사람과 죽은 사람의 영에게 물어보는 사람도 없게 하시오. 여호와께서는 이런 일들을 싫어하시오. 여러분의 하나님 여호와께서 그들을 여러분 앞에서 몰아내신 것도 바로 그런 못된 일들 때문이었소. 여러분은 하나님 여호와 앞에서 흠 없이 사시오. 여러분이 쫓아낼 민족들은 점쟁이나 마술사들의 말에 귀를 기울이지만 여러분의 하나님 여호와께서는 여러분이 그렇게 하는 것을 허락하지 않으실 것이오."

여호와의 특별한 예언자

"하나님 여호와께서는 여러분의 백성 가운데서 나와 같은 예언자 하나를 세워 주실 것이오. 여러분은 그의 말에 귀를 기울이시오. 이것은 여러분이 여러분의 하나님 여호와께 구했던 일이오. 여러분은 시내 산에 모여서 '우리 하나님 여호와의 목소리를 다시 듣지 않게 해 주십시오. 이 무서운 불을 다시 보지 않게 해 주십시오. 그렇지 않으면 우린 죽을 것 같습니다'라고 말한 적이 있소. 그래서 여호와께서 나에게 말씀하셨소. '저들이 하는 말이 옳도다. 그러므로 저들 가운데서 너와 같은 예언자 한 사람을 저들에게 세워 줄 것이다. 내가 그에게 할 말을 일러 주면 그는 내가 명령한 모든 것을 저들에게 전할 것이다. 이 예언자는 나를 위해 말할 것이다. 그가 말할 때 듣지 않는 사람은 내가 벌을 줄 것이다. 또 내가 일러 주지 않은 말을 내 이름으로 말하거나 다른 신들의 이름으로 말하는 예언자는 죽을 것이다.' '어떤 말씀이 여호와께서 하신 말씀인지 아닌지 어떻게 알 수 있느냐?' 하고 생각할지도 모르겠소. 만약 어떤 예언자가 여호와의 이름으로 말했는데 그 말이 맞지도 않고 이루어지지도 않으면 그것은 여호와의 말씀이 아니오. 그 예언자는 자기 생각을 주제넘게 말한 것뿐이오. 그런 예언자는 두려워하지 마시오."

도피성

"여러분의 하나님 여호와께서 원래 다른 나라들의 것이었던 땅을 여러분에게 주실 것이오. 여호와께서 그 나라들을 멸망시키고 그 나라들을 차지하여 그들의 성과 집에서 살게 될 것이오. 그때가 되면 성 셋을 선택하시오. 하나님 여호와께서 여러분에게 주시는 땅 한가운데에 있는 성을 선택하고 여러분의 하나님 여호와께서 여러분에게 주시는 땅을 세 구역으로 나누어 각 구역마다 도피성을 하나씩 만드시오. 그 성으로 가는 길을 닦고 누구든지 살인을 한 사람이 그 성으로 도망갈 수 있게 하시오.

살인을 한 사람에 관한 규례는 다음과 같소. 미워하는 마음이 없이 실수로 살인을 한 사람은 자기 목숨을 건지기 위해 그 성들 가운데 한 곳으로 도망갈 수 있소. 이를테면 이웃과 함께 숲으로 나무를 하러 가서 나무를 찍으려고 도끼를 휘두르다가 도끼날

이 자루에서 빠져 자신이 알지도 못하는 중에 이웃을 죽였다면 그 사람은 그 성들 중 한 곳으로 도망가 목숨을 건질 수 있소. 그러나 그 성까지 가는 거리가 너무 멀면 살인자에게 벌을 줄 의무가 있는 죽은 사람의 친척들이 화를 내며 쫓아와 살인자를 잡아 죽일지도 모르오. 그러나 그 살인자는 죽일 마음이 없이 실수로 이웃을 죽인 것이므로 그를 죽이면 안 되오. 그래서 내가 여러분에게 성 셋을 선택하라고 명령한 것이오. 그러나 여러분의 하나님 여호와께서 여러분의 조상에게 약속하신 대로 여러분의 땅을 넓혀 주시고 또 여러분의 조상에게 약속하신 땅 전체를 주실 때는 도피성을 세 곳 더 고르시오. 그렇게 되기 위해서는 내가 오늘 여러분에게 주는 이 모든 율법을 잘 지켜야 하오. 여러분은 여러분의 하나님 여호와를 사랑하고 언제나 여호와의 가르침대로 사시오. 여러분의 하나님 여호와께서 여러분에게 주신 땅에서 죄 없는 사람이 죽임을 당하지 않도록 하시오. 그렇게 하면 여러분은 살인죄를 짓지 않을 것이오.

그러나 어떤 사람이 이웃을 미워하여 숨어서 기다렸다가 이웃을 쳐 죽이고 이 도피성 가운데 한 곳으로 도망쳤다면 그의 고향 장로들은 사람을 보내어 도피성에 도망가 있는 그 사람을 붙잡아 살인자에게 벌을 내릴 책임이 있는 친척에게 그를 넘겨주시오. 그에게 자비를 베풀지 마시오. 죄 없는 사람을 죽이는 일이 이스라엘에서 없어져야 하오. 그래야 여러분의 하는 일이 잘될 것이오.

여러분의 하나님 여호와께서 주시는 땅에서 이웃의 땅이 어디까지인가를 표시해 주는 돌을 옮기지 마시오. 그 돌은 오래전 사람들이 세워 놓은 돌이오."

증인에 관한 규례

"증인 한 사람만으로는 어떤 사람의 잘못이나 죄를 가리기에 부족하오. 어떤 일의 옳고 그름을 가리려면 증인이 두 사람이나 세 사람은 있어야 하오. 만약 어떤 증인이 거짓말을 하여 다른 사람에게 죄를 뒤집어씌우려 하면 서로 다투고 있는 두 사람 모두 여호와 앞에 나아와 서시오. 그들은 당시의 제사장과 재판관들 앞에 서시오. 재판관들은 그 일을 조심스럽게 살피시오. 만약 증인이 거짓 증언을 하여 이웃에 대해 거짓말을 하였다면 그가 이웃을 해치려 했던 것만큼 그에게 벌을 내리시오. 그래서 여러분 가운데서 그런 악한 일을 없애 버리시오. 그러면 다른 백성도 그 이야기를 듣고 두려워할 것이며 여러분 가운데서 어느 누구도 그런 악한 일을 다시는 하려고 하지 않을 것이오. 그런 사람에게 자비를 베풀지 마시오. 목숨은 목숨으로, 눈은 눈으로, 이는 이로, 손은 손으로, 발은 발로 갚으시오."

전쟁에 관한 율법

❝적과 싸우기 위해 싸움터에 나갔다가 적의 말과 전차와 군대가 여러분보다 많은 것을 보더라도 두려워하지 마시오. 여러분을 이집트에서 인도해 내신 하나님 여호와께서 여러분과 함께 계시기 때문이오. 싸움터에 나가기 전에 제사장은 군대 앞에 나와 말하시오. 제사장은 이렇게 말하시오. '이스라엘 군대들이여, 들으시오. 여러분은 오늘 싸움터에 나아가 적과 싸울 것이오. 용기를 잃거나 두려워하지 마시오. 겁내지 마시오. 여러분의 하나님 여호와께서 여러분과 함께 계십니다. 여호와께서 여러분을 위해 적과 싸워 주실 것이며 여러분을 구해 주실 것입니다.' 그리고 장교들은 군대를 향해 이렇게 말하시오. '혹시 새 집을 짓고도 들어가 살지 못한 사람이 있는가? 그런 사람은 집으로 돌아가도 좋다. 그가 싸우다가 죽어서 다른 사람이 그 집에 들어가는 일이 없도록 하여라. 포도

밭을 가꾸어 놓고도 아직 그 열매를 맛보지 못한 사람이 있는가? 그런 사람은 집으로 돌아가도 좋다. 그가 싸우다가 죽어서 다른 사람이 먼저 그 열매를 맛보는 일이 없도록 하여라. 여자와 약혼을 하고도 아직 결혼하지 못한 사람이 있는가? 그런 사람은 집으로 돌아가도 좋다. 그가 싸우다가 죽어서 다른 사람이 그 여자와 결혼하는 일이 없도록 하여라.' 장교들은 또 이렇게 말하시오. '여기에 두려워하는 사람은 없는가? 용기를 잃은 사람은 없는가? 그런 사람은 집으로 돌아가도 좋다. 그런 사람이 있으면 다른 사람들까지도 그 사람 때문에 용기를 잃고 만다.' 장교들은 군대를 향해 이렇게 말하고 나서 군대를 이끌 지휘관을 세우시오.

어떤 성을 공격하려고 그 성에 가까이 갈 때에는 먼저 평화적으로 항복할 것을 권하시오. 만약 그들이 여러분의 제의를 받아들여 성문을 열어 주면 그 성의 모든 백성을 노예로 삼아 일을 시키시오. 그러나 여러분의 평화 제의를 받아들이지 않고 여러분과 싸우려 하면 그 성을 포위하시오. 여러분의 하나님 여호와께서 그 성을 여러분에게 넘겨주실 때에 성안의 모든 남자를 칼로 죽이시오. 성안의 여자와 아이와 짐승과 그 밖의 것은 여러분이 가져도 좋소. 여러분이 적에게서 빼앗은 것은 여러분의 하나님 여호와께서 여러분에게 주신 것이므로 여러분이 가져도 괜찮소. 가까이에 있지 않고 아주 멀리 떨어진 성들에 대해서는 여러분이 다 그렇게 하시오. 그러나 여러분의 하나님 여호와께서 여러분에게 주시는 땅의 성들에 대해서는 그 어느 것도 살려 두지 마시오. 헷 사람과 아모리 사람과 가나안 사람과 브리스 사람과 히위 사람과 여부스 사람을 여러분의 하나님 여호와께서 명령하신 대로 완전히 멸망시키시오. 그렇게 하지 않으면 그들이 그들의 신을 섬기는 일을 여러분에게 가르칠 것이고, 그런 못된 일을 여러분이 하게 되면 그것은 여러분의 하나님 여호와께 죄가 될 것이오.

어떤 성을 점령하려고 오랫동안 그 성을 포위할 때 도끼로 그 성의 나무들을 찍지 마시오. 나무의 열매는 따 먹어도 되지만 나무를 베어 버리지는 마시오. 그 나무들은 여러분의 적이 아니므로 나무와 싸우지 마시오. 그러나 열매를 맺지 못하는 나무는 베어 버려도 좋소. 그런 나무는 베어 내서 성을 점령할 때까지 성을 공격할 때에 필요한 장비로 만들어 쓰시오."

살인자를 알 수 없는 경우

"여러분의 하나님 여호와께서 여러분에게 주신 땅에 어떤 사람이 죽은 채 들판에 쓰러져 있는 것이 발견되었는데 누가 그 사람을 죽였는지 아무도 모르면 여러분의 장로들과 재판관들이 그가 쓰러져 있는 곳으로 가서 그 시체가 주변의 가까운 성들로부터 얼마나 떨어져 있는가를 재어 보시오. 그리고 그 시체에서 가장 가까운 성의 장로들이 책임을 지시오. 일을 한 번도 해 본 적이 없거나 멍에를 메어 보지 않은 암송아지 한 마리를 정하여 항상 물이 흐르고 갈거나 무엇을 심은 적이 없는 골짜기로 끌고 가서 목을 꺾으시오. 그런 다음에 레위의 자손인 제사장들이 그리로 가시오. 그들은 여러분의 하나님 여호와께서 뽑으신 사람들이오. 그들은 여호와를 섬겨야 하고, 여호와의 이름으로 복을 빌어 주어야 하며, 온갖 다툼과 싸움에 대해 판결을 내려 주어야 하오. 그리고 죽임을 당한 사람에게서 가장 가까운 성의 장로들이 손을 씻되 골짜기에서 목을 꺾은 암송아지 위에서 손을 씻으시오. 그리고 이렇게 선언하시오. '우리는 이 사람을 죽이지 않았습니다. 그리고 이 사람이 죽는 장면도 보지 못했습니다. 여호와여, 여호와께서 구하신 여호와의 백성 이스라엘의 죄를 씻어 주십시오. 이 죄 없는 사람의 죽음에 대해서 여호와의 백성인 이스라엘에게 죄를 묻지 마십시오.' 이렇게 하면 그 피 흘린 죄를 벗을 수 있소. 그래야 여러분은 죄 없는 사람을 죽인 죄를 씻을 수 있소. 여호와 보시기에 옳은 일을 하시오."

사로잡은 여자를 아내로 삼는 일에 관하여

"여러분이 적과 싸우러 나갔는데 여러분의 하나님 여호와께서 적을 무찌르게 해 주셔서 그들을 사로잡게 되었을 때 그들 가운데 마음에 드는 아름다운 여자가 있으면 그 여자와 결혼해도 좋소. 그 여자를 여러분의 집으로 데려가 여자의 머리를 밀고 손톱을 깎아 주시오. 여자가 잡혀 올 때에 입었던 옷은 벗기시오. 그 여자는 여러분의 집에 살면서 한 달 동안 자기 부모를 위해 울어야 하오. 그런 다음에야 그 여자와 결혼할 수 있소. 그렇게 하여 여러분은 그의 남편이 되고 그는 아내가 되는 것이오. 그러나 만약 그 여자가 마음에 들지 않으면 어디든지 그 여자가 원하는 곳으로 보내 주시오. 그러나 돈을 받고 여자를 팔 수는 없소. 여자를 욕되게 하였으므로 노예로 취급하지 말아야 하오."

맏아들

"어떤 사람에게 두 아내가 있는데 한 아내는 사랑을 받았으나 다른 아내는 사랑을 받지 못하였다고 합시다. 그러다가 두 아내 모두 아들을 낳았는데 사랑을 받지 못하던 아내의 아들이 맏아들이라면 남편이 자기 재산을 아들에게 물려주는 날에 맏아들, 곧 그가 사랑하지 않는 아내의 아들이 받아야 할 몫을 자기가 사랑하는 아내의 아들에게 주면 안 되오. 사랑을 받지 못하는 아내의 아들을 맏아들로 인정하고 자기의 모든 재산에서 두 몫을 그에게 줘야 하오. 그 아들은 그 아버지가 자녀를 낳을 수 있음을 보여 준 첫아들이므로 맏아들의 권리는 그의 것이오."

불효한 아들

"어떤 사람에게 고집이 세고 아버지나 어머니의 말씀을 따르지 않으며 타일러도 듣지 않는 아들이 있으면 그의 부모는 그를 성문에 있는 장로들에게 데려가시오. 그의 부모는 장로들에게 이렇게 말하시오. '우리 아들은 고집이 세고 무엇이든 제멋대로 하려 들고 우리 말을 듣지 않습니다. 먹고 마시기를 좋아하며 언제나 술에 취해 있습니다.' 그러면 그 성의 모든 사람들은 그를 돌로 쳐 죽여 여러분 가운데서 그런 악한 일이 없게 하시오. 모든 이스라엘 백성이 그 이야기를 듣고 두려워하게 될 것이오."

그 밖의 율법

"어떤 사람이 죽을 죄를 지었으면 그 사람을 죽여서 시체를 나무 위에 매달아 두시오. 그러나 그의 시체를 밤새도록 나무 위에 매달아 두지 마시오. 그를 죽인 그날에 그를 묻어 주시오. 누구든지 나무 위에 매달린 사람은 하나님께 저주를 받은 사람이오. 여러분은 여러분의 하나님 여호와께서 주신 땅을 더럽히지 마시오."

"여러분이 이웃의 소나 양이 길을 잃고 헤매는 것을 보면 못 본 체하지 말고 주인에게 돌려주시오. 주인이 가까운 곳에 살지 않거나 주인이 누구인지 모르면 길 잃은 짐승을 여러분의 집으로 끌고 가서 주인이 찾으러 올 때까지 데리고 있다가 주인이 찾으러 오면 돌려주시오. 이웃의 나귀나 옷이나 그 밖에 이웃이 잃어버린 다른 물건을 발견했을 때도 못 본 체하지 말고 주인에게 돌려주시오. 여러분이 이웃의 소나 양이 길에 쓰러져 있는 것을 보게 되면 못 본 체하지 말고 그 주인을 도와 일으켜 주시오.

여자는 남자의 옷을 입지 말고 남자는 여자의 옷을 입지 마시오. 여러분의 하나님 여호와께서는 그렇게 하는 것을 싫어하시오.

나무나 땅 위에서 새의 둥지를 발견했는데 그 안에 새끼나 알을 품고 있는 새가 들어 있으면 그 어미와 새끼를 함께 잡지 마시오. 새끼는 잡아도 되지만 어미는 날려 보내시오. 그래야 여러분이 하는 일이 잘되고 오래 살 수 있을 것이오.

새 집을 지을 때는 지붕 둘레에 담을 쌓으시오. 그래야 누가 지붕에서 떨어지더라도 살인죄를 면할 수 있을 것입니다.

포도밭에 서로 다른 두 가지 씨를 함께 뿌리지 마시오. 그렇게 하면 두 가지 작물을 다 제사장에게 압수당할 것입니다. 소와 나귀에게 한 멍에를 메워 밭을 갈게 하지 마시오. 양털과 무명실을 섞어서 짠 옷을 입지 마시오.

여러분이 입고 다니는 겉옷의 네 귀퉁이에 술을 달아 입고 다니시오."

순결에 관한 율법

"어떤 남자가 여자와 결혼을 하여 잠자리를 함께했는데 그 후에 여자가 싫어져서 여자에 대해 거짓말을 하고 누명을 씌워 '이 여자와 결혼해서 잠자리를 함께하고 보니 처녀가 아니더라' 하고 말하면 여자의 부모는 자기 딸이 처녀라는 증거를 취하여 성문에 있는 장로들에게 가져가시오. 여자의 아버지는 장로들에게 이렇게 말하시오. '이 사람에게 내 딸을 아내로 주었더니 이제 와서 내 딸을 싫어합니다. 이 사람은 내 딸에 대해 "당신 딸은 처녀가 아니었습니다"라고 거짓말을 했습니다. 하지만 여기에 내 딸이 처녀였다는 증거가 있습니다.' 그리고 나서 여자의 부모는 장로들 앞에서 피 묻은 천을 펼쳐 보이시오. 그러면 장로들은 그 남자를 붙잡아 벌을 주시오. 장로들은 그에게서 은 백 세겔을 받아 여자의 아버지에게 주시오. 이는 그가 이스라엘 처녀에게 누명을 씌웠기 때문이오. 그 여자는 계속해서 그 남자의 아내가 되어야 하고 그 남자는 평생토록 그 여자와 이혼할 수 없소. 그러나 남편이 말한 것이 사실이어서 그 여자가 처녀였다는 증거가 발견되지 않으면 그 여자를 그의 아버지 집 입구로 끌고 가시오. 그리고 그 마을 사람들에게 그 여자를 돌로 쳐 죽이게 하시오. 이는 그 여자가 자기 아버지 집에 살면서 결혼을 하기도 전에 성관계를 맺음으로 이스라엘 가운데에 부끄러운 일을 했기 때문이오. 여러분은 여러분 가운데서 그런 악한 일을 없애 버리시오.

어떤 남자가 다른 남자의 아내와 성관계를 맺다가 들켰으면 성관계를 맺은 그 남자와 여자를 둘 다 죽이시오. 이스라엘 가운데서 그런 악한 일은 없애야 하오.

어떤 남자가 다른 남자와 약혼을 한 젊은 여자와 성안에서 만나 성관계를 맺었으면 여러분은 두 사람을 성문으로 끌고 가서 돌로 쳐 죽이시오. 왜냐하면 젊은 여자는 성안에 있었으면서도 도와달라는 비명을 지르지 않았기 때문이고 남자는 다른 남자의 약혼녀와 성관계를 맺었기 때문이오. 여러분은 여러분 가운데서 그런 악한 일을 없애시오.

그러나 어떤 남자가 약혼을 한 젊은 여자와 들에서 만나 여자를 강제로 붙잡아 성관계를 맺었으면 그 여자와 함께 누운 남자만 죽이시오. 그 여자에게는 아무 벌도 주지 마시오. 왜냐하면 그 여자는 죽을 죄를 짓지 않았기 때문이오. 이것은 어떤 사람이 갑자기 이웃을 쳐서 죽인 것과 같소. 그 남자가 다른 남자의 약혼녀를 들에서 만났으므로 여자가 소리를 질렀어도 구해 줄 사람은 아무도 없었을 것이오.

어떤 남자가 약혼하지 않은 처녀를 만나 강제로 성관계를 맺다가 들켰으면 그 남자는 여자의 아버지에게 은 오십 세겔을 갚으시오. 그리고 그 여자를 부끄럽게 만들었으므로 그 여자와 결혼하시오. 그 남자는 평생토록 그 여자와 이혼할 수 없소.

누구든지 자기 아버지의 아내와 결혼하면 안 되오. 그것은 자기 아버지를 부끄럽게 하는 일이오."

예배공동체에 들어올 수 없는 사람

누 구든지 성기의 일부분이 잘린 사람은 여호와의 백성이 모인 예배에 나올 수 없고, 누구든지 불륜의 관계에서 태어난 사람은 여호와께 예배드리는 모임에 나올 수 없소. 그들의 자손은 십 대에 이르기까지 여호와께 예배드리는 모임에 나올 수 없소.

암몬 사람이나 모압 사람은 여호와께 예배드리는 모임에 나올 수 없소. 그 자손은 십 대뿐 아니라 영원히 여호와께 예배드리는 모임에 나올 수 없소. 암몬 사람과 모압 사람은 여러분이 이집트에서 나올 때에 여러분에게 빵과 물을 주지 않았소. 그리고 그들은 북서 메소포타미아의 브돌에서 브올의 아들 발람을 불러 여러분을 저주하려고 했소. 그러나 여러분의 하나님 여호와께서는 발람의 말을 듣지 않으셨소. 여러분의 하나님 여호와께서는 여러분을 사랑하시기 때문에 여러분을 위해 저주를 복으로 바꾸셨소. 여러분은 평생토록 그들을 평화롭게 하거나 번영하게 하면 안 되오.

에돔 사람을 미워하지 마시오. 그들은 여러분의 친척이오. 이집트 사람을 미워하지 마시오. 여러분이 그들의 땅에서 나그네로 살았기 때문이오. 그들의 삼대 자손은 여호와께 예배드리는 모임에 나올 수 있소."

진을 깨끗하게 하는 법

"진을 치고 적과 맞서 있을 때는 부정한 것들을 피하시오.

밤사이에 몽정을 하여 부정하게 된 사람은 진 밖으로 나가서 돌아오지 마시오. 그러나 저녁이 되면 물로 몸을 씻고, 해가 지면 진으로 돌아올 수 있소.

진 바깥 한 곳에 대소변을 보는 곳을 정하고 진 바깥으로 나갈 때 삽 하나를 가지고 가서 그것으로 땅에 구멍을 파낸 뒤 변을 보고 덮으시오. 하나님 여호와께서 여러분의 진을 두루 다니시며 지키시고 여러분이 적을 이길 수 있게 도와주실 것이오. 그러므로 진을 거룩하게 하시오. 여호와께서는 부정한 것을 보지 않으시므로 여러분이 거룩해야 여호와께서 여러분을 떠나지 않으실 것이오."

그 밖의 율법

"어떤 종이 주인에게서 도망쳐 여러분에게 오면 그를 주인에게 넘겨주지 마시오. 종이 원하는 대로 어디에서든지 여러분과 함께 살 수 있게 하시오. 그가 살고 싶은 마을이 있으면 어디서든지 살게 하시오. 그를 못살게 굴지 마시오.

이스라엘 여자는 성전 창녀가 되지 말아야 하고, 이스라엘 남자도 성전 남창이 되지 말아야 하오. 여호와께 약속한 것을 갚기 위해 창녀나 남창이 번 돈을 하나님 여호와의 성전으로 가져오지 마시오. 여러분의 하나님 여호와께서는 이 두 가지 예물 모두를 싫어하시오.

여러분이 이웃에게 돈이나 음식이나 그 밖의 다른 물건을 빌려 줄 때에는 이자를 받지 마시오. 외국인에게서는 이자를 받을 수 있으나 이스라엘 백성에게서는 이자를 받지 마시오. 그래야 여러분의 하나님 여호와께서 여러분이 하는 모든 일에 복을 주실 것이오. 여러분이 들어가 차지할 땅에서 복을 주실 것이오.

여러분의 하나님 여호와께 무엇을 드리기로 약속했으면 미루지 말고 갚으시오. 여러분의 하나님 여호와께서는 여러분이 약속한 것을 달라고 하실 것이오. 미루는 것은 여러분에게 죄가 될 것이오. 그러나 약속을 하지 않았으면 그 일로 죄를 지을 것이 없소. 무엇이든 여러분의 입으로 말한 것은 지키시오. 여러분 스스로가 여러분의 하나님 여호와께 약속한 것이므로 반드시 지키시오.

이웃의 포도밭에 들어갔을 때 마음껏 포도를 먹는 것은 괜찮소. 그러나 포도를 그릇에 담아 가지는 마시오. 이웃의 곡식밭에 들어갔을 때 손으로 이삭을 따는 것은 괜찮지만 낫으로 베어 내지는 마시오."

"어떤 남자가 결혼을 했는데 여자에게 어떤 결점이 있는 것을 알게 되어 여자가 싫어지거든 이혼 증서를 써 주고 여자를 자기 집에서 내보내시오. 여자가 그의 집을 떠나 다른 남자와 결혼했는데 여자의 두 번째 남편도 그 여자가 싫어져서 이혼 증서를 써 주고 자기 집에서 내보냈다거나 아니면 여자의 두 번째 남편이 죽었다거나 했다면 어떤 경우든지 여자와 이혼한 첫 번째 남편은 그 여자와 다시 결혼하지 마시오. 그 여자는 이미 부정하게 되었기 때문이오. 여호와께서는 그런 일을 싫어하시오. 여러분의 하나님 여호와께서 여러분에게 주시는 땅에 이런 죄가 있게 하지 마시오.

결혼한 지 얼마 되지 않은 새신랑을 군대에 보내지 마시오. 그리고 그 밖의 다른 의무를 갖게 하지도 마시오. 그가 일 년 동안 자유롭게 집에 머물면서 새신부를 행복하게 해 주도록 하시오.

어떤 사람에게 무엇을 빌려주어 받을 것이 있다 하더라도 그의 맷돌을 가져가지 마시오. 위짝이든 아래짝이든 가져가지 마시오.

맷돌을 가져가는 것은 그의 목숨을 가져가는 것이나 같소.

이웃을 유괴하여 종으로 삼거나 파는 사람은 죽이시오. 여러분 가운데서 그런 악한 일을 없애 버리시오.

누구든지 문둥병에 걸린 사람이 있으면 조심하시오. 여러분은 레위 사람인 제사장이 가르쳐 주는 대로 하시오. 내가 그들에게 명령한 것을 잘 지키시오. 여러분이 이집트에서 나오던 길에 여러분의 하나님 여호와께서 미리암에게 하신 일을 잘 기억하시오.

이웃에게 무엇을 빌려줄 때는 빌려준 것을 대신해서 맡아 둘 것을 가지려고 그의 집으로 들어가지 마시오. 밖에 머물러 있으면서 이웃이 맡길 것을 직접 가지고 나오게 하시오. 그가 가난한 사람이면 그가 맡긴 겉옷을 밤새도록 가지고 있지 마시오. 해가 지기 전에 그의 겉옷을 돌려주시오. 그는 잠을 잘 때에 그 겉옷이 필요하기 때문이오. 그는 잠자리에 누워 당신을 위해 복을 빌 것이며 그 일은 하나님 여호와께서 보시기에 옳은 일이 될 것이오.

이스라엘 백성이든지 여러분의 마을에서 함께 사는 외국인이든지 불쌍하고 가난한 일꾼을 억누르지 마시오. 해가 지기 전에 그에게 품삯을 주시오. 왜냐하면 그는 가난해서 돈이 당장 필요하기 때문이오. 그에게 돈을 주지 않으면 그가 여호와께 여러분에 대해 원망할 것이고 그렇게 되면 여러분에게 죄가 있게 되오.

자식이 잘못했다고 해서 부모를 죽이지 마시오. 그리고 부모가 잘못했다고 해서 자식을 죽여서도 안 되오. 사람은 자기가 지은 죄로만 죽임을 당해야 하오.

외국인이나 고아의 재판이라고 불공평하게 다루지 마시오. 과부에게 무엇을 빌려주고 겉옷을 맡아 두지 마시오. 여러분은 여러분이 이집트에서 종살이했던 것과 여러분의 하나님 여호와께서 여러분을 구해 주신 것을 기억하시오. 그 때문에 내가 여러분에게 이렇게 명령하는 것이오.

밭에서 추수할 때에 곡식 한 다발을 잊어버리고 왔더라도 돌아가서 다시 가져오지 마시오. 외국인과 고아와 과부가 가지게 내버려 두시오. 그러면 여러분의 하나님 여호와께서 여러분이 하는 모든 일에 복을 주실 것이오. 올리브 나무를 흔들어 열매를 떨어뜨린 후에 그 가지를 또다시 살피지 마시오. 남은 열매는 외국인과 고아와 과부가 가지게 내버려 두시오. 포도밭에서 포도를 딸 때도 따고 남은 것을 또 따지 마시오. 남은 포도는 외국인이나 고아와 과부가 가지게 내버려 두시오. 여러분도 이집트에서 종살이했던 것을 기억하시오. 그 때문에 내가 여러분에게 이렇게 명령하는 것이오."

"두 사람 사이에 다툼이 일어나서 재판을 하게 되면 재판관들이 그 일에 대해 판결을 내리시오. 그래서 옳은 사람은 옳다고 판결하고 죄가 있는 사람에게는 벌을 주시오. 죄가 있는 사람이 매 맞는 벌을 받아야 하면 재판관은 그를 자기 앞에서 엎드리게 한 다음 죄의 정도에 따라 매를 때리게 하시오. 그러나 사십 대 이상은 때리지 마시오. 왜냐하면 사십 대 이상 때리면 그가 다른 사람들 앞에서 모욕을 당하게 될 것이기 때문이오.

곡식을 밟으며 일하는 소의 입에 곡식을 먹지 못하게 하려고 망을 씌우지 마시오.

형제가 함께 살다가 그 가운데 한 명이 아들 없이 죽었을 때 그의 아내는 다른 집안 사람과 결혼할 수 없소. 죽은 사람의 형제가 그 여자를 아내로 맞아들이시오. 그것이 죽은 남편의 형제로서 지켜야 할 의무요. 그렇게 해서 여자가 낳은 첫아들은 죽은 형제의 이름을 따라서 부르시오. 그래서 그의 이름이 이스라엘에서 잊혀지지 않게 하시오. 그러나 그 사람이 죽은 형제의 아내와 결혼하려 하지 않으면 그 형제의 아내는 성문에 있는 장로들에게 나아가서 이렇게 말하시오. '내 남편의 형제가 나와 결혼하기 싫어하여 이스라엘 가운데서 자기 형제의 대를 이으려 하지 않습니다. 그가 남편의 형제로서 지켜야 할 의무를 지키려 하지 않습니다.' 그러면 마을의 장로들은 그 사람을 불러서 잘 타이르시오. 그런데도 그가 '나는 저 여자와 결혼할 생각이 없습니다'라고 말하면서 고집을 부리면 여자는 장로들이 보는 앞에서 그에게 가까이 나아가 그의 발에서 신을 벗기고 그의 얼굴에 침을 뱉으면서 '자기 형제의 집안을 잇지 않으려는 사람은 이렇게 된다'라고 말하시오. 그러면 그 사람의 집안은 이스라엘 가운데서 '신을 벗긴 자의 집안'이라고 불릴 것이오.

두 사람이 싸우고 있는데 한 사람의 아내가 자기 남편을 돕기 위해 손으로 다른 남자의 성기를 움켜쥐면 여러분은 그 여자의 손을 잘라 버리시오. 여자에게 자비를 베풀지 마시오.

하나는 무겁고 하나는 가벼운 두 가지 종류의 저울추를 가지고 다니지 마시오. 하나는 크고 하나는 작은 두 가지 종류의 되를 여러분의 집에 가지고 있지 마시오. 올바르고 정직한 저울추와 되를 사용하시오. 그래야 여러분의 하나님 여호와께서 주시는 땅에서 오래오래 살 수 있을 것이오. 여러분의 하나님 여호와께서는 정직하지 않은 사람과 정확하지 않은 되를 쓰는 사람을 싫어하시오.

여러분이 이집트에서 나오던 때 아말렉 사람들이 여러분에게 한 일을 기억하시오. 여러분이 피곤하고 지쳤을 때 그들이 길에서 나와 여러분 뒤에 처져 있던 사람들을 다 죽였소. 그들은 하나님을 두려워하지 않았소. 여러분의 하나님 여호와께서 주시는 땅에서 모든 적들을 물리치시고 여러분에게 평안을 주실 때에 이 땅 위에서 아말렉 사람들을 멸망시켜 그들의 기억조차도 없애 버리시오. 꼭 잊지 마시오."

첫 추수

"여러분의 하나님 여호와께서 주시는 땅으로 여러분은 들어갈 것이오. 그 땅을 점령하고 그 땅에서 살 것이오. 그때가 되면 여러분은 하나님 여호와께서 여러분에게 주신 땅에서 자라난 작물 가운데 처음으로 거둔 것을 광주리에 담아 하나님 여호와께서 예배받으시기 위해 선택하신 곳으로 나아가시오. 그리고 그 당시의 제사장에게 이렇게 말하시오. '오늘 제가 제사장의 하나님 여호와께 선언합니다. 여호와께서 저희 조상에게 약속하신 땅으로 제가 왔습니다.' 제사장이 여러분이 가져온 광주리를 받아서 여러분의 하나님 여호와의 제단 앞에 놓으면

여러분은 여호와 앞에서 이렇게 말씀드리시오. '제 조상은 떠돌아다니던 아람 사람이었습니다. 그는 이집트로 내려갔다가 몇 안 되는 사람과 함께 그곳에서 나그네로 살았습니다. 그러나 그들은 거기에서 강하고 번성한 큰 나라를 이루게 되었습니다. 그러나 이집트 사람들이 우리에게 고된 일을 시킴으로 우리를 학대하고 괴롭혔습니다. 그래서 저희 조상의 하나님이신 여호와께 부르짖었더니 여호와께서 저희 기도를 들어주셨고 여호와께서는 저희가 고통당하는 것과 고된 일을 하는 것과 학대받는 것을 보셨습니다. 여호와께서는 크신 힘과 능력으로 저희를 이집트에서 인도해 내셨습니다. 여호와께서는 위엄과 표적과 기적을 보여 주셨습니다. 그리고 여호와께서는 저희를 이곳으로 인도하시고 젖과 꿀이 흐르는 비옥한 땅을 주셨습니다. 이제 제가 여호와께서 저에게 주신 이 땅에서 거둔 첫 열매를 여호와께 가져왔습니다.' 그리고 나서 그 광주리를 여러분의 하나님 여호와 앞에 놓고 여호와 앞에 엎드려 경배하시오. 여러분은 레위 사람과 여러분 가운데 사는 외국인과 함께 즐거워하시오. 여러분의 하나님 여호와께서 여러분과 여러분의 집에 주신 온갖

좋은 것을 나누며 즐거워하시오.

삼 년째 되는 해에 여러분이 거둔 모든 것의 십분의 일을 가져오시오. 그해는 여러분이 거둔 것의 십분의 일을 드려 그것을 레위 사람과 외국인과 고아와 과부에게 주어서 여러분 마을에서 마음껏 먹게 하시오. 그리고 나서 여러분의 하나님 여호와께 이렇게 말하시오. '집에서 제가 거둔 것 가운데 여호와의 것을 따로 떼어 놓았습니다. 그리고 여호와께서 제게 명령하신 대로 그것을 레위 사람과 외국인과 고아와 과부에게 주었습니다. 저는 여호와의 명령을 잊지 않았고 어기지도 않았습니다. 슬픔에 빠져 있을 때 그 거룩한 물건인 성물을 먹지 않았고 제가 부정할 때에 그것을 떼어 놓지도 않았고 그것을 죽은 사람에게 바치지도 않았습니다. 저는 하나님 여호와의 말씀에 복종하였고 주께서 명령하신 대로 행했습니다. 주님의 거룩한 집인 하늘에서 굽어살피시고 주님의 백성 이스라엘에게 복을 주시고 저희 조상에게 약속하신 땅, 곧 젖과 꿀이 흐르는 비옥한 땅에 복을 주십시오.'"

여호와의 명령에 복종하라

"오늘 여러분의 하나님 여호와께서 이 모든 규례와 율법을 지키라고 명령하셨소. 마음과 정성을 다하여 그것을 부지런히 지키시오. 오늘 여러분은 여호와를 여러분의 하나님으로 인정하고 여호와께서 원하시는 대로 하겠다고 약속했소. 여호와의 규례와 명령과 율법을 지키고 여호와께 복종하겠다고 약속했소. 오늘 여호와께서도 여러분을 주님의 소중한 백성으로 받아들이기로 약속하셨소. 그리고 여러분에게 여호와의 모든 명령을 지키라고 말씀하셨소. 여호와께서는 그가 지으신 다른 민족들보다 여러분을 더 높이실 것이오. 여러분에게 칭찬과 명예와 영광을 주실 것이오. 여호와께서 약속하신 대로 여러분은 하나님 여호와께 거룩한 백성이 될 것이오."

돌에 새긴 율법

모세와 이스라엘 장로들이 백성에게 명령했습니다. "오늘 내가 여러분에게 주는 모든 명령을 지키시오. 여러분은 곧 요단 강을 건너서 여러분의 하나님 여호와께서 주시는 땅으로 들어갈 것이오. 그날이 오면 큰 돌들을 세우고 그 위에 석회를 칠하시오. 그리고 강을 건너면 바로 이 모든 가르침의 말씀을 그 돌들 위에 새겨 놓으시오. 그렇게 하면 여러분 조상의 하나님 여호와께서 약속하신 대로 여러분의 하나님 여호와께서 주시는 땅으로 들어가 그곳을 차지하여 살게 될 것이오. 그 땅은 젖과 꿀이 흐르는 비옥한 곳이오. 요단 강을 건넌 뒤에는 이 돌들을 내가 오늘 명령한 대로 에발 산 위에 세우고 그 위에 석회를 칠하시오. 그리고 그곳에서 여러분의 하나님 여호와께 돌 제단을 쌓으시오. 제단을 쌓을 때는 돌을 쇠 연장으로 다듬지 마시오. 여러분은 여러분의 하나님 여호와께 다듬지 않은 돌로 제단을 쌓으시오. 그런 다음 그 제단 위에 하나님 여호와께 태워 드리는 제사인 번제를 바치시오. 화목 제물도 바치시오. 그리고 그곳에서 음식을 먹으면서 여러분의 하나님 여호와 앞에서 즐거워하시오. 여러분은 그 돌들 위에 이 모든 가르침의 말씀을 정확히 새기시오."

율법의 저주

모세와 레위 사람인 제사장들이 온 이스라엘에게 말했습니다. "이스라엘 백성들이여, 조용히 하고 잘 들으시오. 여러분은 오늘 하나님 여호와의 백성이 되었소. 그러므로 하나님 여호와의 말씀에 복종하고 내가 오늘 여러분에게 주는 여호와의 명령과 율법을 잘 지키시오."

그날 모세는 백성에게 이렇게 명령했습니다. "여러분은 요단 강을 건널 것이오. 그때가 되면 시므온, 레위, 유다, 잇사갈, 요셉, 그리고 베냐민 지파는 그리심 산 위에 서서 백성을 향해 축복하시오. 그리고 르우벤, 갓, 아셀, 스불론, 단, 그리고 납달리 지파는 에발 산 위에 서서 백성을 향해 저주하시오. 레위 사람은 큰 소리로 모든 이스라엘 백성에게 이렇게 말하시오.

'대장장이를 시켜서 우상을 조각하거나 쇠를 녹여 만들어서 남 몰래 세우는 사람은 저주를 받는다. 여호와께서는 사람이 만든 우상을 역겨워하신다.' 모든 백성은 '아멘!'이라고 말하시오.

'자기 아버지나 어머니를 업신여기는 사람은 저주를 받는다.' 모든 백성은 '아멘!'이라고 말하시오.

'너희 이웃의 땅이 어디까지인가를 표시해 주는 돌을 옮기는 사람은 저주를 받는다.' 모든 백성은 '아멘!'이라고 말하시오.

'보지 못하는 사람을 잘못된 길로 이끄는 사람은 저주를 받는다.' 모든 백성은 '아멘!'이라고 말하시오.

'외국인과 고아와 과부를 공정하게 대하지 않는 사람은 저주를 받는다.' 모든 백성은 '아멘!'이라고 말하시오.

'자기 아버지의 아내와 함께 자는 사람은 저주를 받는다. 그것은 자기 아버지를 부끄럽게 하는 짓이다.' 모든 백성은 '아멘!'이라고 말하시오.

'짐승과 함께 자는 사람은 저주를 받는다.' 모든 백성은 '아멘!'이라고 말하시오.

'자기 아버지의 딸이든지 어머니의 딸이든지 자기 누이와 함께 자는 사람은 저주를 받는다.' 모든 백성은 '아멘!'이라고 말하시오.

'자기 장모와 함께 자는 사람은 저주를 받는다.' 모든 백성은 '아멘!'이라고 말하시오.

'남몰래 이웃을 죽이는 사람은 저주를 받는다.' 모든 백성은 '아멘!'이라고 말하시오.

'돈을 받고 죄 없는 사람을 죽이는 사람은 저주를 받는다.' 모든 백성은 '아멘!'이라고 말하시오.

'이 가르침의 말씀을 간직하고 따르지 않는 사람은 저주를 받는다.' 모든 백성은 '아멘!'이라고 말하시오."

복종하여 받는 복

"여러분은 여러분의 하나님 여호와께 온전히 복종하시오. 내가 오늘 여러분에게 주는 여호와의 모든 명령을 부지런히 지키시오. 그러면 하나님 여호와께서 여러분을 땅 위의 어떤 민족보다 더 크게 해 주실 것이오. 하나님 여호와께 복종하시오. 그러면 이 모든 복이 여러분에게 찾아올 것이오. 성읍에서도 복을 받고 들에서도 복을 받을 것이오. 여러분의 자녀와 땅의 열매가 복을 받을 것이고 여러분의 짐승의 새끼도 복을 받아 소와 양이 늘어날 것이오. 여러분의 광주리와 반죽 그릇이 복을 받을 것이오. 여러분은 들어가거나 나가거나 어디를 가든지 복을 받을 것이오.

여호와께서는 여러분이 적을 이길 수 있게 해 주실 것이오. 그들은 한 길로 쳐들어와서 일곱 길로 도망갈 것이오. 하나님 여호와께서 여러분에게 복을 주셔서 창고가 가득 차게 해 주실 것이고 여러분이 하는 모든 일과 너희 하나님 여호와께서 여러분에게 주신 모든 땅에 복을 주실 것이오. 여러분이 하나님 여호와의 명령을 지키고 여호와께서 원하시는 대로 산다면 여호와께서는 여러분에게 약속하신 대로 여러분을 여호와의 거룩한 백성으로 삼으실 것이오.

그러면 여러분이 하나님의 백성이라고 불리는 것만으로도 땅 위의
모든 사람이 여러분을 두려워하게 될 것이오. 여호와께서 여러분에
게 주시겠다고 여러분의 조상에게 약속하신 땅에서 여러분을 부자
로 만드실 것이오. 여러분의 자녀가 많아질 것이오. 여러분의 짐승
이 새끼를 많이 낳을 것이며, 땅도 열매를 많이 맺을 것이오. 여호
와께서 여러분을 위하여 아름다운 하늘의 창고를 여실 것이오. 하
늘은 알맞은 때에 비를 내릴 것이고, 여호와께서는 여러분이 하는
모든 일에 복을 주실 것이오. 여러분이 다른 나라들에게 빌려주는
일은 있어도 빌리는 일은 없을 것이오. 내가 오늘 여러분에게 선포
하는 하나님 여호와의 명령을 부지런히 지키면 여호와께서는 여러
분을 꼬리가 아니라 머리가 되게 하실 것이오. 여러분은 바닥이 아
니라 꼭대기에 있게 될 것이오. 내가 오늘 여러분에게 명령하는 말
씀을 오른쪽으로나 왼쪽으로 치우쳐 어기지 마시오. 내가 명령한
대로만 하시오. 다른 신들을 따르거나 섬기지 마시오."

복종하지 않아 받는 저주

"그러나 내가 오늘 여러분에게 주는 여호와의 모든 명령과 규례
를 부지런히 지키지 않고 하나님 여호와께 복종하지 않으면 이 모
든 저주가 여러분에게 찾아올 것이오. 여러분은 성안에서도 저주를
받고 들에서도 저주를 받을 것이오. 여러분의 광주리와 반죽 그릇
이 저주를 받을 것이오. 여러분의 자녀와 땅의 열매가 저주를 받을
것이고, 여러분 짐승의 새끼도 저주를 받을 것이오. 여러분은 들어
가거나 나가거나 어디를 가든지 저주를 받을 것이오.

여러분이 죄를 지어 여호와를 떠나면 여호와께서 여러분이 하
는 모든 일에 저주와 혼란과 벌을 내리실 것이오. 여러분은 순식간
에 망할 것이오. 하나님 여호와께서 여러분에게 무서운 병을 보내

실 것이오. 그리하여 여러분이 들어가 차지할 땅에서 여러분을 멸망
시키실 것이오. 여호와께서 여러분에게 폐병과 열병과 염증과 무더
위와 가뭄과 식물을 시들게 하고 썩게 하는 병을 보내실 것이오. 이
재앙들은 여러분이 죽을 때까지 계속될 것이오. 하늘은 놋이 될 것
이고, 발아래의 땅은 쇠가 될 것이오. 여호와께서는 먼지와 모래를
비처럼 내리실 것이오. 하늘에서 먼지와 모래가 내려 마침내 여러분
을 멸망시키고 말 것이오.

여호와께서는 여러분의 적들 앞에서 여러분을 패하게 하실 것이
오. 여러분은 한 길로 쳐들어가서 일곱 길로 도망칠 것이오. 여러분
의 그 모습을 보고 땅 위의 온 나라들이 몸서리칠 것이오. 여러분의
시체는 모든 새와 들짐승의 먹이가 될 것이고 아무도 그것들을 쫓
아 주지 않을 것이오. 여호와께서는 이집트의 종기와 곪는 병과 옴
과 부스럼으로 여러분을 벌주실 것이고 여러분은 치료받지 못할 것
이오. 여호와께서는 여러분을 미치게도 하시고 보지 못하게도 하
시고 정신병에 걸리게도 하실 것이오. 보지 못하는 사람처럼 대낮
에도 더듬을 것이며 하는 일마다 다 실패할 것이오. 사람들이 날마
다 여러분을 해치겠고 여러분의 것을 훔쳐 갈 것이오. 여러분을 구
해 줄 사람이 아무도 없을 것이오. 여자와 약혼을 해도 다른 남자
가 그 여자와 함께 잘 것이오. 집을 지어도 거기에서 살 수 없을 것
이며 포도밭을 가꾸어도 그 열매를 먹지 못할 것이오. 여러분의 소
를 여러분이 보는 앞에서 잡았어도 그 고기를 먹지 못할 것이고 나
귀를 빼앗겨도 되찾지 못할 것이오. 여러분의 양을 적에게 빼앗기겠
으나 아무도 도와주지 않을 것이오. 여러분의 아들과 딸들을 여러
분이 보는 앞에서 다른 민족에게 빼앗길 것이고 날마다 눈이 빠지
도록 그들을 그리워하며 기다려도 그들을 구할 수 없을 것이오. 여
러분이 알지 못하는 백성이 여러분 땅의 열매와 여러분이 애써 일하

여 얻은 것을 먹어 버릴 것이며 여러분은 평생토록 빼앗기고 짓밟힐 것이오. 여러분의 눈으로 보는 불행한 일 때문에 여러분은 미치고 말 것이오. 여호와께서 여러분의 무릎과 다리에 낫지 않는 종기를 나게 하실 것이며 머리끝부터 발끝까지 번지게 하실 것이오.

여호와께서는 여러분과 여러분이 세우게 될 왕을 여러분이 알지도 못하는 나라로 보내실 것이오. 여러분은 그곳에서 나무와 돌로 만든 다른 우상들을 섬길 것이오. 여러분은 여호와께서 여러분을 흩어 놓은 나라에서 놀람과 속담의 대상이 될 것이며 그 나라의 백성들이 여러분을 조롱하고 비웃을 것이오. 아무리 밭에 씨를 많이 뿌려도 메뚜기가 먹어 버려 거두는 것이 적을 것이고, 포도밭을 아무리 열심히 가꾸어도 벌레가 먹어 버려 포도도 따 먹지 못하고 포도주도 마시지 못할 것이오. 온 땅에 올리브 나무가 있겠지만 열매가 떨어져 올리브 기름을 얻지 못할 것이오. 아들과 딸들을 낳겠지만 그들은 포로로 끌려가서 여러분의 자식이 되지 못할 것이오. 여러분의 모든 나무와 땅의 열매는 메뚜기가 먹어 버릴 것이오. 여러분 가운데 사는 외국인은 점점 강해지고 여러분은 점점 약해질 것이오. 외국인은 여러분에게 돈을 빌려주겠지만 여러분은 빌려줄 수 없을 것이오. 그들은 머리가 될 것이고 여러분은 꼬리가 될 것이오.

여호와께서 명령하신 율법과 규례를 여러분이 지키지 않고 하나님 여호와께 복종하지 않았으므로 이 모든 저주가 여러분에게 내릴 것이오. 이 모든 저주가 여러분을 따라다니고 여러분을 붙잡아 멸망시킬 것이오. 이 모든 저주는 여러분과 여러분의 자손에게 영원토록 표적과 징조가 될 것이오. 여러분은 모든 것을 넉넉히 가졌는데도 여러분의 하나님 여호와를 기쁘고 즐거운 마음으로 섬기지 않았소. 그러므로 여러분은 여호와께서 보내시는 원수들을 섬기게 될 것이오. 여러분은 굶주리고 목마르고 헐벗고 가난할 것이오. 여호와께서 여러분의 목에 쇠 멍에를 메실 것이며 여러분은 마침내 멸망할 것이오."

이방 나라를 통한 저주

"여호와께서 멀리 땅끝에서 한 나라를 여러분에게 보내실 것이오. 그 나라는 독수리처럼 여러분을 덮칠 것이오. 여러분은 그들이 사용하는 말을 이해하지 못할 것이오. 그들은 노인을 존경하지 않고 젊은이를 돌볼 줄 모르는 무자비한 민족이오. 그들은 여러분의 짐승의 새끼와 땅의 열매를 먹어 치워서 여러분을 망하게 할 것이오. 곡식과 포도주와 기름과 소와 양의 새끼를 하나도 남겨 두지 않고 모조리 먹어 치워 마침내 여러분은 망하게 될 것이오.

그들은 모든 성을 에워싸고 쳐들어올 것이오. 여러분은 높고 굳건한 성벽을 믿겠지만 그들이 그 성벽을 허물고 하나님 여호와께서 여러분에게 주신 땅에 있는 모든 성을 에워쌀 것이오. 여러분의 원수가 여러분을 에워싸서 먹을 것이 다 떨어져 굶주리게 되면 마침내 여러분은 아들과 딸들을 잡아먹을 것이오. 가장 점잖고 온순한 사람도 잔인한 사람으로 변할 것이오. 사랑하는 형제와 아내 그리고 자식에게도 먹을 것을 나누어 주려 하지 않을 것이오. 자기 자녀의 살을 먹으면서 누구에게도 주지 않을 것이오. 왜냐하면 남은 것이라고는 그것밖에 없기 때문이고, 원수가 여러분을 에워싸서 먹을 것이 다 떨어져 굶어 죽게 되었기 때문이오. 가장 점잖고 온순한 여자, 너무나 온순하고 점잖아서 발에 흙을 묻히지 않고 살던 여자도 잔인한 사람으로 변할 것이오. 그는 사랑하는 남편과 아들과 딸에게도 먹을 것을 나누어 주려 하지 않을 것이오. 아기를 낳으면 그 아기를 잡아먹으려 할 것이오. 이는 여러분의 원수가 여러분을 에워싸서 먹을 것이 다 떨어져 굶주리게 되었기 때문이오.

이 책에 적혀 있는 이 모든 가르침을 지키지 않고 여러분의 하나님 여호와의 영광스럽고 두려운 이름을 섬기지 않으면 여호와께서 여러분과 여러분의 자손에게 무서운 병을 보내실 것이오. 심한 재앙이 오래갈 것이며 끔찍한 병이 오래갈 것이오. 여호와께서는 여러분이 무서워하는 이집트의 모든 병을 여러분에게 보내실 것이오. 그 병이 여러분에게서 떠나지 않을 것이오. 여호와께서는 이 '율법의 책'에 적혀 있지 않은 모든 병과 재앙을 보내실 것이오. 그리하여 여러분은 멸망할 것이오. 여러분은 하나님 여호와께 복종하지 않았으므로 하늘의 별처럼 여러분의 수가 많았더라도 남는 사람이 얼마 되지 않을 것이오. 전에는 여호와께서 여러분에게 좋은 것을 주시고 여러분을 번성하게 하는 일을 기뻐하셨더라도 이제는 여러분을 망하게 하는 일을 기뻐하실 것이오. 여러분이 들어가 차지할 땅에서 여러분은 뿌리째 뽑혀 버릴 것이오.

여호와께서 여러분을 모든 민족 가운데 흩으실 것이오. 땅의 이쪽 끝에서 저쪽 끝까지 흩어 놓으실 것이오. 그곳에서 여러분은 나무와 돌로 만든 다른 우상들, 여러분과 여러분의 조상들이 알지 못하던 다른 신들을 섬길 것이오. 여러분은 그 나라들에서 쉴 새가 없을 것이오. 여러분이 편히 쉴 곳이 없을 것이오. 여호와께서 여러분의 마음에 두려움을 주시고, 눈은 어둡게 하시고, 정신은 흐려지게 하실 것이오. 여러분은 언제나 생명의 위협 가운데에 살 것이오. 여러분은 밤이나 낮이나 무서워하며 살지 죽을지 확실히 알지 못하게 될 것이오. 여러분은 여러분의 마음에 가득 찬 공포와 눈으로 보는 것이 무서워서 아침이 되면 '저녁이 되었으면 좋겠다'고 말하고, 저녁이 되면 '아침이 되었으면 좋겠다'고 말할 것이오. 여호와께서는 여러분을 배에 태워 이집트로 돌려보낼 것이오. 다시는 그 길로 이집트에는 돌아가지 않을 것이라고 했지만 바로 그 길로 이집트로 끌려갈 것이오. 그곳에서 여러분은 여러분의 원수들에게 여러분 자신을 노예로 팔려고 하겠지만 사는 사람이 아무도 없을 것이오.”

모압에서 맺으신 언약

여호와께서 모세에게 명령하여 모압에서 이스라엘 백성과 언약을 맺으라고 하셨습니다. 이 언약은 여호와께서 이스라엘 백성과 시내 산에서 맺으신 언약과는 다른 새로 맺는 언약입니다.

모세는 이스라엘 백성을 불러 모아서 이렇게 말했습니다. “여러분은 여호와께서 이집트 땅에서 파라오와 그의 모든 신하와 그의 모든 땅에 하신 일들을 다 보았소. 여러분은 그 큰 재앙과 표적과 기적들을 여러분의 눈으로 직접 보았소. 그러나 지금까지 여호와께서는 여러분에게 깨닫는 마음을 주지 않으셨소. 또 보는 눈과 듣는 귀를 열어 주지 않으셨소. 여호와께서는 여러분을 사십 년 동안 광야 가운데로 인도하셨소. 그동안 여러분 몸에 걸친 옷과 신발은 닳지 않았소. 여러분은 빵도 먹지 못했고 포도주나 묵은 포도주도 마실 수 없었소. 그것은 주님께서 여러분의 하나님 여호와이심을 깨닫게 하기 위해서였소. 여러분이 이곳에 왔을 때에 헤스본 왕 시혼과 바산 왕 옥이 여러분과 싸우러 나왔었소. 그러나 우리는 그들을 물리쳐 이겼소. 우리는 그들의 땅을 점령해서 르우벤 지파와 갓 지파와 므낫세 지파 절반에게 주었소. 그러므로 여러분은 이 언약의 말씀을 부지런히 지키시오. 그러면 여러분이 하는 모든 일에 성공할 것이오.

오늘 여러분 모두는 여러분의 하나님 여호와 앞에 모여 서 있소. 여기에는 여러분의 지도자들과 중요한 사람들, 또 장로들과 관리들, 이스라엘의 모든 남자들이 있소. 여러분의 아내와 자녀도 있고, 여러분과 함께 사는 외국인, 곧 여러분을 위해 나무를 베고 물을 길어 오는 외국인도 여기에 있소. 오늘 여러분 모두는 여러분의 하나님 여호와와 맺는 언약에 참여하는 것이오. 여호와께서는 여러분과 언약을 맺으시는 것이오. 이 언약을 맺음으로써 여호와께서는 오늘 여러분을 여호와의 백성으로 삼으시려는 것이오. 그리고 여호와께서는 여러분의 하나님이 되시려는 것이오. 이것은 여호와께서 이미 약속하신 것이고 여러분의 조상 아브라함과 이삭과 야곱에게 맹세하신 것이오. 그러나 이 언약은 오늘 여러분의 하나님 여호와 앞에 서 있는 여러분하고만 맺으시는 것이 아니오. 이 언약은 우리 하나님 여호와 앞에서 우리와 함께 여기에 서 있는 사람들뿐만 아니라 앞으로 태어날 후손에게도 맺어 주시는 언약이오.

여러분은 우리가 이집트 땅에서 어떻게 살았는지 알고 있소. 우리가 어떻게 여러 나라들을 지나 여기까지 왔는지 알고 있소. 여러분은 나무와 돌과 은과 금으로 만든 그들의 역겨운 우상들을 보았소. 여러분 가운데 남자나 여자든지 집안이나 지파든지 그 누구도 우리 하나님 여호와를 떠나는 일이 없도록 조심하시오. 다른 나라의 신들을 섬기는 일이 없도록 하시오. 독이 있고 쓴 열매를 맺는 나무뿌리와 같은 못된 행실이 여러분 중에 없게 하시오. 그런 사람은 이 저주의 말을 들으면서도 스스로 복을 빌면서 '나는 괜찮을 것이다'라고 말하며 마음을 굳힐 것이오. 그런 사람이 있다면 모두가 망할 것이오. 여호와께서는 그런 사람을 용서하지 않으실 것이오. 여호와의 분노가 활활 타는 불처럼 그에게 미칠 것이오. 이 책에 적힌 모든 저주가 그에게 미칠 것이오. 여호와께서는 그의 이름을 이 땅에서 지워 버리실 것이오. 여호와께서는 그를 이스라엘 모든 지파 가운데서 구별하여 벌을 내리실 것이오. '율법의 책'에 적혀 있는 언약의 모든 저주가 그에게 닥칠·것이오. 여러분의 뒤를 이을 여러분의 자녀가 이 일을 볼 것이오. 먼 나라에서 온 외국인도 이 일을 볼 것이오. 그들은 이 땅에 닥쳐올 재앙과 질병을 볼 것이오. 그리고 이렇게 말할 것이오. '이 땅은 온통 불타는 유황과 소금뿐이다. 아무것도 심을 수 없고, 아무것도 자라지 않고, 아무것도 돋아나지 않는다. 마치 여호와께서 너무 노하셔서 멸망시키셨던 소돔과 고모라 같으며 아드마와 스보임 같다.' 온 나라가 이렇게 물을 것이오. '어찌하여 여호와께서 이 땅에 이런 일을 하셨을까? 어찌하여 이렇게 분노하셨을까?' 그러면 사람들이 이렇게 대답할 것이오. '이 백성이 그 조상의 하나님인 여호와와 맺은 언약, 곧 그들을 이집트에서 인도해 내실 때 맺었던 언약을 어겼기 때문이다. 그들은 가서 다른 신들을 섬겼다. 그들은 여호와께서 허락하지 않으신 알지 못하는 신들에게 절을 했다. 그래서 여호와께서 이 땅을 향해 크게 노하셨고, 이 책에 적힌 모든 저주를 그들에게 내리셨다. 여호와께서 분노하셔서 그들을 그 땅에서 쫓아내시고 다른 나라로 보내셨다. 그래서 지금 이렇게 된 것이다.'

우리 하나님 여호와께서는 비밀로 하시는 일들이 있소. 그러나 어떤 일들은 우리에게 알려 주셨소. 그 일들은 영원토록 우리와 우리 자손의 것이오. 그러므로 우리는 이 모든 율법의 말씀을 지켜야 하오."

회개와 회복의 약속

"내가 말한 이 모든 복과 저주가 여러분에게 일어나 여러분의 하나님 여호와께서 여러분을 쫓아내실 모든 나라에서 이 일들이 마음에 생각나거든 여러분과 여러분의 자손은 여호와께 돌아와 마음과 정성을 다하여 여호와께 복종하고 내가 지금 여러분에게 명령하는 모든 것을 지키시오. 그러면 여러분의 하나님 여호와께서 마음을 돌이키시고 여러분을 불쌍히 여겨 주실 것이오. 그리고 여러분을 보내셨던 여러 나라들로부터 여러분을 다시 모아들이실 것이오. 여러분이 땅끝까지 쫓겨나 있다 하더라도 여러분의 하나님 여호와께서 그곳에서도 여러분을 모아서 데려오실 것이오. 여러분의 하나님 여호와께서는 여러분의 조상이 차지했던 땅으로 여러분을 데려오셔서 그 땅을 차지하게 하실 것이오. 그리고 여호와께서 여러분을 잘되게 하시고 여러분의 조상보다 더 번성하게 해주실 것이오. 또한 여러분의 하나님 여호와께서 여러분과 여러분의 자손에게 여호와를 섬기는 마음을 주실 것이오. 그리하여 여러분이 마음과 정성을 다하여 여러분의 하나님 여호와를 사랑하며 살 수 있도록 하실 것이오. 여러분의 하나님 여호와께서는 여러분을 미워하고 여러분에게 못된 짓을 한 여러분의 원수들에게 이 모든 저주를 내리실 것이오. 여러분은 다시 여호와께 복종하고 내가 오늘 여러분에게 주는 여호와의 모든 명령을 지킬 것이오. 여호와께서는 여러분이 하는 모든 일에 복을 주실 것이오. 여러분은 자녀를 많이 낳을 것이며, 여러분의 짐승도 새끼를 많이 낳을 것이고, 여러분의 땅에서는 열매가 많이 맺힐 것이오. 여호와께서는 여러분을 잘되게 하시고, 여러분의 조상들을 보시고 기뻐하셨듯이 여러분을 보시고 기뻐하실 것이오. 그러므로 여러분은 여호와께 복종하시오. 이 '율법의 책'에 적혀 있는 여호와의 명령과 규례를 지키시오. 여러분은 마음과 정성을 다하여 여러분의 하나님 여호와를 따르시오."

생명의 길과 죽음의 길

"내가 오늘 여러분에게 주는 이 명령은 여러분에게 아주 어려운 것도 아니고 너무 멀리 있는 것도 아니오. 이것은 하늘에 있는 것이 아니므로 '누가 하늘에 올라가서 저 명령을 받아 올 수 있을까? 그래야 우리가 듣고 지킬 수 있을 텐데'라고 말할 수 없소. 또 바다 저편에 있는 것도 아니기 때문에 '누가 바다 저편으로 가서 저 명령을 받아 올 수 있을까? 그래야 우리가 듣고 지킬 수 있을 텐데'라고 말할 수도 없소. 그렇소. 그 말씀은 아주 가까운 곳에 있소. 그것은 여러분의 입과 여러분의 마음속에 있소. 그러므로 그 말씀을 잘 지키시오.

보시오. 내가 오늘 여러분에게 생명과 복, 죽음과 멸망의 길을 내놓았소. 여러분의 하나님 여호와를 사랑하시오. 여호와께서 원하시는 대로 사시오. 여호와의 명령과 규례와 율법을 지키시오. 그러면 여러분은 살고 번성할 것이오. 그리고 여러분이 들어가 차지할 땅에서 복을 내려 주실 것이오. 그러나 여호와를 따르지 않고 여호와의 말씀에 귀 기울이지 않으며 다른 신들에게 절을 하고 섬기면 내가 분명히 말하지만 여러분은 망할 것이오. 그리고 요단 강을 건너가 차지할 땅에서 오래 살지 못할 것이오. 오늘 내가 하늘과 땅을 증거자로 삼고 여러분 앞에 생명과 죽음, 복과 저주를 내놓았으니 이제 생명의 길을 고르시오. 그러면 여러분과 여러분의 자손이 살 것이오. 여러분의 하나님 여호와를 사랑하시오. 여호와의 음성에 순종하고 여호와 곁에서 떠나지 마시오. 여호와는 여러분의 생명이시며, 여러분의 조상 아브라함과 이삭과 야곱에게 주겠다고 맹세하신 땅에서 여러분이 오래도록 살 수 있게 하실 분이오."

모세의 뒤를 잇는 여호수아

모세가 모든 이스라엘 백성에게 이 말씀을 다시 전했습니다. "나는 이제 백이십 세요. 이제는 더 이상 여러분 앞에 나설 수 없소. 여호와께서는 내가 요단 강을 건널 수 없다고 말씀하셨소. 그러나 여러분의 하나님 여호와께서 몸소 건너가셔서 여러분을 위해 저 나라들을 멸망시키실 것이오. 그래서 여러분이 그 땅을 차지할 수 있게 해 주실 것이오. 그리고 여호와께서 말씀하신 대로 여호수아가 여러분 앞에서 저 강을 건너갈 것이오. 여호와께서는 시혼과 옥에게 하신 일을 이 나라들에게도 하실 것이오. 그들은 아모리 사람들의 왕이었는데 여호와께서 그들과 그들의 땅을 멸망시키셨소. 여호와께서 저 나라들을 여러분에게 주실 것이니 내가 명령한 대로 그들에게 하시오. 마음을 굳세게 하고 용감히 행하시오. 그들을 두려워하지 마시오. 놀라지 마시오. 여러분의 하나님 여호와께서 여러분과 함께하실 것이오. 여러분을 떠나지도 않고 버리지도 않으실 것이오."

모세가 여호수아를 불러서 온 이스라엘이 보는 앞에서 말했습니다. "마음을 굳세게 하고 용기를 내어라. 이 백성을 여호와께서 그 조상에게 약속하신 땅으로 인도하여라. 이 백성을 도와 그 땅을 차지할 수 있게 하여라. 여호와께서 몸소 네 앞에서 가시며 너와 함께하실 것이다. 너를 떠나지도 않고 버리지도 않으실 것이다. 두려워하지 마라. 걱정하지 마라."

여호와의 가르침을 기록하는 모세

그런 다음에 모세는 이 율법을 적었습니다. 그리고 그것을 여호와의 언약궤를 메는 레위의 자손인 제사장들과 이스라엘의 장로들에게 주었습니다. 모세가 그들에게 명령했습니다. "매 칠 년이 끝나는 해는 백성의 빚을 면제해 주는 해요. 그해의 초막절 기간에 모든 이스라엘 백성이 하나님 여호와 앞에 나와서 여호와께서 선택하신 곳에 서면 이 말씀을 읽어 주시오. 남자나 여자나 아이나 외국인이나 할 것 없이 모든 백성을 불러 모으시오. 그들이 이 말씀을 듣고 여러분의 하나님 여호와를 공경하고 두려워하며 이 모든 율법의 말씀을 부지런히 지키게 하시오. 그리고 율법을 알지 못하는 여러분의 자녀도 요단 강을 건너 차지할 땅에 사는 동안 이 말씀을 듣고 여러분의 하나님 여호와를 공경하고 두려워하게 하시오."

모세와 여호수아를 부르시는 하나님

여호와께서 모세에게 말씀하셨습니다. "너는 곧 죽을 것이다. 여호수아를 데리고 회막으로 나아오너라. 내가 그에게 명령을 내리겠다." 그래서 모세와 여호수아는 회막으로 갔습니다. 여호와께서 구름 기둥 가운데서 회막, 곧 성막에 나타나셨습니다. 구름 기둥은 성막 입구를 덮고 있었습니다.

여호와께서 모세에게 말씀하셨습니다. "너는 곧 네 조상들처럼 죽을 것이다. 그러면 이 백성이 나를 배반하고 그들은 이제 곧 들어갈 땅의 다른 신들을 섬길 것이다. 그들은 나를 떠나갈 것이다. 그리고 나와 맺은 언약을 어길 것이다. 그때 내가 그들에게 크게 분노하고 그들을 떠나갈 것이다. 내 얼굴을 그들에게 숨길 것이다. 그러면 그들은 멸망할 것이다. 많은 재앙과 무서운 일들이 그들에게 일어날 것이다. 그러면 그들은 '하나님께서 우리와 함께 계시지 않기 때문에 이런 무서운 일들이 일어나는 것이다'라고 말할 것이다. 그들이 마음을 돌려 다른 신들을 섬기며 온갖 나쁜 일을 저지르므로 내가 내 얼굴을 그들에게 숨길 것이다.

이제 이 노래를 적어서 이스라엘 백성에게 가르쳐 주어라. 이 노래를 그들의 입으로 부르게 하여 내가 내릴 무서운 일들의 증거로 삼게 하여라. 내가 그들을 젖과 꿀이 흐르는 비옥한 땅, 곧 그들의 조상에게 약속한 땅으로 인도할 것이다. 그들은 배불리 먹고 살이 찔 것이다. 그러면 그들은 다른 신들에게 마음을 돌려 그들을 섬기며 나를 버리고 내 언약을 어길 것이다. 그러면 그들에게 여러 가지 재앙과 무서운 일들이 일어날 것이다. 그때에 이 노래가 그들에게 증거가 될 것이다. 그들의 자손이 이 노래를 잊지 않을 것이다. 아직 내가 약속한 땅으로 그들을 데려가지 않았지만 나는 그들이 무엇을 생각하고 있는지 이미 다 알고 있다." 그리하여 모세는 그날에 이 노래를 적어서 이스라엘 백성에게 가르쳐 주었습니다.

여호와께서 눈의 아들 여호수아에게 명령하셨습니다. "마음을 굳세게 하고 용기를 내어라. 왜냐하면 너는 이스라엘 백성을 내가 약속한 땅으로 인도해야 하기 때문이다. 내가 너와 함께하겠다."

모세는 모든 가르침의 말씀을 책에 적었습니다. 그리고 여호와의 언약궤를 메는 레위 사람들에게 명령했습니다. "이 '율법의 책'을 여호와의 언약궤 옆에 놓아두고 여러분에게 증거가 되게 하시오. 나는 여러분이 얼마나 고집이 세고 말을 안 듣는 사람들인지 다 알고 있소. 내가 살아서 여러분과 함께 있는데도 여호와께 복종하지 않았는데 내가 죽은 다음에는 얼마나 더하겠소? 모든 지파의 장로들과 관리들을 불러 모으시오. 내가 이 말씀을 그들의 귀에 들려주겠소. 그리고 하늘과 땅을 증거자로 삼겠소. 내가 죽은 다음에 여러분은 틀림없이 악한 일을 할 것이오. 내가 오늘 여러분에게 주는 명령을 어길 것이오. 그리하여 장차 여러분에게 무서운 일들이 일어나고야 말 것이오. 여러분은 여호와 보시기에 나쁜 짓을 하고 여러분이 만든 우상들 때문에 여호와를 화나게 만들 것이오."

모세의 노래

모세가 이 노래를 모든 이스라엘 백성에게 끝까지 들려주었습니다.

하늘아, 들어라. 내가 말할 것이다.
땅아, 내 말에 귀를 기울여라.
내 가르침은 내리는 비와 같고, 내 말은 맺히는 이슬과 같다.
풀 위에 내리는 소나기요, 채소 위에 내리는 가랑비다.
내가 여호와의 이름을 선포할 때
너희는 '우리 하나님의 높으심이여'라고 대답하여라.

여호와께서는 바위와 같으시니 하시는 일이 완전하고
그의 모든 길은 공정하시다.
거짓이 없으시고 미쁘신 하나님이시며
공정하시고 올바른 하나님이시다.
하지만 그들은 하나님께 죄를 지어 부끄럽게도
이제는 하나님의 자녀가 아니다. 못되고 비뚤어진 백성이다.
이 어리석고 미련한 백성아, 어찌하여 여호와께 이렇게 갚느냐?
여호와께서는 너희를 지으신 너희의 아버지시며
너희를 만드시고 너희를 세우셨다.
옛날을 기억하여라. 이미 지나간 해를 생각해 보아라.
너희의 아비에게 물어보아라. 일러 줄 것이다.
너희의 장로들에게 물어보아라. 가르쳐 줄 것이다.
가장 높으신 하나님께서 나라들에게 땅을 주시고
인류를 나누셨다.
백성의 경계를 정하시고 이스라엘 백성의 수를 세셨다.
여호와께서 자기 백성을 자기 몫으로 삼으셨고
야곱 백성을 택하여 자기 것으로 삼으셨다.

여호와께서 거칠고 황폐한 광야에서 야곱 백성을 찾으셨다.

그들을 감싸 주고 돌보셨으며 자신의 눈동자처럼 지켜 주셨다.
독수리가 둥지 위를 날며 새끼들 위에서 퍼덕이듯이,
날개를 펴서 새끼들을 받아 날개 위에 놓고 새끼들을 나르듯이
여호와만이 그들을 이끄셨다. 다른 신은 그들 곁에 없었다.
여호와께서 그들을 땅의 높은 곳에 두셨고
밭의 열매를 먹이셨도다.
바위에서 꿀을 주시고 단단한 바위에서 기름을 먹게 하셨다.
소젖과 양젖, 기름진 어린 양과 염소, 바산의 양과 염소,
그리고 가장 좋은 밀을 붉은 포도로 빚은 포도주와
함께 마시게 하셨다.

이스라엘은 마음껏 먹었다. 배불리 먹어 살도 쪘다.
그러자 이스라엘은 자기를 지으신 하나님에게서 떠나고
자기를 구원하신 '반석'을 저버렸다.
다른 신들을 섬겨 하나님을 질투하게 했으며
역겨운 것들을 따라가 하나님을 분노하시게 만들었다.
하나님이 아닌 귀신들에게,
알지도 못하는 신들에게 제사를 드렸다.
얼마 전에 생긴 새로운 신들,
너희 조상이 두려워하지 않던 신들에게 제사를 드렸다.
너희는 너희를 낳은 '반석'을 버렸다.
너희를 낳으신 하나님을 잊었다.

여호와께서 이것을 보시고 그들을 버리셨다.
여호와의 아들과 딸들이 여호와를 화나게 하였다.
여호와께서 말씀하셨다. "내가 그들을 버렸다.

그들에게 무슨 일이 일어날지 두고 볼 것이다.
그들은 악한 백성이며 진실됨이 없는 자녀이다.
그들은 나 아닌 다른 신을 섬겨 나를 질투하게 했고
헛된 우상으로 나를 화나게 만들었다.
그러니 나도 내 백성이 아닌 자들로 그들을 질투하게 하겠고
어리석은 외국 백성으로 그들을 화나게 만들 것이다.
내 분노가 불을 일으켜 죽은 자들이 있는 곳까지 타 내려가며
땅과 그 열매를 삼키고 산들에도 불을 놓을 것이다.

그들에게 재앙 위에 재앙을 더하고 내 화살을 전부 쏠 것이다.
그들은 기근으로 굶주리고
불 같은 더위와 무서운 질병으로 망할 것이다.
그들에게 짐승을 보내 물어뜯게 하고
먼지 위를 기는 독뱀을 보낼 것이다.
길에서는 사람이 칼에 죽고
방 안에서는 두려움이 사람을 덮칠 것이다.
젊은 남자와 여자가 죽겠고 젖 먹는 아기와 노인이 죽을 것이다.
그들을 흩어 버리고 아무도 그들을 기억하지 못하게 하려 했으나
저들의 원수가 아주 자랑스럽게 행동하는 모양이 보기 싫고
혹시나 저들이 오해할까 두렵다.
'우리가 이겼다! 이 모든 일은 여호와께서 하신 일이 아니다'
라고 말할까 두렵다."

이스라엘은 생각이 없는 민족이라서 깨달음이 없다.
지혜로워서 이것을 깨달을 수 있고
자신들의 앞날에 무슨 일이 일어날지 볼 수 있으면 좋으련만.

그들의 '반석'이 그들을 넘겨주지 않으시고
여호와께서 그들을 내주지 않으셨다면
어찌 적군 한 사람이 이스라엘 천 명을 물리치고,
두 사람이 만 명을 도망치게 할 수 있겠는가?
그들의 '반석'은 우리의 '반석'과 같지 않다.
우리의 원수인 그들도 그것을 알고 있다.
그들의 포도는 소돔의 포도나무에서 온 것이며
밭은 고모라와 같다.
그들의 포도에는 독이 가득하고 포도송이는 쓰디쓰다.
그들의 포도주는 뱀의 독과 같고 독뱀의 무서운 독과 같다.

"이것은 내가 보관해 두었던 것, 내 창고에 숨겨 두었던 것이다.
내가 악한 사람에게 벌을 내리고 죄인에게 죄를 물을 것이다.
언젠가 그들은 미끄러질 것이다. 그들의 재앙의 날이 가까웠다.
심판의 날이 얼마 남지 않았다."
여호와께서 자기 백성을 심판하시고
자기 종들 때문에 탄식하신다.
그들의 힘이 빠지고 종이든지 자유로운 사람이든지
아무도 남지 않은 것을 보시면 하나님께서 말씀하실 것이다.
"그들의 신은 어디에 있느냐?
그들이 의지하던 바위는 어디에 있느냐?
누가 그들이 제물로 바친 기름을 먹었으며
누가 그들이 부어서 바친 포도주를 마셨느냐?
그 신들이 와서 너를 돕게 하고 너를 지키게 하여라.

이제는 나만이, 오직 나만이 하나님임을 알아라.

나 말고 다른 신은 없다.
내가 생명과 죽음을 주었고
나만이 해칠 수도 있고 고칠 수도 있다.
아무도 나를 피하지 못할 것이다.
내가 하늘을 향해 손을 들고 약속한다.
영원한 나의 삶을 두고 맹세한다.
나의 칼을 갈아서 그 칼을 손에 들고 심판할 것이다.
원수들에게 벌을 내리고
나를 미워하는 사람들에게 그대로 갚겠다.
내 화살은 그들의 피로 가득하겠고
내 칼은 그들의 살을 먹을 것이다.
죽은 사람과 잡힌 사람들에게서 피가 흘러나오고
원수의 지도자들의 머리가 베일 것이다."

나라들아, 여호와의 백성과 함께 즐거워하여라.
여호와께서 그 종들이 흘린 피를 갚아 주실 것이요,
원수들에게 벌을 내리실 것이다.
여호와의 땅과 백성이 지은 죄를 씻어 주실 것이다.

모세는 눈의 아들 여호수아와 함께 이 노래를 끝까지 백성에게 들려주었습니다. 모세가 이 모든 말씀을 모든 이스라엘 백성에게 전하고 나서 그들에게 말했습니다. "내가 오늘 여러분에게 증언한 모든 말씀을 마음에 새겨 두시오. 이 모든 가르침의 말씀을 여러분의 자손에게 계명으로 주어서 부지런히 지키게 하시오. 이 가르침의 말씀은 빈말이 아니오. 이 말씀은 곧 여러분의 생명이오. 이 말씀대로 산다면 여러분이 요단 강을 건너 차지할 땅에서 오래오래 살 수 있을 것이오."

느보 산에 올라가는 모세

그날에 여호와께서 모세에게 말씀하셨습니다. "너는 아바림 산 줄기로 올라가서 여리고 건너편 모압 땅에 있는 느보 산으로 가거라. 그리고 내가 이스라엘 백성에게 주어 차지하게 할 가나안 땅을 바라보아라. 네 형 아론이 호르 산에서 죽었듯이 너도 네가 오를 그 산에서 죽어 네 조상에게로 돌아갈 것이다. 너희 둘은 신 광야에 있는 가데스의 므리바 샘물에서 나에게 죄를 지었다. 너희는 이스라엘 백성 가운데서 나를 거룩히 여기지 않았다. 그러므로 이제 너는 저 땅을 멀리서만 바라볼 것이다. 너는 내가 이스라엘 백성에게 줄 땅으로 들어가지 못할 것이다."

백성에게 복을 빌어 주는 모세

하나님의 사람인 모세는 죽기 전에 이스라엘 백성에게 복을 빌어 주었습니다.

"여호와께서 시내 산에서 오시고 세일 산에서 해처럼 떠오르셨다.
바란 산에서 위대함을 나타내 보이시고
수많은 거룩한 천사들을 이끌고 오셨다.
그의 오른손에는 불 같은 율법이 들려 있다.
여호와께서는 진정으로 자기 백성을 사랑하신다.
여호와께 속한 자들은 그의 보호 속에 있다.
그 백성이 여호와의 발아래 엎드리고
여호와에게서 가르침을 받는다.
모세가 우리에게 율법을 주었으니 그것은 야곱 백성의 율법이다.

여호와께서 이스라엘의 왕이 되셨다.
그때에 백성의 지도자들이 모이고
이스라엘의 지파들이 나아왔다.

르우벤은 죽지 않고 살아서 그 수가 번성하기를 바란다."

모세가 유다에 대해 말했습니다.

"여호와여, 유다의 기도를 들어주시고
그를 그 백성에게 돌아가 하나가 되게 해 주소서.
그의 손을 강하게 하시고 적과 싸울 때에 도와주소서."

모세가 레위에 대해 말했습니다.

"여호와여, 여호와의 우림과 둠밈은
여호와께서 사랑하시는 레위에게 있게 하소서.
여호와여, 여호와께서 맛사에서 그를 시험하시고
므리바 샘물에서 그와 다투셨습니다.
그는 아버지와 어머니를 보고
'나는 모르는 사람이다'라고 말했고
형제를 모르는 척하며 자기 자녀를 자녀로 여기지 않았습니다.
이것은 그가 여호와의 말씀을 따르고
여호와의 언약을 지키기 위해서였습니다.
그는 야곱 백성에게 여호와의 율법을 가르치고
이스라엘 백성에게 여호와의 가르침을 전하고
여호와 앞에 향을 피우고 여호와의 제단 위에

태워 드리는 제사인 번제를 바칠 것입니다.
여호와여, 그들을 강하게 하시고
그들의 하는 일을 기쁘게 받아 주소서.
그들을 치는 사람들을 물리치시고 그들의 원수를 누르셔서
다시는 일어나지 못하게 하소서."

모세가 베냐민에 대해 말했습니다.

"여호와의 사랑을 받는 자여, 여호와 곁에서 안전하게 살 것이다.
여호와께서 하루 종일 지켜 주시고 주의 등에 업혀 살게 하소서."

모세가 요셉에 대해 말했습니다.

"여호와여, 가장 좋은 열매로 그의 땅에 복을 주소서.
위에서는 하늘의 이슬을 내리시고
아래에서는 샘물이 솟아나게 하소서.
해가 좋은 열매를 맺게 하시고 달이 좋은 열매를 맺게 하소서.
오래된 산들에는 최고의 작물이 자라게 하시고
영원한 언덕들은 풍성한 과일을 맺게 하소서.
온 땅이 좋은 열매를 내고
불타는 떨기나무 안에 계셨던 여호와의 은혜로
이 복이 요셉의 머리 위에 내리기를 원합니다.
형제들의 지도자인 그의 이마 위에 이 복이 내리기를 원합니다.
요셉에게는 처음 태어난 수송아지의 위엄이 있고
황소처럼 강합니다.
멀리 떨어진 나라들까지 그 뿔로 들이받을 것이니

이처럼 에브라임의 만만이요, 므낫세의 천천입니다."

모세가 스불론에 대해 말했습니다.

"스불론아, 밖으로 나갈 때에 즐거워하고
잇사갈아, 너희 장막 안에서 기뻐하여라.
그들은 백성을 산으로 불러 모으고
그곳에서 의로운 제사를 드릴 것이다.
바다에서 하는 일로 부자가 되고
바닷가의 모래에 감추어진 보물로 부자가 될 것이다."

모세가 갓에 대해 말했습니다.

"갓에게 더 많은 땅을 주신 하나님을 찬양하여라.
갓은 그 땅에서 사자처럼 살면서
사로잡은 먹이의 팔과 머리를 찢어 버린다.
그들은 가장 좋은 땅을 고르고
지도자가 받는 많은 몫을 받았다.
백성의 지도자들이 모였을 때
갓 자손은 여호와 보시기에 옳은 일을 하고
이스라엘을 공정하게 재판했다."

모세가 단에 대해 말했습니다.

"단은 바산에서 뛰어나오는 사자 새끼와 같구나."

모세가 납달리에 대해 말했습니다.

"납달리는 여호와의 특별한 은혜를 받고
여호와의 복을 가득히 받아 서쪽과 남쪽을 차지하고 살아라."

모세가 아셀에 대해 말했습니다.

"아셀은 아들 가운데서 복을 가장 많이 받았다.
형제들의 사랑을 받으며 올리브 기름에 발을 적셔라.
너희의 문은 쇠와 놋으로 만든 빗장으로 잠그고
사는 날 동안 너에게 능력이 있을 것이다.

이스라엘의 하나님과 같으신 분은 없다.
하나님은 하늘을 나시며 너희를 도우실 것이다.
구름을 타시고 위엄을 나타내 보이실 것이다.
영원하신 하나님이 너희의 피난처이시다.
그의 팔이 너희를 영원히 붙들어 주시고
하나님이 너희 앞에서 원수를 쫓아내시며
'원수를 물리쳐라' 하고 말씀하신다.
이스라엘 백성은 안전한 곳에 누울 것이며
야곱의 우물은 아무도 건드리지 못할 것이다.
그 땅은 곡식과 포도주가 가득한 땅이며
하늘에서는 이슬이 내린다.
이스라엘아, 너희는 복을 받았다. 너희와 같은 백성은 없다.
너희는 여호와께서 구해 주신 백성이며
여호와께서 너희의 방패시고 너희의 돕는 분이며

너희의 영광스런 칼이시다.

너희의 원수들이 너희에게 패하겠고

너희는 그들의 높은 신전을 짓밟을 것이다.”

모세의 죽음

모세는 모압 평지에서 느보 산으로 올라가 여리고 건너편에 있는 비스가 산 꼭대기로 올라갔습니다. 여호와께서는 그곳에서 모든 땅을 보여 주셨습니다. 모세는 길르앗에서 단까지를 볼 수 있었습니다. 모세는 납달리 모든 땅과 에브라임과 므낫세를 보았고 지중해까지 유다 모든 땅을 보았습니다. 그리고 남쪽 광야 네게브와 여리고 모든 골짜기에서 소알까지 보았습니다. 여리고는 종려나무 성이라고 부릅니다. 여호와께서 모세에게 말씀하셨습니다. “이것은 내가 아브라함과 이삭과 야곱에게 약속한 땅이다. 나는 그들에게 ‘이 땅을 너희의 자손에게 주겠다’고 말하였다. 내가 이 땅을 너에게 보여 주기는 했지만 너는 이 땅에 들어가지는 못할 것이다.” 여호와의 종 모세는 여호와께서 말씀하신 대로 모압에서 죽었습니다. 모세는 벧브올 맞은편 모압 땅 어느 골짜기에 묻혔는데 지금까지 그의 무덤이 어디에 있는지 아는 사람은 없습니다. 모세는 백이십 세에 죽었습니다. 그러나 그의 눈은 어두워지지 않았고 그때까지도 기력이 약해지지 않았습니다. 이스라엘 백성은 모세의 죽음을 슬퍼하며 삼십 일 동안 울었습니다. 그들은 슬퍼하는 기간이 끝날 때까지 모압 평지에 머물러 있었습니다.

모세가 눈의 아들 여호수아에게 손을 얹었으므로 여호수아는 지혜가 가득해졌습니다. 그래서 이스라엘 백성은 여호와께서 모세에게 명령하신 대로 여호수아의 말을 따랐습니다. 모세와 같은 예언자는 그 뒤로 한 사람도 나타나지 않았습니다. 모세는 여호와께서 얼굴과 얼굴을 마주하여 말씀하신 사람이었습니다. 여호와께서는 모세를 이집트에 보내셔서 파라오와 그의 모든 신하와 이집트 모든 땅에 표적과 기적들을 일으키게 하셨습니다. 모세에게는 큰 능력이 있었습니다. 모세는 모든 이스라엘 백성이 보는 앞에서 놀라운 일들을 행했습니다.

Story

Agape

Bible

—

역사서

힘을 내고 용기를 가져서 내 종 모세가 너에게 준
모든 가르침을 빠짐없이 지키도록 하여라.
네가 그 가르침대로 행하며 왼쪽으로나 오른쪽으로
치우치지 않고 그대로 지키면 하는 일마다 다 잘될 것이다.
_여호수아 1:7

언제나 율법책에 씌어 있는 것을 입에서 떠나지 않게 밤낮으로 소리 내어 읽어라.
그리하여 거기에 씌어 있는 모든 것을 잘 지킬 수 있도록 하여라.
그러면 네가 하는 일이 다 잘되고 또 성공할 것이다.
_여호수아 1:8

여호수아

하나님이 여호수아에게 명령하심

모세는 여호와의 종이었습니다. 눈의 아들 여호수아는 모세의 보좌관이었는데 모세가 죽은 후 여호와께서 여호수아에게 말씀하셨습니다. "내 종 모세는 죽었다. 이제 너는 모든 백성을 이끌고 요단 강을 건너가 내가 너희 이스라엘 자손에게 주는 땅으로 가거라. 나는 이 땅을 너희에게 주기로 모세와 약속하였다. 나는 너희 발바닥이 닿는 곳마다 그곳을 너희에게 줄 것이다. 남쪽의 광야에서부터 북쪽의 레바논에 이르기까지 모든 땅을 너희가 가지게 될 것이다. 저 동쪽의 큰 강 유프라테스에서부터 서쪽의 지중해에 이르는 모든 땅을 너희가 차지하게 될 것이다. 헷 사람들의 땅도 너희의 것이 될 것이다. 내가 모세와 함께했던 것처럼 너와도 함께할 것이며 네가 살아 있는 동안에는 너를 막을 사람이 아무도 없을 것이다. 나는 너를 떠나지 않을 것이며 결코 너를 홀로 내버려 두지 않을 것이다. 너는 힘을 내고 용기를 가져라. 장차 너는 백성을 이끌고 그 땅을 차지하게 될 것이다. 그 땅은 내가 이 백성의 조상에게 주기로 약속했던 땅이다. 힘을 내고 용기를 가져서 내 종 모세가 너에게 준 모든 가르침을 빠짐없이 지키도록 하여라. 네가 그

가르침대로 행하며 왼쪽으로나 오른쪽으로 치우치지 않고 그대로 지키면 하는 일마다 다 잘될 것이다. 언제나 율법책에 씌어 있는 것을 입에서 떠나지 않게 밤낮으로 소리 내어 읽어라. 그리하여 거기에 씌어 있는 모든 것을 잘 지킬 수 있도록 하여라. 그러면 네가 하는 일이 다 잘되고 또 성공할 것이다. 힘을 내고 용기를 가져라. 내가 명령한 것을 기억하여라. 두려워하지 마라. 네가 가는 곳마다 네 하나님 여호와가 너와 함께할 것이다."

여호수아가 백성에게 명령함

여호수아는 백성의 지도자들에게 명령을 내렸습니다. "진 사이를 다니며 백성들에게 이렇게 일러두시오. 양식을 예비하시오. 앞으로 삼 일 후면 여러분은 요단 강을 건너게 될 것이오. 여러분은 그 땅에 들어가 여러분의 하나님 여호와께서 주시는 땅을 차지하게 될 것이오."

그 후에 여호수아는 르우벤 지파와 갓 지파와 므낫세 지파 절반에게 말했습니다. "여호와의 종 모세가 여러분에게 말한 것을 기억하시오. 여러분의 하나님 여호와께서는 편히 쉴 수 있는 땅을 여러분에게 줄 것이라고 모세가 말했소. 요단 강 동쪽에 있는 이 땅을 주실 것이라고 말이오. 여러분의 아내와 자녀, 여러분의 집짐승들은 여기에 남겨 두어도 좋소. 그러나 여러분 중 싸울 수 있는 사람들은 여러분의 형제들보다 앞서 요단 강을 건너야 할 것이오. 여러분은 형제들을 도와야 하오. 여호와께서는 여러분에게 쉴 곳을 주셨소. 주께서 여러분의 형제들에게도 쉴 곳을 주실 것이오. 여러분은 형제들이 그 땅을 얻을 때까지 그들을 도와주어야 하오. 그 땅은 주께서 그들에게 주시는 땅이오. 그들이 그 땅을 얻은 후에 여러분은 요단 강 동쪽에 있는 여러분 땅으로 돌아가도 좋소. 그 땅은 여호와의 종인 모세가 여러분에게 준 땅이오."

그 말을 들은 백성들은 여호수아에게 대답했습니다. "당신이 명령한 모든 것을 우리가 지키겠습니다. 우리를 어디로 보내든지 우리는 가겠습니다. 우리가 전에 모세의 말을 그대로 따랐듯이 당신의 말도 따르겠습니다. 오직 당신의 하나님 여호와께서 모세와 함께하셨던 것처럼 당신과도 함께하시기를 바랄 뿐입니다. 만약 누구든지 당신의 명령을 따르지 않거나 당신을 배반하는 사람이 있다면 그 사람을 죽여도 좋습니다. 그러니 힘을 내시고 용기를 가지십시오!"

여리고에 정탐꾼을 보냄

눈의 아들 여호수아는 싯딤이라는 곳에 이르러 두 명의 정탐꾼을 몰래 내보내며 말했습니다. "가서 저 땅을 잘 살펴보고 오시오. 특히 여리고 성을 자세히 살펴보고 오시오." 그래서 그 두 사람은 여리고로 갔습니다. 그들은 라합이라고 하는 어떤 기생의 집에 들어가 머무르게 되었습니다. 어떤 사람이 여리고 왕에게 가서 말했습니다. "이스라엘 사람들 몇 명이 오늘 밤 이곳에 와서 이 땅을 몰래 엿보고 있습니다." 그래서 여리고 왕은 라합에게 사람을 보내어 말했습니다. "네 집에 들어간 사람들을 내보내라. 그들은 우리 땅을 엿보러 온 사람들이다." 그러자 라합은 이렇게 말했습니다. "그 사람들이 여기에 온 것은 사실이지만, 나는 그들이 어디에서 온 사람들인지 알지 못했고 저녁이 되어 성문 닫을 시간이 되자 그들은 이 집을 떠났습니다. 나는 그들이 어디로 갔는지 모릅니다. 그러나 빨리 뒤쫓아가면 그들을 따라잡을 수 있을지도 모릅니다." 라합은 이미 그 사람들을 지붕 위에 숨겨 놓은 뒤였습니다. 그들은 말리기 위해 지붕 위에 펼쳐 놓았던 삼대 밑에 숨어 있었습니다. 라합의 말을 들은 왕의 부하들은 밖으로 나가 이스라엘에서 온 정탐꾼들을 찾아다녔습니다. 그들은 요단 강을 건너는 곳까지 뒤쫓아 갔는데 왕의 부하들이 성을 나가자마자 성문은 닫혔습니다.

정탐꾼들이 잠자리에 들 준비를 할 때 라합이 지붕으로 올라와 그들에게 말했습니다. "나는 여호와께서 이 땅을 당신들의 백성에게 주셨다는 것을 압니다. 우리는 당신들 때문에 매우 두려워하고 있고, 이 땅에 사는 모든 사람들도 당신들을 무서워하고 있습니다. 우리가 무서워하는 것은 여호와께서 당신들을 도우셨기 때문입니다. 우리는 당신들이 이집트에서 나올 때 여호와께서 홍해의 물을 마르게 하신 사실을 들어서 알고 있습니다. 또 당신들이 요단 강 동쪽에 살고 있던 아모리 사람들의 두 왕 시혼과 옥을 물리쳤다는 사실도 알고 있습니다. 이 모든 이야기를 들었을 때 우리는 너무나도 무서웠습니다. 지금 이 성 사람들은 당신들과 싸우는 것을 두려워하고 있습니다. 그것은 당신들의 하나님 여호와께서 위로는 하늘과 아래로는 땅을 다스리는 분이심을 알고 있기 때문입니다. 그러니 여호와 앞에서 나에게 약속을 해 주십시오. 내가 당신들에게 친절을 베푼 것처럼 당신들도 내 가족에게 친절을 베풀겠다고 말입니다. 제발 내 아버지와 어머니, 형제자매들과 그들의 모든 가족을 구해 주겠다고 약속해 주시고 그렇게 하겠다는 증거를 보여 주십시오." 정탐꾼들이 라합에게 말했습니다. "우리의 목숨을 걸고 당신들을 살려 주겠소. 우리가 하고 있는 일을 아무에게도 말하지 마시오. 여호와께서 이 땅을 우리에게 주실 때 우리는 친절함과 성실함으로 당신들을 대하겠소."

라합이 살고 있던 집은 성벽 위에 세워져 있었는데 라합은 정탐꾼들이 창문을 통해 밧줄을 타고 내려갈 수 있도록 해 주었습니다. 라합은 그들에게 말했습니다. "언덕으로 올라가십시오. 그곳으로 가면 왕의 부하들이 당신들을 찾을 수 없을 것입니다. 거기서 삼 일 동안 숨어 있다가 왕의 부하들이 되돌아가면 당신들의 갈 길을 가십시오." 정탐꾼들은 라합에게 대답했습니다. "우리는 당신과 약속한 이 맹세를 무슨 일이 있어도 꼭 지키겠소. 우리가 이 땅으로 다시 돌아올 때 우리가 내려갔던 창문에 이 붉은 밧줄을 매어 놓으시오. 그리고 당신의 아버지와 어머니, 당신의 형제자매와 모든 가족들을 당신의 집 안에 모아 두시오. 누구든지 당신의 집 밖으로 나갔다가 죽임을 당하면 그 사람 잘못이오. 우리에게는 책임이 없소. 그러나 만약 당신의 집 안에 있는 사람 중 한 사람에게 손이라도 대면 우리가 책임을 지겠소. 우리가 한 이 약속을 아무에게도 말하지 마시오. 만약 이 약속을 다른 사람에게 말하면 우리도 이 약속에 대해 책임을 지지 않겠소." 라합은 "그렇게 하겠습니다" 하고 대답했습니다. 그런 후에 정탐꾼들은 그곳을 떠나 자기 갈 길을 갔습니다. 그들이 떠난 뒤에 라합은 창문에 붉은 밧줄을 매어 놓았습니다.

정탐꾼들은 라합의 집을 나와 언덕으로 올라갔습니다. 그들은 그곳에서 삼 일 동안 머물렀습니다. 왕의 부하들은 이리저리 정탐꾼들을 찾아다녔지만 그들을 찾지 못한 채 삼 일 만에 성으로 되돌아갔습니다. 그때에 두 사람도 여호수아에게 돌아갔습니다. 그들은 언덕을 내려와 강을 건넜습니다. 그들은 눈의 아들 여호수아에게 가서 자기들에게 일어난 모든 일을 보고했습니다. 그들이 여호수아에게 말했습니다. "여호와께서 그 땅 전체를 우리에게 주신 것이 틀림없습니다. 그 땅의 모든 사람들이 우리를 몹시도 무서워하여 두려움에 떨고 있습니다."

530 • 여호수아 3

요단 강을 건넘

이튿날 여호수아는 아침 일찍 일어났습니다. 여호수아는 이스라엘 백성과 함께 싯딤을 떠나 요단 강까지 갔습니다. 그리고 강을 건너기 전 그곳에 진을 쳤습니다. 삼 일 후 지도자들이 진 사이로 돌아다니면서 백성에게 명령했습니다. "여러분은 제사장들과 레위 사람들이 여러분의 하나님 여호와의 언약궤를 메고 가는 것을 볼 것이오. 그러면 여러분은 지금 있는 곳을 떠나 그 뒤를 따라가시오. 이제 여러분은 한 번도 가 본 적이 없는 길을 가게 될 것이오. 그러나 언약궤를 따라가면 어느 길로 가야 할 것인가를 알 수 있을 것이오. 언약궤를 너무 가까이하지 말고 이천 규빗 정도의 거리를 두고 따라가시오." 그 후에 여호수아가 백성에게 말했습니다. "여호와를 위해 자신을 거룩하게 하시오. 내일이면 여호와께서 여러분에게 놀라운 일을 행하실 것이오." 그리고 여호수아는 제사장들에게 말했습니다. "언약궤를 메고 백성들 앞에서 강을 건너시오." 그러자 제사장들은 백성들 앞에서 그 언약궤를 메고 갔습니다.

그때에 여호와께서 여호수아에게 말씀하셨습니다. "오늘부터 내가 너를 모든 이스라엘 사람들 앞에서 큰 사람이 되게 하겠다. 그러면 백성은 내가 모세와 함께했던 것같이 너와 함께한다는 것을 알게 될 것이다. 언약궤를 나르는 제사장들에게 말하여라. 그들에게 요단 강가에 도착하면 물 한가운데로 들어가라고 하여라." 그리하여 여호수아는 이스라엘 백성에게 말했습니다. "이리 와서 여러분의 하나님 여호와의 말씀을 들으시오. 살아 계신 하나님이 여러분과 함께하신다는 것을 여러분은 알 것이오. 하나님이 가나안 사람, 헷 사람, 히위 사람, 브리스 사람, 기르가스 사람, 아모리 사람, 여부스 사람을 쫓아내실 것이라는 것을 알게 될 것이오. 보시오. 온 땅의 주인이신 주님의 언약궤가 여러분보다 먼저 요단 강에 들어갈 것이오. 이제 이스라엘의 열두 지파에서 한 사람씩 열두 사람을 뽑으시오. 온 땅의 주인이신 여호와의 언약궤를 메고 가는 제사장들의 발이 물속에 닿으면 강물의 흐름이 그치고 물이 흐르지 않게 될 것이오. 마치 둑에 가로막힌 것처럼 물이 멈춰 쌓이게 될 것이오."

백성들이 요단 강을 건너기 위해 진 치던 곳을 떠났을 때 제사장들은 백성들 앞에서 언약궤를 옮겼습니다. 추수할 때가 되면 요단 강의 물이 가득 차는데 그때도 물이 넘쳐흐르고 있었습니다. 언약궤를 나르던 제사장들이 강가에 도착하여 강물에 발을 내디뎠습니다. 바로 그 순간 강물의 흐름이 그치고 강물은 멀리 떨어진 아담이라는 곳까지 둑처럼 쌓였습니다. 그곳은 사르단 근처의 한 마을입니다. 사해로 흐르는 요단 강물이 완전히 말라 버려서 백성들은 여리고 근처로 강을 건널 수 있었습니다. 강바닥은 완전히 말랐습니다. 이스라엘 모든 백성이 강을 건너는 동안 제사장들은 언약궤를 멘 채 강 가운데 서 있었습니다. 이스라엘 백성들은 마른 땅을 밟으며 요단 강을 건넜습니다.

기념하는 돌

온 백성이 요단 강을 다 건너자 여호와께서 여호수아에게 말씀하셨습니다. "각 지파에서 한 사람씩 열두 명을 뽑아라. 그리고 제사장이 서 있던 강 한가운데서 한 사람이 한 개씩 큰 돌을 골라 모두 열두 개를 가져오너라. 그 돌들을 오늘 밤 너희가 머무를 곳에 두어라." 그래서 여호수아는 각 지파에서 한 사람씩 뽑아 그들에게 말했습니다. "여러분은 여호와 하나님의 궤가 있는 강 한가운데로 가서 큰 돌 한 개씩을 찾으시오. 이스라엘 각 지파마다 돌 한 개씩을 찾아내야 하오. 그리고 그 돌을 어깨 위에 메고 나르

시오. 그 돌은 여러분에게 기념이 될 것이오. 먼 훗날 여러분의 자녀
가 여러분에게 '이 돌들은 왜 여기에 있지요?' 하고 물으면 여러분은
여호와의 언약궤 앞에서 흐르는 요단 강물이 멈추었다고 자녀들에
게 말해 주시오. 이 돌들은 이스라엘 백성들에게 이 일을 영원토록
기억시켜 줄 것이오."

이스라엘 사람들은 여호수아가 시키는 대로 요단 강 가운데서
돌 열두 개를 날라 왔습니다. 이스라엘의 열두 지파는 여호와께서
여호수아에게 명령하신 대로 각각 한 개씩의 돌을 맡아 자기들 진
가운데 두었습니다. 또 여호수아는 돌 열두 개를 취하여 제사장들
이 언약궤를 메고 서 있던 요단 강 한가운데에도 두었습니다. 그
돌들은 아직까지도 거기에 있습니다. 여호와께서 여호수아에게 명
령하여 백성들에게 이르게 하신 일, 곧 모세가 여호수아에게 명령했
던 일을 백성들이 다 마칠 때까지 제사장들은 언약궤를 멘 채 계속
강 한가운데 서 있었습니다.

백성들은 서둘러 강을 건넜습니다. 마침내 백성들은 모두 강을
건넜고, 그 후 제사장들은 여호와의 궤를 강 건너편으로 옮겼습니
다. 제사장들이 언약궤를 옮기는 동안 백성들은 그 모습을 바라보
고 있었습니다. 르우벤 자손과 갓 자손과 므낫세 반 지파 사람들
은 모세가 그들에게 지시했던 것과 같이 기꺼이 싸울 준비를 갖췄
습니다. 그들은 다른 백성들보다 앞서서 강을 건넜고 사만 명이나
되는 무장한 사람들이 여호와 앞에서 요단 강을 건너 여리고 평야
로 나아가 싸움을 준비했습니다. 그날 여호와께서는 여호수아를
모든 이스라엘 사람들 가운데서 큰 사람으로 만드셨습니다. 이스
라엘 사람들은 모세를 존경했듯이 여호수아가 사는 날 동안 그를
존경했습니다.

그때 여호와께서 여호수아에게 말씀하셨습니다. "증거궤라고도

불리는 언약궤를 메고 있는 제사장들에게 요단 강에서 올라오라고 명령하여라." 그래서 여호수아는 제사장들에게 "강에서 나오시오"라고 명령했습니다. 그러자 제사장들은 여호와의 언약궤를 메고 강에서 나왔습니다. 그들이 강가의 마른 땅을 밟자마자 강물은 강을 건너기 전처럼 다시 넘쳐흘렀습니다.

백성들은 첫 번째 달의 십 일째 되는 날에 요단 강을 건넜고, 여리고 동쪽의 길갈에 진을 쳤습니다. 여호수아는 요단 강에서 주운 돌 열두 개를 길갈에 세웠습니다. 여호수아는 이스라엘 사람들에게 이렇게 말했습니다. "훗날 여러분의 자녀가 아버지에게 '이 돌들은 무슨 돌이지요?'라고 물으면 그들에게 이렇게 말해 주시오. '이스라엘은 마른 땅을 밟으며 요단 강을 건넜다. 너희 하나님 여호와께서 강물이 흐르는 것을 멈추게 하셨고 백성이 강을 다 건널 때까지 강물은 말라 있었다. 여호와께서는 홍해에서 하셨던 일과 똑같은 일을 요단 강에서도 하셨다. 주께서 홍해의 물을 멈추게 하셨기 때문에 우리가 건널 수 있었다. 여호와께서 이 일을 행하신 것은 땅 위의 모든 사람들이 주께서 큰 능력을 가지고 계신 분임을 알게 하기 위함이다. 또한 너희들이 언제나 여호와 하나님을 섬기도록 하기 위해서이다.'"

이처럼 여호와께서는 이스라엘 사람들이 강을 건널 때까지 요단 강을 마르게 하셨습니다. 그때 요단 강 서쪽에 사는 아모리 사람의 모든 왕들과 또 지중해 가까이에 사는 가나안 왕들도 그 이야기를 듣게 되었습니다. 그들은 그 이야기를 들은 후 몹시 두려워했고 이스라엘 사람들과 마주치는 것을 너무나 무서워하게 되었습니다.

이스라엘 사람들이 할례를 받다

그때 여호와께서 여호수아에게 말씀하셨습니다. "부싯돌로 칼을 만들어서 이스라엘 사람들에게 다시 할례를 행하여라." 그래서 여호수아는 부싯돌로 칼을 만들어 기브앗 하아라롯에서 이스라엘 사람들에게 할례를 베풀었습니다. 여호수아가 남자들에게 할례를 베푼 이유는 이러합니다. 이스라엘 사람들이 이집트를 떠난 이후 군대에서 일할 만큼 나이가 든 남자들은 광야에서 모두 죽었습니다. 이집트에서 나온 남자들은 할례를 받았으나 광야에서 태어난 많은 아이들은 할례를 받지 않았습니다. 이스라엘 사람들은 광야에서 사십 년 동안을 옮겨 다녔고 그동안 이집트에서 나온 사람 가운데 싸울 수 있는 남자들은 다 죽었습니다. 그것은 그들이 여호와께 순종하지 않았기 때문입니다. 그래서 주께서는 그들이 가나안 땅을 볼 수 없을 것이라고 말씀하셨습니다. 그 땅은 여호와께서 그들의 조상들에게 주기로 약속하셨던 땅이었고 젖과 꿀이 흐르는 비옥한 땅이었습니다. 마침내 그들의 자손들이 그 땅을 차지하게 되었으나 광야에서 태어난 자손들 중에는 할례를 받은 사람이 하나도 없었기 때문에 여호수아는 그들에게 할례를 베풀었습니다.

할례를 받은 모든 이스라엘 사람들은 상처가 아물 때까지 그들의 진에 머물러 있었습니다. 그때에 여호와께서 여호수아에게 말씀하셨습니다. "너희는 이집트에서 노예로 있으면서 부끄러움을 당했다. 그러나 오늘날 내가 그 부끄러움을 없애 버리겠다." 그래서 여호수아는 그곳의 이름을 길갈이라고 불렀고 지금까지도 길갈이라는 이름으로 불리고 있습니다.

여리고 평야에 있는 길갈에서 진을 치고 있었던 이스라엘 백성들은 그달 십사 일 저녁에 그곳에서 유월절을 지켰습니다. 유월절 이튿날 백성들은 그 땅에서 자라난 식물 중 몇 가지를 먹었는데, 그것은 누룩을 넣지 않고 만든 빵인 무교병과 볶은 곡식이었습니다. 이 음식을 먹은 그날부터 만나는 더 이상 내리지 않았습니다. 이스라엘 사람들은 그날 이후 만나를 먹을 수 없었기 때문에 가나안 땅에서 나는 것을 먹기 시작했습니다.

여호수아가 여리고 근처에 있었을 때 눈을 들어 보니 어떤 사람이 자기 앞에 칼을 들고 서 있는 것이 보였습니다. 여호수아는 그에게 다가가 "당신은 우리 편이요, 아니면 적의 편이요?"라고 물었습니다. 그 사람은 "나는 누구의 편도 아니다. 나는 여호와의 군대 사령관으로 왔다"고 대답했습니다. 그러자 여호수아는 땅에 엎드려 그에게 물었습니다. "주의 종인 저에게 하실 말씀이 무엇입니까?" 여호와의 군대 사령관은 "너의 신을 벗어라. 네가 서 있는 곳은 거룩한 곳이다"라고 말했습니다. 여호수아는 그의 말대로 했습니다.

여리고가 무너짐

여리고 성 사람들은 이스라엘 자손들을 두려워하여 성문을 굳게 닫아걸었습니다. 아무도 성안으로 드나들지 못했습니다. 그때에 여호와께서 여호수아에게 말씀하셨습니다. "보아라, 내가 여리고를 너에게 주겠다. 여리고의 왕과 그 모든 군인들도 너에게 줄 것이니 하루에 한 번씩 여리고 성을 너의 군대와 함께 행군하며 돌아라. 그 일을 육 일 동안 하여라. 제사장 일곱 명에게 숫양의 뿔로 만든 나팔을 가지고 언약궤 앞에서 행군하라고 말하여라. 칠 일째 되는 날에는 성을 일곱 바퀴 돌며 제사장들에게 나팔을 불라고 말하여라. 제사장들이 한 번 길게 나팔을 불면 백성들에게 나팔 소리를 듣고 크게 고함을 치라고 말하여라. 그리하면 여리고의 성벽이 무너질 것이다. 그때 백성들은 곧장 앞으로 쳐들어가거라." 그리하여 눈의 아들 여호수아는 제사장들을 불러 모아 말했습니다. "여호와의 언약궤를 나르시오. 제사장 일곱 명은 나팔을 들고 그 언약궤 앞에서 행군하시오." 그리고 여호수아는 백성들에게 명령했습니다. "자, 가시오! 성 둘레를 도시오. 무기를 든 군인들은 여호와의 궤 앞에서 행군하시오."

여호수아가 백성들에게 말하기를 마치자 나팔을 가진 일곱 명의 제사장들이 여호와 앞에서 행군하기 시작했고 행군과 동시에 나팔을 불기 시작했습니다. 그 뒤에는 여호와의 언약궤를 든 제사장들이 뒤따랐고, 무기를 든 군인들은 제사장들 앞에서 행군하였습니다. 또 언약궤 뒤에도 무기를 든 군인들이 뒤따랐습니다. 그들은 각기 자기 나팔을 불었습니다. 그러나 여호수아는 백성들에게 고함을 지르지 말라고 했습니다. "소리 내지 마시오. 내가 명령을 내리기 전까지는 아무 말도 하지 마시오. 내가 명령을 내리면 그때 고함을 지르시오." 이처럼 여호수아는 백성들에게 여호와의 궤를 메고 성 둘레를 한 바퀴 돌게 하였습니다. 그리고 나서 그들은 진으로 되돌아와 하룻밤을 지냈습니다.

이튿날 여호수아는 아침 일찍 일어났습니다. 제사장들은 여호와의 궤를 다시 메었고, 제사장 일곱 명은 일곱 나팔을 들었습니다. 그들은 여호와의 언약궤 앞에서 행군하면서 각기 나팔을 불었습니다. 무기를 든 군인들은 제사장들 앞에서 행군했고, 다른 군인들은 여호와의 언약궤 뒤에서 걸었습니다. 행군하는 동안 제사장들은 계속해서 나팔을 불었습니다. 이처럼 두 번째 날에도 그들은 성 둘레를 한 바퀴 돌고 나서 진으로 되돌아왔습니다. 그들은 이 일을 육일 동안 날마다 했습니다.

칠 일째 되는 날 그들은 새벽에 일어났습니다. 그리고 성 둘레를 일곱 번 돌았습니다. 그들은 전과 같은 방법으로 성 둘레를 돌았지만 성을 일곱 바퀴 돌기는 그날이 처음이었습니다. 일곱 바퀴째 돌

때, 제사장들이 또 나팔을 불었습니다. 그러자 여호수아가 명령을 내렸습니다. "자, 고함을 지르시오! 여호와께서 여러분에게 이 성을 주셨소. 성과 성안에 있는 모든 것은 다 여호와께 바치는 것이므로 모두 없애시오. 다만 기생 라합과 그의 집에 있는 사람들은 모두 살려 주어야 하오. 이는 라합이 우리가 보낸 두 명의 정탐꾼을 숨겨 주었기 때문이오. 전리품 중 어떤 것도 가지지 마시오. 이것은 이미 여호와께 바쳐진 것이므로 모두 없애 버리시오. 그중 어떤 것이라도 취하여 진으로 가지고 돌아오면 그것 때문에 이스라엘 백성에게 재앙이 내릴 것이오. 모든 금과 은과 구리와 쇠로 만든 것은 여호와께 속한 것이니 그것들은 여호와의 창고에 넣어 두어야 하오." 제사장들이 나팔을 불고 백성들은 고함을 질렀습니다. 백성이 나팔 소리를 듣고 고함을 치자 성벽이 무너졌습니다. 그러자 모든 사람들이 성안으로 곧장 쳐들어갔습니다. 이렇게 하여 이스라엘 사람들은 여리고를 차지했습니다. 이스라엘 사람들은 성안에 살아 있는 모든 것을 다 죽였습니다. 그들은 남자와 여자, 젊은이와 노인을 죽였습니다. 그들은 소와 양 그리고 나귀들을 죽였습니다.

여호수아가 그 땅을 정탐하러 갔던 두 사람에게 말했습니다. "그 기생의 집으로 가서 그 여자를 밖으로 나오게 하시오. 그리고 그 여자와 함께 있는 모든 사람을 밖으로 나오게 해서 당신들이 그 여자에게 약속한 대로 하시오." 그래서 두 사람은 라합의 집으로 들어가 라합을 밖으로 나오게 했습니다. 그들은 또 라합의 아버지와 어머니를 비롯해서 라합과 함께 있던 모든 사람들을 밖으로 나오게 했습니다. 두 사람은 라합의 온 가족을 이스라엘의 진 밖으로 데리고 갔습니다. 그리고 나서 이스라엘은 성 전체와 그 안에 있는 모든 것을 불태웠습니다. 그러나 그들은 금과 은과 구리와 쇠로 만든 물건은 태우지 않았습니다. 그것들은 여호와의 집 창고에 넣어 두었습니다. 여호수아는 기생 라합과 그 여자의 가족 그리고 그 여자와 함께 있던 모든 사람들을 구해 주었습니다. 여호수아는 그 사람들을 살려 주었습니다. 왜냐하면 라합은 여호수아가 여리고를 정탐하기 위해 보낸 두 사람을 도와주었기 때문입니다. 라합은 오늘까지도 이스라엘 사람들과 함께 살고 있습니다.

그 후에 여호수아는 이렇게 경고했습니다. "누구든지 이 여리고 성을 다시 지으려 하는 사람은 여호와의 저주 때문에 벌을 받을 것이다.

이 성의 기초를 놓는 사람은 맏아들을 잃어버릴 것이고
이 성에 문을 세우는 사람은 막내아들을 잃어버릴 것이다."

이처럼 여호와께서는 여호수아와 함께하셨습니다. 또 여호수아는 온 땅 위에 유명한 사람이 되었습니다.

아간의 죄

그러나 이스라엘 백성은 여리고 성을 점령할 때 어떤 물건도 가지지 말라는 여호와의 말씀을 어기는 죄를 지었습니다. 유다 지파의 세라의 아들인 삽디의 손자이며 갈미의 아들이었던 아간이 여호와께 바쳐야 할 물건 중 몇 가지를 가졌던 것입니다. 그래서 여호와께서는 이스라엘에게 크게 화를 내셨습니다.

여호수아는 몇 사람을 뽑아 여리고에서 아이로 보냈습니다. 아이는 벧엘 동쪽에 있는 벧아웬에서 가까운 곳입니다. 여호수아는 그들에게 "아이로 가서 그 땅을 정탐하시오"라고 말했습니다. 그 사람들은 아이로 올라가서 정탐했습니다. 얼마 후 여호수아에게 돌아온 그들이 말했습니다. "아이에는 우리와 싸울 사람이 얼마 되지 않습니다. 백성 모두를 내보낼 필요는 없습니다. 이천 명이나 삼천 명만 보내서 아이 성을 공격하게 하십시오. 우리 백성 모두가 나가서 수고할 필요는 없습니다." 그래서 약 삼천 명가량이 아이로 나갔습니다. 그러나 그들은 아이 사람들에게 패하여 도망쳐 왔습니다. 아이 백성은 이스라엘 사람들을 뒤쫓았습니다. 그들은 성문에서부터 스바림까지 이스라엘을 뒤쫓았습니다. 그들은 언덕을 내려오는 동안에 삼십육 명 정도의 이스라엘 사람들을 죽였습니다. 이스라엘 사람들은 이 일을 보고 매우 두려워하였습니다.

그러자 여호수아는 슬퍼하며 자기 옷을 찢었습니다. 여호수아는 얼굴을 땅에 대고 여호와의 궤 앞에 엎드렸고 그런 자세로 저녁까지 있었습니다. 이스라엘의 지도자들도 여호수아와 같은 자세를 취했습니다. 그들은 또한 슬픔의 표시로 머리에 재를 뒤집어썼습니다. 그 후에 여호수아가 말했습니다. "하나님 여호와여, 주님은 우리 백성이 요단 강을 건널 수 있게 하셨습니다. 그런데 왜 주님은 우리를 이곳까지 오게 하셔서 아모리 사람에게 죽임을 당하게 하십니까? 우리가 요단 강 저쪽에 머무르는 것이 더 좋을 뻔했습니다. 주님, 지금은 아무것도 말씀드릴 것이 없습니다. 이스라엘은 적에게 패했고 가나안 사람들과 이 땅에 사는 모든 사람들이 이 일에 관해 들으면 곧 우리를 포위하여 우리 모두를 죽일 것입니다. 그렇게 되면 주님의 크신 이름은 어떻게 되는 것입니까?"

여호와께서는 여호수아에게 말씀하셨습니다. "일어나라! 왜 얼굴을 땅에 대고 있느냐? 이스라엘 사람들은 죄를 지었다. 그들은 내가 지키라고 명령한 약속을 깨뜨렸다. 그들은 나와 약속한 대로 하지 않고 나의 것을 훔쳐 내 물건 중 몇 가지를 가졌다. 그들은 거짓말을 했고 자기를 위해 그 물건들을 가지고 갔다. 그런 까닭에 이스라엘은 적과 싸워 이길 수 없었던 것이다. 그들은 싸우다가 뒤

돌아서서 도망치고 말았다. 왜냐하면 너희는 내가 없애라고 한 것을 모두 없애지 않고 나에게 완전히 바치지 않았기 때문이다. 너희는 내가 바치라고 명령한 모든 것을 없애야 한다. 너희가 그 일을 행하지 않는 한 나는 너희를 도와줄 수 없다. 이제 일어나라! 내 앞에서 백성들을 거룩하게 하여라. 그들에게 이렇게 전하여라. '내일 주님을 위해 스스로를 거룩하게 하여라. 이스라엘의 하나님 여호와께서 너희 중 누군가가 여호와의 명령을 어기고 여호와께 바쳐야 할 것을 가지고 갔다고 말씀하셨다. 그 물건들을 버리지 않는 한 너희는 결코 적과 싸워 이길 수 없을 것이다. 내일 아침 너희의 모든 지파들은 여호와 앞에 가까이 나아오너라. 여호와께서 그중 한 지파를 고르실 것이다. 그러면 그 지파의 모든 집안들을 여호와 앞에 가까이 나아오게 하여라. 여호와는 그 집안 중에서 한 가족을 고르실 것이다. 그때 그 가족의 남자들을 여호와 앞에 가까이 나아오게 하여라. 바쳐서 없애 버려야 할 것을 감추고 있는 사람을 골라내면 그는 불로 죽임을 당할 것이고, 그가 가지고 있는 모든 것도 그와 함께 없어질 것이다. 그 사람은 여호와와의 약속을 깨뜨렸으며 이스라엘 백성 가운데서 부끄러운 일을 행하였기 때문이다.'"

이튿날 아침 일찍 여호수아는 이스라엘 모든 사람들을 여호와 앞에 서게 했습니다. 이스라엘의 모든 지파가 여호와 앞에 서자 여호와께서는 유다 지파를 뽑으셨습니다. 그래서 유다 지파의 모든 집안이 여호와 앞에 섰습니다. 여호와는 세라의 집안을 뽑으셨습니다. 그러자 세라의 온 집안이 여호와 앞에 섰습니다. 이번에는 삽디의 가족이 뽑혔습니다. 그러자 여호수아는 삽디의 가족 모두에게 "여호와 앞으로 나오너라" 하고 말했습니다. 주님은 갈미의 아들 아간을 뽑으셨습니다. 갈미는 삽디의 아들이었고 세라의 손자였습니다. 여호수아는 아간에게 말했습니다. "아간아, 이스라엘 하나님 여호와께 영광을 돌리고 사실대로 고백하여라. 숨길 생각은 하지 말고 네가 한 일을 내게 말하여라." 아간이 대답했습니다. "옳습니다. 제가 이스라엘의 하나님 여호와께 죄를 지었습니다. 제가 한 일을 말씀드리겠습니다. 제가 본 물건 중에는 시날에서 온 아름다운 겉옷이 있었고 이백 세겔가량의 은과 오십 세겔가량의 금도 있었습니다. 저는 그것들이 너무나도 갖고 싶어 가지고 왔습니다. 그것들은 지금 제 천막 아래 땅에 묻혀 있습니다. 은은 겉옷 아래에 있습니다."

여호수아는 몇 사람을 아간의 천막으로 보냈습니다. 그들은 천막으로 달려가 감춘 물건들을 찾아냈습니다. 은은 외투 아래에 있었습니다. 사람들은 그 물건들을 천막에서 가지고 나와 여호수아와 온 이스라엘 사람들 앞에 놓았습니다. 그리고 여호와 앞에 그 물건들을 펼쳐 놓았습니다. 여호수아와 모든 백성들은 세라의 아들 아간을 '괴로움'이란 뜻의 아골 골짜기로 데리고 갔습니다. 그들은 은과 외투와 금과 아간의 아들들과 딸들과 소와 나귀와 양들과 천막과 그 밖에 아간이 가지고 있던 모든 것들도 함께 가지고 갔습니다. 여호수아가 말했습니다. "어찌하여 네가 우리를 이토록 괴롭게 했단 말이냐? 하지만 이제는 여호와께서 너를 괴롭게 하실 것이다." 그 후에 모든 백성들은 아간과 그의 가족들을 돌로 쳐 죽였습니다. 그리고 나서 아간과 그의 가족들을 불로 태웠습니다. 그들은 아간의 시체 위에 돌무더기를 쌓았는데 그 돌무더기는 지금까지도 거기에 있습니다. 그곳을 '괴로움의 골짜기'라고 부르는 것도 이런 이유 때문입니다. 이 일이 있은 후 여호와께서는 화를 내지 않으셨습니다.

아이 성을 무너뜨림

그 후에 여호와께서 여호수아에게 말씀하셨습니다. "두려워하지 마라. 포기하지 마라. 너의 모든 군대를 이끌고 아이로 향하여라. 내가 그의 백성과 그의 성과 그의 땅을 너에게 줄 것이니 너는 여리고와 그 왕에게 한 것같이 아이와 그 왕에게도 하여라. 하지만 이번만은 그 성안의 모든 좋은 것을 가져도 좋다. 자, 이제 너의 군인들 중 몇 사람에게 성 뒤로 가서 몰래 숨어 있으라고 말하여라."

그리하여 여호수아는 모든 군대를 이끌고 아이로 향했습니다. 여호수아는 군인 삼만 명을 뽑아 밤중에 그들을 내보냈습니다. 여호수아는 그 군인들에게 명령을 내렸습니다. "여러분은 성 뒤쪽에 숨어 있으시오. 성에서 멀리 떨어져 있지 말고 성을 주의 깊게 살펴보면서 언제라도 싸울 준비를 하고 있으시오. 나와 나를 따르는 군대는 성을 향해 진군할 것이고 성안의 사람들은 우리와 싸우기 위해 밖으로 나올 것이오. 그때 우리는 전에 했던 것처럼 등을 돌려 후퇴할 것이고 그들은 성을 떠나 우리를 쫓아올 것이오. 그들은 우리가 전처럼 도망치는 것으로 생각할 것이오. 우리가 후퇴할 때 여러분은 숨어 있던 곳에서 나와 성을 차지하시오. 하나님 여호와께서 여러분에게 그 성을 주실 것이오. 아이 성을 점령한 후에는 그 성을 불태우시오. 여호와께서 말씀하신 대로 하시오. 보시오. 내가 분명히 여러분에게 명령을 내렸소." 그 말을 한 후 여호수아는 그들을 보냈습니다. 그들은 벧엘과 아이의 서쪽 사이에 숨었습니다. 그러나 여호수아는 그날 밤 자기 백성들과 함께 진에 머물렀습니다.

여호수아는 이튿날 아침 일찍 일어나서 자기 군대를 불러 모았습니다. 여호수아와 이스라엘의 장로들은 아이로 군대를 이끌고 갔습니다. 여호수아를 따르는 모든 군인들은 아이로 행군했습니다. 그들은 성 앞에서 멈춰 선 후 아이의 북쪽에 진을 쳤습니다. 그들과 성 사이에는 골짜기가 있었습니다. 여호수아는 오천 명가량의 군인을 뽑아 벧엘과 아이 사이로 보내어 그곳에 숨어 있게 했습니다. 이처럼 이스라엘 백성은 각기 자기 자리를 잡고 있었습니다. 주력 부대는 성 북쪽에 있었습니다. 다른 사람들은 서쪽에 숨어 있었습니다. 그날 밤 여호수아는 골짜기 아래로 내려갔습니다. 아이의 왕이 이스라엘 군대를 보았습니다. 그래서 왕과 그의 백성은 이튿날 아침 일찍 일어나 싸우기 위해 서둘러 움직였습니다. 그들은 성 동쪽에 있는 어떤 곳으로 나갔습니다. 왕은 이스라엘 군인들이 성 뒤쪽에 숨어서 기다리고 있다는 것을 몰랐습니다. 여호수아와 이스라엘의 모든 군인들은 아이의 군대에 쫓겨 후퇴하는 척하며 광야 길로 도망쳤습니다. 아이의 군인들은 성을 떠나 여호수아의 군대를 뒤쫓아갔습니다. 아이와 벧엘의 사람들은 한 명도 남지 않고 모두 이스라엘의 군대를 쫓았습니다. 그들은 성문을 열어 둔 채 이스라엘 군대를 따라갔습니다.

그때에 여호와께서 여호수아에게 말씀하셨습니다. "네 창을 아이 쪽으로 치켜들어라. 내가 그 성을 너에게 주겠다." 그래서 여호수아는 자기 창을 아이 성을 향하여 치켜들었습니다. 이스라엘 사람들은 여호수아가 창을 치켜드는 것을 보고 숨어 있던 곳에서 나와 급히 성으로 달려갔습니다. 그들은 성으로 들어가 성을 점령하고 재빨리 성에 불을 질렀습니다. 아이 사람들이 뒤를 돌아보니 성에서 연기가 하늘로 치솟고 있었습니다. 아이 사람들은 이쪽으로도 저쪽으로도 도망칠 수 없게 되었습니다. 그때 광야로 도망치던 이스라엘 사람들이 뒤쫓던 아이 사람들을 향해 방향을 돌렸습니다. 여호수아와 그의 모든 사람들은 숨어 있던 군대가 성을 점령한 것과 성에서 연기가 올라오고 있는 것을 보았습니다. 그들은 되돌아와서 아이 사람들을 공격했습니다. 숨어 있던 사람들도 성에서 나와 같이 싸웠습니다. 아이 사람들은 이스라엘 군대에 포위되고 말았습니다. 이스라엘 사람들은 아이 사람이 한 명도 남지 않을 때까지 쳐 죽였습니다. 적군 중에 살아남은 사람은 아무도 없었고 다만 아이의 왕만이 살아남았습니다. 여호수아의 군대는 아이 왕을 여호수아에게 데리고 왔습니다.

이스라엘 군대는 광야 벌판에서 그들을 추격하던 아이 사람들을 다 죽였습니다. 그들 모두를 칼로 죽이고 다시 아이로 되돌아와 그곳에 있는 사람들을 전부 칼로 죽였습니다. 그날 아이의 모든 백성들이 다 죽었는데 남자와 여자를 합해 만 이천 명의 사람이 죽었습니다. 여호수아는 창을 치켜들고 있던 손을 내리지 않았습니다. 여호수아는 아이의 모든 백성들을 다 죽일 때까지 창을 치켜들고 있었습니다. 이스라엘 백성은 동물들은 죽이지 않고 자기들이 가졌습니다. 또 아이 사람들이 가지고 있었던 물건들도 가졌습니다. 그들은 여호와께서 여호수아에게 명령하신 대로 하였습니다. 그리고 나서 여호수아는 아이 성을 불태웠습니다. 아이 성은 쓰레기 더미가 되어 버렸습니다. 오늘날까지도 아이 성은 그런 모습으로 남아 있습니다. 여호수아는 아이 성의 왕을 저녁까지 나무에 매달아 놓았습니다. 해가 질 무렵 여호수아는 왕의 시체를 나무에서 끌어내려 성문 아래로 던지라고 말했습니다. 사람들은 그것을 성문 아래로 던진 후 돌로 시체를 덮었습니다. 그 돌무더기는 오늘날까지도 그곳에 있습니다.

그 후에 여호수아는 이스라엘의 하나님 여호와를 위해 에발 산에 제단을 쌓았습니다. 그것은 여호와의 종인 모세가 명령한 대로였습니다. 여호수아는 모세의 율법책에 설명되어 있는 것과 같이 제단을 쌓았습니다. 그 제단은 쇠 연장으로 다듬지 않은 자연석으

로 만들어졌는데 이스라엘 사람들은 그 제단 위에서 여호와께 태워
드리는 제사인 번제와 화목제를 드렸습니다. 그곳에서 여호수아는
이스라엘의 모든 백성들이 보는 앞에서 모세가 썼던 율법을 돌에
새겼습니다. 장로와 지도자와 재판관과 모든 이스라엘 사람들이
언약궤를 가운데 두고 섰습니다. 그들은 그 언약궤를 멘 레위 사람
제사장들 앞에 섰으며 이스라엘 사람들과 이방 사람들도 모두 그
곳에 섰습니다. 백성 중 절반은 에발 산 앞에 섰고, 나머지 절반은
그리심 산 앞에 섰습니다. 그들은 전에 모세가 백성을 위해 복을 빌
때 그렇게 하라고 명령했던 대로 했습니다. 그 뒤에 여호수아는 율
법책에 적혀 있는 대로 복과 저주의 말씀을 모두 읽었습니다. 이스
라엘 사람들이 다 모였습니다. 여자들과 어린이들과 이스라엘 사람
들과 함께 사는 이방 사람들도 그곳에 모였습니다. 여호수아는 모
세가 준 명령을 빠짐없이 읽었습니다.

기브온 사람들의 속임수

단 강 서쪽의 모든 왕들이 이 이야기를 들었습니다. 그 왕들
은 헷 사람, 아모리 사람, 가나안 사람, 브리스 사람, 히위
사람, 여부스 사람들의 왕이었습니다. 그들은 산악 지대와 서쪽 경
사 지역과 지중해 해안에 사는 사람들이었습니다. 이 왕들은 여호
수아를 비롯한 이스라엘 사람들과 싸우기 위해 모두 모였습니다.

기브온 사람들도 여호수아가 여리고와 아이에 대해 했던 일을
들었습니다. 그래서 그들은 이스라엘 사람에게 속임수를 쓰기로 하
였습니다. 그들은 여기저기 떨어진 곳을 기운 가죽 술부대와 낡아
빠진 자루를 모아서 나귀 등에 실었습니다. 그들은 낡아빠진 신발
을 신고 다 떨어진 옷을 입었습니다. 딱딱하게 굳고 곰팡이 냄새가
나는 빵을 준비해서 길갈의 진에 있던 여호수아에게 갔습니다. 기

브온 사람들은 여호수아와 이스라엘 사람들에게 이렇게 말했습니다. "우리는 아주 먼 나라에서 왔습니다. 우리와 평화 조약을 맺어 주십시오." 이스라엘 사람들이 히위 족속인 기브온 사람들에게 물었습니다. "당신들은 이 근처에 사는 사람들 같은데 우리가 어떻게 당신들과 평화 조약을 맺을 수 있겠습니까?" 그러자 히위 사람들은 여호수아에게 "우리는 당신의 종입니다"라고 말했습니다. 여호수아가 그들에게 말했습니다. "당신들은 누구요? 당신들은 어디에서 왔소?" 그 사람들이 대답했습니다. "우리는 당신의 종입니다. 우리는 아주 먼 나라에서 당신들의 하나님 여호와의 유명한 이름을 듣고 이곳까지 왔습니다. 우리는 당신들의 하나님 여호와께서 하신 일들에 대해 잘 알고 있습니다. 당신의 하나님이 이집트에서 하신 모든 일과 또 요단 강 동쪽에 살던 아모리 사람의 두 왕을 쳐 죽인 이야기도 들어 알고 있습니다. 한 사람은 헤스본 왕 시혼이고, 다른 사람은 아스다롯에 있는 바산 왕 옥이지요. 그래서 장로들과 백성들은 우리에게 '여행에 필요한 음식을 준비해서 이스라엘 사람들을 만나시오. 그리고 그들에게 우리는 아주 먼 나라에서 왔으며 우리와 평화 조약을 맺자고 전하시오'라고 말했습니다. 우리의 빵을 보십시오. 우리가 집을 떠날 때 이 빵은 따끈따끈한 새 빵이었습니다. 그런데 지금은 딱딱하고 곰팡이 냄새가 나는 빵이 되어 버렸습니다. 우리의 가죽 술부대를 보십시오. 우리가 떠날 때에 이 술부대는 새것이었고 포도주도 가득 들어 있었으나 지금은 다 떨어져 여기저기 기운 낡아빠진 술부대가 되어 버렸습니다. 우리 옷과 신발을 보십시오. 너무 오래 여행을 했더니만 옷과 신발도 다 해어지고 말았습니다." 이스라엘 사람들은 그들이 가지고 온 빵을 맛보았습니다. 그러나 이스라엘 사람들은 어떻게 해야 할지 여호와께 묻지 않았습니다. 마침내 여호수아는 기브온 사람들과 평화 조약을 맺고, 그 사람들을 살려 주기로 하였습니다. 이스라엘 사람들의 지도자들은 그 조약을 지키기로 약속하였습니다.

삼 일 후 이스라엘 사람들은 기브온 사람들이 가까운 곳에 살고 있다는 것을 알게 되었습니다. 그래서 이스라엘 사람들은 그들이 살고 있는 곳으로 갔습니다. 이스라엘 사람들은 삼 일 만에 그들이 사는 성에 도착하였습니다. 그 성의 이름은 기브온과 그비라와 브에롯과 기럇여아림이었습니다. 그러나 이스라엘 사람들은 이 성들을 공격하지 않았습니다. 왜냐하면 이스라엘 사람들은 이스라엘의 하나님 여호와 앞에서 그들과 약속을 맺었기 때문입니다. 이스라엘의 모든 사람들이 그들과 평화 조약을 맺은 지도자들에게 불만을 터뜨렸습니다. 그러나 지도자들은 이렇게 말했습니다. "우리는 우리 하나님 여호와 앞에서 그들과 약속을 했기 때문에 지금은 그들을 공격할 수 없소. 우리는 그들을 살려 주어야 하오. 여호와 앞에서 맺은 조약을 어겨 하나님의 노여움이 우리에게 미치도록 해서는 안 되오. 그들을 살려 주시오. 그러나 그들은 이스라엘 백성들을 위해 나무를 베고 물을 길어 주는 종이 될 것이오." 이렇게 해서 이스라엘 지도자들은 기브온 사람들과 맺은 조약을 지켰습니다.

여호수아는 기브온 사람들을 불러와 물어보았습니다. "당신들은 왜 우리에게 거짓말을 했소? 당신들의 땅은 우리의 진에서 가깝소. 그런데 당신들은 우리에게 아주 먼 나라에서 왔다고 말했소. 이제 당신들은 저주를 받을 수밖에 없소. 당신들은 우리의 종이 되어야 하오. 당신들은 하나님의 집을 위해 나무를 베고 물을 길어 오는 사람이 될 것이오." 기브온 사람들이 여호수아에게 대답했습니다. "우리는 당신의 하나님 여호와께서 자기 종 모세에게 이 땅 모두를 당신에게 주라고 했다는 것을 들어서 알고 있습니다. 또 하나님은 이 땅에 사는 모든 사람을 죽이라고 당신에게 말씀하셨다는 것도 알고 있습니다. 그래서 우리는 당신들에게 생명을 잃을까 봐 두려웠습니다. 이 때문에 우리가 거짓말을 한 것입니다. 이제는 당신 좋으실 대로 하십시오. 우리는 당신의 손안에 있습니다." 그리하여 여호수아는 그들의 목숨을 살려 주었습니다. 여호수아는 이스라엘 사람들이 그들을 죽이지 못하게 했습니다. 여호수아는 기브온 사람들을 이스라엘 사람들의 종으로 삼았습니다. 그들은 이스라엘 사람들을 위해 나무를 베고 물을 길었습니다. 그들은 여호와께서 선택하신 곳의 제단을 위해 나무를 베고 물을 길었으며 지금까지도 그 일을 하고 있습니다.

해와 달이 멈춰 서다

그 때에 아도니세덱이 예루살렘의 왕으로 있었습니다. 그는 여호수아가 아이를 점령하고 그 성을 완전히 파괴시켰다는 이야기를 들었습니다. 또 여호수아가 여리고 성과 그 왕에게 한 것과 같이 아이 성과 그 왕에게도 똑같은 일을 했다는 이야기와 기브온 사람들이 이스라엘과 평화 조약을 맺고 그들과 함께 살고 있다는 이야기도 들었습니다. 아도니세덱과 그의 백성은 이 일 때문에 매우 두려워했습니다. 기브온은 아이보다 크고 군사력도 강했습니다. 이 성은 왕이 다스리는 다른 성만큼이나 큰 성이었습니다. 그래서 예루살렘 왕 아도니세덱은 헤브론 왕 호함에게 사람을 보내어 호소했습니다. 아도니세덱은 또 야르뭇 왕 비람과 라기스 왕 야비아와 에글론 왕 드빌에게도 사람을 보내어 호소했습니다. "나에게로 와서 나를 도와주시오. 우리가 기브온을 공격합시다. 기브온은 여호수아를 비롯한 이스라엘 사람들과 평화 조약을 맺었소." 그러자 아모리의 다섯 왕이 군대를 모았습니다. 그들은 예루살렘, 헤브론, 야르뭇, 라기스 그리고 에글론의 왕이었습니다. 이들의 군대는 기브온으로 가서 기브온을 포위하고 공격했습니다.

기브온 사람들은 길갈의 진에 있던 여호수아에게 사람을 보내어 말했습니다. "당신의 종들인 우리를 빨리 구해 주십시오. 산악 지대에 사는 아모리 사람의 왕들이 모든 군대를 모아 우리를 공격하고 있습니다." 그리하여 여호수아는 전 군대를 이끌고 길갈을 떠났습니다. 여호수아는 용감한 군인들을 데리고 떠났습니다. 여호와께서 여호수아에게 말씀하셨습니다. "적군을 두려워하지 마라. 나는 네가 그들을 물리치게 해 주겠다. 그들 중 너를 이길 사람은 아무도 없다." 여호수아는 길갈에서 떠나 밤새도록 행군하여 적군의 진 가까운 곳에 이르렀을 때 갑자기 공격했습니다. 여호와께서 적군을 혼란스럽게 만들어 놓으셨으므로 이스라엘은 적군을 물리쳐 크게 이겼습니다. 이스라엘은 기브온에서 벤호론으로 내려가는 길까지 적군을 뒤쫓았습니다. 이스라엘 군대는 아세가와 막게다에 이르는 길에서 적군을 죽였습니다. 또 적군들이 이스라엘 군대에게 쫓겨 벤호론으로 뻗은 비탈길로 도망치며 아세가에 이르는 동안에 여호와께서 큰 우박을 내리셔서 많은 적군이 죽었습니다. 이스라엘 사람들의 칼에 맞아 죽은 사람보다 우박 때문에 죽은 사람이 더 많았습니다.

그날 여호와께서 이스라엘 사람들이 아모리 사람들을 이길 수 있게 하셨습니다. 여호수아는 그날에 이스라엘 모든 백성 앞에 서서 여호와께 말했습니다.

"해야, 기브온 위에 멈춰 서라.
달아, 아얄론 골짜기 위에 멈춰 서라."
그러자 해가 멈춰 섰고

달도 이스라엘 백성이 적을 물리칠 때까지 멈춰 섰습니다.

이 이야기는 야살의 책에 적혀 있습니다. 해가 하늘 한가운데에 멈춰 서서 하루 종일 지지 않았다고 한 것이 바로 이를 두고 한 말입니다. 여호와께서 한 사람의 말을 들어주신 일은 전에도 없었고 그 뒤로도 없었습니다. 진정 여호와께서 이스라엘을 위해 싸워 주신 것입니다.

이 일이 있은 후 여호수아와 그의 군대는 길갈에 있는 진으로 되돌아왔습니다.

다섯 왕은 싸움을 하는 동안 도망을 쳐 막게다에서 가까운 어떤 동굴에 숨었습니다. 누군가가 그들이 동굴에 숨어 있는 것을 발견하고 여호수아에게 말해 주었습니다. 그러자 여호수아가 말했습니다. "동굴 입구를 커다란 바위로 막고 사람을 몇 명 두어서 동굴을 지키게 하시오. 여러분은 이곳에 있지 말고 계속해서 뒤쫓으시오. 도망하는 사람들을 계속 공격해서 그들이 자기 성으로 무사히 들어가지 못하도록 하시오. 여러분의 하나님 여호와께서 여러분에게 승리를 주셨소." 여호수아와 이스라엘 사람들이 적군을 많이 죽였으나 몇 사람은 살아남아 굳건한 자기들의 성으로 도망쳤습니다. 싸움이 끝난 후 여호수아의 군대는 막게다에 있던 여호수아에게 무사히 돌아왔습니다. 이스라엘 사람들을 헐뜯는 말을 하는 사람은 하나도 없었습니다.

여호수아는 "동굴 앞을 가로막고 있는 바위들을 옮기고 다섯 왕을 나에게 데리고 오시오" 하고 말했습니다. 그러자 사람들은 다섯 왕을 동굴에서 데리고 나왔습니다. 그들은 예루살렘, 헤브론, 야르뭇, 라기스 그리고 에글론의 왕들이었습니다. 사람들은 이 왕들을 여호수아에게 데리고 왔습니다. 여호수아는 이스라엘의 모든 백성들에게 모이라고 말했습니다. 여호수아는 군대의 지휘관들에게 "이리 오시오! 여러분의 발로 이 왕들의 목을 밟으시오"라고 말했습니다. 그러자 군대 지휘관들이 가까이 와서 왕들의 목을 자기 발로 밟았습니다. 그런 후에 여호수아가 지휘관들에게 말했습니다. "강한 마음을 먹고 용기를 가지시오. 두려워하지 마시오. 여러분이 앞으로 싸우게 될 적들에게 여호와께서 어떠한 일을 하실 것인지를 내가 보여 주겠소." 그리고 나서 여호수아는 다섯 왕을 죽였습니다. 여호수아는 그들의 시체를 저녁 때까지 다섯 그루의 나무에 매달아 놓았습니다. 해가 지자 여호수아는 그 시체들을 나무에서 끌어내리라고 말했습니다. 여호수아의 사람들은 그 시체들을 전에 그 왕들이 숨어 있던 동굴에 던져 넣고 동굴 입구를 큰 바위들로 막아 놓았습니다. 그 바위들은 지금도 거기에 있습니다.

그날 여호수아는 막게다를 물리쳐 이겼고 왕과 성안의 모든 백성들을 다 죽였습니다. 여호수아는 그들을 쳐 없앴습니다. 살아남은 사람은 아무도 없었습니다. 여호수아는 여리고 왕을 죽인 것과 같이 막게다 왕을 죽였습니다.

남쪽 성들을 정복함

그 후에 여호수아와 모든 이스라엘 사람은 막게다를 떠났습니다. 그리고 그들은 립나로 가서 그 성을 공격하였습니다. 여호와께서는 립나와 그 왕을 이스라엘의 손에 넘기셨습니다. 이스라엘은 립나 성에 있던 사람을 하나도 남기지 않고 모두 죽였습니다. 이스라엘 사람들은 립나 왕에게도 여리고 왕에게 한 것과 똑같은 일을 했습니다.

그 후에 여호수아와 모든 이스라엘 사람은 립나를 떠나 라기스 근처에 진을 치고 라기스를 공격했습니다. 여호와께서 라기스를 이스라엘의 손에 넘기셨습니다. 둘째 날에 여호수아는 라기스를 정복했고 성안에 있던 사람들을 다 죽였습니다. 그들은 립나에서 한 것과 똑같은 일을 라기스에서도 행했습니다.

바로 그때 게셀 왕 호람이 라기스를 도우러 왔습니다. 그러나 여호수아는 호람과 그의 군대도 물리쳤습니다. 그들 중에 살아남은 사람은 아무도 없었습니다.

그 후에 여호수아와 모든 이스라엘 사람은 라기스를 떠나 에글론으로 갔습니다. 그들은 에글론 근처에 진을 치고 에글론을 공격했습니다. 그날 그들은 에글론을 정복했고 에글론의 모든 백성을 죽였습니다. 또 성안에 있는 모든 것을 없앴습니다. 그들은 에글론에서도 라기스에서 한 것과 똑같은 일을 행했습니다.

그 후에 여호수아를 비롯한 이스라엘 사람들은 에글론을 떠나 헤브론으로 가서 그곳을 공격했습니다. 그들은 헤브론과 헤브론 근처의 모든 작은 마을들을 정복했고 헤브론 사람을 다 죽였습니다. 그들 중에 살아남은 사람은 아무도 없었습니다. 이스라엘 사람들은 헤브론에서도 에글론에서 한 것과 똑같은 일을 행했습니다. 그들은 헤브론의 모든 백성을 죽이고 성안에 있는 모든 것을 없앴습니다.

그 후에 여호수아를 비롯한 이스라엘 사람들은 드빌로 돌아와 그곳을 공격했습니다. 그들은 성을 정복하고 왕과 성 근처의 모든 작은 마을들도 정복했습니다. 그들은 드빌 성안의 모든 것을 완전히 멸망시켰습니다. 아무도 살아남지 못했습니다. 이스라엘은 립나와 그 왕에게 한 것과 똑같은 일을 드빌과 그 왕에게 행했고, 이스라엘 사람들이 헤브론에서 한 것과 똑같은 일을 드빌에서도 행했습니다.

이처럼 여호수아는 모든 땅, 곧 산지와 남쪽 네게브 지방과 평지와 경사지의 모든 성에 있는 왕을 물리쳐 이겼습니다. 한 사람도 남겨 두지 않고 죽였습니다. 이스라엘의 하나님 여호와께서 살아서 숨 쉬는 모든 것을 죽여서 주께 바치라고 말씀하셨습니다. 여호수아는 가데스바네아에서 가사에 이르기까지 모든 성을 점령했고, 고센에서 기브온에 이르는 모든 성도 점령했습니다. 여호수아는 이 모든 성과 그 왕들을 단 한 번에 모두 점령했는데, 그렇게 할 수 있었던 것은 이스라엘의 하나님 여호와께서 이스라엘을 위해 싸워 주셨기 때문입니다. 그 후에 여호수아와 모든 이스라엘 사람들은 길갈에 있는 진으로 되돌아왔습니다.

북쪽 왕들을 물리쳐 이김

하솔 왕 야빈은 지금까지 일어난 모든 일에 대한 이야기를 듣고 마돈 왕 요밥과 시므론 왕과 악삽 왕에게 사람을 보냈습니다. 야빈은 북쪽 산지의 왕들과 긴네롯 남쪽에 있는 아라바와 평지에 있는 왕들에게도 사람을 보냈습니다. 또 그는 서쪽 돌의 높은 곳에 있는 왕에게도 사람을 보냈습니다. 야빈은 동쪽과 서쪽에 있는 가나안 왕들에게도 사람을 보냈고 산지에 사는 아모리 사람, 헷 사람, 브리스 사람, 산지의 여부스 사람과 미스바 지역의 헤르몬 산 아래에 사는 히위 사람에게도 사람을 보냈습니다. 그리하여 이 왕들의 군대가 모였는데 그 군인과 말과 전차의 수가 셀 수도 없이 많았습니다. 마치 바닷가의 모래처럼 많은 군대가 모였습니다. 이 왕들은 모두 이스라엘 사람들과 싸우기 위해 메롬 물가에 모여서 한 곳에 진을 쳤습니다.

그때에 여호와께서 여호수아에게 말씀하셨습니다. "그들을 두려워하지 마라. 내가 내일 이맘때에 그들 모두를 이스라엘 앞에서 죽일 것이다. 너는 그들이 가진 말의 다리를 부러뜨리고 그들이 소유한 모든 전차를 불에 태워라." 여호수아와 그의 모든 군대는 메롬 물가에 있는 적군을 갑자기 공격하였습니다. 여호와께서는 이스라엘의 손에 그들을 넘겨주셨습니다. 이스라엘은 적군을 큰 시돈과 미스르봇 마임과 동쪽의 미스바 골짜기까지 뒤쫓아가서 한 사람도 남기지 않고 쳐 죽였습니다. 여호수아는 여호와께서 말씀하신 대로 했습니다. 적이 가진 말들의 다리를 부러뜨렸으며 그들의 전차를 불태웠습니다.

그리고 나서 여호수아는 다시 돌아와 하솔 성을 점령했습니다. 여호수아는 하솔 왕을 칼로 죽였습니다. 하솔은 이스라엘과 맞서 싸운 나라들을 다스리는 지도자였습니다. 이스라엘은 하솔 성에 있는 모든 사람들을 죽였습니다. 아무것도 살아남지 못했고 이스라엘은 그 성을 불태워 버렸습니다. 여호수아는 이 모든 성들을 점령하고 그 왕들도 모두 죽여 버렸습니다. 여호수아는 성안에 있는 모든 것을 완전히 없앰으로써 여호와 하나님과의 약속을 지켰습니다. 여호수아는 여호와의 종 모세가 명령한 대로 했습니다. 이스라엘은 언덕 위에 세워져 있는 성들은 불태우지 않았습니다. 그러나 하솔만은 여호수아가 불태웠습니다. 이스라엘 백성은 성안에서 발견한 동물들과 모든 재물을 가졌지만 성안에 있는 사람들은 모두 칼로 죽였습니다. 숨 쉬는 사람은 한 사람도 남기지 않고 죽였습니다. 오래전에 여호와께서는 자기 종 모세에게 그렇게 하라고 명령하셨고, 모세는 또 여호수아에게 그렇게 하라고 명령하였습니다. 그리고 여호수아는 그대로 복종했습니다. 여호수아는 여호와께서 모세에게 명령하신 것을 하나도 미루지 않았습니다.

이처럼 여호수아는 이 모든 땅, 곧 산지와 네게브 지방을 차지했습니다. 여호수아는 고센 지역 전체와 평지와 아라바를 차지하고 이스라엘의 산지와 그 주변의 모든 평지를 차지했습니다. 여호수아는 세일로 올라가는 할락 산에서부터 바알갓까지의 온 땅을 차지했는데 바알갓은 헤르몬 산 아래 레바논 골짜기에 있었습니다. 여호수아는 그 땅의 모든 왕을 사로잡은 후 그들을 죽였습니다. 여호수아는 그 땅의 왕들과 여러 해 동안 싸웠습니다. 그러나 그들 가운데 오직 한 성의 백성, 즉 기브온에 사는 히위 사람들과만 평화 조약을 맺었습니다. 그 밖의 모든 성은 이스라엘과 싸워 모두 패했습니다. 그들의 마음이 고집스러워져 이스라엘과 싸우러 나온 것은 주님께서 그들을 죽임으로써 그들을 바치도록 하기 위해서였습니다. 이렇게 여호와께서는 그들에게 자비를 베푸시지 않고 그들을 완전히 멸망시키셨습니다. 이 일은 여호와께서 모세에게 명령하신 일이었습니다.

여호수아는 헤브론, 드빌, 아납, 유다, 그리고 이스라엘에 사는 아낙 사람들과 싸워 그들과 그들의 마을을 완전히 멸망시켰습니다. 아낙 사람 중 이스라엘 사람들의 땅에서 살아남은 자는 아무도 없었습니다. 단지 가사와 가드와 아스돗에서 몇 명만이 살아남았을 뿐이었습니다. 여호수아는 이스라엘 모든 땅을 차지했습니다. 이 일은 오래전에 여호와께서 모세에게 그렇게 하라고 말씀하신 일이었습니다. 여호와께서는 약속하신 대로 이스라엘에게 그 땅을 주셨습니다. 그리고 여호수아는 그 땅을 이스라엘 지파들에게 나누어 주었습니다. 마침내 그 땅에서 모든 싸움이 끝났습니다.

이스라엘이 물리친 왕들

이스라엘 사람들은 요단 강 동쪽 땅, 곧 해 돋는 쪽을 차지하였습니다. 이제 그들은 아르논 골짜기에서 헤르몬 산까지의 온 땅을 얻었고 요단 강 골짜기의 동쪽 모든 땅도 얻었습니다. 이스라엘 사람들은 아래의 왕들을 물리쳐 이기고 그 땅을 차지했습니다. 시혼은 아모리 사람의 왕이었는데 헤스본 성에서 살았습니다.
시혼은 아르논 골짜기에 있는 아로엘에서부터 얍복 강까지의 땅을
다스리고 있었습니다. 시혼의 땅은 골짜기 가운데서부터 시작되었
는데 그곳은 암몬 사람들과의 경계 지역이기도 합니다. 시혼은 길
르앗 땅의 절반 이상을 차지하고 있었고, 갈릴리 호수에서부터 사
해까지 요단 강 골짜기 동쪽을 다스렸습니다. 또 벧여시못에서부터
남쪽으로 비스가 언덕까지 다스렸습니다. 바산 왕 옥은 르바의 마
지막 사람 중 하나였습니다. 옥은 아스다롯과 에드레이에 있는 땅
을 다스렸고, 헤르몬 산과 살르가와 바산 지역의 온 땅도 다스렸
습니다. 옥의 땅은 그술과 마아가의 백성이 살고 있는 곳까지였습
니다. 옥은 길르앗 땅 절반도 다스렸습니다. 길르앗의 땅은 헤스본
왕 시혼의 땅과 경계를 이루고 있는 곳입니다. 일찍이 여호와의 종
모세와 이스라엘 사람들은 이 모든 왕들을 물리쳐 이겼고, 모세는
그 땅을 르우벤과 갓과 요단 강 동쪽의 므낫세 지파 절반에게 주었
습니다. 그 땅은 그들의 차지가 되었습니다.

　여호수아와 이스라엘 사람들이 물리쳐 이긴 왕들은 이러합니다.
그 왕들은 요단 강 서쪽, 곧 레바논 골짜기에 있는 바알갓과 세일
로 올라가는 곳 할락 산 사이에 있는 왕들이었습니다. 여호수아는
그 땅을 이스라엘의 지파를 구분하여 그에 따라 나누어 주었습니
다. 그 땅은 산지와 평지와 아라바와 경사지와 광야와 네게브 지방
이었습니다. 그 땅은 헷 사람, 아모리 사람, 가나안 사람, 브리스
사람, 히위 사람, 여부스 사람이 살던 곳이었습니다. 이스라엘 백성
이 물리친 왕들은 다음과 같습니다. 여리고 왕, 벧엘 근처의 아이
왕, 예루살렘 왕, 헤브론 왕, 야르뭇 왕, 라기스 왕, 에글론 왕, 게
셀 왕, 드빌 왕, 게델 왕, 호르마 왕, 아랏 왕, 립나 왕, 아둘람 왕,
막게다 왕, 벧엘 왕, 답부아 왕, 헤벨 왕, 아벡 왕, 랏사론 왕, 마

돈 왕, 하솔 왕, 시므론 므론 왕, 악삽 왕, 다아낙 왕, 므깃도 왕, 게데스 왕, 갈멜의 욕느암 왕, 돌의 높은 곳에 있는 돌 왕, 길갈의 고임 왕, 디르사 왕이었으며 모두 삼십일 명이었습니다.

아직 차지하지 못한 땅

여호수아가 나이 많아 늙자 여호와께서 여호수아에게 말씀하셨습니다. "여호수아야, 너는 이제 늙었다. 그러나 차지해야 할 땅이 아직도 많이 남아 있다. 남아 있는 땅은 이러하다. 블레셋 사람의 온 땅과 그술 사람의 땅 그리고 이집트와 붙어 있는 시홀 강에서부터 북쪽의 에그론까지의 지역이다. 그 지역은 가나안 사람들의 땅이며 블레셋의 다섯 지도자들의 땅인 가사, 아스돗, 아스글론, 가드 그리고 에그론과 아위 사람의 땅들이다. 또 남쪽으로 가나안 사람의 온 땅과 시돈 사람의 땅인 므아라 땅과 아모리 사람의 경계인 아벡까지의 땅과 그발 사람의 땅과 헤르몬 산 아래 바알갓 동쪽에서부터 하맛까지의 레바논 지역이며 또 레바논에서부터 미스르봇마임까지의 높은 지대에 살고 있는 모든 시돈 사람들의 땅이 그것이다. 내가 이스라엘 사람들 앞에서 그들 모두를 쫓아낼 것이다. 네가 이스라엘 사람들에게 땅을 나누어 줄 때 이 땅을 잊지 말고 내가 말한 대로 하여라. 이제 땅을 나머지 아홉 지파와 므낫세 지파 절반에게 나누어 주어라."

땅을 나누어 줌

므낫세 지파 절반과 함께 르우벤 지파와 갓 지파는 요단 강 동쪽에서 자기 몫의 땅을 모세로부터 이미 받았습니다. 여호와의 종 모세가 그들에게 준 요단 강 동쪽의 땅은 다음과 같습니다. 그들의 땅은 아르논 골짜기의 아로엘에서 시작되어 골짜기 가운데 있는 마을까지 이어졌고 거기에는 메드바에서 디본까지의 평지가 속해 있습니다. 아모리 사람의 왕 시혼이 다스리던 모든 마을도 그 땅에 속해 있습니다. 시혼은 헤스본 성에서 다스렸고 시혼의 땅은 암몬 사람들이 살던 지역까지 이어졌는데 거기에는 길르앗도 속해 있습니다. 또 그술 사람과 마아갓 사람이 살던 지역과 헤르몬 산과 살르가까지의 바산 전체도 속해 있습니다. 바산 왕 옥의 온 나라가 그 땅에 속해 있습니다. 옛날에 옥은 아스다롯과 에드레이에서 다스렸는데 옥은 거인족 르바의 마지막 사람 중 하나였습니다. 옛날에 모세가 그들을 물리쳐 이기고 그들의 땅을 차지하였습니다. 이스라엘 사람들은 그술과 마아갓 사람들을 쫓아내지 않았기 때문에 그들은 지금도 이스라엘 사람들과 함께 살고 있습니다.

여호수아는 레위 지파에게만은 아무런 땅도 주지 않았습니다. 그 대신에 이스라엘의 하나님 여호와께 불에 태워 바치는 제물인 화제물을 선물로 받았습니다. 이것은 여호와께서 그들에게 약속하셨던 것입니다.

모세는 르우벤 지파의 인구수에 비례하여 땅을 나누어 주었습니다. 그 땅은 아르논 골짜기의 아로엘에서부터 메드바를 지나는 온 평지와 골짜기 가운데에 있는 마을로부터 헤스본까지 이어지는데 거기에는 평지에 있는 모든 마을이 속해 있습니다. 그 마을 중에는 디본, 바못바알, 벧바알므온이 있고, 야하스, 그데못, 메바앗과 기랴다임, 십마, 골짜기의 언덕 위에 있는 세렛사할도 있습니다. 또 벧브올과 비스가 언덕과 벧여시못도 있는데 그 땅은 평지의 모든 마을과 아모리 왕 시혼이 다스리던 모든 지역을 포함하고 있습니다. 시혼은 헤스본의 왕으로 있었지만 모세는 시혼과 미디안 사람의 지도자들을 물리쳐 이겼습니다. 그 지도자들 중에는 에위, 레겜, 술, 훌 그리고 레바가 있습니다. 이스라엘 사람들이 그들과 싸우는 동안 브올의 아들 발람도 죽였는데 발람은 주술을 쓰는 사람이었습니다. 르우벤이 받은 땅은 요단 강가에서 끝납니다. 이상이 르우벤의 각 집안이 받은 마을과 평야입니다.

모세는 갓 지파의 모든 집안에게도 땅을 주었습니다. 그들에게 주어진 땅은 야셀 땅과 길르앗 모든 마을입니다. 모세는 또 암몬 사람들의 땅 절반도 주었는데 암몬 사람들의 땅은 랍바 근처의 아로엘까지였습니다. 모세가 준 땅에는 헤스본에서부터 라맛미스베와 브도님까지의 지역과 마하나임에서 드빌 땅까지의 지역이 속해 있고, 그 땅에는 골짜기와 벧하람, 벧니므라, 숙곳, 사본 그리고 헤스본 왕 시혼이 다스리던 모든 땅도 속해 있습니다. 그 땅은 요단 강 동쪽에서 갈릴리 호수 끝까지 이어집니다. 이 모든 땅이 모세가 갓 지파에게 준 땅입니다. 모세는 그 땅을 갓 지파의 모든 집안에게 주었습니다.

다음은 모세가 동쪽에 있는 므낫세 지파 절반에게 준 땅입니다. 모세가 므낫세 지파 절반의 각 집안에 준 땅은 다음과 같습니다. 그 지역은 마하나임에서 시작되어 바산 전체와 바산 왕 옥이 다스리던 땅과 바산에 있는 야일의 모든 마을이 속해 있습니다. 성은 모두 육십 곳이었습니다. 또 길르앗 절반과 아스다롯과 에드레이도 속해 있습니다. 이곳은 바산 왕 옥이 다스리던 성입니다. 이상이 므낫세의 아들 마길의 집안이 받은 땅입니다. 마길의 자손의 절반이 위의 땅을 받았습니다.

모세는 모압 평지에서 그 땅을 위의 세 지파에게 주었습니다. 그 땅은 요단 강 건너 여리고 동쪽에 있었습니다. 그러나 모세는 레위 지파에게 아무런 땅도 주지 않았습니다. 왜냐하면 이스라엘의 하나님 여호와께서 몸소 레위 사람들을 위한 선물이 되어 주시겠다고 약속하셨기 때문입니다.

제 사장 엘르아살과 눈의 아들 여호수아 그리고 이스라엘의 모든 지파의 지도자들이 백성들에게 나누어 준 땅은 아래와 같습니다. 이것은 이스라엘 자손이 가나안 지방에서 받은 땅입니다. 이 땅은 아홉 지파와 지파 절반에게 제비를 뽑아 나누어 주었습니다. 이것은 여호와께서 모세에게 명령하신 대로 한 것입니다. 모세는 이미 두 지파와 므낫세 지파 절반에게 요단 강 동쪽의 땅을 나눠 주었습니다. 그러나 레위 지파에게는 다른 지파들처럼 땅을 주지 않았습니다. 요셉의 자손은 므낫세와 에브라임 두 지파로 나누어졌습니다. 레위 지파는 땅을 받지 못했지만 거주할 여러 성읍과 그들의 동물들을 기를 수 있는 목초지를 받았습니다. 이스라엘 백성은 여호와께서 모세에게 말씀하신 대로 각각 땅을 나누었습니다.

갈렙의 땅

어느 날 유다 지파의 몇 사람이 길갈에 있는 여호수아에게 왔습니다. 그들 중 한 사람은 그니스 사람 여분네의 아들 갈렙이었는데 갈렙이 여호수아에게 말했습니다. "당신도 여호와께서 가데스 바네아에서 말씀하신 것을 기억하실 것입니다. 여호와께서는 예언자 모세에게 당신과 나에 대해 말씀하셨습니다. 내가 사십 세가 되었을 때에 여호와의 종인 모세는 우리가 들어갈 땅을 살펴보고 오라고 나를 정탐꾼으로 보냈습니다. 나는 그 땅을 살펴보고 돌아와서 그 땅에 대한 자세한 것을 모세에게 말했습니다. 나와 함께 그 땅에 들어갔었던 다른 사람들은 돌아온 뒤 백성들에게 겁을 주는 말만 했지만 나는 나의 하나님 여호와를 온전히 믿었습니다. 그래서 그날 모세는 나에게 '당신이 들어갔던 땅은 당신의 땅이 될 것이오. 당신의 자녀가 그 땅을 영원토록 가지게 될 것이오. 당신이 나의 하나님 여호와를 온전히 믿었기 때문에 그 땅을 당신에게 주겠

소'라고 약속했습니다. 주께서 약속해 주셨던 것과 같이 여호와께
서는 이 말씀을 모세에게 하신 후부터 지금까지 나를 사십오 년 동
안을 더 살게 해 주셨습니다. 그동안 우리 모두는 광야에서 떠돌아
다녔고 이제 나는 팔십오 세가 되었습니다. 나는 모세가 나를 보냈
던 때처럼 튼튼합니다. 나는 지금도 얼마든지 그때처럼 싸울 수 있
습니다. 그러니 여호와께서 오래전에 약속하셨던 그 산지를 나에게
주십시오. 아낙 사람들이 그곳에 살고 있다는 이야기를 그때 당신
도 들어 알고 있을 것입니다. 그곳의 성들은 매우 크고 견고하지만
여호와께서 나를 도와주시기만 한다면 나는 여호와께서 말씀하신
것처럼 그들을 쫓아낼 수 있습니다."

　여호수아는 여분네의 아들 갈렙을 위해 복을 빌고 갈렙에게 헤
브론 성을 주었습니다. 이 헤브론 성은 지금까지도 그니스 사람 여
분네의 아들 갈렙의 집안 몫으로 남아 있습니다. 그 성이 갈렙 집안
사람들 차지가 될 수 있었던 것은 이스라엘의 하나님 여호와를 온
전히 믿었기 때문입니다. 옛날에는 헤브론을 기럇아르바라고도 불
렀습니다. 이 이름은 아낙 사람들 중에서도 가장 큰 사람인 아르바
라는 사람의 이름을 따서 붙인 것입니다. 이 일이 있은 후 그 땅에
는 평화가 있었습니다.

유다 지파의 땅

유다 지파는 각 집안별로 제비를 뽑아 땅을 나누어 받았습니
다. 그 땅은 가장 남쪽으로는 에돔의 경계인 신 광야까지 이
어집니다. 유다 땅의 남쪽 경계는 사해의 남쪽 끝에서 시작되는데,
그 땅은 아그랍빔 비탈 남쪽을 지나 신으로 이어지며 거기에서 다
시 가데스바네아 남쪽을 거쳐 헤스론을 지나고 아달을 거칩니다.
또 아달에서는 방향을 바꿔 갈가로 이어지고 갈가에서 다시 아스

몬과 이집트 시내와 지중해로 이어집니다. 이것이 남쪽 경계입니다. 동쪽 경계는 사해의 해안인데 그 끝은 요단 강이 바다로 흘러들어 가는 곳입니다. 북쪽 경계는 요단 강이 사해로 흘러들어가는 곳에서 시작되는데 거기서 벧호글라를 지나 벧아라바 북쪽으로 이어지며 다시 보한의 돌로 이어집니다. 보한은 르우벤의 아들입니다. 북쪽 경계는 아골 골짜기를 지나 드빌로 이어집니다. 그리고 거기에서 북쪽으로 방향을 바꾸어 길갈로 이어집니다. 길갈은 아둠밈 산으로 가는 길의 맞은편에 있는데 아둠밈 산은 골짜기의 남쪽에 있습니다. 경계는 엔세메스 물을 따라 이어지고 엔세메스 물은 엔로겔에서 그칩니다. 거기에서 다시 힌놈의 아들 골짜기를 지나갑니다. 그곳은 여부스 성의 남쪽에서 가깝습니다. 그 성은 예루살렘이라고 부르기도 합니다. 거기에서의 경계는 힌놈의 골짜기의 서쪽 언덕 꼭대기입니다. 그곳은 르바임 골짜기의 북쪽 끝에 있습니다. 거기에서 다시 넵도아 샘물로 이어지며 계속해서 에브론 산 가까이에 있는 성들로 이어집니다. 거기에서 방향을 바꿔 바알라로 이어집니다. 바알라는 기럇여아림이라고 부르기도 합니다. 바알라에서는 방향을 서쪽으로 바꾸어 세일 산으로 이어지고 여아림 산의 북쪽을 따라가다가 벧세메스에 이르며 그곳에서 딤나를 지나갑니다. 여아림 산은 그살론이라고 부르기도 합니다. 그 다음에는 에그론 북쪽 언덕으로 이어지며 거기에서 식그론 쪽으로 방향을 바꾸어 바알라 산을 지나갑니다. 바알라 산에서는 얍느엘로 이어지다가 바다에서 끝납니다. 지중해와 그 해변은 서쪽 경계입니다. 이것이 유다 자손이 그들의 집안별로 얻은 땅의 사방 경계입니다.

여호와께서는 여호수아에게 유다 땅의 일부를 여분네의 아들 갈렙에게 주라고 명령하셨습니다. 그래서 여호수아는 갈렙에게 하나님께서 명령하신 땅을 주었습니다. 여호수아는 갈렙에게 헤브론이

라고도 부르는 기럇아르바 마을을 주었습니다. 아르바는 아낙의
아버지입니다. 갈렙은 헤브론에 살고 있던 아낙 사람들의 세 집안
을 쫓아냈습니다. 갈렙이 쫓아낸 아낙 사람들의 집안은 세새와 아
히만과 달매였습니다. 이들은 거인족 아낙의 자손이었습니다. 그리
고 나서 갈렙은 드빌에 살고 있던 사람들과 싸웠습니다. 옛날에는
드빌을 기럇세벨이라고 불렀습니다. 갈렙이 말했습니다. "기럇세벨
을 공격해서 점령하는 사람에게는 내 딸 악사를 그의 아내로 주겠
다." 그 성과 싸워 이긴 사람은 갈렙의 형제인 그나스의 아들 옷니
엘이었습니다. 그래서 갈렙은 자기 딸 악사를 옷니엘에게 주어 아
내로 삼게 했습니다. 악사가 결혼할 때 악사는 옷니엘이 자기 아버
지 갈렙에게 땅을 달라고 하기를 원했습니다. 그래서 악사는 자기
아버지에게 갔습니다. 악사가 나귀에서 내리자 갈렙은 "무엇을 원
하느냐?" 하고 물었습니다. 악사가 대답했습니다. "제게 복을 주세
요. 아버지께서 저에게 주신 땅은 너무 메마른 땅이에요. 저에게 샘
물이 있는 땅을 주세요." 그러자 갈렙은 악사에게 위쪽과 아래쪽에
샘물이 있는 땅을 주었습니다.

　　유다 지파는 하나님께서 그들에게 약속하셨던 땅을 받았고, 모
든 집안들이 자기 몫의 땅을 받았습니다. 유다 지파는 가나안 남쪽
에 있는 모든 마을들을 얻었는데 그 마을들은 에돔과 경계를 이루
는 곳에 가까이 있습니다. 그 마을들의 이름은 갑스엘, 에델, 야굴,
기나, 디모나, 아다다, 게데스, 하솔, 잇난, 십, 델렘, 브알롯, 하솔
하닷다, 하솔이라고 부르는 그리욧헤스론, 아맘, 세마, 몰라다, 하
살갓다, 헤스몬, 벧벨렛, 하살수알, 브엘세바, 비스요댜, 바알라,
이임, 에셈, 엘돌랏, 그실, 홀마, 시글락, 맛만나, 산산나, 르바옷,
실힘, 아인, 림몬으로 모두 스물아홉 개의 성과 그 주변 마을들이
었습니다.

또 평지에는 에스다올, 소라, 아스나, 사노아, 엔간님, 답부아, 에남, 야르뭇, 아둘람, 소고, 아세가, 사아라임, 아디다임, 그데라, 그데로다임으로 모두 열네 개의 성과 그 주변 마을들이었습니다.

또 스난, 하다사, 믹달갓, 딜르안, 미스베, 욕드엘, 라기스, 보스갓, 에글론, 갑본, 라맘, 기들리스, 그데롯, 벧다곤, 나아마, 막게다로 모두 열여섯 개의 성과 그 주변 마을들이었습니다.

또 립나, 에델, 아산, 입다, 아스나, 느십, 그일라, 악십, 마레사로 모두 아홉 개의 성과 그 주변 마을들이었습니다.

또 에그론 마을과 그 근처의 모든 작은 마을들과 거기에 딸린 들과 에그론에서 바다까지 아스돗 근처의 모든 성과 마을이었습니다.

아스돗과 그 주변의 모든 작은 마을과 가사 주변의 들과 마을들이었는데 그 땅은 이집트 시내까지 이어졌고 거기에서부터 지중해 해안을 따라 계속 이어졌습니다.

또 산지에는 사밀, 얏딜, 소고, 단나, 드빌이라고 부르는 기럇산나, 아납, 에스드모, 아님, 고센, 홀론, 길로로 모두 열한 개의 성과 그 주변 마을들이었습니다.

또 아랍, 두마, 에산, 야님, 벧답부아, 아베가, 훔다, 헤브론이라고 부르는 기럇아르바, 시올로 모두 아홉 개의 성과 그 주변 마을들이었습니다.

또 마온, 갈멜, 십, 윳다, 이스르엘, 욕드암, 사노아, 가인, 기브아, 딤나로 모두 열 개의 성과 거기에 딸린 주변 마을들이었습니다.

또 할훌, 벧술, 그돌, 마아랏, 벧아놋, 엘드곤으로 모두 여섯 개의 성과 그 주변 마을들이었습니다.

또 기럇여아림이라고 부르는 기럇바알과 랍바로 두 마을이었습니다.

또 광야에는 벧아라바, 밋딘, 스가가, 닙산, 소금 성, 엔게디로 모두 여섯 개의 성과 그 주변 마을들이었습니다.

　유다 군대는 예루살렘에서 살고 있던 여부스 사람들을 쫓아내지 못했습니다. 그래서 여부스 사람들은 아직까지도 예루살렘에서 유다 사람들과 함께 살고 있습니다.

에브라임과 요단 서쪽 므낫세 지파의 땅

　요셉 지파가 제비 뽑아 얻은 땅은 여리고에서 가까운 요단 강에서부터 여리고 성 동쪽에 있는 여리고 샘까지 이어집니다. 또 여리고에서 벧엘 산지로 올라가는 광야까지 이어집니다. 또 루스라고 부르는 벧엘에서 아다롯에 있는 아렉 사람들의 경계로 이어집니다. 거기에서 다시 서쪽으로 야블렛 사람들의 경계까지 이어지다가 그 아래 벧호론 지역과 게셀을 거쳐 바다에서 끝납니다.

　이처럼 요셉의 자손인 므낫세와 에브라임은 자기 몫의 땅을 받았습니다.

　다음은 에브라임의 집안별로 받은 땅입니다. 그 땅의 경계는 동쪽의 아다롯앗달에서 시작됩니다. 거기에서 벧호론 위를 지나 바다로 이어지고 믹므다에서 동쪽으로 방향을 바꾸어 다아낫실로를 거쳐 동쪽으로 더 나아가 야노아에 이릅니다. 야노아에서부터 다시 아다롯과 나아라로 내려가서 여리고에 이르며 요단 강에서 끝납니다. 에브라임의 경계는 답부아에서 서쪽으로 가나 골짜기를 지나 바다로 이어지는데 이 모든 땅이 에브라임 사람들이 받은 땅입니다. 에브라임 지파의 모든 집안은 이 땅을 나눠 자기 몫으로 받았습니다. 므낫세 자손의 몫 가운데 에브라임 사람의 몫으로 구별된 마을들과 거기에 딸린 들이 있었습니다. 에브라임 사람들은 가나안 사람들을 게셀에서 쫓아내지 못했습니다. 그래서 가나안 사람들은 오늘날까지도 에브라임 사람들과 함께 살고 있습니다. 그러나 그들은 에브라임 사람들의 노예가 되었습니다.

그 다음에는 므낫세 지파가 땅을 받았는데 므낫세는 요셉의 첫째 아들입니다. 므낫세의 첫째 아들은 마길인데 마길은 길르앗의 조상이며 훌륭한 용사였습니다. 그래서 길르앗과 바산 땅이 그의 집안의 몫으로 돌아갔습니다. 므낫세의 다른 집안들도 땅을 받았습니다. 므낫세의 자손 이름은 아비에셀, 헬렉, 아스리엘, 세겜, 헤벨 그리고 스미다입니다. 이들은 모두 요셉의 아들 므낫세의 남자 자손들입니다.

슬로브핫은 헤벨의 아들이며 헤벨은 길르앗의 아들입니다. 길르앗은 마길의 아들이고 마길은 므낫세의 아들입니다. 그러나 슬로브핫에게는 아들이 없었습니다. 그에게는 딸만 다섯 명이 있었는데 그 딸들의 이름은 말라, 노아, 호글라, 밀가 그리고 디르사입니다. 그의 딸들은 제사장 엘르아살에게 나아갔고 또 눈의 아들 여호수아와 모든 지도자들에게도 나아갔습니다. 그 딸들은 말했습니다. "여호와께서는 남자들이 땅을 받는 것처럼 우리도 땅을 받아야 한다고 모세에게 말씀하셨습니다." 그러자 엘르아살은 여호와께 복종하여 그 딸들에게도 땅을 주었습니다. 그 딸들도 자기 아버지의 형제들과 똑같이 땅을 받게 되었습니다. 그리하여 므낫세 지파는 요단 강 동편에 있는 길르앗과 바산 두 구역 외에 요단 강 서쪽에 있는 열 구역의 땅을 더 가지게 되었습니다. 이것은 므낫세의 여자 자손들이 그 남자 자손들과 똑같이 땅을 받았기 때문이었으며 길르앗 땅은 므낫세의 나머지 자손들이 차지했습니다.

므낫세의 땅은 아셀과 믹므닷 사이에 있는데 믹므닷은 세겜에서 가깝습니다. 므낫세의 경계는 남쪽의 엔답부아 지역까지 이어집니다. 답부아 땅은 므낫세의 것이지만 답부아 마을은 므낫세의 것이 아닙니다. 답부아 마을은 므낫세의 경계를 따라서 있지만 에브라임 자손의 것입니다. 므낫세의 경계는 가나 골짜기 남쪽으로 이어집니다. 므낫세의 이 지역에 있는 성들은 에브라임의 것입니다. 므낫세의 경계는 골짜기의 북쪽을 따라 있으며 지중해로 이어집니다. 그 가나 골짜기 남쪽은 에브라임의 땅이고, 그 골짜기 북쪽은 므낫세의 땅입니다. 므낫세의 땅은 바다에 닿아 있고 북쪽으로는 아셀의 땅과 동쪽으로는 잇사갈의 땅과 경계를 이루고 있습니다. 잇사갈과 아셀 지역에도 므낫세 백성의 땅이 있는데 므낫세 백성이 가진 땅은 벧스안과 그 주변의 작은 마을들입니다. 이블르암과 그 주변의 작은 마을도 그들의 것이고, 돌에 사는 모든 사람과 그 주변의 작은 마을들, 엔돌에 사는 사람들과 그 주변의 작은 마을들도 므낫세의 것입니다. 또 다아낙에 사는 모든 사람과 그 주변의 작은 마을들도 므낫세의 소유이며, 므낫세는 므깃도에 사는 사람들과 그 주변의 작은 마을들도 차지했습니다. 그러나 므낫세는 그 성에 사는 사람들을 쫓아내지 못하였으므로 가나안 사람들은 계속 그곳에서 살게 되었습니다. 이스라엘 사람들은 점점 강해져서 강제로 가나안 사람들에게 일을 시켰지만 이스라엘 사람들은 가나안 사람들을 그 땅에서 쫓아내지는 않았습니다.

요셉 지파의 백성들이 여호수아에게 말했습니다. "여호와께서 지금까지 복을 주셔서 우리는 수가 많아졌습니다. 그런데 왜 당신은 우리에게 한 번만 제비를 뽑아서 한 몫만 받게 하시는 것입니까?" 여호수아는 이렇게 대답했습니다. "여러분은 수가 많소. 일어나 숲이 있는 곳으로 가서 여러분의 살터를 스스로 마련하시오. 그 숲은 브리스 사람과 르바임 사람의 땅이오. 에브라임의 산악 지대는 여러분에게는 너무 좁소." 요셉의 자손이 말했습니다. "그렇습니다. 에브라임의 산악 지대는 우리에게 충분하지 않습니다. 그러나 가나안 사람들이 살고 있는 땅은 위험합니다. 그들은 훈련이 잘 된 군인들입니다. 벧스안과 그 주변의 작은 마을들에 사는 가나안 사람들은 모두 뛰어난 무기를 가지고 있습니다. 이스르엘 골짜기에 살고 있는 사람들도 뛰어난 무기가 있습니다." 그때에 여호수아는 요셉의 백성인 에브라임 지파와 므낫세 지파에게 말했습니다. "하지만 여러분은 수가 많고 큰 힘을 가지고 있소. 여러분은 한 구역의 땅만을 가질 사람들이 아니오. 여러분은 산악 지대도 가지게 될 것이오. 그곳은 숲이지만 여러분은 그곳의 나무를 잘라 내어 살기 좋은 곳으로 만들 수 있소. 그러니 그 땅을 가지시오. 그들이 비록 뛰어난 무기를 가지고 있고 강하다 하더라도 여러분은 그들을 물리쳐 이길 수 있소."

나머지 땅을 나눔

이스라엘 사람 모두가 실로에 모여 그곳에 회막을 세웠습니다. 그 땅은 이미 이스라엘에게 정복되었습니다.

그러나 이스라엘의 일곱 지파는 아직 하나님께서 약속하신 땅을 받지 못했습니다. 그래서 여호수아는 이스라엘 사람에게 말했습니다. "여러분은 언제까지 땅을 차지하러 가는 것을 미루려고 합니까? 우리 조상의 하나님 여호와께서 이 땅을 여러분에게 주셨소. 이제 각 지파에서 세 사람씩 뽑으시오. 내가 그들을 보내어 그 땅을 정탐하도록 하겠소. 그들은 그 땅을 두루 돌아다니며 자기들의 지파가 얻게 될 땅의 모양을 그려서 나에게로 돌아오게 할 것이오. 그들은 그 땅을 일곱 부분으로 나눌 것이오. 유다 백성은 남쪽 자기들의 땅에 그대로 있게 될 것이고, 요셉의 백성도 북쪽 자기들의 땅 안에 그대로 있게 될 것이오. 여러분은 그 땅을 일곱 부분으로 나누고 그 일곱 부분의 모습을 그려서 나에게 가지고 오시오. 나는 여기 우리 하나님 여호와 앞에서 제비를 뽑아 그 땅을 여러분에게 나누어 주겠소. 그러나 레위 지파는 그 땅 중의 어떤 부분도 가질 수 없소. 그것은 여호와를 위한 제사장 직무가 그들의 몫이기 때문이오. 갓과 르우벤과 므낫세 지파 절반은 그들에게 약속된 땅을 이미 받았고 그들의 땅은 요단 강 동쪽에 있소. 여호와의 종인 모세가 그 땅을 그들에게 주었소."

그리하여 각 지파에서 뽑힌 사람들은 그 땅을 향해 떠났습니다. 여호수아가 땅을 그리러 가는 그 사람들에게 말했습니다. "가서 그 땅을 두루 다녀 보시오. 그리고 그 땅의 모습을 그려서 나에게 가지고 오시오. 그러면 내가 여러분이 가질 땅에 대해 여호와 앞에서 제비를 뽑도록 하겠소. 그 일은 여기 실로에서 할 것이오." 그 사람들은 그 땅으로 들어가 두루 돌아다녔습니다. 그리고 마을별로 그 땅을 일곱 부분으로 나누어 책에 그렸습니다. 그들은 실로의 진에 있었던 여호수아에게 돌아왔습니다. 여호수아는 여호와 앞에서 그들을 위하여 제비를 뽑았습니다. 그는 실로에서 이스라엘 자손들에게 그 땅을 나누어 주었습니다.

베냐민 지파의 땅

그 땅의 첫 번째 부분은 베냐민 지파가 받았습니다. 베냐민 지파의 모든 집안이 자기 땅을 받았습니다. 그 땅의 경계선은 유다의 땅과 요셉의 땅 중간이었습니다. 북쪽 경계는 요단 강에서 시작되어 여리고의 북쪽 모서리를 따라 이어지다가 서쪽의 산지로 나아갑니다. 그 경계는 벧아웬 광야까지 이어집니다. 거기에서 남쪽으로 내려가 루스 곧 벧엘로 이어지고 루스에서는 남으로 더 내려가 아다롯앗달로 이어집니다. 아다롯앗달은 아래 벧호론의 남쪽 언덕 위에 있습니다. 벧호론 남쪽으로 언덕이 하나 있는데 이 언덕에서 경

계의 방향이 바뀝니다. 언덕의 서쪽면에 가까운 남쪽으로 내려가면
기럇바알, 곧 기럇여아림이라는 곳으로 이어집니다. 이곳은 유다
백성이 사는 마을이며 여기가 서쪽의 끝입니다. 남쪽 경계는 기럇여
아림 끝에서 시작되어 서쪽으로 나아가 넵도아 샘으로 이어집니다.
거기에서 밑으로 내려가면 언덕 아래로 이어지는데 그곳은 힌놈 골
짜기에서 가깝습니다. 힌놈 골짜기는 르바임 골짜기의 북쪽에 있습
니다. 거기서 여부스 앞쪽을 지나서 엔로겔로 이어집니다. 거기에서
방향을 북쪽으로 바꾸어 엔세메스로 이어지다가 계속해서 산지에
있는 아둠밈 고갯길 가까이의 그릴롯에 이릅니다. 거기에서 르우벤
자손인 보한의 돌까지 내려갑니다. 이어서 북쪽으로 아라바 맞은편
을 지나서 아라바까지 내려갑니다. 거기에서 다시 벧호글라의 북쪽
으로 이어져서 사해의 북쪽 해안에서 끝납니다. 그곳은 요단 강물
이 바다로 흘러들어가는 곳입니다. 그곳이 남쪽 끝입니다. 요단 강
은 동쪽의 경계입니다. 이상이 베냐민의 각 후손이 받은 땅이고 사
방의 경계입니다.

베냐민 자손의 각 집안이 받은 성들은 다음과 같습니다. 여리
고, 벧호글라, 에멕그시스, 벧아라바, 스마라임, 벧엘, 아윔, 바라,
오브라, 그발암모니, 오브니, 게바로 모두 열두 개의 성과 그 주변
마을들이었습니다. 또 기브온, 라마, 브에롯, 미스베, 그비라, 모
사, 레겜, 이르브엘, 다랄라, 셀라, 엘렙, 여부스, 곧 예루살렘, 기
부앗 그리고 기럇으로 모두 열네 개의 성과 그 주변 마을이었습니
다. 이 모든 지역이 베냐민 자손들이 받은 땅이었습니다.

시므온 지파의 땅

그 땅의 두 번째 부분은 시므온 지파가 받았습니다. 시므온의
모든 후손이 그 땅을 자기 몫으로 받았습니다. 그들이 받은

땅은 유다 지역 안에 있었습니다. 그 땅은 브엘세바 곧 세바, 몰라다, 하살수알, 발라, 에셈, 엘돌랏, 브둘, 호르마, 시글락, 벧말가봇, 하살수사, 벧르바옷 그리고 사루헨으로 모두 열세 개의 성과 그 주변 마을들이었습니다. 또 아인과 림몬과 에델과 아산으로 모두 네 개의 성과 그 주변 마을들이었습니다. 또 남쪽 라마, 곧 바알랏브엘까지의 아주 작은 마을들입니다. 이상이 시므온 지파가 받은 땅입니다. 시므온 지파의 모든 집안이 그 땅 중에서 자기 몫을 받았습니다. 시므온 사람들의 땅은 유다 땅에서 일부를 떼어 낸 것입니다. 유다는 필요한 것보다 훨씬 많은 땅을 가지고 있었기 때문에 시므온 사람들은 그들의 땅 중 일부를 받았습니다.

스불론 지파의 땅

그 땅의 세 번째 부분은 스불론 지파가 받았습니다. 스불론의 모든 후손이 그 땅을 자기 몫으로 받았습니다. 스불론의 경계는 사릿까지입니다. 사릿에서 서쪽으로 마랄라를 지나 답베셋 가까이로 이어지다가 다시 욕느암 맞은편에 있는 시내에 미칩니다. 거기에서 동쪽으로 방향을 바꿔 사릿에서 기슬롯다볼 지역으로 이어지고 계속 다브랏과 야비아로 이어집니다. 계속해서 동쪽으로 나아가면 가드헤벨과 엣가신으로 이어지다가 림몬에서 끝납니다. 거기에서 방향을 바꿔 네아 쪽으로 이어집니다. 네아에서는 다시 방향을 바꿔 북쪽으로 나가다가 한나돈을 지나 입다엘 골짜기로 이어집니다. 또 갓닷과 나할랄과 시므론과 이달라와 베들레헴으로 모두 열두 개의 성과 그 주변 마을들이었습니다. 이상이 스불론 지파가 받은 성과 마을입니다. 스불론의 모든 후손이 자기 몫을 받았습니다.

잇사갈 지파의 땅

그 땅의 네 번째 부분은 잇사갈 지파가 받았습니다. 잇사갈의 모든 후손이 그 땅 중에서 자기 몫을 받았습니다. 그들의 땅은 이스르엘, 그술룻, 수넴, 하바라임, 시온, 아나하랏, 랍빗, 기시온, 에베스, 레멧, 언간님, 엔핫다 그리고 벧바세스입니다. 그들의 땅의 경계는 다볼과 사하수마와 벧세메스에 이어지고 그 경계의 끝은 요단으로 모두 열여섯 개의 성과 그 주변 마을이었습니다. 이상의 성과 마을이 잇사갈 지파가 받은 땅입니다. 잇사갈의 모든 후손이 그 땅 중에서 자기 몫을 받았습니다.

아셀 지파의 땅

그 땅의 다섯 번째 부분은 아셀 지파가 받았습니다. 아셀의 모든 후손이 그 땅 중에서 자기 몫을 받았습니다. 그들의 땅에는 헬갓, 할리, 베덴, 악삽, 알람멜렉, 아맛 그리고 미살이 속해 있습니다. 서쪽 경계는 갈멜 산과 시홀림낫과 맞닿아 있습니다. 거기에서 방향을 동쪽으로 바꾸면 벧다곤으로 이어지는데 그쪽 경계는 스불론과 입다엘 골짜기와 맞닿아 있습니다. 거기에서 벧에멕과 느이엘 북쪽을 지나 가불로 이어지다가 에브론과 르홉과 함몬과 가나를 거쳐 큰 시돈으로 이어집니다. 거기에서 다시 방향을 남쪽으로 바꿔 라마로 나아갑니다. 라마에서는 성벽이 있는 강한 성 두로로 이어지는데 두로에서 다시 방향을 바꿔 호사를 지나 바다에서 끝납니다. 이곳에는 악십과 움마와 아벡과 르홉이 있습니다. 모두 스물두 개의 성과 거기에 딸린 마을들이 아셀의 몫이었습니다. 이상의 성과 그 마을들이 아셀 지파가 받은 땅의 일부입니다. 아셀의 모든 후손이 그 땅 중에서 자기 몫을 받았습니다.

납달리 지파의 땅

그 땅의 여섯 번째 부분은 납달리 지파가 받았습니다. 납달리의 모든 후손이 그 땅 중에서 자기 몫을 받았습니다. 그들의 땅의 경계는 사아난님 지역에 있는 큰 나무에서 시작되는데 사아난님은 헬렙 근처에 있습니다. 거기에서 아다미네겝과 얍느엘을 거쳐 락굼 지역을 지나고 요단 강에서 끝납니다. 또 그 경계는 서쪽으로 아스놋 다볼을 거쳐 훅곡으로 이어지는데 거기에서 남쪽으로는 스불론 지역과 만나고 서쪽으로는 아셀 땅으로 이어집니다. 그리고 동쪽으로는 유다와 맞닿은 요단 강입니다. 성벽이 있는 강한 성의 이름은 싯딤, 세르, 함맛, 락갓, 긴네렛, 아다마, 라마, 하솔, 게데스, 에드레이, 엔하솔, 이론, 믹다렐, 호렘, 벧아낫 그리고 벧세메스입니다. 모두 열아홉 개의 성과 거기에 딸린 주변 마을이었습니다. 납달리 지파가 받은 땅 안에 이 성들과 그 주변 마을들이 있었습니다. 납달리 지파의 모든 후손이 그 땅 중에서 자기 몫을 받았습니다.

단 지파의 땅

그 땅의 일곱 번째 부분은 단 지파가 받았습니다. 단의 모든 후손이 그 땅 중에서 자기 몫을 받았습니다. 그들의 땅의 경계는 소라, 에스다올, 이르세메스, 사알랍빈, 아얄론, 이들라, 엘론, 딤나, 에그론, 엘드게, 깁브돈, 바알랏, 여훗, 브네브락, 가드림몬, 메얄곤, 락곤 그리고 욥바 맞은편 지역까지 이릅니다. 그러나 단 사람들은 그들의 땅을 잃었습니다. 단 자손들은 위로 올라가서 레셈과 싸웠습니다. 단 자손들은 그들을 물리치고 그 땅을 차지하여 그곳에서 살았습니다. 그들은 레셈을 그들의 조상인 단의 이름을 붙여 단이라고 불렀습니다. 이 성들과 거기에 딸린 주변 마을이 단 자손의 지파가 받은 것이었습니다. 단 지파의 모든 후손이 자기 몫을 받았습니다.

여호수아의 땅

그리하여 이스라엘의 지도자들은 여러 지파에게 땅을 나누어 주는 일을 끝마쳤습니다. 이 일을 마친 후에 모든 이스라엘 사람들은 눈의 아들 여호수아에게도 땅을 주기로 결정하였습니다. 그 땅은 여호수아에게 약속되었던 땅입니다. 여호와께서는 여호수아가 원하는 이 땅을 주라고 명령하셨습니다. 그래서 이스라엘 사람들은 여호수아에게 에브라임 산지에 있는 딤낫세라 마을을 주었습니다. 이곳은 여호수아가 이스라엘 사람들에게 구한 마을입니다. 여호수아는 그 마을을 다시 지어 그곳에 살았습니다.

이상은 제사장 엘르아살과 눈의 아들 여호수아와 각 지파의 지도자들이 나누어 준 땅의 몫입니다. 그들은 실로에서 회막의 문 곧 여호와 앞에서 제비를 뽑아 땅을 나누어 주었습니다. 이제 그들은 땅을 나누는 일을 모두 마쳤습니다.

도피성

그 때에 여호와께서 여호수아에게 말씀하셨습니다. "이스라엘 사람들에게 도피성을 지정하라고 하여라. 이것은 내가 모세를 통해 너희에게 명령한 일이다. 어떤 사람이 사람을 죽일 생각이 없었는데 그만 실수를 해서 죽이는 일이 생기게 되면 그 사람은 도피성으로 도망가도록 하여라. 그곳은 복수를 피할 수 있는 곳이다. 그 사람이 도피성들 중 한 곳으로 달아나면 그는 성문에서 멈춰 서서 그곳 백성의 지도자들에게 어떤 일이 일어났었는가를 설명해 주어야 한다. 그러면 지도자들은 그를 성안으로 들어오게 할 것이고 그에게 자기들과 함께 살 곳을 마련해 줄 것이다. 그를 뒤쫓는 사

람이 성까지 따라오는 일이 생기더라도 성의 지도자들은 그 사람을
넘겨주지 말아야 한다. 왜냐하면 그 사람은 미워하는 마음 없이 실
수로 사람을 죽였기 때문이다. 너희는 그 사람을 그곳의 법정에서
재판할 때까지 성안에 머무르게 해야 한다. 또한 당시의 대제사장
이 죽을 때까지 그곳에 머무르게 해야 한다. 그런 후에야 그는 자
기가 도망하여 나온 마을의 자기 집으로 되돌아갈 수 있다."

그리하여 이스라엘 사람들은 납달리 산지의 갈릴리에 있는 게데
스, 에브라임 산지에 있는 세겜, 유다 산지에 있는 기럇아르바 곧
헤브론을 구별하여 도피성으로 지정했습니다. 또 여리고 동쪽 요
단 강 건너편 르우벤 땅의 평지 광야에 있는 베셀과 갓 땅의 길르앗
라못과 므낫세 땅의 바산 골란을 구별하여 지정하였습니다. 이 성
들은 이스라엘 사람이든지 그들과 함께 사는 외국인이든지 실수로
사람을 죽였을 때에 그곳으로 도망하여 살인자에게 복수하려는 사
람의 손에 죽지 않도록 보호하려고 만든 곳입니다. 도피한 사람은
사람들 앞에서 재판받을 때까지 그곳에 머물 수 있습니다.

레위 지파를 위한 마을

레위 지파의 지도자들이 제사장 엘르아살에게 나아가 말했습
니다. 그들은 눈의 아들 여호수아와 이스라엘 모든 지파의
지도자들에게도 말했습니다. 그들은 가나안 땅에 있는 실로 마을
에서 이렇게 말했습니다. "여호와께서는 모세를 통해 당신에게 우
리가 살 마을을 주라고 명령하셨습니다. 또 여호와께서는 당신더러
우리에게 그 주변의 들도 주라고 명령하셨습니다." 이 말을 듣고 이
스라엘 사람들은 여호와의 명령에 복종했습니다. 레위 사람들에게
다음과 같은 마을과 그 주변의 들을 주었습니다.

고핫 후손을 위해 제비를 뽑았는데 레위 사람 가운데 제사장 아

론의 후손에게는 열세 개의 마을이 돌아갔습니다. 그 마을들은 유다와 시므온과 베냐민의 마을에서 떼어 준 것입니다.

고핫의 다른 후손은 열 개의 마을을 받았는데 이 열 개의 마을은 제비를 뽑아 에브라임과 단과 므낫세 지파 절반의 마을에서 받은 것입니다.

게르손 후손의 사람들은 열세 개의 마을을 받았습니다. 그 마을들은 제비를 뽑아 잇사갈과 아셀과 납달리와 바산에 있는 다른 므낫세 지파 절반의 마을에서 받은 것입니다.

므라리 후손도 열두 개의 마을을 받았는데 이 열두 개의 마을들은 르우벤과 갓과 스불론의 마을에서 받은 것입니다.

이처럼 이스라엘 사람들은 레위 사람들에게 마을과 마을 주변의 들을 주었습니다. 그들은 그렇게 함으로써 여호와께서 모세에게 주신 명령에 복종했습니다.

유다와 시므온의 땅에서 레위 사람들이 받은 마을의 이름은 다음과 같습니다. 레위 지파 가운데 고핫 후손의 아론 자손이 첫 번째로 제비를 뽑았는데 그들에게 기럇아르바, 곧 헤브론과 그 주변의 들을 주었습니다. 그곳은 유다의 산지에 있습니다. 아르바는 아낙의 조상입니다. 그러나 기럇아르바 성 주변의 들과 작은 마을들은 여분네의 아들 갈렙에게 주었습니다.

제사장 아론의 자손에게 준 것은 살인자의 도피성인 헤브론과 그 주변의 들이며 또 립나와 그 주변의 들과 얏딜과 그 주변의 들과 에스드모아와 그 주변의 들과 홀론과 그 주변의 들과 드빌과 그 주변의 들과 아인과 그 주변의 들과 윳다와 그 주변의 들과 벧세메스와 그 주변의 들인데, 레위 자손이 유다와 시므온 두 지파로부터 받은 땅은 모두 아홉 개의 마을입니다. 이스라엘 사람들은 베냐민 지파의 땅에 있는 성들도 아론의 자손에게 주었습니다. 그들이 준 성은 기브온과 게바와 아나돗과 알몬입니다. 그들은 아론 자손에게 이 네 개의 마을과 그 주변의 들을 주었습니다. 제사장 아론 자손의 마을은 열세 개의 마을과 그 주변의 들이었습니다.

레위 지파의 나머지 고핫 후손 사람들이 에브라임 지파에게서 받은 마을은 이러합니다. 에브라임 지파는 그들에게 살인자의 도피성 세겜 성과 그 주변의 들을 주었습니다. 세겜은 에브라임 산지에 있습니다. 또 게셀과 그 주변의 들과 깁사임과 그 주변의 들과 벧호론과 그 주변의 들로 모두 네 개의 성이 고핫 자손의 몫이었습니다. 단 지파는 엘드게와 그 주변의 들과 깁브돈과 그 주변의 들과 아얄론과 그 주변의 들과 가드림몬과 그 주변의 들로 모두 네 개의 성을 고핫 자손의 몫으로 주었습니다. 므낫세 서쪽 지파는 다아낙과 그 주변의 들과 가드림몬과 그 주변의 들로 두 개의 성을 주었습니다. 이상 열 개의 마을과 그 주변의 들을 고핫 자손의 나머지 후손이 받았습니다.

레위 지파의 게르손 후손이 받은 마을은 이러합니다. 므낫세 동쪽 지파는 그들에게 살인자의 도피성인 바산에 있는 골란과 그 주변의 들을 주었습니다. 그리고 브에스드라와 그 주변의 들을 주었습니다. 이 두 마을을 게르손 후손이 받았습니다. 잇사갈 지파는 기시온과 그 주변의 들과 다브랏과 그 주변의 들과 야르뭇과 그 주변의 들과 언간님과 그 주변의 들을 주었으니 게르손은 이 네 개의 마을을 받았습니다. 아셀 지파는 미살과 그 주변의 들과 압돈과 그 주변의 들과 헬갓과 그 주변의 들과 르홉과 그 주변의 들을 주었으니 아셀 지파는 이 네 개의 마을을 주었습니다. 납달리 지파는 살인자의 도피성인 갈릴리 게데스와 그 주변의 들을 주었습니다. 또 납달리는 함못돌과 그 주변의 들과 가르단과 그 주변의 들을 주었으니 이 세 마을을 게르손 후손이 받았습니다. 이처럼 게르손 후손은 열세 개의 마을과 그 주변의 들을 받았습니다.

레위 지파의 나머지 후손인 므라리 후손이 받은 마을은 이러합
니다. 스불론 지파는 욕느암과 그 주변의 들과 가르다와 그 주변
의 들과 딤나와 그 주변의 들과 나할랄과 그 주변의 들로 네 마을
을 주었습니다. 르우벤 지파는 므라리 후손에게 베셀과 그 주변의
들과 야하스와 그 주변의 들과 그데못과 그 주변의 들과 므바앗과
그 주변의 들을 주었으니 므라리 후손은 이 네 마을을 받았습니다.
갓 지파는 그들에게 살인자의 도피성인 길르앗 라못과 그 주변의
들을 주었습니다. 그들은 마하나임과 그 주변의 들과 헤스본과 그
주변의 들과 야셀과 그 주변의 들을 주었으니 갓 지파는 이 네 마
을을 주었습니다. 이상은 레위 지파의 나머지 후손인 므라리 후손
이 얻은 마을입니다. 그들은 제비를 뽑아 열두 개의 마을을 받았습
니다.

레위 지파는 모두 마흔여덟 개의 마을과 그 주변의 들을 얻었습
니다. 이 마을들은 모두 이스라엘 사람들이 차지한 땅에서 받은 것
이었습니다. 모든 마을에는 그 주변에 들이 딸려 있었습니다.

이와 같이 여호와께서는 이스라엘 사람들에게 하신 약속을 지키
셨습니다. 여호와께서는 이스라엘 백성에게 약속하신 모든 땅을 주
셨습니다. 이스라엘 백성은 그 땅을 차지하고 거기에 살았습니다.
여호와께서는 이스라엘 사람들이 온 땅에서 평화롭게 살도록 해 주
셨습니다. 여호와께서는 오래전에 그들의 조상에게 하신 약속을 지
키신 것입니다. 이스라엘의 적들 중 누구도 이스라엘을 이기지 못
했습니다. 여호와께서는 이스라엘 사람들의 손에 모든 적을 넘겨주
셨습니다. 여호와께서는 이스라엘 사람들에게 하신 모든 약속을 지
키셨습니다. 지켜지지 않은 약속은 하나도 없었습니다.

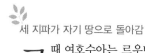

세 지파가 자기 땅으로 돌아감

그 때 여호수아는 르우벤과 갓과 므낫세 동쪽 지파의 사람들을 모두 모이게 했습니다. 여호수아는 그들에게 말했습니다. "여러분은 여호와의 종인 모세가 여러분에게 하라고 한 모든 일에 복종했소. 그리고 여러분은 나의 모든 명령에도 복종했소. 여러분은 지금까지 오랜 시간 동안 여러분의 형제를 저버리지 않았소. 여러분은 하나님 여호와께서 내리신 모든 명령을 잘 지켰소. 여러분의 하나님 여호와께서는 이스라엘 사람들에게 평화를 주시겠다고 약속하셨소. 이제 주께서 그 약속을 지키셨으니 여러분은 여러분의 땅에 있는 집으로 돌아가도 좋소. 여러분은 여호와의 종이었던 모세가 준 땅으로 돌아가시오. 그 땅은 요단 강 동쪽에 있소. 그리고 여호와의 종이었던 모세가 여러분에게 준 명령과 율법에 복종하시오. 여러분은 여러분의 하나님 여호와를 사랑하고 주께서 지시하시는 길로 가며 주님의 명령을 지켜 주님을 가까이하며 여러분이 할 수 있는 모든 힘을 다하여 주님을 따르고 섬기시오." 여호수아가 그들에게 축복하고 보내니 그들이 자기들 땅으로 돌아갔습니다.

모세는 바산 땅을 므낫세 동쪽 지파에게 주었고, 여호수아는 요단 강 서쪽의 땅을 므낫세 서쪽 지파에게 주었습니다. 여호수아는 그들을 자기 땅으로 돌려보냈습니다. 여호수아는 그들을 축복해 주었습니다. 여호수아는 말했습니다. "여러분은 이제 많은 재물들을 가지고 돌아가시오. 여러분은 많은 가축과 은과 금과 구리와 철과 많은 옷을 가지고 돌아가시오. 또한 적에게 빼앗은 물건도 많이 가지고 가서 그 물건들을 서로 나누어 가지도록 하시오." 그리하여 르우벤과 갓과 므낫세 동쪽 지파의 백성들은 다른 이스라엘 사람들과 헤어졌습니다. 그들은 가나안의 실로를 떠나 길르앗으로 돌아갔습니다. 길르앗은 그들의 땅이었습니다. 여호와께서 명령하신 대로 모세가 그 땅을 그들에게 주었습니다.

르우벤과 갓과 므낫세 동쪽 지파는 가나안 땅의 요단 강에서 가까운 그릴롯으로 가서 거기에 제단을 쌓았습니다. 그 제단은 보기에도 상당히 컸습니다. 그때 실로에 남아 있던 이스라엘 사람들이 르우벤과 갓과 므낫세 지파 절반이 이스라엘 자손에게 속한 요단 강 쪽, 가나안의 경계인 그릴롯에 제단을 쌓았다는 이야기를 들었습니다. 이스라엘 모든 백성들이 이 이야기를 듣고 그들과 싸우려고 실로로 몰려왔습니다.

이스라엘 사람들은 르우벤과 갓과 므낫세 동쪽 지파의 백성에게 사람을 보냈습니다. 그들은 제사장 엘르아살의 아들 비느하스를 길르앗 땅으로 보냈습니다. 그들은 또한 실로에 있는 열 지파에서 지도자들을 보냈습니다. 이 사람들은 이스라엘 각 지파의 어른들이었습니다. 이 사람들은 길르앗으로 가서 르우벤과 갓과 므낫세 동쪽 지파의 백성에게 이렇게 말했습니다. "여호와의 모든 백성이 이와 같이 묻습니다. '여러분은 어찌하여 이스라엘의 하나님께 이런 악한 일을 하였소? 어찌하여 여러분은 오늘날 여호와를 떠나 여러분들을 위해 제단을 쌓고 여호와께 범죄하려 하시오? 브올에서 있었던 일을 모르시오? 우리는 그 죄 때문에 아직도 괴로움을 겪고 있소. 그 일 때문에 하나님은 많은 이스라엘 사람들을 병들게 하셨소. 그런데도 여러분은 똑같은 일을 하려 하오? 여러분은 여호와께 등을 돌릴 작정이오? 여러분은 여호와를 따르지 않을 작정이오? 만일 여러분이 지금 하고 있는 일을 멈추지 않는다면 여호와께서 이스라엘의 모든 사람들에게 화를 내실 것이오. 여러분의 땅은 깨끗하지 못한 땅이오. 그러니 성막이 있는 여호와의 땅으로 건너오시오. 여러분은 우리들 땅의 일부를 차지하고 그 땅에 살아도 좋소. 우리 하나님 여호와의 제단 이외에 다른 제단을 쌓아 여호와께 등을 돌리는 일은 하지 마시오. 또 우리에게 등을 돌리는 일도 하지 마시오. 세라의 증손인 아간은 여호와께 완전히 바쳐야 할 것을 바치지 않고 범죄하였소. 그래서 이스라엘 사람 모두가 벌을 받았소. 아간의 죄 때문에 죽은 사람이 그 사람 하나뿐이겠소?'"

르우벤과 갓과 므낫세 지파 절반의 백성이 이스라엘 지파의 수많은 지도자들에게 대답했습니다. "여호와는 전능하신 하나님입니다. 전능하신 하나님 여호와께서는 아십니다. 또 이스라엘도 알게 될 것입니다. 만일 우리가 한 일이 여호와께 죄를 짓는 일이라면 오늘 우리를 살려 두지 마십시오. 우리가 제단을 쌓은 일이 여호와께 등을 돌리려는 것이라면 벌을 주십시오. 그 제단 위에 태워 드리는 제사인 번제나 곡식 제사나 또는 화목 제물을 드리려고 한 것이라면 여호와께서 친히 벌을 주시기 바랍니다. 그러나 그렇지 않습니다. 우리가 이렇게 한 것은 훗날에 여러분의 자손들이 우리 자손들에게 말하기를 '여러분이 이스라엘의 하나님과 무슨 관계가 있소? 하나님은 당신들에게 요단 강 저쪽 땅을 주셨소. 그 요단 강은 당신들 르우벤과 갓 사람과 우리를 가르는 경계선이니 당신들은 이곳에서 여호와께 예배드릴 수 없소'라고 말할지도 모릅니다. 우리는 우리의 자손이 여호와께 예배드리는 것을 여러분의 자손이 못하게 할까 걱정했던 것입니다. 그래서 우리는 이 제단을 쌓기로 마음먹었습니다. 번제나 다른 제사를 드릴 생각으로 이 제단을 쌓은 것이 아니라 단지 우리도 여러분과 똑같은 하나님께 예배드리고 있다는 것을 우리 백성에게 보여 주기 위해 쌓은 것입니다. 이 제단은 여러분과 우리에게 증거가 될 것이고, 우리의 뒤를 이을 자손들에게도 우리가 여호와께 예배드린다는 증거가 될 것입니다. 우리는 모든 태워 드리는 제물인 번제물과 곡식 제물과 화목 제물을 여호와께 바쳤습니다. 우리가 이 일을 한 것은 여러분의 자손이 우리 자손에게 여호와께 예배드리지 못하게 하는 것을 막기 위해서입니다. 장차 여러분의 자손이 우리에게 만약 그런 말을 하면 우리 자손은 이렇게 대답할 수 있습니다. '보십시오! 우리 조상들은 제단을 쌓았습니다. 그것은 여호와의 제단과 똑같은 제단입니다. 우리는 그 제단을 다른 제물을 바치는 데 사용하지 않았습니다. 이 제단은 우리와 여러분 사이에 증거가 되기 위해 우리 조상들이 쌓은 것입니다.' 우리가 제단을 쌓아 여호와께 등을 돌려 범죄하려는 것이 결코 아닙니다. 우리가 태워 드리는 제사인 번제나 곡식 제사나 다른 제사를 드리기 위해 성막 안에 있는 우리 하나님 여호와의 제단 외에 다른 제단을 쌓은 것이 아닙니다."

제사장 비느하스와 다른 열 명의 지도자들이 이 모든 말을 들었습니다. 그들은 르우벤과 갓과 므낫세 동쪽 지파 사람들의 이야기를 듣고 기뻐했습니다. 제사장 엘르아살의 아들 비느하스가 말했습니다. "이제 우리는 여호와께서 우리와 함께 계시다는 것과 또 여러분이 여호와를 저버리지 않았다는 것을 알았습니다. 여러분들이 이스라엘 사람들을 여호와의 손에서 건져 내었소."

그리고 나서 비느하스와 다른 지도자들은 길르앗에 있는 르우벤과 갓 지파의 사람들을 떠나 자기 땅으로 돌아갔습니다. 그들은 가나안으로 돌아가서 지금까지 있었던 일을 이스라엘 사람들에게 이야기해 주었습니다. 이스라엘 사람들도 기뻐했습니다. 그들은 만족하게 여기며 여호와께 감사드렸습니다. 그들은 르우벤과 갓의 백성들이 사는 땅에 가서 그들을 공격하자는 말을 하지 않았습니다. 그 후에 르우벤과 갓의 백성은 그 제단에 이름을 붙였습니다. 그들은 그 제단을 '엣'이라고 불렀는데 이것은 '여호와께서 하나님이심을 우리가 믿는 증거다'라는 뜻입니다.

여호수아의 마지막 인사

여호와께서는 이스라엘에게 주변의 모든 적들을 물리치게 하시고 평화를 주셨습니다. 여호와께서는 이스라엘을 안전하게 해 주셨습니다. 여러 해가 지나 여호수아의 나이가 많아지자 여호수아는 모든 장로들과 지도자들과 이스라엘의 재판관들과 관리들을 모았습니다. 여호수아가 말했습니다. "나는 이제 매우 늙었소. 여러분은 여호와께서 우리의 적을 향해 하신 일을 보았소. 여호와께서는 우리를 도우셨소. 여러분의 하나님 여호와께서는 여러분을 위해 싸우셨소. 보시오, 나는 여러분을 위하여 여러분의 지파들에게 요단 강에서부터 해 지는 곳 지중해까지 아직 남아 있는 나라와 이미 정복한 나라를 제비 뽑아 나누어 주었소. 여러분의 하나님 여호와께서 그 땅에 사는 백성들을 쫓아내실 것이오. 여러분은 그 땅에 들어가게 될 것이오. 여호와께서는 이 일을 약속하셨소. 힘을 내시오. 왼쪽으로나 오른쪽으로 치우침 없이 모세의 율법책에 써 있는 모든 것에 복종하도록 주의하시오. 우리 가운데 아직 이스라엘 사람이 아닌 다른 민족들이 살고 있소. 그들은 자기들의 신을 섬기고 있소. 그들과 친구가 되지 마시오. 그 신의 이름으로 맹세하지 마시오. 그들의 신을 섬기거나 예배드리지 마시오. 여러분은 하나님 여호와를 계속 따라야 하오. 전에도 그랬듯이 앞으로도 그래야 하오. 여호와께서는 여러분이 크고 강한 여러 나라를 물리쳐 이기도록 도와주셨소. 여호와께서는 그들을 여러분 앞에서 쫓아내셨소. 어떤 나라도 여러분을 이길 수 없었소. 여호와의 도우심으로 이스라엘 사람 한 명이 적군 천 명을 이길 수 있었소. 이것은 여러분의 하나님 여호와께서 약속대로 여러분을 위해 싸워 주셨기 때문이오. 그러므로 여러분은 온몸을 다하고 마음을 다해 여러분의 하나님 여호와를 사랑해야 합니다. 만일 여러분이 여호와의 길에서 떠나 여러분 가운데 남아 있는 다른 민족의 사람들과 친구가 되고 그들과 결혼하면 하나님 여호와께서 다시는 여러분 앞에서 적을 쫓아 주시지 않을 것이란 사실을 알아야 하오. 그렇게 되면 그들은 여러분에게 덫이 될 것이오. 그들은 등을 내려치는 채찍이나 눈을 찌르는 가시와 같이 여러분에게 괴로움을 안겨 줄 것이오. 그렇게 되면 여러분은 여러분의 하나님 여호와께서 주신 이 좋은 땅에서 망하게 될 것이오.

보시오, 이제 나는 온 세상 사람들이 죽는 것처럼 죽을 때가 되었소. 여러분은 여호와께서 여러분을 위해 약속하신 좋은 일들을 다 이루어 주셨다는 것을 알고 있소. 여호와께서는 모든 약속을 다 지키셨소. 하나님 여호와께서 약속하신 모든 좋은 일이 여러분에게 다 이루어졌소. 그러나 이와 마찬가지로 여호와께서는 여러분에게 해로운 일들도 일어나게 하실 수 있소. 여호와께서는 여러분에게 준 이 좋은 땅에서 여러분을 멸망시키실 수도 있소. 만약 여러분이 여러분의 하나님 여호와와 맺은 약속을 지키지 않으면 그런 일이 일어날 것이오. 또 여러분이 다른 신들을 섬기고 다른 신들에게 예배하면 여호와께서는 여러분에게 큰 화를 내실 것이고, 그렇게 되면 여러분은 여호와께서 주신 이 좋은 땅에서 멸망하게 될 것이오."

그 후에 여호수아가 이스라엘 온 지파를 세겜에 모았습니다. 그리고 나서 여호수아는 장로들과 지도자들과 이스라엘의 재판관들과 관리들을 불렀습니다. 그 사람들은 하나님 앞에 섰습니다. 그때에 여호수아가 모든 백성에게 이렇게 말했습니다. "이것은 이스라엘 하나님 여호와께서 하시는 말씀이오. '오래전에 너희 조상은 유프라테스 강 저쪽에 살고 있었다. 거기에서 너희 조상 아브라함의 아버지이며 나홀의 아버지인 데라는 다른 신들을 섬겼지만 나는 너희 조상 아브라함을 강 저쪽 땅에서 나오게 했고 아브라함을 가나안 땅으로 인도하였다. 그리고 그 땅을 두루 돌아다니게 했고 그에게 많은 자손을 주었다. 나는 그에게 아들 이삭을 주었고 이삭에게는 두 아들 야곱과 에서를 주었다. 나는 세일 산악 지대를 에서에게 주었지만 야곱과 그의 아들들은 이집트로 내려갔다. 그 후에 나는 모세와 아론을 이집트로 보내어 많은 끔찍한 일들이 이집트에 일어나도록 하여 그들을 치고 너희 백성을 인도해 내었다.

　내가 너희 조상을 이집트에서 인도해 낸 후 너희 조상은 홍해에 이르렀고, 전차와 말을 탄 이집트 사람들이 너희 조상을 쫓아왔다. 그러자 백성들은 나에게 도와 달라고 부르짖었고, 나는 너희 조상과 이집트 사람들 사이에 어둠을 있게 하였다. 그리고 바닷물로 이집트 사람들을 덮었다. 너희는 내가 이집트 군대에게 한 일을 보았고 또한 오랫동안 광야에서 살았다. 그 후에 나는 너희를 아모리 사람들의 땅으로 인도하였는데 그 땅은 요단 강 동쪽에 있었다. 그들은 너희와 싸웠으나 나는 너희 손에 그들을 넘겨주었다. 나는 그들을 너희 앞에서 멸망시켰다. 그리하여 너희는 그 땅을 차지하게 되었다. 그러나 모압 왕 십볼의 아들 발락이 이스라엘 사람들과 싸울 준비를 하였고, 발락은 브올의 아들 발람에게 사람을 보내어 너희를 저주하게 하려 했다. 그러나 내가 발람의 말을 듣지 않았으므로 발람은 오히려 너희에게 좋은 일이 일어날 것을 말했다. 발람은 너희를 여러 번 축복했다. 나는 너희를 발락에게서 구해 주었다. 그 후에 너희는 요단 강을 건너 여리고에 이르렀고, 여리고 성의 백성들은 너희와 맞서 싸웠다. 그리고 아모리 사람, 브리스 사람, 가나안 사람, 헷 사람, 기르가스 사람, 히위 사람 그리고 여부스 사람도 너희와 맞서 싸웠지만 나는 그들 모두를 너희 손에 넘겨주었다. 너희 군대가 앞으로 전진하였을 때 나는 너희들 앞에 왕벌들을 보내어 너희가 이르기 전에 그들을 쫓아내었다. 그래서 너희는 칼과 활을 쓰지 않고도 그 땅을 차지할 수 있었다. 그 땅을 너희에게 준 것은 나 여호와이다. 너희가 아무 일도 하지 않은 땅을 내가 너희에게 주었고, 너희가 짓지 아니한 성을 내가 너희에게 주었다. 이제 너희는 그 땅과 그 성에 살고 있고 너희가 심지도 않은 그 땅의 포도원과 올리브 나무의 열매를 먹고 있다.'"

그리고 나서 여호수아는 백성에게 말했습니다. "이제 여러분은 여호와의 말씀을 들었소. 여러분은 여호와를 존경하고 그분을 온 마음으로 섬겨야 하오. 여러분이 섬기던 거짓 신들을 버리시오. 여러분의 조상은 유프라테스 강 저쪽과 이집트에서 거짓 신들을 섬겼소. 이제 여러분은 여호와를 섬겨야 하오. 그러나 여러분은 여호와를 섬기고 싶지 않을지도 모르오. 여러분은 오늘 스스로 선택하시오. 누구를 섬길 것인가를 결정하시오. 여러분은 여러분의 조상이 유프라테스 강 저쪽에서 경배하던 신들을 섬길 수도 있고, 이 땅에 살던 아모리 사람들의 신들을 섬길 수도 있소. 그러나 나와 내 후손은 여호와를 섬기겠소."

그러자 백성들이 대답했습니다. "우리는 결코 여호와를 저버리지 않을 것입니다. 우리는 결코 다른 신들을 섬기지 않을 것입니다. 우리는 우리와 우리 조상을 이집트에서 이끌어 내신 분이 여호와시라는 것을 알고 있습니다. 우리는 그 땅에서 노예로 있었습니다. 그러나 여호와께서는 우리를 위해 놀라운 일들을 행하셨으며 우리를 그곳에서 인도해 내셨습니다. 여호와께서는 우리가 걸어왔던 모든 길에서 우리를 지켜 주셨습니다. 또 여호와께서는 우리가 이 땅에 사는 사람들을 물리쳐 이기도록 도와주셨습니다. 여호와께서는 우리가 이곳에 살던 아모리 사람들을 물리쳐 이기도록 해 주셨습니다. 그러므로 우리도 여호와만 섬기겠습니다. 왜냐하면 그분만이 우리의 하나님이시기 때문입니다."

여호수아가 말했습니다. "여러분은 여호와를 잘 섬긴다고 하나 그렇지 못할 수도 있을 것이오. 왜냐하면 여호와는 거룩한 하나님 이시기 때문이오. 또 질투하는 하나님이시기 때문이오. 만약 여러분 이 여호와를 배반하고 죄를 짓는다면 여호와께서는 여러분을 용서 하지 않으실 것이오. 만약 여러분이 여호와를 저버리고 다른 신들 을 섬긴다면 여호와께서는 마음을 돌이켜 여러분에게 큰 괴로움을 주실 것이오. 여호와께서는 여러분에게 복을 주신 뒤에라도 여러분 이 여호와를 저버린다면 여러분을 멸망시켜 버리실 것이오." 그러자 백성이 여호수아에게 대답했습니다. "아닙니다! 우리는 여호와를 섬 길 것입니다." 여호수아가 말했습니다. "여러분이 이제 여러분 스스 로 여호와를 섬기겠다고 주님을 선택했소. 그러니 여러분 스스로가 증인이 된 것이오." 백성이 대답했습니다. "예, 그렇습니다. 우리 모 두가 증인입니다." 그러자 여호수아가 말했습니다. "이제는 여러분 가운데 있는 거짓 신들을 버리시오. 여러분의 마음을 이스라엘의 하나님 여호와께로 향하시오." 그때에 백성들이 여호수아에게 대답 했습니다. "우리는 우리 하나님 여호와를 섬기겠습니다. 우리는 하 나님께 복종하겠습니다." 그날 여호수아는 백성들과 약속을 맺었 습니다. 여호수아는 그 약속을 백성이 지켜야 할 가르침으로 삼았 습니다. 이 일은 세겜에서 이루어졌습니다. 여호수아는 이 일들을 하나님의 율법책에 기록하였습니다. 그리고 나서 큰 돌을 가져다가 여호와의 성소 근처에 있던 상수리나무 아래에 세웠습니다. 그리고 나서 여호수아는 모든 백성에게 말했습니다. "이 돌을 보시오! 이 돌은 우리가 오늘 한 일에 대해 증거가 될 것이오. 여호와께서는 오 늘 이곳에서 우리에게 말씀하셨소. 이 돌은 오늘 일어난 모든 일을 우리와 우리 후손들에게 기억나게 해 줄 것이오. 이 돌은 여러분이 여러분의 하나님을 저버리지 못하게 하는 증거가 될 것이오."

여호수아의 죽음

그 후에 여호수아는 백성들에게 자기 땅으로 돌아가라고 말했습니다. 그러자 모든 사람이 자기 땅으로 돌아갔습니다.

그 일이 있은 후에 여호와의 종 눈의 아들 여호수아는 죽었습니다. 그의 나이는 백십 세였습니다. 사람들은 여호수아를 딤낫 세라에 있는 그의 땅에 묻었습니다. 딤낫 세라는 가아스 산 북쪽의 에브라임 산지에 있었습니다.

이스라엘 사람들은 여호수아가 살아 있는 동안 여호와를 섬겼고, 여호수아가 죽은 후에도 계속해서 여호와를 섬겼습니다. 그들은 장로들이 살아 있는 동안에도 계속해서 여호와를 섬겼습니다. 이 장로들은 여호와께서 이스라엘 사람들을 위해 하신 일들을 본 지도자들이었습니다.

요셉의 뼈를 세겜에 묻다

이스라엘 사람들이 이집트를 떠나왔을 때 요셉의 뼈도 함께 가지고 왔는데 그들은 요셉의 뼈를 세겜에 묻어 주었습니다. 세겜은 야곱이 하몰의 자손들에게 산 땅이었습니다. 하몰은 세겜의 아버지였습니다. 야곱은 그 땅을 금 백 개에 샀습니다. 그래서 그 땅은 요셉의 자손들의 땅이 되었습니다.

아론의 아들 엘르아살도 죽었습니다. 이스라엘 사람들은 그를 에브라임 산지에 있는 기브아에 묻었습니다. 기브아는 엘르아살의 아들 비느하스가 받은 땅입니다.

사사기

유다 지파가 가나안 사람들과 싸우다

여호수아가 죽었습니다. 그 후에 이스라엘 백성이 "우리 중에서 누가 먼저 가나안 사람들과 싸워야 합니까?" 하고 여호와께 물었습니다. 그러자 여호와께서 대답하셨습니다. "유다 지파가 먼저 가거라. 내가 유다 지파에게 이 땅을 차지할 힘을 주겠다." 유다 사람들은 그 형제 시므온 사람들에게 도움을 요청했습니다. "우리가 앞으로 차지하게 될 땅으로 함께 가서 우리가 가나안 사람들과 싸우는 것을 도와주시오. 그러면 우리도 당신들이 제비를 뽑아 받은 땅을 얻기 위해 싸울 때 도와주겠소." 그래서 시므온 사람들은 유다 사람들과 함께 갔습니다. 여호와께서는 유다 사람들이 가나안과 브리스 사람들과 싸워 이기게 해 주셨습니다. 유다 사람들은 베섹 성에서 만 명을 쳐 죽였습니다. 유다 사람들은 베섹 성에서 그 성을 다스리던 아도니 베섹을 발견하고 그와 싸웠습니다. 유다 사람들이 가나안과 브리스 사람들을 공격하자 아도니 베섹이 도망쳤습니다. 유다 사람들은 아도니 베섹을 뒤쫓아가 붙잡아서 그의 엄지손가락과 엄지발가락을 잘라 버렸습니다. 아도니 베섹이 말했습니다. "내가 왕 칠십 명의 엄지손가락과 엄지발가락을 잘라 내었고 그들에게 내 밥상에서 떨어지는 부스러기를 먹게 하였더니 이제 하나님께서 그 왕들에게 한 일을 내게 갚으시는구나." 유다 사람들은 아도니 베섹을 예루살렘으로 끌고 왔습니다. 아도니 베섹은 그곳에서 죽었습니다.

유다 사람들이 예루살렘과 싸워 그곳을 점령했습니다. 유다 사람들은 칼로 예루살렘에 살던 사람들을 죽인 후 그 성을 불태웠습니다. 그 후에 유다 사람들이 내려가서 산지와 남쪽 지방과 서쪽 경사지에 살고 있는 가나안 사람들과 싸웠습니다. 그리고 유다 사람들은 헤브론 성에 사는 가나안 사람들과 싸우기 위해 나아갔습니다. 헤브론은 기럇아르바라고 불리기도 했습니다. 유다 사람들은 세새와 아히만과 달매의 자손을 물리쳤습니다.

옷니엘이 드빌을 점령하다

그리고 나서 유다 사람들은 드빌 성으로 가서 그곳의 백성과 싸웠습니다. 드빌은 기럇세벨이라고 불리기도 했습니다. 그 성을 공격하기 전에 갈렙이 말했습니다. "기럇세벨을 공격해서 점령하는 사람에게는 내 딸 악사를 아내로 주겠소." 갈렙의 동생 그나스의 아들인 옷니엘이 기럇세벨을 점령했습니다. 그래서 갈렙은 자기 딸 악사를 옷니엘과 결혼시켰습니다. 악사가 친정을 떠날 때 "우리 아버지께 밭을 좀 달라고 해요"라고 옷니엘에게 말했습니다. 악사가 나귀에서 내리자 갈렙이 "딸아, 네가 무엇을 원하느냐?" 하고 물었습니다. 악사가 갈렙에게 대답했습니다. "아버지, 부탁이 있어요. 아버지께서 저를 남쪽 메마른 땅으로 보내시니까 저에게 샘물을 주세요." 그래서 갈렙은 악사에게 윗샘과 아랫샘을 주었습니다.

가나안 사람과 싸움

겐 사람들은 종려나무의 성인 여리고를 떠나 유다 사람들과 함께 '유다 광야'로 가서 같이 살았습니다. '유다 광야'는 아랏 성 근처의 남쪽 유다에 있었습니다. 모세의 장인은 겐 사람이었습니다. 유다 사람들은 그들의 형제인 시므온 사람들과 함께 가서 스밧 성에 살고 있는 가나안 사람들과 싸워 그들을 완전히 멸망시켰습니다. 그 성은 호르마라고 불렸습니다. 유다 사람들은 가사와 아스글론과 에그론 및 그 주변의 모든 땅을 점령했습니다. 여호와께서는 유다 사람들과 함께하셨으므로 유다 사람들은 산지의 땅을 차지했습니다. 그러나 그들은 평지에 사는 백성을 쫓아내지는 못했습니다. 왜냐하면 그 백성은 철로 만든 전차를 가지고 있었기 때문입니다. 모세가 약속하였던 것처럼 갈렙이 헤브론을 얻었습니다. 갈렙은 아낙의 세 아들을 쫓아냈습니다. 그러나 베냐민 백성은 여부스 사람들을 예루살렘에서 쫓아내지 못하였습니다. 그래서 그때부터 여부스 사람들은 예루살렘에서 베냐민 사람들과 함께 살게 되었습니다.

요셉 자손도 벧엘 성을 치기 위해 나아갔습니다. 여호와께서 그들과 함께하셨습니다. 요셉 자손은 벧엘에 정탐꾼을 보냈습니다. 벧엘은 전에 루스라고 불렸습니다. 정탐꾼들은 성에서 밖으로 나오는 어떤 사람을 보고 그 사람에게 말했습니다. "성으로 들어가는 길을 가르쳐 주시오. 우리를 도와주면 당신에게 은혜를 베풀겠소." 그 사람은 정탐꾼들에게 성으로 들어가는 길을 가르쳐 주었습니다. 요셉 자손은 벧엘의 백성을 죽였으나 정탐꾼들을 도와준 사람과 그의 가족은 살려 주었습니다. 그 사람은 헷 사람들이 살고 있던 땅으로 가서 성을 세웠습니다. 그는 그 성의 이름을 루스라고 했는데 지금까지도 루스라고 불립니다.

므낫세 자손은 벧스안과 다아낙과 돌과 이블르암과 므깃도와 그 주변의 작은 마을에 살고 있는 가나안 사람들을 쫓아내지 못했습니다. 그래서 가나안 사람들은 자기들 마음대로 하며 그 땅에서 살았습니다. 그 후 이스라엘 백성은 점점 강해졌으며 가나안 사람들에게 강제로 일을 시켰습니다. 그러나 가나안 사람들을 그들의 땅에서 쫓아내지 않았습니다.

에브라임 자손도 게셀에 사는 가나안 사람들을 쫓아내지 못하였습니다. 그래서 가나안 사람들은 지금까지도 게셀에서 에브라임 백성과 함께 살고 있습니다.

스불론 자손도 기드론과 나할롤에 사는 가나안 사람들을 쫓아내지 못하였습니다. 가나안 사람들은 그 땅에 살았고 스불론 백성은 그들과 함께 살면서 그들을 노예로 삼았습니다.

아셀 자손도 악고, 시돈, 알랍, 악십, 헬바, 아빅 그리고 르홉에 사는 가나안 사람들을 쫓아내지 않았습니다. 그래서 가나안 사람들은 계속 아셀 백성과 함께 살았습니다.

납달리 자손도 벧세메스와 벧아낫 성의 사람들을 쫓아내지 못하였습니다. 그래서 납달리 백성은 계속 그 성들의 가나안 사람들과 함께 살았습니다. 그들은 납달리 백성의 노예로 일했습니다.

아모리 사람들은 단 지파의 사람들을 산지로 몰아내고 평지로 내려와서 살지 못하게 했습니다. 아모리 사람들은 헤레스 산과 아얄론과 사알빔에 눌러살기로 마음먹었습니다. 그러나 이스라엘 사람들이 점점 강해져서 아모리 사람들을 자기들의 노예로 삼았습니다. 아모리 사람들은 아그랍빔 비탈에서 셀라를 지나 그 너머까지 땅을 차지했습니다.

보김에 나타난 여호와의 천사

여호와의 천사가 길갈에서 보김으로 올라왔습니다. 그곳에서 여호와의 천사가 이스라엘 백성에게 말했습니다. "나는 너희를 이집트에서 이끌어 내어 너희 조상에게 약속했던 땅으로 데리고 왔다. 나는 너희에게 '너희와 맺은 언약을 절대로 깨뜨리지 않을 것이다. 그러니 너희도 이 땅에 살고 있는 사람들과 언약을 맺지 말며 그들의 제단을 무너뜨려라' 하고 말했다. 그러나 너희는 나의 말에 복종하지 않았다. 어찌하여 너희가 그와 같이 하였느냐? 이제 내가 하는 말을 잘 들어라. 나는 이 땅의 백성을 쫓아내지 않을 것이다. 그들은 너희의 적이 되어 너희를 괴롭힐 것이며 그들의 신은 너희에게 덫이 될 것이다." 여호와의 천사가 이 말씀을 전하자 이스라엘 백성은 소리 높여 울었습니다. 그래서 이스라엘 백성은 그곳을 보김이라고 불렀습니다. 이스라엘 백성은 보김에서 여호와께 희생 제물을 바쳤습니다.

눈의 아들 여호수아의 죽음

그때에 여호수아가 이스라엘 백성에게 각자 나누어 받은 땅으로 돌아가도 좋다고 말했습니다. 그러자 모든 사람이 돌아가서 자기 몫의 땅을 차지했습니다. 이스라엘 백성은 여호수아가 살아 있는 동안 여호와를 섬겼고 장로들이 살아 있는 동안에도 계속해서 여호와를 섬겼습니다. 이 장로들은 모두 여호와께서 이스라엘을 위해 하신 큰일을 본 사람들이었습니다. 여호와의 종인 눈의 아들 여호수아는 백십 세에 죽었습니다. 이스라엘 사람들은 여호수아를 그가 나누어 받은 땅 딤낫헤레스에 묻어 주었습니다. 딤낫헤레스는 가아스 산 북쪽의 에브라임 산지에 있습니다.

이스라엘 백성이 복종하지 않음

여호수아와 같은 시대에 살았던 사람들이 다 죽고 후에 그들의 자녀들이 자라났습니다. 그 자녀들은 여호와를 알지 못했으며 여호와께서 이스라엘을 위해 어떤 일을 하셨는지도 알지 못했습니다.

그래서 그들은 악한 일을 하였고 바알 우상들을 섬겼습니다. 그들은 여호와께서 보시기에 나쁜 일을 했습니다. 그들은 이스라엘 백성을 이집트 땅에서부터 이끌어 내신 조상들의 하나님 여호와를 배반하고 주변 사람들이 섬기는 신들을 섬기기 시작했습니다. 그 때문에 여호와께서 분노하셨습니다. 이스라엘 사람들은 여호와를 따르지 않고 바알과 아스다롯을 섬겼습니다. 이스라엘 백성에게 화가 나신 여호와께서는 약탈자들이 이스라엘 백성을 공격하여 그들이 가진 것을 빼앗게 하셨습니다. 여호와께서 이스라엘 백성을 주변 원수들에게 넘겨주셨으므로 그들은 적들이 공격해 오는 것을 스스로 막아 낼 수 없었습니다. 이스라엘 사람들은 싸우러 나갈 때마다 졌습니다. 이는 여호와께서 그들에게 벌을 내리셨기 때문이었습니다. 여호와께서 이미 그들에게 경고하셨던 대로 되었습니다. 그래서 이스라엘 사람들은 많은 괴로움을 겪었습니다.

하나님이 사사들을 세우심

그때에 여호와께서는 사사라고 부르는 지도자들을 세우셨습니다. 이 지도자들은 약탈자들로부터 이스라엘 백성을 구해 주었습니다. 하지만 이스라엘 사람들은 사사들의 말을 듣지 않았고 하나님을 잘 믿지도 않았습니다. 그들은 하나님 대신 다른 신들을 따랐습니다. 옛날 그들의 조상은 여호와의 명령에 순종하였지만 이제 그들은 더 이상 순종하지 않았습니다. 적들이 여러 차례 이스라엘 사람들을 괴롭혔기 때문에 이스라엘 사람들은 여호와께 도와 달라고 부르짖었습니다. 그때마다 여호와께서는 이스라엘 사람들을 불쌍히 여기시고 이스라엘을 적에게서 구하기 위해 사사를 보내 주셨습니다. 여호와께서 사사들과 함께하셨기 때문에 그 사사들이 살아 있는 동안에는 적들로부터 구해 주셨습니다. 그러나 이스라엘 사람들은 사사들이 죽으면 다시 죄를 짓고 거짓 신들을 섬겼습니다. 이스라엘 사람들은 그들의 조상보다 더 악했습니다. 그들은 나쁜 길에서 벗어나려 하지 않았습니다. 그래서 여호와께서는 이스라엘 사람들에게 분노하셨습니다. 여호와께서 말씀하셨습니다. "이 백성은 내가 그들의 조상과 맺은 약속을 깨뜨렸다. 이 백성은 내 말을 듣지 않았다. 그러므로 이제 나는 여호수아가 죽을 때까지 정복하지 못했던 민족들을 쫓아내지 않을 것이다. 나는 그 나라들을 이용해서 이스라엘을 시험하겠다. 나는 이스라엘 백성이 그들의 조상처럼 나 여호와의 명령을 따르는지를 지켜보겠다." 여호와께서는 그 나라들을 쫓아내지 않고 그 땅에 머물러 있게 하시며 빨리 쫓아내지 않으셨습니다. 여호수아의 군대가 그 나라들을 물리칠 수 있도록 도와주지도 않으셨습니다.

여호와께서는 가나안을 차지하기 위해 전쟁을 해 본 경험이 없는 이스라엘 사람들을 시험하려고 그 나라들을 남겨 두셨습니다. 여호와께서 그 나라들을 그 땅에 남겨 두신 단 한 가지 이유는 이스라엘 자손에게 가르침을 주기 위해서였습니다. 여호와께서는 전쟁을 해 본 경험이 없는 이스라엘 백성에게 싸우는 법을 가르치기를 원하셨습니다. 여호와께서 쫓아내지 않은 민족들은 블레셋의 다섯 군주와 모든 가나안 사람들 그리고 시돈과 히위 백성들입니다. 히위 사람들은 바알 헤르몬 산에서 하맛까지 이르는 레바논 산지에 살고 있었습니다. 그들은 이스라엘을 시험하기 위해 그 땅에 남겨진 백성들이었습니다. 여호와께서는 이스라엘 백성이 모세를 통해 이스라엘의 조상에게 내린 명령에 순종하는지 알고 싶어 하셨습니다. 이스라엘 백성은 가나안 사람, 헷 사람, 아모리 사람, 브리스 사람, 히위 사람 그리고 여부스 사람과 함께 살았습니다. 이스라엘 사람들은 그 사람들의 딸들과 결혼하기 시작하였고 자기의 딸들을 그 사람들의 아들들과 결혼시켰습니다. 그러면서 이스라엘은 그들의 신을 섬겼습니다.

첫 번째 사사 옷니엘

이스라엘 백성은 여호와께서 보시기에 나쁜 일을 저질렀습니다. 이스라엘 백성은 그들의 하나님이신 여호와를 잊어버리고 대신 바알과 아세라들을 섬겼습니다. 여호와께서는 이스라엘에게 분노하셨습니다. 여호와께서는 북서쪽 메소포타미아 왕 구산리사다임이 이스라엘 사람들을 다스리게 하셨습니다. 이스라엘 사람들은 팔 년 동안 그 왕 밑에 있었습니다. 그때에 이스라엘 사람들이 여호와께 부르짖었습니다. 그래서 여호와께서는 그들을 구하기 위해 한 사람을 세우셨는데, 그가 곧 그나스의 아들 옷니엘입니다. 그나스는 갈렙의 동생입니다. 옷니엘은 이스라엘 사람들을 구했습니다. 여호와의 신이 옷니엘에게 임하셔서 그는 이스라엘의 사사가 되어 전쟁터에 나갔습니다. 여호와께서는 옷니엘을 도와주셔서 북서쪽 메소포타미아 왕 구산리사다임을 물리치게 하셨습니다. 그래서 옷니엘이 죽을 때까지 사십 년 동안은 그 땅이 평화로웠습니다.

사사 에훗

이스라엘 백성이 또다시 여호와께서 보시기에 나쁜 일을 저질렀습니다. 그래서 여호와께서는 모압 왕 에글론을 강하게 하여 이스

라엘을 공격하도록 하셨습니다. 에글론은 암몬 백성과 아말렉 백
성을 자기 편으로 끌어들였습니다. 그리고 나서 이스라엘을 공격하
여 종려나무 성인 여리고를 점령했습니다. 이스라엘 백성은 십팔 년
동안 모압 왕 에글론의 지배를 받았습니다.

　그러자 이스라엘 백성은 여호와께 부르짖었습니다. 여호와께서
는 이스라엘 백성을 구하기 위해 한 사람을 보내 주셨는데 그 사람
은 왼손잡이인 에훗입니다. 에훗은 베냐민 지파 사람인 게라의 아
들입니다. 이스라엘은 모압 왕 에글론에게 바칠 물건을 에훗을 통
해 보냈습니다. 에훗은 양쪽에 날이 선 칼을 하나 만들었습니다.
그 칼의 길이가 한 규빗 정도 되었습니다. 그는 그 칼을 오른쪽 허
벅지 옷 속에 차고 모압 왕 에글론에게 가서 그가 바치라고 한 물
건을 전했습니다. 에글론은 매우 뚱뚱한 사람이었습니다. 에훗은
에글론에게 물건을 바친 후에 그 물건을 싣고 왔던 사람들을 돌려
보내고 자신은 길갈 성 근처 채석장이 있는 곳을 지나다가 다시 돌
아와서 에글론에게 말했습니다. "에글론 왕이여, 왕께 전할 비밀스
러운 말씀이 있습니다." 그러자 에글론 왕은 신하들에게 "조용히
들 하여라"고 말하고 그들을 방에서 내보냈습니다. 에훗은 에글론
왕에게 가까이 갔습니다. 에글론은 꼭대기에 있는 서늘한 다락방
에 혼자 앉아 있었습니다. 에훗은 "하나님께서 왕에게 전하라고 하
신 말씀이 있습니다" 하고 말했습니다. 그 말을 듣고 왕이 자리에
서 일어섰습니다. 에훗은 오른쪽 허벅지에 차고 있던 칼을 왼손으
로 빼서 왕의 배를 깊이 찔렀습니다. 칼자루까지 몸 안으로 들어갈
정도로 에글론의 배에 칼이 깊이 박혔습니다. 그리고 칼끝은 에글
론의 등 뒤까지 나왔습니다. 왕의 몸속 기름이 칼과 함께 엉키었습
니다. 에훗은 에글론의 몸에서 칼을 빼내지 않았습니다. 에훗은 방
에서 나와 문을 잠갔습니다.

에홋이 그곳을 떠나자마자 신하들이 돌아왔는데 문이 잠겨 있었습니다. 신하들은 왕이 용변을 보고 있는 줄로 생각하고 오랫동안 기다렸습니다. 그래도 왕이 문을 열지 않자 신하들은 이상하게 생각하였습니다. 그래서 열쇠를 구해 문을 열어 보니 왕이 죽은 채 바닥에 쓰러져 있었습니다.

한편 신하들이 왕이 문을 열기를 기다리고 있는 동안 에홋은 몸을 피해 채석장을 지나 스이라로 갔습니다. 스이라에 이르러서 에홋은 에브라임 산지에서 나팔을 불었습니다. 이스라엘 백성은 그 나팔 소리를 듣고 에홋을 앞장세워 언덕을 내려왔습니다. 에홋이 말했습니다. "나를 따르시오. 여호와께서 우리를 도우셔서 우리의 적인 모압 백성을 물리치게 해 주셨소." 그러자 이스라엘 백성은 에홋의 뒤를 따랐습니다. 이스라엘 백성은 요단 강나루를 차지하고 모압 사람 중 한 사람도 요단 강을 건너가지 못하게 했습니다. 이스라엘은 강하고 힘센 모압 사람 일만 명 정도를 죽여서 아무도 도망치지 못하게 하였습니다. 그날 모압이 이스라엘에게 항복하자 이스라엘 땅에 팔십 년 동안 평화가 임했습니다.

사사 삼갈

에홋의 뒤를 이어 아낫의 아들 삼갈이 사사가 되었습니다. 삼갈은 소를 모는 데 쓰는 막대기로 블레셋 사람 육백 명을 죽여 이스라엘을 구원하였습니다.

여자 사사 드보라

에홋이 죽은 뒤에 이스라엘 백성은 또다시 여호와께서 보시기에 나쁜 일을 저질렀습니다. 그래서 여호와께서는 가나안 왕 야빈에게 그들을 넘겨주셨습니다. 야빈은 하솔 성에서 왕 노릇을 했습니다. 야빈의 군대 지휘관은 시스라였는데 하로셋 학고임에 살았습니다. 시스라는 쇠로 만든 전차 구백 대를 가지고 있었으며 이십 년 동안 이스라엘 백성을 심하게 괴롭혔습니다. 그래서 이스라엘 백성은 여호와께 도와 달라고 부르짖었습니다.

그때에 랍비돗의 아내인 여예언자 드보라가 이스라엘의 사사가 되었습니다. 드보라가 에브라임 산지 라마와 벧엘 성 사이에 있는 종려나무 밑에 앉아 있을 때 이스라엘 사람들이 그녀에게 자주 가서 재판을 받았습니다. 드보라는 바락에게 심부름하는 사람을 보내어 그를 불러오게 했습니다. 바락은 아비노암의 아들인데 납달리 지파의 지역에 있는 게데스 성에 살았습니다. 드보라가 바락에게 말했습니다. "이스라엘의 하나님 여호와께서 당신에게 명령하십니다. '가서 납달리와 스불론 지파 사람 만 명을 모아 다볼 산으로 가거라. 내가 야빈의 군대 지휘관인 시스라를 너에게 오게 할 텐데 너는 기손 강에서 시스라와 그의 전차와 그의 군대를 맞이할 것이다. 나는 네가 그곳에서 시스라를 물리치도록 도와줄 것이다.'" 그러자 바락이 드보라에게 말했습니다. "당신이 나와 함께 가면 나도 가겠습니다. 그러나 당신이 나와 함께 가지 않는다면 나도 가지 않겠습니다." 드보라가 대답했습니다. "물론 나도 당신과 함께 가겠습니다. 그러나 이 싸움에서 이기더라도 당신에게 돌아갈 영광은 없습니다. 여호와께서는 한 여자에게 시스라를 물리치도록 하실 것입니다." 그 후에 드보라는 바락과 함께 게데스로 갔습니다. 게데스에서 바락은 스불론과 납달리 백성을 불러 모았고 만 명이 바락을 따라갔습니다. 드보라도 바락과 함께 갔습니다.

겐 사람 헤벨은 자기 민족 사람들을 떠나 사아난님에 있는 큰 나무 곁에 장막을 치고 살았습니다. 그곳은 게데스에서 가깝습니다. 겐 사람은 모세의 장인인 호밥의 자손입니다.

시스라는 아비노암의 아들 바락이 다볼 산으로 올라갔다는 이야기를 들었습니다. 그래서 그는 쇠로 만든 전차 구백 대와 모든 군대를 모아 하로셋에서 출발하여 기손 강으로 갔습니다. 그때에 드보라가 바락에게 말했습니다. "일어나십시오. 여호와께서 당신을 도와 시스라를 물리치게 해 주실 날이 오늘입니다. 당신도 아시겠지만 여호와께서는 당신을 위해 이미 길을 닦아 놓으셨습니다." 그래서 바락은 다볼 산에서 만 명을 이끌고 내려왔습니다. 바락과 그의 군대는 시스라와 그의 군대를 공격했습니다. 싸우는 동안 여호와께서는 시스라와 그의 군대와 전차들을 혼란스럽게 만드셨습니다. 바락과 그의 군대는 시스라의 군대를 물리쳤습니다. 시스라는 자기 전차를 버리고 걸어서 달아났습니다. 바락과 그의 군대는 시스라의 전차와 군대를 하로셋까지 뒤쫓아갔습니다. 그리고 칼을 휘둘러 시스라의 군인들을 다 죽였습니다. 시스라의 군대 중 살아남은 사람은 한 명도 없었습니다.

그러나 시스라만은 잡히지 않고 달아났습니다. 시스라는 겐 사람인 헤벨의 아내 야엘의 천막으로 갔습니다. 왜냐하면 하솔 왕 야빈이 헤벨의 집안과 사이좋게 지내고 있었기 때문입니다. 야엘은 밖으로 나가 시스라를 맞이하며 말했습니다. "장군님, 내 장막으로 들어오십시오. 두려워하지 마십시오." 그러자 시스라가 야엘의 천막으로 들어갔습니다. 야엘은 시스라에게 이불을 덮어 주었습니다. 시스라가 야엘에게 말했습니다. "목이 마르다. 마실 물 좀 다오." 야엘은 우유가 담긴 가죽 부대를 열어 시스라에게 마시게 했습니다. 그리고 다시 이불을 덮어 주었습니다. 시스라가 또 야엘에게 말했습니다. "가서 천막 입구에 서 있어라. 만약 누가 와서 '여기 누구 오지 않았소?'라고 물으면 '안 왔습니다'라고 대답하여라." 그러나 헤벨의 아내 야엘은 밖에 서 있지 않고 장막 말뚝과 망치를 들고 조심스럽게 시스라에게 다가갔습니다. 시스라는 매우 피곤했기 때문에 잠이 깊이 들어 있었습니다. 야엘은 말뚝을 시스라의 관자놀이에 박았습니다. 말뚝이 머리를 뚫고 땅에 박혔습니다. 그래서 시스라는 죽었습니다. 그 후에 시스라의 뒤를 쫓던 바락이 야엘의 천막에 왔습니다. 야엘은 밖으로 나가 바락을 맞이하면서 "이리 와 보세요. 당신이 찾고 있던 사람을 보여 드리겠어요" 하고 말했습니다. 바락은 야엘의 장막으로 들어갔습니다. 그곳에는 시스라가 장막 말뚝이 머리에 박힌 채 죽어 있었습니다.

그날 하나님은 가나안 왕 야빈을 이스라엘이 보는 앞에서 물리쳐 주셨습니다. 이스라엘은 가나안 왕 야빈보다 더욱더 강해졌습니다. 마침내 이스라엘은 야빈을 완전히 무찔렀습니다.

드보라와 바락의 노래

그날 드보라와 아비노암의 아들 바락이 이렇게 노래했습니다.

"지도자들이 이스라엘을 이끌었네.
백성은 스스로 나서서 전쟁에 나가 싸웠네.
여호와를 찬양하여라!

왕들아, 들어라! 군주들아, 귀 기울여 들어 보아라!
나는 여호와께 노래하리라.
나는 이스라엘의 하나님 여호와를 찬송하리라.

여호와여, 주께서는 세일에서 오셨습니다.
주께서는 에돔 땅에서 달려오셨습니다. 그때 땅이 흔들렸습니다.
하늘에서는 비가 내리고 구름이 물을 뿌렸습니다.

여호와 앞에서 산들이 흔들렸습니다.
이스라엘의 하나님 여호와 앞에서 저 시내 산도 흔들렸습니다.

아낫의 아들 삼갈의 날에 또 야엘의 날에 큰길들은 비었다네.
길을 가는 사람들은 뒷길로 다녔다네.
나 드보라가 일어나기 전까지 이스라엘에는 용사가 없었다네.
내가 일어나 이스라엘의 어미가 되었다네.
그때에 사람들은 새로운 신들을 따랐네.
그 때문에 적들이 우리 성문에 와서 우리와 싸웠다네.
이스라엘 사만 명 중에 방패나 창을 든 자는 없었다네.
내 마음이 이스라엘의 용사들을 기다렸다네.
백성을 위해 몸을 바칠 그런 사람을. 여호와를 찬양하여라!

흰 나귀를 타고 다니는 자들아,
값비싼 양탄자 위에 앉은 자들아,
들어라! 길을 가는 자들아, 들어라! 활 쏘는 자들의 소리로부터
멀리 떨어진 샘물에서 노래하는 자들의 소리도 들어 보아라.
그들은 그곳에서 여호와께서 이루신 의로운 일을 전한다네.
그들은 그곳에서 이스라엘을 다스리시는
여호와의 승리의 소식을 전한다네.

그때 여호와의 백성이 성문으로 내려갔다네.

깨어나라, 깨어나라, 드보라여!
깨어나라, 깨어나라, 노래를 불러라. 일어나라, 바락이여!
가서 너희 적들을 사로잡아라. 아비노암의 아들이여!

그때에 남아 있던 사람들이 지도자들에게 내려왔다네.

여호와께서 나를 위하여 용사를 치시려고 내려오셨도다.

그들은 아말렉 산지의 에브라임에서 왔다네.

베냐민도 너를 따른 자 중에 있었다네.

서쪽 므낫세의 마길 집안에서도 지휘관들이 내려왔다네.

스불론에서도 장교의 지휘봉을 든 자들이 내려왔다네.

잇사갈의 지도자들이 드보라와 함께 있었다네.

잇사갈의 백성은 바락에게 충성하였다네.

그들은 골짜기까지 바락을 따라갔다네.

르우벤 사람들은 어찌해야 할지 몰라 망설이고 있었다네.

어찌하여 너희는 양 떼 곁에 머무르고 있느냐?

양 떼를 위해 부는 목동의 피리 소리를 듣기 위함인가?

르우벤 사람들은 어찌해야 할지 몰라 망설이고 있었다네.

길르앗 백성은 요단 강 동쪽에 머물러 있었다네.

단 백성이여, 너희는 어찌하여 배에 앉아 있는가?

아셀 백성은 바닷가에 앉았고 그들은 시냇가에서 쉬는구나.

스불론 백성은 생명을 아끼지 아니하였구나.

납달리 백성도 싸움터에서 목숨을 내걸었도다.

그때에 가나안 왕들이 와서 싸웠다네.

다아낙에서, 므깃도 물가에서.

그러나 그들은 은도 이스라엘의 물건도 빼앗아 가지 못했다네.

하늘에서 별들이 싸우고 그 다니는 길에서 시스라와 싸웠다네.

기손 강이 시스라의 군대를 쓸어버렸다네.

옛적부터 흐르던 강, 저 기손 강이.

내 영혼아, 네가 힘 있는 자를 밟았도다.

그때에 말발굽 소리가 땅을 울렸다네.
시스라의 힘센 말들이 달리고 또 달렸다네.

'메로스 마을에 저주가 있기를!' 여호와의 천사가 말하였다네.
'그 백성에게 큰 저주가 있을 것이니 그들은 여호와를
도우러 오지 않았고 강한 적과 싸우러 오지도 않았도다.'

겐 사람 헤벨의 아내 야엘은
천막에 사는 다른 모든 여자들보다 더 복을 받을 것이다.
시스라가 물을 구했으나 야엘은 우유를 주었다.
귀한 사람에게 어울리는 그릇에 담아 엉긴 우유를 주었다.
야엘은 장막 말뚝을 잡았고
오른손으로는 일꾼의 망치를 잡았다.
야엘이 시스라를 내리쳤다.
야엘이 시스라의 머리를 부수었다.
야엘이 시스라의 살을 꿰뚫었도다.
야엘의 발 앞에 시스라가 거꾸러졌다.
시스라가 그곳에 쓰러져 누웠다.
야엘의 발 앞에 시스라가 거꾸러졌다.
시스라가 그곳에 쓰러져 죽었다.

시스라의 어머니가 창문으로 밖을 보며 창살 사이로 외쳤도다.
'시스라의 전차가 왜 이리 더디 오는가?
시스라의 전차 소리가 왜 이리 들리지 않는가?'
시스라의 지혜로운 시녀들이 대답하였다.
시스라의 어머니도 혼잣말을 하였다.

'아마 싸워서 이긴 백성의 물건들을 차지하고 있는 게지.
그 물건들을 서로 나누어 가지고 있는 게지.
군인마다 여자를 한두 명씩 얻었을 거야.
시스라도 염색한 옷을 차지했겠지.
아마 염색하고 수를 놓은 옷을
승리자들의 목에 걸어 주고 있을 거야.'

여호와여! 여호와의 적은 모두 이와 같이 죽게 하소서.
그러나 여호와를 사랑하는 사람은
떠오르는 해와 같이 강하게 하소서!"

그리하여 그 땅은 사십 년 동안 평화로웠습니다.

미디안 사람들이 이스라엘을 공격함

이스라엘 백성은 또다시 여호와께서 보시기에 나쁜 일을 했습니다. 그래서 여호와께서는 미디안 백성이 칠 년 동안 이스라엘을 다스리게 하셨습니다. 미디안 사람들은 매우 강했으며 이스라엘 사람들을 잔인하게 대했습니다. 그래서 이스라엘 사람들은 산에 있는 동굴이나 산성에 숨기도 했습니다. 이스라엘 사람들이 농사를 지을 때마다 미디안 사람들과 아말렉 사람들과 동쪽의 다른 사람들이 와서 이스라엘 사람들을 공격했습니다. 그들은 이스라엘 땅에 진을 쳤습니다. 그리고 그들은 이스라엘 사람들이 심어 놓은 농작물을 망쳐 놓았습니다. 그들은 가사 땅에까지 그런 짓을 했습니다. 그들은 이스라엘 사람들이 먹을 것을 남겨 놓지 않았습니다. 양이든 소든 나귀든 하나도 남겨 놓지 않았습니다. 미디안 사람들이 와서 그 땅에 진을 쳤습니다. 그들은 천막과 가축을 가지고 왔는데 마치 메뚜기 떼와 같았습니다. 사람과 낙타가 너무 많아서 셀수 없을 정도였습니다. 미디안 사람들은 그 땅에 들어와서 그 땅을 못 쓰게 만들어 놓았습니다. 이스라엘은 미디안 사람들의 약탈 때문에 매우 가난해졌습니다. 그래서 여호와께 도와 달라고 부르짖었습니다.

이스라엘 사람들은 여호와께 미디안 사람들에게서 구해 달라고 부르짖었습니다. 그래서 여호와께서는 이스라엘 사람들에게 한 예언자를 보내 주셨습니다. 그 예언자가 말했습니다. "이스라엘의 하나님 여호와께서 이렇게 말씀하셨소. '나는 너희가 노예로 있던 땅 이집트에서 너희를 이끌어 내었다. 나는 이집트 백성에게서 너희를 구해 주었다. 또 나는 가나안의 모든 백성을 쫓아내고 그 땅을 너희에게 주었다. 그때에 내가 너희에게 말했다. 나는 너희 하나님 여호와다. 너희는 아모리 사람의 땅에서 살게 될 것이다. 하지만 너희는 그들의 신을 섬겨서는 안 된다. 그러나 너희는 나의 말에 순종하지 않았다.'"

여호와의 천사가 기드온을 찾아오다

여호와의 천사가 오브라의 상수리나무 아래에 와서 앉았습니다. 그 나무는 아비에셀 자손인 요아스의 것이었습니다. 요아스는 기드온의 아버지였습니다. 기드온은 미디안 사람들에게 들키지 않으려고 포도주 틀에서 밀을 타작하고 있었습니다. 여호와의 천사가 기드온에게 나타나 말했습니다. "힘센 용사여! 여호와께서 너와 함께 계신다." 그러자 기드온이 말했습니다. "무슨 말씀입니까? 여호와께서 우리와 함께 계시다면 왜 이토록 많은 괴로움을 겪어야 합니까? 우리 조상들은 우리에게 여호와께서는 많은 기적을 일으키셨다고 이야기해 주었습니다. 또 여호와께서 우리 조상들을 이집트에서 이끌어 내셨다고도 말해 주었습니다. 그렇지만 여호와께서는 지금 우리를 버리셨습니다. 여호와께서는 우리를 미디안 사람들에게 정복당하게 하셨습니다." 여호와께서 기드온을 향해 말씀하셨습니다. "너에게는 이스라엘 백성을 구할 능력이 있으니 가서 너의 백성을 미디안 사람에게서 구하여라. 내가 너를 보낸다." 그러자 기드온이 대답했습니다. "하지만 주여, 제가 어떻게 이스라엘을 구할 수 있겠습니까? 제 집안은 므낫세 지파 중에서도 가장 약합니다. 그리고 저는 제 집안에서도 가장 보잘것없는 사람입니다." 여호와께서 기드온에게 대답하셨습니다. "내가 너와 함께할 것이다. 너는 마치 단 한 사람하고만 싸우는 것처럼 미디안의 군대와 싸워 쉽게 물리칠 것이다." 그러자 기드온이 여호와께 말했습니다. "만일 제가 주님께 은혜를 입었다면 저에게 증거를 주십시오. 저와 이야기하고 있는 분이 정말 주님이시라는 것을 보여 주십시오. 여기에서 기다려 주십시오. 제가 다시 돌아올 때까지 가지 마십시오. 제가 예물을 가져와서 주 앞에 바치겠습니다." 그러자 여호와께서 "네가 돌아올 때까지 기다리겠다"라고 대답하셨습니다.

기드온은 들어가서 어린 염소를 요리했습니다. 기드온은 또 한 에바쯤 되는 가루로 누룩을 넣지 않고 만든 빵인 무교병을 만들고 고기와 함께 바구니에 담았습니다. 그리고 국도 그릇에 담았습니다. 기드온은 그것들을 상수리나무 아래로 가지고 가서 여호와의 천사에게 드렸습니다. 하나님의 천사가 기드온에게 말했습니다. "그 고기와 누룩을 넣지 않고 만든 빵인 무교병을 저기 바위 위에 올려놓아라. 그리고 국을 그 위에 부어라." 기드온은 천사가 시키는 대로 했습니다. 여호와의 천사는 손에 지팡이를 들고 있었는데, 지팡이 끝을 고기와 무교병에 대자 바위에서 불길이 치솟았습니다. 불이 고기와 무교병을 완전히 태워 버렸습니다. 그리고 나서 여호

와의 천사는 사라졌습니다. 그제서야 기드온은 자기가 여호와의 천
사와 이야기하고 있었다는 것을 깨달았습니다. 기드온은 "주 여호
와여! 나를 살려 주십시오. 내가 여호와의 천사를 직접 보았습니다"
라고 소리쳤습니다. 여호와께서는 기드온에게 "안심하여라. 두려워
하지 마라. 너는 죽지 않을 것이다" 하고 말씀하셨습니다. 그래서
기드온은 그곳에 여호와께 예배드릴 제단을 쌓고 그 제단을 여호
와 살롬이라고 불렀습니다. 그 제단은 아직도 아비에셀 사람들이
살고 있는 오브라에 있습니다.

기드온이 바알의 제단을 부서뜨림

그날 밤 여호와께서 기드온에게 말씀하셨습니다. "네 아버지의
수소와 일곱 살 된 다른 수소를 이끌고 오너라. 네 아버지의 바알
제단을 헐어 버려라. 그 곁에 있는 아세라 우상도 찍어 버려라. 그
리고 네 하나님 여호와를 위해 성에서 가장 높은 곳에 제단을 쌓아
라. 돌들을 올바른 순서대로 쌓아라. 그리고 나서 수소를 죽여 그
제단 위에서 태워 드리는 제사인 번제로 드려라. 아세라 우상을 찍
어서 나온 나무로 네 제물을 불살라라." 기드온은 자기 종 열 명을
데리고 여호와께서 하라고 하신 일을 했습니다. 그러나 기드온은
자기 가족과 성 사람들이 자기를 볼까 봐 두려워서 그 일을 낮에
하지 않고 밤에 했습니다.

이튿날 아침에 성 사람들이 일어나 보니 바알을 위한 제단이 무
너져 있었습니다. 그리고 그 곁에 있는 아세라 우상도 찍혀 있었습
니다. 성 사람들은 기드온이 쌓은 제단을 보았습니다. 그 제단 위
에는 수소가 제물로 바쳐져 있었습니다. 성 사람들은 "누가 이런
짓을 했느냐?" 하고 물었습니다. 그들은 그 일을 한 사람을 찾으
려고 서로 캐묻고 자세히 조사했습니다. 그때에 누가 말했습니다.

"요아스의 아들 기드온이다." 그래서 그들은 요아스에게 말했습니다. "당신의 아들을 끌어내시오. 그놈이 바알의 제단을 헐어 버렸소. 그놈이 제단 곁에 있는 아세라 우상도 찍어 버렸소. 그러니 당신의 아들은 죽어야 하오." 요아스는 자기에게 몰려온 화가 난 무리에게 말했습니다. "당신들은 바알의 편을 들 셈이요? 바알을 위할 생각이요? 누구든지 바알의 편을 드는 사람은 이 아침에 죽임을 당할 것이오. 여기 이렇게 무너진 것은 바알의 제단이오. 바알이 과연 여러분들의 신이요? 바알이 신이라면 바알 스스로가 싸우게 하시오." 그래서 그날 기드온은 여룹바알이라는 이름을 얻었는데 그 뜻은 '바알 스스로 싸우게 하라'입니다. 기드온을 이렇게 부른 것은 기드온이 바알의 제단을 무너뜨렸기 때문입니다.

기드온이 미디안을 물리침

모든 미디안 사람과 아말렉 사람과 동쪽의 다른 백성들이 함께 모였습니다. 그들은 요단 강을 건너서 이스르엘 골짜기에 진을 쳤습니다. 여호와의 영이 기드온에게 들어갔습니다. 기드온은 나팔을 불어 아비에셀 사람들이 자기를 따르게 했습니다. 기드온은 므낫세 온 땅에 명령을 받고 심부름하는 사람을 보냈습니다. 므낫세 백성도 부름을 받고 기드온을 따랐습니다. 기드온은 아셀과 스불론과 납달리 백성에게도 심부름하는 사람을 보냈습니다. 그래서 그들도 올라와 기드온과 그의 군대를 맞이했습니다.

그때에 기드온이 하나님께 말했습니다. "주께서는 제가 이스라엘을 구원하는 것을 도와주겠다고 말씀하셨습니다. 보십시오! 제가 타작마당에 양털 한 뭉치를 놓겠습니다. 양털에만 이슬이 맺히고 다른 땅은 모두 마르게 해 주십시오. 그러면 주께서 저를 쓰셔서 이스라엘을 구원하시겠다고 말씀하신 것을 믿겠습니다." 기드온이 말한 대로 되었습니다. 기드온이 이튿날 아침 일찍 일어나 양털을 짰더니 물이 한 그릇 가득히 나왔습니다. 기드온이 다시 하나님께 말했습니다. "저에게 화내지 말아 주십시오. 한 번만 더 말씀드리겠습니다. 한 번만 더 시험해 보게 해 주십시오. 이번에는 양털은 마르게 하시고 그 주변의 땅은 이슬로 젖게 해 주십시오." 그날 밤 하나님께서는 기드온이 말한 대로 하셨습니다. 양털은 말라 있었으나 그 주변의 땅은 이슬로 젖어 있었습니다.

여룹바알이라 하는 기드온과 그의 군대는 아침 일찍 하롯 샘에 진을 쳤습니다. 미디안 사람들은 그들의 북쪽에 진을 치고 있었습니다. 미디안 사람들이 진을 친 곳은 모레라고 부르는 언덕 아래의 골짜기였습니다.

그때에 여호와께서 기드온에게 말씀하셨습니다. "미디안 백성과 싸울 이스라엘 백성이 너무 많다. 이스라엘 사람들이 자기들 힘으로 싸워 승리했다고 자랑하는 것을 듣고 싶지 않다. 그러니 이제 이스라엘 백성에게 이렇게 명령하여라. '누구든지 두려운 사람은 길르앗 산을 떠나 집으로 돌아가도 좋다.'" 그래서 이만 이천 명이 집으로 돌아갔지만 아직 만 명이 남아 있었습니다.

그때에 여호와께서 기드온에게 다시 말씀하셨습니다. "아직도 사람이 너무 많다. 사람들을 물가로 데리고 가거라. 내가 그들을 시험해 보겠다. 그런 뒤 내가 '이 사람들은 너와 함께 갈 것이다' 하고 말하는 사람들은 너와 함께 갈 것이고, 내가 '이 사람들은 너와 함께 가지 않을 것이다' 하고 말하는 사람들은 돌려보내어라." 그래서 기드온은 사람들을 물가로 데리고 갔습니다. 그때 여호와께서 기드온에게 말씀하셨습니다. "사람들을 두 편으로 나누어라. 개처럼 혀로 물을 핥아 먹는 사람과 무릎을 꿇고 물을 먹는 사람을 구별하여 각각 다른 편에 두어라." 여호와의 명령대로 물을 먹는 사람을 보았습니다. 물을 손에 담아 가지고 핥아 먹는 사람은 삼백 명이었고 나머지 사람들은 모두 무릎을 꿇고 물을 먹었습니다. 그때에 여호와께서 기드온에게 말씀하셨습니다. "내가 물을 핥아 먹은 사람 삼백 명으로 너희를 구원하겠다. 너희가 미디안을 물리치도록해 주겠다. 다른 사람들은 모두 집으로 보내어라." 그리하여 기드온은 나머지 이스라엘 사람들을 집으로 돌려보내고 삼백 명만 남겨두었습니다. 기드온은 집으로 돌아간 사람들의 항아리와 나팔을받아 놓았습니다. 미디안의 진은 기드온이 있는 골짜기 아래에 있었습니다.

그날 밤 여호와께서 기드온에게 말씀하셨습니다. "일어나라. 내려가서 미디안의 진을 공격하여라. 내가 그들을 물리치도록 해 주겠다. 그러나 만약 내려가는 것이 두렵거든 너의 종 부라를 데리고가거라. 미디안의 진으로 내려가면 그들이 말하는 것을 듣게 될 것이다. 너는 그 말을 통해 용기를 얻어 그들의 진을 공격할 수 있을것이다." 그래서 기드온과 그의 종 부라는 적진의 가장자리로 내려갔습니다.

기드온이 용기를 얻음

미디안 사람들과 아말렉 사람들과 동쪽의 모든 백성이 그 골짜기에 진을 치고 있었습니다. 사람들이 너무 많아서 마치 메뚜기 떼처럼 보였습니다. 그들이 가진 낙타도 바닷가의 모래알처럼 셀 수없을 정도로 많았습니다. 기드온이 적의 진으로 내려왔을 때 어떤사람이 자기 친구에게 꿈 이야기를 하고 있었습니다. "들어 보게. 꿈을 꾸었는데 말이야, 보리로 만든 빵 한 덩어리가 미디안 진으로들어오더군. 그런데 그 빵이 얼마나 세게 천막을 쳤는지 그만 그 천막이 무너져서 납작해지고 말았어." 그 사람의 친구가 말했습니다. "자네 꿈은 이스라엘 사람인 요아스의 아들 기드온의 칼과 관계가 있어. 하나님께서는 기드온이 미디안과 그 모든 군대를 물리치게 하실 거야."

기드온이 그 이야기를 듣고 하나님께 감사드리고 이스라엘의 진으로 돌아왔습니다. 기드온은 이스라엘 사람들에게 "일어나시오! 여호와께서 미디안 군대를 이기게 해 주셨소" 하고 말했습니다. 기드온은 삼백 명을 세 무리로 나누었습니다. 그리고 모든 사람에게 나팔과 빈 항아리를 나누어 주었습니다. 항아리 속에는 횃불이 들어 있었습니다. 기드온이 사람들에게 말했습니다. "나를 잘 보고 내가 하는 대로 따라 하시오. 내가 적진의 가장자리에 이르면 나와 내 주변에 있는 모든 사람이 나팔을 불 것이오. 그러면 여러분도 가지고 있는 나팔을 부시오. 그리고 나서 '여호와를 위하여! 기드온을 위하여!'라고 외치시오."

미디안을 물리침

기드온과 그를 따르는 군사 백 명이 적진의 가장자리까지 갔습니다. 마침 한밤중이었고 적군이 보초를 막 바꾼 뒤였습니다. 기드온과 그를 따르는 사람들은 나팔을 불며 항아리를 깨뜨렸습니다. 세 무리로 나누어진 기드온의 군사들이 모두 나팔을 불며 항아리를 깨뜨렸습니다. 그들은 왼손에는 횃불을 들고 오른손에는 나팔을 들었습니다. 그리고 나서 "여호와와 기드온을 위한 칼이여!" 하고 외쳤습니다. 기드온의 군사들은 모두 진을 둘러싸고 자기 자리에 서 있었습니다. 그러나 진 안에서는 미디안 사람들이 소리를 지르며 달아나기 시작했습니다. 기드온의 군사 삼백 명이 나팔을 불었을 때 여호와께서는 미디안 사람들끼리 칼을 가지고 서로 싸우게 만드셨습니다. 적군은 스레라의 벧싯다 성과 답밧 성에서 가까운 아벨므홀라 성의 경계선으로 도망쳤습니다. 아벨므홀라는 답밧 성에서 가깝습니다. 그러자 납달리와 아셀과 므낫세에서 모여 온 이스라엘 사람들은 미디안 사람들을 뒤쫓았습니다.

기드온은 에브라임의 모든 산지에 사람을 보내어 말했습니다. "어서 내려와서 미디안 사람들을 공격하시오. 벧바라까지 요단 강을 지키시오. 그래서 미디안 사람들이 요단 강을 건너지 못하도록 하시오." 그리하여 에브라임 사람들이 다 모였습니다. 그들은 벧바라까지 요단 강을 지켰습니다. 에브라임 사람들은 오렙과 스엡이라는 이름을 가진 미디안 왕 두 사람을 사로잡았습니다. 에브라임 사람들은 오렙을 오렙 바위에서 죽였고 스엡은 스엡의 포도주 틀에서 죽였습니다. 그리고 에브라임 사람들은 계속해서 미디안 사람들을 뒤쫓았습니다. 에브라임 사람들은 오렙과 스엡의 머리를 잘라서 기드온에게 가지고 갔습니다. 그때 기드온은 요단 강 동쪽에 있었습니다.

에브라임 사람들이 기드온에게 물었습니다. "왜 우리를 이런 식으로 대하시오? 미디안과 싸우러 나갈 때 왜 우리를 부르지 않았소?" 에브라임 사람들이 화를 내었습니다. 기드온이 대답했습니다. "내가 한 일은 여러분이 한 일보다 못합니다. 여러분 몇 명이 한 일이 아비에셀 사람 모두가 한 일보다 더 낫습니다. 하나님은 여러분이 미디안 왕인 오렙과 스엡을 사로잡도록 해 주셨습니다. 내가 한 일을 어떻게 여러분이 한 일과 비교할 수 있겠습니까?" 에브라임 사람들은 기드온이 하는 그 말을 듣고 더 이상 화를 내지 않았습니다.

기드온이 두 왕을 사로잡음

기드온과 그의 군사 삼백 명이 요단 강에 이르렀습니다. 그들은 지쳐 있었지만 강을 건너 계속 적을 뒤쫓았습니다. 기드온이 숙곳 사람들에게 말했습니다. "내 군사들에게 빵을 좀 주시오. 그들은 매우 지쳐 있소. 나는 미디안 왕인 세바와 살문나를 뒤쫓고 있소." 그러나 숙곳의 지도자들은 거절했습니다. "우리가 왜 당신의 군사들에게 빵을 주어야 합니까? 당신은 아직 세바와 살문나를 사로잡지 못했잖습니까?" 기드온이 말했습니다. "여호와께서는 내가 세바와 살문나를 사로잡도록 도와주실 것이오. 그들을 사로잡은 후에는 광야의 가시와 찔레로 당신들의 살을 찢어 놓고 말 것이오." 기드온은 숙곳을 떠나 브누엘 성으로 갔습니다. 기드온은 숙곳 사람들에게 그랬던 것처럼 그곳에서도 먹을 것을 좀 달라고 했습니다. 그러자 브누엘 사람들도 숙곳 사람들과 똑같은 대답을 했습니다. 그래서 기드온이 브누엘 사람들에게 말했습니다. "내가 승리를 거두고 이리로 돌아올 때 반드시 이 탑을 무너뜨릴 것이오."

세바와 살문나와 그들의 군대는 갈골 성에 있었습니다. 동쪽에서 온 군대 중에서 이미 십이만 명은 죽고 만 오천 명가량 남았습니다. 기드온은 천막에서 사는 사람들의 길을 이용했습니다. 그 길은 노바와 욕브하의 동쪽에 있습니다. 기드온은 적군이 생각할 겨를을 가지지 못하도록 갑자기 공격했습니다. 미디안의 왕인 세바와 살문나가 도망쳤지만 기드온은 그들을 뒤쫓아가서 사로잡았습니다. 기드온과 그의 군대들은 적군을 물리쳐서 이겼습니다.

요아스의 아들 기드온은 헤레스의 비탈 싸움터에서 돌아왔습니다. 기드온은 숙곳에서 온 한 젊은이를 붙잡아서 그에게 몇 가지를 물어봤습니다. 그 젊은이는 기드온에게 숙곳의 지도자들과 장로들의 이름 칠십칠 명을 적어 주었습니다.

기드온이 숙곳을 벌함

그 후 기드온은 숙곳에 이르렀습니다. 기드온이 그 성 사람들에게 말했습니다. "여기에 세바와 살문나가 있소. 당신들은 '우리가 왜 당신의 군사들에게 빵을 주어야 합니까? 당신은 아직 세바와 살문나를 사로잡지 못했잖습니까?'라고 말하면서 우리를 조롱하였소." 그리고 나서 기드온은 그 성의 장로들을 붙잡아서 광야의 가시와 찔레로 벌하였습니다. 기드온은 또 브누엘 탑도 무너뜨리고 그 성 사람들을 죽였습니다.

기드온이 세바와 살문나에게 물었습니다. "너희들이 다볼 산에서 죽인 사람들은 어떻게 생겼었느냐?" 세바와 살문나가 대답했습니다. "그들은 당신처럼 생겼소. 모두가 다 왕처럼 생겼소." 기드온이 말했습니다. "그 사람들은 내 형제들이며 내 어머니의 아들들이다. 살아 계신 여호와를 가리켜 맹세하지만 너희들이 그들을 살려주었으면 나도 너희들을 죽이지 않았을 것이다." 그리고 나서 기드온은 자기 맏아들인 여델을 향하여 "이들을 죽여라" 하고 말했습니다. 그러나 여델은 아직 어린아이여서 칼을 뽑는 것을 두려워했습니다. 그때에 세바와 살문나가 말했습니다. "이보시오. 당신이 우리를 죽이시오. 사내가 할 일을 어린애에게 맡기지 마시오." 기드온이 일어나 세바와 살문나를 죽였습니다. 그리고 그들의 낙타 목에 걸려 있는 장식을 떼 내어 가졌습니다.

기드온이 우상을 만듦

이스라엘 백성이 기드온에게 말했습니다. "당신은 우리를 미디안의 손에서 구했습니다. 그러니 이제 우리를 다스리십시오. 당신과 당신의 자손들이 우리를 다스리기를 원합니다." 그러나 기드온은 이렇게 대답했습니다. "여호와께서 여러분을 다스리실 것입니다.

나와 내 아들은 여러분을 다스리지 않을 것입니다." 기드온이 또 말했습니다. "여러분에게 한 가지만 부탁하겠습니다. 여러분이 싸우는 동안 얻은 물건 중에서 금귀고리를 하나씩 나에게 주십시오." 이번 싸움에서 진 사람들 중에는 이스마엘 사람들도 있었는데 그들은 모두 금귀고리를 달고 다녔습니다. 그러자 이스라엘 백성은 기드온에게 "기꺼이 드리겠습니다" 하고 말했습니다. 그런 다음 이스라엘 백성은 땅 위에 외투 한 벌을 벗어 놓았고 모두가 그 외투 위에 귀고리를 하나씩 던졌습니다. 그렇게 해서 모은 귀고리의 무게는 금 천칠백 세겔가량이었습니다. 그 외에 이스라엘 백성은 기드온에게 장식품과 패물들 그리고 미디안 왕들이 입던 자주색 옷과 낙타 목에 둘렀던 목걸이도 주었습니다. 기드온은 금을 가지고 에봇을 만들어 자기 고향인 오브라에 두었습니다. 그랬더니 모든 이스라엘 백성이 하나님을 섬기지 않고 그 에봇을 섬겼습니다. 그 에봇은 기드온과 그의 가족들이 죄를 짓게 만드는 덫이 되었습니다.

기드온의 죽음

미디안은 이스라엘의 다스림을 받게 되었고 더 이상 말썽을 일으키지 못했습니다. 그래서 기드온이 죽기까지 사십 년 동안 그 땅은 평화로웠습니다.

요아스의 아들 기드온은 자기 고향으로 돌아가 살았습니다. 기드온은 아내가 많았기 때문에 아들이 칠십 명이나 있었습니다. 기드온에게는 세겜에 사는 첩이 한 명 있었는데 이 여자에게도 기드온의 아들이 있었습니다. 기드온은 그 아들의 이름을 아비멜렉이라고 붙여 주었습니다. 요아스의 아들 기드온은 오래 살다가 죽었습니다. 그리고 아버지 요아스의 무덤에 묻혔습니다. 그 무덤은 아비에셀 사람들이 살고 있는 오브라에 있습니다.

기드온이 죽고 나서 이스라엘 백성은 다시 하나님을 섬기지 않았습니다. 그들은 바알 신들을 따랐습니다. 그들은 바알브릿을 자기들의 신으로 삼았습니다. 이스라엘의 하나님께서 이스라엘을 그 주변에 사는 모든 적들한테서 구원해 주셨는데도 불구하고 이스라엘 사람들은 여호와 자기들의 하나님을 기억하지 않았습니다. 여룹바알이라고 하는 기드온이 이스라엘을 위해 좋은 일을 많이 했지만 이스라엘은 기드온의 가족에게 친절을 베풀지 않았습니다.

아비멜렉이 왕이 됨

여룹바알의 아들 아비멜렉이 자기 외삼촌들이 살고 있는 세겜으로 갔습니다. 아비멜렉이 자기 외삼촌들과 자기 어머니의 모든 식구들에게 말했습니다. "세겜의 지도자들에게 이렇게 물어보세요. '여룹바알의 아들 칠십 명이 여러분을 다스리는 것이 좋겠소 아니면 단 한 명이 여러분을 다스리는 것이 좋겠소?' 내가 여러분의 친척이라는 것을 잊지 마시오."

아비멜렉의 외삼촌들이 세겜의 모든 지도자에게 그 말을 전했습니다. 모든 지도자들이 아비멜렉을 따르기로 결정하고 "아비멜렉은 우리의 형제다"라고 말했습니다. 그리고 세겜의 지도자들은 아비멜렉에게 은돈 칠십 개를 주었습니다. 이 은은 바알브릿 신의 신전에서 가지고 온 것입니다. 아비멜렉은 그 은으로 부랑자들을 사서 자기를 따르게 했습니다. 아비멜렉은 자기 아버지의 고향인 오브라로 갔습니다. 그는 그곳에 있는 한 바위 위에서 여룹바알의 아들, 즉 자기의 형제 칠십 명을 죽였습니다. 그러나 여룹바알의 막내아들인 요담은 아비멜렉을 피해 도망갔습니다. 그 후에 세겜과 밀로의 모든 지도자가 세겜에 있는 돌기둥 근처의 큰 나무 곁으로 모였습니다. 그들은 그곳에서 아비멜렉을 왕으로 삼았습니다.

요담의 이야기

요담이 이 소식을 듣고 그리심 산 꼭대기로 올라갔습니다. 요담은 그곳에 서서 백성에게 이렇게 소리쳤습니다. "세겜의 지도자들이여, 내 말을 들어 보십시오. 그러면 하나님도 여러분의 말씀을 들어 주실 것입니다. 어느 날 나무들이 자기들을 다스릴 왕을 뽑기로 결정했습니다. 나무들이 올리브 나무에게 '우리 왕이 되어 주시오' 하고 말했습니다. 그러나 올리브 나무는 '내 기름은 사람과 하나님을 영화롭게 하오. 그런데 내가 어떻게 기름 만드는 일을 그만두고 다른 나무들을 다스리는 일을 하겠소?' 하고 말했습니다. 나무들은 무화과나무에게 가서 '우리 왕이 되어 주시오' 하고 말했습니다. 그러나 무화과나무는 '내가 어떻게 달고도 맛있는 과일 맺는 일을 그만두고 다른 나무들을 다스리는 일을 하겠소?' 하고 말했습니다. 나무들은 포도나무에게 가서 '우리 왕이 되어 주시오' 하고 말했습니다. 그러나 포도나무는 '내 포도주는 사람과 하나님을 기쁘게 하오. 그런데 내가 어떻게 포도 맺는 일을 그만두고 다른 나무들을 다스리겠소?' 하고 말했습니다. 그래서 모든 나무들이 가시나무에게 가서 '우리 왕이 되어 주시오' 하고 말했습니다. 가시나무는 나무들에게 이렇게 말했습니다. '너희가 정말 나를 왕으로 삼고 싶다면 내 그늘에 와서 피하여라. 그러나 그렇지 않으면 가시나무에서 불이 나와 레바논의 백향목을 불살라 버릴 것이다.'

이제 여러분이 아비멜렉을 왕으로 삼은 일이 올바르고 참된 것인지 생각해 보십시오. 여러분은 여룹바알과 그 가족을 올바르게 대접하셨습니까? 여러분도 아시는 것처럼 내 아버지는 여러분을 미디안 사람들의 손에서 구하기 위해 목숨을 걸고 싸웠습니다. 그러나 지금 여러분은 내 아버지의 아들 칠십 명을 한 바위 위에서 죽인 아비멜렉을 세겜 사람들의 왕으로 삼았습니다. 아비멜렉은 내 아버

지의 여종의 아들입니다. 여러분은 단지 아비멜렉이 여러분의 친척
이라는 이유로 아비멜렉을 왕으로 삼았습니다. 만약 여러분이 지금
까지 여룹바알과 그의 가족에게 한 일이 올바르고 참되다면 아비멜
렉을 여러분의 왕으로 삼아 행복하게 사십시오. 또 아비멜렉도 여
러분과 함께 행복하게 되기를 원합니다. 그러나 만약 여러분이 한
일이 올바르지 않다면 아비멜렉에게서 불이 나와 세겜과 밀로의 지
도자들을 태울 것입니다. 또 세겜과 밀로의 지도자들에게서 불이
나와 아비멜렉을 태울 것입니다." 그리고 나서 요담은 도망가서 브
엘 성으로 피했습니다. 그는 자기 형 아비멜렉을 두려워했기 때문
에 그곳에서 살았습니다.

아비멜렉이 세겜과 맞서 싸움

아비멜렉은 삼 년 동안 이스라엘을 다스렸습니다. 하나님께서
는 나쁜 영을 보내셔서 아비멜렉과 세겜의 지도자들 사이에 다툼이
일어나게 하셨습니다. 그래서 세겜의 지도자들이 아비멜렉을 배반
했습니다. 여호와께서 아비멜렉이 여룹바알의 아들 칠십 명을 죽인
일과 세겜 지도자들이 아비멜렉을 도와 그의 형제를 죽이도록 한
악한 일에 대해 갚으신 것입니다. 세겜의 지도자들은 여러 언덕 위
에 사람들을 숨겨 놓고 언덕을 지나가는 사람을 공격하여 그 가진
것을 빼앗게 했습니다. 아비멜렉이 그 이야기를 들었습니다.

가알이라는 사람과 그의 형제들이 세겜으로 이사를 했습니다.
가알은 에벳의 아들이었습니다. 세겜의 지도자들은 가알을 믿고 따
르기로 결정했습니다. 세겜 사람들이 포도밭으로 나가 포도를 따
서 포도주를 만들었습니다. 그리고 신전에서 잔치를 베풀었습니다.
세겜 사람들은 먹고 마시면서 아비멜렉을 저주했습니다. 그때에 에
벳의 아들 가알이 말했습니다. "우리는 세겜 사람입니다. 우리가 왜

아비멜렉의 말을 들어야 합니까? 도대체 아비멜렉이 누구입니까? 아비멜렉은 여룹바알의 아들이 아닙니까? 아비멜렉은 스불을 자기 부하로 삼지 않았습니까? 우리는 아비멜렉의 말을 들을 필요가 없습니다. 우리는 세겜의 아버지인 하몰에게 복종해야 합니다. 우리가 왜 아비멜렉에게 복종해야 합니까? 만약 여러분이 나를 이 백성의 지휘관으로 삼아 주신다면 나는 아비멜렉을 쫓아낼 것입니다. 나는 아비멜렉에게 '네 군대를 이끌고 나오너라. 나와 싸우자!'라고 말할 것입니다."

그때 세겜의 지도자는 스불이었습니다. 스불은 에벳의 아들 가알이 한 말을 듣고 분노했습니다. 스불은 아루마 성에 있던 아비멜렉에게 심부름꾼을 보내어 이렇게 전했습니다. "에벳의 아들 가알과 가알의 형제들이 세겜에 왔습니다. 가알은 세겜 성 사람들이 당신에게 등을 돌리도록 만들고 있습니다. 그러니 당신과 당신의 군대는 밤중에 일어나 성 둘레에 있는 들에 숨어 있다가 아침에 해가 뜨면 성을 공격하십시오. 그러면 가알과 그의 군대가 당신과 싸우기 위해 밖으로 나올 것입니다. 그 뒤의 일은 당신이 알아서 하십시오."

아비멜렉과 그를 따르는 모든 군사가 밤중에 일어났습니다. 그들은 세겜 근처로 가서 군대를 넷으로 나누어 숨었습니다. 에벳의 아들 가알이 밖으로 나가서 성문 입구에 서 있을 때에 아비멜렉과 그의 군사들은 숨어 있던 곳에서 밖으로 나왔습니다. 가알이 군사들을 보고 스불에게 말했습니다. "보시오! 산에서 내려오는 사람들이 있소!" 그러나 스불은 말했습니다. "당신이 본 것은 산의 그림자요. 산의 그림자가 마치 사람처럼 보인 것뿐이오." 그러나 가알이 다시 말했습니다. "보시오. 들 한가운데에서 사람들이 내려오고 있소. 또 므오느님 상수리나무에서 내려오는 사람들도 있소." 스불이 가알에게 말했습니다. "큰소리치던 때의 당신 모습은 어디로 갔소? 당신은 '아비멜렉이 누구냐? 왜 우리가 아비멜렉에게 복종해야 하느냐?' 하고 말하지 않았소? 당신은 이 사람들을 우습게 여겼소. 그러니 이제 나가서 그들과 싸우시오." 가알은 세겜 사람들을 이끌고 나가서 아비멜렉과 싸웠습니다. 세겜 사람들은 아비멜렉에게 쫓겨 도망쳤습니다. 가알의 많은 군사가 성문에 이르기도 전에 죽임을 당했습니다. 아비멜렉은 아루마로 되돌아갔습니다. 스불은 가알과 그의 형제들을 세겜에서 쫓아냈습니다.

이튿날 세겜 백성은 들로 나갈 계획을 세웠습니다. 누군가 아비멜렉에게 그 사실을 전했습니다. 그래서 아비멜렉은 자기 군대를 세 부대로 나누어 숲에 숨겨 두었습니다. 드디어 세겜 사람들이 성에서 나오자 아비멜렉의 군대는 일어나 세겜 사람들을 공격했습니다. 아비멜렉과 그 주력 부대는 쳐들어가 성문을 장악하고 나머지 두 부대도 들로 달려가 백성들을 죽였습니다. 아비멜렉과 그의 군대는 하루 종일 세겜 성에서 싸웠습니다. 그들은 세겜 성을 점령하고 그 성의 백성을 죽였습니다. 그리고 나서 아비멜렉은 그 성을 헐고 무너진 성 위에 소금을 뿌렸습니다.

세겜의 망대

세겜 망대에 살고 있는 사람들이 세겜 성에서 일어난 일에 대해 들었습니다. 그래서 세겜 망대의 지도자들은 엘브릿의 신전 안쪽에 모였습니다. 아비멜렉은 세겜 망대의 모든 지도자들이 그곳에 모여 있다는 소식을 들었습니다. 그래서 아비멜렉은 그의 모든 군대와 함께 세겜에서 가까운 살몬 산으로 올라갔습니다. 아비멜렉은 도끼를 들고 나뭇가지 몇 개를 잘라 내서 자기 어깨 위에 메었습니다. 아비멜렉은 자기를 따르던 모든 군인들에게 "내가 한 대로 하시오.

어서 서두르시오" 하고 말했습니다. 모든 군인들이 나뭇가지를 잘라 아비멜렉을 따라 했습니다. 그들은 나뭇가지를 모아 신전 안쪽 주변에 쌓고 그 위에 불을 질러 그 안에 있던 사람들을 불태워 버렸습니다. 그래서 세겜 망대에 살고 있던 사람들도 다 죽었습니다. 죽은 사람은 남자와 여자를 합하여 모두 천 명이었습니다.

아비멜렉의 죽음

그 후에 아비멜렉은 데베스 성으로 갔습니다. 아비멜렉은 그 성을 에워싼 후에 성을 공격하여 점령했습니다. 그 성안에는 굳건한 망대가 있어서 그 성의 모든 남자와 여자들이 그 망대로 들어갔습니다. 그들은 문을 잠근 후 망대의 지붕으로 올라갔습니다. 아비멜렉은 그 망대에 도착해서 공격하기 시작했습니다. 아비멜렉은 망대에 불을 지르기 위해 문 가까이로 갔습니다. 아비멜렉이 가까이 갔을 때 한 여자가 맷돌 위짝을 아비멜렉의 머리 위로 던졌습니다. 아비멜렉은 그 돌에 맞아 머리가 깨지고 말았습니다. 아비멜렉은 자기의 무기를 들고 다니는 부하를 급히 불러서 말했습니다. "네 칼을 꺼내 나를 죽여라. 사람들이 '아비멜렉은 여자에게 죽임을 당했다'고 말하지 못하게 하여라." 그래서 그 부하가 칼로 찌르자 아비멜렉이 죽었습니다. 이스라엘 백성은 아비멜렉이 죽은 것을 보고 모두 자기 집으로 돌아갔습니다. 하나님께서는 아비멜렉이 악하게 행동했던 모든 일을 되갚으셨습니다. 아비멜렉은 자기 형제 칠십 명을 죽여서 자기 아버지에게 악한 일을 했던 것입니다. 하나님께서는 세겜 사람들이 악하게 행동한 것에 대해서도 벌을 주셨습니다. 그래서 요담이 말했던 저주가 그대로 이루어졌습니다. 요담은 여룹바알의 막내아들이었습니다.

사사 돌라

아비멜렉이 죽은 뒤 다른 사사가 나타나서 이스라엘 백성을 구원했습니다. 그 사사는 부아의 아들 돌라였습니다. 부아는 도도의 아들이었고 돌라는 잇사갈 지파 사람이었습니다. 돌라는 에브라임 산지에 있는 사밀 성에서 살았습니다. 돌라는 이스라엘을 위해 이십삼 년 동안 사사로 있었습니다. 돌라는 죽어서 사밀에 묻혔습니다.

사사 야일

돌라가 죽은 뒤 야일이 사사가 되었습니다. 야일은 길르앗 지역에서 살았습니다. 야일은 이스라엘을 위해 이십이 년 동안 사사로 있었습니다. 야일은 삼십 명의 아들을 두었는데 그들은 삼십 마리의 나귀를 타고 다녔고 길르앗에 있는 삼십 개의 마을을 다스렸습니다. 그 마을들은 아직까지도 야일 마을이라고 불립니다. 야일은 죽어서 가몬 성에 묻혔습니다.

암몬 사람들이 이스라엘을 괴롭힘

이스라엘 사람들은 또다시 여호와께서 보시기에 나쁜 일을 저질렀습니다. 바알과 아스다롯 우상을 섬긴 것입니다. 이스라엘 사람들은 아람과 시돈과 모압과 암몬 백성들의 신들도 섬겼고 블레셋 사람들의 신들도 섬겼습니다. 그들은 여호와를 멀리하고 섬기지 않았습니다. 여호와께서는 이스라엘 사람들에게 화가 나서서 블레셋과 암몬 사람들이 이스라엘을 지배하게 하셨습니다. 같은 해에 블레셋과 암몬 사람들이 요단 강 동쪽에 사는 이스라엘 사람들을 괴롭혔습니다. 이스라엘 사람들은 요단 강 동쪽에 살고 있었는데 그곳은 아모리 사람들이 살던 길르앗 지역에 있습니다. 이스라엘 사람들은 그곳에서 십팔 년 동안 괴롭힘을 당했습니다. 그 후에 암몬 사람들은 요단 강을 건너와서 유다와 베냐민과 에브라임 사람들을 쳤습니다. 암몬 사람들은 이스라엘 사람들에게 많은 괴로움을 주었습니다.

그래서 이스라엘 사람들은 여호와께 부르짖었습니다. "우리가 여호와 앞에 죄를 지었습니다. 우리가 우리 하나님을 떠나 바알 우상을 섬겼습니다." 여호와께서 이스라엘 사람들에게 대답하셨습니다. "너희는 이집트 사람과 아모리 사람과 암몬 사람과 블레셋 사람들이 너희를 괴롭힐 때 나에게 부르짖었다. 나는 그때 너희를 그 사람들의 손에서 구해 주었다. 또 너희는 시돈 사람과 아말렉 사람과 마온 사람이 괴롭힐 때에도 나에게 부르짖었다. 그때도 나는 너희를 구해 주었다. 그런데도 너희는 나를 저버리고 다른 신들을 섬겼다. 따라서 나도 다시는 너희를 구해 주지 않을 것이다. 너희는 다른 신들을 선택했으니 그들에게 가서 도와 달라고 하여라. 너희가 괴로움을 당할 때 그 신들에게 너희를 구해 달라고 하여라." 이에 이스라엘 백성이 여호와께 말씀드렸습니다. "우리가 죄를 지었습니다. 주께서 어떻게 하시든지 우리가 그대로 따르겠습니다. 그러니 이번만은 우리를 구해 주십시오." 그리고 나서 이스라엘 사람들은 자기들 중에 있던 다른 나라 신들을 없애 버리고 다시 여호와를 섬겼습니다. 그러자 여호와께서도 이스라엘 사람들이 괴로움 가운데 있는 것을 보시고 마음 아파하셨습니다.

암몬 백성은 전쟁을 하기 위해 길르앗에 진을 쳤고 이스라엘 사람들도 미스바에 진을 쳤습니다. 길르앗 백성의 지도자들은 "누가 우리를 이끌고 암몬 백성과 맞서 싸움을 시작할 것인가? 그 사람은 길르앗에 사는 모든 사람의 통치자가 될 것이다" 하고 말했습니다.

입다가 지도자로 뽑힘

길르앗 사람인 입다는 뛰어난 용사였습니다. 입다는 아버지 길르앗이 창녀를 통해 낳은 아들이었습니다. 길르앗의 아내는 아들이 여러 명이었는데 그 아들들이 어른이 되자 입다를 집에서 쫓아냈습니다. 그들이 입다에게 말했습니다. "너는 우리 아버지의 재산을 조금도 가질 수 없다. 이는 네가 다른 여자의 아들이기 때문이다." 그래서 입다는 자기 형제들 사이에서 도망쳐 돕 땅에서 살았습니다. 그리고 그곳의 부랑자들과 함께 어울렸습니다.

얼마 후 암몬 백성이 이스라엘을 치려 했습니다. 그때에 길르앗의 장로들이 입다를 찾아왔습니다. 그들은 입다가 길르앗으로 돌아오기를 원했습니다. 장로들이 입다에게 말했습니다. "와서 우리 군대를 이끌고 암몬 사람과 싸워 주시오." 입다가 대답했습니다. "당신들은 나를 미워하지 않았소? 당신들은 나를 내 아버지 집에서 쫓아내었소. 이제 어려움을 당하게 되니까 나를 찾는 겁니까?" 길르앗의 장로들이 입다에게 대답했습니다. "제발 우리에게 와서 암몬 사람들과 싸워 주시오. 당신은 길르앗에 사는 모든 사람의 통치자가 될 것이오." 그러자 입다가 길르앗 장로들에게 말했습니다. "당신들과 함께 길르앗으로 돌아가서 암몬 사람들과 싸운다고 합시다. 만약 여호와께서 나를 도와 이긴다면 나를 당신들의 통치자로 세우겠단 말이오?" 길르앗의 장로들이 입다에게 말했습니다. "여호와께서 우리가 말한 모든 것을 듣고 계시오. 당신이 말한 모든 것을 그대로 지킬 것을 약속하오." 그래서 입다는 길르앗의 장로들과 함께 갔습니다. 길르앗 백성은 입다를 자기들의 지도자이자 군대의 지휘관으로 삼았습니다. 입다는 미스바에서 자기가 했던 모든 말을 여호와 앞에서 한 번 더 말했습니다.

입다가 암몬 왕에게 사자를 보냄

입다가 암몬 사람들의 왕에게 사자를 보냈습니다. 입다의 사자들이 물었습니다. "이스라엘이 당신에게 잘못한 것이 무엇이오? 당신은 왜 우리 땅을 공격하러 왔소?" 암몬 왕이 대답했습니다. "이스라엘이 이집트에서 나올 때에 우리 땅을 빼앗았기 때문이오. 당신들은 아르논 강에서 얍복 강과 요단 강으로 이어지는 우리 땅을 빼앗아 갔소. 그러니 이제 이스라엘 백성에게 가서 우리 땅을 평화롭게 돌려주라고 전하시오." 입다가 암몬 왕에게 다시 사자들을 보냈습니다. 입다는 다음과 같은 말을 전하게 했습니다. "입다가 이렇게 말하였소. 이스라엘은 모압이나 암몬 백성의 땅을 빼앗지 않았소. 이스라엘 백성은 이집트에서 나올 때에 광야로 들어가서 홍해를 지나 가데스에 도착했소. 거기서 이스라엘은 에돔 왕에게 사자들을 보내어 '이스라엘 백성이 당신의 땅을 지나가게 해 주시오'라고 요청했소. 그러나 에돔 왕은 허락하지 않았소. 우리는 모압 왕에게도 사자들을 보냈소. 그러나 모압 왕 역시 우리가 자기 땅을 지나가는 것을 허락하지 않았소. 그래서 이스라엘 사람들은 가데스에 더 머물렀소.

그 후에 이스라엘 사람들은 광야로 들어가 에돔과 모압 땅의 경계를 돌아서 갔소. 이스라엘은 모압 땅 동쪽으로 걸어가 아르논 강 건너편에 진을 쳤소. 그곳이 모압 땅의 경계였지만 이스라엘 사람들은 아르논 강을 건너 모압 땅으로 들어가지 않았소. 그때 이스라엘은 아모리 사람들의 왕 시혼에게 사자들을 보냈소. 시혼은 헤스본 성의 왕이었는데 사자들은 시혼에게 '이스라엘 백성이 당신의 땅을 지나가게 해 주십시오. 우리는 우리 땅으로 가고 싶습니다' 하고 말했소. 시혼은 이스라엘 사람들이 자기 땅으로 지나가는 것을 허락하지 않았소. 도리어 자기 백성을 모두 모아 야하스에 진을 쳤고

아모리 사람들은 이스라엘과 싸움을 했소. 이스라엘의 하나님 여
호와께서는 이스라엘을 도우셔서 시혼과 그의 군대를 물리치도록
해 주셨소. 아모리 사람들의 모든 땅이 이스라엘의 재산이 되었소.
이스라엘은 아르논 강에서 얍복 강까지 이르고 광야 쪽으로는 요
단 강에 이르는 아모리 사람들의 모든 땅을 차지하였소. 이스라엘
백성 앞에서 아모리 사람들을 쫓아내신 분은 이스라엘의 하나님이
신 여호와셨소. 그런데도 당신은 이스라엘 백성을 이 땅에서 쫓아
낼 수 있다고 생각하시오? 물론 당신은 당신의 신인 그모스가 준
땅에서 살 수 있을 것이오. 마찬가지로 우리도 우리 하나님이신 여
호와께서 우리에게 주신 땅에서 살 것이오. 당신이 십볼의 아들 발
락보다 나은 것이 무엇이오? 발락은 모압의 왕이었소. 발락이 이스
라엘 백성과 다투거나 싸운 적이 있소? 이스라엘 사람들은 헤스본
과 아로엘과 그 주변 마을들과 아르논 강 주변의 모든 성에서 삼백
년 동안 살아왔소. 그동안 당신은 왜 그 땅을 도로 찾아가지 못했
소? 나는 당신에게 죄를 지은 것이 없소. 그러나 당신은 전쟁을 일
으켜서 나에게 죄를 짓고 있소. 심판자이신 여호와께서 이스라엘과
암몬 사람들 중 어느 쪽이 옳은지를 가려 주실 것이오." 그러나 암
몬 왕은 입다가 한 말을 무시했습니다.

입다의 약속

그 후에 여호와의 영이 입다에게 내렸습니다. 입다는 길르앗과
므낫세를 지나 길르앗 지역에 있는 미스바에 이르렀습니다. 입다는
길르앗의 미스바에서 암몬 사람들의 땅으로 나아갔습니다. 입다는
여호와께 한 가지 약속을 했습니다. "제가 암몬 사람들을 물리치도
록 해 주시면 저는 여호와께 태워 드리는 제물인 번제물을 바치겠
습니다. 제가 승리를 거두고 돌아올 때 제 집에서 저를 맞으러 나

오는 첫 번째 사람을 여호와께 바치겠습니다. 번제로 그를 여호와께 드리겠습니다." 그리고 나서 입다는 암몬 사람들과 싸웠습니다. 여호와께서 입다를 도우셔서 암몬 사람들을 물리쳤습니다. 입다는 암몬 사람들을 아로엘 성에서부터 민닛 지역까지 그리고 아벨 그라밈 성까지 쫓아갔습니다. 입다는 이 지역에 있는 성 이십 곳을 점령하는 큰 승리를 거뒀습니다. 이렇게 이스라엘 사람들은 암몬 사람들을 크게 물리쳤습니다.

입다가 미스바에 있는 집으로 돌아올 때 입다의 딸이 그를 맞으러 나왔습니다. 입다의 딸은 소고를 치며 춤을 췄습니다. 입다의 자녀는 오직 이 딸 하나밖에 없었습니다. 입다는 자기 딸을 보자 놀라고 당황해서 자기 옷을 찢었습니다. 입다가 말했습니다. "내 딸아! 네가 나를 너무나 슬프게 하는구나. 내가 여호와께 약속을 했는데 그것은 깨뜨릴 수 없는 것이란다." 그때에 입다의 딸이 말했습니다. "아버지, 아버지가 여호와께 약속하셨으니 그 약속대로 하세요. 여호와께서는 아버지를 도우셔서 아버지의 적인 암몬 사람들을 물리칠 수 있게 하셨어요. 그렇지만 제게도 한 가지 부탁이 있어요. 제가 두 달 동안 산에서 지낼 수 있도록 해 주세요. 나는 결혼도 못하고 죽어요. 그러니 친구들과 함께 산에 가서 올 수 있게 해 주세요." 입다는 "가거라" 하고 말했습니다. 입다는 두 달 동안 딸이 산에서 지낼 수 있도록 해 주었습니다. 입다의 딸과 그 친구들은 그동안 산에 머무르며 결혼하지 못하고 죽는 것에 대해 슬퍼하였습니다. 두 달이 지나자 입다의 딸은 자기 아버지에게 돌아왔습니다. 입다는 자기가 여호와께 약속한 대로 했고 입다의 딸은 남자를 알지 못한 채 죽고 말았습니다. 이때부터 이스라엘에서는 하나의 관습이 생겼습니다. 이스라엘의 여자들은 해마다 사 일 동안 밖으로 나가 길르앗 사람인 입다의 딸을 기억하며 슬피 울었습니다.

입다와 에브라임 사람들

에브라임 사람들이 모여 북쪽으로 왔습니다. 그들이 입다에게 말했습니다. "당신은 암몬 사람들과 싸우러 강을 건너갈 때에 왜 우리를 부르지 않았소? 우리는 당신과 당신 집을 불로 태워 버리겠소." 입다가 그들에게 대답했습니다. "내 백성과 나는 암몬 사람들과 큰 싸움을 치렀소. 나는 당신들을 불렀지만 당신들은 나를 도우러 오지 않았소. 나는 당신들이 나를 도울 뜻이 없는 것으로 알고 내 목숨을 걸고 암몬 사람들과 싸웠소. 여호와께서 나를 도우셔서 그들을 물리치게 해 주셨소. 그런데 이제 와서 당신들이 나와 싸우겠다니 이게 어찌 된 일이오?" 에브라임 사람들이 길르앗 사람들을 조롱하였습니다. "너희들은 원래 에브라임과 므낫세에서 도망친 자들이다." 입다는 길르앗 사람들을 불러 모아 에브라임 사람들과 싸웠습니다. 길르앗 사람들은 에브라임 사람들이 도망치지 못하도록 요단 강의 나루터를 먼저 차지하여 지키고 있었습니다. 에브라임 사람들이 도망치면서 "강을 건너게 해 주시오"라고 말하면 길르앗 사람들은 "당신은 에브라임 사람이 아니오?" 하고 물어보았습니다. 만약 그 사람이 "아닙니다"라고 대답하면 길르앗 사람들은 그 사람에게 '쉽볼렛'이라는 소리를 내 보라고 말했습니다. 에브라임 사람들은 그 단어를 바르게 소리 내지 못하였습니다. 만약 '십볼렛'이라고 말하면 길르앗 사람은 나루터에서 그 사람을 죽여 버렸습니다. 그때 에브라임 사람 사만 이천 명이 죽임을 당했습니다.

입다는 이스라엘 백성을 위해 육 년 동안 사사로 있었습니다. 그 후 길르앗 사람 입다는 죽어서 길르앗에 있는 어떤 마을에 묻혔습니다.

사사 입산

입다가 죽은 후에 입산이 이스라엘의 사사가 되었습니다. 입산은 베들레헴 사람이었습니다. 입산은 아들 삼십 명과 딸 삼십 명을 두었습니다. 입산은 자기 딸들을 다른 지방 남자들에게 시집보냈습니다. 또 다른 지방의 여자 삼십 명을 데려와 자기 아들들의 아내로 삼았습니다. 입산은 칠 년 동안 이스라엘의 사사로 있었고 그 후에 죽어서 베들레헴에 묻혔습니다.

사사 엘론

입산이 죽은 후에 엘론이 이스라엘의 사사가 되었습니다. 엘론은 스불론 사람이었고 십 년 동안 이스라엘의 사사로 있었습니다. 스불론 사람 엘론은 죽어서 스불론 땅에 있는 아얄론 성에 묻혔습니다.

사사 압돈

엘론이 죽은 후에 압돈이 이스라엘의 사사가 되었습니다. 압돈은 힐렐의 아들이었고 비라돈 성 사람이었습니다. 압돈은 사십 명의 아들과 삼십 명의 손자를 두었는데 그들은 나귀 칠십 마리를 타고 다녔습니다. 압돈은 팔 년 동안 이스라엘의 사사로 있었고 그가 죽은 후에는 에브라임 땅에 있는 비라돈에 묻혔습니다. 비라돈은 아말렉 사람들이 살던 산지에 있습니다.

삼손이 태어남

이스라엘 백성이 또다시 하나님 보시기에 나쁜 일을 저질렀습니다. 그래서 하나님은 블레셋 사람이 이스라엘을 사십 년 동안 다스리게 하셨습니다.

소라 성에 마노아라는 사람이 있었습니다. 마노아는 단 지파 사람이었습니다. 마노아의 아내는 아이를 낳지 못했습니다. 여호와의 천사가 마노아의 아내에게 나타나서 말했습니다. "너는 지금까지 아이를 낳지 못했다. 그러나 이제 임신하여 아들을 낳게 될 것이다. 너는 포도주나 독주를 마시지 마라. 부정한 것은 아무것도 먹지 마라. 너는 임신하여 아들을 낳게 될 것이다. 아들을 낳으면 그의 머리를 깎지 마라. 그는 태어나면서부터 하나님께 바쳐진 나실인이 될 것이다. 그는 블레셋 사람의 손에서 이스라엘을 구원하는 일을 시작할 것이다." 마노아의 아내는 자기가 겪었던 일을 남편에게 말했습니다. "하나님께서 보내신 사람이 저에게 왔어요. 그분의 모습은 하나님의 천사와 같았기에 너무나도 두려워서 어디서 왔냐고 물어보지도 못했어요. 그분은 자신의 이름을 말해 주지 않았어요. 그러나 그분이 이렇게 말했어요. '너는 이제 임신하여 아들을 낳게 될 것인데 포도주나 독주를 마시지 마라. 부정한 것은 그 어떤 것도 먹지 마라. 그 아기는 태어나면서부터 죽을 때까지 하나님께 바쳐진 나실인이 될 것이다.'"

그 말을 듣고 마노아는 여호와께 기도드렸습니다. "주여, 주께서 보내셨던 하나님의 사람이 저희에게 다시 오기를 바랍니다. 그래서 우리에게 태어날 아기에 대해 우리가 어떻게 해야 되는지 가르쳐 주십시오." 하나님께서 마노아의 기도를 들으셨습니다. 하나님의 천사가 마노아의 아내에게 다시 나타났습니다. 그때 마노아의 아내는 들에 앉아 있었습니다. 마노아는 거기에 없었습니다. 그래서 마노아의 아내는 남편에게 달려가서 말했습니다. "그 사람이 왔어요! 전에 저에게 나타났던 사람이 지금 왔어요!" 마노아는 일어나서 자기 아내를 따라갔습니다. 마노아는 하나님의 천사에게 다가가 물었습니다. "당신이 제 아내에게 말씀하셨던 그분입니까?" 그 사람이 대답했습니다. "그렇다." 마노아가 또 물었습니다. "당신이 말씀하신 일이 일어나면 태어날 아기를 어떻게 길러야 합니까? 우리는 그 아이에게 무엇을 해야 합니까?" 여호와의 천사가 말했습니다. "너의 아내는 내가 전에 말한 모든 것을 지켜야 한다. 포도나무에서 나는 것은 무엇이든 먹지 말아야 하고 포도주나 독주를 마셔도 안 된다. 또 부정한 것은 무엇이든지 먹지 말아야 한다. 너의 아내는 내가 명령한 모든 것을 지켜야 한다."

마노아가 여호와의 천사에게 말했습니다. "잠시 동안만 여기 머물러 계십시오. 당신을 위해 염소 새끼를 요리해 드리겠습니다." 여호와의 천사가 대답했습니다. "내가 잠시 머무른다 할지라도 너의 음식을 먹지는 않을 것이다. 그러나 음식을 마련할 생각이 있다면 여호와께 태워 드리는 제물인 번제물을 드리도록 하여라." 마노아는 그 사람이 여호와의 천사라는 것을 전혀 알지 못했습니다. 마노아가 여호와의 천사에게 말했습니다. "당신의 이름이 무엇인지 알고 싶습니다. 이름을 알아야 당신이 말씀하신 것이 이루어질 때 당신께 영광을 돌릴 수 있지 않겠습니까?" 여호와의 천사가 말했습니다. "왜 내 이름을 묻느냐? 내 이름은 기묘이다." 그 후에 마노아는 한 바위 위에서 염소 새끼와 곡식을 여호와께 제물로 바쳤습니다. 그때 여호와께서 놀라운 일을 하셨는데 마노아와 그의 아내는 그것을 지켜보았습니다. 불꽃이 제단에서부터 하늘로 치솟았습니다. 불이 타고 있을 때 여호와의 천사가 그 불을 타고 하늘로 올라갔습니다. 마노아와 그의 아내는 그 모습을 보고 얼굴을 땅에 대고 엎드렸습니다.

마노아와 그의 아내에게 여호와의 천사가 다시는 나타나지 않았습니다. 마노아는 그때서야 비로소 그 사람이 여호와의 천사라는 것을 알았습니다. 마노아가 말했습니다. "우리가 하나님을 보았다! 그러니 우리는 이제 죽을 것이다." 그러나 마노아의 아내가 자기 남편에게 말했습니다. "여호와께서는 우리를 죽이지 않으실 거예요. 우리를 죽이실 생각이었다면 우리의 번제물이나 곡식 제물도 받지 않으셨을 거예요. 또 여호와께서는 이 모든 일을 우리에게 보여 주지도 않으셨을 것이고 말씀해 주지도 않으셨을 거예요." 마노아의 아내는 아들을 낳았습니다. 그리고 이름을 삼손이라고 지었습니다. 삼손은 자라나면서 여호와의 복을 받았습니다. 삼손이 소라와 에스다올 성 사이에 있는 마하네단에 있을 때에 여호와의 영이 그의 안에서 일하기 시작하셨습니다.

삼손의 결혼

삼손은 딤나 성으로 내려가서 어떤 블레셋 처녀를 보았습니다. 삼손은 집으로 돌아와서 자기 아버지와 어머니에게 말했습니다. "딤나에서 어떤 블레셋 여자를 보았습니다. 그 여자를 저에게 데려다주세요. 그 여자와 결혼하고 싶습니다." 삼손의 아버지와 어머니가 대답했습니다. "이스라엘에도 너와 결혼할 여자가 얼마든지 있다. 그런데 너는 왜 그 블레셋 여자와 결혼하겠다는 말이냐? 블레셋 사람들은 할례도 받지 않았다." 그러나 삼손은 "그 여자를 데려다주세요. 나는 그 여자와 결혼하겠어요"라고 말했습니다.

삼손의 부모는 여호와께서 이 일을 계획하셨다는 것을 모르고 있었습니다. 여호와께서는 블레셋 사람들을 칠 기회를 찾고 계셨습니다. 그때 이스라엘은 블레셋의 다스림을 받고 있었습니다.

삼손은 자기 아버지, 어머니와 함께 딤나로 내려갔습니다. 그들은 딤나에서 가까운 포도밭에 갔는데 그때 갑자기 한 어린 사자가 으르렁거리면서 삼손에게 다가왔습니다. 여호와의 영이 삼손에게 들어가자 삼손은 큰 힘을 얻었습니다. 삼손은 마치 염소 새끼를 찢듯이 맨손으로 그 사자를 찢어 버렸습니다. 그러나 삼손은 자기가한 일을 아버지와 어머니에게는 말하지 않았습니다. 삼손은 딤나성으로 내려갔습니다. 삼손은 딤나 성에서 블레셋 여자를 만나 이야기해 보고 그 여자를 더욱 좋아하게 되었습니다.

며칠 후 삼손은 그 여자와 결혼하기 위해 다시 딤나로 갔습니다. 딤나로 가는 길에 삼손은 자기가 죽인 사자가 놓여 있는 곳으로 가 보았습니다. 사자의 몸속에는 벌 떼가 있었습니다. 그 벌 떼는 꿀을 만들고 있었습니다. 삼손은 손으로 꿀을 떼어 내어 걸어가면서 먹었습니다. 삼손이 자기 부모에게 그 꿀을 드려서 그들도 꿀을 먹었습니다. 그러나 삼손은 그 꿀이 죽은 사자의 몸에서 떼어낸 것이라는 말은 하지 않았습니다.

삼손의 아버지는 블레셋 여자를 보러 내려갔습니다. 그때는 신랑이 아내가 될 처녀의 동네에서 잔치를 베푸는 것이 관례였으므로 삼손은 거기에서 잔치를 베풀었습니다. 사람들은 삼손에게 삼십 명의 젊은이를 보내 그와 즐겁게 지내도록 했습니다.

삼손의 수수께끼

그때에 삼손이 블레셋 사람 삼십 명에게 말했습니다. "내가 수수께끼를 하나 내겠소. 이 잔치는 일주일 동안 계속될 텐데 이 잔치기간 동안에 내가 내는 수수께끼의 답을 알아맞히면 베옷 삼십 벌과 겉옷 삼십 벌을 주겠소. 하지만 답을 알아맞히지 못하면 당신들이 나에게 베옷 삼십 벌과 겉옷 삼십 벌을 줘야 하오." 그러자 그들이 말했습니다. "당신이 내려는 수수께끼를 말해 보시오. 어디 한번들어 봅시다." 삼손이 말했습니다.

   "먹는 자에게서 먹을 것이 나오고
   강한 자에게서 단것이 나온다."

그 삼십 명은 삼 일 동안 이 수수께끼를 풀려고 애썼습니다. 하지
만 답을 알아낼 수가 없었습니다.
   사 일째 되는 날 그들은 삼손의 아내에게 가서 말했습니다. "너
는 우리가 가진 것을 빼앗으려고 이곳에 초대했느냐? 네 남편을 꾀
어서 그 수수께끼의 답을 우리에게 알려 다오. 만약 알려 주지 않
으면 너와 네 아버지의 집에 있는 것을 다 불태워 버릴 것이다." 그
래서 삼손의 아내는 삼손에게 가 울면서 말했습니다. "당신은 나를
미워하는 것 같아요. 당신은 나를 진정으로 사랑하지 않아요. 내
백성에게 수수께끼를 내놓고는 나에게는 왜 그 답을 가르쳐 주지
않죠?" 삼손이 말했습니다. "나는 내 아버지와 어머니에게도 답을
가르쳐 드리지 않았소. 그런데 내가 왜 당신에게 가르쳐 주겠소?"
삼손의 아내는 나머지 잔칫날 동안 계속 울며 졸라댔습니다. 그래
서 삼손은 칠 일째 되는 날 마침내 답을 가르쳐 주고 말았습니다.
그것은 그동안 그의 아내가 계속 귀찮게 굴었기 때문입니다. 그러
자 삼손의 아내는 자기 백성에게 그 수수께끼의 답을 가르쳐 주었
습니다. 잔치 칠 일째 되는 날 해 지기 전에 블레셋 사람들이 삼손
에게 와서 수수께끼의 답을 말했습니다.

   "꿀보다 단 것이 어디 있느냐?
   사자보다 강한 것이 어디 있느냐?"

그러자 삼손이 그들에게 말했습니다.

"당신들이 내 암송아지로 밭을 갈지 않았더라면
내 수수께끼를 풀지 못했을 것이다."

그때에 여호와의 영이 삼손에게 임하여 삼손에게 큰 힘이 생겼습니다. 삼손은 아스글론 성으로 내려가서 그곳에 있던 삼십 명의 사람을 죽이고 그들이 가진 옷과 재산을 모두 빼앗아 수수께끼를 푼 사람들에게 주었습니다. 삼손은 몹시 화가 나서 자기 아버지 집으로 돌아갔습니다. 삼손의 아내는 그의 결혼식에 참석했던 사람 중에서 삼손과 제일 친하게 지냈던 친구에게 주어졌습니다.

삼손이 블레셋 사람과 다툼

밀을 거두어들일 무렵 삼손은 새끼 염소를 가지고 자기 아내를 찾아갔습니다. 삼손은 "내 아내의 방으로 들어가겠습니다"라고 말했습니다. 그러나 삼손의 장인은 삼손을 못 들어가게 했습니다. 삼손의 장인이 말했습니다. "나는 자네가 내 딸을 미워하는 줄 알았네. 그래서 나는 내 딸을 결혼식에 참석했던 자네 친구에게 주었네. 그 동생은 더 예쁘니 그 애를 데려가게." 그러나 삼손이 장인에게 말했습니다. "이제 내가 블레셋 사람을 해치더라도 나에게는 책임이 없습니다." 삼손은 밖으로 나가서 여우 삼백 마리를 잡아 두 마리씩 서로 꼬리를 붙들어 매고는 그 사이에 홰를 하나씩 매달았습니다. 그리고 나서 홰에 불을 붙인 다음 여우들을 블레셋 사람들의 밭에 풀어놓았습니다. 이렇게 하여 삼손은 블레셋 사람의 베지 않은 곡식과 베어 놓은 곡식단을 불태워 버렸고 포도밭과 올리브 나무들도 불태워 버렸습니다. 블레셋 사람들은 "누가 이런 짓을 했느냐?" 하고 서로 물었습니다. 누군가가 말했습니다. "딤나 사람의 사위인 삼손이 이런 짓을 했다. 이는 그의 장인이 삼손의 아내를 그의 친구에게 주었기 때문이다." 그러자 블레셋 사람들은 삼손의 아내와 그 아버지를 불태워 죽였습니다. 그때에 삼손이 블레셋 사람들에게 말했습니다. "너희가 이런 일을 했으니 나도 너희를 그냥 두지 않겠다. 내가 반드시 복수하고 말겠다." 삼손은 블레셋 사람들을 공격하여 많은 사람을 죽이고 에담 바위 동굴에 머물렀습니다.

그때 블레셋 사람들이 올라와서 유다 땅에 진을 쳤습니다. 블레셋 사람들은 레히라는 곳에 멈췄습니다. 유다 사람들이 그들에게 물었습니다. "너희는 왜 이곳에 와서 우리와 싸우려 하느냐?" 블레셋 사람들이 대답했습니다. "삼손을 붙잡아 가려고 왔다. 삼손이 우리 백성에게 한 대로 우리도 삼손에게 해 주겠다." 그러자 유다 사람 삼천 명이 에담 바위에 있는 동굴로 가서 삼손에게 말했습니다. "당신은 블레셋 사람들이 우리를 다스리고 있다는 것을 모르오? 어찌하여 우리에게 화를 미치게 하였소?" 삼손이 대답했습니다. "나는 블레셋 사람이 나에게 한 일을 블레셋 사람들에게 갚아 준 것뿐이오." 그러자 유다 사람들이 삼손에게 말했습니다. "우리는 당신을 묶어서 블레셋 사람들에게 넘겨주겠소." 삼손이 말했습니다. "그렇다면 당신들은 나를 해치지 않겠다고 약속해 주시오." 유다 사람들이 말했습니다. "약속하오. 우리는 단지 당신을 묶어 블레셋 사람들에게 넘겨주기만 하겠소. 당신을 죽이지는 않겠소." 유다 사람들은 삼손을 새 밧줄 두 개로 묶은 후 바위 동굴에서 데리고 나왔습니다.

삼손이 레히라는 곳에 이르자 블레셋 사람들이 삼손에게 다가왔습니다. 블레셋 사람들은 기뻐서 소리를 질렀습니다. 그때에 여호와의 영이 삼손에게 임하여 삼손에게 큰 힘이 생겼습니다. 그래서 삼손을 묶고 있던 밧줄이 마치 불에 탄 실처럼 약해져서 삼손의 손에서 떨어져 나갔습니다. 삼손은 죽은 지 얼마 되지 않은 나귀의 턱뼈를 주워 들고 천 명이나 되는 사람을 죽였습니다. 그때에 삼손이 말했습니다.

"나귀의 턱뼈 하나로 무더기에 무더기를 쌓았네.
나귀의 턱뼈 하나로 천 명이나 죽였네."

삼손은 이 말을 한 후에 턱뼈를 던져 버렸습니다. 그래서 그곳은 라맛레히라고 불리게 되었습니다.

삼손이 매우 목이 말라 여호와께 부르짖었습니다. "나는 여호와의 종입니다. 여호와께서는 저에게 이렇게 큰 승리를 주셨는데 제가 이제 목말라 죽어야 합니까? 할례받지 않은 백성에게 사로잡혀야 합니까?" 그때 하나님은 레히 땅의 한 곳에 구멍을 내시고 물을 주셨습니다. 삼손은 그 물을 마시고 다시 기운을 차렸습니다. 그래서 삼손은 그 샘의 이름을 엔학고레라고 지었습니다. 그 샘은 지금까지도 레히에 있습니다. 이처럼 삼손은 이십 년 동안 이스라엘의 사사로 있었습니다. 그때는 블레셋 사람들이 다스리던 시대였습니다.

삼손이 가사 성으로 가다

어느 날 삼손이 가사에 갔다가 한 창녀를 보았습니다. 삼손은 그날 밤을 그 창녀와 함께 지내기 위해서 그 집으로 들어갔습니다. 어떤 사람이 가사 백성에게 와서 "삼손이 이곳에 왔다" 하고 말했습니다. 그래서 그들은 그곳을 에워싸고 숨어서 숨을 죽인 채 밤새도록 성문 곁에서 삼손을 기다렸습니다. 그들은 서로 이렇게 말했습니다. "새벽이 되면 삼손을 죽여 버리자." 하지만 삼손은 그 창녀와 함께 있다가 한밤중이 되자 자리에서 일어났습니다. 그리고 삼손은 성문의 문짝과 두 기둥과 빗장을 부수고 그것들을 자기 어깨에 메고 헤브론 성이 마주 보이는 언덕 꼭대기까지 가져갔습니다.

삼손과 들릴라

이 일이 있은 후에 삼손은 들릴라라는 여자와 사랑에 빠졌습니다. 들릴라는 소렉 골짜기에 살았습니다. 블레셋 왕들이 들릴라에게 가서 말했습니다. "삼손을 그처럼 강하게 하는 것이 무엇인지 알아내어라. 삼손을 꾀어 그 이유를 털어놓도록 만들어라. 삼손을 붙잡아 묶을 수 있는 방법을 찾아내어라. 그렇게 해 주면 우리가 각각 너에게 은 천백 세겔을 주겠다." 들릴라가 삼손에게 말했습니다. "당신이 그토록 힘이 센 이유를 가르쳐 주세요. 당신을 묶어서 꼼짝 못하게 하려면 어떻게 하면 되나요?"

삼손이 대답했습니다. "마르지 않은 풀줄 일곱 개로 나를 묶으면 되오. 그러면 나는 보통 사람처럼 약해지고 마오." 블레셋 왕들이 마르지 않은 풀줄 일곱 개를 들릴라에게 가지고 왔습니다. 들릴라는 그것을 가지고 삼손을 묶었습니다. 그때 다른 방에는 사람들 몇몇이 숨어 있었습니다. 들릴라가 삼손에게 말했습니다. "삼손, 블레셋 사람들이 당신을 붙잡으러 왔어요!" 그러자 삼손은 쉽게 그 풀줄들을 끊어 버렸습니다. 그 풀줄들은 마치 불에 탄 실과 같았습니다. 블레셋 사람들은 삼손에게서 나오는 힘의 비밀을 알아내지 못했습니다.

그러자 들릴라가 삼손에게 말했습니다. "당신은 나를 바보로 여기고 있어요. 당신은 나를 속였어요. 제발 말해 주세요. 어떻게 하면 당신을 꼼짝 못하게 할 수 있죠?" 삼손이 말했습니다. "한 번도 쓴 일이 없는 새 밧줄로 나를 묶으면 되오. 그러면 나는 보통 사람처럼 약해질 것이오." 들릴라는 새 밧줄을 구해서 삼손을 묶었습니다. 그때 다른 방에는 블레셋 사람들이 숨어 있었습니다. 들릴라가 삼손에게 말했습니다. "삼손, 사람들이 당신을 붙잡으러 왔어요!" 그러자 삼손은 그 밧줄을 마치 실을 끊듯 아주 쉽게 끊었습니다.

그러자 들릴라가 삼손에게 말했습니다. "당신은 아직도 나를 바보로 여기고 나를 속이는군요. 당신을 꼼짝 못하게 할 수 있는 방법을 가르쳐 주세요." 삼손이 말했습니다. "내 머리털 일곱 가닥을 옷감 짜듯 짜 놓으면 될 것이오." 삼손이 잠이 들자 들릴라는 삼손의 머리털 일곱 가닥을 옷감 짜듯 짰습니다. 그리고 나서 들릴라는 그것을 말뚝으로 박았습니다. 들릴라가 다시 삼손에게 소리쳤습니다. "삼손, 블레셋 사람들이 당신을 붙잡으러 왔어요!" 삼손은 그 소리를 듣고 벌떡 일어나 말뚝과 베틀을 뽑아 버렸습니다.

그 후에 들릴라가 삼손에게 말했습니다. "당신은 나를 믿지도 않으면서 어떻게 사랑한다고 말할 수 있어요? 당신은 세 번이나 나를 속였어요. 당신은 당신이 가진 위대한 힘이 어디서 나오는지 나에게 가르쳐 주지 않았어요." 들릴라는 매일 그 비밀을 가르쳐 달라고 삼손을 졸라댔습니다. 삼손은 귀찮아서 죽을 지경이었습니다. 결국 삼손은 들릴라에게 모든 것을 가르쳐 주었습니다. 삼손이 말했습니다. "나는 아직까지 내 머리를 깎은 적이 한 번도 없소. 나는 태어날 때부터 나실인으로 하나님께 바쳐진 사람이오. 누구든지 내 머리를 밀면 나는 힘을 잃어 보통 사람처럼 약해지고 마오."

들릴라는 삼손이 사실을 이야기해 주었다는 것을 알았습니다. 그래서 들릴라는 블레셋 왕들에게 심부름하는 사람을 보내어 말했습니다. "한 번만 더 오세요. 삼손이 나에게 모든 것을 말해 주었어요." 그러자 블레셋 왕들이 들릴라에게 돌아왔습니다. 블레셋 왕들은 들릴라에게 주기로 약속한 은을 주었습니다. 들릴라는 삼손

을 자기 무릎에 누이고 잠들게 했습니다. 그리고 사람들을 불러 삼
손의 머리털 일곱 가닥을 밀게 한 뒤 그를 건드리고 나서 힘이 없어
진 것을 알았습니다. 그래서 들릴라가 삼손에게 소리쳤습니다. "삼
손, 블레셋 사람들이 당신을 잡으러 왔어요!" 삼손은 잠에서 깨어
나 '전처럼 힘을 써야지' 하고 생각했습니다. 삼손은 여호와께서 자
기를 떠나셨다는 것을 알지 못했던 것입니다. 마침내 블레셋 사람
들은 삼손을 사로잡았습니다. 그들은 삼손의 두 눈을 뽑은 뒤 가
사로 데려갔습니다. 블레셋 사람들은 삼손을 구리 사슬로 묶어 감
옥에 넣고 곡식을 갈게 만들었습니다. 그때 삼손의 머리가 다시 자
라기 시작했습니다.

삼손이 죽다

블레셋 왕들이 자기들의 신 다곤에게 큰 제사를 드리기 위해 함
께 모였습니다. 그들은 "우리의 신이 우리의 적인 삼손을 넘겨주셨
다"고 하며 즐거워했습니다. 블레셋 왕들은 삼손을 보고 자기들
의 신을 찬양했습니다. "이놈이 우리 땅을 망쳐 놓았고 우리 백성
을 많이 죽였다. 그러나 우리의 신이 도우셔서 우리 원수를 사로잡
게 하셨다." 블레셋 백성은 매우 즐거워하며 말했습니다. "삼손을
끌어내어 재주를 부리게 하자." 그들은 삼손을 감옥에서 끌어냈습
니다. 삼손은 그들을 위해 재주를 부렸습니다. 블레셋 사람들은 삼
손을 다곤 신전의 두 기둥 사이에 세워 놓았습니다. 한 노예가 삼
손의 손을 붙잡고 있었는데 삼손이 그 노예에게 말했습니다. "내
손으로 신전의 기둥을 만지게 해 다오. 그 기둥에 기대고 싶다." 그
신전은 남자와 여자로 가득 차 있었습니다. 블레셋의 모든 통치자
들도 거기에 있었고 지붕 위에도 남자와 여자를 합하여 삼천 명가
량 있었습니다. 그들은 삼손이 재주를 부리는 모습을 보고 있었습

니다.

그때에 삼손이 여호와께 기도했습니다. "주 하나님, 저를 기억해 주십시오. 하나님, 저에게 한 번만 더 힘을 주십시오. 내 두 눈을 뽑아 버린 이 블레셋 사람들에게 원수를 갚게 해 주십시오." 그리고 나서 삼손은 신전 가운데 있는 두 기둥을 붙잡았습니다. 이 두 기둥은 신전 전체를 받치고 있었습니다. 삼손은 두 기둥 사이에 버티고 서서 오른손으로 한 기둥을 잡고 왼손으로는 다른 기둥을 붙잡았습니다. 삼손이 말했습니다. "나는 이 블레셋 사람들과 함께 죽겠다!" 그리고 나서 삼손이 있는 힘을 다해 몸을 굽혀 기둥을 밀어 내자 신전이 왕들과 그 안에 있던 모든 사람들 위로 무너져 내렸습니다. 이렇게 해서 삼손은 살아 있을 때보다도 죽을 때 더 많은 사람을 죽였습니다. 삼손의 형제들과 가족이 삼손의 시체를 거두어서 그의 아버지 마노아의 무덤에 묻어 주었습니다. 그 무덤은 소라와 에스다올 성 사이에 있습니다. 삼손은 이십 년 동안 이스라엘 백성의 사사로 있었습니다.

미가의 우상

미가라는 사람이 에브라임 산지에 살고 있었습니다. 미가가 자기 어머니에게 말했습니다. "어머니, 전에 은돈 천백 개를 잃어버린 일이 있으시지요? 그때 어머니가 그 은돈 때문에 저주하는 소리를 들었습니다. 그 은돈은 저에게 있습니다. 제가 그 돈을 훔쳤어요." 미가의 어머니가 말했습니다. "얘야, 여호와께서 너의 잘못을 복으로 바꾸어 주시길 바란다." 미가는 은돈 천백 개를 어머니께 돌려주었습니다. 그러자 어머니가 말했습니다. "내가 이 은돈을 여호와께 거룩하게 드리겠다. 그것으로 너를 위해 조각한 우상과 녹여 만든 우상을 만들겠다. 그래서 네가 이것들을 도로 차지하게 하겠다." 미가가 어머니에게 은돈을 돌려주었습니다. 미가의 어머니는 그중 은돈 이백 개를 은장이에게 주어 하나는 조각한 우상을 만들었고 또 하나는 녹여서 우상을 만들었습니다. 그리고 그 우상들을 미가의 집에 두었습니다. 미가는 우상을 섬길 신전을 가지고 있었습니다. 그는 대제사장의 예복인 에봇과 가문의 우상 몇 개를 더 만들었습니다. 그리고 나서 미가는 자기 아들 중 하나를 제사장으로 삼았습니다. 그때에 이스라엘 사람들에게는 왕이 없었기 때문에 사람들마다 자기 하고 싶은 대로 했습니다.

레위의 한 젊은이가 유다 땅 베들레헴에서 살았습니다. 그 젊은이는 유다 백성과 함께 살고 있었습니다. 그 사람은 베들레헴을 떠나 살 곳을 찾아다니던 중에 미가의 집에 오게 되었습니다. 미가의 집은 에브라임 산지에 있었습니다. 미가가 그 사람에게 물었습니다. "당신은 어디에서 오는 길이오?" 그 사람이 대답했습니다. "나는 유다 땅 베들레헴에서 온 레위 사람인데 살 곳을 찾아다니는 중입니다." 그러자 미가가 그에게 말했습니다. "나와 함께 삽시다. 우리 집의 어른이 되어 주고 또 나의 제사장이 되어 주시오. 당신에게 해마다 은 십 세겔을 주겠소. 또 옷과 음식도 주겠소." 그래서 레위 사람이 미가의 집으로 들어갔습니다. 그 젊은 레위 사람은 미가와 함께 사는 것을 좋아했습니다. 레위 사람은 마치 미가의 아들처럼 되었습니다. 미가가 그를 제사장으로 삼아서 그 젊은이는 미가의 집에서 함께 살았습니다. 그때 미가는 "레위 사람을 내 제사장으로 삼았으니 여호와께서 나에게 복을 주시겠지!" 하고 말했습니다.

단 지파가 라이스를 차지함

그때에 이스라엘 사람들에게는 왕이 없었습니다. 단 지파 백성은 아직도 살 땅을 찾고 있었습니다. 그들은 자기 땅을 가지고 싶어 했습니다. 이스라엘의 다른 지파들은 이미 자기 땅을 가지고 있었지만 단 지파 사람들은 자기 땅을 갖지 못했습니다. 그래서 그들은 모든 집안 가운데서 힘센 사람 다섯 명을 뽑았는데 소라와 에스다올 성 사람 중에서 다섯 명이 뽑혔습니다. 단 지파 사람들은 그들을 보내면서 "가서 땅을 살펴보아라" 하고 말했습니다. 그들은 에브라임 산지에 있는 미가의 집으로 가서 그날 밤을 지냈습니다. 그들이 미가의 집 가까이 왔을 때 젊은 레위 사람의 목소리가 나는 것을 들었습니다. 그들은 미가의 집에 멈춰 선 뒤 젊은 레위 사람에게 물었습니다. "누가 당신을 이곳에 오게 했소? 여기에서 무슨 일을 하고 있소? 왜 여기에 와 있는 거요?" 레위 사람은 미가가 자기에게 한 일을 말했습니다. "미가가 나를 데려다 썼습니다. 나는 그의 제사장입니다." 그들이 레위 사람에게 말했습니다. "하나님께 우리의 일을 물어봐 주시오. 우리는 지금 우리가 살 땅을 찾고 있는데 그 일이 잘되겠소?" 그 제사장이 그들에게 말했습니다. "평안히 가십시오. 여호와께서 여러분이 가는 길을 지켜 주실 것입니다."

그 다섯 명은 길을 떠나 라이스 성으로 갔습니다. 그 성 사람들은 마치 시돈 백성처럼 아무 걱정 없이 평화롭게 살고 있었습니다. 다른 사람들을 두려워하지 않았고 모든 것이 넘쳐흐를 만큼 많이 있었습니다. 그들은 시돈 사람들과 멀리 떨어져 있었으며 그 누구와도 어울리지 않고 따로 살고 있었습니다. 다섯 명은 소라와 에스다올로 돌아왔습니다. 그들의 친척이 그들에게 물어보았습니다. "너희는 무엇을 보았느냐?" 그들이 대답했습니다. "우리가 본 땅은 매우 좋았습니다. 이대로 있지 말고 빨리 가서 그 땅을 차지합시다. 그곳 백성들은 평안하게 살고 있습니다. 또 그 땅은 매우 넓습니다. 하나님께서 그 땅을 여러분 손에 넘겨주셨습니다. 그곳에는 세상에 있는 것이 다 있고 하나도 부족한 것이 없습니다."

그래서 단 지파 사람 육백 명은 싸울 무기들을 갖추고 소라와 에스다올을 떠났습니다. 그들은 길을 가다가 유다 땅에 있는 기럇여아림에서 가까운 곳에 진을 쳤습니다. 그곳은 지금까지 마하네단이라고 불리고 있으며 기럇여아림 서쪽에 있습니다. 단 지파 사람들은 그곳에서부터 계속해서 에브라임 산지로 이동했습니다. 마침내 그들은 미가의 집까지 왔습니다.

전에 라이스 주변을 살펴보았던 다섯 사람이 자기 친척들에게 말했습니다. "이 집들 중에 에봇과 가문의 신들과 조각한 우상과 은을 녹여 만든 우상을 갖고 있는 집이 있습니다. 그러니 우리가 해야 할 일이 무엇인지 아시겠지요?" 그래서 단 지파 사람들은 레위 사람이 있는 집에 멈췄습니다. 그 집은 미가의 집이기도 했습니다. 그들은 레위 사람에게 인사를 했습니다. 단 지파 사람 육백 명은 문 앞에 무기를 들고 서 있었습니다. 땅을 살피러 갔던 다섯 사람이 집 안으로 들어갔습니다. 그들은 조각한 우상과 에봇과 집안 우상들과 은 우상을 가지고 나왔습니다. 그동안 제사장과 무기를 든 단 지파 사람 육백 명은 문 앞에 서 있었습니다. 다섯 사람이 미가의 집으로 들어가서 조각한 우상과 에봇과 가문의 우상들과 은으로 도금한 우상을 가지고 나오는 것을 보고 제사장이 그들에게 물었습니다. "당신들 무엇을 하고 있는 거요?" 그들이 대답했습니다. "조용히 하시오! 아무 말도 하지 말고 우리와 함께 갑시다. 우리의 어른과 제사장이 되어 주시오. 한 사람의 집을 위해 제사장이 되는 것이 좋소 아니면 이스라엘의 한 지파와 여러 집안의 제사장이 되는 것이 좋소?" 이 말을 듣고 레위 사람은 기뻐했습니다. 그래서 레위 사람은 에봇과 가문의 우상들과 조각한 우상을 받아 들고 단 지파 사람들과 함께 갔습니다.

그들은 미가의 집을 떠나 어린 자녀들과 가축들과 그 밖의 모든 것을 앞장세우고 가던 길을 계속 갔습니다. 단 지파 사람들은 미가의 집에서 멀리 떨어진 곳까지 갔습니다. 그때에 미가와 그의 이웃 사람들이 함께 모여서 단 지파 사람들을 뒤쫓아왔습니다. 미가와 함께 온 사람들이 단 지파 사람들을 불렀습니다. 단 지파 사람들이 뒤로 돌아서서 미가에게 말했습니다. "무슨 일이오? 왜 사람들을 몰고 왔소?" 미가가 대답했습니다. "당신들이 내가 만든 나의 우상들을 가지고 가지 않았소! 또 당신들은 나의 제사장도 데리고 갔소. 내게 있는 것을 당신들이 다 가지고 갔으면서 어떻게 '무슨 일이오?'라고 말할 수가 있소?" 단 지파 사람들이 대답했습니다. "우리와 잘잘못을 가릴 생각은 아예 하지 마시오. 우리 중에는 성질이 급한 사람이 있소. 당신과 당신 가족이 목숨을 잃을 것이오." 그리고 나서 단 지파 사람들은 가던 길을 계속 갔습니다. 미가는 자기 힘으로 그들을 당해 낼 수 없다는 것을 알고 집으로 돌아갔습니다.

　단 지파 사람들은 미가가 만든 것을 가지고 미가의 제사장과 함께 라이스로 갔습니다. 그들은 라이스에서 평화롭게 살고 있던 사람들을 공격했습니다. 단 지파 사람들은 그 백성을 칼로 죽이고 그 성을 불태워 버렸습니다. 라이스 백성을 구해 줄 사람은 아무도 없었습니다. 왜냐하면 라이스는 시돈에서 너무 멀리 떨어져 있었기 때문입니다. 또한 베드르홉에서 가까운 골짜기에 있었기 때문에 그들은 누구와도 어울리지 않고 지냈던 것입니다. 단 지파 백성은 그 자리에 다시 성을 쌓았습니다. 그들은 이스라엘의 아들 중 하나인 자기 조상의 이름을 따서 그곳의 이름을 단으로 바꿨습니다. 그러나 그 성의 원래 이름은 라이스였습니다. 단 지파 백성은 단 성에 우상들을 세웠습니다. 그들은 모세의 손자이며 게르손의 아들인 요나단을 제사장으로 삼았습니다. 요나단과 그의 아들들은 단 지파의 제사장이 되어 이스라엘 사람들이 포로로 끌려갈 때까지 일했습니다. 단 지파 백성은 하나님의 성막이 실로에 있는 동안 미가가 만든 우상들을 섬겼습니다.

레위 사람과 그의 첩

이스라엘에 왕이 없을 때 에브라임 산지 외진 곳에 어떤 레위 사람이 살고 있었습니다. 그는 유다 땅 베들레헴 여자를 첩으로 데리고 살았습니다. 그러나 그 여자는 레위 사람에게 나쁜 짓을 저지른 후 레위 사람을 떠나 자기 아버지 집으로 도망쳤습니다. 그 집은 유다 땅 베들레헴에 있었는데 그 여자는 그곳에서 넉 달 동안 머물러 있었습니다. 그 여자의 남편은 여자를 데려오고 싶었으므로 자기 종과 함께 나귀 두 마리를 끌고 길을 떠났습니다. 레위 사람은 그 여자의 아버지 집에 도착했습니다. 그 여자는 레위 사람을 들어오게 했고 여자의 아버지도 그를 보고 반가워했습니다. 레위 사람의 장인은 그에게 그곳에 머물러 있으라고 권했습니다. 그래서 레위 사람은 삼 일 동안 그곳에서 머물렀습니다. 사 일째 되는 날 그들은 아침 일찍 일어났습니다. 레위 사람은 떠날 준비를 했습니다. 여자의 아버지는 사위에게 말했습니다. "음식을 먹고 기운을 차린 후에 떠나게." 그래서 두 사람은 앉아서 함께 먹고 마셨습니다. 그런 다음에 여자의 아버지가 레위 사람에게 말했습니다. "오늘 밤도 여기에서 묵고 가게. 편히 쉬면서 즐겁게 지내게." 레위 사람은 일어나 가려고 하였습니다. 그러나 그의 장인이 그에게 묵어가라고 권했습니다. 그래서 레위 사람은 그날 밤도 그곳에서 지냈습니다. 오 일째 되는 날 레위 사람은 아침 일찍 일어나 길을 떠나려 했습니다. 또 여자의 아버지가 말했습니다. "기운을 차린 후에 떠나도록 하게." 그래서 두 사람은 함께 먹었습니다. 그리고 나서 레위 사람은 그의 첩과 종을 데리고 떠나려 했습니다. 레위 사람의 장인은 말했습니다. "해가 저물어 가니 오늘 밤도 여기에서 묵으면서 즐기다 가게. 내일 아침 일찍 일어나 자네 집으로 떠나게."

그러나 레위 사람은 하룻밤을 더 지내고 싶지 않았습니다. 그래서 그는 일어나 나귀 두 마리에 안장을 지우고 자기 여자와 함께 떠났습니다. 그들은 여부스 성 맞은편에 도착했습니다. 여부스는 예루살렘의 다른 이름입니다. 그들이 여부스 가까이에 도착했을 때 해가 저물어 가고 있었습니다. 종이 주인에게 말했습니다. "이 성으로 들어가 쉬어 갑시다. 이 성은 여부스 사람들의 성입니다. 오늘 밤은 이곳에서 지냅시다." 그러나 그의 주인이 말했습니다. "안 돼. 다른 민족들의 성에는 들어갈 수 없어. 이 사람들은 이스라엘 사람이 아니야. 우린 기브아 성까지 가야 해. 자, 기브아나 라마까지 가도록 하자. 오늘 밤은 그 두 성 중 어느 한 곳에서 지낼 수 있을 거야." 그래서 그들은 가던 길을 계속 갔습니다. 그들이 베냐민 지파의 성인 기브아에 가까이 이르렀을 때 해가 졌습니다. 그들은 기브아 성으로 들어가 그날 밤을 그곳에서 지내려고 했습니다. 그들은 성안의 거리에 앉았습니다. 그러나 그들을 자기 집에 데려가서 재워 주는 사람은 아무도 없었습니다.

마침 한 노인이 밭에서 일을 끝내고 성으로 돌아오고 있었습니다. 노인의 고향은 에브라임 산지에 있었으나 그때는 기브아에 살고 있었습니다. 기브아 주민은 베냐민 지파 사람들이었습니다. 노인은 나그네가 마을의 거리에 있는 것을 보았습니다. 그 노인이 물었습니다. "당신은 어디에서 왔소? 어디로 가고 있소?" 레위 사람이 대답했습니다. "우리는 유다 땅 베들레헴에서 왔습니다. 그리고 에브라임 산지 외진 곳으로 가고 있는 중입니다. 그런데 아무도 우리를 재워 주려고 하지 않습니다. 우리는 나귀에게 먹일 먹이를 가지고 있습니다. 그리고 나와 저 젊은 여자와 내 종이 먹을 빵과 포도주도 갖고 있습니다. 우리에게는 부족한 것이 없습니다." 노인이 말했습니다. "걱정하지 마십시오. 당신이 필요한 것이 있으면 다 드리겠소. 이런 거리에서 밤을 지내지 마십시오." 노인은 레위 사람을 자기 집으로 데리고 갔습니다. 노인은 나귀들에게 먹을 것을 주었습니다. 레위 사람과 그의 젊은 여자는 그 노인의 집에 들어가 발을 씻고 먹고 마셨습니다.

그들이 평안히 쉬고 있을 때에 그 성의 사람들이 그 집을 둘러싸며 문을 두드렸습니다. 그들은 집주인인 노인에게 말했습니다. "당신 집에 온 사람을 끌고 나오시오. 우리가 그 사람을 강간해야겠소." 집주인이 밖으로 나가 그들에게 말했습니다. "여보시오. 그런 나쁜 일은 하지 마시오. 이 사람은 내 집에 온 손님이오. 그런 끔찍한 일은 하지 마시오. 자, 여기 내 딸이 있소. 내 딸은 아직 순결한 처녀요. 또 이 사람의 첩도 있소. 이 여자들을 밖으로 내보낼 테니 당신들 좋을 대로 하시오. 제발 이 사람에게만은 그런 끔찍한 일을 하지 마시오." 그러나 사람들은 노인의 말을 들으려 하지 않았습니다. 그래서 레위 사람은 자기 첩을 그들에게 내보냈습니다. 그들은 그 여자를 욕보이고 밤새도록 괴롭혔습니다. 그러다가 새벽이 되어서야 놓아주었습니다. 여자는 자기 남편이 머무르고 있는 노인의 집으로 돌아와 문간에 쓰러졌습니다. 그리고 해가 뜰 때까지 거기에 누워 있었습니다.

아침이 되자 레위 사람은 자리에서 일어나 자기 길을 가려고 밖으로 나섰습니다. 그곳에는 자기의 첩이 문턱에 손을 걸친 채 문간에 쓰러져 있었습니다. 레위 사람이 여자에게 말했습니다. "일어나라, 가자." 하지만 여자는 아무 대답도 하지 않았습니다. 레위 사람은 첩의 시체를 나귀에 싣고 자기 집으로 갔습니다. 레위 사람은 집에 와서 칼을 꺼내어 자기 첩의 몸을 열두 부분으로 잘랐습니다.

그리고 이스라엘 열두 지파에게 그것들을 두루 보냈습니다. 그것을 본 사람들마다 이렇게 말했습니다. "이스라엘 백성이 이집트에서 나온 후로 이런 일은 한 번도 일어난 적이 없었다. 생각해 보고 앞으로 어떻게 할 것인가를 말해 보자."

이스라엘과 베냐민 지파가 싸우다

모든 이스라엘 사람이 단에서부터 브엘세바에 이르는 곳까지 또 길르앗 땅에서부터도 나와 미스바 성에서 여호와 앞에 섰습니다. 이스라엘 모든 지파의 지도자들도 하나님의 백성이 다 모인 회의에 왔습니다. 칼을 든 군인도 사십만 명이 있었습니다. 베냐민 백성은 이스라엘 사람들이 미스바로 올라갔다는 이야기를 들었습니다. 이스라엘 백성들이 레위 사람에게 말했습니다. "이 몹쓸 일이 어떻게 일어났는지 말해 주시오." 그러자 죽임을 당한 여자의 남편인 레위 사람이 말했습니다. "나와 나의 첩이 하룻밤을 묵기 위해 베냐민 땅 기브아로 갔습니다. 그날 밤 기브아 사람들이 나에게로 몰려왔습니다. 그들은 내가 묵고 있는 집을 에워싸고 나를 죽이려 했습니다. 그들은 나의 첩을 욕보이고 밤새도록 괴롭혔습니다. 그 때문에 내 첩이 죽고 말았습니다. 그래서 내 첩의 시체를 가져다가 여러 부분으로 쪼개어 이스라엘의 열두 지파에게 보냈습니다. 베냐민 사람이 이스라엘 안에서 음란하고 끔찍한 짓을 저질렀음을 보여 드리기 위해서였습니다. 이스라엘 모든 사람이 이렇게 다 모였습니다. 우리가 어떻게 해야 할지 의견들을 말해 주십시오."

그러자 모든 백성이 한결같이 자리에서 일어나서 말했습니다. "우리 중에 한 사람도 집으로 돌아가지 않겠다. 우리는 기브아를 칠 것이며 이 일을 위해서 제비를 뽑겠다. 우리는 이스라엘 각 지파에서 백 사람마다 열 명씩을 뽑겠다. 그리고 천 명에서 백 명을 뽑고 만 명에서 천 명을 뽑겠다. 이렇게 제비 뽑힌 사람들은 군대를 위해 먹을 것을 대 주는 일을 할 것이다. 그리고 나머지는 베냐민의 기브아 성으로 가서 그들이 이스라엘에서 한 끔찍한 일을 갚을 것이다." 이스라엘의 모든 사람이 기브아를 치기 위해 함께 모였습니다. 그들은 앞으로 할 일을 위해 한마음으로 뭉쳤습니다.

이스라엘 지파들은 베냐민의 모든 집안에 사람을 보내어 이렇게 전하도록 했습니다. "당신들 가운데서 어떻게 이처럼 나쁜 일이 일어날 수 있소? 기브아의 그 나쁜 사람들을 우리에게 넘겨주시오. 그들을 죽여야겠소. 이런 악한 일은 이스라엘에서 없애 버려야 하오." 그러나 베냐민 사람들은 자기들의 형제인 이스라엘 백성의 말을 들으려 하지 않았습니다. 베냐민 사람들은 각 성에서 나와 이스라엘 사람들과 싸우기 위해 기브아에 모였습니다. 그날에 각 성에서부터 나온 베냐민 사람들 중에는 칼을 잘 쓰는 군인들만 이만 육천 명이 모였습니다. 또한 기브아에서도 칠백 명이 뽑혀 나왔습니다. 기브아 사람 중에서 뽑혀 온 칠백 명은 왼손잡이들이었는데 물매로 돌을 던져 정확하게 맞추는 사람들이었습니다. 이스라엘 사람들은 베냐민을 제외하고도 사십만 명이 모였습니다. 이들도 칼을 가지고 있었으며 싸움을 잘하는 군사들이었습니다.

이스라엘 사람들은 벧엘 성으로 올라가 하나님께 여쭈었습니다. "우리 중에 누가 먼저 올라가서 베냐민 사람과 싸울까요?" 여호와께서 대답하셨습니다. "유다가 먼저 가거라."

이튿날 아침 이스라엘 사람들은 일어나 기브아를 향하여 진을 쳤습니다. 이스라엘 사람들은 베냐민 사람들과 싸우기 위해 나아갔습니다. 그들은 대형을 갖추어 베냐민 사람들과 마주 섰습니다. 그때에 베냐민 사람들이 기브아에서 돌격해 나왔습니다. 이스라엘 사람들은 그날 싸움에서 이만 이천 명이 죽었습니다. 이스라엘 사람들은 여호와 앞에 나아가서 저녁 때까지 소리 내어 울었습니다. 그들은 여호와께 "우리 친척인 베냐민 사람들과 다시 싸우러 나가야 합니까?" 하고 물었습니다. 여호와께서는 "나가서 그들과 싸워라" 하고 대답하셨습니다. 이스라엘 사람들은 서로 용기를 북돋웠습니다. 그리고 나서 그들은 첫째 날과 같은 대형으로 베냐민 사람들과 마주 섰습니다.

이스라엘 사람들은 둘째 날에도 베냐민 사람들과 맞서 싸우러 나아갔습니다. 베냐민 사람들은 기브아에서 나와 이스라엘 사람들을 공격했습니다. 이번에도 베냐민 사람들이 이스라엘 사람 만 팔천 명을 죽였습니다. 죽은 이스라엘 사람들은 모두 칼을 잘 쓰는 군인들이었습니다. 그러자 이스라엘 사람들은 벧엘로 올라가서 주저앉아 여호와께 부르짖었습니다. 그들은 저녁 때까지 하루 종일 아무것도 먹지 않았습니다. 그들은 여호와께 태워 드리는 제물인 번제물과 화목 제물도 드렸습니다. 이스라엘 사람들은 여호와의 뜻을 여쭈었습니다. 그때 하나님의 언약궤가 벧엘에 있었습니다. 비느하스라고 하는 제사장이 언약궤 앞에서 섬기고 있었는데 그는 아론의 아들인 엘르아살의 후손이었습니다. 이스라엘 백성은 이렇게 여쭈어 보았습니다. "다시 가서 우리의 형제인 베냐민 사람들과 싸워야 합니까? 아니면 싸움을 그만두어야 합니까?" 여호와께서 대답하셨습니다. "가거라. 내일 너희가 베냐민 사람들을 물리치도록 도와주겠다."

그래서 이스라엘 사람들은 기브아 주변에 군인들을 숨겨 놓았습니다. 삼 일째 되는 날 이스라엘 사람들은 베냐민 사람들과 싸우기 위해 기브아로 나아가 전처럼 싸울 대형을 갖췄습니다. 그러자 베냐민 사람들도 싸우기 위해 성에서 나왔습니다. 이스라엘 사람들은 도망치면서 베냐민 사람들이 성에서 멀리 떨어진 곳까지 자기들을 쫓아오게 만들었습니다. 베냐민 사람들은 전에 그랬던 것처럼 이스라엘 사람들을 죽이기 시작했습니다. 그래서 이스라엘 사람 삼십 명가량이 죽임을 당했습니다. 이들 중에는 들에서 죽은 사람도 있었고 벧엘로 가는 길과 기브아로 가는 길에서 죽은 사람도 있었습니다. 베냐민 사람들은 "이번에도 우리가 이긴다!" 하고 말했습니다. 그러자 이스라엘 사람들은 이렇게 말했습니다. "달아나자. 저들을 꾀어서 자기 성에서부터 큰길까지 나오게 하자." 이스라엘의 모든 사람은 자기가 있던 곳에서 다른 곳으로 움직였습니다. 그들은 바알다말이란 곳에서 싸우기 위해 대형을 갖추었습니다. 그때에 기브아 가까이 풀 속에 숨어 있던 이스라엘 사람들이 달려 나왔습니다. 그들은 이스라엘 군인 중에서 특별히 뽑힌 만 명의 용사들이었습니다. 그들은 기브아를 공격했습니다. 매우 격렬한 싸움이 벌어졌지만 베냐민 사람들은 자기들에게 불행한 일이 일어나고 있다는 것을 알지 못했습니다. 여호와께서는 이스라엘 사람들 앞에서 베냐민 사람들을 물리치셨습니다. 그날 이스라엘 사람 앞에서 죽은 베냐민 사람은 이만 오천 명이었습니다. 죽은 사람들은 모두 칼을 가진 군인이었습니다. 그제서야 베냐민 사람들은 자기들이 졌다는 것을 깨달았습니다.

이스라엘 사람들이 뒤로 도망치는 척했던 것은 기브아 근처에 숨겨 놓은 군인들을 이용하여 베냐민 사람들을 갑자기 공격하기 위해서였습니다. 숨어 있던 사람들은 재빠르게 나와서 기브아로 달려 나갔습니다. 그들은 기브아 성에 있는 모든 사람을 칼로 죽였습니다. 이스라엘 사람들은 숨어 있던 사람들에게 성안에서 연기를 치솟게 하는 신호를 보내라고 했습니다. 그 신호를 보면 이스라엘 군대가 뒤로 돌아서 다시 싸우기로 약속했던 것입니다. 베냐민 사람들은 이스라엘 사람을 삼십 명가량 죽이고는 "처음 싸울 때처럼 이번에도 우리가 이긴다!" 하고 말했습니다. 그러나 그때 성안에서 연기가 기둥같이 치솟아 오르기 시작했습니다. 베냐민 사람들도 뒤로 돌아 그 연기를 보았습니다. 성 전체가 하늘로 치솟는 연기로 가득 찼습니다. 이제 이스라엘 사람들이 뒤돌아 싸우기 시작했습니다. 베냐민 사람들은 겁을 먹었습니다. 자기들에게 불행한 일이 일어나고 있다는 것을 깨달았습니다. 베냐민 사람들이 이스라엘 사람들 앞에서 도망쳤습니다. 베냐민 사람들은 광야로 갔지만 더 이상 달아날 길이 없었습니다. 이스라엘 군사들이 각 성에서 뽑혀 나온 베냐민 사람들을 죽이고 베냐민 사람들 가운데 들어가서 그들을 전멸시켰습니다. 그들은 베냐민 사람들을 뒤쫓아가서 그들이 잠시 쉬고 있는 곳을 에워쌌습니다. 이스라엘 군대는 베냐민 사람들을 쫓아 기브아 동쪽 지역까지 갔습니다. 베냐민 군인 만 팔천 명이 죽임을 당했습니다. 또 베냐민 사람들은 광야에 있는 림몬 바위라는 곳으로 도망쳤습니다. 이스라엘 군대는 큰길에서 베냐민 사람 오천 명을 죽이고 기돔이라는 곳까지 베냐민 사람들을 뒤쫓아서 이천 명을 더 죽였습니다. 그날 베냐민 사람 이만 오천 명이 죽임을 당했습니다. 그들은 모두 칼을 가진 사람들이었고 용사들이었습니다. 베냐민 사람 육백 명은 광야의 림몬 바위로 달아났는데 그들은 그곳에서 네 달 동안 머물러 있었습니다. 이스라엘 사람들은 베냐민 땅으로 돌아왔습니다. 그들은 각 성마다 다니면서 그 안에 있는 사람들과 가축들을 모두 죽였습니다. 눈에 보이는 것은 무엇이든지 다 죽였습니다. 그리고 성을 모두 불태워 버렸습니다.

베냐민 사람들을 위해 아내를 얻어 줌

이스라엘 사람들은 전에 미스바에 모였을 때 "누구든지 베냐민 지파의 남자에게 자기 딸을 시집보내지 말자"고 맹세했었습니다. 이스라엘 백성은 벧엘 성으로 가서 하나님 앞에 앉아 저녁 때까지 큰 소리로 울었습니다. 그들이 말했습니다. "여호와여! 이스라엘의 하나님이시여! 어찌하여 이스라엘 안에서 이런 끔찍한 일이 일어났습니까? 왜 이스라엘의 한 지파가 없어지게 되었습니까?" 이튿날 이스라엘 백성은 일찍이 제단을 쌓고 태워 드리는 제물인 번제물과 화목 제물을 하나님께 바쳤습니다. 그 후 이스라엘 사람들이 서로 물었습니다. "이스라엘 지파 중에 여호와 앞에 모이지 않은 지파가 누구인가?" 이는 예전에 이스라엘 백성 중 미스바에 모이지 않는 사람은 죽이기로 맹세했기 때문이었습니다. 이스라엘 사람들은 자기 친척인 베냐민 사람들 때문에 마음이 아파서 말했습니다. "오늘날 이스라엘에서 한 지파가 끊겨져 버렸다. 우리는 여호와 앞에서 우리 딸을 베냐민 사람과 결혼시키지 않겠다고 맹세하였다. 어떻게 하면 그 남은 베냐민 사람들에게 아내를 얻게 할 수 있을까?"

그리고 이스라엘 백성이 물었습니다. "이스라엘 지파 가운데 이곳 미스바로 모이지 않은 지파는 어느 지파인가?" 그들은 길르앗의 야베스 성에 사는 사람이 하나도 오지 않았다는 것을 알아냈습니다. 이스라엘 백성이 모든 사람을 다 세어 보았지만 길르앗의 야베스에서 온 사람은 한 사람도 없었습니다. 그래서 이스라엘 백성은 길르앗의 야베스에 용사 만 이천 명을 보내면서 그 용사들에게 야베스 사람들을 칼로 죽이라고 말했습니다. 여자와 어린아이들도 죽이라고 말했습니다. "여러분은 이렇게 하시오. 길르앗 땅 야베스에 있는 모든 사람을 죽이시오. 남자와 함께 잔 적이 있는 여자도 다 죽이시오." 그 용사들은 길르앗의 야베스에서 남자와 함께 잔 적이 없는 젊은 여자 사백 명을 찾아냈습니다. 용사들은 이 여자들을 가나안 땅 실로의 진으로 데리고 왔습니다.

그 후에 이스라엘에 사는 모든 백성이 림몬 바위에 있는 베냐민 사람들에게 전령을 보내어 그들에게 평화를 선언했습니다. 그제서야 베냐민 사람들이 다시 돌아왔습니다. 이스라엘 백성은 그들에게 길르앗의 야베스에서 데리고 온 여자들을 데려다주었습니다. 그러나 아직 남자에 비해서 여자의 수가 부족했습니다. 이스라엘 백성은 베냐민 사람들 때문에 마음이 아팠습니다. 이는 여호와께서 이스라엘 중에 한 지파를 갈라놓으셨기 때문입니다.

이스라엘의 장로들이 말했습니다. "베냐민의 여자들은 모두 죽임을 당했소. 살아남은 베냐민 사람들에게 줄 아내를 어디서 더 얻을 수 있겠소? 이 사람들은 자신들의 가문을 이어가기 위해 자녀를 가져야 하오. 그래야 이스라엘에서 한 지파가 끊어지는 일이 없을 것이오. 그러나 우리는 누구든지 베냐민 사람에게 딸을 주는 사람은 저주를 받을 것이라고 맹세했기 때문에 우리 딸을 베냐민 사람에게 아내로 줄 수 없소." 그들 중에 어떤 사람이 말했습니다. "좋은 생각이 있소. 벧엘 북쪽에 있는 실로에서는 해마다 여호와의 축제가 열리오. 실로는 벧엘에서 세겜으로 가는 길의 동쪽에 르보나 성의 남쪽에 있소." 이스라엘 장로들이 베냐민 사람들에게 말했습니다. "당신들은 가서 포도밭에 숨어 있으시오. 실로에서 젊은 여자들이 나오는 것을 잘 지켜보다가 젊은 여자들이 춤을 추러 나올 때 포도밭에서 달려 나오시오. 그리고 각 사람이 젊은 실로 여자 한 사람씩을 붙잡아 베냐민 땅으로 가시오. 만약 그 젊은 여자들의 아버지나 오빠들이 우리에게 찾아와서 따지면 우리는 이렇게 말해 주겠소. '베냐민 사람들에게 친절을 베풀어 줍시다. 우리는 전쟁을 할 때에 베냐민 각 사람에게 아내를 주지 못하였소. 여러분 스스로가 베냐민 사람들에게 딸을 준 것도 아니오. 그러므로 여러분은 죄가 없소.'" 베냐민 사람들은 장로들이 말한 대로 했습니다. 젊은 여자들이 춤을 추고 있을 때 베냐민 사람들은 각자 여자 한 명씩을 붙잡아 데리고 가서 결혼했습니다. 그리고 그들은 하나님께서 그들에게 주신 땅으로 돌아갔습니다. 그들은 다시 성을 짓고 그곳에서 살았습니다. 그런 후에 이스라엘 사람들도 각기 자기 지파와 가족들이 있는 하나님께서 주신 땅으로 돌아갔습니다.

그때에 이스라엘 사람들에게는 왕이 없었습니다. 그래서 사람들마다 자기가 하고 싶은 대로 했습니다.

룻기

모압 여자 룻

사사들이 이스라엘을 다스리던 시대에 가뭄이 든 일이 있었습니다. 그때에 엘리멜렉이라는 사람이 아내와 두 아들을 데리고 유다 땅 베들레헴을 떠나 모압 지방으로 갔습니다. 그의 아내의 이름은 나오미고, 두 아들의 이름은 말론과 기룐이었습니다. 이들은 원래 유다 땅 베들레헴에서 가까운 에브랏 지방 사람이었지만 모압으로 가서 살았습니다. 그 뒤에 나오미의 남편 엘리멜렉이 죽고, 나오미와 그의 두 아들만 남게 되었습니다. 그 두 아들은 모압 여자를 아내로 맞아들였는데, 한 여자의 이름은 오르바이고, 다른 여자의 이름은 룻이었습니다. 나오미와 그의 아들들은 모압에서 십 년쯤 살았습니다. 그러다 말론과 기룐마저 죽어 버리자 나오미는 남편과 두 아들을 잃고 홀로 남게 되었습니다.

그러던 어느 날 나오미는 여호와께서 자기 백성을 돌보아 유다에 풍년이 들게 하셨다는 소식을 들었습니다. 그래서 모압을 떠나 고향으로 돌아갈 준비를 했습니다. 나오미의 두 며느리도 함께 떠날 준비를 했습니다. 그들은 살던 곳을 떠나 유다 땅으로 가려고 길을 나섰습니다. 나오미가 두 며느리에게 말했습니다. "너희는 각자 너희 어머니의 집으로 돌아가거라. 너희가 나와 죽은 내 아들을 잘 보살펴 주었으니 여호와께서 너희를 잘 돌보아 주시기를 바란다. 또 여호와께서 너희에게 새 남편과 새 가정을 주시기를 바란다." 이 말을 한 뒤 나오미가 작별을 하기 위해 며느리들에게 입을 맞추자 두 며느리는 큰 소리로 울었습니다. 며느리들이 나오미에게 말했습니다. "아닙니다. 우리도 어머니와 함께 어머니의 나라로 가겠습니다." 그러자 나오미가 말했습니다. "내 딸들아, 너희 집으로 돌아가거라. 왜 나를 따라가려고 하느냐? 내가 아들을 더 낳아 너희에게 새 남편을 줄 수 있는 것도 아니지 않느냐? 너희 집으로 돌아가거라. 나는 다른 남편을 맞아들이기에는 너무 늙었다. 설령 내가 오늘 밤에 다른 남편을 맞아들여서 아들을 낳을 수 있다 해도 무슨 소용이 있겠느냐? 그 아이들이 클 때까지 너희가 기다릴 수 있겠느냐? 그렇게 오랜 세월을 남편 없이 지낼 수 있겠느냐? 그러지 마라. 여호와께서 나를 치셨기 때문에 내 마음이 너희로 인해 너무 아프구나." 그들은 다시 한 번 큰 소리로 울었습니다. 그리고 오르바는 나오미에게 입을 맞추어 작별 인사를 했습니다. 그러나 룻은 시어머니에게 매달렸습니다.

나오미가 말했습니다. "보아라. 네 동서는 자기 백성과 자기 신들에게로 돌아갔다. 너도 네 동서의 뒤를 따라가거라."

룻이 나오미 곁에 머물다

그러자 룻이 말했습니다. "저더러 어머니를 떠나라고 하거나 어머니 뒤를 따르지 말라고 하지 마십시오. 저는 어머니가 가시는 곳에 따라가고 어머니가 사시는 곳에서 살겠습니다. 어머니의 백성이 제 백성이고, 어머니의 하나님이 제 하나님이십니다. 어머니가 돌아가시는 곳에서 저도 죽어 거기에 묻히겠습니다. 만약 제가 이 맹세를 지키지 않는다면 여호와께서 제게 무서운 벌을 내리셔도 좋습니다. 오직 죽음만이 우리를 갈라놓을 수 있을 것입니다." 나오미는 룻이 자기와 함께 가기로 굳게 마음먹은 것을 보고 더 이상 아무 말도 하지 않았습니다.

나오미와 룻은 길을 떠나 베들레헴으로 향했습니다. 그들이 베들레헴에 도착했을 때 온 마을이 떠들썩해졌습니다. 마을 여자들이 말했습니다. "이 사람이 정말 나오미인가?" 그러자 나오미가 사람들에게 말했습니다. "저를 나오미라고 부르지 마십시오. 전능하신 하나님께서 저를 슬프게 만드셨으니 이제 저를 마라라고 부르십시오. 제가 떠날 때에는 가진 것이 많았으나 여호와께서는 저를 빈 털터리로 돌아오게 하셨습니다. 여호와께서 저를 괴롭게 만드셨고, 전능하신 하나님께서 제게 큰 고통을 주셨습니다. 그런데 어떻게 저를 나오미라고 부르십니까?"

나오미와 그의 며느리인 모압 여자 룻은 이렇게 모압에서 돌아왔습니다. 그들이 베들레헴에 왔을 때는 보리 수확을 시작할 무렵이었습니다.

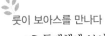

룻이 보아스를 만나다

베들레헴에 보아스라는 유력한 사람이 살고 있었습니다. 보아스는 엘리멜렉 가문의 사람으로 나오미의 가까운 친척이었습니다. 어느 날 모압 여자 룻이 나오미에게 말했습니다. "밭에 나가게 해 주십시오. 혹시 친절한 사람을 만나게 되면 그 사람이 밭에 떨어뜨린 이삭을 주워 오겠습니다." 나오미가 말했습니다. "그래, 가 보아라." 그래서 룻은 밭으로 나갔습니다. 그녀는 곡식을 거두는 일꾼들을 따라다니며 그들이 남긴 이삭을 주웠습니다. 마침 그 밭은 엘리멜렉 가문의 사람인 보아스의 밭이었습니다. 보아스가 베들레헴에서 와서 일꾼들에게 인사하고 있었습니다. "여호와께서 그대들과 함께 계시기를 비네!" 일꾼들도 인사했습니다. "여호와께서 주인님께 복 주시기를 빕니다!" 보아스가 일꾼들을 감독하는 자기 종에게 물었습니다. "저 여자는 어느 집 여자인가?" 그 종이 대답했습니다. "저 여자는 나오미와 함께 모압 지방에서 온 모압 여자입니다. 일꾼들 뒤를 따라다니며 땅에 떨어진 이삭을 줍도록 해 달라고 했습니다. 그녀는 잠시 오두막에서 쉰 것 말고는 아침부터 지금까지 계속 이삭을 줍고 있습니다."

보아스가 룻에게 말했습니다. "여인이여, 나의 말을 잘 들으시오. 이삭을 줍기 위해 다른 밭으로 가지 말고 여기에서 주우시오. 내 일꾼들 뒤만 따라다니시오. 그들이 가는 밭을 잘 보고 그 뒤를 따라가시오. 나의 일꾼들에게 당신을 건드리지 말라고 일러두었소. 목이 마르거든 물항아리 있는 곳으로 가서 일꾼들이 길어 온 물을 마시도록 하시오." 그러자 룻이 얼굴을 땅에 대고 절하며 보아스에게 말했습니다. "저는 이방 사람인데 어떻게 저 같은 사람에게 이런 은혜를 베푸시고 돌보아 주십니까?" 보아스가 대답했습니다. "나는 당신 남편이 죽은 뒤에 당신이 시어머니에게 한 일을 들었소. 또 당신이 당신 부모와 당신 나라를 떠나 아는 사람 하나 없는 이 나라로 온 것도 다 알고 있소. 여호와께서 당신이 한 일을 갚아 주실 것이오. 작은 새가 자기 어미 날개 아래로 피하듯이 당신이 여호와께 왔으니 이스라엘의 주 하나님께서 당신에게 넉넉히 갚아 주실 것이오." 그러자 룻이 말했습니다. "나의 주여! 당신께 은총을 입기 바랍니다. 저는 당신 종들 중의 하나와 같습니다. 그런데도 당신은 이렇게 종의 마음을 위로하는 말씀을 해 주셨습니다."

식사할 시간이 되자 보아스가 룻에게 말했습니다. "이리로 오시오. 같이 먹읍시다. 자, 빵을 이 초에 찍어 드시오." 룻이 일꾼들 옆

에 앉자 보아스가 룻에게 볶은 곡식을 주었는데 룻이 배불리 먹고
도 남을 정도로 많았습니다. 룻이 이삭을 주우려고 일어나자 보아
스가 일꾼들에게 말했습니다. "저 여자가 곡식단 사이에서도 이삭
을 주울 수 있도록 내버려 두고 쫓아내지 마라. 또 단에서 이삭을
조금씩 떨어뜨려서 저 여자가 주울 수 있게 하고 여자를 꾸짖지 마
라."

룻은 저녁까지 그 밭에서 이삭을 주웠습니다. 주운 이삭을 떨었
더니 보리가 한 에바쯤 나왔습니다. 룻은 그것을 가지고 마을로 돌
아갔습니다. 룻은 시어머니에게 모은 것과 함께 자기가 배불리 먹
고 남은 음식도 꺼내서 드렸습니다. 나오미가 룻에게 물었습니다.
"오늘 어디서 이 이삭을 주웠느냐? 어디서 일했느냐? 너를 이렇게
생각해 준 사람에게 복이 있기를 빈다." 그러자 룻이 대답했습니다.
"제가 오늘 일한 밭의 주인은 보아스라고 합니다." 나오미가 며느
리에게 말했습니다. "여호와께서 그 사람에게 복 주시기를 빈다. 여
호와께서는 산 사람이나 죽은 사람 모두에게 자비를 베푸시는구
나. 보아스는 우리의 가까운 친척이란다. 우리 가족의 땅을 사서
되돌려 줄 수 있는 사람이지." 룻이 말했습니다. "보아스는 저에게
자기 일꾼들 가까이에서 계속 일하라고 했습니다. 수확이 끝날 때
까지 그렇게 하라고 했습니다." 나오미가 며느리 룻에게 말했습니
다. "그 사람의 여종들 가까이에서 일하는 것이 좋겠다. 네가 다른
밭에서 희롱을 당하지 않아도 되니 말이다." 룻은 보아스의 일꾼들
가까이에서 이삭을 주우며 시어머니를 모시고 살았습니다.

나오미의 계획

시어머니 나오미가 룻에게 말했습니다. "얘야, 너에게 알맞은
가정을 찾아봐야겠다. 너도 행복하게 살아야지. 네가 함께

일하고 있는 일꾼들의 주인인 보아스는 우리의 가까운 친척이란다. 그가 오늘 밤에 타작마당에서 일할 것이다. 너는 가서 목욕을 하고 몸에 향수를 발라라. 그리고 옷을 갈아입고 타작마당으로 내려가거라. 그 사람이 먹고 마시기를 끝낼 때까지 그의 눈에 띄지 않도록 주의해야 한다. 그가 잠자리에 들면 그가 누운 자리를 눈여겨보아 두었다가 그리로 가서 그의 발치 이불을 들고 들어가서 누워라. 그러면 그가 네가 할 일을 일러 줄 것이다." 룻이 대답했습니다. "어머님이 말씀하신 대로 하겠습니다."

룻은 타작마당으로 내려가서 시어머니가 일러 준 대로 했습니다. 먹고 마시기를 마친 보아스는 기분이 좋아서 곡식 더미 곁에 누웠습니다. 그러자 룻이 조용히 그에게 다가가 이불을 들고 그의 발치에 누웠습니다. 한밤중에 돌아눕던 보아스는 자기 발치에 어떤 여자가 누워 있는 것을 보고 깜짝 놀랐습니다. 보아스가 "누구시오?" 하고 물었습니다. 룻이 대답했습니다. "저는 어른의 종 룻입니다. 어른의 이불로 제 몸을 덮어 주십시오. 주인님은 저희 가족의 땅을 사서 돌려주실 분입니다." 보아스가 말했습니다. "여호와께서 당신에게 복 주시기를 바라오. 이번에 보여 준 당신의 성실함은 당신이 지금까지 보여 준 것보다 더 크오. 당신은 가난하든지 부유하든지 젊은 남자를 찾아갈 수도 있었는데 그러지 않았소. 이제는 걱정하지 마시오. 당신이 바라는 것을 다 해 주겠소. 당신이 착한 여자라는 것은 우리 마을 사람들이 다 알고 있소. 또한 내가 당신 가족의 땅을 사서 돌려주어야 할 당신의 친척이라는 것도 사실이오. 하지만 당신은 나보다 더 가까운 친척이 있소. 오늘 밤은 여기서 지내시오. 아침이 되면 그 사람이 당신 가족의 땅을 사서 돌려줄 뜻이 있는지 알아보겠소. 만약 그가 책임을 진다면 그 사람 뜻에 따르겠소. 하지만 그가 당신 가족의 땅을 사서 돌려줄 뜻이 없다면 내가 그 일을 하겠소. 살아 계신 여호와를 두고 맹세하오. 그러니 아침까지 여기에 누워 있으시오."

그리하여 룻은 새벽녘까지 그의 발치에 누워 있다가 아직 어두워서 서로의 얼굴을 알아보기 힘든 때에 일어났습니다. 보아스가 종들에게 말했습니다. "이 여자가 여기 타작마당에 와 있었다는 것을 아무에게도 알리지 마라." 그런 뒤에 보아스가 룻에게 말했습니다. "당신이 입고 있는 겉옷을 가져와서 펼치시오." 룻이 겉옷을 펼치자 보아스가 거기에 보리 여섯 되를 담아서 룻에게 주었습니다. 룻은 성으로 들어갔습니다. 룻이 돌아오자 시어머니가 물었습니다. "애야, 어떻게 되었느냐?" 룻은 보아스가 한 일 모두를 시어머니에게 자세히 말했습니다. "어머니께 빈손으로 돌아가면 안 된다고 하면서 이렇게 보리 여섯 되를 담아 주었습니다." 나오미가 말했습니다. "애야, 일이 어떻게 될지 기다려 보자꾸나. 보아스는 가만히 있지 않을 거야. 그는 오늘 안으로 이 일을 결정할 거다."

보아스가 룻과 결혼하다

보아스가 성문에 올라가 앉아 있었습니다. 드디어 그가 말한 가까운 친척이 지나갔습니다. 보아스가 그를 불렀습니다. "여보시오. 이리 좀 와서 앉아 보시오." 그러자 그 사람이 와서 앉았습니다. 또 보아스는 성에 있는 장로 열 명을 불러 그 자리에 함께 앉도록 하였습니다. 보아스가 가까운 친척에게 말했습니다. "우리의 형제 엘리멜렉이 살아 있을 때에 그는 땅을 가지고 있었소. 이제 모압 지방에서 돌아온 나오미에게 그 소유의 권한이 있소. 그래서 당신에게 이 말을 해야겠소. 여기에 앉아 있는 내 백성의 장로들 앞에서 내게 말해 주시오. 그 땅을 사시오. 그 땅을 사들여 나오미에게 돌려줄 수 있는 첫 번째 사람은 당신이고, 그 다음이 나요. 당신이 사지 않겠다면 내가 사서 돌려주겠소." 그러자 그 친척이 말했습니다. "내가 그 땅을 사서 돌려주겠소." 보아스가 말했습니다. "당신이 나오미의 땅을 사겠다면 죽은 사람의 아내인 모압 여자 룻을 아내로 맞아들여야 하오. 그렇게 해야 그 땅이 죽은 사람 집안의 땅으로 남게 되오." 그러자 그 친척이 대답했습니다. "그렇다면 그 땅을 사서 돌려줄 수 없소. 그렇게 했다가는 내 재산만 손해 볼까 염려되오. 나는 그 땅을 사서 돌려주지 못하겠으니 당신이 그 일을 하도록 하시오."

옛날부터 이스라엘에서는 사람들이 물건을 바꾸거나 새로 살 때에 한 사람이 자기 신을 벗어서 다른 사람에게 주는 관습이 있었는데 그것으로 물건을 사고파는 증거를 삼았습니다. 그 친척이 보아스에게 "당신이 그 땅을 사시오" 하면서 자기 신을 벗었습니다. 그러자 보아스가 장로들과 모든 마을 사람들에게 말했습니다. "여러분은 오늘 내가 나오미의 땅을 사는 일의 증인입니다. 나는 엘리멜렉과 기룐과 말론에게 속했던 모든 것을 사겠습니다. 그리고 말론의 아내였던 모압 여자 룻도 내 아내로 맞아들이겠습니다. 그렇게 되면 룻의 죽은 남편의 재산이 그의 집안에 그대로 남아 있을 것입니다. 그리고 그의 이름이 그의 집안에서나 그의 땅에서 영원히 끊기지 않을 것입니다. 여러분은 오늘 이 일의 증인입니다." 그러자 성문 곁에 있던 사람들과 장로들이 말했습니다. "우리가 증인입니다. 여호와께서 당신의 집으로 들어가는 이 여자에게 많은 자녀를 낳게 하여 이스라엘 집안을 일으킨 라헬과 레아처럼 되게 해 주시기를 빕니다. 또 당신이 에브랏 지방에서 권세를 떨치고 베들레헴에서 유명해지기를 바랍니다. 다말이 유다의 아들 베레스를 낳았듯이 여호와께서 룻을 통해 당신에게 많은 자손을 주시기를 바랍니다. 그리고 당신 집안이 베레스의 집안처럼 되기를 바랍니다."

그래서 보아스는 룻을 아내로 맞아들였습니다. 여호와께서 룻이 임신하게 해 주셔서 룻은 아들을 낳았습니다. 여자들이 나오미에게 말했습니다. "여호와를 찬양합니다. 여호와께서 오늘 당신의 가문을 이어 갈 아이를 주셨습니다. 이 아이가 이스라엘에서 유명해지기를 바랍니다. 이 아이는 당신에게 삶의 의미를 불어넣어 주었고, 당신이 늙었을 때 당신을 돌보아 줄 자입니다. 당신의 며느리는 당신을 많이 사랑하며 당신에게 아들까지 낳아 주었습니다. 착한 당신의 며느리는 아들 일곱 명보다 낫습니다." 나오미가 그 아기를 받아 품에 안고 돌보았습니다. 이웃 사람들은 그 아기에게 이름을 지어 주면서 "나오미에게 아들이 태어났다"라고 말하며 아기를 오벳이라고 불렀습니다. 그가 바로 이새의 아버지이며, 다윗의 할아버지입니다.

베레스의 자손은 이러합니다. 베레스는 헤스론을 낳았고, 헤스론은 람을 낳았으며, 람은 암미나답을 낳았습니다. 암미나답은 나손을 낳았고, 나손은 살몬을 낳았습니다. 살몬은 보아스를 낳았고, 보아스는 오벳을 낳았습니다. 오벳은 이새를 낳았고, 이새는 다윗을 낳았습니다.

사무엘상

사무엘이 태어남

여로함의 아들 중에 엘가나라는 사람이 있었습니다. 엘가나는
에브라임 산지에 있는 라마다임소빔 사람이며 숩 집안 사람
이었습니다. 엘가나의 아버지 여로함은 엘리후의 아들이고, 엘리후
는 도후의 아들입니다. 도후는 에브라임 사람 숩의 아들입니다. 엘
가나에게는 아내가 두 명 있었는데 한 아내의 이름은 한나였고, 다
른 아내의 이름은 브닌나였습니다. 브닌나에게는 자녀가 있었지만
한나에게는 자녀가 없었습니다.

엘가나는 해마다 자기 마을 라마를 떠나 실로로 올라가서 만군
의 여호와께 경배하며 제물을 바쳤습니다. 실로에서는 엘리의 아들
인 홉니와 비느하스가 여호와의 제사장으로 일하고 있었습니다. 엘
가나는 제물을 바칠 때마다 자기 아내 브닌나에게 제물의 몫을 나
누어 주었습니다. 또 자기 아들과 딸들에게도 나누어 주었습니다.
그리고 한나에게는 언제나 더 많은 몫을 주었습니다. 왜냐하면 엘
가나는 한나를 더 사랑했기 때문입니다. 그러나 여호와께서는 한
나에게 자녀를 주지 않으셨습니다. 한나에게 자녀가 없었기 때문에
브닌나는 한나를 괴롭히고 마음을 아프게 만들었습니다. 이런 일

은 매년 그들이 실로에 있는 여호와의 장막으로 올라갈 때마다 일어났습니다. 브닌나가 한나를 너무나 괴롭혔으므로 한나는 울며 아무것도 먹으려 하지 않았습니다. 한나의 남편인 엘가나가 한나에게 말했습니다. "여보, 왜 우시오? 왜 아무것도 먹지 않으시오? 왜 슬퍼하시오? 내가 있는 것이 당신에게 열 명의 아들이 있는 것보다 더 낫지 않소?"

엘가나의 가족이 실로에서 식사를 한 후에 한나가 자리에서 일어났습니다. 그때 제사장 엘리는 여호와의 성전 문밖 가까이에 앉아 있었습니다. 한나는 매우 슬퍼 크게 울면서 여호와께 기도드렸습니다. 한나는 한 가지 약속을 했습니다. "만군의 여호와여, 저의 괴로움을 돌아봐 주십시오. 저를 기억해 주십시오. 저를 잊지 마십시오. 저에게 아들을 주신다면 그 아들과 그의 전 생애를 여호와께 드리고 아무도 그의 머리에 칼을 대지 못하게 하겠습니다."

한나가 계속해서 기도하고 있는 동안 엘리는 한나의 입술을 지켜보았습니다. 한나는 마음속으로 기도하고 있었기 때문에 입술은 움직였지만 소리는 내지 않았습니다. 그래서 엘리는 한나가 술에 취했다고 생각했습니다. 엘리가 한나에게 말했습니다. "언제까지 취해 있을 작정이오. 포도주를 끊으시오." 한나가 대답했습니다. "아닙니다, 제사장님. 저는 포도주나 술을 마시지 않았습니다. 저는 큰 괴로움 중에 있는 여자입니다. 여호와 앞에 저의 마음을 쏟아 놓고 있었습니다. 저를 나쁜 여자로 생각하지 마십시오. 저는 너무나 괴롭고 슬퍼서 기도드리고 있는 중입니다." 엘리가 대답했습니다. "평안히 가시오. 이스라엘의 하나님께서 당신이 원하는 것을 허락해 주시기를 바라오." 한나가 말했습니다. "당신의 여종과 같은 저에게 자비를 베풀어 주시기를 바랍니다." 한나는 가족들이 머무르고 있는 곳으로 돌아가서 음식을 먹었습니다. 그리고 한나는 더 이상 슬퍼하지 않았습니다.

이튿날 아침 일찍 엘가나의 가족은 자리에서 일어나 여호와께 예배드렸습니다. 그리고 나서 그들은 라마에 있는 집으로 돌아갔습니다. 엘가나가 자기 아내 한나와 동침하니 여호와께서 한나를 기억해 주셨습니다. 드디어 한나는 임신을 하게 되었고 아들을 낳았습니다. 한나는 '내가 여호와께 구하여 얻었다' 하여 그 아이의 이름을 사무엘이라고 지었습니다.

한나가 사무엘을 하나님께 바침

엘가나와 그의 온 가족은 하나님께 해마다 드리는 제사인 매년제와 약속을 지키는 제사인 서원제를 드리기 위해 실로에 갔습니다. 엘가나가 또다시 하나님의 성전이 있는 실로로 올라가려고 할 때였습니다. 한나는 엘가나와 함께 가지 않겠다고 했습니다. 한나가 엘가나에게 말했습니다. "이 아이가 젖을 떼면 이 아이를 데리고 여호와를 뵈러 가겠어요. 그리고 이 아이를 영원히 그곳에 있게 하겠어요." 한나의 남편 엘가나가 말했습니다. "당신 생각에 좋을 대로 하시오. 아기가 젖을 뗄 때까지 집에 남아 있으시오. 여호와께서 말씀하신 대로 이루어 주시기를 바라오." 그리하여 한나는 집에 남아 아들이 젖을 뗄 때까지 돌보았습니다. 사무엘이 젖을 뗄 만큼 자라나자 한나는 사무엘을 실로에 있는 여호와의 장막으로 데리고 갔습니다. 한나는 삼 년 된 수소와 밀가루 한 에바와 포도주 한 가죽 부대도 함께 가지고 갔습니다. 그런데 그 아이는 아직 어렸습니다. 그들은 소를 잡아 제물로 바쳤습니다. 그리고 나서 한나는 사무엘을 데리고 엘리에게 나아갔습니다. 한나가 말했습니다. "제사장님, 맹세하건대 저는 제사장님 가까이에 서서 여호와께 기도드렸던 그 여자입니다. 저는 아이를 가지기 위해 기도드렸습니다. 여호와께서는 제 기도를 들어주시고 이 아이를 저에게 주셨습니다. 이제 이 아이를 여호와께 다시 돌려 드립니다. 이 아이는 평생토록 여호와의 사람이 될 것입니다."

그런 뒤 그 아이는 그곳에서 여호와께 예배드렸습니다.

한나가 감사의 노래를 부르다

한나가 기도했습니다.

"여호와께서는 내 마음에 기쁨이 넘치게 해 주셨습니다.
나는 여호와 안에서 매우 강해졌습니다.
나는 원수들 앞에서 웃을 수 있게 되었습니다.
여호와께서 나를 도우셨으니 나는 기쁩니다.

여호와와 같이 거룩하신 분은 없습니다.
여호와 외에는 다른 신이 없습니다.
우리 하나님과 같이 든든한 분도 없습니다.
거만한 자들아! 다시는 자랑하지 마라.
너의 입에서 다시는 거만한 말을 뱉지 마라.
여호와께서는 모든 것을 아시는 하나님이시라네.
여호와께서는 너의 행동을 심판하신다.
용사들의 활은 부러졌어도, 넘어진 자가 힘을 얻었도다.
부자들은 이제 먹을 것을 위해 일해야 하고
가난한 자가 배불리 먹게 되었도다.
아기를 낳을 수 없던 여자가 지금은 일곱을 낳았고
아들을 많이 둔 여자는 슬픔에 빠져 있다.
여호와께서는 사람을 죽게도 하시고 살게도 하신다.

여호와께서는 사람을 죽은 자들이 있는 곳으로
내려보내기도 하시고 죽은 자들을 다시 일으키기도 하신다.
여호와께서는 사람을 가난하게도 하시고 부유하게도 하신다.
여호와께서는 사람을 낮추기도 하시고 높이기도 하신다.
여호와께서는 가난한 사람을 흙먼지에서 일으키시고
궁핍한 사람을 잿더미에서 건져 올리신다.
여호와께서는 가난한 사람을 귀족들과 함께 앉게 하시고
영광의 자리를 차지하게 하신다.
여호와께서 땅에 기초를 놓으셨고
그 기초 위에 세계를 세우셨다.

여호와께서는 자기의 거룩한 백성을 지켜 주시며
악한 사람을 어둠 속에서 잠잠하게 하신다.
그들의 힘이 아무리 세더라도 이길 수 없을 것이다.
여호와께서는 자기 원수를 물리치시고
그들을 향해 벼락을 내리신다.
여호와께서 온 땅을 심판하실 것이다.
여호와께서는 자기 왕에게 힘을 주시며
자기가 기름부어 세운 왕을 강하게 하실 것이다."

엘리의 나쁜 아들들

엘가나는 라마에 있는 자기 집으로 돌아갔습니다. 그러나 어린
사무엘은 그곳에 남아 제사장 엘리 밑에서 여호와를 섬겼습니다.
엘리의 아들들은 나쁜 사람들이었습니다. 그들은 여호와를 두
려워할 줄 몰랐습니다. 또 그들은 제사장이 백성에게 지켜야 하는
규정도 무시했습니다. 사람들이 제물을 가져와 그 고기를 삶으면

제사장의 종은 세 갈래로 된 창을 가지고 와서 냄비나 솥에 찔러 넣어 그 창에 걸려 나오는 고기를 제사장의 것으로 가져갔습니다. 이 제사장들은 제물을 바치려고 실로에 오는 모든 이스라엘 사람들을 이런 식으로 괴롭혔습니다. 더구나 제물로 바칠 고기의 기름을 떼어 태우기도 전에 제물을 바치는 사람에게 종을 보내어 "제사장이 구워 먹을 고기를 주시오. 제사장은 삶은 고기를 좋아하지 않습니다. 날고기를 원합니다" 하고 말하게 합니다. 제물을 바치던 사람이 "보통 때처럼 기름을 먼저 태우게 내버려 두시오. 그런 다음에 당신 좋을 대로 아무거나 가지고 가시오"라고 말하면 제사장의 종은 "아니오. 지금 당장 그 고기를 주시오. 지금 주지 않으면 강제로 빼앗겠소"라고 합니다. 여호와께서 제사장의 종들이 매우 큰 죄를 짓고 있는 것을 보셨습니다. 그들은 여호와께 바치는 제물을 소중히 여기지 않고 함부로 다루었습니다.

사무엘이 자라남

그러나 사무엘은 여호와께 순종했습니다. 사무엘은 세마포로 만든 에봇을 입었습니다. 사무엘의 어머니는 제사드리기 위해 남편과 함께 실로로 왔습니다. 사무엘의 어머니는 그때마다 자기 아들을 위해 작은 겉옷을 만들어 가지고 왔습니다. 엘리는 엘가나와 엘가나의 아내에게 "한나가 기도하여 얻었다가 다시 여호와께 바친 사무엘을 대신해서 여호와께서 한나에게 다른 자녀를 주시기를 바라오" 하고 축복해 주었습니다. 그리고 엘가나와 한나는 집으로 돌아갔습니다.

여호와께서는 한나를 도와주셨습니다. 한나가 아이를 낳게 해 주셨습니다. 한나는 세 아들과 두 딸의 어머니가 되었습니다. 그리고 어린 사무엘은 자라면서 여호와를 섬겼습니다.

엘리는 나이가 매우 많았습니다. 엘리는 자기 아들들이 이스라엘 사람에게 하는 나쁜 일들을 다 들었습니다. 또 자기 아들들이 회막 앞에서 예배드리고 있는 여자들과 잠자리를 함께한다는 이야기도 들었습니다. 엘리가 자기 아들들에게 말했습니다. "어찌하여 너희가 이런 나쁜 일들을 하느냐? 내가 너희들이 한 모든 일들을 이 백성들을 통해 다 듣고 있다. 얘들아, 그러면 안 된다. 너희들에 대한 소문이 좋지 않다. 너희가 이 백성에게 죄를 짓게 만드는구나. 다른 사람에게 죄를 지으면 하나님께서 도와주실 수 있으나 여호와께 죄를 지으면 누가 구해 줄 수 있겠느냐?" 그러나 엘리의 아들들은 아버지의 말을 들으려 하지 않았습니다. 그것은 이미 여호와께서 그들을 죽이려고 결심하셨기 때문입니다.

어린 사무엘은 점점 자라 갔습니다. 그러면서 사무엘은 하나님과 백성을 기쁘게 했습니다.

하나님의 사람이 엘리에게 와서 말했습니다. "여호와께서 말씀하셨다. '나는 너희 조상 집안이 이집트의 파라오에게 노예로 있을 때 그들에게 나타났다. 나는 그들을 이스라엘 모든 지파에서 뽑아 내 제사장이 되게 하였다. 나는 그들에게 내 제단으로 올라가 향을 피우고 에봇을 입게 하였다. 또 나는 이스라엘 사람들이 바치는 제물 중에서 얼마를 너희 조상의 집안이 가질 수 있게 해 주었다. 그런데 너희는 왜 여호와께 바치는 제물과 성물을 더럽히느냐? 너는 나보다 네 아들들을 더 귀하게 여기고 이스라엘 사람들이 나에게 바치는 고기 중에서 제일 좋은 부분을 먹어 살이 쪘도다.' 이스라엘의 하나님 여호와께서 말씀하신다. '나는 전에 너와 네 조상의 집안이 영원토록 나를 섬기는 일을 맡을 것이라고 약속했었다.' 그러나 지금은 여호와께서 이렇게 말씀하신다. '결단코 그렇게 하지 않겠다. 나는 나를 소중히 여기는 사람을 소중히 여길 것이고,

나를 소중히 여기지 않는 사람은 나도 소중히 여기지 않을 것이다. 이제 너와 너의 조상의 자손들을 멸망시킬 때가 되었다. 너의 집안에는 오래 사는 노인이 없을 것이다. 너는 내 집에서 괴로움을 겪게 될 것이다. 이스라엘에는 좋은 일들이 있게 될 것이나 너의 집안에는 노인이 한 사람도 없게 될 것이다. 나는 한 사람을 남겨 놓아 내 제단에서 제사장으로 일하게 할 것이다. 그러나 그 사람은 너의 눈을 멀게 하고 너의 가슴을 아프게 할 것이다. 네 집의 사람들은 젊어서 죽을 것이다. 내가 너에게 겉으로 드러나는 표시 한 가지를 보여 주겠다. 네 두 아들 홉니와 비느하스는 같은 날에 죽을 것인데 네가 이것을 보고 나서야 내 말을 믿게 될 것이다. 나는 나를 위해 일할 충성스런 제사장을 뽑을 것이다. 그 사람은 내 말을 잘 듣고 내가 원하는 일을 할 것이다. 나는 그의 집안을 강하게 만들겠다. 그는 언제나 내가 기름부은 왕 앞에서 제사장으로 일할 것이다. 그 때에 너의 집안에 남아 있는 모든 사람이 그에게 와서 그 앞에 절하며 그에게 돈이나 먹을 것을 구걸할 것이다. 그들은 자신들이 먹고 살 수 있게 제사장으로 써 달라고 말할 것이다.' "

하나님이 사무엘을 부르심

어린 사무엘은 엘리 밑에서 여호와를 섬겼습니다. 그때에는 여호와께서 사람들에게 직접 말씀하시는 일이 거의 없었습니다. 그리고 사람들이 환상을 보는 일도 거의 없었습니다.

엘리는 눈이 어두워져 거의 보지 못하는 사람처럼 되었습니다. 어느 날 밤 엘리가 자기 방에 누워 있었습니다. 사무엘도 여호와의 성막 안에 있는 자기 자리에 누워 있었습니다. 하나님의 궤는 성막 안에 있었습니다. 하나님의 등불은 아직 꺼지지 않았습니다.

그때에 여호와께서 사무엘을 부르셨습니다. 사무엘이 "제가 여기 있습니다” 하고 대답했습니다. 사무엘이 엘리에게 달려가 말했습니다. “제가 여기 있습니다. 저를 부르셨습니까?” 엘리가 대답했습니다. “나는 너를 부르지 않았다. 돌아가 자라.” 그래서 사무엘은 자기 자리로 돌아가 누웠습니다.

여호와께서 다시 “사무엘아!” 하고 부르셨습니다. 사무엘은 다시 엘리에게 가서 말했습니다. “제가 여기 있습니다. 저를 부르셨습니까?” 엘리가 대답했습니다. “나는 너를 부르지 않았다. 돌아가 자라.” 사무엘은 아직 여호와를 알지 못했습니다. 여호와께서 사무엘에게 직접 말씀하신 적이 없었습니다.

여호와께서 사무엘을 세 번째 부르셨습니다. 사무엘은 일어나 엘리에게 가서 말했습니다. “제가 여기 있습니다. 저를 부르셨습니까?” 그때에야 엘리는 여호와께서 어린 사무엘을 부르셨다는 것을 깨달았습니다. 그래서 엘리는 사무엘에게 말해 주었습니다. “잠자리로 돌아가거라. 다시 너를 부르는 소리가 나면 ‘여호와여, 말씀하십시오. 저는 주님의 종입니다. 제가 듣겠습니다’라고 말하여라.” 그래서 사무엘은 다시 가서 잠자리에 누웠습니다.

여호와께서 그곳에 서 계셨습니다. 여호와께서는 그전처럼 “사무엘아, 사무엘아” 하고 부르셨습니다. 사무엘이 대답했습니다. “여호와여, 말씀하십시오. 저는 주님의 종입니다. 제가 듣겠습니다.” 여호와께서 사무엘에게 말씀하셨습니다. “내가 이스라엘에 어떤 일을 하려고 한다. 그 일을 듣는 사람은 깜짝 놀라게 될 것이다. 그날에 내가 엘리와 그의 집안에게 말했던 일을 다 이룰 것이다. 하나도 빠짐없이 이룰 것이다. 엘리는 자기 아들들이 나쁘다는 것을 알았다. 또 자기의 아들들이 나를 배반한 것도 알았다. 그러나 엘리는 그들을 말리지 않았다. 그래서 나는 엘리의 가족을 영원토록 벌주겠다고 말했다. 그래서 나는 엘리의 가족에게 이렇게 맹세했다. '엘리 가족의 죄는 제물이나 예물로도 절대로 용서받지 못할 것이다.'"

사무엘은 아침까지 누워 있다가 여호와의 집 문을 열었습니다. 사무엘은 자기가 본 환상을 엘리에게 말하기가 두려웠습니다. 엘리가 사무엘을 불렀습니다. "내 아들 사무엘아!" 사무엘이 대답했습니다. "예, 제가 여기에 있습니다." 엘리가 물었습니다. "여호와께서 너에게 무슨 말씀을 하셨느냐? 숨기지 말고 말하여라. 하나님께서 말씀하신 것을 조금이라도 숨기면 하나님이 네게 큰 벌을 내리실 것이다." 그래서 사무엘은 엘리에게 모든 것을 말해 주었습니다. 사무엘은 조금도 숨기지 않았습니다. 그러자 엘리가 말하였습니다. "그분은 여호와시다. 여호와께서는 스스로 생각하셔서 옳은 대로 하실 것이다."

사무엘은 점점 자라났습니다. 여호와께서는 사무엘과 함께하셨고 사무엘에게 말한 것을 다 이루어 주셨습니다. 단에서 브엘세바에 이르는 모든 이스라엘 사람들은 사무엘이 여호와의 예언자라는 것을 알았습니다. 여호와께서는 실로에서 다시 사무엘에게 나타나셔서 말씀을 통해 여호와의 뜻을 알려 주셨습니다.

블레셋 사람들이 언약궤를 빼앗음

사무엘에 대한 소식이 온 이스라엘에 퍼졌습니다.

그때에 이스라엘 사람들이 블레셋 사람들과 싸우러 나갔습니다. 이스라엘 사람들은 에벤에셀에 진을 쳤고, 블레셋 사람들은 아벡에 진을 쳤습니다. 블레셋 사람들은 대형을 갖추어 이스라엘 사람들과 싸울 준비를 했습니다. 싸움이 시작되자 블레셋 사람들이 이스라엘 사람들을 물리쳐 이겼습니다. 블레셋 사람들은 이스라엘 군인 사천 명가량을 죽였습니다. 그러자 나머지 이스라엘 군인들이 자기들 진으로 돌아갔습니다. 이스라엘의 장로들이 말했습니다. "어찌하여 여호와께서는 오늘 우리를 블레셋 사람들에게 지게 하셨을까? 여호와의 언약궤를 실로에서 이곳으로 가져오자. 그리고 그 언약궤를 우리 가운데 있게 하자. 그러면 하나님께서 우리를 원수에게서 구해 주실 것이다." 그리하여 이스라엘 백성은 실로에 사람을 보냈습니다. 그들은 만군의 여호와의 언약궤를 가지고 왔습니다. 엘리의 두 아들인 홉니와 비느하스도 하나님의 언약궤와 함께 있었습니다.

여호와의 언약궤가 진으로 들어오자 이스라엘 사람들은 모두 기뻐서 땅이 울릴 정도로 크게 소리를 질렀습니다. 블레셋 사람들이 이스라엘의 외치는 소리를 듣고 물었습니다. "히브리 사람들의 진에서 나는 이 소리는 도대체 무슨 소리인가?" 블레셋 사람들은 여호와의 궤가 히브리 사람들의 진에 왔다는 것을 알게 되었습니다. 그들은 두려워하며 말했습니다. "신이 히브리 사람들의 진에 왔다. 큰일 났다. 전에는 이런 일이 없었다. 도대체 이 일을 어떻게 하면 좋으냐? 누가 우리를 이 강한 신에게서 구해 줄 수 있을까? 이 신은 광야에서 이집트 사람들에게 온갖 괴로움을 주었던 바로 그 신이다. 블레셋 사람들아, 용기를 내어라. 사내답게 싸워라! 전에 히브리 사람들은 우리의 노예였지 않았는가? 이제 사내답게 싸우자. 그렇지 않으면 너희는 그들의 노예가 될 것이다."

그리하여 블레셋 사람들은 용감하게 싸워 이스라엘 사람들을 물리쳐 이겼습니다. 이스라엘의 군인들은 모두 자기 집으로 도망쳤습니다. 이스라엘은 크게 져서 군인 삼만 명을 잃었습니다. 게다가 하나님의 궤를 블레셋 사람들에게 빼앗겼습니다. 엘리의 두 아들인 홉니와 비느하스도 죽었습니다.

그날 어떤 베냐민 사람이 싸움터에서 달려왔습니다. 그 사람은 너무나 슬퍼 자기 옷을 찢고 머리에 재를 뒤집어쓴 채 달려왔습니다. 그 사람이 실로에 이르렀을 때 엘리가 길가에 앉아 있었습니다. 엘리는 의자에 앉아 소식이 오기만을 기다리고 있었습니다. 엘리는 하나님의 궤 때문에 걱정이 되었습니다. 베냐민 사람이 실로에 이르러 나쁜 소식을 전하자 마을의 모든 백성들이 큰 소리로 울었습니다. 엘리는 그 우는 소리를 듣고 "이게 무슨 소리냐?" 하고 물었습니다. 베냐민 사람이 엘리에게 달려와 사실대로 이야기했습니다. 엘리는 그때 구십팔 세였으며 앞을 보지 못했습니다. 베냐민 사람이 말했습니다. "저는 싸움터에서 왔습니다. 오늘 싸움터에서 도망쳐 나왔습니다." 엘리가 물었습니다. "여보게, 싸움은 어떻게 되었나?" 베냐민 사람이 말했습니다. "이스라엘이 블레셋 사람들에게 져서 도망쳤습니다. 이스라엘 군대는 많은 군인을 잃었고 제사장의 두 아들도 죽었습니다. 그리고 하나님의 궤를 블레셋 사람들에게 빼앗겼습니다." 베냐민 사람이 하나님의 궤 이야기를 하자 엘리는 의자 뒤로 나자빠졌습니다. 엘리는 문 옆으로 넘어지면서 목이 부러지고 말았습니다. 이는 나이가 많은 데다가 뚱뚱했기 때문이었습니다. 그렇게 엘리는 죽었습니다. 그는 사십 년 동안 이스라엘을 다스렸습니다.

비느하스의 아내가 죽다

엘리의 며느리인 비느하스의 아내가 임신하여 아기를 낳을 때가 다 되었습니다. 비느하스의 아내가 하나님의 궤를 빼앗겼다는 것과 자기 시아버지인 엘리와 자기 남편인 비느하스가 죽었다는 소식을 듣자 곧 그 여자에게 진통이 왔습니다. 그 여자는 몸을 구부리고 아이를 낳으려 했습니다. 아기 엄마는 죽어 가고 있었습니다. 그때 아기 낳는 것을 도와주던 여자가 말했습니다. "걱정하지 말아요.

아들을 낳았어요." 비느하스의 아내는 정신이 없어 대답하지 못했습니다. 비느하스의 아내는 아기의 이름을 이가봇이라고 지어 주며 "영광이 이스라엘에게서 떠났도다"라고 말했습니다. 하나님의 궤를 빼앗겼고 자기 시아버지와 남편도 죽었기 때문이었습니다. 비느하스의 아내가 말했습니다. "하나님의 궤를 빼앗겼으니 영광이 이스라엘에게서 떠났도다."

블레셋 사람들이 재앙을 당함

블레셋 사람들은 하나님의 궤를 빼앗아 그것을 에벤에셀에서 아스돗으로 가지고 갔습니다. 블레셋 사람들은 하나님의 궤를 다곤 신전에 가지고 가서 다곤 신상 곁에 두었습니다. 아스돗 백성이 이튿날 아침에 일찍 일어나 보니 다곤 신상이 얼굴을 땅에 대고 여호와의 궤 앞에 쓰러져 있었습니다. 그래서 아스돗 백성은 다곤 신상을 제자리에 다시 올려놓았습니다. 이튿날 아침 아스돗 백성이 잠에서 깨어 일어나 보니 다곤 신상이 또 땅에 쓰러져 있었습니다. 다곤은 여호와의 궤 앞에서 머리와 손이 부러져 몸통만 남은 채 문지방에 엎드려 있었습니다. 그래서 오늘날까지도 다곤의 제사장들과 아스돗의 다곤 신전에 들어가는 사람들은 그 문지방을 밟지 않습니다.

여호와께서는 아스돗과 그 이웃 백성에게 벌을 주셨습니다. 여호와께서는 피부에 종기가 나는 큰 고통을 그들에게 주셨습니다. 아스돗 백성은 그런 일이 일어나는 것을 보고 말했습니다. "이스라엘 신의 궤를 이곳에 둘 수 없다. 하나님이 우리와 우리의 신 다곤을 벌하고 있다." 아스돗 백성은 블레셋의 다섯 왕을 모이게 하고 말했습니다. "이스라엘 신의 궤를 어떻게 하면 좋겠습니까?" 블레셋의 왕들이 대답했습니다. "이스라엘 신의 궤를 가드로 옮겨라."

그래서 블레셋 사람들은 이스라엘 신의 궤를 가드로 옮겼습니다. 하나님의 궤가 가드로 옮겨진 후에 여호와께서는 가드 성에 벌을 주셨습니다. 하나님은 가드의 늙은 사람과 젊은 사람 모두에게 고통을 주셨는데 그들의 피부에도 종기가 나기 시작했습니다. 그러자 블레셋 사람들이 하나님의 궤를 에그론으로 보냈습니다. 하나님의 궤가 에그론에 도착하자 에그론 사람들이 소리를 질렀습니다. "왜 이스라엘 신의 궤를 우리 성으로 가지고 오는 거요? 당신들은 우리와 우리 백성을 죽일 참이요?" 에그론 백성은 블레셋의 왕들을 다 모이게 한 후에 그 왕들에게 말했습니다. "이스라엘 신의 궤를 원래 있던 자리로 보내시오. 그 하나님의 궤가 우리와 우리 백성을 죽이기 전에 빨리 그렇게 하시오." 그들은 매우 두려워했습니다. 왜냐하면 하나님이 그들을 너무나 무섭게 심판하셨기 때문입니다. 죽지 않고 살아남은 사람은 피부에 종기가 나서 괴로움을 당했습니다. 그래서 온 성읍이 하늘을 향하여 크게 울부짖었습니다.

하나님의 궤가 돌아오다

블레셋 사람들은 여호와의 궤를 일곱 달 동안 자기 땅에 두었습니다. 그 후 블레셋 사람들은 제사장과 점쟁이들을 불러서 물었습니다. "여호와의 궤를 어떻게 하면 좋겠소? 그것을 원래 있던 곳으로 돌려보낼 방법을 말해 주시오." 제사장과 점쟁이들이 대답했습니다. "이스라엘 신의 궤를 돌려보낼 생각이라면 빈손으로 돌려보내지 마시오. 허물을 씻는 제사인 속건 제물과 함께 돌려보내시오. 그래야 여러분의 병이 나을 것이오. 그리고 그 결과를 통해 과연 하나님께서 여러분에게 벌을 내리셨는지도 알 수 있을 것이오." 블레셋 사람들이 물었습니다. "이스라엘의 하나님께 속건 제물로 무엇을 드리면 좋겠소?" 제사장과 점쟁이들이 대답했습니다.

"피부에 난 종기와 같은 모양으로 금종기 다섯 개를 만드시오. 그리고 금쥐 다섯 개도 만드시오. 금쥐와 금종기의 수는 블레셋 왕들의 수와 같아야 하오. 왜냐하면 똑같은 병이 여러분과 여러분의 왕에게 닥쳤기 때문이오. 이 나라를 망치고 있는 종기와 쥐의 모양을 만드시오. 그것을 이스라엘 신께 바치시오. 그리고 이스라엘 신께 영광을 돌리시오. 그러면 이스라엘 신이 여러분과 여러분의 신과 여러분의 땅에 벌주시는 것을 멈추실 것이오. 이집트 백성과 파라오처럼 고집을 부리지 마시오. 하나님께서 이집트 백성에게 심하게 벌을 내리신 후에야 이집트 백성이 이스라엘 사람들을 나가게 한 것 아니었소? 여러분은 새 수레를 만드시오. 그리고 새끼를 낳은 지 얼마 안 된 젖소 두 마리를 준비하시오. 그 젖소는 아직 멍에를 메어 본 적이 없는 것이어야 하오. 그 젖소들을 수레에 매고 새끼들은 집으로 돌려보내시오. 새끼들이 자기 어미를 따라가게 하지 마시오. 여호와의 궤를 수레에 올려놓으시오. 그리고 금종기와 금쥐들도 상자에 담아 궤 곁에 두시오. 그것들은 여러분의 죄를 용서받기 위하여 하나님께 드리는 속건 제물이오. 수레를 곧장 앞으로 나아가게 하시오. 그리고 수레를 지켜보시오. 만약 수레가 이스라엘 땅 벧세메스 쪽으로 가면 우리에게 이 큰 병을 주신 분은 여호와가 확실하오. 그러나 만약 수레가 벧세메스 쪽으로 가지 않으면 이스라엘의 하나님이 우리에게 벌을 주신 것이 아니라 우연히 우리가 병들게 된 것으로 보면 될 것이오."

블레셋 사람들은 제사장과 점쟁이들이 말한 대로 했습니다. 블레셋 사람들은 새끼를 낳은 지 얼마 안 된 젖소 두 마리를 가지고 와서 수레에 매우고 그 새끼들은 집으로 돌려보냈습니다. 블레셋 사람들은 여호와의 궤를 수레에 올려놓고 금쥐와 금종기들이 든 상자도 수레에 올려놓았습니다. 그러자 소들은 벧세메스 쪽으로 곧장 갔습니다. 오른쪽으로나 왼쪽으로 치우치지 않았습니다. 블레셋의 왕들은 소들의 뒤를 따라 벧세메스의 경계까지 갔습니다. 그때 골짜기에서 밀을 베던 벧세메스 사람들이 눈을 들어 여호와의 궤를 보았습니다. 여호와의 궤를 다시 보게 된 그들은 매우 기뻤습니다. 수레는 벧세메스 사람인 여호수아의 밭으로 와서 큰 바위 곁에 멈추어 섰습니다. 벧세메스 사람들은 수레의 나무를 잘라 냈습니다. 그리고 소를 잡아서 주께 제물로 바쳤습니다. 레위 사람들은 여호와의 궤를 내려놓고, 금쥐와 금종기가 든 상자도 내려놓았습니다. 레위 사람들은 그 두 상자를 큰 바위 위에 올려놓았습니다. 벧세메스 백성은 그날 태워 드리는 제물인 번제물과 희생 제물을 여호와께 바쳤습니다. 블레셋의 다섯 왕은 이 모든 일을 지켜보고 그날 에그론으로 돌아갔습니다.

블레셋 사람들이 보낸 금종기는 여호와께 바치는 허물을 씻는 제물인 속건 제물이었습니다. 금종기를 보낸 마을의 이름은 아스돗, 가사, 아스글론, 가드 그리고 에그론입니다. 블레셋 사람들은 금쥐도 보냈는데 금쥐의 숫자는 블레셋 왕들이 맡은 마을의 숫자와 같았습니다. 금쥐를 보낸 마을 중에는 성벽을 가진 굳건한 성도 있었고, 시골 마을들도 있었습니다. 벧세메스 사람들이 여호와의 궤를 올려놓았던 큰 바위는 지금도 벧세메스 사람 여호수아의 밭에 그대로 있습니다.

그런데 벧세메스 백성 중 여호와의 궤를 들여다본 사람들이 있었습니다. 그러자 여호와께서는 그들을 쳐 칠십 명을 죽이셨습니다. 벧세메스 백성은 여호와께서 자기들에게 그토록 무섭게 벌주시는 것을 보고 소리 내어 울었습니다. 그들은 이렇게 말하였습니다. "누가 이 거룩하신 하나님 여호와 앞에 설 수 있겠는가? 이 여호와의 궤를 어디로 보내야 하는가?" 벧세메스 백성은 기럇여아림 백성에게 명령을 받고 심부름하는 사람들을 보내어 이렇게 말했습니다. "블레셋 사람들이 여호와의 궤를 돌려보냈소. 이리로 와서 그것을 당신들의 성으로 가지고 가시오."

기럇여아림 사람들이 와서 여호와의 궤를 가지고 갔습니다. 그들은 그 상자를 언덕 위에 있는 아비나답의 집에 두고, 아비나답의 아들 엘리아살을 거룩한 사람으로 세워 여호와의 궤를 지키게 하였습니다. 여호와의 궤는 기럇여아림에 오랫동안 머물러 있었습니다. 머무른 기간은 이십 년이었습니다. 이스라엘 백성은 다시 여호와를 따르기 시작했습니다.

사무엘의 통치

사무엘이 이스라엘 모든 지파에게 말했습니다. "만약 여러분이 진심으로 여호와께 돌아오려면 여러분 가운데 있는 이방신들과 아스다롯 우상을 없애 버려야 하오. 여러분은 온전히 여호와께 자신을 바치고 여호와만을 섬겨야 하오. 그러면 여호와께서 여러분을 블레셋 사람들에게서 구해 주실 것이오." 그리하여 이스라엘 사람들은 바알과 아스다롯 우상들을 없애 버리고 오직 여호와만을 섬겼습니다.

사무엘이 말했습니다. "모든 이스라엘 사람들은 미스바에 모이시오. 여러분을 위해 여호와께 기도드리겠소." 그래서 이스라엘 사람들은 미스바에 모였습니다. 그들은 땅에서 물을 길어 내어 여호와 앞에 부었습니다. 그들은 그날 아무것도 먹지 않고 "우리는 여호와께 죄를 지었습니다" 하고 고백했습니다. 사무엘은 미스바에서 이스라엘을 다스렸습니다. 이스라엘 사람들이 미스바에 모여 있다는 이야기를 블레셋 사람들이 듣고 이스라엘을 공격하기 위해 올라왔습니다. 이스라엘 사람들은 이 소식을 듣고 두려워했습니다. 이스라엘 사람들이 사무엘에게 말했습니다. "우리를 위해 여호와께 기도드리는 일을 멈추지 마시오. 우리를 블레셋 사람들에게서 구해 달라고 하시오." 사무엘은 어린 양을 가져다가 여호와께 통째로 태워 드리는 제물인 번제물로 바쳤습니다. 사무엘은 이스라엘을 위하여 여호와께 부르짖었습니다. 여호와께서는 사무엘의 기도를 들어주셨습니다. 사무엘이 태워 드리는 제물인 번제물을 바치고 있는 동안 블레셋 사람들은 점점 가까이 왔습니다. 그들은 이스라엘을 공격했습니다. 그날에 여호와께서는 블레셋 사람들을 향하여 큰 천둥소리를 내셨습니다. 블레셋 사람들이 그 소리를 듣고 놀라 크게 당황했습니다. 그래서 이스라엘 사람들은 블레셋 사람들과 싸워 이겼습니다. 이스라엘 사람들이 미스바에서 달려 나가 블레셋 사람들의 뒤를 쫓았습니다. 이스라엘 사람들은 벧갈까지 뒤쫓으면서 블레셋 사람들을 죽였습니다.

이스라엘에 평화가 오다

이 일이 있은 후에 사무엘은 돌을 하나 가져다가 미스바와 센 사이에 세우고 그 돌을 에벤에셀이라고 불렀습니다. 사무엘은 "여호와께서 우리를 이곳까지 도와주셨다" 하고 말했습니다. 이렇게 블레셋 사람들은 싸움에서 졌습니다. 더 이상 블레셋 사람들은 이스라엘 땅에 들어오지 않았습니다. 여호와께서는 사무엘이 살아 있는 동안 블레셋 사람들을 막아 주셨습니다. 옛날에 블레셋 사람들이 이스라엘 사람들의 마을을 빼앗은 일이 있었습니다. 그러나 이스라엘 사람들은 에그론에서 가드까지 그 마을들을 다시 찾아왔습니다. 이스라엘 사람들은 이 마을 주변의 땅도 블레셋 사람들에게서 다시 빼앗아 왔습니다. 이스라엘과 아모리 사람들 사이에도 평화가 찾아왔습니다.

사무엘은 평생토록 이스라엘을 다스렸습니다. 해마다 사무엘은 벧엘에서 길갈을 거쳐 미스바로 갔습니다. 사무엘은 이 모든 마을에서 이스라엘을 다스렸습니다. 그리고 나서는 언제나 자기 집이 있는 라마로 돌아왔습니다. 사무엘은 라마에서도 이스라엘을 다스렸습니다. 사무엘은 그곳에서 여호와께 제단을 쌓았습니다.

이스라엘이 왕을 요구함

사무엘은 나이가 들어 자기 아들들을 이스라엘의 사사로 삼았습니다. 사무엘의 맏아들 이름은 요엘이었고, 둘째는 아비야였습니다. 요엘과 아비야는 브엘세바에서 사사로 있었습니다. 그러나 사무엘의 아들들은 사무엘처럼 살지 않았습니다. 그들은 정직하지 않은 방법으로 돈을 모으려 했습니다. 그들은 남몰래 돈을 받고 공정하지 않은 재판을 했습니다.

그래서 장로들이 모두 모여 라마에 있는 사무엘에게 왔습니다. 장로들이 사무엘에게 말했습니다. "이제 당신은 늙었고, 당신의 아들들은 당신처럼 살지 않습니다. 우리에게도 다른 나라들처럼 우리를 다스릴 왕을 세워 주십시오." 사무엘은 장로들의 이 말을 기쁘게 여기지 않았습니다. 사무엘은 여호와께 기도드렸습니다. 여호와께서 사무엘에게 말씀하셨습니다. "백성들이 너에게 말하는 것을 다 들어주어라. 백성들이 너를 버린 것이 아니라 나를 버려 내가 그들의 왕이 되지 못하게 하려는 것이다. 백성들이 하는 일은 언제나 똑같다. 내가 그들을 이집트에서 데리고 나올 때부터 오늘날까지 그들은 나를 버렸고 다른 신들을 섬겼다. 그런데 그들은 똑같은 일을 너에게도 하고 있다. 이제 백성의 말을 들어주어라. 그러나 그들에게 경고하여라. 그들을 다스릴 왕이 어떤 일을 할지 일러 주어라."

사무엘은 왕을 달라고 한 사람들에게 대답했습니다. 사무엘은 여호와께서 하신 말씀을 모두 전해 주었습니다. 사무엘이 말했습니다. "여러분은 여러분을 다스릴 왕을 달라고 하는데 그 왕은 이런 일을 할 것이오. 왕은 여러분의 아들을 빼앗아 갈 것이고, 그 아들을 데려다가 자기 전차와 말을 몰게 할 것이오. 여러분의 아들은 왕의 전차 앞에서 달리게 될 것이오. 왕은 여러분의 아들 중에서 몇 명을 뽑아 군인 천 명을 거느리는 지휘관인 천부장과 군인 오십 명을 거느리는 지휘관인 오십부장으로 삼을 것이며, 다른 아들에게는 자기 땅을 갈게 하거나 땅에서 나는 것을 거둬들이게 할 것이오. 또 다른 아들에게는 전쟁 무기나 자기 전차에 쓸 장비를 만들게 할 것이오. 왕은 여러분의 딸도 빼앗아 갈 것이오. 왕은 여러분의 딸에게 향료를 만들게 하거나 자기가 먹을 음식을 요리하게 할 것이오. 왕은 여러분의 제일 좋은 밭과 포도원과 올리브 나무 밭을 빼앗아 자기 신하들에게 줄 것이오. 여러분이 거둔 곡식과 포도의 십분의 일을 가져다가 왕의 관리와 신하들에게 나눠 줄 것이오. 왕은 여러분의 남종과 여종도 빼앗아 갈 것이오. 또 여러분의 제일 좋은 소와 나귀도 빼앗아 왕의 일을 시킬 것이오. 왕은 여러분 양 떼의 십분의 일을 가져갈 것이고, 여러분 스스로는 왕의 종이 될 것이오. 그때 여러분은 여러분이 뽑은 왕 때문에 울부짖게 될 것이오. 하지만 여호와께서는 여러분에게 대답하지 않으실 것이오."

그러나 백성들은 사무엘의 말을 들으려 하지 않았습니다. 백성들이 말했습니다. "아닙니다. 우리는 우리를 다스릴 왕이 필요합니다. 왕이 있으면 우리도 다른 모든 나라들과 같게 됩니다. 우리 왕이 우리를 다스릴 것입니다. 왕이 우리와 함께 나가서 우리를 위해 싸울 것입니다." 사무엘은 백성들이 하는 말을 다 들었습니다. 사무엘은 그들이 한 말을 다 여호와께 말씀드렸습니다. 여호와께서 대답하셨습니다. "그들의 말을 들어주어라. 그들에게 왕을 주어라." 그 말씀을 듣고 사무엘은 이스라엘 백성들에게 말했습니다. "모두 자기 마을로 돌아가시오."

사울이 자기 아버지의 나귀를 찾아 나섬

아비엘의 아들 기스는 베냐민 지파 사람이었습니다. 기스는 능력의 용사였습니다. 기스의 아버지 아비엘은 스롤의 아들이고, 스롤은 베고랏의 아들이며, 베고랏은 베냐민 사람 아비아의 아들입니다. 기스에게는 사울이라는 아들이 있었는데 사울은 잘생긴 젊은이였습니다. 이스라엘 사람 중에 사울처럼 잘생긴 사람은 없었습니다. 사울은 이스라엘의 어느 누구보다도 키가 컸습니다.

사울의 아버지인 기스의 나귀들이 어디로 갔는지 보이지 않았습니다. 그래서 기스는 사울에게 말했습니다. "종을 한 명 데리고 가서 나귀들을 찾아오너라." 사울은 에브라임 산지를 돌아다녔습니다. 또 살리사 땅도 돌아다녔습니다. 그러나 사울과 그의 종은 나귀를 찾지 못했습니다. 사울과 그의 종은 사알림 땅으로 가 보았으나 그곳에도 나귀는 없었습니다. 사울과 그의 종은 베냐민 땅으로도 가 보았으나 그곳에서도 나귀는 보이지 않았습니다.

사울과 그의 종은 숩 지역에 이르렀습니다. 사울이 자기 종에게 말했습니다. "그냥 돌아가자. 아버지가 나귀들보다 우리를 더 걱정하시겠다." 그러나 사울의 종이 대답했습니다. "하나님의 사람이 이 마을에 계십니다. 그 사람이 말한 것은 모두 이루어지기 때문에 백성들은 그 사람을 존경합니다. 지금 이 마을로 들어갑시다. 어쩌면 그 사람이 우리가 찾는 나귀를 찾아 줄지도 모릅니다." 사울이 자기 종에게 말했습니다. "그렇지만 그 사람에게 무엇을 드리지? 우리 가방에는 음식도 없고, 그 사람에게 드릴 선물도 없지 않은가?"

그러자 종이 사울에게 대답했습니다. "보십시오. 저에게 은 사분의 일 세겔이 있습니다. 이것을 그 하나님의 사람에게 드리십시오. 그러면 그 사람이 우리 나귀를 찾아 줄 것입니다." (옛날에는 이스라엘 사람이 하나님께 물어볼 것이 있으면 "선견자에게 가자" 하고 말했습니다. 옛날에 선견자라고 부르던 사람을 지금은 예언자라고 부릅니다.) 사울이 자기 종에게 말했습니다. "그거 좋은 생각이다. 자, 가자." 그리하여 이 두 사람은 하나님의 사람이 살고 있는 마을로 갔습니다.

사울과 그의 종은 마을로 가는 언덕을 오르고 있었습니다. 그 길에서 그들은 물을 길러 나오는 젊은 여자들을 만났습니다. 사울과 그의 종은 "예언자가 이 마을에 계십니까?" 하고 물어보았습니다. 젊은 여자들이 대답했습니다. "예, 이 마을에 계십니다. 방금 이곳을 지나가셨으니 서두르세요. 오늘 사람들이 예배 장소에서 제사를 드리기 때문에 그분이 방금 우리 마을에 오셨습니다. 지금 마을로 들어가면 그분이 식사를 하러 예배 장소로 올라가시기 전에 그분을 만날 수 있을 것입니다. 백성들은 그 예언자가 오기 전에는 식사를 하지 않습니다. 먼저 예언자가 제물에 축복을 해야 손님들도 식사를 합니다. 그러니 지금 가십시오. 그분을 만날 수 있을 것입니다."

사울이 사무엘을 만남

사울과 그의 종은 마을로 올라갔습니다. 그들이 마을에 들어서자 곧 사무엘을 볼 수 있었습니다. 사무엘은 예배 장소로 가던 중이었습니다. 사무엘은 성을 나와 사울과 그의 종이 있는 쪽으로 오고 있었습니다.

사울이 오기 전날 여호와께서는 사무엘에게 이렇게 말씀하셨습니다. "내일 이맘때쯤 내가 너에게 한 사람을 보낼 것이다. 그 사람은 베냐민 사람이다. 너는 그 사람에게 기름을 부어 내 백성 이스라엘을 다스릴 지도자로 삼아라. 그 사람은 내 백성을 블레셋 사람들에게서 구해 줄 것이다. 나는 내 백성의 고통을 보았고 그들의 부르짖는 소리를 들었노라." 사무엘이 사울을 처음으로 보았을 때 여호와께서 사무엘에게 말씀하셨습니다. "보아라, 이 사람이 내가 말했던 그 사람이다. 이 사람이 내 백성을 다스릴 것이다." 사울이 성문 곁에 있는 사무엘에게 다가가 말했습니다. "예언자의 집이 어디에 있는지 가르쳐 주십시오." 사무엘이 대답했습니다. "내가 예언자요. 나보다 먼저 예배 장소로 올라가시오. 오늘 당신과 당신의 종은 나와 함께 식사를 하게 될 것이오. 내일 아침에 당신을 집으로 보내주겠소. 당신이 나에게 물어보려 하는 것도 다 대답해 주겠소. 삼일 전에 잃어버린 나귀들에 대해서는 걱정하지 마시오. 그 나귀들은 이미 찾았소. 이스라엘은 지금 당신과 당신 아버지의 온 집안을 원하고 있소." 사울이 대답했습니다. "하지만 나는 베냐민 지파 사람입니다. 베냐민 지파는 이스라엘에서도 가장 작은 지파입니다. 그리고 내 집안은 베냐민 지파 중에서도 가장 작은 집안입니다. 그런데 왜 이스라엘이 나를 원한다고 말씀하십니까?"

사무엘은 사울과 그의 종을 거실로 데리고 갔습니다. 사무엘은 가장 좋은 자리에 사울과 그의 종을 앉혔습니다. 그곳에는 손님이 삼십 명가량 있었습니다. 사무엘이 요리사에게 말했습니다. "내가 따로 부탁한 고기를 가져오시오." 요리사는 넓적다리 부분을 가져다가 사울 앞 탁자에 올려놓았습니다. 사무엘이 말했습니다. "이것은 당신을 위해 남겨 둔 고기요. 내가 손님을 청한 이 특별한 자리에서 당신을 위해 따로 떼어 놓은 것이니 이것을 먹으시오."

그리하여 사울은 그날 사무엘과 함께 식사를 했습니다. 식사를 마친 후에 그들은 예배 장소에서 내려와 마을로 갔습니다. 사무엘은 자기 집 지붕 위에서 사울과 함께 이야기를 했습니다. 이튿날 새벽에 사무엘은 지붕 위에 있는 사울을 불러 말했습니다. "일어나 떠날 준비를 하시오." 그리하여 사울은 자리에서 일어나 사무엘과 함께 집 밖으로 나갔습니다.

사울과 그의 종과 사무엘이 성을 나가기 바로 전에 사무엘이 사울에게 말했습니다. "당신 종에게 먼저 가라고 이르시오." 사울의 종이 앞서가니 사무엘이 사울에게 다시 말했습니다. "당신은 잠깐 서시오. 당신에게 하나님의 말씀을 전해 주겠소."

사무엘이 사울에게 기름을 붓다

사무엘은 기름병을 가져다가 사울의 머리에 기름을 부었습니다. 사무엘은 사울에게 입을 맞추고 이렇게 말했습니다. "여호와께서 당신을 자기 백성 이스라엘의 지도자로 세우셨소. 당신은 여호와의 백성을 다스리게 될 것이오. 당신은 여호와의 백성을 이웃 나라 적들로부터 구해 내야 할 것이오. 여호와께서 당신을 자기 백성의 지도자로 삼으셨다는 증거를 일러 주겠소. 오늘 나와 헤어진 후에 당신은 베냐민 땅의 경계인 셀사에 있는 라헬의 무덤 가까이에서 두 사람을 만나게 될 것인데 그 두 사람은 당신에게 이렇게 말할 것이오. '당신이 찾아다니던 나귀들을 찾았습니다. 그러나 이번에는 당신 아버지께서 나귀보다 당신 걱정을 하고 있습니다. 당신 아버지는 당신을 찾지 못해 염려하고 계십니다.' 그 후 당신은 계속 가다가 다볼에 있는 큰 나무에 이를 것이오. 그곳에서 벧엘로 하나님께 예배드리러 가는 세 사람을 만나게 될 것이오. 첫 번째 사람은 염소 새끼 세 마리를 끌고 갈 것이고, 두 번째 사람은 빵 세 덩이를 가지고 갈 것이며, 세 번째 사람은 포도주가 가득 찬 가죽 부대를 가지고 갈 것이오. 그 사람들은 당신에게 인사를 하고 빵 두 덩이를 줄 것이며 당신은 그것을 받을 것이오. 그리고 나서 당신은 '하나님의 산 기브아'로 갈 것이오. 그곳에는 블레셋의 진이 있소. 그 마을 근처를 지날 때 한 무리의 예언자들이 예배 장소에서 내려올 것이오. 그들은 수금과 비파를 타고 소고를 치며 피리를 불며 예언을 할 것이오. 여호와의 영이 당신에게 강하게 들어갈 것이오. 당신은 이 예언자들과 함께 예언을 할 것이고, 당신은 변하여 다른 사람이 될 것이오. 이러한 표징들이 있은 후에 무엇이든지 당신 뜻대로 하시오. 하나님이 당신을 도우실 것이오. 나보다 먼저 길갈로 가시오. 나도 당신에게 내려갈 것이오. 그때에 나는 태워 드리는 제물인 번제물과 화목 제물을 바칠 것이오. 하지만 당신은 칠 일 동안 기다려야 하오. 칠 일이 지난 후에 내가 가서 당신이 할 일을 말해 주겠소."

사울이 왕이 됨

사울이 사무엘과 헤어져 몸을 돌이킬 때에 하나님이 사울의 마음을 변하게 하셨습니다. 그날 이 모든 표징이 사무엘이 말한 대로 일어났습니다. 사울과 그의 종이 기브아에 이르렀을 때 사울은 한 무리의 예언자들을 만났습니다. 하나님의 영이 사울에게 들어와서 사울은 예언자들과 함께 예언을 하였습니다. 사울이 예언자들과 함께 예언하고 있는 것을 전부터 사울을 알고 있던 사람들이 보았습니다. 그 사람들은 서로 이렇게 말했습니다. "기스의 아들이 도대체 어떻게 된 것인가? 사울도 예언자 중의 하나였던가?" 그곳에 사는 어떤 사람이 "이 예언자의 아버지는 누구요?" 하고 물었으므로 이때부터 '사울도 예언자 중의 하나였던가?'라는 속담이 생기게 되었습니다. 사울은 예언하는 일을 멈춘 후에 예배 장소로 갔습니다.

사울의 삼촌이 사울과 그의 종에게 와서 물었습니다. "지금까지 어디에 있었느냐?" 사울이 말했습니다. "나귀를 찾고 있었어요. 나귀를 찾을 수가 없어서 사무엘에게 물어보러 갔었어요." 사울의 삼촌이 물었습니다. "사무엘이 너에게 뭐라고 말했는지 이야기해 보아라." 사울이 대답했습니다. "벌써 나귀를 찾았다고 말했어요." 그러나 사울은 자기가 왕이 될 것이라는 사무엘의 말은 삼촌에게 알려 주지 않았습니다.

사무엘은 이스라엘 모든 백성에게 미스바로 나아와 여호와를 만나라고 말했습니다. 사무엘이 말했습니다. "이스라엘의 하나님 여호와께서 이렇게 말씀하셨소. '나는 이스라엘을 이집트에서 이끌어 내었다. 나는 너희를 이집트의 손에서 구해 주었다. 너희를 괴롭히는 다른 나라들에게서 너희를 구해 주었다.' 그런데도 여러분은 여러분의 하나님을 배반하였소. 하나님은 모든 괴로움과 어려움에서 여러분을 건져 주셨소. 그런데 여러분은 '아니다! 우리는 우리를 다스릴 왕이 필요하다'라고 말하고 있소. 자, 이제 지파와 가문별로 여호와 앞에 서시오."

사무엘이 이스라엘의 모든 지파를 가까이 나아오게 하니 베냐민 지파가 뽑혔습니다. 사무엘은 베냐민 지파를 가문별로 지나가게 했습니다. 그러자 마드리의 가문이 뽑혔습니다. 사무엘은 다시 마드리의 집안 사람을 한 사람씩 지나가게 했습니다. 그러자 기스의 아들 사울이 뽑혔습니다. 사람들이 사울을 찾았을 때 그는 보이지 않았습니다. 그래서 사람들이 여호와께 여쭤 보았습니다. "사울이 여기에 와 있습니까?" 여호와께서 대답하셨습니다. "그렇다. 사울은 짐 꾸러미 뒤에 숨어 있다." 그래서 사람들이 달려가 사울을 데려왔습니다. 사울이 사람들 사이에 서니 사울의 키는 다른 사람들보다 머리 하나 정도 더 컸습니다. 그때 사무엘이 백성들에게 말했습니다. "여호와께서 뽑으신 사람을 보시오. 모든 백성 중에 이만한 사람은 없소." 그러자 백성이 "왕 만세!" 하고 외쳤습니다.

사무엘은 왕의 권리와 의무를 설명해 주었습니다. 그는 왕의 규칙을 책에 써서 여호와 앞에 두었습니다. 그리고 나서 사무엘은 백성들에게 자기 집으로 돌아가라고 말했습니다. 사울도 기브아에 있는 자기 집으로 돌아갔습니다. 하나님께서 몇몇 용감한 사람들의 마음을 움직이셔서 그 사람들이 사울과 함께 가도록 하셨습니다. 그러나 몇몇 불량배들은 "이 사람이 어떻게 우리를 구할 수 있겠나?" 하고 비아냥거렸습니다. 그들은 사울을 미워하여 선물을 갖다 주지 않았습니다. 그러나 사울은 그냥 잠자코 있었습니다.

사울이 암몬 사람을 침

한 달쯤 후에 암몬 사람 나하스와 그의 군대가 길르앗 땅의 야베스 성을 에워쌌습니다. 야베스의 모든 백성이 나하스에게 말했습니다. "우리와 조약을 맺읍시다. 그러면 우리가 당신을 섬기겠소." 그러자 나하스가 대답했습니다. "너희들과 조약을 맺기는 하겠다. 하지만 조약을 맺기 전에 먼저 너희들의 오른쪽 눈을 뽑아 버려야겠다. 그리하여 온 이스라엘을 부끄럽게 만들어야겠다." 야베스의 장로들이 나하스에게 말했습니다. "우리에게 칠 일 동안 시간을 주시오. 우리는 온 이스라엘에 도움을 청하겠소. 만약 아무도 우리를 도우러 오지 않는다면 우리는 당신이 하라는 대로 하겠소." 야베스 성의 명령을 전달하는 사람들이 사울이 살고 있는 기브아에 왔습니다. 명령을 받고 심부름하는 사람들이 기브아 백성에게 소식을 전하자 백성들은 큰 소리를 내며 울었습니다.

사울이 자기 소를 몰고 밭 가는 일을 마친 후에 집으로 돌아오다가 백성들이 우는 소리를 듣고 물었습니다. "백성들에게 무슨 일이 생겼소? 왜 울고 있소?" 백성들은 야베스에서 온 명령을 전달하는 사람이 자기들에게 한 말을 사울에게 이야기해 주었습니다. 사울이 그 말을 들었을 때 하나님의 영이 사울에게 강하게 들어왔습니다. 사울은 매우 화가 났습니다. 그래서 그는 소 두 마리를 잡아서 여러 토막으로 잘라 내고 그 토막을 명령을 전달하는 사람들에게 주었습니다. 사울은 명령을 전달하는 사람들에게 명령하여 그 토막들을 이스라엘 모든 땅에 전하게 하였습니다. 명령을 전달하는 사람들은 이스라엘 백성에게 가서 외쳤습니다. "누구든지 사울과 사무엘을 따르지 않는 사람이 있으면 그 사람의 소도 이렇게 하겠소." 이 말을 듣고 이스라엘 백성은 여호와를 매우 두려워했습니다. 그래서 한 사람도 빠짐없이 모두 모였습니다. 사울은 백성을 베섹으로 모이게 했는데 이스라엘에서 삼십만 명이 모였고 유다에서 삼만 명이 모였습니다. 모인 사람들이 야베스에서 온 명령을 받고 심부름하는 사람들에게 말했습니다. "길르앗의 야베스 사람들에게 말하시오. 내일 해가 높이 뜨기 전에 당신들을 구해 주겠소." 그리하여 명령을 받고 심부름하는 사람들은 가서 야베스의 백성들에게 이 말을 전했습니다. 야베스 백성은 매우 기뻐했습니다. 야베스 백성이 암몬 사람들에게 말했습니다. "내일 우리가 당신에게 항복하겠소. 그러니 우리를 어떻게 하든지 당신 마음대로 하시오." 이튿날 아침 사울은 자기 군인들을 세 무리로 나누었습니다. 그들은 새벽에 암몬 사람들의 진을 공격하여 해가 높이 뜨기 전에 암몬 사람들을 물리쳐 이겼습니다. 살아남은 암몬 사람들은 뿔뿔이 흩어졌습니다. 두 사람도 함께 모이지 못하고 모두 흩어졌습니다.

이 일이 있은 후에 백성들이 사무엘에게 말했습니다. "사울이 왕이 되는 것을 반대하던 사람들은 어디에 있습니까? 그 사람들을 이리로 끌어냅시다. 죽여 버리고 말겠습니다." 그러자 사울이 말하였습니다. "안 되오. 오늘은 아무도 죽여서는 안 되오. 여호와께서 오늘 이스라엘을 구해 주셨기 때문이오." 사무엘이 백성에게 말했습니다. "자, 우리가 함께 길갈로 갑시다. 거기에다 새로운 나라를 세웁시다." 그리하여 모든 백성이 길갈로 갔습니다. 그곳에서 이스라엘 백성은 여호와 앞에서 사울을 왕으로 세웠습니다. 그들은 여호와께 화목 제물을 바쳤습니다. 사울과 모든 이스라엘 사람들은 크게 기뻐했습니다.

사무엘의 마지막 말

사무엘이 온 이스라엘에게 말했습니다. "나는 여러분이 원하는 것을 다 해 주었소. 나는 여러분에게 왕을 세워 주었소. 이제 여러분에게는 여러분을 이끌 왕이 있소. 나는 늙어 머리가 희어졌으나 내 아들들은 여러분과 함께 여기에 있소. 나는 젊었을 때부터 여러분의 지도자로 일해 왔소. 내가 지금 여호와와 여호와께서 기름부으신 왕 앞에 서 있으니 내가 무슨 일이든지 잘못한 것이 있으면 말해 주시오. 내가 누구의 소나 나귀를 훔친 적이 있소? 내가 누구를 해치거나 속인 일이 있소? 내가 몰래 돈을 받고 잘못한 일을 눈감아 준 적이 있소? 내가 그런 일을 한 적이 있다면 다 갚아 주겠소." 이스라엘 사람들이 대답했습니다. "당신은 우리를 속이지 않았습니다. 우리를 해치지도 않았습니다. 당신은 누구에게서도 공정하지 않게 무엇을 가져간 일이 없었습니다." 사무엘이 이스라엘 사람들에게 말했습니다. "여호와께서 여러분이 말한 것의 증인이시오. 또 여호와께서 기름부으신 왕도 증인이오. 여호와와 왕이 내가 아무런 잘못도 행하지 않았다고 여러분이 말한 것의 증인이오." 이스라엘 사람들이 말했습니다. "여호와와 왕이 우리의 증인이십니다."

사무엘이 또 백성에게 말했습니다. "여호와께서 모세와 아론을 세워 여러분의 조상을 이집트에서 이끌어 내셨소. 거기에 그대로 서 있으시오. 여호와께서 여러분과 여러분의 조상에게 하신 모든 좋은 일에 대해 이야기하겠소. 야곱이 이집트에 들어간 후에 야곱의 자손들은 여호와께 도와 달라고 부르짖었소. 그래서 여호와께서는 모세와 아론을 보내 주셨소. 모세와 아론은 여러분의 조상을 이집트에서 이끌어 내어 이곳까지 인도하였소. 그러나 여러분의 조상은 자기들의 하나님 여호와를 잊어버렸소. 그래서 여호와께서는 그들을 하솔의 군대 지휘관인 시스라의 노예가 되게 하셨소. 여호와께서는 또 여러분의 조상을 블레셋 사람들과 모압 왕의 노예가 되게 하셨소. 이들은 모두 여러분의 조상과 맞서 싸웠소. 그러자 여러분의 조상은 여호와께 이렇게 부르짖었소. '우리가 죄를 지었습니다. 우리가 여호와를 떠나 바알과 아스다롯을 섬겼습니다. 하지만 이제 우리를 원수에게서 구해 주십시오. 그러면 우리가 여호와를 섬기겠습니다.' 여호와께서는 여룹바알이라고도 부르는 기드온을 보내 주셨소. 또 여호와께서는 베단과 입다와 사무엘을 보내 주셨소. 그리하여 여호와께서는 여러분 주변의 원수들에게서 여러분을 구해 주셨소. 그래서 안전하게 살 수 있었소. 그런데 여러분은 암몬 왕 나하스가 여러분을 공격하러 오는 것을 보고 '우리에게도 우리를 다스릴 왕이 필요합니다!' 하고 말했소. 여호와께서 여러분의 왕이신데도 말이오. 자, 여기에 여러분이 뽑은 왕이 있소. 여호와께서 그를 여러분들 위에 세우셨소. 여러분은 여호와를 받들고 섬겨야 하오. 여러분은 여호와의 명령에 순종해야 하오. 여러분과 여러분을 다스리는 왕은 여러분의 하나님 여호와를 따라야 하오. 그렇게 하면 모든 일이 잘될 것이오. 그러나 만약 여러분이 여호와께 순종하지 않고 여호와의 명령을 따르지 않으면 여호와께서 여러분을 치실 것이오. 여호와께서는 전에 여러분의 조상에게 내리셨던 벌을 여러분에게도 내리실 것이오. 이제 가만히 서서 여호와께서 여러분 앞에서 행하실 큰일을 잘 보시오. 지금은 밀을 거두어들이는 때요. 내가 여호와께 기도드려 천둥과 비를 보내 달라고 하겠소. 이제 여러분은 왕을 달라고 요구한 것이 여호와께 얼마나 나쁜 일이었나를 알게 될 것이오." 그리고 나서 사무엘은 여호와께 기도를 드렸습니다. 그날 여호와께서는 천둥과 비를 내리셨습니다. 그리하여 백성은 여호와와 사무엘을 매우 두려워하게 되었습니다.

백성들이 사무엘에게 말했습니다. "당신의 종인 우리를 위해 당신의 하나님 여호와께 기도드려 주십시오. 우리를 죽게 내버려 두지 마십시오. 우리는 많은 죄를 지은 데다가 왕을 구하는 죄를 더하였습니다." 사무엘이 대답했습니다. "두려워하지 마시오. 여러분은 나쁜 일을 하였지만 이제부터라도 여호와를 떠나지 마시오. 온 마음을 다하여 여호와를 섬기시오. 우상들은 아무 소용이 없소. 그러므로 우상을 섬기지 마시오. 우상은 여러분을 구해 줄 수도 없고 도와줄 수도 없소. 우상은 쓸데없소. 여호와께서는 자기 이름을 위해서 자기 백성을 버리지 않으실 것이오. 그분은 여러분을 자기 백성으로 삼은 것을 기뻐하고 계시오. 나도 여러분을 위해 기도하는 일을 멈추지 않겠소. 만약 내가 기도를 멈춘다면 그것은 여호와께 죄를 짓는 일이 되오. 나는 여러분에게 무엇이 좋고 옳은 것인가를 가르치겠소. 오직 여호와만을 두려워하시오. 여러분은 온 마음을 다하여 언제나 여호와를 섬겨야 하오. 여호와께서 여러분을 위해 하신 놀라운 일들을 잊지 마시오. 만약 여러분이 고집을 피워 나쁜 일을 계속한다면 하나님께서 여러분과 여러분의 왕을 멸망시키실 것이오."

사울이 블레셋과 싸우다

사울이 왕이 되었을 때 그의 나이는 서른 살이었습니다. 그는 사십이 년 동안 이스라엘의 왕으로 있었습니다. 사울은 이스라엘에서 삼천 명을 뽑았습니다. 그중 이천 명은 벧엘 산지에 있는 믹마스에서 사울과 함께 있었고, 나머지 천 명은 베냐민 땅 기브아에서 요나단과 함께 있었습니다. 사울은 나머지 백성을 집으로 돌려보냈습니다. 요나단이 게바에 있는 블레셋의 진을 공격하였습니다. 다른 블레셋 사람들이 그 소식을 들었습니다. 사울이 말했습니다. "히브리 사람들에게 어떤 일이 일어났는지를 알려 주시오." 사울은 사람들을 시켜 이스라엘 모든 땅에 나팔을 불게 했습니다. 이스라엘의 모든 사람이 그 소식을 듣고 말했습니다. "사울이 블레셋 진을 공격하였다. 이제 블레셋 사람들은 우리를 진짜로 미워할 것이다." 그리하여 이스라엘 사람들은 길갈에 있는 사울에게 모여들었습니다.

블레셋 사람들도 이스라엘과 싸우기 위해 모였습니다. 블레셋 사람들에게는 전차 삼만 대와 말을 타는 군인 육천 명이 있었습니다. 블레셋 군인은 마치 바닷가의 모래처럼 많았습니다. 블레셋 사람들은 벧아웬 동쪽에 있는 믹마스에 진을 쳤습니다. 이스라엘 사람들은 용기를 잃고 말았습니다. 그래서 그들은 동굴과 나무숲으로 가서 숨었습니다. 바위틈과 구덩이와 우물 속에 숨은 사람도 있었습니다. 심지어 어떤 히브리 사람은 요단 강을 건너 갓과 길르앗 땅으로 도망쳤습니다. 그러나 사울은 길갈에 그대로 있었습니다. 그의 군대는 모두 두려워 떨고 있었습니다.

사울의 실책

사울은 칠 일 동안 기다렸습니다. 왜냐하면 사무엘이 그곳에 오기로 되어 있었기 때문입니다. 하지만 사무엘은 길갈로 오지 않았습니다. 그러자 군인들이 하나둘씩 떠나가기 시작하였습니다. 사울이 말했습니다. "나에게 태워 드리는 제물인 번제물과 화목 제물을 가지고 오시오." 그리고 그는 하나님께 태워 드리는 제물인 번제물을 바쳤습니다. 사울이 막 태워 드리는 제물인 번제물을 바쳤을 때 사무엘이 도착하였습니다. 사울은 사무엘을 맞으러 나갔습니다. 사무엘이 물었습니다. "대체 무슨 일을 하였소?" 사울이 대답했습니다. "군인들은 하나둘씩 떠나가고 당신은 오지 않았습니다. 또 블레셋 사람들은 믹마스에 모여 있었습니다. 블레셋 사람들이 길갈로 와서 나를 공격할 것인데 나는 아직 여호와의 허락을 받지 못하였습니다. 그래서 할 수 없이 태워 드리는 제물인 번제물을 바쳤습니다." 사무엘이 말했습니다. "당신은 바보 같은 짓을 하였소. 당신은 하나님의 명령에 순종하지 않았소. 당신이 하나님께 순종했다면 하나님께서는 이스라엘에 당신의 나라를 영원토록 세우셨을 것이오. 하지만 당신의 나라는 이제 이어지지 않을 것이오. 여호와께서는 자기 마음에 드는 사람을 찾아내셨소. 여호와께서는 그 사람을 자기 백성의 통치자로 임명하셨소. 여호와께서 그렇게 하신 것은 당신이 여호와의 명령에 순종하지 않았기 때문이오." 이 말을 하고 나서 사무엘은 길갈을 떠나 베냐민 땅 기브아로 갔습니다. 나머지 군인은 사울을 따라 싸움터에 나갔습니다.

사울이 남아 있는 사람들을 세어 보니 육백 명가량이었습니다. 사울과 그의 아들 요나단은 베냐민 땅 게바에 머물렀습니다. 그들을 따르는 군인들도 그곳에 진을 쳤습니다. 블레셋 사람들은 믹마스에 진을 치고 있었습니다. 블레셋 사람들은 이스라엘을 공격하기 위해 세 무리로 나누어 진을 떠났습니다. 첫 번째 무리는 수알 땅에 있는 오브라 길로 갔고, 두 번째 무리는 벧호론 길로 갔습니다. 그리고 세 번째 무리는 사막 쪽에 있는 스보임 골짜기가 내려다보이는 경계 길로 떠났습니다.

이스라엘 모든 땅에는 대장장이가 한 사람도 없었습니다. 그것은 블레셋 사람들이 "히브리 사람들이 칼과 창을 만들까 두렵다"라고 말했기 때문입니다. 그래서 모든 이스라엘 사람은 쟁기나 괭이, 도끼, 낫을 갈려 할 때는 블레셋 사람들에게 갔습니다. 블레셋의 대장장이들은 쟁기와 괭이를 날카롭게 가는 데 은 삼분의 이 세겔을 받았고, 낫이나 도끼나 소를 몰 때 쓰는 쇠막대기를 가는 데 은 삼분의 일 세겔을 받았습니다. 그래서 전쟁이 일어났을 때에도 사울과 요나단을 따르는 군인들에게는 칼이나 창이 없었습니다. 오직 사울과 요나단만이 칼과 창을 가지고 있었습니다. 블레셋 군대의 한 무리가 믹마스에 있는 산길로 갔습니다.

이스라엘이 블레셋 사람들을 물리쳐 이김

어느 날 사울의 아들 요나단이 자기 무기를 든 부하에게 말했습니다. "자, 저쪽에 있는 블레셋 진으로 건너가자." 요나단은 이 일을 자기 아버지에게 알리지 않았습니다. 사울은 기브아 근처의 미그론에 있는 석류나무 아래에 앉아 있었습니다. 사울에게는 군인이 육백 명쯤 있었는데 그중에는 에봇을 입고 있는 아히야라는 사람이 있었습니다. 아히야는 이가봇의 형제 아히둡의 아들이었습니다. 아히둡은 비느하스의 아들이었으며, 비느하스는 실로에서 여호와의 제사장이었던 엘리의 아들이었습니다. 백성 중 누구도 요나단이 빠져나갔다는 것을 알지 못했습니다. 산길 양쪽에는 경사가 급한 언덕이 있었습니다. 요나단은 이 산길을 지나 블레셋의 진으로 가려 했습니다. 한쪽 절벽의 이름은 보세스였고, 다른 쪽 절벽의 이름은 세네였습니다. 한쪽 절벽은 북쪽으로 믹마스를 향해 있었고 다른 쪽 절벽은 남쪽으로 게바를 향해 있었습니다.

요나단이 자기 무기를 든 부하에게 말했습니다. "자, 저 할례받지 않은 사람들의 진으로 가자. 어쩌면 여호와께서 우리를 도와주실 것이다. 여호와께서 우리에게 구원을 주실 때는 군대의 수가 많고 적은 것이 문제가 되지 않는다." 무기를 든 부하가 요나단에게 말했습니다. "당신 생각에 좋을 대로 하십시오. 나는 당신과 함께 하겠습니다." 요나단이 말했습니다. "블레셋 사람들이 있는 곳으로 건너가자. 그리고 그들 앞에 나타나자. 만약 그들이 우리에게 '우리가 너희에게 가기까지 기다려라' 하고 말하면 우리는 그대로 서서 기다려야 할 것이다. 그러나 그들이 만약 '우리에게로 오너라' 하고 말하면 이것은 여호와께서 그들을 우리 손안에 주셨다는 표시니 우리가 올라갈 것이다." 요나단과 그의 부하는 블레셋 사람들 앞에 모습을 나타냈습니다. 블레셋 사람들이 말했습니다. "저기 봐라! 구멍에 숨어 있던 히브리 놈들이 기어 나왔다!" 진에 있던 블레셋 사람들이 요나단과 그의 부하에게 외쳤습니다. "이리 와 봐라. 네놈들에게 본때를 보여 주겠다." 요나단이 자기 부하에게 말했습니다. "내 뒤를 따라 올라오너라. 여호와께서 블레셋 사람들을 이스라엘에게 넘기셨다." 요나단은 손과 발로 기어서 위로 올라갔습니다. 요나단의 부하도 요나단의 바로 뒤를 따라 올라갔습니다. 요나단은 앞으로 나가면서 블레셋 사람들을 쳐서 넘어뜨렸습니다. 요나단의 부하도 요나단의 뒤를 따라가면서 블레셋 사람들을 죽였습니다. 이 첫 번째 싸움으로 요나단과 그의 부하는 한 쌍의 소가 반나절 동안 갈아엎을 만한 들판에서 블레셋 사람 이십 명가량을 죽였습니다. 블레셋의 모든 군인들이 갑자기 두려움에 휩싸였습니다. 진에 있던 군인이나 돌격대에 있던 군인들이 모두 두려움에 떨었습니다. 심지어 땅까지도 흔들렸습니다. 하나님께서 블레셋 사람들을 큰 두려움에 휩싸이게 하셨습니다.

베냐민 땅 기브아에 있던 사울의 호위병들이 블레셋 군인들이 사방으로 달아나고 있는 것을 보았습니다. 사울이 자기 군대에게 말했습니다. "우리 진에서 빠져나간 사람이 있는가 조사해 보시오." 조사를 해 보니 요나단과 그의 부하가 없어졌습니다. 사울이 제사장 아히야에게 말했습니다. "하나님의 궤를 가져오시오." 그때에는 법궤가 이스라엘 사람들에게 있었습니다. 사울이 제사장 아히야에게 말하고 있을 때 블레셋 진은 더욱더 혼란스러워졌습니다. 그러자 사울이 아히야에게 말하였습니다. "그만두시오. 지금은 기도할 시간이 없소." 사울과 그의 군대가 모두 모여서 싸움터에 들어섰습니다. 싸움터에 가 보니 블레셋 사람들이 제정신을 잃은 나머지 자기 편끼리 칼을 휘두르고 있었습니다. 전에 블레셋 사람들을 섬기며 그들의 진에 함께 머물렀던 히브리 사람들이 사울과 요나단의 이스라엘 사람들 편으로 왔습니다. 에브라임 산지에 숨어 있던 모든 이스라엘 사람은 블레셋 군인들이 달아나고 있다는 소식을 듣고 그들도 싸움터에 나와 블레셋 사람들을 뒤쫓았습니다. 이처럼 여호와께서는 그날 이스라엘 사람들을 구해 주셨습니다. 그리고 싸움터는 벧아웬을 지나 다른 곳으로 옮겨졌습니다.

사울의 잘못된 맹세

그날에 이스라엘 사람들은 매우 지쳐 있었습니다. 왜냐하면 사울이 이스라엘 사람들에게 이렇게 맹세하며 말했기 때문입니다. "저녁이 되어 적군을 물리쳐 이기기 전까지는 아무도 음식을 먹어서는 안 되오. 누구든지 음식을 먹는 사람은 저주를 받을 것이오." 그래서 이스라엘 군인들은 아무도 음식을 먹지 않았습니다. 이스라엘 군대가 숲으로 들어갔을 때 숲 속 이곳저곳에 꿀이 있었습니다. 이스라엘 군대는 꿀이 있는 곳으로 갔지만 그들은 사울의 맹세를 두려워하여 아무도 꿀을 먹지 못했습니다. 하지만 요나단은 사울이 자기 백성에게 말한 맹세를 듣지 못했습니다. 그래서 요나단은 들고 있던 막대기 끝으로 꿀을 찍어 먹었습니다. 그는 그 꿀을 먹고 기운을 되찾았습니다. 그때에 군인 중 한 사람이 요나단에게 말했습니다. "당신의 아버지가 모든 군인에게 맹세하여 말하기를 '누구든지 오늘 음식을 먹는 사람은 저주를 받을 것이다'라고 했습니다. 군인들이 배가 고파 지쳐 있는 것도 그 때문입니다." 요나단이 말했습니다. "내 아버지가 우리 모두를 괴롭게 만드셨도다. 이 꿀을 조금 먹었는데도 이렇게 눈이 번쩍 뜨이는 것을 보아라. 그러니 오늘 적군에게서 빼앗은 음식을 우리 군인들이 먹었더라면 훨씬 더 좋았을 텐데. 그리고 블레셋 사람들을 더 많이 죽일 수 있었을 텐데."

그날 이스라엘 사람들은 블레셋 사람들을 믹마스에서 아얄론까지 물리쳐 이겼습니다. 이 일을 마친 후 이스라엘 사람들은 매우 피곤하였습니다. 이스라엘 사람들은 블레셋 사람들에게서 양과 소와 송아지들을 빼앗았습니다. 이스라엘 사람들은 너무나 배가 고팠기 때문에 그 짐승들을 땅에서 잡아 고기를 피째 마구 먹었습니다. 누군가가 사울에게 말했습니다. "사람들이 고기를 피째 먹음으로써 여호와께 죄를 짓고 있습니다." 사울이 말했습니다. "당신들은 죄를 지었소. 큰 돌을 이리로 가지고 오시오!" 사울이 계속해서 말했습니다. "사람들에게 돌아다니면서 말하시오. '모두들 자기의 소와 양을 이리로 끌고 와서 잡아 먹읍시다. 그러나 고기를 피째 먹음으로써 여호와께 죄를 짓지 맙시다.'" 그날 밤 모든 사람들이 자기 짐승을 가지고 와서 그곳에서 잡았습니다. 사울은 여호와께 제단을 쌓았습니다. 그 제단은 사울이 여호와께 쌓은 첫 제단이었습니다.

사울이 말했습니다. "오늘 밤 블레셋 사람들의 뒤를 쫓읍시다.

그들이 가진 것을 빼앗읍시다. 한 사람도 살려 두지 맙시다." 사람들이 대답했습니다. "왕의 생각에 좋을 대로 하십시오." 그러나 제사장이 말했습니다. "하나님께 여쭤 봅시다." 그리하여 사울이 하나님께 여쭤 보았습니다. "블레셋 사람들을 뒤쫓을까요? 주께서는 우리가 그들을 이길 수 있게 해 주실 것입니까?" 그러나 그날 하나님께서는 사울에게 대답해 주지 않으셨습니다. 그래서 사울은 자기 군대의 모든 지도자에게 말했습니다. "이리 오시오. 오늘 누가 어떤 죄를 지었는가 알아봅시다. 살아 계신 여호와의 이름으로 맹세하지만 내 아들 요나단이 죄를 지었다 하더라도 그는 죽임을 당할 것이오." 그러나 아무도 대답하는 사람이 없었습니다. 사울이 모든 이스라엘 사람에게 말했습니다. "여러분은 이쪽으로 서시오. 나와 내 아들 요나단은 저쪽으로 서겠소." 사람들이 대답했습니다. "왕의 생각에 좋을 대로 하십시오." 사울이 이스라엘의 하나님 여호와께 기도하였습니다. "저에게 올바른 대답을 주십시오." 이어 제비뽑기를 하니 사울과 요나단이 뽑혔습니다. 다른 사람들은 죄가 없다는 것이 밝혀졌습니다. 사울이 말했습니다. "나와 내 아들 요나단 가운데 누가 죄인인지 제비를 뽑자." 제비로 뽑힌 사람은 요나단이었습니다.

　사울이 요나단에게 말했습니다. "네가 무슨 일을 했는지 말해 보아라." 요나단이 사울에게 말했습니다. "저는 그저 나무 막대기로 꿀을 조금 찍어 먹었을 뿐입니다. 그런 일로 제가 지금 죽어야 합니까?" 사울이 말했습니다. "요나단아, 너를 죽이지 않으면 하나님께서 나에게 무서운 벌을 주실 것이다." 군인들이 사울에게 말했습니다. "요나단을 죽이시겠다고요? 절대로 안 됩니다. 요나단은 오늘 이스라엘을 구한 사람입니다. 살아 계신 여호와의 이름으로 맹세하지만 요나단의 머리털 하나라도 땅에 떨어질 수 없습니다. 오늘 요나단은 하나님의 도우심으로 블레셋 사람들과 싸웠습니다." 이리하여 이스라엘 군대는 요나단을 살려 주었습니다. 요나단은 죽지 않았습니다. 사울은 블레셋 사람들을 뒤쫓는 일을 그만두었습니다. 사울과 그의 군대는 자기 땅으로 돌아왔습니다.

사울의 업적과 그 집안

사울은 이스라엘의 왕이 되어서 이스라엘 주변의 적들과 맞서 싸웠습니다. 사울은 모압과 암몬 사람과 에돔과 소바의 왕들과 블레셋 사람들과 싸웠습니다. 사울은 가는 곳마다 이스라엘의 적을 물리쳐 이겼습니다. 사울은 강해졌습니다. 그는 용감하게 싸워서 아말렉 사람들도 물리쳐 이겼습니다. 사울은 이스라엘을 침략하고 약탈한 적들에게서 이스라엘을 구해 주었습니다.

사울의 아들 이름은 요나단과 리스위와 말기수아입니다. 사울의 큰딸의 이름은 메랍이고, 작은딸의 이름은 미갈입니다. 사울의 아내는 아히마아스의 딸 아히노암입니다. 사울의 군대 사령관은 넬의 아들 아브넬입니다. 넬은 사울의 삼촌입니다. 사울의 아버지 기스와 아브넬의 아버지 넬은 아비엘의 아들입니다.

사울은 살아 있는 동안 블레셋 사람들과 치열하게 싸웠습니다. 사울은 강하거나 용감한 사람을 보면 그 사람을 자기 군대의 군인으로 삼았습니다.

여호와께서 사울 왕을 버리심

사무엘이 사울에게 말했습니다. "여호와께서 나를 보내셔서 당신을 이스라엘의 왕으로 임명하셨소. 이제 여호와의 말씀을 들으시오. 만군의 여호와께서 이렇게 말씀하셨소. '이스라엘 사람들이 이집트에서 나올 때에 아말렉 사람들이 길을 막으려 했던 것을 내가 기억한다. 그러니 이제 가서 아말렉 사람들을 공격하여라. 아말렉 사람들의 가진 모든 것을 나에게 바치는 제물로 삼아 없애 버려라. 아무도 살려 주지 마라. 남자와 여자, 어린아이와 갓난아기 뿐만 아니라 소와 양과 낙타와 나귀들도 모두 죽여 없애 버려라.'"

그리하여 사울은 들라임으로 군대를 모았습니다. 군인이 이십 만 명 있었고, 유다 사람이 만 명 있었습니다. 사울은 아말렉 성으로 가서 골짜기에 군인들을 숨겨 놓았습니다. 사울이 겐 사람들에게 말했습니다. "아말렉 사람들을 떠나시오. 아말렉 사람들과 함께 당신들까지도 죽이고 싶지 않소. 당신들은 이스라엘 사람들이 이집트에서 나올 때 그들에게 친절을 베풀었소." 그리하여 겐 사람들은 아말렉 사람들에게서 떠났습니다. 사울은 아말렉 사람들을 물리쳐 이겼습니다. 사울은 하윌라에서 이집트의 경계에 있는 술까지 이르는 모든 길에서 아말렉 사람들과 싸웠습니다. 사울은 아말렉 왕 아각을 사로잡았습니다. 사울은 아각의 군대를 모두 칼로 죽였습니다. 그러나 사울과 그의 군대는 아각만은 죽이지 않고 살려 주었습니다. 그리고 제일 좋은 양과 살진 소와 양뿐만 아니라 그 밖의 모든 좋은 동물들도 살려 주었습니다. 사울과 그의 군대는 그 동물들을 죽이기를 좋아하지 않았습니다. 그들은 약하거나 쓸모없는 동물들만 죽였습니다.

그때에 여호와께서 사무엘에게 말씀하셨습니다. "사울이 이제는 나의 말을 따르지 않는다. 사울을 왕으로 세운 것이 후회된다. 사울은 내 명령에 순종하지 않았다." 사무엘은 이 말씀을 듣고 당황하였습니다. 그는 밤새도록 하나님께 마음을 돌리시기를 간구하며 큰 소리로 부르짖었습니다. 이튿날 아침 일찍 사무엘은 사울을 만나러 올라갔습니다. 그런데 사람들이 사무엘에게 이렇게 말했습니다. "사울은 갈멜로 가서 자기 이름을 기리기 위해 기념비를 세웠습니다. 사울은 지금 길갈로 내려갔습니다." 그 후에 사무엘이 사울에게 갔습니다. 사울이 말했습니다. "여호와께서 당신에게 복을 주시길 빕니다. 나는 여호와의 명령에 순종했습니다." 이 말을 듣고 사무엘이 말했습니다. "그러면 내 귀에 들리는 저 양의 소리와 소의 소리는 무엇입니까?" 사울이 대답했습니다. "군인들이 아말렉 사람들에게서 빼앗은 것입니다. 당신의 하나님 여호와께 제물로 바치기 위해 제일 좋은 양과 소들을 남겨 둔 것입니다. 하지만 다른 동물들은 다 죽여 없앴습니다." 사무엘이 사울에게 말했습니다. "그만두시오! 어젯밤에 여호와께서 나에게 하신 말씀을 들으시오." 사울이 말했습니다. "말해 보시오."

사무엘이 말했습니다. "옛날 당신은 스스로 작은 사람이라고 겸손해 하지 않았습니까? 그때에 여호와께서 당신에게 기름을 부어 이스라엘의 왕으로 세우지 않았습니까? 그리고 여호와께서는 '가서 저 나쁜 백성 아말렉 사람들을 멸망시켜라. 그들과 전쟁을 하여 한 사람도 빠짐없이 다 죽여라' 하고 당신에게 이 일을 맡기시지 않았습니까? 그런데 왜 당신은 여호와의 명령에 순종하지 않았소? 왜 당신은 제일 좋은 것들을 없애지 않았소? 왜 당신은 여호와께서 악하다고 말씀하신 일을 하였소?" 사울이 대답했습니다. "하지만 나는 여호와께 순종하였소. 나는 여호와께서 하라고 하신 일을 하였소. 나는 아말렉 사람들을 다 죽였소. 그리고 그들의 왕 아각도 사로잡아 왔소. 군인들이 당신의 하나님 여호와께 길갈에서 제물을 바치기 위해 제일 좋은 양과 소들을 남겨 놓았을 뿐이오." 그러나 사무엘이 말했습니다.

"여호와를 더 기쁘시게 할 것이 무엇이겠소?
태워 드리는 제물인 번제물과 그 밖의 제사요? 아니면 순종이요?

하나님께 순종하는 것이 제사보다 낫소.

하나님의 말씀을 듣는 것이 숫양의 기름을 바치는 것보다 낫소.

순종하지 않는 것은 점쟁이의 속임수만큼 나쁘고

교만한 고집은 우상을 섬기는 것만큼 나쁘오.

당신은 여호와의 명령을 듣지 않았소.

그러므로 이제 여호와께서 당신을 버려

왕이 되지 못하게 하실 것이오."

그러자 사울이 사무엘에게 말했습니다. "내가 죄를 지었소. 내가 여호와의 명령에 순종하지 않았소. 내가 당신이 한 말을 따르지 않았소. 나는 백성이 두려워서 백성이 하자는 대로 하였소. 제발 내 죄를 용서해 주시오. 나와 함께 가서 내가 여호와께 예배드리게 해 주시오." 그러나 사무엘이 사울에게 말했습니다. "나는 당신과 함께 가지 않겠소. 당신은 여호와의 명령을 듣지 않았소. 그러므로 이제 여호와께서 당신을 이스라엘의 왕이 되지 못하게 하셨소." 사무엘이 떠나려 하였습니다. 사울이 사무엘의 옷을 붙잡다가 그만 옷을 찢고 말았습니다. 사무엘이 사울에게 말했습니다. "여호와께서 오늘 이스라엘 나라를 이 옷자락처럼 찢어 당신에게서 빼앗아 당신의 이웃 중 한 사람에게 주셨소. 여호와께서 이 나라를 당신보다 나은 사람에게 주셨소. 여호와께서는 이스라엘의 영원하신 분이오. 그분께서는 거짓말을 하지 않으시고 자기 마음을 바꾸지도 않으시오. 여호와께서는 사람이 아니시오. 그러므로 사람처럼 마음을 바꾸시지 않을 것이오." 사울이 대답했습니다. "내가 죄를 지었소. 하지만 내 백성의 장로들과 이스라엘 백성들 앞에서는 나를 높여 주시오. 나와 함께 가서 당신의 하나님 여호와께 예배드릴 수 있도록 해 주시오." 이 말을 듣고 사무엘은 사울과 함께 갔고, 사울은 여호와께 예배드렸습니다.

그 후에 사무엘이 말했습니다. "아말렉 사람들의 왕 아각을 데리고 오시오." 아각이 사슬에 묶여 사무엘에게 왔습니다. 아각은 '틀림없이 이제 난 살아났다'라고 생각하며 기뻐했습니다. 사무엘이 아각에게 말했습니다. "네 칼 때문에 많은 어머니들이 자식을 잃었다. 이제 네 어머니가 자식을 잃을 차례이다." 그리고 나서 사무엘은 길갈에 있는 여호와의 성소 앞에서 아각을 칼로 쳤습니다.

그리고 나서 사무엘은 그곳을 떠나 라마로 갔습니다. 그러나 사울은 기브아에 있는 자기 집으로 갔습니다. 사무엘은 더 이상 사울을 만나지 않았습니다. 사무엘은 사울 때문에 마음이 아팠습니다. 또 여호와께서는 사울을 이스라엘의 왕으로 삼으신 것을 후회하셨습니다.

사무엘이 다윗에게 기름을 붓다

여호와께서 사무엘에게 말씀하셨습니다. "너는 언제까지 사울 때문에 마음 아파할 것이냐? 나는 이미 사울을 버려 이스라엘의 왕이 되지 못하게 하였다. 이제 너는 그릇에 올리브 기름을 채우고 가거라. 내가 너를 베들레헴에 사는 이새에게 보낸다. 내가 그 사람의 아들 중 하나를 왕으로 뽑았다." 사무엘이 말했습니다. "제가 가면 사울이 그 소식을 듣고 저를 죽이려 할 것입니다." 여호와께서 말씀하셨습니다. "암송아지를 몰고 가서 여호와께 제물을 바치러 왔다고 말하여라. 그리고 제사드릴 때 이새를 초대하여라. 그 다음 네가 무엇을 해야 할지 가르쳐 주겠다. 이새의 아들 가운데 내가 가리키는 사람에게 너는 기름을 부어라." 사무엘은 여호와께서 말씀하신 대로 했습니다. 사무엘이 베들레헴에 도착하자 베들레헴의 장로들이 두려움에 떨었습니다. 장로들이 사무엘에게 나아와 물었습니다. "평화로운 일로 오시는 겁니까?" "그렇소. 평화로운 일로 왔소. 여호와께 제물을 바치려고 왔소. 여호와를 위해 스스로 거룩하게 한 다음 나와 함께 제사를 드립시다" 하고 사무엘이 대답했습니다. 사무엘은 이새와 그의 아들들을 여호와 앞에서 거룩하고 깨끗하게 한 뒤 그들을 제사에 초대하였습니다.

이새와 그의 아들들이 도착했을 때 사무엘은 엘리압을 보았습니다. 사무엘은 생각하였습니다. '틀림없이 여호와께서는 여기 서 있는 이 사람을 뽑으셨을 것이다.' 그러나 여호와께서 사무엘에게 말씀하셨습니다. "엘리압의 멋있는 모습과 키 큰 모습을 보지 마라. 나는 엘리압을 뽑지 않았다. 내가 보는 것은 사람이 보는 것과 같지 않다. 사람은 겉모양을 보지만 나 여호와는 마음을 본다." 이어서 이새는 아비나답을 불러 사무엘 옆으로 지나가게 했습니다. 사무엘이 말했습니다. "여호와께서는 이 사람도 뽑지 않으셨소." 그러자 이새는 삼마를 지나가게 했으나 사무엘은 또 이렇게 말했습니다. "아니오. 여호와께서는 이 사람도 뽑지 않으셨소." 이새는 자기 아들 일곱 명을 사무엘 앞으로 지나가게 했습니다. 그러나 사무엘은 "여호와께서는 이 아들들 중 누구도 뽑지 않으셨소"라고 이새에게 말했습니다. 그리고 나서 사무엘이 이새에게 물었습니다. "여기에 있는 아들이 전부요?" 이새가 대답했습니다. "막내아들이 더 있습니다. 그 아이는 밖에서 양들을 돌보고 있습니다." 사무엘이 말했습니다. "그 아이를 불러오시오. 그 아이가 오기 전까지 식탁에 앉지 않겠소." 그리하여 이새는 사람을 보내어 자기 막내아들을 불러오게 하였습니다. 이새의 막내아들은 살결이 불그스레하고 눈이 빛나는 잘생긴 소년이었습니다. 여호와께서 사무엘에게 말씀하셨습니다. "자! 바로 이 소년이다. 일어나 그에게 기름을 부어라." 사무엘은 올리브 기름이 든 그릇을 가지고 형제들이 보는 앞에서 이새의 막내아들에게 기름을 부었습니다. 그날부터 여호와의 영이 큰 힘으로 다윗에게 들어갔습니다. 이 일이 있은 후에 사무엘은 라마로 돌아갔습니다.

다윗이 사울을 섬김

여호와의 영이 사울에게서 떠났습니다. 그리고 여호와께서 보내신 나쁜 영이 사울을 괴롭혔습니다. 사울의 종들이 사울에게 말했습니다. "하나님이 보내신 나쁜 영이 왕을 괴롭히고 있습니다. 우리에게 명령하십시오. 우리가 수금을 탈 수 있는 사람을 찾아보겠습니다. 여호와께서 보내신 나쁜 영이 왕에게 들어와 괴롭힐 때 그 사람에게 수금을 타게 하면 나쁜 영이 왕에게서 떠나가고 기분이 좋아지실 것입니다." 그러자 사울이 자기 종들에게 말했습니다. "그런 사람을 찾아보아라. 수금을 잘 타는 사람이 있으면 나에게 데리고 오너라." 사울의 종 중에서 한 사람이 말했습니다. "베들레헴의 이새에게 수금을 타는 아들이 하나 있는데 저는 그 사람이 수금을 타는 것을 본 적이 있습니다. 그 사람은 용감하고 싸움을 잘하며 말도 잘하고 잘생겼습니다. 게다가 여호와께서 그 사람과 함께하고 계십니다." 그리하여 사울은 이새에게 사자들을 보내어 말을 전했습니다. "양을 치는 당신의 아들 다윗을 나에게 보내시오." 이새는 나귀에 포도주가 가득 담긴 가죽 부대와 빵을 실었습니다. 또 염소 새끼 한 마리도 가지고 왔습니다. 이새는 이 모든 것을 자기 아들 다윗과 함께 사울에게 보냈습니다. 다윗은 사울에게 와서 사울을 섬기기 시작하였습니다. 사울은 다윗을 매우 사랑하였습니다. 다윗은 사울의 무기를 맡는 부하가 되었습니다. 사울은 이새에게 심부름꾼을 보내어 말을 전했습니다. "다윗이 이곳에 머물면서 나를 섬기게 하시오. 나는 다윗이 좋소." 하나님이 보내신 나쁜 영이 사울에게 들어와 괴롭힐 때마다 다윗은 자기의 수금을 타곤 했습니다. 그러면 나쁜 영이 사울에게서 나갔으며 그때마다 사울은 기분이 좋아졌습니다.

다윗과 골리앗

블레셋 사람들이 전쟁을 하기 위해 군대를 모았습니다. 블레셋 사람들은 유다 땅 소고에 모여서 소고와 아세가 사이에 있는 에베스담밈에 진을 쳤습니다. 사울과 이스라엘 사람들도 엘라 골짜기에 모여 진을 쳤습니다. 이스라엘 사람들은 블레셋 사람들과 싸울 대형을 갖췄습니다. 블레셋 사람들은 한 언덕을 차지하고 있었고, 이스라엘 사람들은 다른 언덕을 차지하고 있었습니다. 그 사이에는 골짜기가 있었습니다. 블레셋 사람들에게는 골리앗이라는 한 대장이 있었습니다. 그 사람은 가드 사람이었고 키는 육 규빗 한 뼘가량 되었습니다. 머리에 놋으로 만든 투구를 쓰고 놋으로 만든 갑옷을 입고 있었는데 그 갑옷의 무게가 오천 세겔가량 되었습니다. 다리에도 놋으로 만든 보호대를 대고 있었으며 등에는 작은 놋창을 메고 있었습니다. 그 사람이 가지고 있는 큰 창의 나무 부분은 베틀채만큼 컸습니다. 그리고 그 창날의 무게는 육백 세겔가량 되었습니다. 그 사람의 커다란 방패를 든 부하가 그 사람 앞에 걸어 나왔습니다. 골리앗이 서서 이스라엘 군인들에게 소리를 질렀습니다. "너희는 어찌하여 싸울 대형을 갖추고 있느냐? 나는 블레셋 사람이고 너희는 사울의 종들이다. 한 사람을 뽑아 나에게 보내어 싸우게 하여라. 만약 누구든지 나를 죽일 수 있다면 우리가 너희들의 종이 되겠다. 그러나 내가 그 사람을 죽이면 너희가 우리의 종이 되어야 한다." 골리앗은 또 이렇게 말하였습니다. "오늘 내가 너희 이스라엘 군대를 이렇게 조롱하는데 나와 싸울 놈이 없단 말이냐?" 사울과 이스라엘 사람들은 이 블레셋 사람의 말을 듣고 무서워서 벌벌 떨었습니다.

다윗은 에브랏 사람 이새의 아들이었습니다. 이새는 유다 땅 베들레헴 사람이었는데 아들이 여덟 명 있었습니다. 사울의 때에 이새는 이미 나이가 많은 노인이었습니다. 이새의 아들 중 위로부터 세 아들은 사울과 함께 싸움터에 있었습니다. 첫째 아들은 엘리압이었고, 둘째 아들은 아비나답이었으며, 셋째 아들은 삼마였습니다. 다윗은 막내아들이었습니다. 이새의 아들 중 위로부터 세 아들은 사울을 따르고 있었습니다. 다윗은 사울이 있는 곳과 베들레헴 사이를 왔다 갔다 하고 있었습니다. 다윗은 베들레헴에서 자기 아버지의 양 떼를 치고 있었습니다. 블레셋 사람 골리앗은 매일 아침저녁으로 이스라엘 군대 앞에 나와 섰습니다. 그러기를 사십 일 동안 하였습니다.

이새가 자기 아들 다윗에게 말하였습니다. "이 볶은 곡식 한 에바와 빵 열 덩이를 진에 있는 네 형들에게 갖다 주어라. 또 이 치즈 열 덩이도 가지고 가서 네 형들의 천부장에게 주어라. 그리고 네 형들이 어떻게 지내는지 알아보아라. 형들이 모두 잘 있다는 증거가 될 만한 것을 나에게 가지고 오너라."

그때 다윗의 형들은 사울과 이스라엘 군대와 함께 엘라 골짜기에서 블레셋 사람들과 싸우고 있었습니다. 다음 날 다윗은 아침 일찍 일어나 다른 목동에게 양 떼를 맡겼습니다. 다윗은 음식을 가지고 이새가 말한 대로 집을 떠났습니다. 다윗이 진에 도착했을 때 이스라엘 군대는 자기 진을 떠나서 싸움터로 나아가 함성을 지르고 있었습니다. 이스라엘 사람들과 블레셋 사람들은 대형을 갖추고 서로 마주 보면서 싸울 준비를 하고 있었습니다. 다윗은 자기가 가지고 온 음식을 짐 맡은 사람에게 맡기고 싸움터로 나아가 형들을 만나 편안히 잘 있는지를 물었습니다. 다윗이 형들과 이야기를 하고 있을 때 블레셋의 거인 골리앗이 또 나왔습니다. 골리앗은 보통 때처럼 이스라엘을 향하여 소리를 질러 댔습니다. 다윗도 그 소리를 들었습니다.

이스라엘 사람들은 골리앗을 보자 무서워 벌벌 떨며 달아나고 말았습니다. 이스라엘 사람들이 자기들끼리 말했습니다. "저 사람 골리앗을 봐라. 저 사람은 계속해서 이스라엘에게 욕을 퍼붓고 있다. 왕은 골리앗을 죽이는 사람에게 많은 돈을 주고, 자기 딸도 주어 아내로 삼게 하고, 그 사람의 가족에게는 세금을 면제해 주기로 했다네." 다윗이 가까이에 서 있는 사람들에게 물었습니다. "이 블레셋 사람을 죽여 이스라엘에서 수치를 없애 버리는 사람에게 어떤 상을 줍니까? 저 할례받지 못한 블레셋 사람이 누군데 감히 살아 계신 하나님의 군대를 욕할 수 있습니까?" 이스라엘 사람들이 다윗에게 골리앗을 죽인 사람에게 어떤 상이 주어지는지를 이야기해 주었습니다.

다윗이 군인들과 이야기하는 것을 다윗의 제일 큰형 엘리압이 들었습니다. 엘리압은 다윗에게 화를 내며 말했습니다. "넌 여기에 왜 왔니? 들에 있는 네 양들은 누구에게 맡겨 놓았니? 건방지고 잘난 체하는 아이야, 넌 지금 아무짝에도 쓸모없는 짓을 하고 있어. 넌 지금 전쟁 구경을 하려고 여기에 온 거야." 다윗이 물었습니다. "제가 무엇을 잘못했어요? 군인들하고 이야기한 것도 잘못인가요?" 그리고 나서 다윗은 다른 사람들에게 가서 똑같은 질문을 하였습니다. 그러자 그 사람들도 먼저 사람들과 똑같이 대답했습니다.

어떤 사람들이 다윗이 한 말을 듣고 그 말을 사울에게 전했습니다. 그러자 사울은 사람을 보내어 다윗을 데려오게 하였습니다. 다윗이 사울에게 말했습니다. "용기를 잃은 사람이 있으면 안 됩니다. 왕의 종인 제가 나가서 저 블레셋 사람과 싸우겠습니다." 사울이 대답했습니다. "너는 저 블레셋 사람과 싸울 수 없다. 너는 아직 어린아이일 뿐이지만 골리앗은 젊었을 때부터 싸움을 많이 해 온 뛰어난 군인이다." 그러나 다윗이 사울에게 말했습니다. "왕의 종인 저는 내 아버지의 양 떼를 지키던 사람입니다. 사자나 곰이 나타나서 양을 물어 가면 저는 그놈을 공격하여 그 입에서 양을 구해 냈습니다. 그놈이 저를 공격하면 저는 그놈의 턱을 잡고 때려 죽이기도 하였습니다. 왕의 종인 저는 사자와 곰도 죽였습니다. 할례받지 않은 블레셋 사람인 골리앗도 제가 죽인 사자나 곰과 같은 꼴이 될 것입니다. 왜냐하면 골리앗은 살아 계신 하나님의 군대를 욕했기 때문에 죽어야 합니다. 여호와께서는 나를 사자와 곰에게서 구해 주셨습니다. 여호와께서는 나를 이 블레셋 사람으로부터도 구해 주실 것입니다." 사울이 다윗에게 말했습니다. "가거라. 여호와께서 너와 함께하시기를 빈다."

사울은 자기 옷을 다윗에게 입혀 주었습니다. 사울은 다윗의 머리에 놋투구를 씌워 주고 몸에도 갑옷을 입혀 주었습니다. 다윗은 사울의 칼을 차고 몇 걸음 걸어 보았지만 투구와 갑옷이 거추장스러워서 걸을 수가 없었습니다. 다윗이 사울에게 말했습니다. "이 옷을 입고 갈 수 없습니다. 거추장스러워서 몸을 움직일 수가 없습니다." 다윗은 투구와 갑옷을 다 벗어 버렸습니다. 다윗은 손에 막대기를 들었습니다. 그리고 시냇가에서 조약돌 다섯 개를 주워서 양을 칠 때에 쓰는 주머니에 넣고 손에는 물매를 들었습니다. 그리고 나서 골리앗에게 나아갔습니다.

바로 그때 블레셋 사람 골리앗도 다윗에게 다가오고 있었습니다. 골리앗의 방패를 든 사람이 골리앗 앞에 있었습니다. 골리앗은 다윗을 바라보았습니다. 골리앗은 다윗이 살결이 불그스레하고 잘

생긴 어린아이라는 것을 알았습니다. 골리앗은 불쾌한 표정으로 다윗을 내려다보았습니다. 골리앗이 다윗에게 말했습니다. "막대기를 가지고 오다니 너는 내가 개인 줄 아느냐?" 골리앗은 자기 신들의 이름을 들먹이며 다윗을 저주하였습니다. 골리앗이 다윗에게 말했습니다. "이리 오너라. 내가 네 몸을 공중의 새와 들짐승들에게 먹이로 줄 것이다." 다윗이 골리앗에게 말했습니다. "너는 나에게 칼과 큰 창과 작은 창을 가지고 나아오지만 나는 만군의 여호와의 이름으로 너에게 간다. 여호와는 이스라엘 군대의 하나님이시다. 너는 여호와께 욕을 했다. 오늘 여호와께서는 너를 나에게 주실 것이다. 나는 너를 죽여 너의 머리를 벨 것이며 블레셋 군인들의 몸을 공중의 새와 들짐승들에게 먹이로 줄 것이다. 그렇게 하여 이스라엘에 하나님이 계시다는 것을 온 세상이 알게 할 것이다. 여기 모인 모든 사람들에게 여호와께서는 자기 백성을 구하시기 위하여 칼이나 창을 쓰실 필요가 없다는 것을 알게 할 것이다. 싸움은 여호와의 것이다. 하나님께서 우리가 너희 모두를 물리쳐 이기도록 도와주실 것이다."

골리앗이 다윗을 공격하기 위하여 가까이 왔을 때 다윗도 재빨리 골리앗을 향해 달려갔습니다. 다윗은 자기 주머니에서 돌 하나를 꺼내어 물매에 올려놓은 다음 물매로 돌을 던졌습니다. 돌이 날아가 블레셋 사람의 이마를 맞혔습니다. 골리앗은 앞으로 고꾸라졌습니다.

이처럼 다윗은 물매와 돌 하나만 가지고 블레셋 사람을 물리쳐 이겼습니다. 다윗은 그 사람을 돌로 맞혀 죽였습니다. 다윗은 손에 칼도 가지고 있지 않았습니다. 다윗은 달려가서 블레셋 사람을 밟고 섰습니다. 다윗은 골리앗의 칼을 그의 칼집에서 꺼내어 그것으로 골리앗을 죽였습니다. 그리고 나서 골리앗의 머리를 베었습니다. 블레셋 사람들은 자기 대장이 죽은 것을 보고 뒤로 돌아 달아났습니다. 이스라엘과 유다 사람들은 소리를 지르며 블레셋 사람들을 뒤쫓기 시작했습니다. 그들은 가드 성으로 들어가는 곳과 에그론 성문까지 블레셋 사람들을 뒤쫓았습니다. 많은 블레셋 사람들이 죽었습니다. 죽거나 부상당한 블레셋 사람들이 가드와 에그론으로 가는 사아라임 길에 쓰러졌습니다. 이스라엘 사람들은 블레셋 사람들을 뒤쫓다가 다시 돌아와서 블레셋 사람들의 진에서 많은 물건을 가져갔습니다. 다윗은 골리앗의 머리를 가지고 예루살렘으로 갔습니다. 다윗은 골리앗의 무기들도 자기 천막에 두었습니다.

사울은 다윗이 골리앗과 싸우러 나갈 때 군대 지휘관인 아브넬에게 물었습니다. "아브넬이여, 저 젊은이의 아버지가 누군가?" 아브넬이 대답했습니다. "왕이시여, 정말이지 저는 모르겠습니다." 사울이 말했습니다. "저 젊은이가 누구의 아들인지 알아보시오." 다윗이 골리앗을 죽이고 돌아오자 아브넬은 다윗을 사울에게 데리고 갔습니다. 다윗은 그때까지 골리앗의 머리를 들고 있었습니다. 사울이 다윗에게 물었습니다. "젊은이여, 그대의 아버지는 누구인가?" 다윗이 대답했습니다. "나는 베들레헴 사람 이새의 아들입니다."

사울이 다윗을 두려워함

다윗이 사울과 이야기를 나누고 있는 모습을 본 요나단은 이미 맘속으로 다윗을 매우 좋아하게 되었습니다. 요나단은 다윗을 자기 목숨처럼 아끼고 사랑했습니다. 사울은 그날부터 다윗을 자기 곁에 있게 했습니다. 사울은 다윗이 자기 아버지 집으로 돌아가는 것을 허락하지 않았습니다. 요나단은 다윗을 자기 목숨처럼 아끼고 사랑했기 때문에 다윗과 영원한 우정을 약속했습니다. 요나단은 자기 겉옷을 벗어 다윗에게 주었습니다. 또 자기의 갑옷과 칼과 활과 띠까지 모두 주었습니다. 사울은 다윗을 보내어 여러 싸움터에서 싸우게 했는데 다윗은 그때마다 늘 이겼습니다. 그래서 사울은 다윗을 군대를 지휘하는 사령관으로 삼았습니다. 그러자 사울의 부하들과 모든 백성들이 기뻐했습니다.

다윗이 블레셋 사람 골리앗을 죽인 후 다른 사람들과 함께 돌아올 때 이스라엘의 온 마을에서 여자들이 사울 왕을 맞이하기 위해 나왔습니다. 여자들은 기쁨의 노래를 부르면서 춤을 추고 소고와 경쇠를 연주했습니다. 여자들은 악기를 연주하면서 이렇게 노래했습니다.

"사울이 죽인 적은 천천이요, 다윗이 죽인 적은 만만이라네."

여자들의 노래는 사울의 기분을 상하게 만들었습니다. 그는 크게 화가 났습니다. 사울이 생각했습니다. '여자들은 다윗이 수만 명을 죽이고 나는 수천 명밖에 죽이지 않았다고 말하는구나. 이대로 가다가는 다윗이 나라를 차지하고 말겠구나.' 그리하여 사울은 그날부터 다윗을 경계하는 눈으로 바라보았습니다. 사울은 다윗을 질투했습니다.

이튿날 하나님이 보내신 나쁜 영이 사울에게 강하게 들어갔습니다. 그러자 사울은 자기 집에서 미친 사람처럼 말을 했습니다. 다윗은 보통 때처럼 수금을 타고 있었고 사울은 손에 창을 들고 있었습니다. 사울은 창을 들어 올리며 '다윗을 벽에 박아 버려야지' 하면서 창을 던졌습니다. 그러나 다윗은 그 창을 두 번이나 피해 도망갔습니다.

여호와께서는 다윗과 함께하셨으나 사울에게서는 떠나셨습니다. 그래서 사울은 다윗을 두려워했습니다. 사울은 다윗을 멀리 보내어 작은 부대 지휘관으로 임명하였습니다. 그리하여 다윗은 작은 부대를 이끌고 싸움터에 나갔습니다. 여호와께서 다윗과 함께하셨기 때문에 나가 싸울 때마다 승리하였습니다. 사울은 다윗이 크게 승리하는 것을 보고 점점 더 다윗을 두려워했습니다. 그러나 이스라엘과 유다의 모든 백성들은 다윗을 사랑하였습니다. 왜냐하면 다윗이 군대를 이끌고 전쟁을 할 때마다 모두 승리하였기 때문입니다.

사울의 딸과 다윗이 결혼하다

사울이 다윗에게 말했습니다. "여기에 내 맏딸 메랍이 있다. 내 딸을 너에게 주어 너의 아내로 삼게 해 주겠다. 그 대신 너는 나가서 용감하게 여호와를 위해 싸워라." 사울은 또 이렇게 마음먹었습니다. '다윗이 블레셋 사람들의 손에 죽을 테니 내가 다윗을 죽일 필요가 없다.' 그러나 다윗이 말했습니다. "이런 대접은 나에게 분에 넘치는 것입니다. 그리고 내 아버지의 집안도 왕의 사위가 되기에는 보잘것없는 집안입니다." 그러나 다윗이 사울의 딸 메랍과 결혼할 때가 되었을 때 사울은 메랍을 다윗 대신에 므홀랏 사람 아드리엘에게 주었습니다.

그런데 사울의 둘째 딸 미갈이 다윗을 사랑하였습니다. 미갈이 다윗을 사랑하고 있다는 이야기를 전해 들은 사울은 잘된 일이라고 생각했습니다. 사울이 생각했습니다. '미갈을 다윗과 결혼시켜야겠다. 그리고 미갈을 이용해 다윗을 블레셋 사람들의 손에 죽게해야겠다.' 그리하여 사울은 두 번째로 다윗에게 "내 사위가 되지 않겠나?" 하고 물었습니다. 그리고 사울은 자기 종들에게 명령을 내렸습니다. "다윗에게 몰래 이렇게 말하여라. '왕은 당신을 좋아하고 있소. 왕의 종들도 당신을 좋아하고 있으니 당신은 왕의 사위가 되어야 하오.'" 사울의 종들은 이 명령대로 다윗에게 말했습니다. 그러나 다윗은 대답했습니다. "여러분은 왕의 사위가 되는 것이 쉽다고 생각하시오? 나는 가난하고 보잘것없는 사람입니다." 그러자 사울의 종들이 다윗의 말을 사울에게 전하였습니다. 사울이 말했습니다. "다윗에게 이렇게 말하여라. '왕은 그렇게 많은 것을 요구하지 않습니다. 왕이 원하는 것은 블레셋 사람들의 포피 백 개일 뿐이오. 단지 왕의 원수를 갚아 드리면 되오.'" 사울은 다윗을 블레셋 사람들 손에 죽게 만들 속셈이었습니다. 사울의 종들은 이 말을 그대로 다윗에게 전했습니다. 다윗은 자기가 왕의 사위가 될 수 있다고 생각하니 기뻤습니다. 정한 날짜가 가까이 왔습니다. 그래서 다윗과 그의 부하들은 밖으로 나가 블레셋 사람 이백 명을 죽였습니다. 다윗은 블레셋 사람들의 포피를 베어서 사울에게 가지고 갔습니다. 다윗은 왕의 사위가 되고 싶어 했습니다. 그리하여 사울은 자기 딸 미갈을 다윗의 아내로 주었습니다. 사울은 여호와께서 다윗과 함께하신다는 것을 알았습니다. 사울은 자기 딸 미갈이 다윗을 사랑한다는 것도 알았습니다. 그래서 사울은 다윗을 더욱 두려워하게 되었습니다. 사울은 평생토록 다윗의 원수가 되었습니다.

블레셋의 지휘관들은 계속해서 이스라엘을 공격해 왔습니다. 그러나 그때마다 다윗은 그들을 물리쳐 이겼습니다. 다윗은 사울의 부하들보다 더 많은 공을 세웠습니다. 그리하여 다윗은 더 유명해졌습니다.

사울이 다윗을 죽이려 함

사울은 자기 아들 요나단과 자기의 모든 종들에게 다윗을 죽이라고 말했습니다. 그러나 요나단은 다윗을 매우 아꼈습니다. 그래서 요나단은 다윗에게 이렇게 귓속말을 해 주었습니다. "내 아버지 사울이 자네를 죽일 기회를 찾고 있네. 그러니 조심하여 내

일 아침에 아무도 모르는 곳에 숨어 있게. 내가 아버지와 함께 자네
가 숨어 있는 들로 나가서 자네에 대해 아버지에게 이야기를 해 보
겠네. 그런 다음 내가 알아낸 것을 자네에게도 알려 주겠네." 요나
단은 자기 아버지 사울과 이야기를 했습니다. 요나단은 다윗에 대
해 좋은 말을 했습니다. 요나단이 말했습니다. "아버지는 왕이십니
다. 아버지의 종 다윗에게 나쁜 일을 하지 마십시오. 다윗은 아버지
에게 나쁜 일을 하지 않았습니다. 다윗이 한 일은 오히려 아버지에
게 크게 도움이 되었습니다. 다윗은 자기 목숨을 걸고 블레셋 사람
골리앗을 죽였습니다. 여호와께서는 온 이스라엘이 큰 승리를 거
두게 하셨습니다. 아버지도 그것을 보시고 기뻐하셨는데 왜 다윗에
게 나쁜 일을 하려 하십니까? 다윗은 죄가 없습니다. 그를 죽일 이
유가 없습니다." 사울은 요나단의 말을 듣고 이렇게 약속하였습니
다. "여호와께 맹세하지만 나는 결코 다윗을 죽이지 않겠다." 그러
자 요나단은 다윗을 불러냈습니다. 요나단은 아버지 사울 왕이 한
모든 말을 다윗에게 이야기해 주었습니다. 그리고 요나단은 다윗
을 사울에게 데리고 갔습니다. 그리하여 다윗은 전처럼 사울과 함
께 있게 되었습니다.

다시 전쟁이 일어나자 다윗은 나가서 블레셋 사람들과 싸웠습
니다. 다윗은 그들을 물리쳐 이겼고 그들은 다윗 앞에서 달아났습
니다. 사울이 손에 창을 들고 자기 집에 앉아 있을 때에 여호와께서
보내신 나쁜 영이 사울에게 들어갔습니다. 다윗은 그 앞에서 수금
을 타고 있었습니다. 사울은 창을 들어 다윗에게 던졌습니다. 그러
나 다윗은 몸을 피하여 다치지 않았고 사울의 창은 벽에 박혔습니
다. 다윗은 그날 밤에 사울에게서 도망쳤습니다.

사울은 다윗의 집으로 사람들을 보내어 집 밖에서 지키고 있다
가 아침에 다윗을 죽이라고 했습니다. 그러나 다윗의 아내인 미갈

이 다윗에게 말해 주었습니다. "당신은 오늘 밤 안으로 도망쳐야 목숨을 건질 수 있어요. 지금 도망가지 않으면 내일 아침 죽을 거예요." 미갈은 창문을 통해 다윗을 밖으로 내려보냈습니다. 그래서 다윗은 피했습니다. 미갈은 우상을 가져다가 침대 위에 놓고 옷으로 싼 다음에 염소털을 그 머리에 씌웠습니다. 사울은 다윗을 잡으려고 사람들을 보냈습니다. 그러나 미갈은 "다윗은 아파요" 하고 말했습니다. 다윗을 잡으러 갔던 사람들이 사울에게 돌아와서 미갈의 말을 전하였지만 사울은 그 사람들을 다시 돌려보내 다윗을 잡아 오게 했습니다. 사울이 그들에게 말했습니다. "침대를 통째로 들고 오너라. 내가 다윗을 죽여 버리겠다." 그러나 다윗을 잡으러 간 사람들이 다윗의 집에 들어가 보니 침대 위에 있는 것은 우상이었고 머리털은 염소의 털이었습니다. 사울이 미갈에게 말했습니다. "너는 왜 이런 식으로 나를 속였느냐? 너는 내 원수를 달아나게 했도다." 미갈이 사울에게 대답했습니다. "다윗이 자기를 도망갈 수 있게 해 주지 않으면 나를 죽여 버리겠다고 했어요."

다윗은 사울을 피해 도망간 후에 라마에 있는 사무엘에게 갔습니다. 다윗은 사무엘에게 사울이 자기에게 한 모든 일을 말해 주었습니다. 다윗과 사무엘은 나욧으로 가서 거기에 머물렀습니다. 사울은 다윗이 라마의 나욧에 있다는 소식을 들었습니다. 그래서 사람들을 보내어 다윗을 잡아 오게 하였습니다. 그 사람들이 다윗을 잡으러 갔을 때 그들은 예언을 하고 있는 예언자들을 보았습니다. 그리고 사무엘이 그 예언자들의 우두머리로 있는 것도 보았습니다. 그때 하나님의 영이 사울이 보낸 사람들에게 들어가서 그들도 예언을 하게 되었습니다. 사울이 그 소식을 들었습니다. 그래서 다른 사람들을 보냈지만 그 사람들도 예언을 하였습니다. 세 번째로 사람을 보냈지만 그 사람들도 예언을 하였습니다. 그래서 이번에는 사울이 직접 라마로 갔습니다. 사울은 세구에 있는 우물에 이르러 물었습니다. "사무엘과 다윗이 어디에 있소?" 백성들이 대답하였습니다. "라마의 나욧에 있습니다." 그 말을 듣고 사울은 라마의 나욧으로 갔습니다. 그러나 하나님의 영이 사울에게도 들어갔습니다. 사울은 걸으면서 예언을 하다가 라마의 나욧까지 갔습니다. 사울은 자기 옷을 벗고 사무엘 앞에서 예언을 하였습니다. 사울은 지쳐 쓰러졌습니다. 그리고 하루 종일 밤새도록 그렇게 누워 있었습니다. 그래서 '사울도 예언자 중 한 사람인가?'라는 말이 생겨났습니다.

다윗과 요나단

그 때에 다윗은 라마의 나욧에서 달아났습니다. 다윗은 요나단에게 가서 이렇게 물었습니다. "내가 무슨 잘못을 했나? 내 죄가 무엇인가? 내가 자네 아버지에게 무슨 잘못을 저질렀기에 자네 아버지가 나를 죽이려고 하는가?" 요나단이 대답하였습니다. "아닐세! 자네는 결코 죽지 않을 걸세. 아버지는 아무리 작은 일을 하시더라도 먼저 나에게 말씀을 해 주신다네. 자네를 죽일 생각이 있었다면 반드시 나에게도 말씀해 주셨을 걸세. 아버지는 결코 자네를 죽이지 않을 걸세." 다윗이 다시 말했습니다. "자네 아버지는 내가 자네 친구라는 것을 잘 알고 계시네. 자네 아버지는 속으로 이렇게 생각하고 계실 걸세. '요나단에게는 이 일을 알리지 말아야지. 만약 요나단이 이 일을 알면 다윗에게 말해 버릴 거야.' 그러니 여호와와 자네에게 맹세하지만 나는 곧 죽을 걸세." 요나단이 다윗에게 말했습니다. "자네가 해 달라는 것은 무엇이든지 해 주겠네." 다윗이 말했습니다. "이보게, 내일은 초하루 축제일일세. 나는 왕과 함께 식사를 하게 되어 있네. 하지만 나는 삼 일 저녁까지 들에 숨어

있겠네. 자네 아버지가 내가 없어졌다는 것을 눈치채시면 이렇게 말
해 주게나. '다윗은 나에게 자기 고향 베들레헴으로 가게 해 달라고
말했어요. 해마다 이맘때에는 그의 온 가족이 제사를 드린답니다.'
만약 자네 아버지가 '잘했다'라고 말씀하시면 나는 무사할 걸세. 하
지만 자네 아버지가 화를 내시면 자네 아버지가 날 해칠 생각이 있
는 걸로 알게나. 요나단! 자네 종인 나를 도와주게. 자네는 여호와
앞에서 나와 약속을 하였네. 나에게 죄가 있다면 자네가 나를 죽이
게나. 자네 아버지에게 넘겨줄 필요가 없지 않겠나?" 요나단이 대답
했습니다. "아닐세. 결코 그럴 수 없네. 아버지가 만약 자네를 해칠
생각을 갖고 있다는 것을 알게 되면 반드시 자네에게 알려 주겠네."
다윗이 물었습니다. "자네 아버지가 자네에게 엄하게 대답하면 누
가 나에게 알려 줄 수 있겠나?" 요나단이 말했습니다. "들로 나가
세." 그래서 요나단과 다윗은 함께 들로 나갔습니다.

요나단이 다윗에게 말했습니다. "이스라엘의 하나님 여호와 앞
에서 이렇게 약속하네. 모레 이맘때까지 아버지의 마음을 알아보겠
네. 만약 아버지가 자네에게 나쁜 마음을 품고 계시지 않다면 자네
에게 그 소식을 알려 주겠네. 하지만 만약 아버지가 자네를 해칠 마
음을 품고 계시다면 그 사실도 자네에게 알려 주겠네. 그래서 자네
가 안전하게 멀리 도망갈 수 있도록 하겠네. 그렇게 하지 않는다면
하나님께서 나에게 무서운 벌을 내리셔도 감당하겠네. 여호와께서
내 아버지와 함께 계셨던 것처럼 자네와도 함께 계시기를 바라네.
내가 살아 있는 동안 나에게 여호와의 사랑을 베풀어 주게나. 그래
서 내가 죽지 않게 해 주게. 내 집안에도 변함없이 사랑을 베풀어
주어야 하네. 여호와께서 자네의 모든 원수를 이 땅에서 없애 버리
시더라도 우리 집안에 대한 사랑을 버리지 말아 주게." 요나단은 다
윗과 약속을 하며 "여호와께서 다윗의 원수들을 벌주시기를 바라

네" 하고 말했습니다. 그리고 요나단은 다윗에게 자기와 맺은 사랑의 약속을 다시 말하게 했습니다. 요나단은 다윗을 자기 목숨만큼 사랑했기 때문에 그런 약속을 하게 하였습니다.

요나단이 다윗에게 말했습니다. "내일은 초하루 축제일이네. 하지만 자네의 자리는 빌 것이고, 내 아버지는 자네가 없어졌다는 것을 알게 될 걸세. 이틀 뒤에 자네는 지난번에 숨어 있었던 곳으로 가게. 가서 에셀 바위 곁에서 기다리게. 그러면 내가 화살 세 발을 바위 가까이로 쏘겠네. 마치 어떤 목표물을 향해 쏘는 것처럼 쏘겠네. 그리고 나서 소년을 한 명 보내서 그 화살들을 찾으라고 말하겠네. 만약 내가 '얘야, 너무 멀리 갔다. 화살은 네 뒤쪽에 있으니 이리 주워 오너라' 하고 말하면 자네는 숨어 있는 곳에서 나와도 상관없네. 여호와께 맹세하지만 자네에게 위험한 일이 없을 테니 그곳에서 나와도 좋을 걸세. 하지만 만약 내가 '얘야, 화살은 네 앞쪽에 있다' 하고 말하면 여호와께서 자네를 보내시는 것으로 알고 그곳을 떠나게나. 우리가 이야기한 것을 기억하게. 여호와께서는 자네와 나 사이에 영원한 증인이시네."

그리하여 다윗은 들에 숨었습니다. 초하루 축제일이 이르자 왕이 식탁에 앉았습니다. 왕은 언제나 앉던 자리인 벽 가까이에 앉았습니다. 요나단은 왕의 맞은편에 앉았고, 아브넬은 왕의 곁에 앉았습니다. 하지만 다윗의 자리는 비어 있었습니다.

그날 사울은 아무 말도 하지 않았습니다. 사울은 '다윗에게 무슨 부정한 일이 생겨 나오지 못한 거겠지'라고 생각했습니다. 이튿날은 그달의 두 번째 날이었습니다. 다윗의 자리가 또 비어 있었습니다. 이번에는 사울이 요나단에게 물었습니다. "이새의 아들은 왜 이 식탁에 어제도 오지 않고 오늘도 오지 않는 거냐?" 요나단이 대답하였습니다. "다윗이 나에게 베들레헴으로 가게 해 달라고 부탁했습니다. 다윗은 '우리 가족이 마을에서 제사를 드리니 가게 해 주게. 형이 나를 오라고 했네. 자네가 내 친구라면 내 형들을 만나게 해 주게' 하고 말했습니다. 그래서 다윗은 왕의 식탁에 나오지 못했습니다."

그러자 사울은 요나단에게 화를 내며 말했습니다. "이 바보 같은 놈아! 그래 난 네가 이새의 아들 다윗의 편인 줄 알고 있었다. 너는 너뿐만 아니라 너를 낳아 준 네 어미도 수치스럽게 만들고 있다. 이새의 아들이 살아 있는 한 너는 절대로 왕이 될 수 없고, 나라를 가질 수도 없다. 그러니 이제 사람들을 보내어 다윗을 끌고 오너라. 다윗을 반드시 죽여야 한다." 요나단이 자기 아버지에게 물었습니다. "다윗이 왜 죽어야 합니까? 다윗이 대체 무슨 잘못을 했습니까?" 그러자 사울이 자기 창을 요나단에게 던져 요나단을 죽이려 했습니다. 요나단은 자기 아버지가 다윗을 정말로 죽이려 한다는 것을 알았습니다. 요나단은 크게 화를 내며 식탁을 떠났습니다. 요나단은 아무것도 먹지 않았습니다. 그날은 그달의 이틀째였습니다. 요나단은 다윗을 죽이려는 자기 아버지의 모습을 보고 마음이 상했습니다.

이튿날 아침에 요나단은 전에 약속했던 것처럼 다윗을 만나기 위해 들로 나갔습니다. 요나단은 어린아이를 데리고 갔습니다. 요나단은 아이에게 "달려가서 내가 쏘는 화살을 찾아오너라" 하고 말했습니다. 아이가 달려가자 요나단은 아이의 앞으로 화살을 쏘았습니다. 아이는 화살이 떨어진 곳으로 달려갔습니다. 요나단은 이 아이 뒤에서 외쳤습니다. "화살이 네 앞쪽에 있지 않느냐?" 요나단이 또 외쳤습니다. "서둘러서 빨리 뛰어가거라. 머뭇거리면 안 된다." 아이는 화살을 주워 자기 주인에게 가지고 돌아왔습니다. 아이는 이 모든 일이 무슨 뜻인지를 알지 못했지만 요나단과 다윗만은 알고 있었습니다. 그리고 나서 요나단은 자기 무기를 아이에게 주면서 "마을로 돌아가거라" 하고 말했습니다. 아이가 떠나자 다윗은 바위의 남쪽에서 나왔습니다. 다윗은 땅에 머리를 대고 요나단에게 절을 하였습니다. 다윗은 그렇게 세 번 절을 하였습니다. 그리고 나서 다윗과 요나단은 서로 입을 맞추면서 함께 울었습니다. 다윗이 더 많이 울었습니다. 요나단이 다윗에게 말했습니다. "평안히 가게. 우리는 여호와의 이름으로 맹세하였네. 여호와께서 자네와 나 사이에 그리고 우리의 자손들 사이에 영원한 증인이시네." 그리고 나서 다윗은 떠났고, 요나단은 마을로 돌아갔습니다.

다윗이 아히멜렉에게 가다

다윗은 제사장 아히멜렉을 만나기 위해 놉으로 갔습니다. 아히멜렉은 다윗을 보자 떨면서 말하였습니다. "왜 혼자 다니시오? 아무도 당신과 함께 있지 않으시오?" 하고 물었습니다. 다윗이 대답했습니다. "왕이 나에게 특별한 명령을 내렸소. 왕은 내가 할 일을 아무에게도 알리지 말라고 말했소. 내 부하들하고도 나중에 만날 곳을 가르쳐 주고 헤어졌소. 그런데 혹시 먹을 것을 가지고 계시오? 빵 다섯 덩이나 그 밖의 먹을 것이 있으면 아무것이나 좀 주시오." 제사장이 다윗에게 말했습니다. "보통 빵은 가지고 있지 않소. 하지만 거룩한 빵은 조금 있소. 당신의 부하들이 여자와 가까이하지 않았다면 그 빵을 먹어도 좋소." 다윗이 대답했습니다. "우리는 삼 일 동안 여자와 가까이하지 않았소. 내 부하들은 보통 길을 갈 때도 자기 몸을 거룩하게 지켰소. 하물며 오늘 그들이 나와 함께 길을 가고 있으니 더 말할 것도 없소." 제사장은 거룩한 빵을 다윗에게 주었습니다. 왜냐하면 제사장에게는 여호와 앞에 차려 놓았던 빵 말고는 다른 빵이 없기 때문입니다. 그것은 진설병 곧 하나님 앞에 따뜻한 빵을 차려 놓으면서 물려 낸 빵이었습니다.

그날 사울의 종들 중 한 사람이 그곳에 있었습니다. 그 사람은 에돔 사람 도엑으로 사울의 목자들 중 우두머리였는데 마침 그날 여호와 앞에 있었던 것입니다.

다윗이 아히멜렉에게 물었습니다. "혹시 창이나 칼을 가지고 계시오? 왕의 일이 너무 급하여 미처 무기를 가지고 나오지 못했소." 제사장이 대답하였습니다. "당신이 엘라 골짜기에서 죽인 블레셋 사람 골리앗의 칼이 있소. 그의 칼이 보자기에 싸여 에봇 뒤에 놓여 있소. 필요하다면 그 칼을 가지고 가시오. 여기에 다른 칼은 없소." 다윗이 말했습니다. "골리앗의 칼만 한 것이 어디 있겠소. 그 칼을 주시오."

다윗이 가드로 피하다

그날 다윗은 사울에게서 도망쳐 가드 왕 아기스에게로 갔습니다. 그러자 아기스의 종들이 아기스에게 말하였습니다. "이 사람은 이스라엘 사람들의 왕 다윗입니다. 이 사람은 이스라엘 여자들이 춤을 추면서 '사울이 죽인 적은 천천이요, 다윗이 죽인 적은 만만이라네'라고 노래했던 바로 그 사람입니다." 그들이 하는 말을 듣고 다윗은 가드 왕 아기스를 매우 두려워했습니다. 그래서 다윗은 아기스와 그의 종들 앞에서 미친 척하였습니다. 다윗은 그들과 함께 있는 동안 미친 사람처럼 행동했습니다. 괜히 문짝을 긁기도 하고 수염에 침을 질질 흘리기도 했습니다. 아기스가 자기 종들에게 말했습니다. "이 사람을 보아라. 이 사람은 미쳤다. 왜 이런 사람을 나에게 데리고 왔느냐? 어디 미친 사람이 부족해서 이런 사람까지 내 앞에서 이런 짓을 하게 하느냐. 이 사람을 내 집에서 쫓아내어라."

다윗이 아둘람 동굴에서 지냄

다윗은 가드를 떠나 아둘람 동굴로 도망갔습니다. 다윗의 형들과 다른 친척들이 다윗이 그곳에 있다는 이야기를 듣고 다윗을 만나러 왔습니다. 많은 사람이 다윗에게 몰려왔습니다. 어려움을 당하는 사람과 빚을 진 사람 그리고 마음에 억울함을 가진 사람들이 다윗에게 몰려들었습니다. 다윗은 그들의 지도자가 되었습니다. 그에게 몰려온 사람들은 사백 명가량 되었습니다.

다윗은 그곳에서 모압 땅에 있는 미스베로 갔습니다. 다윗이 모압 왕에게 말했습니다. "내 아버지와 어머니가 이리로 와서 당신과 함께 있게 해 주시오. 하나님이 나에게 어떤 일을 하실지 알 수 있을 때까지 머물러 있게 해 주시오." 다윗은 자기 부모님을 모압 왕에게 부탁했습니다. 다윗의 부모님은 다윗이 요새에 숨어 있는 동안 모압 왕과 함께 있었습니다. 하지만 예언자 갓은 다윗에게 이렇게 말했습니다. "요새에 숨어 있지 말고 유다 땅으로 가시오." 그리하여 다윗은 그곳을 떠나 헤렛 숲으로 갔습니다.

사울이 아히멜렉의 가족을 전멸시킴

사울은 다윗과 그의 부하들이 나타났다는 소식을 들었습니다. 사울은 기브아 언덕 위의 한 상수리나무 아래에 앉아 있었고, 모든 신하들은 그 주변에 둘러서 있었습니다. 사울은 손에 창을 들고 있었습니다. 사울이 신하들에게 말했습니다. "베냐민 사람들이여 들어 보시오. 여러분은 이새의 아들이 여러분에게 밭과 포도원을 주리라고 생각하시오? 과연 다윗이 여러분을 군인 백 명을 지휘하는 백부장 혹은 군인 천 명을 지휘하는 천부장으로 삼을 것 같소? 여러분은 모두 나를 배반할 음모를 꾸몄소. 내 아들이 이새의 아들과 약속을 하였는데도 아무도 나에게 그 사실을 말해 주지 않았소. 나를 생각해 주는 사람은 아무도 없소. 내 아들이 내 종을 부추겨 오늘 당장 나를 해치려는데도 아무도 그 사실을 나에게 말해 주지 않았소." 에돔 사람 도엑이 사울의 신하들과 함께 그곳에 서 있었습니다. 도엑이 말했습니다. "내가 이새의 아들을 보았습니다. 다윗은 놉으로 와서 아히둡의 아들 아히멜렉을 만났습니다. 아히멜렉은 다윗을 위해 주께 기도해 주었습니다. 또 아히멜렉은 다윗에게 음식도 주고 블레셋 사람 골리앗의 칼도 주었습니다."

이 말을 듣고 사울 왕은 사람을 보내어 놉에서 제사장으로 있던 아히멜렉과 그의 모든 친척을 잡아 오게 했습니다. 그리하여 그들 모두가 왕에게 잡혀 왔습니다. 사울이 아히멜렉에게 말했습니다. "아히둡의 아들아, 내 말을 들어라." 아히멜렉이 대답했습니다. "왕이여, 말씀하십시오." 사울이 말했습니다. "너는 왜 이새의 아들과 함께 나를 해치려고 남이 모르게 나쁜 일을 꾸몄느냐? 너는 다윗에게 빵과 칼을 주었고 그를 위해 하나님께 기도도 드렸다. 어찌하여 다윗이 지금 나를 치도록 만들었느냐?" 아히멜렉이 대답했습니다. "다윗은 왕에게 충성을 다 바쳤습니다. 왕에게 다윗만큼 충성스러운 종이 어디에 있습니까? 다윗은 왕의 사위이고 호위대장입니다. 왕실에서 그는 귀중한 사람입니다. 다윗을 위해 내가 하나님께 기도드린 것이 이번만은 아닙니다. 나와 내 친척에게는 잘못이 없습니다. 우리는 왕의 종입니다. 나는 모든 일에 대해서 아무것도 모릅니다." 그러나 왕이 말했습니다. "아히멜렉아, 너와 너의 친척들은 죽어 마땅하다." 사울은 곁에 서 있던 호위병들에게 말했습니다. "가서 이 여호와의 제사장들을 죽여라. 그들은 다윗의 편이다. 그들은 다윗이 도망친다는 것을 알고도 나에게 알려 주지 않았다." 하지만 왕의 신하들은 여호와의 제사장에게 손을 대려 하지 않았습니다. 그러자 왕은 도엑에게 명령을 내렸습니다. "이 제사장들을 죽여라." 에돔 사람 도엑은 사울의 말대로 제사장들을 죽였습니다. 그날 도엑은 세마포 에봇을 입은 사람 팔십오 명을 죽였습니다. 도엑은 또 제사장들의 성인 놉의 백성들도 죽였습니다. 도엑은 칼로 남자와 여자와 어린아이와 갓난아기들을 죽였고, 소와 나귀와 양도 죽였습니다.

그러나 아비아달은 죽음을 피하여 달아났습니다. 아비아달은 아히둡의 아들인 아히멜렉의 아들이었습니다. 아비아달은 다윗에게로 달아났습니다. 아비아달은 다윗에게 사울이 여호와의 제사장들을 죽였다는 이야기를 했습니다. 그러자 다윗이 아비아달에게 말했습니다. "에돔 사람 도엑이 그날 그곳에 있었소. 나는 그 사람이 사울에게 모든 것을 다 말할 줄 알고 있었소. 당신 아버지와 당신 친척들이 죽은 것은 내 책임이오. 당신을 죽이려 하는 사람이 나도 죽이려 하고 있소. 두려워하지 말고 나와 함께 있으시오. 나와 함께 있으면 안전할 것이오."

다윗이 그일라 백성을 구함

누군가가 다윗에게 말했습니다. "블레셋 사람들이 그일라를 공격하고 타작마당에서 곡식을 훔치고 있습니다." 다윗이 여호와께 여쭈었습니다. "가서 블레셋 사람들과 싸워야 합니까?" 여호와께서 대답하셨습니다. "가거라. 블레셋 사람들을 공격하여 그일라를 구하여라." 하지만 다윗의 부하들이 다윗에게 말했습니다. "여기 유다 땅에 있는 것만 해도 두려운데 어떻게 그일라까지 가서 블레셋 군대와 싸울 수 있겠습니까?" 다윗이 다시 여호와께 여쭤 보았습니다. 그러자 여호와께서는 "그일라로 내려가거라. 블레셋 사람들과 싸워 이길 수 있도록 해 주겠다" 하고 말씀하셨습니다. 그리하여 다윗과 그의 부하들은 그일라로 갔습니다. 그들은 블레셋 사람들과 싸워 그들의 가축을 빼앗았습니다. 다윗은 수많은 블레셋 사람들을 죽이고 그일라 백성을 구하였습니다.

아히멜렉의 아들 아비아달은 사울 왕을 피해 달아날 때 에봇을 가져왔는데 그일라에 있는 다윗에게 올 때 그 에봇을 가지고 왔습니다.

사울이 다윗을 뒤쫓음

누군가가 사울에게 다윗이 지금 그일라에 있다고 말해 주었습니다. 그러자 사울이 말했습니다. "마침내 하나님께서 다윗을 나에게 주셨다. 다윗이 성문과 성벽이 있는 성으로 들어갔으니 그가 그 속에 갇혔도다." 사울은 자기 군대를 모두 모아 싸울 준비를 하게 했습니다. 그들은 그일라로 내려가서 다윗과 그의 부하들을 공격할 준비를 했습니다. 다윗도 사울이 자기를 해칠 준비를 하고 있다는 소식을 들었습니다. 그래서 다윗은 제사장 아비아달에게 에봇을 가져오라고 말했습니다. 그리고 나서 다윗은 이렇게 기도하였습니다. "이스라엘의 하나님 여호와여, 사울이 나를 해치려 합니다. 사울이 나 때문에 그일라 성을 멸망시키려고 이곳으로 오고 있습니다. 그일라 백성이 나를 사울에게 넘겨줄까요? 사울은 정말 그일라로 올까요? 이스라엘의 하나님 여호와여, 주님의 종에게 말씀해 주십시오." 여호와께서 대답하셨습니다. "사울이 내려올 것이다." 다윗이 다시 여쭈었습니다. "그일라 백성이 나와 내 부하들을 사울에게 넘겨주겠습니까?" 여호와께서 대답하셨습니다. "그럴 것이다." 그리하여 다윗과 그의 부하들은 그일라를 떠났습니다. 다윗과 함께 간 사람은 육백 명가량 되었습니다. 그들은 이곳저곳으로 계속 옮겨 다녔습니다. 사울은 다윗이 그일라에서 도망쳤다는 이야기를 듣고 그일라를 치려던 계획을 거두었습니다. 다윗은 광야의 요새에 머물러 있었습니다. 다윗은 십 광야의 언덕에도 머물러 있었습니다. 사울은 매일 다윗을 찾아다녔지만 여호와께서는 사울이 다윗을 붙잡지 못하도록 다윗에게 미리 알려 주었습니다.

다윗은 사울이 자기를 죽이려 오고 있는 것을 보았습니다. 그래서 다윗은 십 광야의 수풀에 숨어 있었습니다. 이때 사울의 아들 요나단이 호레쉬에 있는 다윗에게 왔습니다. 요나단은 다윗이 하나님 안에서 강한 믿음을 가질 수 있도록 힘을 북돋아 주었습니다. 요나단이 다윗에게 말했습니다. "두려워하지 말게. 내 아버지는 자네를 건드리지 못할 걸세. 자네는 이스라엘 왕이 되고, 나는 자네 다음 가는 사람이 될 걸세. 내 아버지인 사울도 이 사실을 알고 계시네." 두 사람은 여호와 앞에서 언약을 맺었습니다. 그리고 나서 요나단은 집으로 돌아갔고 다윗은 호레쉬에 계속 머물렀습니다.

십 백성이 기브아에 있는 사울에게 가서 말했습니다. "다윗이 우리 땅에 숨어 있습니다. 그는 호레쉬의 요새에 있습니다. 그 요새는 여시몬 남쪽의 하길라 언덕 위에 있습니다. 왕이시여, 어느 때든 내려오십시오. 기꺼이 다윗을 왕께 넘겨 드리겠습니다." 사울이 대답하였습니다. "나를 도와준 여러분에게 여호와께서 복을 주시길 바라오. 가서 다윗에 대해 더 알아봐 주시오. 다윗이 어디에 머물러 있는지 알아보시오. 그는 영리하다고 들었소. 다윗이 숨는 데 사용하는 장소를 다 찾아보시오. 그런 후에 나에게 다시 돌아와서 모든 것을 말해 주시오. 그러면 내가 여러분과 함께 가겠소. 만약 다윗이 그 지역에 있다면 내가 반드시 그를 찾아내겠소. 유다의 온 집안을 뒤져서라도 찾아내고 말겠소." 그리하여 십 백성은 사울보다 먼저 십으로 돌아왔습니다.

다윗과 그의 부하들은 마온 광야에 있었습니다. 마온은 여시몬 남쪽 아라바에 있는 광야 지대였습니다. 사울과 그의 부하들이 다윗을 찾아다녔지만 다윗은 이미 사울이 자기를 찾아다니고 있다는 것을 백성들에게 들어 알고 있었습니다. 다윗은 바위로 내려가 마온 광야에 머물렀습니다. 사울은 다윗이 마온 광야로 내려갔다는 소식을 듣고 다윗의 뒤를 쫓아 마온 광야로 갔습니다. 사울은 산 이쪽으로 가고, 다윗과 그의 부하들은 산 저쪽으로 갔습니다. 다윗과 그의 부하들은 사울에게서 멀리 피하기 위해 서둘러 움직였습니다. 사울과 그의 군인들은 다윗과 그의 부하들을 에워싸서 잡으려 하였습니다. 그때에 한 사람이 사울에게 와서 이렇게 전하였습니다. "빨리 오십시오. 블레셋 사람들이 우리 땅을 공격하고 있습니다." 그래서 사울은 다윗을 쫓다 말고 블레셋 사람들과 싸우기 위해 돌아갔습니다. 사람들이 이곳을 '셀라하마느곳'이라고 부르는 것도 이 때문입니다. 다윗은 마온 광야를 떠나 엔게디 요새에서 살았습니다.

다윗이 사울을 살려 주다

사울이 블레셋 사람들을 물리치고 난 후에 누군가가 사울에게 와서 다윗이 엔게디 광야에 있다고 전했습니다. 그래서 사울은 온 이스라엘에서 삼천 명을 뽑았습니다. 사울은 이 사람들을 데리고 다윗과 그의 부하들을 찾아다녔습니다. 그들은 '들염소 바위' 근처를 찾아다니고 있었습니다. 사울은 길가에 있는 양 우리에 이르렀습니다. 그곳에 마침 동굴이 있어서 사울은 용변을 보기 위해 동굴로 들어갔습니다. 그런데 다윗과 그의 부하들은 바로 이 동굴의 안쪽 깊은 곳에 숨어 있었습니다. 다윗의 부하들이 다윗에게 말했습니다. "오늘이 바로 여호와께서 말씀하신 날입니다. 여호와께서는 '내가 네 적을 너에게 넘겨줄 테니 네 마음대로 하여라' 하고 말씀하셨습니다." 다윗이 사울에게 가까이 기어갔습니다. 다윗은 사울의 옷자락을 잘라 내었습니다. 그런데도 사울은 아무것도 모르고 있었습니다. 그 후에 다윗은 사울의 옷자락을 잘라 낸 것 때문에 마음이 찔렸습니다. 다윗이 자기 부하들에게 말했습니다. "내주인에게 그런 일을 하면 안 되는데 내가 그만 잘못했소. 사울은 여호와께서 기름부으신 왕이오. 그렇기 때문에 사울에게 해가 되는 일을 하면 안 되오." 다윗은 이러한 말로 자기 부하들을 말렸습니다. 다윗은 자기 부하들이 사울을 공격하지 못하게 했습니다. 사울은 동굴을 떠나 자기 길을 갔습니다.

다윗도 동굴에서 나와 사울의 뒤에서 "내 주 왕이여!"라고 소리질렀습니다. 사울이 뒤돌아보자 다윗이 얼굴을 땅에 대고 절했습니다. 다윗이 사울에게 말했습니다. "왕은 왜 '다윗이 사울을 해치려 한다'라고 하는 사람들의 말을 귀담아들으십니까? 왕이여 보십시오! 여호와께서 오늘 동굴에서 왕을 내 손에 맡기신 것을 당신도 보셨습니다. 어떤 사람은 왕을 죽이라고 말하였으나 나는 '내 주는 여호와께서 기름부으신 왕이므로 해치지 않겠노라'고 말했습니다. 내 아버지여, 내 손에 들려 있는 왕의 옷자락을 보십시오. 나는 왕의 옷자락을 잘라 내기만 하고 죽이지는 않았습니다. 자, 이제는 내가 왕에게 어떤 나쁜 일도 할 생각이 없다는 것을 알아 주십시오. 나는 왕에게 죄를 짓거나 해치려고 한 적이 없습니다. 그런데도 왕은 나를 죽이려고 쫓아오고 있습니다. 여호와께서 왕과 나 사이에 옳고 그름을 가려 주시기 바랍니다. 그리고 여호와께서 왕에게 벌을 주시기 바랍니다. 그러나 나는 내 손으로 왕을 해치지 않겠습니다. 옛 속담에 '나쁜 일은 나쁜 사람에게서 나온다'라는 말이 있습니다. 그러므로 나는 왕을 해치지 않겠습니다. 이스라엘 왕이 누구를 잡으려 하고 있습니까? 왕이 뒤쫓고 있는 사람은 누구입니까? 왕은 죽은 개나 벼룩을 뒤쫓고 있는 것과 같습니다. 여호와께서 우리의 재판관이 되시어 왕과 나 사이에 옳고 그름을 가려 주시기 바랍니다. 여호와께서 나의 억울함을 살펴 주시기 바랍니다. 또 나를 왕의 손에서 구해 주시기 바랍니다."

다윗이 이 말을 마치자 사울은 "내 아들 다윗아, 이것이 정말 네 목소리냐?" 하고 말하면서 크게 소리 내어 울었습니다. 사울이 말했습니다. "너는 나보다 옳도다. 너는 나에게 잘해 주었는데 나는 너에게 나쁜 일을 했구나. 네 말을 들으니 너는 나에게 좋은 일을 하였구나. 여호와께서 나를 너에게 넘기셨는데도 너는 나를 죽이지 않았다. 자기 원수를 손안에 넣고도 좋게 돌려보내는 사람이 어디 있겠느냐. 네가 오늘 나에게 착한 일을 하였으므로 여호와께서 너에게 상 주시기를 바란다. 네가 틀림없이 왕이 되리라는 것을 나는 잘 알고 있다. 너는 이스라엘 나라를 잘 다스리게 될 것이다. 그러므로 이제 너는 내 자손을 죽이지 않겠다고 여호와의 이름으로 맹세해 다오. 내 아버지의 집에서 내 이름을 지워 버리지 않겠다고 약속해 다오." 다윗은 사울에게 그렇게 하겠다고 약속했습니다. 그런 뒤 사울은 자기 왕궁으로 돌아가고 다윗과 그의 부하들은 엔게디 요새로 올라갔습니다.

사무엘이 죽었습니다. 모든 이스라엘 사람이 모여서 사무엘을 위하여 슬퍼했습니다. 이스라엘 사람들은 사무엘을 라마에 있는 그의 집에서 장사 지냈습니다.

그때에 다윗은 바란 광야로 내려갔습니다. 마온에 어떤 사람이 있었는데 그는 갈멜에 땅을 가지고 있는 큰 부자였습니다. 그는 양 삼천 마리와 염소 천 마리를 가지고 있었습니다. 그는 갈멜에서 자기 양의 털을 깎았습니다. 그 사람의 이름은 나발이었고 갈렙의 자손이었습니다. 그의 아내의 이름은 아비가일이었습니다. 아비가일은 지혜롭고 아름다운 여자였습니다. 하지만 나발은 무자비하고 속이 좁은 사람이었습니다. 다윗은 목자들의 축제날인 양털 깎는 절기를 맞아 나발이 자기 양의 털을 깎고 있다는 이야기를 광야에서 들었습니다. 그래서 다윗은 젊은 사람 열 명을 나발에게 보내며 그들에게 말했습니다. "갈멜로 가서 나발을 만나라. 그에게 내 이름으로 인사하여라. 그리고 이렇게 말하여라. '당신과 당신 집안이 잘되기를 빕니다. 그리고 당신에게 딸린 모든 것도 잘되기를 빕니다. 당신이 양털을 깎고 있다는 이야기를 들었습니다. 당신의 목자들이 우리와 함께 있었을 때에 우리는 그들을 조금도 해치지 않았습니다. 당신의 목자들이 갈멜에 있는 동안 그들은 아무것도 도둑맞지 않았습니다. 당신의 종들에게 물어보십시오. 그러면 그들이 그 사실을 이야기해 줄 것입니다. 우리가 이 좋은 날에 왔으니 제발 당신의 종과 같은 다윗과 그의 종들에게 친절을 베풀어 먹을 것을 좀 주십시오.'"

다윗의 부하들은 나발에게 가서 다윗의 말을 전했습니다. 그러나 나발은 그들에게 대답했습니다. "다윗이 누구요? 이새의 아들이란 자가 도대체 누구요? 요즘은 자기 주인에게서 도망치는 종놈들이 많다던데 내가 어찌 빵과 물 그리고 양털 깎는 내 종에게 주려고 잡은 짐승의 고기를 알지도 못하는 사람들에게 줄 수 있겠소!" 다윗의 부하들은 돌아가서 나발이 한 말을 그대로 전했습니다. 그러자 다윗이 그들에게 "칼을 차라" 하고 말했습니다. 그들은 명령대로 칼을 찼고 다윗도 칼을 찼습니다. 사백 명가량이 다윗과 함께 떠나갔고 이백 명은 남아서 그들이 가진 물건을 지켰습니다.

나발의 종들 중 한 명이 나발의 아내 아비가일에게 말했습니다. "다윗이 우리 주인에게 인사하기 위하여 광야에서 사람들을 보냈는데 주인은 그들에게 욕을 했습니다. 그 사람들은 우리에게 아주 잘해 주었습니다. 그들은 우리를 조금도 해치지 않았습니다. 우리가 그들과 함께 들에 있는 동안 그들은 아무것도 훔치지 않았습니다. 그들은 밤낮으로 우리를 보호해 주었습니다. 우리가 양 떼를 지키고 있을 때 우리의 담이 되어 주었습니다. 그러므로 이제 어떻게 해야 할지를 잘 생각해 보십시오. 다윗은 우리 주인과 그 집안을 해치기로 이미 결심하였습니다. 주인은 너무 못된 사람이라 누구도 말을 붙여 볼 생각조차 못하고 있습니다."

아비가일의 지혜

아비가일은 급히 서둘렀습니다. 아비가일은 빵덩이 이백 개와 포도주가 가득 찬 가죽 부대 두 개와 양 다섯 마리를 요리하였습니다. 또 볶은 곡식 다섯 세아와 건포도 백 송이와 무화과 떡 이백 덩이도 준비하였습니다. 아비가일은 그것들을 나귀 등에 실었습니다. 그리고 나서 아비가일은 자기 종들에게 말했습니다. "먼저 가거라. 나는 뒤따라가겠다." 아비가일은 이 일을 자기 남편에게는 말하지 않았습니다. 아비가일은 자기 나귀를 타고 산골짜기로 내려갔습니다. 그곳에서 아비가일은 자기 쪽으로 내려오고 있는 다윗과 그의 부하들을 만났습니다. 그때 다윗은 막 이렇게 말하고 있었습니다. "다 소용없다! 나는 광야에서 나발의 재산을 지켜 주었고, 그의 양이 도둑맞지 않게 보살펴 주었다. 그에게 좋은 일을 해 주었는데도 그는 선을 악으로 갚았다. 내일까지 나발의 가족 중 한 사람이라도 내가 살려 두면 내가 하나님의 무서운 벌을 받아도 좋다."

아비가일은 다윗을 보고 급히 나귀에서 내렸습니다. 아비가일은 얼굴을 땅에 대고 다윗에게 절했습니다. 아비가일은 다윗의 발 앞에 엎드려 이렇게 말했습니다. "내 주여, 모든 것은 제 잘못입니다. 제발 제 말을 들어 주십시오. 내 주여, 아무 쓸데없는 사람인 나발에게 신경 쓰지 마십시오. 나발은 그 이름처럼 정말 미련한 사람입니다. 하지만 당신의 종인 저는 당신이 보낸 사람을 보지 못했습니다. 그러나 이제나마 제가 당신을 만난 것은 여호와의 도움이라고 생각합니다. 여호와께서 살아 계셔서 내 주 당신의 손으로 친히 피를 흘려 복수하는 것을 막으셨습니다. 이제 내 주 당신을 해하려는 자들과 당신의 원수들은 나발과 같이 될 것입니다. 당신께 선물을 가지고 왔습니다. 그것을 당신을 따르는 사람들에게 주십시오. 제 잘못을 용서해 주십시오. 당신은 여호와를 위해 싸웠으므로 여호와께서는 틀림없이 당신 집안을 든든히 세우실 것입니다. 당신이 사는 날 동안 백성들은 당신에게서 아무런 흠도 찾아내지 못할 것입니다. 당신을 죽이려고 쫓아다니는 사람이 있을지라도 하나님 여호와께서는 당신을 지켜 주실 것입니다. 여호와께서는 물매로 돌을 던지듯 당신의 원수들의 목숨을 내던져 버리실 것입니다. 여호와께서는 당신에게 약속하신 좋은 일들을 다 지키실 것입니다. 여호와께서는 당신을 이스라엘의 지도자로 삼으실 것입니다. 그때에 당신은 당신 스스로 죄 없는 사람을 죽였다든지 벌을 주었다는 양심의 가책을 받거나 죄책감을 가지는 일이 없어야 할 것입니다. 여호와께서 당신을 성공시키실 때 제발 저를 기억해 주십시오."

다윗이 아비가일에게 대답하였습니다. "오늘 당신을 보내어 나를 영접게 하신 이스라엘의 하나님 여호와를 찬양합니다. 지혜로운 당신도 복을 받기를 바라오. 당신은 내가 오늘 사람들을 죽이거나 벌주는 일을 막았소. 이스라엘의 하나님 여호와께 맹세하지만 여호와께서 나를 막아 당신을 해치지 못하게 하셨소. 만약 당신이 나를 만나러 빨리 오지 않았다면 나발의 집에 있는 사람 중 내일까지 살아남을 사람은 아무도 없었을 것이오." 다윗은 아비가일의 선물을 받아들였습니다. 그리고 다윗이 말했습니다. "평안히 집으로 가시오. 당신 말을 잘 들었소. 당신이 부탁한 대로 하겠소."

나발의 죽음

아비가일이 나발에게 돌아왔을 때 나발이 집에 있었습니다. 그는 왕처럼 먹고 있었습니다. 나발은 술에 잔뜩 취해 기분이 좋았습니다. 그래서 아비가일은 이튿날 아침까지 나발에게 아무 말도 하지 않았습니다. 이튿날 아침 나발이 술에서 깨자 아비가일은 그에게 모든 것을 말해 주었습니다. 그러자 그의 심장이 멈춰 마치 돌처럼 몸이 굳어졌습니다. 십 일가량 지난 후 여호와께서 나발을 죽게 하셨습니다.

나발이 죽었다는 말을 듣고 다윗이 말했습니다. "여호와를 찬양하여라! 나발이 나를 욕되게 하였으나 여호와께서는 내가 직접 악을 행하지 못하게 하시고 여호와께서 나발이 저지른 잘못을 직접 갚으셨도다." 그 후에 다윗은 아비가일에게 사람을 보내어 아비가일을 자기 아내로 삼고 싶다는 말을 전했습니다. 다윗의 종들이 갈멜로 가서 아비가일에게 말했습니다. "다윗이 당신을 아내로 삼고 싶다고 하십니다. 그래서 우리를 보내어 당신을 모시고 오게 했습니다." 아비가일은 얼굴을 땅에 대고 절을 하면서 말했습니다. "나는 당신의 종입니다. 나는 내 주의 종들의 발까지도 기꺼이 씻어 드리겠습니다." 아비가일은 급히 나귀에 올라 하녀 다섯 명을 데리고 다윗의 종들과 함께 갔습니다. 이렇게 하여 아비가일은 다윗의 아내가 되었습니다.

다윗은 이스르엘 사람 아히노암과도 결혼하였습니다. 두 사람 모두 다윗의 아내가 되었습니다. 사울의 딸 미갈도 다윗의 아내였습니다. 그러나 사울은 미갈을 갈림 사람인 라이스의 아들 발디에게 주었습니다.

다윗이 또 사울을 살려 주다

십 백성이 기브아에 있는 사울을 찾아와서 이렇게 말했습니다. "다윗이 여시몬 맞은편의 하길라 언덕에 숨어 있습니다." 그리하여 사울은 이스라엘에서 뽑은 삼천 명과 함께 십 광야로 내려 갔습니다. 그들은 십 광야에서 다윗을 찾아다녔습니다. 사울은 여시몬 맞은편에 있는 하길라 언덕 길가에 진을 쳤습니다. 그러나 다윗은 광야에 머물러 있었습니다. 다윗은 사울이 자기를 뒤쫓아왔다는 이야기를 들었습니다. 그래서 다윗은 정탐꾼들을 내보내 사울이 가까이 왔다는 사실을 확인했습니다. 다윗은 사울이 진을 치고 있는 곳으로 갔습니다. 그가 보니 사울과 넬의 아들 아브넬이 잠을 자고 있었습니다. 아브넬은 사울 군대의 사령관이었습니다. 사울은 진 한가운데에서 잠자고 있었고 모든 군대가 사울을 둘러싸고 있었습니다.

다윗이 헷 사람 아히멜렉과 스루야의 아들이요, 요압의 동생인 아비새에게 물었습니다. "누가 나와 함께 사울의 진으로 내려가겠소?" 아비새가 대답하였습니다. "제가 가겠습니다." 그리하여 그날 밤 다윗과 아비새는 사울의 진으로 갔습니다. 사울은 진 한가운데에서 자고 있었습니다. 사울의 창은 사울의 머리 가까운 곳에 꽂혀 있었습니다. 아브넬과 그의 군대도 사울을 둘러싸고 잠들어 있었습니다. 아비새가 다윗에게 말했습니다. "오늘 하나님께서 당신의 원수를 물리쳐 이기게 해 주셨습니다. 내가 이 창으로 사울을 땅에 꽂아 버리고 말겠습니다. 두 번 찌를 것도 없이 단번에 해치우겠습니다." 다윗이 아비새에게 말했습니다. "사울을 죽이지 마시오. 여호와께서 기름부으신 사람을 해치고도 죄를 면제받을 사람은 없소. 여호와께 맹세하지만 여호와께서 직접 사울에게 벌을 내리실 것이오. 사울은 죽을 때가 되어 죽을지도 모르고 싸움터에서 죽임을 당할지도 모르오. 어쨌든 내가 직접 손을 들어 여호와께서 기름부은 사람을 해칠 수는 없소. 자, 사울의 머리 가까이에 있는 창과 물병을 집어 여기서 나갑시다." 이처럼 다윗은 사울의 머리 가까이에 있는 창과 물병을 가지고 갔습니다. 다윗과 아비새가 왔다 갔지만 아무도 잠에서 깨거나 본 사람이 없었습니다. 이는 여호와께서 사울의 군대를 깊이 잠들게 하셨기 때문입니다.

다윗은 언덕 저쪽으로 건너가 사울의 진에서 멀리 떨어진 언덕 꼭대기에 섰습니다. 다윗은 사울의 군대와 넬의 아들 아브넬을 향하여 소리를 질렀습니다. "아브넬아, 내 말이 들리면 대답해 보아라!" 아브넬이 대답했습니다. "누가 왕을 부르고 있느냐? 너는 누구냐?" 다윗이 말했습니다. "너는 이스라엘에서 가장 위대한 용사가 아니냐? 그런데 너는 왜 너의 주 왕을 보호하지 않았느냐? 너의 진으로 내려가 너의 주 왕을 죽이려 한 사람이 있었다. 너의 잘못이 크다. 여호와께 맹세하지만 너와 네 부하들은 죽어 마땅하도다. 너는 여호와께서 기름부으신 왕 너의 주를 보호하지 못하였다. 자, 보아라! 왕의 머리 가까이에 있던 창과 물병이 어디에 있는지 똑똑히 보아라."

사울이 다윗의 목소리를 알아듣고 말했습니다. "네가 내 아들 다윗이 맞느냐?" 다윗이 대답했습니다. "내 주 왕이여, 그렇습니다." 다윗이 또 말했습니다. "내 주여, 왜 나를 쫓고 계십니까? 내가 무슨 잘못을 했습니까? 내 죄가 무엇입니까? 내 주 왕이여, 내 말을 들어 보십시오. 만약 왕이 나에 대해 진노하게 하신 분이 여호와시라면 여호와께서 나를 제물로 받으시기를 원합니다. 그러나 만약 왕이 나에 대해 진노하게 한 것이 사람들이라면 여호와께서 그들을 저주하시기를 바랍니다. 그들은 여호와께서 내게 주신 땅에서 나를 쫓아냈습니다. 그들은 나에게 '낯선 땅에 가서 다른 신들을 섬겨라' 하고 말했습니다. 나를 여호와께서 계신 곳에서 멀리 떨어져 죽게 하지 마십시오. 이스라엘 왕이 어찌 메추라기 한 마리를 사냥하는 사람같이 행동하십니까? 왕이 벼룩을 찾아 나서다니 말이 됩니까?"

다윗의 말을 듣고 사울이 말했습니다. "내가 죄를 지었다. 내 아들 다윗아 돌아오너라. 오늘 너는 내 생명을 아껴 주었다. 그러니 이제 나도 너를 해치려 하지 않겠다. 내가 바보 같은 짓을 하였다. 내가 큰 실수를 하였다." 다윗이 대답하였습니다. "여기 왕의 창이 있습니다. 신하 한 사람을 이리로 보내어 가져가게 하십시오. 여호와께서는 옳은 일을 하고 충성하는 사람에게 상을 주십니다. 여호와께서는 오늘 왕을 나에게 넘겨주셨습니다. 그러나 나는 여호와께서 기름부으신 사람을 해칠 생각이 없었습니다. 나는 오늘 왕의 생명을 아껴 주었습니다. 나는 여호와께서도 이처럼 내 생명을 아껴 주실 것을 확실히 믿습니다. 여호와께서는 모든 어려운 일에서 나를 구해 주실 것입니다." 이 말을 듣고 사울이 다윗에게 말했습니다. "내 아들 다윗아, 너는 복을 받았다. 너는 큰일을 하며 성공할 것이다." 그런 다음에 다윗은 자기 길을 갔고 사울도 자기 왕궁으로 돌아갔습니다.

다윗이 블레셋으로 피하다

그러나 다윗은 속으로 이렇게 생각했습니다. '언젠가는 사울이 나를 잡을 것이다. 그러니 지금은 블레셋 사람들의 땅으로 도망가는 것이 제일 안전하다. 그러면 사울은 이스라엘에서 나를 찾는 일을 포기할 것이며 나는 사울에게서 피할 수 있을 것이다.' 그리하여 다윗과 그의 부하 육백 명은 이스라엘을 떠났습니다. 그들은 가드 왕 마옥의 아들 아기스에게 갔습니다. 다윗과 그의 부하들 그리고 그들의 가족들은 가드에서 아기스와 함께 살았습니다.
다윗은 두 아내와 같이 있었는데 다윗의 아내의 이름은 이스르엘의
아히노암과 갈멜의 아비가일이었습니다. 아비가일은 죽은 나발의
아내였습니다. 사울은 다윗이 가드로 도망갔다는 이야기를 듣고
다시는 다윗을 추적하지 않았습니다.

어느 날 다윗이 아기스에게 말했습니다. "나를 좋게 여기신다면
시골 마을 중 하나를 나에게 주어 그곳에서 살게 해 주십시오. 나
같은 사람이 어떻게 당신과 함께 왕의 성에 있을 수 있겠습니까?"
그날 아기스는 다윗에게 시글락 마을을 주었습니다. 이 때문에 시
글락 마을은 그때부터 유다 왕들의 땅이 되었습니다. 다윗은 블레
셋 땅에서 일 년 사 개월 동안을 살았습니다.

다윗과 그의 부하들은 나가서 그술과 기르스와 아말렉 백성들
을 공격하였습니다. 이 백성들은 오랫동안 술과 이집트로 가는 땅
에 살았습니다. 다윗은 그들과 싸워 남자와 여자를 모두 죽였습니
다. 그는 양과 소와 나귀와 낙타와 옷을 빼앗아서 아기스에게 돌아
왔습니다. 아기스는 다윗에게 "오늘은 어디를 공격하였느냐?" 하고
묻곤 했습니다. 그럴 때마다 다윗은 유다 땅 남쪽을 공격하고 왔
다고 대답했습니다. 어떤 때는 여라무엘이나 겐 사람의 땅을 공격
하고 왔다고 말했습니다. 다윗은 남자든지 여자든지 사람을 살려
서 가드로 데리고 온 적이 한 번도 없었습니다. 다윗은 이렇게 생각
하였습니다. '만약 우리가 누구든지 살려서 데리고 오면 그 사람은
아기스에게 내가 실제로 한 일을 말할 것이다.' 다윗은 블레셋 땅에
사는 동안 내내 그렇게 행동하였습니다. 아기스는 다윗을 믿었습니
다. 아기스는 혼자 이렇게 생각하였습니다. '다윗의 백성인 이스
라엘 사람들이 다윗을 굉장히 미워한다. 그러니 다윗은 언제까지나
나를 섬길 것이다.'

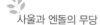
사울과 엔돌의 무당

그 후에 블레셋 사람들은 이스라엘과 싸우기 위해 군대를 모았습니다. 아기스가 다윗에게 말했습니다. "너와 네 부하들도 나의 군대와 함께 나가야 한다는 것을 알아 두어라." 다윗이 대답하였습니다. "물론입니다. 당신의 종인 내가 나가서 어떤 일을 하는지 당신 눈으로 직접 보실 수 있을 것입니다." 아기스가 말했습니다. "좋다. 너를 영원토록 내 호위병으로 삼겠다."

사무엘이 죽었으므로 모든 이스라엘 사람들이 사무엘을 위해 슬퍼하며 사무엘을 그의 고향 라마에 장사 지낸 지 이미 오래되었습니다. 사울은 이스라엘 땅에서 무당과 점쟁이를 쫓아냈습니다. 블레셋 사람들은 모여서 수넴에 진을 쳤고 사울은 모든 이스라엘 사람을 모아 길보아에 진을 쳤습니다. 사울은 블레셋 군대를 보고 그 마음이 두려워 떨었습니다. 사울이 여호와께 기도드렸지만 여호와께서는 꿈으로도, 우림으로도, 예언자로도 대답해 주지 않으셨습니다. 그래서 사울은 자기 종들에게 명령했습니다. "가서 무당을 찾아보아라. 내가 그에게 가서 물어봐야 되겠다." 그러자 종들은 "엔돌에 무당이 있습니다" 하고 대답했습니다.

사울은 아무도 알아보지 못하게 다른 옷으로 갈아입었습니다. 사울은 밤중에 신하 두 사람을 데리고 무당을 만나러 갔습니다. 사울이 무당에게 말했습니다. "나를 위해 주문을 외워 내가 말하는 사람을 불러내어라." 하지만 무당이 사울에게 말했습니다. "당신도 사울이 내린 명령을 알지 않소. 사울은 이스라엘 땅에서 무당과 점쟁이를 쫓아내었소. 당신은 나에게 덫을 놓아 나를 죽이려 하고 있소." 사울은 여호와의 이름으로 무당에게 약속했습니다. "여호와께 맹세하지만 이 일을 했다고 해서 벌을 받지는 않을 것이다." 그러자 무당이 물었습니다. "누구를 불러 드릴까요?" 사울이 대답하였습니다. "사무엘을 불러 주시오." 무당은 사무엘이 올라온 것을 보고 큰 소리로 비명을 질렀습니다. 무당은 "왜 저를 속이셨습니까? 당신은 사울 왕이 아니십니까?" 하고 말했습니다. 왕이 무당에게 말했습니다. "두려워하지 마라. 무엇이 보이느냐?" 무당이 말했습니다. "땅에서 한 영이 올라오는 것이 보입니다." 사울이 물었습니다. "그가 어떻게 생겼느냐?" 무당이 대답하였습니다. "겉옷을 입은 한 노인이 올라오고 있습니다." 그러자 사울은 그가 사무엘이라는 것을 알아보고 얼굴을 땅에 대고 엎드렸습니다.

사무엘이 사울에게 물었습니다. "왜 나를 불러내서 귀찮게 하시오?" 사울이 말했습니다. "나는 큰 괴로움을 겪고 있습니다. 블레셋 사람들이 나에게 싸움을 걸었습니다. 하나님께서는 나를 떠나셨습니다. 하나님께서는 예언자로도, 꿈으로도 나에게 대답해 주지 않으십니다. 그래서 당신을 불렀습니다. 나는 어떻게 해야 좋겠습니까?" 사무엘이 말했습니다. "여호와께서는 당신을 버리시고 당신의 원수가 되셨소. 그런데 왜 나에게 물으시오? 여호와께서는 나에게 말씀하신 대로 하셨소. 여호와께서는 이 나라를 당신의 손에서 찢어서 당신의 이웃 중 한 사람인 다윗에게 주셨소. 당신은 여호와께 순종하지 않았소. 당신은 아말렉 사람들에게 하나님의 진노를 보여 주지 않았소. 그래서 하나님께서 오늘 당신에게 이런 일을 하신 것이오. 여호와께서는 이스라엘과 당신을 블레셋 사람들에게 넘기실 것이오. 당신과 당신의 아들들은 내일 나와 함께 있게 될 것이오."

사울은 급히 땅에 엎드렸습니다. 사울은 사무엘이 한 말 때문에 두려웠습니다. 사울은 하루 종일 아무것도 먹지 않았기 때문에 힘도 없었습니다. 그때에 무당은 사울이 두려움에 떨고 있는 모습을 보고 사울에게 말했습니다. "당신의 종인 저는 당신의 말에 순종하였습니다. 저는 제 목숨을 걸고 당신이 하라는 대로 했습니다. 그러니 이제는 제 말을 들으십시오. 잡수실 것을 좀 드릴 테니 잡수시고 힘을 내십시오. 그리고 나서 갈 길을 가십시오." 그러나 사울은 무당의 말을 듣지 않고 "먹지 않겠다"고 말했습니다. 사울의 신하들도 사울에게 먹을 것을 권했습니다. 그때서야 사울은 그들의 말을 들었습니다. 사울은 땅에서 일어나 침대 위에 앉았습니다. 무당의 집에는 살진 송아지가 있었는데 무당은 서둘러 송아지를 잡았습니다. 무당은 밀가루를 가져다가 반죽을 하여 누룩을 넣지 않은 빵을 만들었습니다. 무당은 사울과 그의 신하들에게 음식을 가져다 주어 먹게 하였습니다. 사울과 신하들은 음식을 먹고 그날 밤에 일어나 길을 떠났습니다.

다윗이 시글락으로 돌아감

블레셋 사람들은 모든 군인을 아벡으로 모아들였습니다. 이스라엘은 이스르엘에 있는 샘물 곁에 진을 쳤습니다. 블레셋 왕들은 백 명과 천 명씩 부대를 이루어 행군을 하였습니다. 다윗과 그의 부하들은 뒤에서 아기스와 함께 행군을 하였습니다. 블레셋의 지휘관들이 물었습니다. "이 히브리 사람들은 여기에서 무엇을 하고 있는 것이오?" 아기스가 말했습니다. "이 사람은 이스라엘 왕 사울의 신하였던 다윗이 아니겠소? 하지만 그가 여러 날 그리고 몇 년을 나와 함께 있는 중이오. 다윗이 사울을 떠나서 나에게 온 후로 오늘날까지 나는 그에게서 아무런 흠을 찾아내지 못했소." 그러나 블레셋의 지휘관들은 아기스에게 화를 냈습니다. 그들은 이렇게 말했습니다. "다윗을 당신이 그에게 준 성으로 돌려보내시오. 다윗은 우리와 함께 싸움터에 갈 수 없소. 다윗이 우리와 함께 있는다면 그것은 우리 진 한가운데에 적이 있는 것과 같소. 다윗은 우리 군인들을 죽여서 자기 왕을 기쁘게 할 것이오. 다윗은 이스라엘 사람들이 춤을 추면서 '사울이 죽인 적은 천천이요, 다윗이 죽인 사람은 만만이라' 하고 노래했던 바로 그 사람 아니오?"

그래서 아기스는 다윗을 불러 이렇게 말했습니다. "여호와께 맹세하지만 너는 나에게 충성을 다했다. 나는 네가 내 군대에서 일해 주면 좋겠다. 너는 나에게 온 뒤로 잘못한 일이 하나도 없다. 하지만 블레셋 왕들은 너를 믿지 못한다. 평안히 돌아가거라. 블레셋 왕들을 거스르는 일을 하지 마라." 다윗이 물었습니다. "내가 무슨 잘못을 했습니까? 내가 당신에게 온 뒤로 지금까지 나쁜 일을 한 적이 있습니까? 내 주 왕이여, 왜 나는 당신의 적과 싸우면 안 됩니까?" 아기스가 대답했습니다. "너는 나에게 하나님이 보내신 천사와 같이 소중하다. 하지만 블레셋의 지휘관들은 '다윗은 우리와 함께 싸움터에 갈 수 없다'라고 말하니 아침 일찍 날이 밝으면 너와 너의 부하들은 떠나라." 그리하여 다윗과 그의 부하들은 아침 일찍 일어나 블레셋 사람들의 땅으로 돌아갔습니다. 그리고 블레셋 사람들은 이스르엘로 올라갔습니다.

다윗이 아말렉 사람들과 싸움

삼일째 되는 날 다윗과 그의 부하들은 시글락에 이르렀습니다. 그때 마침 아말렉 사람들이 남쪽 유다와 시글락에 쳐들어왔습니다. 아말렉 사람들은 시글락을 공격하여 그 성을 불태웠습니다. 아말렉 사람들은 시글락에 있는 여자들과 젊은이와 노인 할 것 없이 모든 사람들을 사로잡아 포로로 끌고 갔습니다. 다윗과 그의 부하들이 시글락에 와서 보니 마을은 불타 버렸고, 그들의 아내들과 아들딸들이 포로로 끌려갔습니다. 다윗과 그의 부하들은 큰 소리로 울었습니다. 너무 울어서 더 울 힘이 없을 정도였습니다. 다윗의 두 아내 이스르엘의 아히노암과 갈멜 사람 나발의 과부 아비가일도 끌려갔습니다. 다윗의 부하들이 다윗을 돌로 쳐 죽이려 하였습니다. 그 때문에 다윗은 몹시 당황하였습니다. 다윗의 부하들은 자기 아들딸들이 포로로 끌려갔기 때문에 슬프고 화가 났던 것입니다. 그러나 다윗은 자기 하나님 여호와 안에서 힘을 얻었습니다.

다윗이 제사장 아비아달에게 말했습니다. "에봇을 가지고 오시오." 아비아달이 다윗에게 에봇을 가져오자 다윗은 여호와께 기도드렸습니다. "우리 가족을 끌고 간 사람들을 뒤쫓을까요? 그들을 따라잡을까요?" 여호와께서 대답하셨습니다. "그들을 뒤쫓아가거라. 그들을 따라잡을 수 있을 것이다. 네 가족을 구할 수 있을 것이다." 다윗과 그의 부하 육백 명은 브솔 골짜기에 이르렀습니다. 다윗의 부하 중 뒤떨어진 이백 명은 그곳에 남았습니다. 이백 명은 너무 지쳐서 브솔 시내를 건너지 못했습니다. 다윗은 사백 명을 거느리고 추격하였습니다.

다윗의 부하들이 들에서 어떤 이집트 사람을 발견하고 그를 다윗에게 데리고 왔습니다. 그들은 이집트 사람에게 마실 물과 먹을 음식을 주었습니다. 그들은 또 무화과 빵과 건포도 두 송이도 주었습니다. 이집트 사람은 그것을 먹고 기운을 되찾았습니다. 그 사람은 삼 일 동안이나 아무것도 먹지 못하고 있었습니다. 다윗이 그에게 물었습니다. "당신의 주인은 누구요? 당신은 어디에서 왔소?" 그가 대답하였습니다. "나는 이집트 사람입니다. 나는 아말렉 사람의 노예입니다. 내가 병이 나자 주인은 삼 일 전에 나를 버려두고 떠났습니다. 우리는 그렛 사람들의 남쪽 지역을 공격하였습니다. 우리는 유다 땅과 갈렙 사람들의 남쪽 지역도 공격하였습니다. 우리는 시글락을 불사르기도 하였습니다." 다윗이 그에게 물었습니

다. "우리 집안 사람들을 끌고 간 그자들이 어디에 있는지 그곳을
가르쳐 줄 수 있겠소?" 그가 대답하였습니다. "나를 죽이거나 내
주인에게 돌려보내지 않는다고 하나님 앞에서 약속해 주십시오. 그
러면 그들이 있는 곳으로 당신을 인도하겠습니다."

그리하여 이 이집트 사람은 다윗을 아말렉 사람들이 있는 곳으
로 인도했습니다. 아말렉 사람들은 이곳저곳에 흩어져 누운 채 먹
고 마시고 있었습니다. 그들은 블레셋과 유다 땅에서 빼앗아 온 물
건들을 가지고 즐거워하고 있었습니다. 다윗은 그날 밤부터 이튿
날 저녁까지 그들과 싸웠습니다. 낙타를 타고 달아난 사백 명을 빼
고 아말렉 사람들은 아무도 달아나지 못했습니다. 다윗은 자기의
두 아내를 비롯해서 아말렉 사람들이 빼앗아 갔던 모든 것을 되찾
았습니다. 다윗은 잃어버린 것 없이 모든 것을 되찾았습니다. 젊은
이와 노인, 아들과 딸 그리고 값진 물건 등 모든 것을 되찾았습니
다. 다윗은 양 떼와 소 떼를 빼앗았습니다. 다윗의 부하들은 이 양
떼와 소 떼를 몰고 오면서 "이것은 다윗이 빼앗은 것이다" 하고 말
했습니다.

다윗은 너무 지치고 약해져서 자기를 따를 수 없어 브솔 시내에
머물게 했던 이백 명의 부하들에게 돌아왔습니다. 그들도 다윗과
그의 군대를 맞으러 나왔습니다. 그런데 다윗을 따르던 사람들 중
에는 나쁜 사람들도 있었습니다. 그들은 "이 사람들은 우리와 함께
가지 않았으므로 우리가 가지고 온 것을 나누어 줄 필요가 없습니
다. 이 사람들의 아내와 자식들만 돌려줘야 합니다"라고 말했습니
다. 다윗이 대답했습니다. "내 형제들이여, 그렇게 하면 안 되오. 여
호와께서 우리를 도우셔서 원수들을 물리쳐 이길 수 있었는데 그렇
게 하면 되겠소? 여러분이 한 말을 누가 들어주겠소? 남아서 우리
의 물건을 지킨 사람이나 나가서 싸운 사람이나 누구나 똑같이 나

누어 가져야 하오." 다윗은 이것을 이스라엘의 명령과 규칙으로 삼았습니다. 이 명령과 규칙은 오늘날까지 계속 이어지고 있습니다.

다윗은 시글락에 이르렀습니다. 그곳에서 다윗은 아말렉 사람들에게서 빼앗은 물건 중 일부를 유다의 지도자로 있는 자기 친구들에게 보냈습니다. 다윗이 말했습니다. "여호와의 원수들에게서 빼앗은 물건 중 일부를 선물로 드립니다." 다윗은 아말렉 사람들에게서 빼앗은 물건을 벧엘과 유다 남쪽의 라못과 얏딜과 아로엘과 십못과 에스드모아와 라갈의 지도자들에게 보냈습니다. 다윗은 또 여라므엘과 겐 사람들의 성읍 지도자들과 호르마와 고라산과 아닥과 헤브론의 지도자들에게도 선물을 보냈습니다. 다윗은 자기와 자기 부하들이 거쳐 갔던 모든 곳에 선물을 보냈습니다.

사울의 죽음

블레셋 사람들과 이스라엘 사이에 전쟁이 일어났습니다. 이스라엘 사람들은 이 싸움에서 져서 블레셋 사람들 앞에서 도망쳤습니다. 많은 이스라엘 사람들이 길보아 산에서 죽임을 당했습니다. 블레셋 사람들은 사울과 그의 아들들을 끝까지 쫓아갔습니다. 블레셋 사람들은 사울의 아들 요나단과 아비나답과 말기수아를 죽였습니다. 싸움은 사울에게 불리하게 돌아갔습니다. 활 쏘는 사람들의 화살이 사울을 맞춰 사울이 크게 부상을 당하였습니다. 사울은 자기 무기를 들고 다니는 부하에게 말했습니다. "네 칼을 뽑아서 나를 죽여라. 저 할례받지 않은 자들이 나를 조롱하고 죽이기 전에 네가 나를 죽여라." 그러나 사울의 부하는 두려워서 사울을 죽이지 못하였습니다. 그래서 사울은 자기 칼을 가지고 칼끝을 배에 대고 그 위에 엎드렸습니다. 사울의 부하는 사울이 죽은 것을 보고 그도 자기 칼 위에 몸을 던져 사울과 함께 죽었습니다.

그리하여 사울과 사울의 세 아들과 그의 무기를 들고 다니던 그의 부하가 그날 함께 죽었습니다. 이스르엘 골짜기 맞은편과 요단 강 건너편에 살고 있던 이스라엘 사람들은 이스라엘 군대가 도망치는 것과 사울과 그의 아들들이 죽은 것을 보고 자기 성들을 버리고 달아났습니다.

이튿날 블레셋 사람들이 죽은 군인들에게서 물건들을 거두러 왔다가 사울과 그의 아들들이 죽어 있는 것을 발견했습니다. 그들은 사울의 머리를 베고 그의 갑옷을 벗겨 냈습니다. 그리고 나서 그들은 사람들을 보내어 블레셋 사람들의 모든 땅에 그 소식을 전했습니다. 그들은 자기들의 우상의 신전과 자기들의 백성에게 그 소식을 전하였습니다. 블레셋 사람들은 사울의 갑옷을 아스다롯 신전에 두었고, 사울의 시체는 벧산의 성벽에 매달았습니다. 블레셋 사람들이 사울에게 한 일을 길르앗의 야베스에 사는 백성들이 들었습니다. 그래서 길르앗의 야베스의 용사들이 밤새도록 가서 사울과 그의 아들들의 시체를 벧산의 성벽에서 내려 가지고 야베스로 돌아왔습니다. 야베스 백성은 그곳에서 그 시체들을 화장했습니다. 야베스 백성은 그들의 뼈를 야베스에 있는 에셀 나무 아래에 묻어 주고 칠 일 동안 음식을 먹지 않았습니다.

사무엘하

사울이 죽은 후였습니다. 다윗이 아말렉 사람들을 물리쳐 이 긴 후에 시글락으로 돌아와 그곳에서 이틀 동안 머물렀습니다. 삼 일째 되던 날 어떤 젊은이가 사울의 진에서부터 시글락으로 왔는데 젊은이는 옷을 찢고 머리에 흙을 뒤집어써서 슬픔을 나타냈습니다. 젊은이는 다윗 앞에서 얼굴을 땅에 대고 절을 했습니다. 다윗이 젊은이에게 물었습니다. "어디에서 오는 길이냐?" 젊은이가 대답했습니다. "이스라엘 진에서 빠져나오는 길입니다." 다윗이 물었습니다. "무슨 일이 일어났느냐? 말해 보아라." 젊은이가 대답했습니다. "사람들은 전쟁터에서 도망쳤고 많은 사람들이 죽었습니다. 사울과 그의 아들 요나단도 죽었습니다." 다윗이 젊은이에게 말했습니다. "사울과 그의 아들 요나단이 죽었다는 것을 네가 어떻게 아느냐?" 젊은이가 대답했습니다. "우연히 길보아 산에 올라갔다가 사울이 자기 창 위에 쓰러져 있는 것을 보았습니다. 블레셋 사람들이 전차 여러 대를 타고 사울에게 가까이 오고 있었습니다. 사울은 뒤를 돌아보다가 저를 보고 불렀습니다. 그래서 제가 대답했습니다. '제가 여기에 있습니다!' 사울이 저에게 '너는 누구냐?'라고 물었습니다. 저는 '아말렉 사람입니다' 하고 대답했습니다. 그러자 사울이 저에게 '이리 와서 나를 좀 죽여 다오. 고통이 너무 심한데도 내 목숨이 끊어지지 않는구나'라고 말했습니다. 그래서 저는 가까이 가서 사울을 죽였습니다. 사울은 너무나 심하게 다쳐서 살아날 가망이 없었기 때문입니다. 그리고 나서 저는 사울의 머리에서 왕관을 벗겨 내고 팔에서 팔찌를 벗겨 냈습니다. 내 주여, 그것들을 가지고 왔습니다."

이 말을 듣고 다윗은 자기 옷을 찢어 슬픔을 나타냈습니다. 다윗과 함께 있던 사람들도 모두 다윗처럼 옷을 찢었습니다. 그들은 사울과 그의 아들 요나단과 여호와의 백성과 이스라엘 사람들이 칼에 맞아 죽은 것을 생각하고 너무나 슬퍼서 울었습니다. 그리고 저녁 때까지 아무것도 먹지 않았습니다.

다윗이 아말렉 사람을 죽이라고 명령하다

다윗이 사울에 대한 소식을 가지고 온 젊은이에게 물었습니다. "너는 어디에서 온 누구냐?" 젊은이가 대답했습니다. "저는 외국 사람의 아들입니다. 저는 아말렉 사람입니다." 다윗이 그에게 물었습니다. "너는 왜 여호와께서 기름부으신 사람을 죽이는 일을 두려워하지 않았느냐?" 그리고 나서 다윗은 자기 부하 중 한 사람을 불러서 "자! 저 아말렉 사람을 죽여라!" 하고 명령했습니다. 그 부하는 아말렉 사람을 죽였습니다. 다윗이 아말렉 사람에게 말했습니다. "너를 죽이는 사람에게는 책임이 없다. 왜냐하면 네 스스로가 '내가 여호와께서 기름부으신 사람을 죽였습니다'라고 말을 했기 때문이다."

사울과 요나단을 기리는 다윗의 노래

다윗은 사울과 그의 아들 요나단을 기리는 장례 노래를 불렀습니다. 다윗은 유다 백성에게 이 노래를 가르치라고 명령했습니다.
이 노래는 '활'이라고 부르며 야살의 책에 씌어 있습니다.

"이스라엘아, 너의 지도자들이 언덕에서 죽임을 당했구나.
아, 용사들이 싸움터에서 쓰러졌구나.
그 일을 가드에서 말하지 마라.
그 일을 아스글론 거리에서 이야기하지 마라.
그 일을 말하면 블레셋의 딸들이 기뻐할 것이다.
할례받지 않은 자들의 딸이 즐거워할 것이다.

길보아 산에 이슬이나 비가 내리지 말지어다.
그 들에서 곡식이 나지 말지어다.
거기에서 용사들의 방패가 부끄러움을 당했도다.
사울의 방패는 더 이상 기름칠할 수 없게 되었구나.

요나단의 활은 많은 적을 죽였고, 사울의 칼도 적들을 죽였다.
그들의 무기는 죽은 자들의 피로 물들었고
그들의 무기는 강한 자들의 살에 박혔다.

우리는 사울과 요나단을 사랑했다.
그들이 살아 있는 것을 기뻐했다.
사울과 요나단은 죽을 때에도 함께 죽었다.
그들은 독수리보다 빨랐고 사자보다도 강했다.

너희 이스라엘의 딸들아, 사울을 위해 울어라.
사울은 너희를 붉은 옷으로 입혔고

너희 옷에 황금 장식을 달게 했다.

아, 용사들이 싸움터에서 쓰러졌구나.

요나단이 길보아 언덕에서 죽었구나.
내 형제 요나단이여, 내가 너를 위해 우노라.
너는 나를 너무나 사랑하였지.
네가 나를 사랑함이 놀라웠으니
여자들의 사랑보다도 놀라웠다.

아, 용사들이 싸움터에서 쓰러졌구나.
전쟁 무기들이 사라져 버렸구나."

다윗이 유다의 왕이 되다

그 후에 다윗이 여호와께 기도드렸습니다. 다윗은 "유다의 한 성으로 올라갈까요?" 하고 여쭈었습니다. 여호와께서 다윗에게 "올라가거라" 하고 말씀하셨습니다. 다윗이 다시 여쭈었습니다. "어디로 갈까요?" 여호와께서 대답하셨습니다. "헤브론으로 가거라." 그리하여 다윗은 자기 아내 두 명과 함께 헤브론으로 올라갔습니다. 한 아내는 이스르엘의 아히노암이었고, 다른 아내는 갈멜 사람 나발의 과부 아비가일이었습니다. 다윗은 자기 부하들과 그 식구들을 모두 데리고 가서 헤브론 성에서 살았습니다. 그때에 유다 사람들이 헤브론으로 왔습니다. 그들은 다윗에게 기름을 부어 유다 왕으로 세웠습니다.

그들은 다윗에게 길르앗의 야베스 사람들이 사울을 묻어 주었다고 이야기했습니다. 그래서 다윗은 길르앗의 야베스 사람들에게 사자들을 보내어 다윗의 말을 전하게 했습니다. "여호와께서 여러분에게 복 주시기를 바라오. 여러분은 친절하게도 여러분의 주인인 사울을 묻어 주었소. 이제 여호와께서 여러분에게 은혜와 진리를 베푸시기 바라오. 나도 여러분의 선한 일을 갚아 주겠소. 강하게 마음먹고 용기를 내시오. 여러분의 주인인 사울은 죽었소. 유다 백성이 나에게 기름을 부어 자기들의 왕으로 세웠소."

유다와 이스라엘 사이의 전쟁

넬의 아들 아브넬은 사울의 군대 지휘관이었습니다. 아브넬은 사울의 아들 이스보셋을 마하나임으로 데리고 갔습니다. 아브넬은 그곳에서 이스보셋을 길르앗과 아술과 이스르엘과 에브라임과 베냐민과 온 이스라엘의 왕으로 세웠습니다. 사울의 아들 이스보셋이 이스라엘 왕이 되었을 때 그의 나이는 마흔 살이었습니다. 이스보셋이 이 년 동안 나라를 다스렸지만 유다 백성은 다윗을 따랐습니다. 다윗은 헤브론에서 칠 년 육 개월 동안 왕으로 있었습니다.

넬의 아들 아브넬과 사울의 아들 이스보셋의 종들은 마하나임을 떠나서 기브온으로 갔습니다. 스루야의 아들 요압과 다윗의 부하들도 그곳으로 갔는데 기브온 연못가에서 아브넬과 이스보셋의 부하들을 만나게 되었습니다. 아브넬의 무리는 연못가에 앉았고, 요압의 무리는 그 맞은편에 앉았습니다. 아브넬이 요압에게 말했습니다. "젊은이들을 일으켜서 여기에서 겨루어 보자." 요압이 말했습니다. "좋다. 한 번 겨루어 보자." 그리하여 젊은이들이 자리에서 일어났습니다. 두 무리는 나가 싸울 사람들의 수를 세었습니다. 사울의 아들 이스보셋을 위하여 베냐민 백성 중에서 열두 명이 뽑혔고, 다윗의 부하들 중에서도 열두 명이 뽑혔습니다. 각 사람은 자기 적의 머리를 잡고 옆구리를 칼로 찔렀습니다. 칼에 찔린 사람들은 한

꺼번에 쓰러졌습니다. 그래서 기브온에 있는 이곳의 이름을 헬갓핫 수림이라고 불렀습니다. 그날의 힘겨루기는 끔찍한 전쟁이 되어 버렸고, 그 결과 다윗의 부하들이 아브넬과 이스라엘 사람들을 물리쳐 이겼습니다.

아브넬이 아사헬을 죽이다

스루야의 세 아들인 요압과 아비새와 아사헬이 그 싸움터에 있었습니다. 아사헬의 발은 마치 들의 사슴처럼 빨랐습니다. 아사헬이 아브넬에게 곧장 나아가서 아브넬을 뒤쫓았습니다. 아브넬이 뒤를 돌아보며 물었습니다. "네가 아사헬이냐?" 아사헬이 대답했습니다. "그렇다. 내가 아사헬이다." 아브넬이 아사헬에게 말했습니다. "나를 그만 쫓고 오른쪽이나 왼쪽으로 방향을 돌려서 다른 젊은 군인을 붙잡고 그의 무기를 빼앗아 가거라." 그러나 아사헬은 그 말을 듣지 않고 계속해서 아브넬을 뒤쫓았습니다. 아브넬이 아사헬에게 다시 말했습니다. "나를 쫓아오지 마라. 그래도 나를 쫓아온다면 너를 죽일 수밖에 없다. 그렇게 되면 내가 너의 형 요압의 얼굴을 어찌 볼 수 있겠느냐?" 아사헬은 계속해서 아브넬을 뒤쫓아 왔습니다. 그러자 아브넬은 창으로 아사헬의 배를 찔렀습니다. 창이 아사헬의 배에 깊이 박혀 창끝이 등을 뚫고 나왔습니다. 아사헬은 그 자리에서 죽었습니다. 아사헬의 시체가 쓰러져 있는 곳에 도착한 사람들은 모두 그 자리에 멈춰 섰습니다.

그러나 요압과 아비새는 계속해서 아브넬을 뒤쫓았습니다. 그들이 암마 언덕에 이르렀을 때에 날이 저물었습니다. 암마 언덕은 기아에서 그리 멀리 떨어져 있지 않으며, 기아는 기브온에서 가까운 광야로 가는 길에 있습니다. 그때에 베냐민 사람들이 언덕 꼭대기에서 아브넬을 호위하며 함께 서 있었습니다. 아브넬이 요압에게 소리 질렀습니다. "언제까지 칼로 싸워야 하겠느냐? 이렇게 싸우면 슬픔만이 있을 뿐이라는 것을 너도 알지 않느냐? 사람들에게 우리를 뒤쫓는 일을 그만두게 하여라." 요압이 말했습니다. "살아 계신 하나님께 맹세하지만 만약 네가 아무 말도 하지 않았다면 사람들이 너희들을 내일 아침까지 뒤쫓았을 것이다." 그리고 나서 요압은 나팔을 불었고, 그의 부하들은 이스라엘 사람들을 뒤쫓는 일을 그만두었습니다. 요압의 부하들은 이스라엘 사람들과 더 이상 싸우려 하지 않았습니다.

아브넬과 그의 부하들은 밤새도록 걸어서 아라바를 지나 요단 강 골짜기를 건너갔습니다. 하루 종일 걸은 뒤에 그들은 마침내 마하나임에 이르렀습니다. 요압은 아브넬 뒤쫓기를 멈추고 돌아와서 백성들을 모았습니다. 아사헬을 비롯해서 다윗의 부하 열아홉 명이 보이지 않았습니다. 다윗의 부하들은 아브넬을 따랐던 베냐민 사람 삼백육십 명을 죽였습니다. 다윗의 부하들은 아사헬의 시체를 거두어 베들레헴에 있는 그의 아버지의 무덤에 묻어 주었습니다. 그리고 나서 요압과 그의 부하들은 밤새도록 걸었습니다. 그들이 헤브론에 이르자 동이 트기 시작했습니다.

사울의 집안을 따르는 백성과 다윗의 집안을 따르는 백성 사이에 오랫동안 싸움이 있었습니다. 다윗 집안을 따르는 사람들은 점점 강해졌고 반대로 사울 집안을 따르는 사람들은 점점 약해졌습니다.

다윗의 아들들

헤브론에서 다윗의 아들들이 태어났습니다. 첫 번째 아들은 암논이었습니다. 암논의 어머니는 이스르엘 사람 아히노암이었습니다. 두 번째 아들은 길르압이었으며, 길르압의 어머니는 갈멜 사람 나발의 과부 아비가일이었습니다. 세 번째 아들은 압살롬이었고, 압살롬의 어머니는 그술 왕 달매의 딸 마아가였습니다. 네 번째 아들은 아도니야였습니다. 아도니야의 어머니는 학깃이었습니다. 다섯 번째 아들은 스바댜였으며, 스바댜의 어머니는 아비달이었습니다. 여섯 번째 아들은 이드르암이었고, 이드르암의 어머니는 에글라였습니다. 이들은 헤브론에서 태어난 다윗의 아들들입니다.

아브넬이 다윗 편이 되다

아브넬은 사울을 따르는 사람들 사이에서도 중요한 지도자가 되었습니다. 그때에 사울 집안의 지지자들과 다윗 집안의 지지자들 사이에 전쟁이 일어났습니다. 사울에게는 리스바라고 하는 후궁이 있었는데 리스바는 아야의 딸이었습니다. 이스보셋이 아브넬에게 말했습니다. "당신은 왜 내 아버지의 후궁과 잠자리를 같이했소?" 아브넬은 이스보셋의 말을 듣고 매우 화가 났습니다. 아브넬이 말했습니다. "나는 사울과 그의 집안과 그 친구들에게 충성을 바쳐 왔소. 나는 당신을 다윗에게 넘겨주지 않았소. 나는 유다를 위해 일하는 배신자가 아니오. 그런데 당신은 내가 이 여자와 나쁜 일을 저질렀다고 말하고 있소. 이제부터 내가 다윗을 돕지 않는다면 하나님께서 나에게 끔찍한 벌을 내리실 것이오. 나는 이제 하나님께서 다윗에게 약속하신 일을 반드시 이루도록 할 것이오. 나는 사울의 집안에서 나라를 빼앗을 것이오. 나는 다윗을 이스라엘과 유다의 왕으로 세울 것이오. 다윗이 단에서 브엘세바까지 다스릴 것이오." 이스보셋은 아브넬에게 아무 말도 할 수 없었습니다. 이스보셋은 아브넬을 너무나 무서워했습니다.

그 후에 아브넬이 다윗에게 사람들을 보냈습니다. 아브넬이 말했습니다. "이 땅을 장차 누가 다스리게 되겠습니까? 나와 언약을 맺읍시다. 그러면 당신이 온 이스라엘의 왕이 되도록 도와 드리겠습니다." 다윗이 대답했습니다. "좋소! 당신과 언약을 맺겠소. 그러나 한 가지 부탁할 일이 있소. 당신이 사울의 딸 미갈을 나에게 데리고 오기 전에는 당신을 만나지 않겠소." 그 후에 다윗은 사울의 아들 이스보셋에게 사람들을 보냈습니다. 다윗이 말했습니다. "내 아내 미갈을 돌려주시오. 그 여자는 나에게 약속된 사람이오. 나는 그 여자와 결혼하기 위해 블레셋 사람 백 명을 죽였소." 그래서 이스보셋은 사람들을 보내어 미갈을 그의 남편에게서 빼앗아 오게 했습니다. 미갈의 남편은 라이스의 아들 발디엘이었습니다. 미갈의 남편은 울면서 바후림까지 자기 아내 뒤를 쫓아왔습니다. 그러나 아브넬이 발디엘에게 "집으로 돌아가거라" 하고 말하자 발디엘은 집으로 돌아갔습니다.

아브넬이 이스라엘의 장로들에게 말을 전했습니다. "여러분은 다윗을 여러분의 왕으로 세우기를 원하고 있었습니다. 자, 이제 그 일을 하십시오! 여호와께서 다윗에 관해 이렇게 말씀하셨습니다. '나는 나의 종 다윗의 손을 통해 내 백성 이스라엘을 이스라엘의 원수 블레셋 사람들로부터 구원하겠다!'" 아브넬은 또 이 말을 베냐민 백성에게도 했습니다. 그리고 나서 아브넬은 헤브론으로 가서 베냐민 사람들과 이스라엘 사람들의 생각을 다윗에게 말해 주었습니다.

아브넬은 부하 이십 명을 데리고 헤브론에 있던 다윗에게 갔습니다. 다윗은 헤브론에서 아브넬을 위해 잔치를 베풀어 주었습니다. 그때에 아브넬이 다윗에게 말했습니다. "나의 주, 나의 왕이시여, 이제 가서 모든 이스라엘 사람을 당신에게 데리고 오겠습니다. 그러면 그들은 당신과 언약을 맺을 것입니다. 당신은 당신 뜻대로 온 이스라엘을 다스리게 될 것입니다." 그리하여 다윗은 아브넬을 보내 주었고 아브넬은 평안히 길을 떠났습니다.

아브넬의 죽음

바로 그때에 요압과 다윗의 부하들이 전쟁터에서 돌아왔습니다. 그들은 적에게서 소중한 것들을 많이 빼앗아 가지고 왔습니다. 다윗은 이미 아브넬을 평안히 돌려보낸 후였고, 아브넬은 다윗과 함께 헤브론에 있지 않았습니다. 요압과 그의 모든 군대가 헤브론에 이르렀습니다. 요압의 군대가 요압에게 말했습니다. "넬의 아들 아브넬이 다윗 왕에게 왔었습니다. 그런데 다윗 왕은 아브넬을 평안히 돌아가게 했습니다." 요압이 다윗 왕에게 가서 물었습니다. "왜 이런 일을 하셨습니까? 아브넬이 왕에게 왔는데 왕께서는 왜 그를 돌려보냈습니까? 왕께서도 넬의 아들 아브넬을 아시지 않습니까? 그는 왕을 속이러 왔습니다. 그는 왕께서 하시는 모든 일을 엿보러 왔습니다."

그리고 나서 요압은 다윗을 떠나 아브넬에게 사람들을 보냈습니다. 사람들은 시라 연못에서 아브넬을 다시 데리고 왔습니다. 그러나 다윗은 이 일을 모르고 있었습니다. 아브넬이 헤브론에 이르렀을 때 요압은 아브넬을 성문으로 데리고 갔습니다. 요압은 마치 아브넬과 조용히 할 이야기가 있는 것처럼 행동하다가 칼로 아브넬의 배를 찔러 죽였습니다. 아브넬이 요압의 동생 아사헬을 죽인 일이 있었기 때문에 요압은 원수를 갚기 위해 아브넬을 죽인 것입니다. 그 후에 다윗이 이 소식을 들었습니다. 다윗이 말했습니다. "내 나라와 나는 여호와 앞에서 영원히 죄가 없다. 우리는 넬의 아들 아브넬을 죽이지 않았다. 여호와께서 이 일을 알고 계신다. 이 일은 요압과 그의 집안에게 책임이 돌아갈 것이다. 그 집안에 성병 환자

나 문둥병 환자 그리고 다리 저는 사람이 끊이지 않을 것이다. 그의 집안 중에 전쟁에서 죽는 사람과 먹을 것이 없어 굶주리는 사람도 끊임없이 나올 것이다." 요압과 그의 동생 아비새가 아브넬을 죽인 것은 아브넬이 기브온 전쟁터에서 자기들의 동생 아사헬을 죽였기 때문이었습니다.

그때에 다윗이 요압과 자기와 함께한 모든 사람들에게 말했습니다. "너희 옷을 찢고 거친 베옷을 걸치고 너희 슬픔을 나타내어라. 아브넬을 위해 울어라." 다윗 왕 스스로가 아브넬의 상여 뒤를 따라갔습니다. 그리하여 그들은 아브넬을 헤브론에서 장사 지내 주었습니다. 다윗과 모든 백성은 아브넬의 무덤에서 울었습니다. 다윗 왕이 아브넬을 위해 다음과 같은 슬픔의 노래를 불렀습니다.

"아브넬이 어찌 이렇게 바보처럼 죽었는가?
그의 손은 묶이지 않았고, 그의 발은 사슬에 매이지 않았는데
아브넬은 악한 사람 앞에서 쓰러지듯 죽었구나."

이 노래를 듣고 모든 백성은 다시 아브넬을 위해 울었습니다. 모든 백성은 해가 저물기 전에 다윗에게 나아와 음식을 먹으라고 권했습니다. 그러나 다윗은 이렇게 약속을 했습니다. "해가 지기 전에 내가 빵이나 그 밖의 다른 음식을 먹는다면 하나님께서 나에게 끔찍한 벌을 내리셔도 마땅하다." 모든 백성은 다윗이 하는 행동을 보고 기뻐했습니다. 그날에 유다의 모든 백성과 이스라엘의 모든 백성은 넬의 아들 아브넬을 죽인 사람이 다윗이 아니라는 것을 알게 되었습니다. 다윗이 신하들에게 말했습니다. "너희도 알듯이 오늘 이스라엘에서 매우 중요한 지도자가 죽었다. 내가 비록 기름부음 받은 왕이지만 오늘은 내가 약하여서 이 스루야의 아들들을 어떻게

할 수가 없다. 여호와께서 직접 그들에게 벌을 내리시기를 바랄 뿐이다."

이스보셋의 죽음

사울의 아들 이스보셋도 아브넬이 헤브론에서 죽었다는 이야기를 들었습니다. 그러자 이스보셋과 온 이스라엘은 두려움에 떨었습니다. 사울의 군대에서 장교로 있던 두 사람이 이스보셋에게 왔습니다. 한 사람의 이름은 바아나였고, 다른 사람의 이름은 레갑이었습니다. 그들은 베냐민 사람인 브에롯 마을 림몬의 아들이었습니다. 브에롯 마을은 베냐민 지파의 마을이었습니다. 브에롯 백성들은 깃다임으로 도망하여 오늘날까지 그곳에서 살고 있습니다.

사울의 아들 요나단에게는 두 다리를 저는 아들이 있었는데 그의 이름은 므비보셋입니다. 사울과 요나단이 죽었다는 소식이 이스라엘에 전해졌을 때 므비보셋의 나이는 다섯 살이었습니다. 그때 므비보셋의 유모가 므비보셋을 안고 급히 도망치다가 그만 므비보셋을 떨어뜨려 그때부터 다리를 절게 되었습니다.

림몬의 아들 레갑과 바아나는 브에롯에서 길을 떠나 한낮에 이스보셋의 집에 이르렀습니다. 이스보셋은 낮잠을 자고 있었습니다. 그들은 집 한가운데로 들어갔습니다. 레갑과 바아나는 밀을 가지러 온 체했습니다. 이스보셋은 안방 침대 위에 누워 있었습니다. 레갑과 바아나는 이스보셋의 배를 찌르고 이스보셋의 머리를 베어 가지고 도망쳤습니다. 그들은 밤새도록 요단 강 계곡을 따라 걸었습니다. 그들은 헤브론에 이르러서 그 머리를 다윗에게 건네주었습니다. 그들은 다윗 왕에게 이렇게 말했습니다. "여기에 사울의 아들 이스보셋의 머리가 있습니다. 그는 왕을 죽이려 하던 왕의 원수입니다. 오늘 여호와께서 사울과 그의 집안이 왕에게 한 일의 원수를 갚으셨습니다." 다윗은 브에롯의 사람 림몬의 아들인 레갑과 그의 동생 바아나에게 이렇게 말했습니다. "모든 어려움에서 나의 생명을 건져 주신 여호와의 이름으로 맹세한다. 언젠가 어떤 사람이 나에게 좋은 소식이라고 생각해서 '왕이시여! 사울이 죽었습니다'라는 말을 전한 적이 있다. 그러나 나는 그가 가진 것을 모두 빼앗고 그를 시글락에서 죽여 버렸다. 그런 소식을 가지고 오는 자는 그런 보답을 받아야 마땅하다. 하물며 죄 없는 사람을 그의 침대 위에서 죽인 너희는 말할 것도 없다. 그의 피 흘린 값을 너희의 죽음으로 갚아야 하지 않겠느냐?" 다윗은 자기 부하들에게 레갑과 바아나를 죽이라고 명령했습니다. 그들은 레갑과 바아나를 죽이고 나서 그들의 손과 발을 잘라 냈습니다. 그들은 레갑과 바아나의 손과 발을 헤브론의 연못 위에 매달았습니다. 그리고 나서 이스보셋의 머리를 가져다가 그것을 헤브론에 있는 아브넬의 무덤에 묻어 주었습니다.

다윗이 온 이스라엘의 왕이 되다

그 일이 있은 후에 이스라엘의 모든 지파들이 헤브론에 있는 다윗에게 왔습니다. 그들은 다윗에게 이렇게 말했습니다. "왕이시여, 우리는 당신의 집안 사람들입니다. 전에 사울이 우리 왕이었을 때에도 당신은 이스라엘을 위해 우리를 싸움터에서 이끈 분이었습니다. 여호와께서는 당신에게 '너는 내 백성 이스라엘을 위한 목자가 될 것이다. 너는 그들의 통치자가 될 것이다'라고 말씀하셨습니다." 이스라엘의 모든 장로들은 헤브론에 있던 다윗에게 왔습니다. 헤브론에서 다윗은 여호와 앞에서 그들과 언약을 맺었습니다. 그리고 그들은 다윗에게 기름을 부어 다윗을 이스라엘의 왕으로 삼았습니다. 다윗이 왕이 되었을 때의 나이는 서른 살이었습니다. 다윗은 사십 년 동안 왕으로 있었습니다. 다윗은 헤브론에서 칠 년 반 동안 유다의 왕으로 있었고, 예루살렘에서 삼십삼 년 동안 온 이스라엘과 유다의 왕으로 있었습니다.

다윗 왕과 그의 부하들은 예루살렘으로 가서 그곳에 살고 있던 여부스 사람들을 공격했습니다. 여부스 사람들이 다윗에게 말했습니다. "너는 우리 성에 들어오지 못한다. 우리 중 보지 못하는 사람이나 다리 저는 사람들도 얼마든지 너를 물리칠 수 있다." 여부스 사람들이 이런 말을 한 것은 다윗이 그들의 성에 들어올 수 없다고 생각했기 때문이었습니다. 그러나 다윗은 요새인 시온 성을 점령했습니다. 그 성은 다윗 성이 되었습니다. 그날 다윗이 자기 부하들에게 말했습니다. "여부스 사람들을 물리치려면 땅속 물길로 가야 한다. 그러면 저 다리 저는 사람과 보지 못하는 사람이 있는 곳에 이를 수 있을 것이다." 이 일 때문에 사람들 사이에 '보지 못하는 사람과 다리 저는 사람은 왕궁에 들어갈 수 없다'라는 속담이 생겼습니다. 그리하여 다윗은 요새에서 살게 되었습니다. 다윗은 그 성을 다윗 성이라고 불렀습니다. 다윗은 밀로에서부터 성벽을 둘러쌓았습니다. 다윗은 점점 강해졌습니다. 만군의 하나님 여호와께서 다윗과 함께 계셨기 때문입니다.

두로 왕 히람이 다윗에게 사절단을 보냈습니다. 히람은 또 백향목과 목수들과 석수들도 보냈습니다. 그들은 다윗의 왕궁을 지었습니다. 그때에 다윗은 여호와께서 정말로 자기를 이스라엘 왕으로 세우셨다는 것을 알았습니다. 그리고 다윗은 여호와께서 자기 백성이스라엘을 위하여 자기 나라를 매우 강한 나라로 만드셨다는 것도 알았습니다.

다윗이 헤브론에서 예루살렘으로 옮겨 온 후 예루살렘에서 후궁과 아내들을 더 많이 맞아들였습니다. 다윗에게는 더 많은 아들과

딸들이 태어났습니다. 다윗이 예루살렘에서 낳은 아들들의 이름은
삼무아, 소밥, 나단, 솔로몬, 입할, 엘리수아, 네벡, 야비아, 엘리사
마, 엘랴다, 엘리벨렛입니다.

다윗이 블레셋 사람들을 물리치다

블레셋 사람들은 다윗이 이스라엘의 왕으로 세워졌다는 이야기
를 듣고 다윗을 찾으러 올라왔습니다. 다윗이 그 소식을 듣고 요
새로 내려갔습니다. 블레셋 사람들은 르바임 골짜기에 진을 쳤습니
다. 다윗이 여호와께 여쭤 보았습니다. "블레셋 사람들을 공격할
까요? 여호와여, 저를 도와주셔서 그들을 물리치게 해 주시겠습니
까?" 여호와께서 다윗에게 말씀하셨습니다. "가거라! 내가 틀림없
이 너를 도와 그들을 물리치도록 해 주겠다." 다윗은 바알브라심으
로 내려가서 그곳에서 블레셋 사람들을 물리쳐 이겼습니다. 다윗이
말했습니다. "여호와께서는 마치 홍수처럼 나의 원수들을 덮치셨
다." 그래서 다윗은 그곳의 이름을 바알브라심이라고 불렀습니다.
블레셋 사람들은 바알브라심에 자기들의 우상들을 놓고 도망쳤습니
다. 그래서 다윗과 그의 부하들이 그 우상들을 치워 버렸습니다.

또다시 블레셋 사람들이 와서 르바임 골짜기에 진을 쳤습니다.
다윗은 여호와께 기도드렸습니다. 이번에는 여호와께서 다윗에게
이렇게 말씀하셨습니다. "앞쪽에서 블레셋 사람들을 공격하지 마
라. 그들 뒤로 돌아가 뽕나무 숲 맞은편에서 그들을 빠르게 공격하
여라. 뽕나무 밭머리에서 행군하는 소리가 들리거든 즉시 공격하여
라. 나 여호와가 너보다 먼저 가서 블레셋 군대를 물리치겠다." 그
리하여 다윗은 여호와께서 명령하신 대로 했습니다. 다윗은 블레셋
사람들을 물리쳐 이기고 게바에서 게셀까지 이르는 모든 길에서 블
레셋 사람들을 뒤쫓았습니다.

언약궤를 예루살렘으로 가져오다

다윗은 또다시 이스라엘에서 뽑힌 사람 삼만 명을 모았습니다. 다윗은 그의 모든 백성들과 함께 유다의 바알레로 가서 그곳에 있는 하나님의 궤를 예루살렘으로 옮겼습니다. 그 궤는 그룹들 사이에 계신 만군의 여호와의 이름으로 부르는 궤였습니다. 다윗의 부하들은 하나님의 궤를 새 수레 위에 놓았습니다. 그들은 그것을 언덕 위에 있는 아비나답의 집에서 가지고 나왔고, 아비나답의 아들인 웃사와 아효가 그것을 끌었습니다. 그들이 아비나답의 집에서 하나님의 궤를 싣고 나올 때에 아효가 그 앞에서 걸었습니다.

다윗과 모든 사람들은 여호와 앞에서 잣나무로 만든 온갖 악기를 연주했고 수금과 비파와 소고와 양금과 제금으로도 연주했습니다. 다윗의 부하들이 나곤의 타작마당에 이르렀을 때 소들이 뛰어서 하나님의 궤가 수레에서 떨어지려 했습니다. 그때 웃사가 손을 내밀어 궤를 붙잡았습니다. 여호와께서 웃사에게 노하셔서 그를 죽이셨습니다. 이는 웃사가 아무나 만질 수 없는 궤를 만졌기 때문입니다. 웃사는 하나님의 궤 곁에서 죽었습니다. 다윗은 여호와께서 웃사를 죽이신 일 때문에 화가 났습니다. 그래서 그곳의 이름을 '웃사의 벌'이라는 뜻으로 '베레스웃사'라고 불렀습니다. 오늘날도 그 이름이 남아 있습니다. 다윗은 그날부터 여호와를 무서워했습니다. 다윗은 "이래서야 어떻게 여호와의 궤를 무사히 옮길 수 있겠느냐?"고 말했습니다. 그래서 다윗은 여호와의 궤를 다윗 성으로 옮기지 않고 그 대신 그것을 가드 사람인 오벧에돔의 집으로 가지고 갔습니다. 여호와의 궤는 오벧에돔의 집에 세 달 동안 머물러 있었는데 여호와께서는 오벧에돔과 그의 온 집안에 복을 주셨습니다.

백성들이 다윗에게 말했습니다. "여호와께서는 오벧에돔의 집에 복을 주셨습니다. 그에게 속한 모든 것이 복을 받았습니다. 이것은 하나님의 궤가 그곳에 있었기 때문입니다." 그 이야기를 들은 다윗은 기쁜 마음으로 오벧에돔의 집으로 가서 하나님의 궤를 가지고 다윗 성으로 올라갔습니다. 여호와의 궤를 나르는 사람들이 여섯 걸음을 걸었을 때 다윗은 소와 살진 송아지를 제물로 바쳤습니다. 그리고 나서 다윗은 여호와 앞에서 온 힘을 다해 춤을 추었습니다. 다윗은 거룩한 베 에봇을 입고 있었습니다. 다윗과 모든 이스라엘 백성들은 기쁨으로 소리를 질렀습니다. 그들은 여호와의 궤를 성으로 가지고 들어가면서 나팔을 불었습니다.

여호와의 궤가 다윗 성으로 들어올 때에 사울의 딸 미갈이 창에서 보고 있었습니다. 미갈은 다윗이 여호와 앞에서 뛰며 춤추는 것을 보고 다윗을 깔보았습니다. 다윗은 여호와의 궤를 위한 장막을 세웠습니다. 그리고 이스라엘 백성은 여호와의 궤를 장막 안의 제자리에 두었습니다. 다윗은 태워 드리는 제사인 번제와 화목제를 여호와 앞에 드렸습니다. 다윗은 번제와 화목제를 바치고 나서 만군의 여호와의 이름으로 백성을 축복했습니다. 다윗은 빵 한 조각과 고기 한 점과 건포도 과자 한 개씩을 남자든지 여자든지 모든 이스라엘 사람에게 나눠 주었습니다. 그러자 모든 백성들은 집으로 돌아갔습니다.

다윗은 자기 집 사람들을 축복하기 위해 집으로 돌아갔습니다. 그런데 사울의 딸 미갈이 다윗을 맞으러 나와서 말했습니다. "오늘은 이스라엘의 왕이 체면을 잃었군요. 당신은 당신 신하들의 여종이 보는 앞에서 몸을 드러내었어요. 당신은 부끄러움도 모르고 몸을 드러내는 바보 같았어요." 다윗이 미갈에게 말했습니다. "나는 여호와 앞에서 그런 일을 했소. 여호와께서는 당신 아버지가 아니라 나를 선택하셨소. 여호와께서는 사울의 집안 사람 중에서 그 누구도 선택하지 않으셨소. 여호와께서는 나를 여호와의 백성인 이스라엘의 지도자로 세워 주셨소. 그러므로 나는 여호와 앞에서 즐거워할 것이오. 앞으로 더 낮아져서 체면을 잃는 일이 많을지라도 여호와 앞에서는 그렇게 되고 싶소. 그러나 당신이 말한 그 여종들은 나를 존경할 것이오." 이런 일 때문에 사울의 딸 미갈은 죽는 날까지 자식을 낳지 못했습니다.

다윗이 성전을 지으려 하다

다윗 왕은 자기 왕궁에서 살았습니다. 그리고 여호와께서는 주변의 모든 원수를 막아 주셔서 다윗에게 평화를 주셨습니다. 다윗이 예언자 나단에게 말했습니다. "나는 백향목으로 지은 왕궁에 살고 있는데 하나님의 궤는 아직도 장막 안에 있소." 나단이 다윗 왕에게 말했습니다. "가서서 무엇이든지 왕의 뜻대로 하십시오. 여호와께서는 왕과 함께 계십니다."

그러나 그날 밤에 여호와께서 나단에게 말씀하셨습니다. "가서 내 종 다윗에게 이렇게 전하도록 해라. '너는 내가 살 집을 지을 사람이 아니다. 나는 이스라엘 백성을 이집트에서 이끌어 낼 때부터 지금까지 장막을 내 집으로 여기면서 옮겨 다녔다. 나는 계속해서 이스라엘의 지파들과 함께 옮겨 다녔고, 한 번도 이스라엘 백성을 돌보는 지도자들에게 백향목 집을 지어 달라고 한 적이 없다.' 너는 내 종 다윗에게 전하여라. '나는 네가 양 떼를 따라다닐 때 풀밭에서 너를 데리고 와서 내 백성 이스라엘의 지도자로 세웠다. 나는 네가 어디로 가든지 너와 항상 함께 있었고, 너를 위해 네 원수들을 물리쳐 주었다. 나는 너를 이 땅 위의 위대한 사람들만큼 유명하게 해 줄 것이다. 그리고 내 백성 이스라엘을 위해 한 곳을 정하여 거기에서 내 백성들이 정착하여 자기들 집에서 살 수 있게 하겠다. 악한 백성이 전처럼 그들을 괴롭히지 못할 것이다. 그래서 그들이 더 이상 옮겨 다니지 않게 하겠다. 내가 사사들을 세워 나의 백성을 다스리게 했던 때와는 다르게 나는 너의 모든 원수들을 물리쳐 너에게 평화를 줄 것이다. 또 나는 네 자손들이 너의 뒤를 이어 이스라엘 왕이 되게 할 것이다. 네가 나이 많아 죽을 때에 나는 너의 몸에서 태어날 아들들 중 하나를 왕으로 세워 그의 나라를 굳건하게 해 주겠다. 그리고 바로 그가 나를 위해 성전을 지을 것이다. 나는 그의 나라를 영원히 강하게 만들 것이다. 나는 그의 아버지가 되고, 그는 나의 아들이 될 것이다. 만일 그가 죄를 지으면 다른 사람을 채찍과 막대기로 삼아 그에게 벌을 줄 것이다. 그러나 나의 사랑과 자비를 거둬들여 사울에게서 마음을 돌렸던 것처럼 너의 아들에게서는 나의 사랑을 거둬들이지 않을 것이다. 너의 집안과 너의 나라는 내 앞에서 영원히 이어질 것이다.' " 나단은 자기가 들은 모든 말을 다윗에게 전했습니다.

다윗이 하나님께 기도하다

그 후에 다윗 왕은 장막으로 들어가서 여호와 앞에 앉았습니다. 다윗이 말했습니다. "주 여호와여, 제가 누구이기에, 그리고 제 집안이 무엇이기에 그토록 위해 주십니까? 주 여호와여, 주께서는 장차 제 집안에 말씀하신 것도 부족하여 인류의 대강령을 주셨습니까? 더 이상 무슨 말씀을 드리겠습니까? 주 여호와여, 주께서는 주의 종인 저를 너무나 잘 아십니다. 주께서는 주의 기뻐하시는 대로 이 모든 큰 일을 결정하시고 주의 종에게 알려 주셨습니다. 여호와 하나님이시여, 이처럼 주께서는 위대하십니다. 주님과 같으신 분은 없습니다. 주님밖에는 다른 하나님이 없습니다. 우리는 이 모든 일을 우리 귀로 직접 들었습니다. 그리고 주님의 백성인 이스라엘과 같은 백성도 없습니다. 하나님께서 이 땅 위에서 오직 한 백성을 구

원하사 자기 백성으로 삼으신 것은 이스라엘뿐입니다. 하나님께서
는 저희와 주의 땅을 위하여 위대하고 놀라운 기적을 일으키셔서
주의 이름을 널리 알리셨습니다. 하나님께서는 이집트와 여러 나라
들과 그 신들에게서부터 이 백성을 구해 주셨습니다. 주께서는 이
스라엘 백성을 세우시고 영원히 주님의 백성으로 삼으셨습니다. 그
리고 여호와께서는 우리의 하나님이 되어 주셨습니다. 여호와 하나
님, 이제 저의 집안과 주님의 종인 저에게 하신 말씀을 이루어 주십
시오. 약속하신 것을 영원히 지켜 주십시오. 그리하시면 주님의 이
름을 영원히 높일 것입니다. 그리고 백성들은 '만군의 여호와는 이
스라엘의 하나님이시다!'라고 부를 것입니다. 그리고 주님의 종 다
윗의 집안을 주님 앞에서 굳게 서게 해 주십시오. 만군의 여호와여,
이스라엘의 하나님, 주께서 이 모든 것을 저에게 보여 주셨습니다.
주께서는 '너의 집안을 굳게 세우겠다'고 말씀하셨습니다. 그래서
주님의 종인 제가 감히 주께 기도드리는 것입니다. 주 여호와여, 주
님은 하나님이시며 주님의 말씀은 진리입니다. 주께서는 이 좋은 것
을 주님의 종인 저에게 약속해 주셨습니다. 저의 집안에 복을 주십
시오. 영원히 주님 앞에 있게 해 주십시오. 주 하나님, 주께서는 이
놀라운 일을 말씀하셨습니다. 주님의 은혜로 저의 집안이 영원토록
복을 받게 해 주십시오."

다윗이 여러 전쟁에서 승리하다

그 후에 다윗은 블레셋 사람들을 물리쳐 이겼습니다. 그리고
다윗은 블레셋 사람들의 손에서 메덱암마를 빼앗았습니다.

다윗은 또 모압 백성을 물리쳐 이겼습니다. 다윗은 모압 백성을
땅에 엎드리게 하여 그들의 키를 재었습니다. 다윗은 두 줄 길이의
사람들은 다 죽이고 한 줄 길이의 사람은 살려 주었습니다. 이렇게

하여 모압 백성은 다윗의 종이 되어 다윗이 요구하는 대로 조공을
바쳤습니다.

다윗은 유프라테스 강을 다시 차지하려고 가고 있던 르홉의 아
들 하닷에셀을 쳐서 이겼습니다. 하닷에셀은 소바의 왕이었습니다.
다윗은 하닷에셀에게서 전차를 몰던 군인 천칠백 명과 보병 이만
명을 사로잡았습니다. 다윗은 말 백 마리만을 남겨 전차를 끌게 하
고 나머지 말들은 다리를 못 쓰게 만들었습니다. 다마스커스의 아
람 사람들이 소바 왕 하닷에셀을 도우려고 왔습니다. 그러나 다윗
은 그 아람 사람 이만 이천 명을 물리쳐 이겼습니다. 그리고 나서
다윗은 자기 군대를 아람의 수도인 다마스커스에 두었습니다. 아
람 사람들은 다윗의 종이 되어 다윗이 요구하는 대로 조공을 바쳤
습니다. 여호와께서는 다윗이 가는 곳마다 승리하게 해 주셨습니
다. 다윗은 하닷에셀의 신하들이 가지고 있던 금방패를 빼앗아 예
루살렘으로 가지고 왔습니다. 다윗은 또 베다와 베로대에서 놋쇠
로 만든 물건들을 많이 빼앗아 왔습니다. 베다와 베로대는 하닷에
셀이 통치하던 성이었습니다.

하맛 왕 도이가 다윗이 하닷에셀의 모든 군대를 물리쳐 이겼다
는 이야기를 들었습니다. 그래서 도이는 자기 아들 요람을 보내 다
윗 왕을 맞이하여 축하해 주도록 했습니다. 요람은 다윗이 하닷에
셀을 물리쳐 이긴 것을 축하해 주었습니다. 하닷에셀은 전에 도이
와 맞서 싸운 일이 있습니다. 요람은 은과 금과 놋쇠로 만든 물건
들을 가지고 왔습니다. 다윗은 그 물건들을 받아서 여호와께 바쳤
습니다. 다윗은 또 자기가 물리쳐 이긴 나라들에게서 빼앗은 은과
금, 곧 아람과 모압, 암몬 사람들과 블레셋 사람들 그리고 아말렉
에게서 얻은 것들과 소바 왕 르홉의 아들 하닷에셀에게서 빼앗은
것들도 같이 여호와께 바쳤습니다.

다윗은 '소금 골짜기'에서 에돔 사람 만 팔천 명을 물리쳐 이기고 돌아왔습니다. 그 일로 다윗은 유명해졌습니다. 다윗은 에돔 땅 모든 곳에 자기 군대를 두었습니다. 에돔 백성은 모두 다윗의 종이 되었습니다. 여호와께서는 다윗이 가는 곳마다 승리하게 해 주셨습니다.

다윗은 온 이스라엘을 올바르고 공정하게 다스렸습니다. 스루야의 아들 요압은 모든 군대의 지휘관이 되었습니다. 아힐룻의 아들 여호사밧은 역사 기록관이 되었습니다. 아히둡의 아들 사독과 아비아달의 아들 아히멜렉은 제사장이 되었습니다. 스라야는 서기관이 되었습니다. 여호야다의 아들 브나야는 그렛 사람과 블렛 사람을 다스리는 왕의 경호관이 되었습니다. 그리고 다윗의 아들들도 중요한 자리를 맡아보게 되었습니다.

다윗이 사울의 집안을 돕다

다윗이 물었습니다. "사울의 집안에 아직 살아남은 사람이 있느냐? 있다면 요나단을 보아서라도 그 사람에게 잘해 주고 싶구나." 사울의 집안에 시바라는 이름을 가진 종이 있었습니다. 그래서 다윗의 종들이 시바를 불러 다윗에게 오게 했습니다. 다윗 왕이 시바에게 물었습니다. "네가 시바냐?" 시바가 대답했습니다. "그렇습니다. 제가 왕의 종 시바입니다." 왕이 물었습니다. "사울의 집안에 살아남은 사람이 있느냐? 있다면 내가 하나님의 은혜를 베풀고 싶다." 시바가 왕에게 대답했습니다. "요나단의 아들이 아직 살아 있습니다. 그는 두 다리를 모두 절뚝거립니다." 왕이 시바에게 물었습니다. "그 아들이 어디에 있느냐?" 시바가 대답했습니다. "그는 로드발에 있는 암미엘의 아들 마길의 집에 있습니다." 이 말을 듣고 다윗 왕은 종들을 시켜 로드발에 있는 암미엘의 아들 마길의 집에서 요나단의 아들을 데리고 오게 했습니다. 요나단의 아들 므비보셋이 다윗 앞에 와서 얼굴을 땅에 대고 절을 했습니다. 다윗이 말했습니다. "므비보셋아!" 므비보셋이 대답했습니다. "저는 왕의 종입니다." 다윗이 므비보셋에게 말했습니다. "두려워하지 마라. 너의 아버지 요나단을 생각해서 너에게 은혜를 베풀고자 한다. 너의 할아버지 사울의 땅을 모두 너에게 돌려주겠다. 그리고 너는 언제나 내 식탁에서 식사를 해도 좋다." 므비보셋이 다시 얼굴을 땅에 대고 다윗에게 절을 하며 말했습니다. "왕께서는 왕의 종에 지나지 않는 저에게 너무 많은 은혜를 베푸십니다. 저는 죽은 개만도 못한 사람입니다."

그 후에 다윗이 사울의 종 시바를 불러 말했습니다. "나는 네 주인의 손자에게 사울과 그의 집안의 소유였던 것을 다 주었다. 너와 너의 아들들과 너의 종들은 므비보셋을 위해 땅을 갈고 곡식과 열매를 거둬야 할 것이다. 그래서 네 주인의 손자 므비보셋에게 양식이 늘 있게 하여라. 그러나 네 주인의 손자 므비보셋은 언제나 내 식탁에서 식사를 할 것이다." 시바에게는 아들 열다섯 명과 종 이십 명이 있었습니다. 시바가 다윗 왕에게 말했습니다. "저는 왕의 종입니다. 저는 내 주이신 왕이 명령하시는 일이라면 무엇이든지 다 하겠습니다." 그리하여 므비보셋은 다윗의 아들들처럼 다윗의 식탁에서 식사를 했습니다. 므비보셋에게는 미가라는 젊은 아들이 있었습니다. 시바의 집안에 있는 사람은 다 므비보셋의 종이 되었습니다. 므비보셋은 두 다리를 모두 절었습니다. 므비보셋은 예루살렘에서 살면서 언제나 왕의 식탁에서 식사를 했습니다.

암몬 사람 그리고 아람 사람과 전쟁을 하다

얼마 후 암몬 사람들의 왕 나하스가 죽었습니다. 그의 아들 하눈이 아버지의 뒤를 이어 왕이 되었습니다. 다윗이 말했습니다. "나하스는 나에게 잘해 주었다. 그러니 나도 그의 아들 하눈에게 잘해 주어야겠다." 그래서 다윗은 자기 신하들을 하눈에게 보내어 그의 아버지의 죽음을 위로하게 했습니다. 다윗의 신하들이 암몬 사람들의 땅으로 갔습니다. 암몬의 장관들이 자기 주인인 하눈에게 말했습니다. "다윗이 사람들을 보내어 왕을 위로하는 것이 정말로 왕의 아버지를 공경하려는 것인 줄 아십니까? 그렇지 않습니다. 다윗은 이 성을 엿보게 하려고 사람들을 보낸 것입니다. 그들은 이 성을 정복하려 하고 있습니다." 그래서 하눈은 다윗의 신하들을 잡아서 수염을 절반쯤 깎아 그들을 창피하게 만들었습니다. 하눈은 또 엉덩이 부분의 옷을 잘라 내어 그들을 욕되게 했습니다. 그런 다음에 하눈은 그들을 돌려보냈습니다. 사람들이 이 일을 다윗에게 알리자 다윗은 사신들을 보내어 수치스러워 하는 신하들을 맞이하게 하고 수염이 다 자랄 때까지 여리고에 있다가 예루살렘으로 돌아오라고 지시하였습니다.

그때 암몬 사람들은 자기들이 다윗의 원수가 되었다는 것을 깨달았습니다. 그래서 그들은 벧르홉과 소바에서 아람의 보병 이만 명을 모았습니다. 그들은 또 마아가 왕과 그의 군대 천 명 그리고 돕에서 만 이천 명을 모았습니다. 다윗은 이 소식을 듣고 요압을 비롯한 모든 용사들을 전쟁터에 보냈습니다. 암몬 사람들은 나와서 싸울 준비를 했습니다. 그들은 성문에 서 있었습니다. 벧르홉과 소바에서 온 아람 사람들과 돕과 마아가에서 온 사람들은 암몬 사람들과 떨어져서 들에 있었습니다.

요압은 자기들의 앞과 뒤에 적이 진을 치고 있는 것을 보고 이스라엘 사람들 중에 가장 뛰어난 용사들을 뽑았습니다. 요압은 그들에게 아람 사람들과 싸울 준비를 하게 했습니다. 요압은 나머지 군대를 자기 동생 아비새에게 맡겨 암몬 사람들과 맞서 싸우게 했습니다. 요압이 아비새에게 말했습니다. "만약 아람 사람들이 너무 강해서 내가 어려워지면 나를 도우러 오너라. 만약 암몬 사람들이 너무 강해서 네가 어려워지면 내가 너를 도우러 가겠다. 용기를 내어라. 우리 백성과 하나님의 성들을 위해 용감하게 싸우자. 여호와께서 좋은 방향으로 일을 도와주실 것이다." 그리고 나서 요압과 그의 부하들은 아람 사람들을 공격했습니다. 그러자 아람 사람들이 도망쳤습니다. 암몬 사람들은 아람 사람들이 도망치는 모습을 보고 아비새에게서 도망쳐 자기들의 성으로 돌아가 버렸습니다. 그래서 요압은 암몬 사람들과 싸우기를 멈추고 예루살렘으로 돌아왔습니다.

아람 사람들은 이스라엘에 지고 나자 엄청난 군대를 불러 모았습니다. 그때 하닷에셀 왕이 사람들을 보내 유프라테스 강 건너편에 살고 있던 아람 사람들을 오게 했습니다. 이 아람 사람들은 헬람으로 갔습니다. 그들의 지도자는 하닷에셀의 군대 지휘관인 소박이었습니다. 다윗은 이 소식을 듣고 온 이스라엘 군대를 불러 모았습니다. 그들은 요단 강을 건너 헬람으로 갔습니다. 그곳에서 아람 사람들은 싸울 준비를 하고 있다가 이스라엘 군대를 공격했습니다. 그러나 다윗은 아람 사람들을 물리쳐 이겼습니다. 아람 사람들은 이스라엘 군대에게 쫓겨 도망쳤습니다. 다윗은 아람의 전차를 모는 군인 칠백 명과 아람의 말 탄 군인 사만 명을 죽였습니다. 다윗은 또 아람 군대의 지휘관인 소박도 죽였습니다. 하닷에셀을 섬기던 다른 나라 왕들은 이스라엘이 그들을 물리쳐 이겼다는 소식을 듣고 이스라엘과 평화롭게 지내기로 했습니다. 그리고 그들은 이스라엘을 섬겼습니다. 이제 아람 사람들은 암몬 사람들을 돕는 것을 두려워했습니다.

다윗과 밧세바

봄이 오면 왕들은 전쟁터에 나갑니다. 그래서 다윗은 봄이 오자 자기 종인 요압과 모든 이스라엘 사람들을 전쟁터에 보냈습니다. 그들은 암몬 사람들을 무찌르고 랍바 성을 공격했습니다. 그러나 다윗은 예루살렘에 머물러 있었습니다.

어느 날 저녁이었습니다. 다윗이 침대에서 일어나서 왕궁의 지붕 위를 거닐었습니다. 그러다가 한 여자가 목욕을 하고 있는 것을 보았는데 그 여자는 매우 아름다웠습니다. 다윗은 자기 종들을 보내어 그 여자가 누구인지 알아보게 했습니다. 한 종이 대답했습니다. "그 여자는 엘리암의 딸 밧세바로서 헷 사람 우리아의 아내입니다." 다윗은 사람들을 보내 밧세바를 데리고 오게 했습니다. 밧세바가 오자 다윗은 그 여자와 함께 잠을 잤습니다. 그때 밧세바는 월경을 끝내고 깨끗해져 있던 상태였습니다. 그런 후 여자는 자기 집으로 돌아갔습니다. 그런데 밧세바가 임신을 했습니다. 밧세바는 다윗에게 '임신을 했다'는 사실을 알렸습니다.

다윗은 요압에게 "헷 사람 우리아를 나에게로 보내라"고 전했습니다. 그래서 요압은 우리아를 다윗에게 보냈습니다. 우리아가 다윗에게 왔습니다. 다윗은 우리아에게 요압은 잘 있는지, 군인들은 잘 있는지 그리고 전쟁은 잘 되고 있는지를 물었습니다. 그리고 나서 다윗은 우리아에게 "집으로 가서 쉬시오"라고 말하고 선물도 딸려 보냈습니다. 우리아는 왕궁에서 나왔습니다. 그러나 집으로 가지 않았습니다. 우리아는 왕궁 문밖에서 왕의 모든 신하들과 함께 잠을 잤습니다. 신하들이 다윗에게 말했습니다. "우리아가 집으로 가지 않았습니다." 그러자 다윗이 우리아에게 말했습니다. "그대는 오랫동안 집을 떠났다 돌아왔는데 왜 집으로 가지 않는가?" 우리아가 대답했습니다. "언약궤와 이스라엘과 유다의 군인들이 장막에 머물고 있습니다. 나의 주 요압과 그의 부하들도 들에서 잠을 자며 지내고 있습니다. 그런데 제가 어찌 집으로 가서 먹고 마시며 제 아내와 함께 잠자리를 가질 수 있겠습니까?" 다윗이 우리아에게 말했습니다. "오늘은 여기에 머물러라. 내일 그대를 싸움터로 돌려보내겠다." 그래서 우리아는 그날과 그 다음 날에도 예루살렘에 머물러 있었습니다. 그때에 다윗이 우리아를 불러 자기에게 오게 했습니다. 우리아는 다윗과 함께 먹고 마셨습니다. 다윗은 우리아를 취하게 만들었지만 우리아는 그래도 자기 집으로 돌아가지 않았습니다. 그날 저녁에 우리아는 왕의 신하들과 함께 왕궁 문밖에서 잠을 잤습니다.

이튿날 아침 다윗은 요압에게 편지를 써서 우리아에게 그 편지를 전하게 했습니다. 다윗이 쓴 편지의 내용은 이러했습니다. "우리아를 싸움이 가장 치열한 곳으로 보내어라. 그런 다음에 우리아만 혼자 남겨 두고 물러나거라. 우리아를 싸움터에서 죽게 하여라." 요압은 성을 살피다가 그 성중에서 적군이 가장 강하게 막고 있는 곳을 알아냈습니다. 요압은 우리아를 그곳으로 보냈습니다. 성의 군인들이 밖으로 나와서 요압과 맞서 싸웠습니다. 다윗의 부하들 중 몇 명이 죽임을 당했습니다. 헷 사람 우리아도 죽었습니다. 그 일이 있은 후에 요압이 사람을 보내어 싸움터에서 일어난 모든 일을 다윗에게 보고했습니다. 요압이 전령에게 말했습니다. "다윗 왕께 전쟁에서 일어난 일을 말씀드려라. 말씀을 다 드리고 나면 왕께서 화를 내실 것이다. 그리고 왕께서 만약 '왜 그렇게 성 가까이 가서 싸웠느냐? 그들이 성벽에서 화살을 쏠 줄 몰랐느냐? 여룹베셋의 아들 아비멜렉을 누가 죽였느냐? 성벽 위에 있던 한 여자가 아니냐? 그 여자가 큰 맷돌을 아비멜렉에게 던져서 아비멜렉이 데베스에서 죽지 않았느냐? 왜 그렇게 성벽에 가까이 갔었느냐?'고 물으시면 '왕의 종 헷 사람 우리아도 죽었습니다'라고 대답하여라."

요압이 보낸 사람이 다윗에게 가서 요압이 시키는 대로 모든 말을 전했습니다. 전령이 다윗에게 말했습니다. "암몬 사람들이 우리보다 잘 싸웠습니다. 그들은 밖으로 나와 들에서 우리를 공격했습니다. 그러나 우리는 그들과 맞서 싸워 성문에까지 이르렀습니다. 성벽 위의 군인들이 왕의 종들을 향해 화살을 쏘았습니다. 왕의 종들 중 몇 사람이 죽었습니다. 왕의 종 헷 사람 우리아도 죽었습니다." 다윗이 전령에게 말했습니다. "요압에게 이렇게 전하여라. '이 일로 염려하지 마라. 전쟁을 하다 보면 누구나 죽이고 죽을 수가 있다. 성을 맹렬히 공격하여 점령하도록 하여라.' 이 말을 전하여 요압에게 용기를 주어라."

밧세바는 자기 남편이 죽었다는 소식을 듣고 남편을 위해 울었습니다. 밧세바가 슬픔의 기간을 다 마치자 다윗은 종들을 보내어 밧세바를 왕궁으로 데리고 오게 했습니다. 그리고 밧세바는 다윗의 아내가 되어 다윗의 아들을 낳았습니다. 그러나 여호와께서는 다윗이 한 일을 기뻐하지 않으셨습니다.

다윗의 아들이 죽다

여호와께서 나단을 다윗에게 보내셨습니다. 나단은 다윗에게 가서 이렇게 말했습니다. "어떤 성에 두 사람이 있었습니다. 한 사람은 부자였고, 다른 사람은 가난했습니다. 부자에게는 양과 소가 아주 많았습니다. 하지만 가난한 사람에게는 사서 키우는 어린 암양 한 마리밖에 없었습니다. 가난한 사람은 그 양을 먹여 길렀습니다. 양은 가난한 사람의 아이들과 함께 자랐습니다. 양은 가난한 사람이 먹을 음식과 마실 물을 나누어 먹으며 자랐습니다. 양은 가난한 사람의 팔에서 잠을 잤습니다. 양은 가난한 사람에게 마치 딸과도 같았습니다. 그런데 어떤 나그네가 부자를 찾아왔습니다. 부자는 나그네에게 음식을 대접하고 싶었습니다. 그러나 부자는 나그네에게 음식을 주기 위해 자기의 양이나 소를 잡고 싶지는 않았습니다. 그 대신 부자는 가난한 사람의 양을 빼앗았습니다. 부자는 그 양을 잡아서 나그네를 위해 음식을 만들었습니다." 다윗은 그 부자에 대해서 크게 화를 냈습니다. "살아 계신 여호와께 맹세하지만 이 일을 한 사람은 죽어야 한다. 그 사람은 그런 일을 한 대가로 양을 네 배로 갚아 주어야 한다. 그는 무자비한 사람이다."

그러자 나단이 다윗에게 말했습니다. "왕이 바로 그 사람입니다. 이스라엘의 하나님 여호와께서 이렇게 말씀하십니다. '나는 너를 이스라엘의 왕으로 세워 주었다. 나는 너를 사울에게서 구해 주었고, 사울의 나라와 사울의 딸을 아내로 너에게 주었다. 그리고 나는 너를 이스라엘과 유다의 왕으로 세워 주었다. 너에게 부족한 것이 있었다면 나는 너에게 더 많은 것을 주었을 것이다. 그런데 너는 왜 나 여호와의 명령을 무시했느냐? 왜 나 여호와가 악하다고 말씀한 일을 했느냐? 너는 헷 사람 우리아를 암몬 사람들 칼에 죽게 했다. 그리고 너는 그의 아내를 빼앗아 네 아내로 만들었다. 그러니 이제 너의 집안에는 언제나 칼로 죽는 사람이 있을 것이다. 네가 나를 존경하지 않음을 내가 보았기 때문이다. 너는 헷 사람 우리아의 아내를 빼앗았다.' 여호와께서 또 이렇게 말씀하십니다. '너의 집안 사람들이 너에게 재앙을 일으킬 것이다. 네가 보는 앞에서 내가 너의 아내들을 빼앗아서 너의 아주 가까운 사람들에게 줄 것이다. 그 사람이 대낮에 너의 아내들과 잠자리를 함께할 것이다. 너는 남몰래 밧세바와 함께 잠을 잤다. 그러나 나는 이스라엘의 모든 백성이 이 일을 알게 할 것이다.'" 그러자 다윗이 나단에게 말했습니다. "내가 여호와께 죄를 지었소." 나단이 대답했습니다. "여호와께서는 왕의 죄를 용서하셨습니다. 왕은 죽지 않을 것입니다. 그러나 왕이 한 일 때문에 여호와의 원수들이 여호와를 경멸하고 모욕할 기회를 주었으니 왕에게서 태어난 아기는 죽게 될 것입니다."

나단이 집으로 돌아간 후에 여호와께서는 다윗과 우리아의 아내였던 밧세바의 사이에서 낳은 아들에게 큰 병을 주셨습니다. 다윗은 아기를 위해 하나님께 기도를 드렸습니다. 다윗은 먹지도 않고 마시지도 않았습니다. 다윗은 자기 집으로 돌아가서 그곳에 머물렀습니다. 다윗은 밤새도록 땅 위에 누워 있었습니다. 다윗의 집 안에서 나이 든 어른들이 다윗의 건강을 걱정하며 왔습니다. 그들은 다윗이 땅에서 일어나도록 애썼지만 다윗은 일어나지 않았습니다. 다윗은 그들과 함께 밥을 먹지도 않았습니다. 칠 일째 되던 날 아기가 죽고 말았습니다. 다윗의 종들은 아기가 죽었다는 사실을 다윗에게 말하기가 두려웠습니다. 다윗의 종들이 말했습니다. "아기가 살아 있을 때에도 왕은 우리 말을 들으려 하지 않으셨다. 그런데 아기가 죽었다는 것을 말씀드리면 왕이 무슨 일을 하실지 모른다." 그러나 다윗은 종들이 서로 수군거리는 것을 보고 아기가 죽었다는 것을 알았습니다. 왕이 종들에게 물었습니다. "아기가 죽었느냐?" 종들이 대답했습니다. "예, 죽었습니다." 그러자 다윗은 자리에서 일어나 몸을 씻고 몸에 기름을 바르고 옷을 바꾸어 입었습니다. 그리고 나서 다윗은 여호와의 집으로 들어가 여호와께 예배를 드렸습니다. 그런 다음에 다윗은 집으로 돌아가서 먹을 것을 달라고 했습니다. 종들이 음식을 가져오자 다윗은 그것을 먹었습니다. 다윗의 종들이 다윗에게 물었습니다. "어쩐 일인지 모르겠습니다. 아기가 살아 있을 때에는 음식을 들지도 않으시고 슬퍼하시더니 아기가 죽으니까 자리에서 일어나 음식을 드시니 말입니다." 다윗이 말했습니다. "아기가 살아 있을 때에 내가 먹지도 않고 슬퍼한 것은 여호와께서 혹시 나를 불쌍히 여기셔서 아기를 살려 주실지도 모른다고 생각했기 때문이다. 하지만 이제는 아기가 죽었으니 음식을 먹지 않을 이유가 없지 않느냐? 그런다고 아기가 다시 살아나는 것도 아니다. 언젠가 나도 아기에게 가겠지만 아기가 나에게로 다시 돌아올 수는 없는 일이다."

그리고 다윗은 자기 아내 밧세바를 위로하고 동침하니 밧세바가 다시 임신해서 아들을 낳았습니다. 다윗은 그 아들의 이름을 솔로몬이라고 지었습니다. 여호와께서는 솔로몬을 사랑하셨습니다. 여호와께서는 예언자 나단을 통해 그 아기의 이름을 여디디야라고 부르게 하셨습니다. 그 이름은 여호와께서 그 아기를 사랑하신다는 뜻입니다.

다윗이 랍바를 점령하다

요압이 암몬 사람들의 성인 랍바와 맞서 싸웠습니다. 요압은 왕이 사는 그 성을 거의 다 점령했습니다. 요압이 다윗에게 사람들을 보내어 말했습니다. "제가 랍바를 쳐서 이겼으며 또한 성에 물을 공급하는 장소도 점령하였습니다. 이제 왕께서는 다른 군인들을 보내셔서 이 성을 공격하십시오. 제가 차지하기 전에 왕께서 먼저 이 성을 차지하십시오. 제가 이 성을 차지하게 되면 이 성은 제 이름을 따서 부르게 될까 염려됩니다." 다윗은 모든 군대를 모아 랍바로 갔습니다. 다윗은 랍바와 맞서 싸워 성을 점령했습니다. 다윗은 랍바 왕의 머리에서 왕관을 벗겨 냈습니다. 그 왕관은 금으로 만든 것으로 무게가 한 달란트나 되었습니다. 거기에는 보석도 달려 있었습니다. 사람들은 그 왕관을 다윗의 머리에 씌워 주었습니다. 다윗은 그 성에서 많은 값비싼 물건들을 빼앗았습니다. 다윗은 또 랍바 성의 백성들도 사로잡아다가 톱질과 곡괭이질과 도끼질을 시켰습니다. 다윗은 그들에게 벽돌로 건물을 짓게 했습니다. 다윗은 암몬 사람들의 온 성에서 이런 일을 시켰습니다. 그리고 나서 다윗과 그의 모든 군대는 예루살렘으로 돌아갔습니다.

암논과 다말

다윗에게는 압살롬이라는 아들과 암논이라는 아들이 있었습니다. 압살롬에게는 다말이라는 아름다운 누이동생이 있었습니다. 그런데 암논이 그 다말을 사랑했습니다. 다말은 결혼하지 않은 처녀였습니다. 암논은 다말에게 어찌할 수 없는 줄을 알고 그로 인하여 병이 나고 말았습니다. 암논에게는 시므아의 아들인 요나답이라는 친구가 있었습니다. 시므아는 다윗의 형이었습니다. 요나답은 아주 간교한 사람이었습니다. 요나답이 암논에게 물었습니다. "왜 날마다 그렇게 슬퍼하는가? 자네는 왕자가 아닌가? 대체 무슨 일이 있는지 말해 보게." 암논이 대답했습니다. "나는 다말을 사랑한다네. 하지만 다말은 나의 이복동생 압살롬의 누이일세." 요나답이 암논에게 말했습니다. "침대로 가게. 가서 아픈 척하게. 그러면 자네 아버지가 자네를 보러 올 걸세. 그러면 아버지께 말하게. '제발 제 누이 다말이 와서 저에게 먹을 것을 주게 하십시오. 제가 보는 앞에서 음식을 만들게 해 주십시오. 다말이 음식 만드는 모습을 보고 다말이 만든 음식을 먹으면 나을 것 같습니다.'" 그래서 암논은 침대에 누워 아픈 척을 했습니다. 다윗 왕이 암논을 보러 왔습니다. 암논이 왕에게 말했습니다. "제 누이 다말을 오게 해 주십시오. 제가 보는 앞에서 맛있는 과자를 만들게 해 주십시오. 그리고 그것을 다말에게서 직접 받아 먹을 수 있게 해 주십시오."

다윗이 명령을 받고 심부름하는 사람을 다말의 집으로 보냈습니다. 심부름꾼이 다말에게 전했습니다. "당신의 오라비 암논의 집으로 가서 암논을 위해 맛있는 음식을 만들어 주십시오." 그래서 다말은 자기 오라비 암논의 집으로 갔습니다. 암논은 침대에 있었습니다. 다말은 밀가루를 가지고 손으로 반죽을 했습니다. 다말은 암논이 보는 앞에서 맛있는 과자를 만들어 구웠습니다. 다말이 냄비째 가져다가 암논을 위해 과자를 꺼내 주었습니다. 그러나 암논은 과자를 먹지 않았습니다. 암논이 자기 종들에게 말했습니다. "너희는 모두 물러가 있어라!" 그러자 암논의 종들이 모두 방을 나갔습니다. 암논이 다말에게 말했습니다. "그 음식을 침실로 가져와 다오. 네 손으로 직접 먹여 다오." 다말은 자기가 만든 과자를 침실에 있는 자기 오라비 암논에게 가지고 갔습니다. 다말이 과자를 직접 먹여 주려고 암논에게 가까이 갔을 때 암논은 다말을 꽉 붙들더니 "누이야, 이리 와서 나와 함께 자자"라고 말했습니다. 다말이 암논에게 말했습니다. "오라버니, 안 됩니다. 이러시면 안 됩니다. 이스라엘에는 이런 일이 있을 수 없습니다. 이런 부끄러운 일을 하시면 안 됩니다. 저는 제 부끄러움을 벗을 수 없을 것입니다. 그리고 오라버니는 이스라엘에서 부끄러운 바보가 될 것입니다. 제발 왕께 말씀드리십시오. 왕께서 오라버니를 저와 결혼시켜 주실 것입니다." 그러나 암논은 다말의 말을 들으려 하지 않았습니다. 암논은 다말보다 힘이 세었으므로 다말을 강간하고 말았습니다.

그리하고 나니 다말에 대한 암논의 마음이 미워하는 마음으로 변했습니다. 전에 다말을 사랑했던 것보다 지금 미워하는 마음이 훨씬 더 컸습니다. 암논이 다말에게 말했습니다. "일어나 가거라!" 다말이 암논에게 말했습니다. "안 됩니다! 저를 보내는 것은 더욱 큰 죄를 짓는 것입니다. 그것은 오라버니가 지금 하신 일보다 더 큰 죄입니다." 그러나 암논은 다말의 말을 들으려 하지 않았습니다. 암논은 자기의 젊은 종을 다시 들어오게 했습니다. 암논이 말했습니다. "이 여자를 당장 밖으로 끌어내어라. 그런 다음에 문을 잠가 버려라." 그래서 암논의 종이 다말을 집 밖으로 끌어낸 다음에 문을 잠가 버렸습니다. 그때 다말은 소매가 긴 특별한 옷을 입고 있었습니다. 결혼하지 않은 공주들은 그런 옷을 입었습니다. 다말은 머리에 흙을 뒤집어씀으로써 슬픔을 나타내 보였습니다. 다말은 소매가 긴 옷도 찢고 손을 머리 위에 올렸습니다. 그리고 길을 가면서 소리 높여 울었습니다.

다말의 오라비인 압살롬이 다말에게 말했습니다. "너의 오라비인 암논이 너를 강간했다고? 하지만 그도 너의 오라비니 지금은 잠자코 있어라. 이 일로 너무 슬퍼하지 마라." 그리하여 다말은 자기 오라비 압살롬의 집에서 살았습니다. 다말은 슬프고 외로웠습니다. 다윗 왕이 그 소식을 듣고 크게 화를 냈습니다. 압살롬은 암논에게 잘했느니 잘못했느니 하는 말을 전혀 하지 않았습니다. 압살롬은 암논이 자기 누이 다말을 강간한 일 때문에 암논을 미워했습니다.

압살롬의 복수

이 년 후 압살롬이 에브라임 근처의 바알하솔에서 자기 양 떼의 털을 깎는 일이 있었습니다. 양털을 깎을 때는 크게 잔치를 여는 풍습이 있어서 압살롬은 왕자들을 모두 초대했습니다. 압살롬이 왕에게 가서 말했습니다. "양털을 깎는 일에 사람들을 초대했습니다. 왕께서도 신하들과 함께 와 주십시오." 다윗 왕이 압살롬에게 말했습니다. "내 아들아, 아니다. 우리는 가지 않겠다. 우리가 가면 너에게 짐만 될 뿐이다." 그래도 압살롬은 다윗에게 와 달라고 간절히 청했습니다. 다윗은 가지 않고 압살롬에게 복을 빌어 주기만 했습니다. 압살롬이 말했습니다. "왕께서 가시지 않겠다면 제 형 암논을 저와 함께 가게 해 주십시오." 다윗 왕이 압살롬에게 물었습니다. "왜 암논을 데리고 가려 하느냐?" 그래도 압살롬이 계속해서 암논을 보내 달라고 했습니다. 그러자 다윗은 암논과 왕자들을 모두 압살롬과 함께 가게 했습니다. 그때에 압살롬이 자기 종들에게 명령을 내렸습니다. "암논을 잘 살펴보아라. 암논이 술에 취하거든 내가 '암논을 죽여라' 하고 말할 테니 그러면 당장 그를 죽여 버려라. 두려워하지 마라. 내가 명령하는 것이다. 마음을 굳게 먹고 용기를 가져라." 그리하여 압살롬의 젊은 종들은 압살롬이 명령한 대로 암논을 죽였습니다. 그러자 다윗의 다른 아들들은 나귀에 올라타고 도망쳤습니다.

왕자들이 도망치고 있는 동안 소문이 다윗에게 전해졌습니다. "압살롬이 왕자들을 다 죽였고 아무도 살아남지 못하였다." 다윗 왕은 자기 옷을 찢고 땅 위에 누워 슬픔을 나타냈습니다. 가까이에 있던 왕의 모든 종들도 자기 옷을 찢었습니다. 다윗의 형 시므아의 아들 요나답이 다윗에게 말했습니다. "왕자들이 다 죽었다고 생각하지 마십시오. 암논만 죽었을 뿐입니다. 압살롬이 이 일을 꾸민 것은 암논이 그의 누이 다말을 강간했기 때문입니다. 내 주 왕이여, 왕자들이 다 죽었다고 생각하지 마십시오. 암논만 죽었을 뿐입니다."

그러는 사이에 압살롬은 다른 나라로 도망쳤습니다. 한 호위병이 성벽 위를 지키고 있다가 여러 사람이 언덕 맞은편에서 오는 것을 보았습니다. 요나답이 다윗 왕에게 말했습니다. "보십시오. 제가 말한 대로 저기 왕자들이 오고 있습니다." 요나답이 이 말을 하자마자 왕자들이 이르렀습니다. 그들은 크게 소리 내어 울었습니다. 다윗과 그의 모든 신하들도 크게 울었습니다.

압살롬은 암미훌의 아들 달매에게로 도망쳤고 다윗은 날마다 죽은 아들 암논을 생각하며 슬프게 보냈습니다. 압살롬은 그술로 도망친 후에 그곳에서 삼 년 동안 머물렀습니다. 다윗 왕은 암논의 죽음으로 인한 슬픔이 가라앉자 이제는 압살롬이 매우 보고 싶어 졌습니다.

요압이 다윗에게 지혜로운 여자를 보내다

다윗 왕이 압살롬을 매우 그리워하고 있다는 것을 스루야의 아들 요압이 알게 되었습니다. 그래서 요압은 사람들을 드고아로 보내어 어떤 지혜로운 여자를 데리고 오게 했습니다. 요압이 그 여자에게 말했습니다. "어떤 사람을 위해 매우 슬퍼하는 척하시오. 슬픔을 나타내는 옷을 입으시오. 몸에 기름을 바르지 마시오. 어떤 죽은 사람을 위해 오랫동안 슬피 운 사람처럼 행동하시오. 그런 모습으로 왕에게 들어가서 내가 하는 말을 그대로 왕에게 말하시오." 요압은 그 지혜로운 여자에게 할 말을 일러 주었습니다.

드고아에서 온 여자가 얼굴을 땅에 대고 절을 했습니다. 그리고 "왕이시여, 저를 도와주십시오"라고 말했습니다. 다윗 왕이 여자에게 물었습니다. "대체 무슨 일이냐?" 여자가 말했습니다. "저는 과부입니다. 제 남편은 죽었습니다. 저에게는 두 아들이 있습니다. 제 아들들은 들에서 싸우고 있었는데 거기에는 아무도 말려 줄 사람이 없어서 그만 한 아들이 다른 아들을 죽이고 말았습니다. 그런데 지금은 온 집안 사람들이 저를 욕하면서 이렇게 말하고 있습니다. '자기 형제를 죽인 그 아들놈을 내어놓아라. 우리가 그를 죽여 제 형제를 죽인 죄를 갚겠다. 그리고 그 집안의 상속자를 끊겠다.' 제 아들은 마지막 불씨와도 같은 아들입니다. 이제 저에게 남은 것이라곤 그 아들뿐입니다. 만약 저들이 제 아들을 죽이면 제 남편의 이름과 재산도 이 땅에서 사라져 버리고 말 것입니다."

이 말을 듣고 왕이 여자에게 말했습니다. "집으로 돌아가거라. 내가 이 일을 해결해 주겠다." 드고아의 여자가 왕에게 말했습니다. "왕께서 저를 도와주신다고 하더라도 제 친척들은 저와 제 아들에게 죄가 있다고 할 것입니다. 그리고 왕과 왕의 자리와는 관계없는 일이라고 주장할 것입니다." 다윗 왕이 말했습니다. "너를 욕하는 사람을 불러오너라. 다시는 너를 괴롭히지 못하게 하겠다." 여자가 말했습니다. "왕의 하나님이신 여호와의 이름으로 약속해 주십시오. 그러면 죽은 제 아들의 원수를 갚으려고 하는 친척들이 남은 제 아들을 죽이지 못할 것입니다." 다윗이 말했습니다. "살아 계신 여호와께 맹세하지만 너의 아들을 누구도 해치지 못할 것이다. 네 아들의 머리카락 하나라도 땅에 떨어지지 않을 것이다."

그러자 여자가 말했습니다. "내 주 왕이시여, 한 가지만 더 말씀드리게 해 주십시오." 왕이 말했습니다. "말하여라." 여자가 말했습니다. "왕께서는 어찌 이와 같은 일을 계획하셨습니까? 그런 일은 하나님의 백성이라면 하지 못할 일입니다. 왕께서 쫓아낸 압살롬 왕자를 돌아오지 못하게 하시는 것은 죄 있는 사람이 하는 일과 같은 것입니다. 우리는 언젠가 다 죽을 것입니다. 우리는 마치 땅에 쏟아진 물과도 같아서 누구도 그것을 다시 주워 담을 수 없습니다. 그러나 하나님께서는 생명을 빼앗지 않으십니다. 오히려 내쫓긴 사람이라도 다시 하나님께 돌아올 수 있는 길을 찾아 주십니다. 내 주 왕이시여, 제가 이런 말씀을 드리러 오게 된 까닭은 사람들이 저를 위협했기 때문입니다. 저는 이렇게 생각했습니다. '왕께 말씀드리자. 그러면 왕께서 내가 원하는 것을 들어주실지 모른다. 왕께서 내 말을 듣고 나와 내 아들을 죽이려 하는 사람들로부터 나를 구해 주실지도 모른다. 하나님께서 우리에게 주신 재산을 빼앗으려는 사람들로부터 보호해 주실 것이다.' 왕의 종인 저는 이렇게 생각했습니다. '내 주 왕의 말씀이 나를 위로해 줄 것이다. 내 주 왕께서는 마치 하나님의 천사와 같아서 선과 악을 가릴 수 있기 때문이다. 왕의 하나님이신 여호와께서 왕과 함께하시기를 바란다.'"

그러자 다윗 왕이 말했습니다. "너는 이제 내가 묻는 말에 대답해야 한다." 여자가 말했습니다. "내 주 왕이시여, 말씀하십시오." 왕이 물었습니다. "요압이 너에게 이 모든 말을 하라고 시키더냐?" 여자가 대답했습니다. "내 주 왕이시여, 사실 그렇습니다. 왕의 종인 요압이 저에게 이 말씀을 드리라고 했습니다. 요압이 이 일을 꾸민 까닭은 왕의 마음을 돌이키기 위함입니다. 내 주여, 왕께서는 하나님의 천사처럼 지혜로우십니다. 왕께서는 땅에서 일어나는 모든 일을 알고 계십니다."

압살롬이 예루살렘으로 돌아오다

왕이 요압에게 말했습니다. "자! 이제 허락하겠다. 젊은 압살롬을 데리고 오너라." 요압은 얼굴을 땅에 대고 절을 했습니다. 요압이 왕에게 복을 빌어 주면서 말했습니다. "제가 바라던 것을 들어주시니 이제서야 왕께서 저를 총애하시는 줄 알겠습니다." 요압은 일어나 그술로 가서 압살롬을 예루살렘으로 데리고 왔습니다. 그러나 다윗 왕은 이렇게 말했습니다. "압살롬을 자기 집으로 가게 하여라. 나의 얼굴을 보지 못할 것이다." 그래서 압살롬은 자기 집으로 돌아갔습니다. 압살롬은 왕을 만나러 가지 못했습니다.

압살롬은 그 잘생긴 모습 때문에 칭찬을 많이 받았습니다. 이스라엘의 그 어떤 사람도 압살롬만큼 잘생기지는 못했습니다. 압살롬에게는 머리끝부터 발끝까지 아무런 흠도 찾을 수 없었습니다. 해마다 그 해가 끝나 갈 무렵이면 압살롬은 머리를 깎았는데 그것은 그의 머리카락이 너무 무거웠기 때문입니다. 잘라 낸 머리카락의 무게는 왕궁 저울로 이백 세겔가량 되었습니다. 압살롬에게는 아들 셋과 딸 하나가 있었는데 그 딸의 이름은 다말이었습니다. 다말은 아름다운 여자였습니다.

압살롬은 예루살렘에서 꼬박 이 년 동안 살았지만 그동안 한 번도 다윗 왕을 만나 보지 못했습니다. 압살롬은 요압에게 사람을 보냈습니다. 압살롬은 요압을 왕에게 보내 자기에 대해 잘 말해 달라고 부탁하려고 했습니다. 그러나 요압은 오지 않았습니다. 압살롬은 한 번 더 요압에게 사람을 보냈습니다. 그러나 이번에도 요압은 오지 않았습니다. 압살롬이 자기 종들에게 말했습니다. "보아라! 요압의 밭이 우리 밭 바로 곁에 있다. 요압은 거기에 보리를 심어 놓았다. 가서 거기에 불을 질러라." 이 말을 듣고 압살롬의 종들은 요압의 밭에 불을 질렀습니다. 그러자 요압이 압살롬의 집으로 와서 말했습니다. "왜 종들을 시켜 내 밭에 불을 질렀습니까?" 압살롬이 요압에게 말했습니다. "나는 당신을 왕에게 보내고 싶어서 나에게 와 달라고 사람을 보내었소. 왕이 왜 그술에 있던 나를 불러 내 집으로 오게 했는지를 알고 싶어 당신을 왕에게 보내려 했던 거요. 차라리 그곳에 머물러 있는 것이 나에게는 더 좋았을 것이오. 왕을 좀 만나게 해 주시오. 만약 내가 죄를 지었다면 왕이 나를 죽여도 좋소." 그리하여 요압이 왕에게 가서 압살롬의 말을 전했습니다. 왕이 압살롬을 부르니 압살롬이 왔습니다. 압살롬은 얼굴을 땅에 대고 왕에게 절을 했습니다. 왕은 압살롬에게 입을 맞추었습니다.

압살롬이 다윗의 나라를 빼앗으려 하다

이 일이 있은 후에 압살롬은 자기가 쓸 전차와 말들을 마련했습니다. 압살롬은 호위병도 오십 명이나 두었습니다. 압살롬은 아침에 일찍 일어나 성문 가까이에 서 있곤 했습니다. 그런데 누구든지 재판할 문젯거리가 있어 왕을 찾는 사람은 그 성문을 지나가게 되어 있었습니다. 그런 사람이 오면 압살롬은 그 사람을 불러 세워서 "어느 성에서 왔소?" 하고 물었습니다. 그러면 그 사람은 "저는 이스라엘의 무슨 지파에서 왔습니다" 하고 대답하며 자신의 억울함을 이야기했습니다. 그러면 압살롬은 "당신의 주장이 옳소. 하지만 왕궁 안에는 당신의 말을 들어줄 사람이 없소" 하고 말했습니다. 또 압살롬은 "나는 이 땅의 재판관이 되어 문제를 가진 모든 사람에게 공정한 재판을 베풀기를 원하오"라고 말하기도 했습니다. 사람들은 압살롬에게 가까이 나와 절을 했습니다. 그러면 압살롬은 자기 손을 내밀어 그들을 일으키고 그들에게 입을 맞추었습니다. 압살롬은 다윗 왕에게 재판을 받으러 오는 모든 이스라엘 사람들에게 이런 식으로 행동했습니다. 이런 방법으로 압살롬은 모든 이스라엘 사람들의 마음을 사로잡았습니다.

사 년이 지난 후에 압살롬이 다윗 왕에게 말했습니다. "제가 헤브론으로 가는 것을 허락해 주십시오. 여호와께 약속한 것이 있으니 그 약속을 지키고 싶습니다. 아람 땅 그술에 살 때 저는 '만약 여호와께서 저를 다시 예루살렘으로 돌아가게 해 주신다면 여호와를 헤브론에서 예배드리겠습니다'라고 약속한 적이 있습니다." 그러자 왕이 말했습니다. "평안히 가거라." 그래서 압살롬은 헤브론으로 갔습니다. 그러나 압살롬은 이스라엘의 모든 지파에 몰래 사자들을 보냈습니다. 사자들은 백성들에게 "나팔 소리가 울리면 '압살롬이 헤브론에서 왕이 되었다!'고 외치시오"라고 말했습니다. 압살롬은 자기와 함께 갈 사람 이백 명을 초대했습니다. 그들은 압살롬과 함께 예루살렘을 떠났지만 압살롬이 무슨 일을 꾸미고 있는지는 몰랐습니다. 다윗에게 도움을 주던 사람 중에 아히도벨이라는 사람이

있었는데 아히도벨은 길로 마을 사람이었습니다. 압살롬은 제물을
바치는 동안 아히도벨의 고향인 길로로 사람을 보내 아히도벨을 오
게 하여 자기 편으로 만들었습니다. 압살롬의 계획은 착착 잘 진행
되었습니다. 점점 많은 사람들이 압살롬을 돕기 시작했습니다.

어떤 사람이 와서 "이스라엘 사람들이 압살롬을 따르기 시작했
습니다"라고 다윗에게 소식을 전해 주었습니다. 그러자 다윗은 자
기와 함께 예루살렘에 있던 모든 신하들에게 말했습니다. "서둘러
떠나야겠다. 서두르지 않으면 압살롬에게 잡히고 말겠다. 압살롬
이 우리를 잡으러 오기 전에 어서 이곳을 떠나자. 압살롬은 우리를
해치고 예루살렘의 백성들까지 죽일 것이다." 왕의 신하들이 왕에
게 말했습니다. "무엇이든지 왕께서 말씀하시는 대로 하겠습니다."
왕은 자기 왕궁에 있던 모든 사람들을 데리고 떠났습니다. 그러나
왕은 왕궁을 지킬 후궁 열 명은 남겨 두었습니다. 왕은 자기를 따
르는 모든 백성들과 함께 떠났습니다. 그들이 성을 빠져 나갈 때에
그 성의 마지막 집에서 멈춰 섰습니다.

왕의 모든 종들이 왕의 곁을 지나갔습니다. 모든 그렛 사람과
모든 블렛 사람과 왕의 호위병들도 왕의 곁을 지나갔습니다. 가드
에서 와서 다윗을 따랐던 육백 명도 왕의 곁을 지나갔습니다. 왕
이 가드 사람 잇대에게 물었습니다. "그대는 어찌하여 나와 함께 가
려 하느냐? 돌아가서 압살롬 왕과 함께 있어라. 그대는 이방 사람
이고 이곳은 그대의 고향 땅이 아니다. 그대가 나와 함께 있던 시
간도 얼마 되지 않는데 지금 와서 그대를 우리와 함께 다른 곳으로
가게 할 수야 없지 않은가? 더구나 나는 어디로 가야 할지도 모른
다. 돌아가거라. 그대의 형제들도 함께 데리고 가거라. 여호와의 은
혜와 사랑이 그대와 함께 있기를 빈다." 그러나 잇대가 왕에게 말했
습니다. "살아 계신 여호와와 왕께 맹세하지만, 저는 왕과 함께 있

겠습니다. 왕께서 어디로 가시든지 왕과 함께 가겠습니다. 죽든지 살든지 왕과 함께 있겠습니다." 다윗이 잇대에게 말했습니다. "정 그렇다면 앞서서 가거라." 그리하여 가드 사람 잇대와 그의 모든 백성과 그들의 자녀들도 왕의 곁을 지나갔습니다. 모든 백성은 왕의 곁을 지나가면서 큰 소리로 울었습니다. 다윗 왕도 기드론 골짜기를 건넜습니다. 그 후에 모든 백성은 광야 쪽으로 나아갔습니다.

사독과 모든 레위 사람들은 하나님의 언약궤를 지고 있었습니다. 그들은 그 하나님의 궤를 내려놓았습니다. 모든 백성이 예루살렘 성을 떠날 때까지 아비아달이 제물을 바쳤습니다. 왕이 사독에게 말했습니다. "하나님의 궤를 성안으로 다시 가지고 가시오. 여호와께서 만약 나에게 은혜를 베푸신다면 나를 다시 돌아가게 해 주실 것이오. 여호와께서는 언약궤와 예루살렘을 다시 볼 수 있게 해 주실 것이오. 그러나 주께서 나에게 은혜를 베푸시지 않는다 해도 어쩔 수 없소. 주 뜻대로 하시기를 바랄 뿐이오." 왕이 또 제사장 사독에게 말했습니다. "그대는 선견자요. 평안히 성으로 돌아가시오. 그대의 아들 아히마아스와 아비아달의 아들 요나단을 데리고 가시오. 광야로 들어가는 길목에서 그대가 소식을 전해 주기를 기다리고 있겠소." 그리하여 사독과 아비아달은 하나님의 궤를 가지고 예루살렘으로 돌아가서 거기에 머물러 있었습니다.

다윗은 울면서 올리브 산으로 올라갔습니다. 다윗은 두 손으로 머리를 가리고 맨발로 올라갔습니다. 다윗과 함께한 모든 백성도 자기 머리를 가렸습니다. 그들도 울면서 올라갔습니다. 누군가가 다윗에게 말했습니다. "왕을 배반하여 압살롬과 함께 음모를 꾸민 사람 중에 아히도벨도 있습니다." 그 말을 듣고 다윗이 기도드렸습니다. "여호와시여, 아히도벨의 계획을 어리석은 것으로 만들어 주십시오."

다윗이 산꼭대기에 이르렀습니다. 그곳은 다윗이 하나님께 예배 드리던 장소였습니다. 아렉 사람 후새가 다윗을 맞아들였습니다. 후새의 옷은 찢어져 있었고 머리에는 흙을 덮어썼습니다. 그것은 슬픔을 나타내는 표시였습니다. 다윗이 후새에게 말했습니다. "그 대가 나와 함께 간다면 그대는 짐만 될 뿐이오. 그러나 만약 그대 가 성으로 돌아간다면 그대는 아히도벨의 계획을 쓸모없는 것으로 만들 수 있소. 압살롬에게 말하시오. '내 왕이시여, 저는 왕의 종입 니다. 전에는 제가 왕의 아버지를 섬겼으나 이제는 왕을 섬기겠습 니다.' 제사장 사독과 아비아달이 그대와 함께 있을 것이오. 그대는 왕궁에서 들은 모든 일을 그들에게 이야기해 주어야 하오. 사독의 아들 아히마아스와 아비아달의 아들 요나단이 그들과 함께 있소. 그들을 보내어 그대가 들은 모든 것을 나에게 전해 주시오." 그리 하여 다윗의 친구 후새는 예루살렘으로 들어갔습니다. 바로 그 무 렵에 압살롬도 예루살렘에 이르렀습니다.

시바가 다윗을 만나다

다윗이 올리브 산꼭대기를 지나서 얼마 가지 않았을 때 므비보 셋의 종 시바가 다윗에게 나아왔습니다. 시바는 안장을 얹 은 나귀 두 마리를 가지고 있었습니다. 나귀의 등에는 빵 이백 개와 마른 포도 백 송이 그리고 무화과 과자 백 개가 실려 있었습니다. 포도주가 가득 든 가죽 부대들도 있었습니다. 왕이 시바에게 물었 습니다. "왜 이런 것들을 가지고 왔느냐?" 시바가 대답했습니다. "나귀들은 왕의 가족들이 타시라고 끌고 왔습니다. 빵과 무화과 과자는 종들이 먹으라고 가져왔습니다. 포도주는 누구든지 광야에 서 지쳤을 때 마시라고 가져왔습니다." 왕이 물었습니다. "므비보셋 은 어디에 있느냐?" 시바가 대답했습니다. "므비보셋은 예루살렘에 남아 있습니다. 므비보셋은 '이제는 이스라엘 백성들이 내 아버지의 나라를 나에게 돌려주겠지'라고 생각하고 있습니다." 그 말을 듣고 왕이 시바에게 말했습니다. "좋다. 므비보셋이 가졌던 모든 것을 이제 너에게 준다." 시바가 말했습니다. "내 주 왕이시여, 고맙습니다. 언제나 왕에게 은혜를 입으면 좋겠습니다."

시므이가 다윗을 저주하다

다윗 왕이 바후림에 이르렀을 때 어떤 사람이 그곳에서 나왔습니다. 그 사람은 사울의 집안 사람이었습니다. 그는 게라의 아들 시므이였습니다. 시므이는 나오면서 다윗을 저주했습니다. 시므이는 다윗과 그의 신하들을 향해 돌을 던지기 시작했습니다. 그러나 백성들과 군인들이 빙 둘러서 다윗을 지켰습니다. 시므이는 이런 말로 다윗을 저주했습니다. "이 살인자야, 이 나쁜 놈아, 가거라, 가! 네가 사울의 집안 사람들을 죽였기 때문에 여호와께서 너에게 벌을 주고 계신다. 너는 사울의 왕 자리를 빼앗았다. 그러나 이제 주께서 네 나라를 네 아들 압살롬에게 주셨다. 너 같은 살인자는 망해야 한다."

스루야의 아들 아비새가 왕에게 말했습니다. "왕이시여, 왜 저 죽은 개만도 못한 자가 왕을 저주하도록 그냥 내버려 두십니까? 제가 가서 저놈의 머리를 베어 버리겠습니다." 그러나 왕이 대답했습니다. "스루야의 아들들이여, 이 일은 그대들과 상관이 없소. 저 사람이 나를 저주하도록 여호와께서 시키셨다면 누가 뭐라고 할 수 있겠소?" 다윗은 또 아비새와 자기의 모든 신하들에게 말했습니다. "내 아들이 나를 죽이려고 하는 판인데 저 베냐민 사람이야 말해 무엇하겠소? 저 사람을 그냥 내버려 두시오. 나를 저주하게 놔두시오. 이 일은 여호와께서 시키신 일이오. 어쩌면 여호와께서 내

비참함을 보시고 오늘 시므이가 말한 저주 대신 오히려 더 좋은 것
으로 나에게 복을 주실지도 모르지 않소?" 그리하여 다윗과 그의
신하들은 계속 길을 갔습니다. 그러나 시므이는 다윗을 계속 따라
왔습니다. 시므이는 길 맞은편 언덕 위를 걸었습니다. 시므이는 계
속 다윗에게 저주를 퍼부으면서 돌과 흙을 던졌습니다. 왕과 그의
모든 백성은 요단 강에 이르렀습니다. 그들은 너무나 지쳐서 그곳
에서 쉬었습니다.

그러는 동안 압살롬과 아히도벨, 이스라엘의 모든 무리는 예루
살렘에 이르렀습니다. 다윗의 친구 아렉 사람 후새가 압살롬에게
와서 말했습니다. "왕이여, 만세! 왕이여, 만세!" 압살롬이 후새에
게 말했습니다. "이것이 친구의 은혜에 보답하는 것인가? 왜 그대
의 친구와 함께 가지 않았소?" 후새가 말했습니다. "저는 여호와와
이 백성들과 이스라엘의 모든 무리가 뽑은 사람 편입니다. 저는 왕
과 함께 있겠습니다. 전에는 왕의 아버지를 섬겼지만 이제는 누구
를 섬기겠습니까? 다윗의 아드님입니다! 저는 왕을 섬기겠습니다."

아히도벨의 계획
압살롬이 아히도벨에게 말했습니다. "이제 어떻게 하면 좋겠는
지 말해 보시오." 아히도벨이 말했습니다. "왕의 아버지는 후궁 몇
사람을 남겨서 왕궁을 지키게 했습니다. 그들과 함께 잠자리에 드
십시오. 그리하시면 모든 이스라엘은 왕의 아버지가 왕을 원수로
여기고 있다는 것을 알게 될 것입니다. 그러면 왕의 모든 백성이 더
욱 힘을 합하여 왕을 도와줄 것입니다." 그리하여 사람들이 압살롬
을 위해 왕궁 지붕 위에 장막을 쳤습니다. 그리고 압살롬은 이스라
엘 사람들이 보는 앞에서 자기 아버지의 후궁들과 함께 잠자리를
가졌습니다. 그때에 사람들은 아히도벨의 계획이 하나님의 말씀만

큼이나 믿을 만하다고 생각했습니다. 그래서 다윗은 물론 압살롬도 다 그의 말을 의심 없이 그대로 따랐습니다.

아히도벨이 압살롬에게 말했습니다. "군인 만 이천 명을 뽑게 해 주십시오. 오늘 밤 다윗을 뒤쫓겠습니다. 다윗이 지치고 약할 때 따라잡겠습니다. 다윗에게 겁을 주면 그의 모든 백성은 도망칠 것입니다. 저는 다윗 왕만을 죽이겠습니다. 다른 사람들은 모두 왕에게 다시 데리고 오겠습니다. 왕이 찾으시는 사람이 죽으면 다른 사람은 다 평안히 돌아올 것입니다." 이 계획을 들은 압살롬과 이스라엘의 모든 지도자들은 좋은 계획이라고 생각했습니다.

그러나 압살롬은 "아렉 사람 후새를 불러라. 그의 말도 듣고 싶다"라고 말했습니다. 그래서 후새가 압살롬에게 왔습니다. 압살롬이 말했습니다. "아히도벨은 이런 계획을 가지고 있소. 그의 계획대로 하는 것이 좋겠소? 그렇지 않다면 그대 생각을 말해 보시오." 후새가 압살롬에게 말했습니다. "아히도벨의 계획이 지금은 좋지 않습니다." 후새는 계속해서 이렇게 말했습니다. "왕께서도 아시듯이 왕의 아버지 다윗과 그의 부하들은 용사입니다. 그들은 새끼를 빼앗긴 곰만큼 화가 나 있습니다. 왕의 아버지는 노련한 군인입니다. 다윗은 온밤을 백성들과 함께 지새우지 않을 것입니다. 아마 다윗은 이미 동굴 속이나 다른 곳에 숨어 있을 것입니다. 만약 왕의 아버지가 왕의 군인들을 먼저 공격하기라도 하면 백성들이 그 소식을 듣게 될 것이고, 그들은 '압살롬을 따르는 자들이 졌다'고 생각할 것입니다. 그렇게 되면 아무리 사자처럼 용감한 사람이라 하더라도 두려워지게 마련입니다. 모든 이스라엘 백성이 왕의 아버지는 노련한 군인이라는 것을 알고 있기 때문입니다. 백성들은 다윗의 부하들이 용감하다는 것을 알고 있습니다. 제 생각은 이렇습니다.

단에서 브엘세바까지 모든 이스라엘 백성을 모으십시오. 바닷가의 모래알처럼 많은 백성이 될 것입니다. 그런 다음에 왕께서 직접 싸움터로 가셔야 합니다. 우리는 다윗이 숨어 있는 곳에 들이닥칠 수 있을 것입니다. 우리는 땅에 내리는 이슬처럼 다윗을 덮칠 것이고 다윗과 그의 모든 부하를 죽일 것입니다. 아무도 살아남지 못할 것입니다. 만약 다윗이 어떤 성으로 도망친다 합시다. 그러면 모든 이스라엘 백성이 그 성으로 밧줄을 가지고 가서 성을 동여맨 다음 골짜기로 끌고 갈 것입니다. 작은 돌 한 개라도 남지 못할 것입니다." 압살롬과 모든 이스라엘 백성이 말했습니다. "아렉 사람 후새의 계획이 아히도벨의 계획보다 낫다." 그들이 이렇게 말한 까닭은 여호와께서 아히도벨의 좋은 계획을 방해하기로 작정하셨기 때문입니다. 또 그것은 여호와께서 압살롬을 망하게 하려고 작정하셨기 때문입니다.

후새는 이 사실을 제사장인 사독과 아비아달에게 말해 주었습니다. 후새는 아히도벨이 압살롬과 이스라엘의 장로들에게 내놓은 생각을 이야기했습니다. 그리고 후새는 자기가 내놓은 생각도 말해 주었습니다. 후새가 말했습니다. "서두르십시오! 사람을 다윗에게 보내십시오. 오늘 밤은 광야로 들어가는 길목에서 묵지 말고 당장에 요단 강을 건너라고 말씀드리십시오. 강을 건너시면 다윗 왕과 그의 모든 백성은 붙잡히지 않을 것입니다." 요나단과 아히마아스는 성으로 들어가는 것을 남들이 보게 될까봐 겁이 나서 성의 한적한 곳인 엔로겔에서 기다리고 있었습니다. 그래서 한 여종이 그들에게 가서 소식을 전해 주곤 했습니다. 그러면 요나단과 아히마아스는 그 소식을 다시 다윗 왕에게 전해 주었습니다. 그런데 어떤 소년이 요나단과 아히마아스를 보고 압살롬에게 고자질했습니다. 그래서 요나단과 아히마아스는 급히 달려서 바후림에 있는 어떤 사람의 집으로 숨었습니다. 그 집의 뜰에는 우물이 있었는데 요나단과 아히마아스는 그 우물 속으로 내려갔습니다. 그 후에 집주인의 아내가 덮을 것을 가져다 우물 위를 덮어 버렸습니다. 그리고 나서 그 위에 곡식을 널어놓았습니다. 아무도 요나단과 아히마아스가 그곳에 숨어 있다는 것을 알 수 없었습니다. 압살롬의 종들이 여자의 집으로 와서 물었습니다. "요나단과 아히마아스가 어디에 있느냐?" 여자가 대답했습니다. "벌써 시내를 건너가고 없습니다." 그 말을 듣고 압살롬의 종들은 요나단과 아히마아스를 찾으러 나섰습니다. 그러나 그들을 찾을 수 없었고 예루살렘으로 되돌아갔습니다.

압살롬의 종들이 돌아간 후에 요나단과 아히마아스는 우물에서 나왔습니다. 그들은 다윗 왕에게 가서 이렇게 말했습니다. "서두르십시오. 강을 건너십시오. 아히도벨이 왕을 해칠 계획을 세웠습니다." 그리하여 다윗과 그의 모든 백성은 요단 강을 건넜습니다. 날이 샐 무렵에는 한 사람도 빠짐없이 요단 강을 건넜습니다.

아히도벨은 이스라엘 백성이 자기의 계획을 받아들이지 않는 것을 보고 나귀에 안장을 지워 고향으로 돌아갔습니다. 아히도벨은 자기 집안일과 재산을 정리한 뒤에 목을 매고 죽었습니다. 아히도벨이 죽자 사람들은 그를 그의 아버지의 무덤에 묻어 주었습니다.

다윗과 압살롬 사이의 전쟁

다윗이 마하나임에 이르렀을 때에 비로소 압살롬과 그의 모든 이스라엘 백성은 요단 강을 건넜습니다. 압살롬은 요압을 대신해서 아마사를 군대의 총사령관으로 임명했습니다. 아마사는 이스마엘 사람인 이드라의 아들이었습니다. 아마사의 어머니는 나하스의 딸이자 요압의 어머니인 스루야의 동생 아비가일이었습니다. 압살롬과 모든 이스라엘 백성은 길르앗 땅에 진을 쳤습니다.

다윗이 마하나임에 이르렀을 때에 그곳에는 소비와 마길과 바르실래가 있었습니다. 나하스의 아들 소비는 랍바라는 암몬 사람들의 성에서 왔고, 암미엘의 아들 마길은 로데발에서 왔고, 바르실래는 길르앗 땅 로글림에서 왔습니다. 그들은 침대와 대야와 질그릇을 가지고 왔습니다. 또한 밀과 보리와 밀가루와 볶은 곡식과 콩과 팥도 가지고 왔습니다. 그들은 또 꿀과 버터와 양과 치즈도 가지고 와서 다윗과 백성들에게 주었습니다. 왜냐하면 백성들이 광야에서 굶주리고 지치고 목마를 것이라고 생각했기 때문입니다.

다윗은 자기와 함께한 사람들의 수를 세어 보았습니다. 다윗은 천 명씩 그리고 백 명씩 나누어 그 위에 지휘관을 세웠습니다. 다윗은 군대를 세 부대로 나눴습니다. 요압이 한 부대를 지휘했고, 스루야의 아들이자 요압의 동생인 아비새가 또 한 부대를 지휘했습니다. 가드 사람 잇대도 나머지 한 부대를 지휘하게 되었습니다. 다윗 왕이 그들에게 말했습니다. "나도 그대들과 함께 가겠소." 그러나 그들이 말했습니다. "안 됩니다! 왕께서는 우리와 같이 가시면 안 됩니다. 만약 우리가 싸움터에서 도망친다 해도 압살롬의 부하들은 우리에게 마음을 쓰지 않을 것입니다. 우리 중 절반이 죽는다 해도 압살롬의 부하들은 신경 쓰지 않을 것입니다. 왕께서는 우리들 만 명만큼이나 귀하십니다. 그러니 왕께서는 성에 그대로 머물러 계시는 것이 좋습니다. 그러다가 우리에게 도움이 필요해지면 그때 도와주십시오." 왕이 자기 백성들에게 말했습니다. "그대들이 좋다고 생각하는 대로 하겠소." 그리하여 군대가 밖으로 나갈 때 왕은 그냥 성문 곁에 서 있었습니다. 군대는 백 명씩, 천 명씩 무리 지어 나갔습니다. 왕이 요압과 아비새와 잇대에게 명령을 내렸습니다. "나를 봐서라도 어린 압살롬을 너그럽게 대해 주시오."

왕이 압살롬에 대해서 지휘관들에게 내린 명령을 모든 백성들이 다 들었습니다.

다윗의 군대가 압살롬의 이스라엘 사람들과 맞서 싸우기 위해 들로 나갔습니다. 그들은 에브라임 숲에서 싸웠습니다. 이 싸움에서 다윗의 군대는 이스라엘 사람들을 물리쳐 이겼습니다. 그날에 죽은 사람만 해도 무려 이만 명이나 되었습니다. 싸움이 나라 전체에 퍼졌지만 그날 숲 속에서 도망치다 죽은 압살롬의 부하들은 칼에 맞아 죽은 사람보다 더 많았습니다.

압살롬이 죽다

그때에 압살롬은 우연히 다윗의 군대와 마주쳤습니다. 압살롬은 노새를 타고 있었는데 마침 달리던 그 노새가 커다란 상수리나무 아래로 지나가게 되었습니다. 그 나무의 가지들은 매우 굵었습니다. 노새를 타고 달리던 압살롬의 머리가 그만 그 나뭇가지에 걸리고 말았습니다. 노새는 그래도 그냥 달려갔습니다. 그래서 압살롬은 나뭇가지에 걸린 채 공중에 매달리게 되었습니다. 어떤 사람이 그 모습을 보고 요압에게 그 사실을 이야기했습니다. "압살롬이 상수리나무에 매달려 있는 것을 보았습니다." 요압이 그에게 말했습니다. "네가 압살롬을 보았느냐? 그렇다면 왜 죽여서 땅에 떨어지게 하지 않았느냐? 그렇게만 했다면 너에게 은 열 개와 띠 하나를 주었을 것이다." 그 사람이 대답했습니다. "제게 은 천 개를 준다 해도 왕자를 해치고 싶지 않았습니다. 우리는 왕께서 장군님과 아비새와 잇대에게 내리신 명령을 들었습니다. 왕께서는 '어린 압살롬을 해치지 않도록 조심하라'고 말씀하셨습니다. 만약 내가 왕의 명령을 듣지 않고 압살롬을 죽였다면 왕께서는 반드시 그 사실을 알아내셨을 것입니다. 그때에는 장군님도 저를 보호해 주지 않으실 겁니다." 요압이 말했습니다. "여기에서 너하고 이러고 있을 시간이 없다." 요압이 압살롬에게 달려갔습니다. 압살롬은 그때까지 아직 산 채로 나무에 매달려 있었습니다. 요압은 창 세 자루를 집어 들어서 압살롬의 가슴을 꿰뚫었습니다. 그걸 보고 요압의 무기를 들고 다니는 젊은 군인 열 명도 모여 압살롬을 둘러쌌습니다. 그들은 압살롬을 쳐 죽였습니다.

그리고 나서 요압은 나팔을 불었습니다. 그러자 다윗의 부대들은 압살롬의 군사들을 뒤쫓는 일을 멈추었습니다. 그 후에 요압의 부하들이 압살롬의 시체를 가지고 갔습니다. 그들은 그 시체를 숲 속의 커다란 구덩이에 던져 넣고 나서 구덩이를 수많은 돌로 메워 버렸습니다. 압살롬을 따르던 모든 이스라엘 사람들은 집으로 도망쳤습니다. 압살롬은 죽기 전에 '왕의 골짜기'에 한 기둥을 세워 자기를 스스로 기념한 일이 있습니다. 압살롬은 "내 이름을 전할 아들이 내게는 없다"는 말을 했습니다. 그래서 압살롬은 자기 이름을 따서 그 기둥을 세웠습니다. 오늘날에도 그 기둥은 '압살롬의 기념비'라고 부릅니다.

사독의 아들 아히마아스가 요압에게 말했습니다. "달려가서 다윗 왕에게 이 소식을 전하겠습니다. 여호와께서 원수를 무찔러 주셨다고 왕에게 전하겠습니다." 요압이 아히마아스에게 말했습니다. "안 된다. 오늘은 이 소식을 전하지 마라. 다른 날에도 이 소식은 전할 수 있으니 네가 오늘 이 소식을 전하지 마라. 왜냐하면 왕자가 죽었기 때문이다." 그리고 나서 요압은 어떤 구스 사람에게 말했습니다. "가거라. 가서 왕에게 네가 본 대로 말씀드려라." 구스 사람은 요압에게 절을 하고 다윗에게 달려갔습니다. 그러나 사독의 아들 아히마아스가 요압에게 다시 말했습니다. "무슨 일이 일어나도 좋으니 제발 저도 저 구스 사람과 함께 가게 해 주십시오." 요압이 말했습니다. "얘야, 어찌하여 이 소식을 그렇게 전하고 싶어 하느냐? 이 소식을 가지고 간다고 해서 상을 받을 것도 아닌데." 아히마아스가 대답했습니다. "무슨 일이 일어나든 저는 가겠습니다." 할 수 없이 요압은 아히마아스에게 "가거라!" 하고 말했습니다. 그리하여 아히마아스는 요단 강 골짜기 길을 달려서 구스 사람을 앞질러 갔습니다.

그때에 다윗은 성의 안쪽 문과 바깥쪽 문 사이에 앉아 있었습니다. 파수꾼이 망대에 올라가서 보니 어떤 사람이 혼자서 달려오고 있었습니다. 파수꾼이 이 사실을 다윗 왕에게 큰 소리로 알려 주었습니다. 왕이 말했습니다. "혼자서 온다면 아마 좋은 소식을 가지고 오겠지." 그 사람은 점점 성으로 가까이 왔습니다. 그때에 파수꾼은 또 다른 사람이 달려오고 있는 것을 보았습니다. 파수꾼이 문지기에게 외쳤습니다. "보라! 또 다른 사람이 달려오고 있다!" 왕이 말했습니다. "그 사람도 좋은 소식을 가져오겠지." 파수꾼이 말했습니다. "앞에서 달려오는 사람은 사독의 아들 아히마아스 같습니다." 왕이 말했습니다. "아히마아스는 좋은 사람이다. 그 사람이 가지고 오는 소식은 반드시 좋은 소식일 것이다."

아히마아스가 왕에게 인사를 드렸습니다. 아히마아스는 얼굴을 땅에 대고 왕에게 절을 했습니다. 그리고 이렇게 말했습니다. "왕의 하나님 여호와를 찬양합니다. 여호와께서 내 주 왕에게 대적하는 사람들을 물리치셨습니다." 왕이 물었습니다. "어린 압살롬은 잘 있느냐?" 아히마아스가 재치있게 대답했습니다. "요압이 저를 보낼 때에 압살롬이 있는 곳에 큰 소란이 일어나는 것을 보았지만 무슨 일인지는 모르겠습니다." 그러자 왕이 말했습니다. "물러나 있어라." 아히마아스는 옆으로 물러나서 가만히 서 있었습니다.

그때에 구스 사람이 이르러서 말했습니다. "내 주 왕이시여! 좋은 소식을 가지고 왔습니다. 오늘 여호와께서 왕께 대적하는 사람들에게 벌을 내리셨습니다." 왕이 구스 사람에게 물었습니다. "어린 압살롬은 잘 있느냐?" 구스 사람이 대답했습니다. "왕의 원수들과 왕을 해치려 하는 사람들은 다 그 압살롬처럼 되기를 바랍니다." 그제서야 왕은 압살롬이 죽었다는 것을 알았습니다. 왕은 마음이 찢어질 듯이 아팠습니다. 왕은 성문 위에 있는 방으로 올라가서 "내 아들 압살롬아, 내 아들 압살롬아! 차라리 내가 죽어야 되는 건데! 압살롬아, 내 아들아, 내 아들아!" 하며 울었습니다.

요압이 다윗을 나무라다

백성들이 요압에게 말했습니다. "왕이 압살롬 때문에 너무 슬퍼하며 울고 계십니다." 다윗의 군대는 압살롬과의 싸움에서 이겼으나 그날은 오히려 모든 백성에게 슬픔의 날이 되고 말았습니다. 그것은 백성들이 "왕께서 자기 아들 때문에 매우 슬퍼하신다"는 이야기를 들었기 때문입니다. 백성들은 성으로 살며시 들어왔습니다. 그들은 마치 전쟁에서 지고 도망친 사람들 같았습니다. 왕은 자기 얼굴을 가리고 "내 아들 압살롬아, 압살롬아! 내 아들아, 내 아들아!" 하고 외치며 소리 높여 울었습니다. 그때에 요압이 왕의 집으로 들어가서 왕에게 말했습니다. "오늘 왕께서는 왕의 모든 군대를 부끄럽게 만드셨습니다. 그들은 오늘 왕의 목숨을 구해 주었습니다. 그들은 왕자들과 공주들과 왕비와 후궁들의 목숨도 구해 주었습니다. 그런데도 왕께서는 왕을 미워하는 사람을 사랑하시고 왕을 사랑하는 사람들을 미워하심으로 그들을 부끄럽게 만드셨습니다. 오늘 왕께서는 왕의 지휘관들과 군인들이 왕에게는 있으나마나 한 사람들이라는 사실을 분명하게 보여 주셨습니다. 압살롬이 살고 우리 모두가 죽었더라면 왕께서는 오히려 기뻐하셨을 것입

니다. 자, 이제는 나가셔서 왕의 종들을 격려해 주십시오. 살아 계
신 여호와께 맹세드리지만 왕께서 나가지 않으시면 오늘 밤에 왕의
곁에 남아 있을 사람은 아무도 없을 것입니다. 그렇게 되면 왕께서
는 젊은 시절부터 지금까지 당해 온 모든 어려움보다 더욱 큰 어려
움을 당하게 되실 것입니다." 이 말을 듣고 왕은 성문으로 나갔습
니다. 그러자 왕이 성문에 나왔다는 소식이 퍼졌고 모든 사람들이
왕을 보러 나왔습니다.

압살롬을 따랐던 모든 이스라엘 사람들은 자기 집으로 도망쳤
습니다.

다윗이 예루살렘으로 돌아가다

이스라엘의 모든 지파 사람들이 서로 다투기 시작했습니다. 그
들은 이렇게 말했습니다. "왕은 우리를 블레셋 사람과 우리의 다른
원수들로부터 구해 주었다. 그러나 지금 왕은 압살롬 때문에 이 나
라를 떠나 있다. 우리가 왕으로 세운 압살롬은 이제 싸움터에서 죽
고 말았다. 우리는 다시 다윗을 왕으로 세워야 한다."

다윗 왕은 제사장 사독과 아비아달에게 사람을 보내어 이렇게
말했습니다. "유다의 장로들에게 말하시오. '나는 내 집에서도 모든
이스라엘 백성들이 왕을 왕궁으로 다시 모셔 오자고 말하는 소리
를 들었소. 그런데 그대들은 어찌하여 왕을 왕궁으로 모시는 일에
가만히들 있는 거요? 그대들은 나의 형제요, 나의 집안 사람들이
오. 그런데 어찌하여 그대들은 왕을 다시 모시는 일에 아무 말이 없
소?' 그리고 압살롬을 따랐던 아마사에게 말하시오. '그대는 내 집
안 사람 중 한 사람이오. 내가 그대를 군대의 사령관으로 삼겠소.
만약 내가 요압 대신 그대를 군대의 사령관으로 임명하지 않는다면
하나님께서 나에게 벌을 주셔도 좋소.'" 다윗이 모든 유다 백성의

마음을 움직였습니다. 유다 백성은 하나같이 마음이 모아졌습니다. 그들은 왕에게 사람을 보내어 이렇게 말했습니다. "모든 신하들과 함께 돌아오십시오." 그리하여 왕이 요단 강까지 돌아왔을 때 유다 사람들은 길갈로 와서 왕을 맞이했습니다. 그들은 왕이 요단 강을 건너는 것을 도와주려 했습니다.

게라의 아들 시므이는 베냐민 사람이었습니다. 시므이는 바후림에 살았습니다. 시므이는 유다 사람들과 함께 서둘러 내려와서 다윗 왕을 맞이했습니다. 시므이와 함께 베냐민 사람 천 명도 왔습니다. 사울 집안의 종인 시바도 왔습니다. 시바는 자기 아들 열다섯 명과 종 스무 명을 데리고 왔습니다. 그들은 모두 서둘러 요단 강으로 내려가서 왕을 맞이했습니다. 사람들은 요단 강을 건너서 왕의 가족이 유다로 돌아오는 것을 도와주었습니다. 그들은 왕의 마음이 기쁘도록 애를 썼습니다. 왕이 강을 막 건너려 할 때에 게라의 아들 시므이가 왕에게 나아왔습니다. 시므이는 얼굴을 땅에 대고 왕 앞에서 절을 했습니다. 시므이가 왕에게 말했습니다. "내 주여, 저의 죄를 마음에 품지 말아 주십시오. 왕께서 예루살렘을 떠나셨을 때 제가 저지른 죄를 기억하지 말아 주십시오. 저의 죄를 제가 압니다. 그래서 요셉의 집안 중에서 제가 제일 먼저 내려와서 왕을 모시는 것입니다. 내 주 왕이시여!" 그러나 스루야의 아들 아비새가 말했습니다. "시므이는 죽어야 합니다. 시므이는 여호와께서 기름부어 세우신 왕을 저주했습니다." 다윗이 말했습니다. "스루야의 아들들이여, 이 일이 그대들과 무슨 상관이 있소? 그대들은 오늘 나와 원수가 되려 하고 있소. 오늘은 이스라엘에서 아무도 죽임을 당하지 않을 것이오. 오늘은 내가 이스라엘의 왕이 된 날이 아니오?" 그리고 나서 왕이 시므이에게 말했습니다. "너는 죽임을 당하지 않을 것이다." 왕은 이처럼 시므이에게 약속을 했습니다.

사울의 손자인 므비보셋도 다윗 왕을 맞이하러 내려왔습니다. 므비보셋은 왕이 예루살렘을 떠난 날부터 평안히 돌아올 때까지 발도 씻지 않고 수염도 깎지 않고 옷도 빨지 않았습니다. 므비보셋이 예루살렘에서 왕을 맞으러 왔습니다. 왕이 므비보셋에게 물었습니다. "므비보셋아, 너는 어찌하여 나와 함께 가지 않았느냐?" 므비보셋이 대답했습니다. "내 주여, 저의 종 시바가 저를 속였습니다. 저는 시바에게 '나는 다리를 저니 나귀에 안장을 채워 다오. 나귀를 타고 왕을 따라가겠다' 하고 말했습니다. 그러나 시바는 저를 속이고 저에 대해 왕께 거짓말을 했습니다. 내 주 왕이시여, 왕께서는 하나님이 보내신 천사와도 같으신 분입니다. 그러니 왕께서 판단하시기에 옳은 대로 결정하십시오. 제 아버지의 모든 집안은 내 주 왕 앞에서 죽어 마땅했으나 왕께서는 저를 왕의 식탁에서 함께 먹는 사람들 가운데 앉혀 주셨습니다. 그러니 이제 저는 왕께 더 바랄 것이 없습니다." 왕이 므비보셋에게 말했습니다. "그만두어라. 너와 시바가 땅을 나누어 가져라." 므비보셋이 왕에게 말했습니다. "시바에게 땅을 다 주십시오. 저는 내 주 왕께서 집에 평안히 돌아오신 것만으로도 만족합니다."

길르앗 사람 바르실래가 로글림에서 왕을 배웅하기 위하여 요단에 왔습니다. 바르실래는 여든 살이나 된 아주 늙은 사람이었고 아주 부자였습니다. 바르실래는 다윗이 마하나임에 머물러 있을 때 왕을 돌보아 주었습니다. 다윗이 바르실래에게 말했습니다. "나와 함께 강을 건너서 예루살렘으로 갑시다. 그러면 내가 그대를 돌보아 드리겠소." 그러나 바르실래가 왕에게 대답했습니다. "제 나이가 얼마인지 아십니까? 제가 왕과 함께 예루살렘으로 갈 수 있다고 생각하십니까? 제 나이가 여든 살입니다. 저는 먹고 마셔도 맛을 모를 만큼 늙었습니다. 저는 젊은 남자와 여자가 노래를 해도 그 소리를 알아들을 수 없을 만큼 늙었습니다. 그러니 저와 같은 사람에게 마음을 쓰지 마십시오. 저는 왕에게 상을 받을 자격이 없습니다. 왕을 모시고 요단 강을 건너기는 하겠습니다. 하지만 그 다음에는 다시 돌아가서 제가 사는 성에서 죽음을 맞이할 수 있게 해 주십시오. 제 부모님의 무덤 가까운 곳에서 죽게 해 주십시오. 하지만 여기에 왕의 종 김함이 있습니다. 내 주 왕이시여, 제 아들 김함을 데리고 가셔서 왕께서 좋으실 대로 하십시오." 왕이 대답했습니다. "김함을 데리고 가겠소. 그대가 원하는 것이라면 무엇이든지 김함에게 해 주겠소. 그리고 그대가 내게 원하는 것도 다 그대에게 해 주겠소." 모든 백성은 요단 강을 건너갔습니다. 왕도 바르실래에게 입 맞추고 그에게 축복한 뒤 강을 건너갔습니다. 바르실래는 자기 집으로 돌아갔습니다. 왕이 요단 강을 건너 길갈로 갈 때에 김함도 함께 갔습니다. 유다의 모든 백성과 이스라엘의 백성 절반이 왕을 모시고 나아갔습니다.

이스라엘의 모든 백성이 왕에게 나아와 불평했습니다. "우리 형제인 유다 사람들이 우리와 의논도 없이 왕과 왕의 가족들과 신하들을 요단 강 건너편으로 건네주었다는데 그들이 이럴 수 있습니까?" 유다의 모든 백성이 이스라엘 사람들에게 대답했습니다. "우리가 이 일을 한 까닭은 왕이 우리의 가장 가까운 친척이기 때문이오. 왜 이 일에 대해 화를 내시오? 우리는 왕의 음식을 축내지도 않았소. 왕이 우리에게 선물을 주신 일도 없소." 이스라엘 사람들이 유다 백성에게 대답했습니다. "이 나라 안에서 우리의 지파 수는 열이나 되오. 그러므로 우리는 여러분보다 다윗 왕에게 더 많은 것을 요구할 수 있소. 그런데 한 지파밖에 안 되는 여러분은 우리를 무시했소. 우리의 왕을 다시 모시는 일에 대해 어째서 우리와 먼저 상의하지 않았소?" 그러나 유다 사람들은 이스라엘 사람들보다 더 강력하게 말을 했습니다.

세바가 반란을 일으키다

비그리의 아들이며 이름이 세바인 난봉꾼이 있었습니다. 세바는 베냐민 지파 사람이었습니다. 세바는 나팔을 불면서 이렇게 말했습니다.

"우리는 다윗과 상관이 없다.
우리는 이새의 아들에게서 얻을 것이 없다.
이스라엘 백성아, 모두 자기 집으로 돌아가자!"

그리하여 모든 이스라엘 백성이 다윗을 떠나 비그리의 아들 세바를 따랐습니다. 그러나 유다 사람들은 요단 강에서 예루살렘에 이르기까지 자기 왕의 곁을 떠나지 않았습니다.

다윗은 예루살렘에 있는 왕궁으로 돌아왔습니다. 전에 다윗은 왕궁을 지키기 위해 후궁 열 명을 남겨 둔 일이 있습니다. 다윗은 그 후궁들을 잡아다가 별실에 가두고 보초들을 세워 놓았습니다. 후궁들은 죽을 때까지 그 집에 갇혀 살았습니다. 다윗은 그들에게 음식을 주기는 했지만 그들과 함께 잠을 자지는 않았습니다. 그들은 죽을 때까지 과부나 다름없이 살았습니다.

왕이 아마사에게 말했습니다. "유다 사람들에게 삼 일 안으로 나에게 나아오라고 전하시오. 그리고 그대도 함께 오시오." 그리하여 아마사는 유다 사람들을 부르러 갔습니다. 그러나 아마사는 왕이 정한 기간을 넘겨 버렸습니다. 다윗이 아비새에게 말했습니다. "우리에게 비그리의 아들 세바는 압살롬보다도 더 위험하오. 내 부하들을 데리고 가서 세바를 뒤쫓으시오. 세바가 강하고 튼튼한 성을 찾기 전에 어서 서두르시오. 세바가 강하고 튼튼한 성에 들어가게 되면 잡을 수 없게 되오." 그리하여 요압의 부하들과 그렛 사람과 블렛 사람 그리고 모든 군인들이 아비새와 함께 갔습니다. 그들은 예루살렘에서 나와 비그리의 아들 세바를 뒤쫓았습니다. 요압과 그 군대가 기브온의 커다란 바위에 이르렀을 때 아마사가 나와서 요압을 맞이했습니다. 그때 요압은 군복을 입고 있었고, 허리에는 띠를 차고 있었습니다. 그 띠에는 칼집이 있었고, 칼집 안에는 칼이 들어 있었습니다. 요압이 앞으로 나서면서 그 칼집을 풀어 놓았습니다. 요압이 아마사에게 말했습니다. "형님, 모든 일이 평안하시오?" 그러면서 요압은 오른손으로 아마사의 수염을 잡고 입을 맞추었습니다. 아마사는 요압의 손에 칼이 있으리라곤 생각도 못했습니다. 요압은 칼을 아마사의 배에 찔러 넣었습니다. 그러자 아마사의 창자가 땅 위에 쏟아졌습니다. 아마사는 그 자리에서 죽었기 때문에 요압이 다시 아마사를 칼로 찌를 필요가 없었습니다.

그리고 나서 요압과 그의 동생 아비새는 계속해서 비그리의 아들 세바를 뒤쫓았습니다. 요압의 부하 중 한 사람이 아마사의 시체 곁에 서 있다가 말했습니다. "요압과 다윗 편에 있는 사람은 요압을 따르도록 하여라!" 아마사는 피투성이가 된 채 길 한가운데에 쓰러져 있었습니다. 요압의 부하들은 지나가는 사람마다 그 시체를 보려고 멈추는 것을 보고 아마사의 시체를 길에서 끌어다가 들에 놓아두었습니다. 그리고 그 시체를 옷으로 덮어 주었습니다. 아마사의 시체가 길에서 치워지자 모든 사람들이 요압을 따라갔습니다. 그들은 요압과 함께 비그리의 아들 세바를 뒤쫓았습니다.

세바는 이스라엘의 모든 지파 가운데로 이리저리 다니다가 벧마아가의 아벨로 갔습니다. 모든 베림 사람들도 와서 세바의 뒤를 따라갔습니다. 요압과 그의 부하들도 벧마아가의 아벨로 가서 그곳을 에워쌌습니다. 그들은 성을 공격하기 위해 성벽 곁에 흙을 쌓아 올렸습니다. 또 성벽을 무너뜨리기 위해 성벽 아래를 파기 시작했습니다. 그런데 어떤 지혜로운 여자가 성에서 소리를 질렀습니다. "제 말씀을 들어 보십시오! 요압에게 이리로 좀 와 달라고 해 주십시오. 드릴 말씀이 있습니다." 그래서 요압이 여자가 있는 쪽으로 왔습니다. 여자가 "요압 장군이십니까?" 하고 물었습니다. 요압이 "그렇소" 하고 대답했습니다. 여자가 말했습니다. "제 말을 들어 주십시오." 요압이 말했습니다. "듣고 있으니 말해 보시오." 그러자 여자가 말했습니다. "전에는 사람들이 '도움말을 구할 일이 있으면 아벨로 가 보아라' 하고 말하곤 했습니다. 그러면 문제가 풀렸습니다. 저는 평화를 좋아하는 충성스런 이스라엘 백성 중 한 사람입니다. 장군께서는 이스라엘의 중요한 성 하나를 멸망시키려 하고 있습니다. 여호와의 성인 이 성을 왜 멸망시키려 하십니까?" 요압이 대답했습니다. "나는 결코 멸망시키거나 무너뜨리려고 온 것이 아니오. 그런 일은 나도 바라지 않소. 하지만 이 성에는 에브라임의 산악 지방에서 온 사람이 하나 있소. 그 사람의 이름은 비그리의 아들 세바인데 그 사람은 다윗 왕을 향해 반란을 일으켰소. 만약 그 사람을 나에게 데리고 오기만 하면 이 성을 그대로 내버려 두겠소." 여자가 요압에게 말했습니다. "그 사람의 머리를 장군님이 있는 성문 밖으로 던지고 말겠습니다." 그리고 나서 그 여자는 성의 모든 백성에게 매우 지혜롭게 말을 했습니다. 그들은 비그리의 아들 세바의 목을 잘랐습니다. 그리고 그 목을 성문 밖의 요압에게로 던졌습니다. 그러자 요압은 나팔을 불었고, 군대는 그 성을 떠났습니다. 모두 다 집으로 돌아갔습니다. 요압은 왕이 있는 예루살렘으로 돌아갔습니다.

요압은 다시 이스라엘 모든 군대의 총사령관이 되었습니다. 여호야다의 아들 브나야는 그렛 사람과 블렛 사람을 지휘했습니다. 아도니람은 강제 노동을 하는 사람들을 감독했습니다. 아힐룻의 아들 여호사밧은 역사 기록관이 되었습니다. 스와는 서기관이 되고, 사독과 아비아달은 제사장이 되었습니다. 야일 사람 이라는 다윗의 제사장이 되었습니다.

기브온 사람들이 사울의 집안에 원수를 갚다

다윗이 왕으로 있을 때에 기근이 있었습니다. 기근은 삼 년 동안 계속되었습니다. 그래서 다윗은 여호와께 기도를 드렸습니다. 여호와께서 대답해 주셨습니다. "사울과 그의 집안 때문에 기근이 생긴 것이다. 사울이 기브온 사람들을 죽였기 때문이다." 다윗 왕은 기브온 사람들을 불러 모아 그들에게 물었습니다. 기브온 사람들은 이스라엘 백성이 아니었습니다. 그들은 살아남은 아모리 사람의 한 무리였습니다. 전에 이스라엘 사람들은 기브온 사람들을 해치지 않기로 약속을 했습니다. 그러나 사울은 이스라엘과 유다의 백성들을 도우려는 열심이 너무 지나쳐서 기브온 사람들을 다 죽이려 했습니다. 다윗 왕은 기브온 사람들을 불러 모아 그들에게 이야기했습니다. 다윗이 물었습니다. "내가 당신들을 위해 어떻게 하면 좋겠소? 어떻게 해야 이스라엘 백성의 죄를 용서하고 오히려 여호와의 백성에게 복을 빌어 주겠소?" 기브온 사람들이 다윗에게 대답했습니다. "사울과 그의 집안과 우리 사이의 문제는 금이나 은으로 해결할 수 없는 문제입니다. 이것은 사람의 목숨으로 보상될 문제입니다. 그런데 우리는 이스라엘 사람을 죽일 권한이 없습니다." 그 말을 듣고 다윗이 다시 그들에게 물었습니다. "그렇다면 당신들이 바라는 것은 무엇이오?" 기브온 사람들이 다윗에게 대답했습니다. "사울은 우리에게 몹쓸 짓을 했습니다. 사울은 우리를 전멸시켜 이스라엘 땅에 남지 못하도록 음모를 꾸몄습니다. 그러니 사울의 아들 일곱 명을 우리에게 넘겨주십시오. 그러면 사울의 고향인 기브아에서 그리고 여호와 앞에서 그들을 목매어달겠습니다." 왕이 말했습니다. "그들을 넘겨주겠소."

그러나 왕은 요나단의 아들 므비보셋만은 보호해 주었습니다. 요나단은 사울의 아들이었습니다. 다윗이 그런 일을 한 까닭은 다윗이 여호와의 이름으로 요나단에게 그의 후손을 보호해 주겠다고 약속했기 때문입니다. 그래서 왕은 리스바와 사울 사이에서 태어난 아들인 알모니와 므비보셋을 붙잡았습니다. 리스바는 아야의 딸이었습니다. 그리고 왕은 사울의 딸 메랍의 다섯 아들을 붙잡았습니다. 메랍의 다섯 아들의 아버지는 아드리엘이었습니다. 아드리엘은 므홀랏 사람 바르실래의 아들이었습니다. 다윗은 이들 일곱 명을 기브온 사람들에게 넘겨주었습니다. 그러자 기브온 사람들은 언덕 위에서 여호와 앞에 그들을 목매달았습니다. 일곱 아들이 다 함께 죽었습니다. 그들은 추수를 시작할 무렵에 죽임을 당했습니다. 그 때는 사람들이 보리를 막 거둘 때였습니다.

아야의 딸 리스바는 거친 베로 만든 천을 가져다가 바위 위에 그것을 폈습니다. 그리고 리스바는 추수가 시작될 때부터 비가 내릴 때까지 하늘의 새들이 자기 아들들의 시체를 건드리지 못하게 막았습니다. 또 밤이 되면 들짐승들이 시체를 건드리지 못하게 막았습니다. 사람들이 사울의 후궁이었던 리스바가 하고 있는 일을 다윗에게 이야기했습니다. 그러자 다윗은 사울과 요나단의 뼈를 길르앗의 야베스 사람들에게서 찾아왔습니다. 전에 블레셋 사람들이 길보아에서 사울과 요나단을 죽인 후 시체들을 벧산 거리에 매달았습니다. 그때 길르앗의 야베스 사람들이 몰래 그 시체들을 가져온 것이었습니다. 다윗은 사울과 그의 아들 요나단의 뼈를 길르앗에서 옮겨 왔습니다. 그러자 백성들은 달려 죽은 사울의 일곱 아들의 시체를 거두어들였습니다. 백성들은 사울과 그의 아들 요나단의 뼈를 옮기면서 죽임을 당한 사울의 일곱 아들의 시체도 함께 베냐민 땅 셀라에 있는 사울의 아버지 기스의 무덤에 묻어 주었습니다. 백성들은 왕이 명령한 것을 다 지켰습니다. 그러자 하나님께서 그 땅 백성들의 기도를 들어주셨습니다.

블레셋과 전쟁을 하다

블레셋과 이스라엘 사이에 또다시 전쟁이 일어났습니다. 다윗은 자기 부하들을 거느리고 블레셋 사람들과 싸우러 나갔습니다. 그러나 다윗은 지치고 약해졌습니다. 거인의 아들 중에 이스비브놉이라는 사람이 있었습니다. 이스비브놉의 놋쇠창은 무게가 삼백 세겔 가까이 나갔습니다. 이스비브놉은 또 새 칼을 가지고 다윗을 죽일 계획을 세웠습니다. 그러나 스루야의 아들 아비새가 이 블레셋 사람을 죽이고 다윗의 목숨을 구해 주었습니다. 그때에 다윗의 부하들이 다윗에게 한 가지 다짐을 받으려 했습니다. 그들이 말했습니다. "다시는 우리와 함께 싸움터에 나오지 마십시오. 만약 왕이 돌아가시면 이스라엘의 등불이 꺼지는 것과 같습니다."

그 후 곱에서 다시 블레셋과 싸움이 있었습니다. 후사 사람 십브개가 거인의 아들 중 하나인 삽을 죽였습니다. 그 후 곱에서 또다시 블레셋과 싸움이 있었습니다. 베들레헴 사람 야레오르김의 아들 엘하난이 가드 사람 골리앗의 동생 라흐미를 죽였습니다. 그의 창은 베틀채만큼 컸습니다. 가드에서도 또다시 전쟁이 일어났습니다. 거기에는 굉장히 큰 거인이 있었습니다. 그 사람의 손가락은 한 손에 여섯 개씩 있었고, 발가락도 한쪽에 여섯 개씩 있었습니다. 그러니까 그 사람의 손가락과 발가락은 모두 스물네 개였습니다. 이

사람도 역시 거인의 아들이었습니다. 이 사람은 이스라엘에 맞서
싸우다가 요나단에게 죽임을 당했습니다. 요나단은 다윗의 형인
삼마의 아들이었습니다. 이들 네 사람은 모두 가드에 사는 거인의
아들들이었습니다. 그들은 모두 다윗과 그의 부하들에게 죽임을
당했습니다.

다윗의 찬양

다윗이 여호와께 노래를 지어 불렀습니다. 다윗이 이 노래를
부른 때는 여호와께서 그를 사울과 다른 모든 원수들에게서
구해 주셨을 때입니다. 다윗은 이렇게 노래했습니다.

"여호와는 나의 바위, 나의 요새이시며 나의 구세주이시다.
나의 하나님은 나의 피할 바위이시며
나의 방패, 나의 구원의 뿔이시다.
주님은 나의 망대이시며 나의 피난처이시다.
주님께서 나를 해치려는 자에게서 구해 주셨다.
찬양받으실 여호와께 내가 부르짖으니
여호와께서 나를 원수에게서 구해 주셨다.

죽음의 파도가 나를 에워싸고 멸망의 강물이 나를 덮쳤도다.
죽음의 밧줄이 나를 두르고 죽음의 덫이 내 앞에 있도다.

고통 중에 주님을 부르고 나의 하나님께 부르짖었다.
여호와께서 그 성전에서 나의 소리를 들으시고
나의 부르짖음을 들어 주셨다.

주께서 노하시니 땅이 움직이고 흔들리며
하늘의 기초가 흔들리기 시작했다.
연기가 주님의 코에서 나오고 입에서는 타는 불이 나와
그 불에 숯덩이가 피어올랐다.
주께서 하늘을 가르고 내려오시니
검은 구름이 그의 발아래에 있도다.
주께서 날개 달린 생물인 그룹을 타고 날아다니시며
바람의 날개를 타고 다니신다.
주께서 어둠과 안개와 구름으로 장막을 삼으셨다.
주님 앞에 있는 밝은 빛으로 숯덩이가 불을 피웠도다.
주께서 하늘에서 천둥을 치시고 가장 높으신 분께서
소리를 높이셨다. 주께서 화살을 쏘아 원수들을 물리치시며
번개로 그들을 두려움에 떨게 하셨다.
주께서 강하게 말씀하시고 그 코에서 바람이 불어 나오니,
바다 밑이 나타나고 땅의 기초가 드러났도다.

주께서 하늘에서 내려오셔서 나를 붙드시고
깊은 물에서 나를 건지셨다.
내가 이길 수 없는 강한 원수들에게서 나를 구하시고
나를 미워하는 자에게서 나를 구하셨다.
그들은 내가 어려울 때 나를 공격했으나
주께서 나의 안식처가 되어 주셨다.
주께서 나를 피난처로 이끄시며
나를 기쁘게 여기시어 나를 구해 주셨다.

주께서 나를 살려 주신 것은 내가 의로운 일을 했기 때문이다.

내가 나쁜 일을 하지 않았기 때문에 주께서 나를 구해 주셨다.
나는 주님의 길을 따랐고 하나님에게서 멀어지지 않았다.
주님의 모든 율법을 내가 지켰으며
주님의 가르침을 어기지 않았다.
주님 앞에서 흠 없이 살았고 나쁜 일을 하지 않았다.
주께서 나를 구해 주신 것은 나의 의로움 때문이다.
주님 보시기에 흠이 없었기 때문이다.

주님, 주께서는 진실한 사람에게 진실을 베푸시고
선한 사람에게 선을 베푸십니다.
깨끗한 사람에게 깨끗함을 보이시고
나쁜 사람에게는 그의 악함을 되갚으십니다.
겸손한 사람을 구하시고 교만한 사람을 낮추십니다.
여호와여, 주께서는 나의 등불이십니다.
여호와께서는 나의 어둠을 밝히셨습니다.
주님의 도우심으로 나는 원수를 칠 수 있고
하나님의 도우심으로 성벽을 뛰어넘을 수 있습니다.
하나님의 길은 완전하고 여호와의 약속은 틀림없습니다.
주께서는 주님을 믿는 사람의 방패가 되십니다.

누가 하나님이신가? 여호와밖에 없으시다.
누가 바위인가? 우리 하나님뿐이시다.
하나님은 나의 든든한 요새이시며
나의 길을 곧고 평탄하게 하신다.
하나님께서는 나의 발을 사슴의 발처럼 만드셔서
높은 곳에서도 든든하게 세워 주셨다.

내 손을 훈련시켜 싸울 수 있게 하시고
놋쇠 활도 당길 수 있게 하신다.
주께서는 나에게 구원의 방패를 주시고
나를 도우셔서 큰 사람으로 만드셨다.
나에게 좀 더 나은 길을 주셔서
내 발이 미끄러지지 않게 하셨다.
나는 원수를 뒤쫓아 물리쳤고
그들이 멸망할 때까지 물러나지 않았다.
나는 그들을 부수고 멸망시켜 다시는 일어서지 못하게 하였다.
그들은 내 발아래 엎어졌도다.
주께서는 싸움터에서 나에게 힘을 주셨고
나의 원수들을 엎어지게 하셨다.
주께서는 원수들이 나의 앞에서 등을 돌려 달아나게 하시고
나를 미워하는 사람들을 물리쳐 이기게 해 주셨다.
원수들은 도움을 구했으나 아무도 그들을 구하러 오지 않았다.
그들은 주님을 불렀지만 주께서는 대답하지 않으셨다.
나는 원수들을 흙먼지처럼 무너뜨렸고
길바닥의 진흙처럼 짓밟았다.

주께서는 나의 백성이 나를 공격할 때에 구해 주셨고
다른 나라들의 지도자로 삼아 주셨다.
그래서 내가 알지도 못하는 백성들이 나를 섬기고
이방 사람들이 나에게 복종한다.
나에 대한 이야기만 듣고도 나에게 복종한다.
그들은 모두 두려워하고 피난처에서 떨고 있다.

주님은 살아 계신다. 나의 바위를 찬양하여라.
나를 구한 바위이신 하나님을 찬양하여라.
하나님께서는 내가 원수들을 이기게 해 주셨고
백성들이 나에게 복종하도록 해 주셨다.
원수에게서 나를 구해 주시고 나를 미워하는 사람들에게서
나를 높이 드시고 폭력을 휘두르는 사람들에게서
나를 건져 주셨다.

그러므로 여호와여,
내가 여러 나라들 가운데서 주께 감사합니다.
주님의 이름을 찬양합니다.
주께서는 손수 세우신 왕에게
큰 승리를 주셨고 손수 기름부으신 사람
다윗과 그의 자손들에게 한결같은 사랑을 베푸셨습니다."

다윗의 마지막 말

다음은 다윗이 남긴 마지막 말입니다.

"이새의 아들 다윗의 말이며 하나님께서 높이신 사람의 말이다.
그는 야곱의 하나님께서 기름부으신 왕이며
그는 이스라엘의 아름다운 노래를 부르는 사람이다.

여호와의 영이 나를 통해 말씀하셨다.
그분의 말씀이 내 혀에 담겼다.
이스라엘의 하나님께서 말씀하셨다.
이스라엘의 반석이신 분이 나에게 말씀하셨다.

'너는 백성을 공평하게 다스리는 사람이며
하나님을 두려워하는 마음으로 다스리는 사람이로다.
그런 너는 새벽빛과 같고 구름 끼지 않은 아침과도 같으며
비 온 뒤의 햇살과도 같고
땅에서 새싹을 돋게 하는 햇살과도 같다.'

이처럼 하나님께서는 내 집안을 돌봐 주셨다.
하나님께서는 나와 영원한 약속을 맺어 주셨고
모든 일에 올바르고 든든한 약속을 해 주셨다.
이 약속은 나의 구원이며
이 약속은 내가 가장 기뻐하는 것이다.
진실로 주께서는 그 약속을 이루어 주실 것이다.
그러나 모든 악한 백성은 가시와 같아서 버림을 받을 것이다.
왜냐하면 손으로 가시를 잡을 수 없기 때문이다.
누구나 가시를 만지려면 쇠막대나 창을 사용해야 한다.
가시는 불에 던져져서 마침내 타 버리고 말 것이다.”

다윗의 용사들

다윗의 용사들의 이름은 이러합니다. 다그몬 사람 요셉밧세벳은 세 용사의 우두머리입니다. 그는 에센 사람 아디노라고도 불립니다. 그는 한꺼번에 창 하나로 적군 팔백 명을 죽인 일이 있습니다.

그 다음에는 아호아 사람 도대의 아들 엘르아살이 있습니다. 엘르아살은 다윗이 블레셋과 싸울 때 다윗과 함께 있었던 세 명의 군인 중 한 사람입니다. 블레셋 사람들이 싸움터에 모였을 때 이스라엘 백성은 도망쳤습니다. 그러나 엘르아살은 도망치지 않고 남아 있다가 지쳐서 칼을 더 휘두를 수 없을 때까지 블레셋과 싸웠습니

다. 여호와께서는 그날 이스라엘이 크게 이기게 해 주셨습니다. 엘르아살이 싸움에서 이긴 다음에 백성들이 다시 돌아왔습니다. 그러나 백성들이 와서 한 일은 적에게서 무기와 갑옷을 거둬들이는 일뿐이었습니다.

그 다음에는 하랄 사람 아게의 아들 삼마가 있습니다. 블레셋 사람들이 와서 싸울 때의 일입니다. 블레셋 사람들은 우거진 팥밭에 떼를 지어 모여 있었습니다. 이스라엘의 군대는 블레셋 사람을 피해 도망쳤습니다. 그러나 삼마는 밭 한가운데에 서 있었습니다. 삼마는 그곳에서 블레셋 사람들과 맞서 싸웠습니다. 여호와께서는 그에게 큰 승리를 주셨습니다.

추수를 시작할 무렵에 다윗이 거느린 으뜸가는 군인들 삼십 명 중에서 세 용사가 다윗을 찾아왔습니다. 그때 다윗은 아둘람 동굴에 있었고, 블레셋 군대는 르바임 골짜기에 진을 치고 있었습니다. 그때 다윗이 있던 곳은 안전한 요새였고 몇몇 블레셋 군인들은 베들레헴에 있었습니다. 다윗은 몹시 물이 마시고 싶었습니다. 다윗이 말했습니다. "누가 베들레헴 성문 가까이에 있는 샘에 가서 물을 길어다 줄 수 없을까?" 그 말을 듣고 세 용사가 블레셋 군대를 뚫고 나가서 베들레헴 성문 가까이에 있는 샘에서 물을 길어 다윗에게 가지고 왔습니다. 그러나 다윗은 그 물을 마시지 않았습니다. 다윗은 그 물을 여호와 앞에서 땅에 쏟아 버렸습니다. 그리고 다윗이 말했습니다. "여호와여! 저는 이 물을 마시지 않겠습니다. 이 물을 마시는 것은 곧 자기 목숨을 내건 이 사람들의 피를 마시는 것과 같습니다." 결국 다윗은 그 물을 마시지 않았습니다. 세 용사는 다윗에게 그렇게까지 용감히 나서서 충성심을 보였습니다.

그 세 용사는 다음과 같습니다. 아비새는 스루야의 아들 요압의 동생입니다. 아비새는 삼십 명 부대의 우두머리였습니다. 아비새는 창으로 적군 삼백 명을 죽인 일이 있습니다. 아비새는 세 용사 중의 하나라는 명성을 얻었습니다. 아비새는 세 용사보다도 더 존경을 받았고 세 용사의 지휘관이 되었습니다. 그러나 아비새는 처음의 세 용사에는 들지 못했습니다.

여호야다의 아들 브나야는 갑스엘 사람으로서 용감한 군인이었습니다. 브나야는 용감한 일을 많이 했습니다. 브나야는 모압의 최고 군인 두 사람을 죽인 일이 있습니다. 또 브나야는 눈이 내리는 날 구덩이에 내려가서 사자를 죽인 일도 있습니다. 브나야는 이집트의 거인도 죽인 일이 있습니다. 그 이집트 사람은 손에 창을 들고 있었는데 브나야는 작은 막대기 하나만 들고 있었습니다. 브나야는 이집트 사람의 손에서 창을 빼앗아서 그 창으로 그를 죽였습니다. 여호야다의 아들 브나야는 이처럼 용감한 일들을 했습니다. 브나야는 세 용사 중의 하나라는 명성을 얻었습니다. 브나야는 삼십 용사보다도 존경을 받았으나 세 용사에는 들지 못했습니다. 다윗은 브나야를 자기의 경호대장으로 삼았습니다.

다음은 다윗의 용사들 삼십 명의 이름입니다. 세 용사 가운데에서 마지막은 요압의 동생 아사헬입니다. 베들레헴 사람 도도의 아들 엘하난, 하롯 사람 삼훗, 하롯 사람 엘리가, 발디 사람 헬레스, 드고아 사람 익게스의 아들 이라, 아나돗 사람 아비에셀, 후사 사람 므분내, 아호아 사람 살몬, 느도바 사람 마하래, 느도바 사람 바아나의 아들 헬렙, 베냐민 땅 기브아 사람 리배의 아들 잇대, 비라돈 사람 브나야, 가아스 골짜기 사람 힛대, 아르바 사람 아비알본, 바르훔 사람 아스마웻, 사알본 사람 엘리아바, 야센의 아들 요나단, 하랄 사람 삼마, 아랄 사람 사랄의 아들 아히암, 마아가 사람 아하스배의 아들 엘리벨렛, 길로 사람 아히도벨의 아들 엘리암, 갈멜 사람 헤스래, 아랍 사람 바아래, 소바 사람 나단의 아들 이

갈, 갓 사람 바니, 암몬 사람 셀렉, 스루야의 아들 요압의 무기를
들고 다녔던 브에롯 사람 나하래, 이델 사람 이라, 이델 사람 가렙,
헷 사람 우리아, 이상 모두 삼십칠 명이었습니다.

다윗의 인구 조사와 재앙

여호와께서 또다시 이스라엘 백성에게 진노하셨습니다. 그래
서 여호와께서는 다윗의 마음속에 이스라엘 백성의 수를 세
려는 충동을 불어넣으셨습니다. 다윗이 말했습니다. "가서 이스라
엘과 유다 백성의 수를 세어 보아라." 다윗 왕이 군대 지휘관인 요
압에게 말했습니다. "이스라엘의 모든 지파 사이를 두루 다니시오.
단에서 브엘세바까지 다니면서 백성의 수를 세시오. 그래서 그 수
가 얼마나 되는지 나에게 알려 주시오." 그러나 요압이 왕에게 말
했습니다. "왕의 하나님 여호와께서 왕에게 백 배나 더 많은 백성
을 주시기 바랍니다. 그리고 그런 일이 일어날 때까지 왕께서 살아
계시기를 바랍니다. 하지만 왕께서는 어찌하여 이런 일을 하려 하
십니까?" 그러나 요압을 비롯한 다른 지휘관들은 왕의 명령을 계
속 따르지 않을 수 없음을 깨닫고 이스라엘 백성의 수를 세러 나갔
습니다. 그들은 요단 강을 건넌 후에 아로엘에서 가까운 곳에 진
을 쳤습니다. 그들은 골짜기 가운데에 있는 아로엘 성의 남쪽에 진
을 쳤습니다. 그들은 갓과 야셀을 거쳐서 갔습니다. 그 후에 그들
은 길르앗과 닷딤홋시 땅으로 갔습니다. 그 다음에 그들은 다냐안
을 거쳐 시돈으로 돌아갔습니다. 그들은 굳건한 성벽이 있는 두로
성으로 갔습니다. 그들은 또 히위 사람과 가나안 사람의 모든 성
으로도 갔습니다. 마지막으로 그들은 유다 남쪽 브엘세바로 갔습
니다. 그들은 구 개월 이십 일 만에 모든 땅을 두루 다니고 예루살
렘으로 돌아왔습니다. 요압이 백성들의 수를 왕에게 말했습니다.

이스라엘에는 칼을 쓸 수 있는 사람이 모두 팔십만 명이었고, 유다에는 오십만 명이 있었습니다.

인구 조사가 다 끝나자 다윗은 자기가 잘못했다는 생각이 들었습니다. 다윗이 여호와께 말씀드렸습니다. "제가 큰 죄를 지었습니다. 여호와여, 제발 저의 죄를 용서해 주십시오. 제가 너무나 바보 같은 일을 했습니다." 다윗이 아침에 일어나기 전에 여호와께서 갓에게 말씀하셨습니다. 갓은 다윗의 예언자였습니다. 여호와께서 갓에게 말씀하셨습니다. "가서 다윗에게 전하여라. '여호와께서 이렇게 말씀하셨습니다. 내가 너에게 세 가지를 내놓겠다. 그중에서 하나를 골라라.'" 갓이 다윗에게 가서 말했습니다. "이 세 가지 중에서 하나를 고르십시오. 왕과 왕의 땅에 칠 년 동안 가뭄이 드는 것이 좋겠습니까? 아니면 왕의 원수가 왕을 세 달 동안 뒤쫓는 것이 좋겠습니까? 그것도 아니면 왕의 나라에 삼 일 동안 전염병이 도는 것이 좋겠습니까? 잘 생각해 보고 저를 보내신 여호와께 대답할 말씀을 정해 주십시오." 다윗이 갓에게 말했습니다. "정말로 큰일났구려. 하지만 여호와께서는 매우 자비로우신 분이오. 그러므로 여호와께서 주시는 벌을 받는 편이 낫겠소. 사람들 손에 벌을 받는 것은 싫소."

그리하여 여호와께서는 그날 아침부터 전염병을 삼 일 동안 이스라엘에 돌게 하셨습니다. 단에서 브엘세바까지 칠만 명이나 되는 사람이 죽었습니다. 전염병을 퍼뜨리고 다니던 천사가 팔을 들어 예루살렘을 가리키며 치려 하는 순간 여호와께서 이스라엘에 재앙을 내리셨던 마음을 바꾸셨습니다. 여호와께서 백성들에게 벌을 주고 있는 천사에게 말씀하셨습니다. "이젠 되었도다. 그만 팔을 거두어라." 그때 주님의 천사는 여부스 사람 아라우나의 타작마당 곁에 서 있었습니다. 다윗이 백성들을 친 천사를 보고 여호와께 말씀드렸습니다. "제가 죄를 지었습니다. 제가 잘못했습니다. 하지만 이 백성들은 양처럼 저를 따르기만 했습니다. 그들은 아무 잘못이 없습니다. 저와 제 아버지의 집안에만 벌을 주십시오."

그날 갓이 다윗에게 와서 말했습니다. "가서 여호와를 위하여 여부스 사람 아라우나의 타작마당에 제단을 쌓으십시오." 그래서 다윗은 갓을 통해 여호와께서 명령하신 대로 했습니다. 다윗은 여호와의 명령을 따라 아라우나를 만나러 갔습니다. 아라우나가 보니 왕이 신하들과 함께 자기에게 오고 있었습니다. 그래서 아라우나는 밖으로 나가서 얼굴을 땅에 대고 절을 했습니다. 그리고 이렇게 물었습니다. "어쩐 일로 내 주 왕께서 저에게 오십니까?" 다윗이 대답했습니다. "그대에게서 이 타작마당을 사려고 왔소. 그래서 여호와께 제단을 쌓고 싶소. 그러면 백성들에게 닥친 이 재앙도 그칠 것이오." 아라우나가 다윗에게 말했습니다. "내 주 왕이시여, 어디든지 마음에 드시는 곳에서 제물을 바치십시오. 온전한 번제를 드릴 소도 여기에 몇 마리 있습니다. 또 땔감으로 쓸 타작판과 소의 멍에도 있습니다. 왕이시여, 아라우나가 이 모든 것을 왕께 드립니다." 아라우나가 또 말했습니다. "왕의 하나님 여호와께서 왕의 제물을 기쁘게 받아 주시기를 바랍니다." 그러나 왕은 아라우나에게 이렇게 대답했습니다. "안 되오. 돈을 주고 이 땅을 사겠소. 내 하나님 여호와께 거저 얻은 것으로 태워 드리는 제사인 번제를 드릴 수는 없소." 그리하여 다윗은 타작마당과 소를 은 오십 세겔을 주고 샀습니다. 그리고 나서 다윗은 온전한 번제와 화목제를 드렸습니다. 그러자 여호와께서 나라를 위한 다윗의 기도를 들어주셔서 이스라엘에 내렸던 재앙을 멈추셨습니다.

Story

Agape

Bible

구약 ①

—

부록

모세

모세의 생애에서 중요한 사건들

모세는 이스라엘 백성이 이집트 땅에서 학대를 당하던 상황 속에서 태어났다. 모세의 아버지는 아므람이었고, 어머니는 요게벳이었다. 이들은 레위 지파에 속했다.

출 2:1;6:20

요게벳은 아기 모세를 갈대 상자에 넣어 나일 강물에 띄워 보냈다. 바로의 딸이 그 상자를 발견하고 아기 모세를 왕국으로 데려왔다.

출 2:3-10

모세는 어떤 이집트 사람이 이스라엘 사람을 쳐 죽이는 장면을 보고, 그 사람을 쳐 죽였다. 이 사건으로 인해, 모세는 피신하여 미디안 땅의 한 제사장 집에서 거주하게 된다. 모세는 미디안 제사장의 딸 십보라와 결혼한다.

출 2:11-22

모세는 불붙는 떨기 나무를 보게 되었고, 여호와로부터 "이스라엘 자손을 이집트로부터 인도해 내라"는 사명을 받았다. 그리고 여호와는 자신의 이름을 "스스로 있는 자"라고 말씀하셨다.

출 3장

모세는 이집트로 돌아왔다. 친형 아론과 함께 모세는 바로에게 나아가서 하나님의 명령을 전달했다.

출 4-5장

바로는 이스라엘 백성이 떠나가는 것을 쉽사리 허락하지 않았다. 하나님께서는 이집트에 아홉 가지 재앙을 내리심으로써 그분께서 그곳에서 이스라엘 백성과 함께 하심을 입증하셨다.

출 5-10장

이집트인들의 맏아들들이 재앙으로 모두 죽는다. 그제서야 바로는 이스라엘 백성이 이집트를 떠나는 것을 허락한다.

출 11-12장

모세는 홍해를 거쳐, 시내 광야로 이스라엘 백성을 인도한다. 출 14장

모세는 시내산 기슭에서 하나님으로부터 받은 계명을 이스라엘 백성에게 전달한다. 또한 성막을 짓는 것에 대한 자세한 지침을 전달한다. 출 19–31장

모세는 이스라엘 백성이 금송아지를 숭배하는 장면을 보고, 십계명이 적힌 돌판을 내던진다. 출 32장

모세가 하나님의 영광을 보기를 원한다. 출 33장

가나안 땅으로 정탐꾼들을 보낸다. 정탐꾼들의 보고로 인하여 이스라엘 백성이 하나님에 대한 신앙을 저버리게 된다. 그것에 대한 징벌로서 이스라엘 백성은 40년 동안 광야 생활을 하게 된다. 이 기간 동안에 모세는 이스라엘 백성을 인도하며 이들에게 하나님을 신뢰하는 용기를 불어넣어 준다. 민 13–36장

모세는 느보 산 위에서 이스라엘 백성이 차지하게 될 가나안 땅을 바라본다. 그리고 나서 모세는 숨을 거둔다. 신 34장

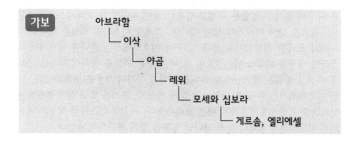

출애굽

이집트를 떠나는 이스라엘 백성
이집트 자손의 장자와 이집트 사람이 소유한 모든 짐승의 처음 난 것이 죽게 된 재앙이 닥치자 바로는 마침내 이스라엘 백성이 이집트를 떠나 광야로 가서 여호와께 경배와 예물을 드리는 것을 허락했다. 이스라엘 백성은 나일 강 델타의 동부 지역에서 출발했다. 이들은 소, 양, 염소 등의 가축 떼와 더불어 금은 패물과 의복 등을 갖추고 떠났다. "여호와께서는 이집트 사람들이 이스라엘 백성들에게 친절을 베풀도록 만드셨습니다. 그래서 이스라엘 백성은 이집트 사람들이 갖고 있던 값진 물건을 많이 가져갔습니다."(출 12:36)

출애굽의 연대(B.C. 1440년대; 아멘호텝 2세 치하)
왕상 6:1에 의하면, 솔로몬이 성전 건축을 시작한 해는 출애굽 사건 이후 480년이 지난 해라고 밝히고 있다(B.C. 958년경). 따라서 출애굽의 시기는 대략 B.C. 1440년대가 된다. 전통적인 견해에 의하면, 제 18왕조인 아멘호텝 2세 치하에 이스라엘이 애굽을 떠났다.

홍해를 거쳐 시내 광야로
이스라엘 백성이 이집트를 떠난 뒤에 아멘호텝 2세는 이집트의 군대를 시켜서 이스라엘 백성을 뒤쫓았다. 그러나 여호와께서는 홍해가 갈라지게 하는 이적을 베푸심으로써 이스라엘 백성이 안전하게 건너게 하셨으며 바로의 군대는 홍해에 빠져 몰살당하게 하셨다. 이스라엘 백성은 홍해 연안을 따라서 진행하여 시내 광야와 시내 산에 이르렀다.

식량과 음료수의 부족
애굽의 나일 강 유역 델타 지역은 상당히 풍요로운 곡창 지대였다. 이 지역에는 육류뿐만 아니라 여러 가지 곡물과 채소도 풍부했다. 이스라엘 백성은 광야를 오랜 기간 여행하게 되자 고되기는 했지만 먹을 것과 마실 것은 부족하지 않았던 이집트의 노예 생활을 그리워하게 되었다. 이제 이스라엘 백성은 나무와 풀이 거의 없는 무덥고 답답한 광야 지대의 한 오아시스에서 다른 오아시스를 향해 나아가야 했던 것이다. 그러자 이스라엘 백성은 때때로 여호와와 모세를 원망하기도 했다. 그러나 여호와께서는 만나를 내리셔서 이스라엘 백성을 배불리 먹이셨으며, 낮에는 구름 기둥을 통하여 더위를 피하게 하셨고 밤에는 불기둥으로 추위를 피하게 하시며 그들을 인도하셨다. 또한 여호와께서는 쓴 물을 단물로 변하게 하셨고, 고기를 먹고 싶어 불평하는 이스라엘 백성에게 메추라기 떼를 보내주셨다. 마침내 이스라엘 백성은 여호와의 인도하심과 명령에 따라 가나안 정복을 향해 행군하게 되었다.

가나안 정복

여호수아는 모세의 뒤를 이어 이스라엘 백성의 지도자가 되었다. 이스라엘 백성이 요단 강을 건너 가나안 땅을 향해 들어가기에 앞서, 가나안 땅의 내부로 들어가려면 여리고 성을 정복해야 했다.

여호수아의 정복 과정

여호수아 6장에 의하면, 여리고 성은 하나님이 베푸신 이적에 의하여 무너졌다. 그 다음에는 아이 성이 정복되었다. 기브온 사람들은 이 소식을 듣고 간계를 써서 이스라엘 백성과 평화 조약을 맺었다. 그러나 이 사건 이후로 이스라엘 백성은 차례차례 가나안 남부 지방을 정복해 갔다. 그리고 나서 여호수아는 북쪽 지방을 향해 진격해 갔다. 여호수아는 하솔을 비롯하여 연합 전선을 편 아모리 다섯 왕들의 군대를 쳐부수었다. 이스라엘 백성이 가나안의 남부와 북부를 점령하기는 했지만 지중해 연안 지역에는 블레셋 족속들이 살고 있었으며, 내륙 지방에도 여전히 가나안 족속들이 남아 있었다. 따라서 이스라엘은 당분간 이미 정복한 지역에 정착해야 했다.

가나안 땅의 분배

여호수아서의 기록에 의하면, 가나안 땅은 제비를 뽑아서 이스라엘 각 지파에게 분배되었다. 두 지파 반(수 13:8 참조)은 요단 동편을 분배받았고 나머지 지파는 가나안 땅을 분배받았다. 레위 지파에게는 아무런 땅도 분배되지 않았다. 레위 지파는 성막에서 봉사하는 임무를 맡았으며, 백성들의 희생 제물로 생활하도록 되어 있었다. 그렇지만 레위 지파에게도 거주지로서 특정 지역이 지정되었다. 한편 여섯 개의 성읍이 '도피성'으로 지정되었다. 고의가 아닌 과실로 사람을 죽인 자는 이곳으로 도망하여 복수하려는 사람을 피할 수 있었다. 그것은 과실로 사람을 죽였으므로 보호를 받을 필요성이 있다고 판단되었기 때문이다.

아가페
큰글자 스토리 바이블_구약1: 스토리로 읽는 쉬운성경
창세기~사무엘하

2016년 1월 20일 1판 1쇄 인쇄
2016년 2월 10일 1판 1쇄 발행

펴낸이	정형철
펴낸곳	(주)아가페출판사
등록	제21-754호
등록일	1995년 4월 12일

주소	(06698) 서울시 서초구 효령로8길 5 (방배동)
전화	584-4835(본사)
팩스	586-3078(본사)
홈페이지	www.iagape.co.kr
판권	©(주)아가페출판사
ISBN	978-89-537-1903-3 04230
	978-89-537-1906-4(세트) 04230

이 도서의 국립중앙도서관 출판시도서목록(CIP)은 서지정보유통지원시스템 홈페이지
(http://seoji.nl.go.kr)와 국가자료공동목록시스템(http://www.nl.go.kr/kolisnet)
에서 이용하실 수 있습니다. (CIP제어번호: CIP 2016000002)

아가페 출판사